THERN HEMISPHERE

Cap.ᵗ Cook; and the Adventure, Cap.ᵗ Furneaux; from 1772,

FORSTER, F.R.S.

among the

R. Resolution's Island.
D. Doubtful Island.
F. Furneaux's Island.
A. Adventure's Island.
P. Pillons I. or Roggewein's Pernicious Iˢ.
G. Byron's King George's Islands.

These were seen in the Resolution.

in this Chart.

Ladrones, Caroline Isles, & Pescadores, according to Capt. Wallis's Observations at Tinian, &c.

NEW GUINEA & New Britain, from Dampier, Carteret, & D'Anville, compared with Des Brosses, & Dalrymple.

ISLANDS in the Pacifick Ocean, from the latest Discoveries in the Resolution (1773 & 1774) carefully collated with all former Navigators

Frank Vorpahl
Der Welterkunder

Frank Vorpahl

Der Welterkunder

Auf der Suche nach
Georg Forster

Galiani
Berlin

Verlag Kiepenheuer & Witsch, FSC® N001512

2. Auflage 2020

Verlag Galiani Berlin
© 2018, Verlag Kiepenheuer & Witsch, Köln
Alle Rechte vorbehalten. Kein Teil des Werkes darf in irgendeiner Form (durch Fotografie, Mikrofilm oder ein anderes Verfahren) ohne schriftliche Genehmigung des Verlages reproduziert oder unter Verwendung elektronischer Systeme verarbeitet, vervielfältigt oder verbreitet werden.
Umschlaggestaltung: Manja Hellpap und Lisa Neuhalfen, Berlin
Umschlagmotiv: © akg-Images; © The Trastees of the Natural History Museum, London; © State Library of New South Wales
Lektorat: Wolfgang Hörner
Herstellung: Dorothea Roll
Gesetzt aus der New Caledonia
Satz: Buch-Werkstatt GmbH, Bad Aibling
Druck und Bindung: CPI books GmbH, Leck
ISBN 978-3-86971-149-2

Weitere Informationen zu unserem Programm finden Sie unter www.galiani.de

»*Alles zu prüfen und das Schönste zu behalten,
ist das heilige Vorrecht der Vernunft.*«

(Georg Forster in seiner Vorrede zur
deutschen Übersetzung von Thomas Paine:
Die Rechte des Menschen)

Inhalt

Kapitel 1 – Forster   9

Kapitel 2 – Mainzer Affären – Pariser Umrisse   59

Kapitel 3 – Die Reise   103

Kapitel 4 – Atlantische Skizzen   167

Kapitel 5 – Fahndung nach Forsters Cascade   227

Kapitel 6 – Auf dem Brotfrucht-Pfad   283

Kapitel 7 – Hiwa auf der Osterinsel   335

Kapitel 8 – Auf der glücklichsten Insel Ozeaniens   383

Kapitel 9 – Fundsachen   429

Anmerkungen   457
Quellen, Bibliografie und Bildnachweis   520
Dank   533
Register   535

Südpazifik: 18° 48' Süd, 169° 04' Ost

Kapitel 1

Forster

Im Zwielicht der Morgendämmerung des 4. August 1774 gibt Captain Cook Order, mit zwei gut bemannten Booten zur Ersterkundung einer dicht bewaldeten Insel aufzubrechen. Die *Resolution* liegt nach Tagen endlosen Navigierens in den ruhigen Wassern einer riffgeschützten Bucht. Dem Schiff gegenüber, im schimmernden Grün der zerklüfteten Küste, leuchtet – von Bord mit bloßem Auge erkennbar – ein heller Korallenstrand auf, der einen bequemen Landeplatz verheißt. Zum Glück, denn Cooks Männer brauchen dringend neuen Proviant und frisches Wasser. Umso mehr, als die halbe Schiffsbesatzung seit Tagen an einer Fischvergiftung laboriert, die nicht nur Gliederschmerzen und Zahnausfall verursacht, sondern für Höllenschmerzen sorgt, wenn sich in der Mundhöhle die Schleimhäute blutig abschälen. Georg Forster kann es seinem Instinkt anrechnen, dass er die giftig-roten Seebrachsen verschmäht hat und so den Qualen seiner Reisegefährten entgangen ist. Doch ist er nicht weniger begierig, an Land zu kommen. Bestimmt hat dieser üppig bewachsene Landstrich dem Naturforscher neue Tier- und Pflanzenarten zu bieten.

Das gleichmäßige Eintauchen der Ruderblätter, das rhythmische Atmen der Männer in den Riemen wird nur vom Vogelgesang übertönt, der allmählich lauter wird, als sich die Boote dem Landeplatz nähern. Ein Dutzend schlanker Palmen überragt den halbrunden Platz, der von Felsen und dichtem Buschwerk begrenzt wird. Idyllischer könnte die Szenerie nicht sein. Und doch haben Cooks Männer Gewehre und Munition dabei, die Seekadetten ihre Bajonette aufgepflanzt.

Georg Forster im Alter von 30 Jahren auf einem Gemälde von Johann Heinrich Tischbein.

Der Kapitän traut dem Frieden nicht. Seitdem er Kurs Richtung Westen aufnahm, um die Seekarten zu überprüfen, die der portugiesische Seefahrer de Quirós fast 200 Jahre vor ihm auf seiner Fahrt durch den Südpazifik angefertigt hat, scheint sich das Schicksal gegen ihn verschworen zu haben. Die Behauptung des Portugiesen, bei seiner Pazifikreise auch auf die *Terra australis incognita* – das seit der Antike immer wieder beschworene Südland im antarktischen Zirkel – gestoßen zu sein, hat Cook immer angezweifelt. Fast war er erstaunt, als er mittels der vagen Koordinaten des Portugiesen tatsächlich auf eine Insel stieß, die de Quirós 1606 *Australia del Espíritu Santo* getauft hatte. Nur lag dieses »Südland« hier in Äquatornähe und nicht am Südpol. Was für ein Irrtum! Immerhin tauchten auf der Fährte des alten Portugiesen vor dem Bug der *Resolution* immer neue, unbekannte Inseln auf: *Malekula, Efate, Tanna* – ein ganzer Archipel, den Cook *Neue Hebriden* taufte.

Die Bewohner dieser Inseln allerdings sind unberechenbar: Schon beim Landungsversuch auf *Savage Island* fuhr Georg Forster ein rußgeschwärzter Speer so dicht an der Lende vorbei, dass die Mixtur aus Asche und Öl an seinem Wams kleben blieb. James Cook konnte sich in letzter Sekunde gerade noch wegducken, als ein zweiter Speer heranschnellte.

Der durchdringende Klang des Muschelhorns ist den Männern in den Booten inzwischen bestens vertraut. Dennoch geraten die Ruderer für einen Moment aus dem Takt, als das Warnsignal der Insulaner die Stille des Morgens abrupt zerreißt. Wie ein Echo breitet sich der

Ton über die Insel aus – kilometerweit, an der Küste entlang. Wie viele Augen sind inzwischen aus dem undurchdringlichen Dickicht des Ufers auf die beiden Boote gerichtet, die nur noch ein paar Ruderlängen vom Strand entfernt sind? Der eben noch menschenleere Landeplatz füllt sich in Windeseile. Fünfzig, sechzig mit Speeren bewaffnete Männer waten ins Wasser und kreisen die weißen Ankömmlinge ein. Der Kapitän verteilt eilig Nägel, Medaillen und Tapa-Stoffe aus *Tahiti*, um sie friedfertig zu stimmen. Tatsächlich gelingt es im aufgeregten Gerangel um die Mitbringsel, das Boot aus der Menschenmenge herauszubugsieren und eine felsige Landzunge anzusteuern, die sicherer erscheint. Noch wollen Cooks Männer die Chance nicht vergeben, an frisches Wasser zu kommen.

Doch kaum biegen die Boote um die nächste Klippe, werden sie von mehreren Hundert Kriegern in Empfang genommen, die mit Pfeilen und Bogen, Streitkolben und Steinen bewaffnet sind. Georg Forster sticht die martialische rot-schwarze Bemalung ihrer nackten Körper ins Auge, als die Einheimischen sich der Boote bemächtigen, um sie an Land zu ziehen. In einem verzweifelten Kampf verteidigen die Matrosen ihre Ruder, der Kapitän gibt lauthals Feuerbefehl, doch mehr als die Hälfte der Musketen versagt. In diesem Moment flucht auch Georg Forster auf die britische Marine, die ihre Seekadetten mit so schlechten Flintsteinen versorgt. Ein Matrose wird von einem Speer an der Hand getroffen, dann trifft ihn ein Wurfspieß ins Gesäß. Der Lotse wird durch einen Rohrpfeil verletzt, dessen gezackte Spitze ihm in die Brust dringt. Erst die donnernden Kanonenschüsse der *Resolution* erlauben den Männern in den Booten endlich den Rückzug, während die verwundeten Insulaner auf allen vieren, mehrere Tote mit sich schleifend, im Dickicht Schutz vor dem anhaltenden Feuer suchen.

Wie viele Male geriet Georg Forsters Leben in Gefahr während der dreijährigen Reise an Bord von Captain Cooks Schiff? Suchten ihn Beklemmungen heim? Hatte er Todesangst? Oder fürchtete er mehr noch um das Leben seines Vaters und Reisegefährten Johann Reinhold?

Das ist auch Forsters *Reise um die Welt* nicht zu entnehmen – jener abenteuerlichen Chronik, die ihn in deutschen Landen zum gefeierten Begründer des modernen Reiseberichts machte. Doch bezeugt sein bahnbrechendes Werk, dass er ebenso wie sein väterlicher Lehrmeister im August 1774 nicht nur den dramatischen Landungsversuch auf *Erromango* im Süden des Archipels von *Vanuatu* überstanden, sondern die längste und bedeutendste der drei Cook'schen Weltreisen überlebt hatte: Drei Jahre zwischen der weißen Hölle der Antarktis und den paradiesischen Inseln des Südpazifik.¹

Eine Fahrt, die Georg Forster mit einem Schlag zu einem der berühmtesten Deutschen seiner Zeit machte. Schließlich lüftete das kühnste Forschungsunternehmen der Briten im 18. Jahrhundert den Schleier über dem letzten noch unerforschten Drittel der Erdkugel. Mächtige Inseln wie *Neuseeland* und *Neukaledonien* tauchten auf den europäischen Karten auf, weitläufige Archipele wie die *Tuamotus* und die *Gesellschaftsinseln* um *Tahiti*, die Inselgruppe von *Tonga* und die *Marquesas*, die *Neuen Hebriden* (heute *Vanuatu*), die *Osterinsel* und die *Norfolk-Insel*, schließlich *Süd-Georgien* und die *Südlichen Sandwich-Inseln* südlich von *Feuerland*.

Ging es dem genialen britischen Seefahrer James Cook darum, den Stillen Ozean zu vermessen und Inseln und Küstenstriche zu kartographieren², so fiel Georg Forster und der Handvoll Forschungsreisender an Bord von Cooks Schiff eine nicht weniger wichtige Aufgabe zu: Die Naturforscher waren es, die tiefer vordrangen in das unbekannte Terrain. Sie waren es, die sich größten Risiken aussetzten, um erste geologische, mineralogische und meteorologische Parameter zu ermitteln, eine ungeheure Vielfalt neuer Pflanzen- und Tierarten aufzuspüren, vor allem aber den unbekannten

Johann Reinhold und Georg Forster als »Naturforscher auf Tahiti« auf einem Gemälde von John Franics Rigaud (1780).

Menschen und Kulturen der Südsee zu begegnen. Wo immer Captain Cook in den Weiten des Pazifik vor Anker ging: Georg Forster und sein Vater Johann Reinhold waren die Ersten, die das neu entdeckte Fleckchen Erde wortwörtlich unter die Lupe nahmen. Ihre schriftlichen Überlieferungen und Reisebilder ermöglichten den Europäern schließlich eine erste Vorstellung von der großen Reise und ihren Entdeckungen.

Durch die ausgedehnten Fahrten in antarktischen Gewässern gab James Cook endgültig Antwort auf die sogenannte Südland-Frage: Eine *Terra australis incognita*, wie sie in der Antike von Ptolemäus erdacht und nach Überzeugung des einflussreichen Geografen der britischen Ostindien-Kompanie Alexander Dalrymple – des eifrigsten Verfechters eines Südkontinents zu Zeiten Cooks – theoretisch auch bewiesen war, entpuppte sich als Hirngespinst.[3] Es gab keinen fruchtbaren Kontinent am Südpol. Doch auch Georg Forster, der Erkunder der von Cook entdeckten Welten, konnte im Ergebnis seiner Reise Antwort auf große Fragen der Menschheit geben.

Georg Forster bewunderte an James Cook nicht nur die herausragenden seemännischen Fähigkeiten, sondern auch seine Charakterstärke: die Hartnäckigkeit, mit der Cook seine Unternehmungen voranbrachte, das Einfühlungsvermögen bei der Begegnung mit anderen Menschen und nicht zuletzt den praktischen Experimentiergeist, der vor Althergebrachtem nicht haltmachte. Doch sah er in der Vollendung der Vermessung der Welt, dem höchs-

Certhia cardinalis: *Georg Forsters Abbildung des auf der Insel Tanna entdeckten rotköpfigen Vogels Koiametameta taucht auch auf dem Gemälde Rigauds am linken Bildrand auf.*

Captain Cook und seine Mannschaft bei der »Landung auf Tanna« auf einem Gemälde von William Hodges (1775): Im Hintergrund die Resolution im Rauch einer eben abgefeuerten Kanone, darüber die dunklen Rauchwolken des Vulkans Mt. Yasur.

ten Ziel der britischen Admiralität und ihres besten Seefahrers, nicht das wichtigste Resultat der Cook'schen Reisen. In den Augen des jungen Naturgelehrten betraf die wichtigste Erkenntnis der Reise das Wesen der Bewohner, das er rund um den Globus studieren konnte.

Die Natur des Menschen – so Georg Forsters fundamentale Einsicht – ist überall gleich.[4] Er war damit der erste Deutsche, der aus der praktischen Anschauung der Welt heraus die grundlegende humanistische Einsicht formulierte, »dass die Natur des Menschen zwar überall klimatisch verschieden, aber im ganzen, sowohl der Organisation nach, als in Beziehung auf die Triebe und den Gang ihrer Entwickelung, spezifisch dieselbe ist«.[5]

Die Persönlichkeit Georg Forsters war außergewöhnlich vielseitig. Er war Weltreisender, Schriftsteller und Revolutionär, Botaniker, Ethnologe und Philosoph, Zeichner, Bibliothekar und Lehrer, Pfarrerssohn, Freimaurer und Aufklärer. Vielen dieser Facetten konnte ich in den letzten zwanzig Jahren nachgehen, eine ganze Reihe von Schauplätzen und Ereignissen wären wichtig genug, um am Beginn dieser Spurensuche zu stehen. Südseeparadiese und antarktische Eiswüsten, Revolution und Guillotine, Ehedramen und Vaterwunden. Doch schien es mir in den letzten Jahren zwingender denn je, den Mann an den Anfang zu stellen, für den die Neugier auf den Anderen, die Offenheit und der Respekt für das Fremde – den Fremden – die wichtigste Grundfeste seines Lebens bildete. Ein zutiefst humanistischer Geist, der es ihm ermöglichte, in der Natur des Menschen das Universelle zu sehen. Zu einer Zeit, in der Debatten über die Unterschiede zwischen den Rassen selbst unter Männern der Aufklärung zur Mode wurden.

Zuerst also, vor allem anderen: Georg Forster – der Verfechter von Gleichheit, Brüderlichkeit und Freiheit. Ein Mann, der von diesen Idealen ein Leben lang nicht lassen wird. So mischte er sich schon bald nach der Rückkehr von seiner großen Südseereise in die wichtigste und hitzigste Debatte der Aufklärung ein: die Bestimmung der Natur des Menschen. Nicht mehr aus der Heiligen Schrift, nicht aus abstrakten Ideen sollten die menschlichen Gegebenheiten postuliert, sondern aus der Anschauung der Wirklichkeit gefolgert werden: »Dem Menschen liegt unstreitig kein Gegenstand näher als der Mensch selbst«, wie Forster es ausdrückte.[6] Die Stimme dieses jungen Mannes wurde gehört. Als meistgereister Deutscher und praktischer Welterkunder hatte er eine exklusive Stellung inne.[7] Tatsächlich war niemand sonst einer größeren Vielzahl menschlicher Kulturen begegnet. Und, was Alexander von Humboldt als »eigentlich groß und selten« an seinem hochverehrten Lehrer Georg Forster erkannte: Er besaß ein außerordentliches Talent für »die philosophische Behandlung naturhistorischer Gegenstände«.[8]

Dass Menschen grundlegend gleich sind, obwohl Tausende Kilometer voneinander entfernt und durch Weltmeere getrennt, ob mit Pfeil und Bogen oder Kanonen gerüstet, ob sie an viele Götter glauben, an einen oder keinen: Die Idee der Gleichheit der Menschen zog sich wie ein roter Faden durch das knapp 40-jährige Leben Georg Forsters. Von der legendären Weltreise mit Captain Cook bis zu Forsters letztem Atemzug im revolutionären Paris, wo er den Traum von Freiheit,

Gleichheit und Brüderlichkeit gegen alle äußeren und inneren Anfeindungen hochhielt.

Mit seiner Überzeugung von der Universalität der menschlichen Natur war er seiner Zeit weit voraus. Den Fremden als gleichwertig zu sehen, ihm auf Augenhöhe, mit Wachheit und Interesse zu begegnen – diese Grundmaxime in Forsters Leben und Werk war auch im Europa der Aufklärung nicht selbstverständlich.[9]

Für seine Überzeugung kämpfen musste er von Anfang an. Kaum nach Deutschland zurückgekehrt von seiner Weltreise, gerade die ersten Freundschaftsbande geknüpft in der fremden Heimat, war sich Georg Forster nicht einmal mit seinem besten Freund einig, was die Sicht auf die Natur des Menschen betraf. Der junge Samuel Thomas Soemmerring, damals Deutschlands berühmtester Anatom, mochte der Forster'schen Überzeugung nicht so ganz zustimmen.[10] Und was die Sache nicht einfacher machte, Soemmerring argumentierte nicht mit Dogmen, sondern wie Forster: wissenschaftlich, empirisch. In seinem *Teatrum anatomicum* in Kassel hatte Soemmerring verstorbene »Mohren« seziert, die mit den hessischen Truppen aus Amerika eingewandert waren.[11] Aus seiner Leichenschau schloss der junge Anatom kurzerhand auf eine angebliche »körperliche Verschiedenheit des Mohren vom Europäer«.[12] Zwar räumte er ein: »Auch unter den Schwarzen gibts einige, die ihren weißen Brüdern näher treten, und manche aus ihnen sogar an Verstande übertreffen«, doch stehe das Gehirn des Mohren anatomisch dem des Affen näher als dem des Europäers.[13]

Dagegen wollte Forster die Grenze zwischen Menschen und Affen nicht verwischt sehen. Soemmerring blieb bei seinem Vorstoß in Sachen Rassenunterschied indes nicht allein. Vielmehr meinte auch das Spitzenpersonal der deutschen Aufklärung zwischen höheren und niederen Rassen unterscheiden zu müssen, allen voran Immanuel Kant.[14] Der große Mann aus Königsberg glaubte zwar nicht wie Soemmerring an »zwei Adams«, also an zwei Stämme, von denen der *Homo sapiens* abstammte. In dieser Frage blieb Kant ganz bibeltreu bei der Herkunft aller Menschen von Adam und Eva. Doch machte er eine Abstufung menschlicher Rassen an der Hautfarbe fest.[15] Je dunkler, desto primitiver – so zugespitzt die Kant'sche These, die Soemmerring, trotz eines ganz anderen Ansatzes, praktisch-anatomisch zu beweisen schien. Georg Forster, das kann man ihm nicht hoch ge-

Das Ottoneum in Kassel: Hier nahm Georg Forster nach seiner Rückkehr nach Deutschland im Dezember 1778 seine erste Anstellung als ordentlicher Professor und Lehrer am Collegium Carolinum *an.*

nug anrechnen, durchbrach diesen intellektuellen Schallraum. Getreu seiner Maxime: »Widerspruch und freye Ventilation pro und contra ist die Seele aller vernünftigen und beßernden Aufklärung …«[16]

Es war wohl England, das den jungen Forster gegen den verhängnisvollen deutschen Geist immun gemacht hatte. In der Londoner *Royal Society*, deren Sitzungen er schon als polyglottes Wunderkind an der Seite seines Vaters besuchen durfte, war ein gewisses Misstrauen gegen Hypothesen und Theoretisches gute Tradition.[17] Eine Skepsis, die dazu führte, dass der Naturforscher und Philosoph Forster sich ganz bewusst größte wissenschaftliche Vorsicht bei der Diskussion von Menschenrassen auferlegte.[18] Offenbar ahnte er, in welchen Abgrund diese Debatte führen könnte. Hielt er seinem Freund Soemmerring noch das aufklärerische Ungestüm des Mediziners zugute,[19] so griff er den führenden Kopf der preußischen Aufklärung für dessen spekulative Rassenüberlegungen um so heftiger an.[20] Schon der Begriff »Menschenrassen« war einer, den er »gar nicht liebt«, hielt Forster Immanuel Kant entgegen.[21] Er spießte damit Kants rassistische Haltung auf, die heute fast vergessen scheint.[22] Kant hielt die »Negerrace« für »faul, weichlich und tändelnd« und philosophierte darüber, dass »alle Neger stinken«, was »durch keine Reinlichkeit« zu vermeiden sei.[23]

Verstand Georg Forster den großen Immanuel Kant richtig: Schwarze waren faul und stanken? Und das sollte ihn nicht aufregen? Ihn, der in seiner *Reise um die Welt* geradezu programmatisch gegen das abendländische Vorurteil angeschrieben hatte, »vermöge dessen wir in Europa uns allein Tugend, und Wilden nichts als Schandthaten und böse Natur zutrauen«.[24] Es war wohl mehr als Eitelkeit, die Forster auf die Barrikade trieb. Schon als Wissenschaftler, als Mann der Aufklärung, musste er sich der Frage stellen, wie er die Natur der Menschen prinzipiell für gleich halten konnte, wo es doch offenkundig Varietäten gab, etwa in der Hautfarbe der Menschen. Gültige Antworten konnten weder Forster noch Kant liefern, dazu fehlte ihnen noch Darwins Schlüssel der Evolutionstheorie.[25] Doch man konnte zusammenfassen und ständig erweitern, was an Erkenntnissen über den Menschen vorlag. So die Idee Forsters. Nicht die Idee Kants. Der meinte: »Eigentliche Wissenschaft kann nur diejenige genannt werden, deren Gewißheit apodiktisch ist; Erkenntnis, die bloß empirische Gewißheit enthalten kann, ist nur ein uneigentlich so genanntes Wissen.«[26]

Der stärkste Gegensatz zu Kants Rassismus tat sich jedoch dadurch auf, dass Forster nicht bereit war, sein wissenschaftliches Denken und ethisch-moralische Überlegungen voneinander zu trennen. Derselbe Kant, der die schwarze Rasse für stinkend und faul hielt, wollte bibeltreu darauf bestehen, dass alle Menschen aus einem Stamme hervorgegangen waren. Sarkastisch fragte Forster, ob es denn die Bibel je vermocht habe, einen Afrikaner vor Sklaverei zu schützen: »Doch indem wir die Neger als einen ursprünglich verschiedenen Stamm vom weißen Menschen trennen, zerschneiden wir nicht da den letzten Faden, durch welchen dieses gemißhandelte Volk mit uns zusammenhing und vor europäischer Grausamkeit noch einigen Schutz und einige Gnade fand? Wo ist das Band, das entartete Europäer davon abhalten kann, über ihre weißen Mitmenschen ebenso despotisch wie über Neger zu herrschen.«[27]

Georg Forster suchte das intellektuelle Duell mit Kant auch, um seiner Stimme im Kanon der deutschen Geistesgrößen Gehör zu verschaffen.[28] Den Fehdehandschuh aber hatte nicht Forster, sondern der berühmte Königsberger Philosoph geworfen. Als frischgebackener Professor musste Georg Forster in Wilna lesen, was Kant von den jüngsten Entdeckungsreisen der Europäer hielt: nämlich gar nichts. Damit aber verletzte er Georg Forster persönlich als Naturforscher. Kants Verdikt bedeutete ja nicht weniger, als die drei entbehrungsreichen Jahre, die der junge Forster mit Captain Cook unterwegs war, das Risiko, das sein Vater und er bei den lebensgefährlichen Erkundungen in antarktischen Gewässern und bei der Begegnung mit unbekannten Kulturen auf sich genommen hatten, und nicht zuletzt den naturwissenschaftlichen und philosophischen Erkenntnisgewinn dieser gewaltigen Forschungsexpedition für ebenso unerheblich wie überflüssig zu erklären.[29] Solcherlei Reisen, schrieb Kant, nährten nichts weiter als die »leere Sehnsucht« nach einem goldenen Zeitalter.[30]

Leere Sehnsucht? Größer konnte der Gegensatz zu Forster nicht sein, der in der zweiten Cook'schen Weltumsegelung und ihrer Beschreibung einen grundlegenden Beitrag zum Anwachsen nützlichen Wissens im Sinne der Aufklärung sah.[31] Kant traf Georg Forster ins Mark.[32] Zumal der Philosoph in seinen Rasseüberlegungen auch noch behauptete, dass über die Hautfarbe der Südsee-Insulaner nur wenig bekannt sei.[33] Als hätten die Forsters die Menschen der Südsee nicht Insel für Insel so genau wie möglich beschrieben. Die Folge: Georg Forster hielt Immanuel Kant für ignorant, rassistisch und verquast. Kants Sprache erschien ihm schlichtweg unlesbar. Seit seinem elften Lebensjahr hatte Georg Forster aus diversen Sprachen übersetzt und die Gedankentiefe der russischen Sprache, den Esprit des Französischen und die geradlinigen, klaren Sätze der Briten zu schätzen gelernt. Als ein Mann der Sprache fiel es ihm schwer zu begreifen, dass die Deutschen einen Mann verehrten, »der sich mit seiner Kunstsprache in die unüberwindlichste, stachlichste Form des gehetzten Igels zusammengerollt hat«.[34]

Mit seiner Polemik gegen eine »Philosophie im Lehnstuhl« stellte der junge Forster »blindlings pragmatisiertes Denken« infrage. Kants abstrakte Begriffssuche, die »niedrige« Rassen billigend in Kauf nahm – Georg Forster attackierte sie lange vor der radikalen Kritik der Aufklärung Horkheimers und Adornos.[35] Forster mochte nicht ausschließen, dass sich Menschen aus verschiedenen Stämmen entwickelt hatten und stellte damit auch die Bibel infrage.[36] Ein vorurteilsfreies Nachdenken, eine Debatte über die Natur des Menschen, hielt er für absolut legitim. Doch bestand er zugleich darauf, infragen der Menschenrassen nicht mit »apodiktischer Gewissheit« zu operieren.[37] Unterschiede erschienen ihm am ehesten aus ungleichen kulturellen Entwicklungsstadien zu resultieren, die die Menschheit »zum Menschsein« durchläuft.[38]

Auch seinem Freund Wilhelm von Humboldt, der sich der Erkundung des Nationalcharakters der Völker verschrieben hatte, gab er eine heikle Frage mit auf den Weg: »Ist es nicht äußerst schwer, Nationalcharaktere anzugeben; zu sagen, wie Nationen von einander in Anlagen verschieden sind? Ist es nicht Unrecht, einer Nation diese oder jene Anlage abzusprechen? Da doch die Charaktere in jeder Nation so mannichfaltig sind?«[39]

Selbst seinen dominanten Vater, der die Unterschiede zwischen Völkern und Völkerschaften so schematisch wie Kant am Klima festmachen wollte, korrigierte Georg Forster bei der Auswertung der Weltreise stillschweigend.[40] Etwa, indem er bei der Übersetzung von Johann Reinhold Forsters *Observations* vom Englischen ins Deutsche »noch einiges umgearbeitet und berichtigt«, das heißt selbstständig korrigiert hatte.[41] Tatsächlich waren es radikale Veränderungen, die Georg Forster da vorgenommen hatte. Die harsche Vermutung seines Vaters etwa, wonach sich bei wilden Nationen in kalten Klimazonen durch körperliche Deformationen auch im Kopf Trägheit, Stumpfheit und Dummheit breitmachten, strich der Sohn ersatzlos.[42] Die logische Konsequenz aus einer Position, die schon der 20-Jährige in seiner *Reise um die Welt* deutlich gemacht hatte. Dort hatte er der Klimatheorie seines Vaters zum ersten Mal eine eigene Sicht der Dinge entgegengesetzt. Charakteristische Unterschiede zwischen den Bewohnern verschiedener Landstriche mussten seiner Meinung nach »wohl von einer Menge verschiedner Ursachen abhängen«.[43] Georg Forsters Welt war zu komplex, um ihr mit tumbem Rassismus beizukommen.

Abgesehen von seinem Vater befand sich Georg Forster, der Weltbürger, im Streit mit deutschen Aufklärern, die nur selten über den Tellerrand des deutschen Flickenteppichs hinausgekommen waren: Kants Abneigung, Königsberg zu verlassen, war legendär. Der Anatom Soemmerring schaffte es bis nach Bayern, Wilhelm von Humboldt immerhin nach Paris, Rom und nach Spanien. Forster dagegen lebte zeitlebens mit oder in anderen Kulturen: Als Kind in Preußisch-Polen und Russland, als Jugendlicher in England; auf seiner Weltreise mit Walisern, Schotten und Iren. Er traf Holländer am Kap der Guten Hoffnung, Portugiesen auf Madeira und den Azoren. Drei Jahre lang teilte er sich die tägliche botanische Arbeit an Bord der *Resolution* mit dem Schweden Anders Sparrman. In Afrika, Südamerika und auf über 30 Südseeinseln nahm er intensiven Kontakt zu den Einheimischen auf. Er überredete Captain Cook sogar, den jungen Maheine aus *Bora-Bora* mit an Bord zu nehmen, was zu einem intensiven Kennenlernen des jeweils anderen führte.[44] Als Georg Forster 24-jährig nach Deutschland zurückkehrte, kam er über Frankreich. Und ging bald nach seinem Lehr-Debüt in Kassel als junger Professor nach Wilna, wo er ein polnisch-jüdisch-baltisches Völkergemisch vorfand, auf das er allerdings in manchem seiner Briefe auch kräftig fluchte.[45]

Aus dem fernen Wilna aber legte Forster in der Debatte um die Natur des Menschen nach, mit der Glaubwürdigkeit eines Mannes, der – wortwörtlich – aus Menschenkenntnis sprach. Gelegentlich mag Forster erstaunt darüber gewesen sein, dass unter den großen deutschen Aufklärern, von Blumenbach und Herder einmal abgesehen, nicht weit mehr mit ihm übereinstimmten.[46] Von Johann Gottfried Herder übernahm er schließlich den Begriff der »Besonnenheit« als Unterscheidungsmerkmal von Mensch und Tier. »Angewandte Besonnenheit« machte in den Augen Forsters die einzigartige »Perfectibilität« des Menschen aus.[47] Zugleich bemerkte Forster auch, dass diejenigen, die am wenigsten herumgekommen waren, die stärksten Vorurteile gegen »Fremdlinge« hegten; im Anderen eher den Primitiven, den Affen vermuteten als das Ebenbild, den Menschen. Forster machte es anders – mit einem Brückenschlag zwischen empirischer Menschenforschung und Philosophie. Wie sein Schüler Alexander von Humboldt sah er, dass alles in der Natur zusammenhing.[48]

Während Captain Cook mit der Vermessung des riesigen Pazifikraums den letzten großen weißen Fleck auf unserem Globus tilgte, stellte sich Forster der drängenden Frage nach den möglichen Unterschieden zwischen den Menschenrassen. Seine Antwort: Es gab keine Kreaturen, die halb Tier, halb Mensch waren, keine niederen Menschenrassen oder Herrenwesen, sondern eine »Einheit des Menschengeschlechts«, wie er es 30-jährig in seinem Essay *Cook, der Entdecker* formuliert hat.[49] »Kein Mensch verstände den anderen, wenn nicht in der Natur aller Menschen etwas Gemeinschaftliches zum Grunde läge, wenn nicht die Eindrücke, die wir durch die Sinne erhalten, eine gewisse Ähnlichkeit bei allen einzelnen Menschen beibehielten ...«[50] Darauf bestand er bis zuletzt, auch in seinen *Ansichten vom Niederrhein*: »Gut und böse, recht und unrecht, widrig und angenehm, schön und häßlich« – die Menschen auf unserem Globus, so Georg Forsters feste Überzeugung, urteilten erstaunlich universell.[51]

Die zweite Cook'sche Weltumseglung bereicherte den Erkenntnishorizont von Seefahrern und Naturgelehrten auf unterschiedliche Weise, legte aber für beide gleichermaßen den Grundstein ihres Ruhms: James Cook erklomm ungeahnte Höhen auf der militärischen Karriereleiter – der Leutnant zur See durfte ausnahmsweise ohne blaublütige Ahnenreihe zum Captain der *Royal Navy* aufsteigen. Und Georg Forster, der Naturzeichner an seiner Seite, verließ am 30. Juli 1775 nach 1111 Tagen die *Resolution* als mehrfacher Rekordhalter. Kein Deutscher vor ihm hatte mehr von der Welt gesehen: Über 50 Inseln hatten sie besucht, ein Dutzend pazifischer Kulturen kennengelernt, mehr als 600 bis dahin unbekannte Tier- und Pflanzenarten entdeckt, gezeichnet und beschrieben. Niemals zuvor war ein Mensch trotz antarktischer Eismassen tiefer zum Südpol vorgestoßen als die Crew der *Resolution* am 30. Januar 1774.[52] Nicht zuletzt konnte Georg Forster drei Jahre lang einen Mann aus nächster Nähe studieren, der von seinen Zeitgenossen zum Helden ausgerufen wurde. James Cook galt bereits nach seiner zweiten Weltumseglung in ganz Europa als ein so bedeutender Entdecker, dass ihm Frankreich und Spanien, ja sogar die abtrünnigen englischen Kolonien der Vereinigten Staaten von Amerika im Frieden wie im Kriegsfall Schutz und Unterstützung zusicherten. Cook sei »mit dem ganzen Erdball so genau bekannt geworden, als trüge er ihn, wie den Reichsapfel, in der Hand«, rühmte Forster seinen Kapitän. Die von ihm auf drei Weltreisen zurückgelegte Strecke,

40 000 Seemeilen, reiche fast zum Mond.⁵³ Nachdem Captain Cook auf seiner dritten Südseereise im Februar 1779 in der Bucht von *Kealakekua* auf *Hawaii* getötet und – so eilte die dramatische Todesnachricht durch Europa – von Kannibalen verschlungen worden war, stieg der britische Seefahrer endgültig in den Rang eines der größten Seefahrer des Abendlandes auf.⁵⁴

Georg Forster war diese Tatsache wohl bewusst: Als er sich im August 1784 zur kaiserlichen Audienz in der Wiener Hofburg einfand, erkundigte sich Joseph II. bei »seinem« Weltreisenden denn auch am vordringlichsten nach der Persönlichkeit des berühmten englischen Seefahrers. Und Forster lobte den Entdeckergeist seines Kapitäns in höchsten Tönen. Der Rest der spärlichen zehn Minuten ging für skeptische Ansichten des deutschen Kaisers über die Verhältnisse in Polen und Litauen drauf, wohin sich Georg Forster damals gerade aufmachte, um als Professor der Universität Wilna Naturwissenschaften zu lehren.⁵⁵ Immerhin schenkte der Kaiser Georg Forster einen Brillantring.⁵⁶ Insofern ist es kein Zufall, dass Georg Forster ihm seine bald darauf in Angriff genommene Schrift *Cook, der Entdecker* widmete. Vielleicht mochte sich der Reformen nicht ganz abgeneigte Herrscher durch Captain Cooks zupackende Experimentierfreude inspiriert fühlen.

Anders als bei seiner Rückkehr galt Georg Forster zu Beginn der Reise, als die *Resolution* am Montag, dem 13. Juli 1772 aus dem Hafen des südostenglischen Plymouth zur Weltreise auslief, vor allem als Sohn seines universell gelehrten Vaters. Johann Reinhold Forster (1729–1798) machte es zur Bedingung seiner Reisezusage, dass ihn der 17-jährige Georg als Assistent begleiten dürfe. Als naturwissenschaftlicher Leiter der Expedition, mit 4000 Pfund der höchstbezahlte Mann an Bord der *Resolution* – und übrigens auch der erste von der britischen Regierung besoldete Wissenschaftler –, folgte Forster senior mit dieser Forderung seinem Vorgänger Joseph Banks, dem auf Cooks erster Reise ebenfalls ein Assistent, der schwedische Botaniker Daniel Solander, zugebilligt worden war.⁵⁷

Offiziell bestellte der englische König Georg III. den jungen Forster am Vortag der Abreise, am 12. Juli 1772, zum Naturzeichner der Expedition. Als einen guten Zeichner – »a good designer« – hatte Lord

Sandwich, der Chef der britischen Admiralität, Georg Forster zuvor empfohlen.[58]

Dass zwei Deutsche im Juni 1772 überhaupt für die zweite Cook'sche Weltreise nominiert wurden, resultiert aus einer folgenschweren Fehlkalkulation von Sir Joseph Banks (1743–1820) – des eigentlichen Spitzenanwärters für die Rolle des Chefs der naturwissenschaftlichen Expedition. Der als genial geltende junge Gentleman aus dem englischen Hochadel hatte seine botanische und zoologische Versiertheit schon auf der ersten Cook'schen Südseereise unter Beweis gestellt. Sein Ruhm übertraf 1772 noch den des legendären Captain Cook. Doch im Vorfeld der zweiten Weltumseglung mit Cook machte Banks seine erneute Beteiligung an einer Expeditionsreise von einem radikalen Umbau des Schiffs nach seinen persönlichen Bedürfnissen abhängig. Der erfahrene Kapitän indes warnte davor, die Seetüchtigkeit der kiellosen Bark durch zusätzliche Aufbauten zu gefährden. Zwei mächtige Männer traten hier gegeneinander an, doch sah sich Cook schließlich von der Admiralität alleingelassen: Banks galt als ein enger Vertrauter des Königs.

Erst als die völlig überfrachtete *Resolution* auf ihrer Jungfernfahrt vom Dock in Greenwich zur Themsemündung mehrfach zu kentern drohte, ordnete die Admiralität an, das Schiff wieder in seinen ursprünglichen Zustand zurückzuversetzen. So trat das kaum Vorstellbare ein: Joseph Banks trat von der Reise zurück – und die Admiralität ließ ihn tatsächlich, offenbar mit dem Segen des Königs – als Teilnehmer der zweiten Cook'schen Weltreise fallen.[59]

Zur Nominierung des naturwissenschaftlichen Ersatzpersonals blieb bis zum geplanten Auslaufen jedoch nur wenig Zeit. In dieser Situation brachte Daines Barrington, der Vizepräsident der britischen *Royal Society,* kurzerhand die beiden Deutschen ins Spiel. Forster & Sohn würden sich – im Gegensatz zu Banks – an Bord der *Resolution* auch mit kleinstem Raum zufriedengeben, argumentierte er.

Trotz letzter Störmanöver von Seiten Banks' wurde die Eignung der Forsters für die Reise nicht ernsthaft in Zweifel gezogen. In den fünf Jahren seit seiner Ankunft in England hatte Johann Reinhold Forster als Fellow der *Royal Society* Einlass in den exklusivsten Club britischer Gelehrsamkeit erhalten. Kritiker seines gelegentlich unbeholfenen englischen Sprachgebrauchs verstummten allmählich und zollten ihm schließlich Respekt für diverse Publikationen zur Mineralogie und Botanik. Selbst der große Carl von Linné, für dessen geniale Systematik zur Ordnung der Pflanzenwelt Johann Reinhold Forster unablässig warb und dessen Methodik er auf früheren Expeditionen erfolgreich erprobt hatte, bescheinigte seinem deutschen Kollegen, die Wahl eines naturwissenschaftlichen Begleiters auf Cooks zweiter Reise hätte auf keinen außerordentlicheren Mann fallen können. Vor allem aber legte sich Barrington mit der ganzen Autorität der *Royal Society* für die beiden Forsters ins Zeug. Nicht zuletzt – eine Hand wäscht die andere –, weil Johann Reinhold Forster dem wissenschaftlich nur bedingt talentierten, doch hoch ambitionierten Barrington gelegentlich als Ghostwriter bei dessen Publikationen ausgeholfen hatte.

Aber auch der 17-jährige Georg Forster hatte sich bereits seine ersten wissenschaftlichen Meriten erworben. In London galt er als gelehrtes Wunderkind, das schon in jungen Jahren auf große Entdeckungstour gegangen war. 1765 musste der zehnjährige Georg seinen Geburtsort Nassenhuben bei Danzig, das vertraute väterliche Pfarrhaus, die Mutter und seine vier jüngeren Geschwister hinter sich lassen, um mit dem ehrgeizigen Vater zu einer Expedition im Auftrag der russischen Zarin aufzubrechen. Dieses so abenteuerliche wie riskante Unternehmen führte Vater und Sohn ein halbes Jahr lang über Tausende Kilometer die Wolga entlang bis in die russische *Kalmückensteppe*, wo Katharina die Große Hunderte deutscher Kolonisten ansiedeln wollte. Bei den naturwissenschaftlichen Erkundungen assistierte Georg Forster seinem Vater »als scharfsichtiger Gehülfe« insbesondere auf dem Gebiet der Botanik.[60] Bei ihrer Rückkehr in die russische Hauptstadt hatten Vater und Sohn die über 200 Pflanzen nach dem Linné'schen System registriert.[61] Zugleich erlernte er die russische Sprache. Während Johann Reinhold Forster seinen skeptischen Abschlussbericht über Lebensverhältnisse und Siedlungsaussichten in der südrussischen Wolgaregion verfasste und monatelang mit einem – ob der Kritik verärgerten – Grafen Orlow um das ursprünglich vereinbarte Salär ringen musste, besuchte Georg Forster acht Monate lang die Petrischule von Sankt Petersburg – die erste und einzige Schule in seinem Leben.[62] Alles andere hatte ihm der Vater, der nach eigenen Angaben siebzehn Sprachen beherrschte, selbst beigebracht und schon den Achtjährigen zu den Sitzungen der Danziger »Naturforschenden Gesellschaft« mitgenommen.

Nachdem Vater und Sohn im August 1766 Russland verlassen und sich nach England eingeschifft hatten – Johann Reinhold Forster hatte durch die monatelangen Verhandlungen am Zarenhof seine Stelle als evangelischer Gemeindepfarrer im heimatlichen Nassenhuben verloren und wollte sein Glück nun in der Gelehrtenhochburg London versuchen – sorgte Georg Forster mit zahlreichen Übersetzungen als begnadetes Sprachtalent für Furore. So übertrug er 1768 erstmals Lomonossows *Abriss der russischen Geschichte* aus der russischen Sprache in makelloses Englisch. *A Chronological Abridgement of The Russian History* machte den jungen Forster mit einem Schlag berühmt.[63]

Die polyglotten Fähigkeiten des jungen Forster könnten am Ende wohl auch das Zünglein an der Waage zugunsten der beiden Deutschen bei der Nominierung für die Weltreise mit Captain Cook gewesen sein. Denn Sprachbegabung war für den Kontakt mit den Menschen der Südsee ein wichtiges Kapital. Georg Forster war es aber auch, der den letzten, viel Aufsehen erregenden Bericht über die Südseereise des französischen Kapitäns Louis Antoine de Bougainville aus dem Französischen ins Englische übersetzt hatte.[64] In *Voyage autour du monde* schilderte der französische Seefahrer zum ersten Mal seine Eindrücke von *Tahiti*, an dessen Ostküste er 1768, ein Jahr vor Captain Cooks erstem *Tahiti*-Aufenthalt, an Land gegangen war.[65] Was Georg Forster den Briten da in seiner Übersetzung zu bieten hatte, wirkt bis heute als *Tahiti*-Mythos nach und sorgte damals dafür, dass auch der Name Forster in aller Munde war.

»Ich glaube mich in den Garten Eden versetzt«, resümierte Bougainville die neun Tage seines Aufenthaltes und sprach von *Tahiti* als dem »Neuen Kythera«, dem Geburtsort der Venus, der schaumgeborenen Venus Aphrodite, der Göttin der Liebe.[66] Unermüdlich pries er die »angenehmen Züge« und die »Schönheit der Körper«, die denen europäischer Damen keineswegs unterlegen wären.[67] Als kurz nach der Landung die erste junge Frau Bougainvilles Schiff erklomm und auf dem Achterdeck die letzten Hüllen fallen ließ, breitete sich schweigendes Staunen an Bord der *La Boudeuse* aus: Dass sich ein nacktes Mädchen ohne jedes Zögern »den Augen aller Betrachter darbot wie Venus sich dem phrygischen Schäfer zeigte, denn sie hatte in der Tat die himmlische Gestalt der Göttin«, hielt nicht nur Bougainville für außerordentlich.[68] Doch ging er noch einen Schritt weiter, indem er die Erotik der Südsee mit Rousseaus philosophischer Idee vom »edlen Wilden« und der »Unschuld vor dem Sündenfall« verschmolz und *Tahiti* so zu einem jener Orte verklärte, »in denen das Goldene Zeitalter noch herrscht«.[69]

Man kann sich ausmalen, mit wie viel Neugier man dem nächsten Reisebericht aus dieser verheißungsvollen Weltgegend entgegenfieberte. Tatsächlich hatten Johann Reinhold Forster und Captain Cook sich schon vor Beginn der Reise auf einen gemeinsamen Reisebericht verständigt. Doch schon bald nach dem Wiedereinlaufen der *Resolution* im heimatlichen Spithead im Juli 1775 wurde spürbar, wie sehr sich in den drei Jahren die Verhältnisse in London verändert hatten. Jetzt verlangte derselbe Lord Sandwich, der die Forsters erst so vehement an Bord befördert hatte, in schulmeisterlichem Ton nicht nur Stichproben von Johann Reinholds Reisebeschreibung; er wies die Arbeit auch umgehend zurück – aufgrund sprachlicher Mängel.

Auch James Cook ging mehr und mehr auf Distanz zu Johann Reinhold Forster und wollte von einer gemeinsamen Darstellung der Reise nichts mehr wissen. Zeitungsnotizen über erhebliche Differenzen zwischen dem Kapitän und seinem Naturwissenschaftler machten die Runde. Ob Maat oder Astronom – offenbar war fast jeder in drei Jahren auf engstem Raum mit dem als schwierig und leicht aufbrausend geltenden Deutschen aneinandergeraten.

Die Frage der Urheberschaft der Reisebeschreibung endete schließlich nach monatelangem Hin und Her mit einem Vergleich vor Gericht: Dort wurde entschieden, dass James Cook das seemännische Fazit, Johann Reinhold Forster aber die naturkundliche Bilanz der Reise ziehen sollte. Ein nun folgender neuer Entwurf fand vor der Admiralität wiederum keine Gnade, weil der Deutsche seinen philosophischen Kopf durchsetzen und sich nicht mit einer systematischen Aufzählung der Reiseresultate begnügen wollte. Johann Reinhold Forster saß in der Klemme: Die Freiheit einer inhaltlich unbeschränkten, über bloße Tatsachen hinausgehenden Darstellung wurde ihm verwehrt; doch zum Buchhalter der Reise wollte er sich nicht degradieren lassen. Ebenso wenig wollte er den Rechtsanspruch auf eine – auch finanzielle – Beteiligung an der offiziellen Reiseauswertung aufgeben. Ihm blieb nur ein Ausweg: sein Sohn und Reisegefährte.

Johann Reinhold Forster's Reise um die Welt – Beschrieben und herausgegeben von dessen Sohn und Reisegefährten George Forster – so lautet der ursprüngliche Titel der berühmten Reisebeschreibung. Als sie im März 1777 – vor ihrer Übersetzung ins Deutsche – in England erschien, konnte das als cleverer Handstreich von Johann Reinhold Forster gelten. Sein Sohn war an keinerlei Abmachungen mit den Briten gebunden. Und das Buch löste die weitgesteckten Ambitionen ein, um die Johann Reinhold zuvor vergeblich mit der Admiralität gerungen hatte.

Allerdings zu einem hohen Preis: Als Autor konnte Johann Reinhold Forster nun selbst nicht in Erscheinung treten – der Ruhm für die Gesamtdarstellung der Reise kam Georg zu. Der konnte schließlich – gestützt auf das Bordjournal seines Vaters – Gedanken zu Papier bringen, die er mit diesem wieder und wieder ausgetauscht hatte: bei der Lektüre der letzten botanischen, zoologischen und völkerkundlichen Publikationen in der umfangreichen Forster'schen Bordbibliothek, in Gesprächen in der engen Schiffskabine während monotoner Antarktisfahrten, auf Landgängen an neu entdeckten Küsten, bei ersten Begegnungen mit den Menschen der Südsee und auf der gemeinsamen Jagd nach neuen Spezies der Tier- und Pflanzenwelt. Dabei war aus dem 17-Jährigen, noch kindlich wirkenden Georg im Laufe der dreijährigen Weltumseglung ein eigenständiger scharfer Beobachter geworden, der alles Gesehene und Gehörte nicht nur mühelos reproduzieren, sondern mit wacher Intelligenz kombinieren konnte – ein Mann, der einer gültigen Schilderung der Reise um die Welt gewachsen war.

Der Entschluss Johann Reinhold Forsters, die Schilderung der Reise um die Welt in die Hände seines Sohnes zu legen, war in der Kontroverse mit der englischen Admiralität eine überraschende Offensive, aber auch ein risikoreicher Coup. Mit Wohlwollen war in London nun nicht mehr zu rechnen, die finanzielle Lage der Forsters aber prekär. Georgs Buch sollte den erlösenden Befreiungsschlag bringen. Es musste nur zuerst – vor dem Reisebericht des Kapitäns – auf den englischen Buchmarkt gelangen. »Jetzt kommen alle andern damit zu spät«, jubilierte schon der Schwede Anders Sparrman, den Johann Reinhold Forster 1772 in Kapstadt als zweiten Assistenten für die Südseereise eingestellt hatte. »Selbst Captain Cook mit seinem Segel- und Schiffskram«, wie der schwedische Botaniker etwas abfällig bemerkte.[70]

Tatsächlich gelang es Georg Forster in wenigen Monaten, in einer körperlich auszehrenden Tour de Force – und während er gleichzeitig an der Übersetzung für die deutsche Ausgabe arbeitete –, die *Reise um die Welt* niederzuschreiben.

Doch als das Buch im März 1777 in London unter dem Titel *A voyage round the world* herauskam, war Cooks offizieller Reisebericht schon avisiert. Die Darstellung des berühmten britischen Navigators erschien schließlich nur einen Monat nach Georg Forsters Buch und verfügte bei einem ähnlichen Verkaufspreis über einen marktentscheidenden Vorteil: 63 Kupferplatten, die die von Cook entdeckten Landschaften und ihre Bewohner in Szene setzten – mit größter Sorgfalt gestochen nach den Skizzen des Landschaftsmalers William Hodges; kostspielige Illustrationen, die die Admiralität finanziert und zur Hälfte Johann Reinhold Forster für seine Reisechronik zugesagt hatte; auf die ein dritter, konkurrierender Autor – Georg Forster – jedoch keinerlei Anrecht hatte.

Der bunt kolorierten Südsee-Exotik der Cook'schen Ausgabe zeigte sich Georg Forsters anspruchsvolle Schilderung im Verkauf nicht gewachsen. Ein Jahr nach der Veröffentlichung der englischen Ausgabe lagen die meisten Exemplare von Georg Forsters *Voyage* noch immer bleischwer im Regal. Das finanzielle Desaster hatte zudem eine andere, schwerwiegendere Folge: Um den Druck der ersten tausend englischen Exemplare finanzieren zu können, hatte Johann Reinhold Forster alle Reserven mobilisieren müssen: Sofort greifbar aber waren nur die Zeichnungen und Skizzen, die Georg Forster als Naturzeichner an Bord der *Resolution* angefertigt hatte.[71] 400 Pfund zahlte Sir Joseph Banks schließlich – ebenjener Mann, für den die beiden Deutschen als Ersatzmänner bei der zweiten Cook'schen Weltumseglung eingesprungen waren.

»Er kaufte meinem Vater alle Zeichnungen von Thieren und Pflanzen die ich gemacht hatte, ab, um sicherer zu seyn, dass sie nie in das publicum kämen, weil er monopolium mit Südseekenntniß treiben wollte. Er schoß ihm Geld vor, um ihn ganz in seine Gewalt zu bekommen«, klagte Georg Forster noch ein Jahrzehnt später in einem Brief an seinen Verlegerfreund Spener.[72] Tatsächlich hatte Joseph Banks Zeit seines Lebens eine Abneigung gegen jede Form der Veröffentlichung und behandelte nicht nur seine Südsee-Blätter von Cooks erster Reise, sondern auch die Forster'schen Arbeiten als Objekte seiner exklusiven Sammelleidenschaft. Alexander von Humboldt meinte sogar, Banks sei aus »verfolgendem Neide« seit jeher »ein Feind der Forster'schen Familie« gewesen und habe sich entsprechend verhalten.[73]

Humboldt berichtet auch, dass Georg Forster 1790 – bei der gemeinsamen Reise nach England – die Idee einer Veröffentlichung seiner Zeichnungen nicht losließ, die in Banks' berühmter Collection, nur ein paar Schritte von seiner Londoner Pension entfernt, aufbewahrt wurden.[74] Der Reisegefährte Anders Sparrman überliefert in seiner Chronik der Cook'schen Weltumseglung, dass der junge Forster auch in Deutschland nach einem Verleger für seine Zeichnungen suchte.[75] Gleichgültig war ihm das Schicksal seiner Abbildungen jedenfalls nicht.

In Deutschland wurde Georg Forsters *Reise um die Welt*, als sie 1778 im Verlag *Haude & Spener* in Berlin erschien, als ein literarisches Ereignis ersten Ranges aufgenommen.[76] Georg Forster, ein 22-jähriger Debütant, verstand es nicht nur, von seinem Südsee-Abenteuer, von fremden Wesen und unbekannten Welten zu erzählen, sondern auch, dabei das Arsenal aufklärerischer Ideen seiner Zeit auszuloten. Dieses Genie wollte man dringend kennenlernen.

Georg Christoph Lichtenberg (1742–1799) – wahrlich kein schwärmerischer oder unkritischer Bewunderer anderer Köpfe – reiste nach London. Benjamin Franklin (1706–1790), als Anwalt der amerikanischen Sache in Paris, und der Comte de Buffon (1707–1788), Frankreichs einflussreichster Naturforscher und Verfasser der berühmten *Naturgeschichte*: Jeder wollte den jungen Forster empfangen, als er nach Fertigstellung seines Buches erstmals wieder den Kontinent betrat. Selbst Johann Wolfgang von Goethe machte sich wiederholt zu Forster nach Kassel und nach Mainz auf.

Im Berliner Schloss Tegel verschlang der junge Alexander von Humboldt Forsters frisch gedruckte Reiseschilderung wieder und

Georg Forsters Darstellung eines Weißkopfliests (Alcedo cancrophaga) – ein Musterbeispiel der von ihm angestrebten zeichnerischen Einbettung einer Spezies in ihre natürliche Umgebung.

Die Purgiernuss (Jatropha curcas) – eine der ersten quasi-fotografischen Pflanzenabbildungen Georg Forsters auf der zweiten Cook'schen Weltumseglung.

wieder. Forster sei der »hellste Stern seiner Jugend« gewesen, notierte Humboldt im *Kosmos*, seinem Hauptwerk.[77]

1790 durfte der 21-jährige Humboldt – »ein sehr liebenswürdiger, braver, geistreicher und kenntnisreicher Jüngling«, wie Forster meinte, den mittlerweile 35-jährigen, in ganz Europa bekannten Georg Forster für fast vier Monate auf einer Rundreise begleiten.[78] Von Mainz den Niederrhein entlang nach Flandern, Brabant und Holland, dann weiter nach England und ins revolutionäre Paris. Zwischenmenschlich gesehen keine ganz einfache Reise. Während der ausgedehnten Schiffs- und Kutschfahrten kam Georg Forster nicht umhin zu bemerken, dass der Geist des 14 Jahre Jüngeren »zu tätig« war, wie er meinte. Alexander von Humboldt schlief nur wenige Stunden am Tag, brach häufiger in Tränen aus, wechselte rasant die Themen und sprach »mit der Geschwindigkeit eines Rennpferdes«.[79]

Für den jungen Humboldt aber wird diese »kurze Epoche meines Lebens immer die lehrreichste und unvergeßlichste sein«, wie er 1791 in einem Brief an Jacobi schrieb.[80] Was Forster auf dieser Reise gesehen und notiert hat, überlieferte er in seinen berühmten *Ansichten vom Niederrhein*, den von Goethe so hochgelobten literarischen Reisereportagen, die die Landschaft und ihre Menschen, politische und wirtschaftliche Verhältnisse, Architektur, Kunst und Religion schilderten.

Alexander von Humboldt notierte noch am Ende seines Lebens über Georg Forster, von ihm habe er jenen ersten starken Impuls empfangen, der aus ihm schließlich selbst einen Forschungsreisenden werden ließ.

In seinen frühen autobiografischen Notizen *Ich über mich selbst* warf Humboldt, der in manischen Perioden recht drastisch werden konnte, seinem Lehrer Forster in den vier Monaten ihres Zusammenlebens schon mal dessen »kleinlich-eitlen Charakter« vor.[81] Trübte das am Ende das Verhältnis?

Eine Frage, die ich einmal im Gespräch mit Hans-Magnus Enzensberger anschnitt, der gerade mit der neuen Edition von Humboldts *Kosmos* beschäftigt und insofern besonders beschlagen war. Aus seiner Sicht war Alexander von Humboldt vor allem fasziniert von Forster. Von dessen Temperament, von »Forsters Feuergeist« – wie Enzensberger es nannte. Auch von Seiten, die Humboldt selbst fehlten:

Forsters Radikalität, sein klares politisches Projekt. All das hätte Humboldt sehr gefallen.

Humboldts Credo, man müsse die Welt erst angeschaut haben, bevor man sie beschreibe, klingt wie ein Echo auf die folgenreiche Begegnung mit Forster. »Mehr hat man doch nicht, als was einem durch diese zwei Oeffnungen der Pupille fällt und die Schwingungen des Gehirns erregt«, notierte Georg Forster kurz vor seiner Reise mit Humboldt. »Anders als so nehmen wir die Welt und ihr Wesen nicht auf. Die armseligen vier und zwanzig Zeichen reichen nicht aus«.[82]

Mittels dieser »armseligen Zeichen« allerdings sorgte Georg Forster als Publizist und Schriftsteller immer wieder für Furore. Was seinen Zeitgenossen imponierte, war beides: Forsters elegante Sprache – und seine Haltung: ein an humanistischen Idealen ausgerichteter Horizont gepaart mit aufklärerischer Wissbegier. Diese Ideale führten ihn schließlich – zum Erschrecken mancher seiner Zeitgenossen – von der *Resolution* zur Revolution.

»Freiheit und Gleichheit? ... das Bewußtsein meines ganzen Lebens sagt mir, dass diese Grundsätze mit mir, mit meiner Empfindungsart auf innigste verwebt sind, und es von jeher waren«, wird er am Ende seines Lebens feststellen.[83]

Begeistert vom großen historischen Umbruch, der sich 1789 in Frankreich Bahn brach, schloss sich Georg Forster dem Mainzer Jakobinerklub an, nachdem französische Truppen in ihrem Abwehrkrieg gegen die Deutschen das Rheinufer überschritten und im Oktober 1792 das fürstbischöfliche Kurmainz besetzt hatten.[84] Ein Großteil des Adels und der Geistlichkeit, auch Kurfürst Joseph von Erthal (1719–1802), der Forster 1788 als Universitäts-Bibliothekar nach Mainz geholt hatte, waren aus der Stadt geflohen.

Forster aber blieb – voller Elan für einen Neuanfang. Schon bald stieg er zum führenden Kopf der im März 1793 gegründeten *Mainzer Republik* auf. Zum ersten Mal in deutschen Landen wurden die Feudallasten abgeschafft, gab es demokratische Wahlen, konstituierte sich mit dem Rheinisch-Deutschen Nationalkonvent ein Parlament. Stolz verkündete Georg Forster in der Stadt Gutenbergs die Pressefreiheit. Doch die Tage unter dem Freiheitsbaum der Republik waren gezählt, immer stärker wurde der militärische Druck durch preußisch-österreichische Truppen. Schließlich wurde Forster nach Paris entsandt, mit dem Mandat, zum Schutz der *Mainzer Republik* die Vereinigung mit dem revolutionären Frankreich zu beantragen. Doch während Forsters Verhandlungen in Paris wurde Mainz schließlich von Österreichern und Preußen militärisch bezwungen. Mit dem Einzug der deutschen Truppen setzte eine wilde Jagd auf die »Klubbisten«, die Mitglieder des Jakobinerklubs, ein.

Die Mainzer, so sagte es Georg Forster im April 1793 in Paris voraus, kehren »so leicht und so gern in ihr altes Joch zurück, als hätte es nie etwas anderes gekannt und geahndet«.

Nach der Niederlage der *Mainzer Republik* wurde Haftbefehl gegen Georg Forster erlassen und ein Kopfgeld ausgesetzt. Selbst das Mittel der »Reichsacht«, die generelle Aberkennung aller Rechte und praktische Ausbürgerung aus deutschen Landen, wurde gegen den berühmten Weltreisenden erwogen.

Tatsächlich kehrte Forster nie mehr nach Deutschland zurück. Nur ein halbes Jahr nach dem Ende der *Mainzer Republik* starb er im Januar 1794 in Paris – nicht einmal 40-jährig. Die ältere seiner beiden Töchter war gerade einmal sieben Jahre alt.

Erstaunlicher, dichter, dramatischer kann das Leben eines einzelnen Menschen kaum sein.

Es ist diese enorme Intensität, die mich an Georg Forster am stärksten beeindruckt hat: Mit zehn an die Wolga und ins russische St. Petersburg, mit 17 die große Reise in die Südsee und rund um die Welt, mit 23 Mitglied der Londoner *Royal Society*. Mit 24 Professor in Kassel, Freimaurer, Gold- und Rosenkreuzer auf der Suche nach der »Ursubstanz«. Mit 31 frisch verheiratet als Professor im litauischen Wilna, mit 34 im Dienst der Zarin, um für Russland eine große Pazifikreise zu unternehmen, was sich durch den Ausbruch des Krimkriegs in letzter Minute zerschlägt, dann Bibliothekar in Mainz.

Mit 35 die Reise mit Humboldt, Höhepunkt im Juli 1790: eine Visite im revolutionären Paris. Georg Forster ist 38, als die Revolution Mainz erreicht und er sich an die Spitze der *Mainzer Republik* stellt. Kurz darauf versucht er – er fuhr schließlich auf einem britischen Schiff um die Welt – im Auftrag der Französischen Republik einen Waffenstillstand mit den englischen Truppen auszuhandeln, die die junge Republik in der Normandie bedrohen. In der französischen Metropole tobt währenddessen die »terreur«.

Als ihn kurz nach seinem 39. Geburtstag die Lungenentzündung niederwirft, kommt er gerade zurück aus dem winterlich-verschneiten Schweizer Travers, wo er versucht hat, Therese, ihren Liebhaber und ihre beiden Töchter zu überreden, zu ihm nach Paris zu ziehen. Vergeblich. Er ist gerade dabei, eine erneute Weltreise zu planen, diesmal unter französischer Flagge, als der Tod ihn in der Pariser *Rue des Moulins* überrascht.

Der Eindruck eines besonders intensiven Lebens ergibt sich aber auch aus dem, was Georg Forster in Briefen und Schriften an Gedanken und Ideen hinterlassen hat. Die in der DDR 1953 begonnene und von der Akademie der Wissenschaften Berlin-Brandenburg bis heute fortgeführte Gesamtausgabe seiner Werke ist so umfangreich, dass man hinter den 20 dicken Bänden ein langes Leben ihres Urhebers vermuten würde. Und dabei brachte Forster all das in nicht einmal zwanzig Jahren zwischen 1776 und 1794 zu Papier, zwischen der Rückkehr von seiner Weltreise mit Cook und seinem Tod in Paris. Was für eine beispiellose Produktivität! Ebenso erstaunlich sein Schreibstil. Die angelsächsische Umgebung, die prägenden Jugendjahre in London und an Bord der *Resolution* trugen gewiss dazu bei, dass Forsters Sprache frei blieb vom bräsigen deutschen Gelehrtenstil. Die Genauigkeit seiner Darstellung offenbart den Zeichner, dessen Auge sich an Bord von Cooks Schiff drei Jahre lang darin geübt hatte, die Umgebung in all ihren Nuancen zu erfassen. Oder in den Worten Friedrich Schlegels: »In andern, auch den besten deutschen Schriften, fühlt man Stubenluft. Hier scheint man in frischer Luft, unter heiterm Himmel, mit einem gesunden Mann, bald in einem reizenden Tal zu lustwandeln, bald von einer freien Anhöhe weit umher zu schauen. Jeder Pulsschlag seines immer tätigen Wesens strebt vorwärts«.[85]

Naturgemäß sind in Georg Forsters 20-bändiger Gesamtausgabe die vielen Übersetzungen anderer Autoren nicht enthalten, die die »Übersetzer-Maschine« Forster seit seiner frühen Jugend anfertigte – unter der »Knute« seines Vaters, wie Georg Christoph Lichtenberg es bei seiner ersten Begegnung mit Vater und Sohn Forster 1775 in London in einer Karikatur festhielt. Nicht selten stand Georg Forster auch persönlich mit den Verfassern der von ihm übersetzten Werke in Kontakt.

Sein Austausch mit den großen Köpfen seiner Zeit war enorm: ob mit James Cook oder Joseph Banks, den Malern der Cook'schen Weltreisen Hodges und Webber, mit Naturgelehrten wie dem Franzosen Buffon, dem Amerikaner Benjamin Franklin oder dem Schweden Carl von Linné, mit Verlegern wie Christian Friedrich Voss und Karl Spener, vor allem aber mit den großen Geistern der deutschen Aufklärung: mit Goethe und Herder, Wieland und Lichtenberg, mit den Brüdern Humboldt, Schlegel und Jacobi. Eine Korrespondenz, die »in der deutschen Briefliteratur kaum ihresgleichen hat«, wie Walter Benjamin bemerkte.[86]

Für Intensität sorgten nicht zuletzt bemerkenswerte Frauen in Forsters Leben: starke, selbstbewusste, kluge Damen, die nicht selten in mehrfacher Hinsicht mit den Konventionen ihrer Zeit brachen – vor allem die »Universitätsmamsellen« aus Göttingen, die dem jungen Forster als Professorentöchter vorgestellt wurden und später erneut seinen Lebensweg kreuzten. Die erste: Therese Heyne, um deren Hand Georg Forster schließlich 1785 anhielt. Die turbulenten acht Jahre ihrer Ehe, die in Mainz in eine Dreiecksbeziehung mit dem Schriftsteller Ludwig Ferdinand Huber mündeten, waren zugleich eine Zeit regen intellektuellen Austauschs. In dem gastfreundlichen, weltoffenen Haus, das die Forsters in Mainz führten, beeindruckte die äußerst wache und rhetorisch geschulte Tochter des Göttinger Philologieprofessors Heyne auch andere kluge Köpfe – wie Wilhelm von Humboldt, der in seinen Briefen Thereses lebhaften Geist, ihr gefühlvolles Wesen und ihre innere Unabhängigkeit pries und sie für eine der klügsten Frauen ihrer Epoche hielt. Auch erotisch war der ältere der beiden Humboldt-Brüder von ihr fasziniert, was einige Eifersüchteleien seiner Verlobten und späteren Ehefrau Caroline von Dacheröden zur Folge hatte.[87] In der späteren Ehe mit dem Publizisten und Schiller-Vertrauten Huber avancierte Therese, die zehnfache Mutter, von deren Kindern allerdings nur vier das Erwachsenenalter erreichten, zur Berufsschriftstellerin. Nach dem Tod Hubers wurde Therese als eine der ersten Frauen in Deutschland Chefredakteurin. Sie leitete das Stuttgarter *Morgenblatt für gebildete Stände*.

Zum engsten Forster-Kreis zählte ebenso Caroline, die Tochter des Göttinger Orientalistikprofessors Michaelis. Allein die Namen ihrer späteren Ehemänner Böhmer, Schelling und Schlegel stehen dafür, dass sie nicht nur als hübscher, sondern ebenso kluger Kopf begehrt war. Als »kokette junge Witwe« – wie sie sich selbst in einem Brief nannte – zog sie 29-jährig nach dem frühen Tod ihres ersten Mannes im Sommer 1792 nach Mainz.

Dort fand sich im selben Jahr mit der 27-jährigen Meta Forkel eine dritte Göttinger Gelehrtentochter ein. Schillernd und ein wenig verrucht auch die Vita der Tochter des Philosophieprofessors Rudolf Wedekind: Sie verließ ihren Ehemann zugunsten des Balladendichters Gottfried August Bürger, zog nach einem Jahr aber zu einem neuen Geliebten nach Berlin weiter, woraufhin Bürger sie in Gedichten und Briefen als *Furciferaria* dem öffentlichen Spott preisgab. Im Sommer 1792 machte sich Meta Forkel dann nach Mainz zu ihrem Bruder Georg Wedekind auf, der sich als Mediziner an der Universität einen Namen gemacht hatte und bald auch zu Georg Forsters Jakobinerklub – der »Gesellschaft der Freunde der Freiheit und Gleichheit« – zählte.

So kamen die »Universitätsmamsellen« wie schon in Göttingen nunmehr in Mainz im Hause Forster zusammen. Als eine Art Salon, als geistiges Zentrum, fungierte das Haus in der Mainzer Universitätsstraße 5 erst recht, nachdem die französischen Revolutionstruppen im Oktober 1792 in die Stadt eingezogen waren. Meta Forkel, schon von Jugend an eine eifrige Übersetzerin und spätere Schriftstellerin, ließ sich von Georg Forster Übersetzungsaufträge übertragen, um selbst für ihren Lebensunterhalt zu sorgen.[88] Politisch aufschlussreich auch, dass Georg Forster sie wirkungsvoll dabei unterstützte, Thomas Paines' Streitschrift *Die Rechte des Menschen* aus dem Englischen ins Deutsche zu übersetzen. Georg Forster steuerte schließlich mutig das Vorwort dazu bei.[89] Eine Kampfansage an das *ancien régime*.

In den Tagen der *Mainzer Republik* nahm Meta Forkel regen Anteil an den politischen Umwälzungen und assistierte Forster bei seinen enormen Schreibarbeiten in der dreifachen Rolle als Präsident des Jakobinerklubs, Vize-Chef der Mainzer Administration und Chefredakteur der *Neuen Mainzer Zeitung* oder *Der Volksfreund*.

Caroline Böhmer wäre sogar gern »Klubbistin« geworden, nur konnte sie es nicht, weil weibliche Mitglieder im Mainzer Jakobinerklub nicht zugelassen waren. Nach dem Einzug des französischen Generals Custines in Mainz verliebte sie sich in einen französischen Offizier und trug bald dessen Kind unter ihrem Herzen. Ein Kind, von dem die Feinde der Mainzer Jakobiner verbreiteten, dass Georg Forster der Vater sei.[90] Dass der berühmte Fahrensmann Captain Cooks, der mit englischen Matrosen die »kytherischen« Verhältnisse auf *Tahiti* erlebt und diese auch beschrieben hatte, es mit der ehelichen Treue nicht so genau nahm, mochte vielen einleuchten, zumal er schon seit längerem in einer *Ménage à trois* mit seiner Frau und Huber lebte. Das Gerücht von Forsters »Bastard« musste um so glaubhafter erscheinen, als Forsters Ehefrau Therese immer energischer die Scheidung von Forster verlangte, nachdem die französische Nationalversammlung die Ehescheidung liberalisiert hatte.[91] Im Dezember 1792 verließ Therese, gemeinsam mit ihrem Geliebten Huber und den beiden Forster-Töchtern Therese und Clara, schließlich Forsters Haus und die belagerte revolutionäre Stadt, um die Kinder in der Schweiz in Sicherheit zu bringen.[92] So jedenfalls begründete Therese ihren für Forster verstörenden Schritt, der den führenden Mann der *Mainzer Republik* desavouieren musste, sah es doch verdächtig nach einer sich abzeichnenden Niederlage aus. In einem zweiten Schritt ermächtigte Therese ihre Freundin Caroline Böhmer, Georg Forster den Haushalt zu führen, und hätte wohl auch gegen eine Rochade im ehelichen Bett keine Einwände gehabt, hätten Forster und Caroline dies gewollt.

Ein halbes Jahr später, nach der Rückeroberung der abtrünnigen Stadt durch die Deutschen – Georg Forster verhandelte zu diesem Zeitpunkt gerade in der Pariser Nationalversammlung –, wurden Caroline Böhmer und Meta Forkel Opfer der Jakobinerjagd und als Personen aus dem engsten Forster-Kreis in der Festung Königstein eingekerkert. Während in Mainz die alten Verhältnisse wiederhergestellt wurden und man sich auf der Bühne über das Stück *Die Mainzer Klubbisten zu Königstein: Oder, die Weiber decken einander die Schanden auf* amüsierte, das die »Universitätsmamsellen« im Forster'schen Hause als mannstolle Weibsbilder denunzierte.

Tatsächlich aber ist sexuelle Libertinage in den Tagen einer Revolution, in der reihenweise Konventionen über den Haufen geworfen werden, nichts Unerhörtes. Bei Forster kommt so zur überdurchschnittlichen

Ereignisdichte seiner Biografie eine erotische Facette hinzu. Mit dem Ringen um Therese – die Ehefrau, die ihn nicht will – aber auch eine tragische. Dennoch sind die knapp vierzig Jahre seines Lebens ungeheuer reich: reich an Schauplätzen in Europa und rund um den Globus, reich an unterschiedlichen Sujets und reich an schillernden Personen und herausragenden Köpfen seiner Zeit, männlichen und weiblichen. In der Summe entsteht der Eindruck, dass Georg Forster ein überaus reiches Leben gelebt hat. Spannend genug, um mich für Jahre in seinen Bann zu ziehen.

Ich war zehn Jahre alt, als ich Georg Forster im Atelier meines Großvaters in Zeuthen zum ersten Mal begegnete. Genauer: Ich begegnete einer Zeichnung von seiner Hand, die mir nur deshalb in Erinnerung blieb, weil sie mich aus einer unangenehmen Situation rettete.

Mein Großvater hatte die Angewohnheit, bei jeder Gelegenheit vom Krieg zu erzählen, den er – offenbar zu seinem großen Erstaunen – überlebt hatte. Ganz gleich, wo wir uns aufhielten, ob auf der Hollywoodschaukel im Garten, in seinem Boot auf dem Zeuthener See oder in seiner Malstube: Sobald kein anderer in der Nähe war, fing er an, mir mit leiser Stimme von sibirischer Eiseskälte zu erzählen und von ausgemergelten Gestalten in Asbestminen, von Wanzen und Läusen, die wie Heuschrecken über die Menschen herfielen, und von Lagern, bei denen am Ausgang Tausende Männer erschossen wurden um Platz zu machen für Tausende neu ankommende deutsche Soldaten am Eingang.

Es muss im Juli 1973 gewesen sein: Meine Großmutter hatte an diesem Tag einen Arzttermin und daher musste ich meinem Großvater in seinem Atelier Gesellschaft leisten. Ich ahnte schon, was kommen würde, als ich in den hohen, hellen Raum kam, der durch dichtgedrängte Meeresansichten an den Wänden in eine Art Ozeanarium verwandelt war und einen strengen Geruch nach Ölfarbe und Firnis verströmte.

Während mein Großvater eine neue Leinwand grundierte, kam er schnurstracks auf die Plakatmalerei in der Kriegsgefangenschaft zu sprechen, die ihm zwar das Leben rettete, weil die sowjetischen Offiziere die Schönheit seiner kyrillischen Buchstaben bewunderten, andererseits aber dafür sorgte, dass man die Entlassung des talentierten Malers ständig hinauszögerte. Als er zum Kapitel über die Heimkehr übergehen wollte – ein Kapitel, in dem meine Großmutter stets als herzlose Frau dastand, weil sie ihm nach zehn Jahren Kriegsgefangenschaft nicht jubelnd um den Hals gefallen war –, suchte ich fieberhaft nach irgendetwas, mit dem ich die Kriegserzählung meines Großvaters unterbrechen konnte. Mangels besserer Ideen platzte ich schließlich mit der Frage heraus, was das denn für eine blaue Mappe sei, die da auf seinem Schreibtisch liege.

Erleichtert, vielleicht sogar erlöst von der eigenen traurigen Erzählung, schlug mein Großvater plötzlich einen anderen Ton an: Das sei ja nun etwas ganz Besonderes – Zeichnungen, die er als Nächstes kopieren wolle, die aber schon vor gut 200 Jahren entstanden seien. Und zwar nicht etwa in der guten Stube oder in einem Atelier, sondern auf hoher See, in der Unendlichkeit des Pazifischen Ozeans – ich hätte doch einen Globus und könne mir das vorstellen? –, also fast ganz unten, am Südpol. Bei dem Blatt, das mein Großvater pars pro toto herauszog, handelte es sich um die Abbildung eines Schneesturmvogels, ja um die allererste Zeichnung einer solchen Vogelart überhaupt – gemalt von einem 17-Jährigen, Georg Forster, der das große Privileg gehabt habe, als Naturzeichner einen der berühmtesten Seefahrer aller Zeiten, den britischen Captain James Cook, auf seiner dreijährigen Reise um die Welt zu begleiten. Und wenn man sich Georg Forsters *Gouache* genau anschaue, könne man im Grau der Wellen, vor dem Horizont zwischen den Eisbergen, auch das Schiff erkennen, auf dem er als Zeichner gestanden haben muss, als er seinen Sturmvogel zu Papier brachte.

Ich entsinne mich, dass mich mehr noch als der hoch über dem Meer dahingleitende Schneesturmvogel, dessen weiße Schwingen das obere Drittel des Bildes einnahmen, das winzig kleine Schiff faszinierte, das auf Forsters Zeichnung mit mächtig aufgeblähten Segeln zwischen den Eisbergen kreuzte. Ein Bild, das sich in meinem Hinterkopf festsetzte, während mein Großvater fortfuhr, das blaue Konvolut zu durchblättern, um mir ein Dutzend weiterer Forster-Drucke zu zeigen. Erst Jahre später wurde mir klar, dass es sich bei diesem von Gerhard Steiner 1971 in Leipzig herausgegebenen Band *Vögel der Südsee* um die erste Veröffentlichung von Forster-Zeichnungen über-

Georg Forsters Darstellung des Antarktischen Sturmvogels (Procellaria antarctica): *ursprünglich in London für den englischen König Georg III. angefertigt, von Goethe nach Gotha vermittelt, nach dem zweiten Weltkrieg ins sowjetische Leningrad verlagert, 1954 nach Gotha zurückgekehrt, 1971 zum ersten Mal in Leipzig veröffentlicht.*

haupt gehandelt hatte. Während mein Großvater mir erklärte, dass der Name von Captain Cooks Schiff *Resolution* gewesen sei, was soviel wie Beharrlichkeit bedeute, und dass die Briten damals nach einem großen fruchtbaren Südland gesucht hätten, das sie nicht finden konnten, weil es am Südpol eben nichts Fruchtbares gäbe, wunderte ich mich über diesen Mann, der im Radio immer nur *Stimme der DDR* hören wollte und in diesem Augenblick mit mir und Georg Forster in die Weiten des Pazifik entschwand.

Das zweite Mal hörte ich den Namen Georg Forster Mitte der 80er Jahre an der Leipziger Uni, als Student im Fach Pressegeschichte. In den Hörsälen am Karl-Marx-Platz wurde Georg Forster als deutscher Revolutionär gefeiert, als Aufklärer, der die erste deutsche Republik begründet hatte, und als Mann von Weltrang im revolutionären Paris, der auf dem Höhepunkt des Terrors die Guillotine – zähneknirschend – verteidigt hatte. Kein Geringerer als Friedrich Engels, in der DDR nach Marx (und vor Lenin) der zweite »Klassiker« des wissenschaftlichen Kommunismus, hatte Forster im Oktober 1845 den Ritterschlag des revolutionären Proletariats erteilt. »Warum nicht Georg Forster feiern«, fragte Engels fünfzig Jahre nach dessen Tod in der radikalen britischen Wochenschrift *The Northern Star*: »Den deutschen Thomas Paine, der die Französische Revolution in Paris bis zuletzt gegen alle seine Landsleute unterstützte und auf dem Schafott starb?«[93]

Zwar irrte sich der kommunistische Klassiker, was Forsters Tod unter dem Fallbeil betraf, doch machte er Georg Forster mit dieser Lobrede zu einer Art revolutionärem Ahnherrn der DDR. Zitate aus Forsters Pariser Schriften in den Studienheften der Karl-Marx-Uni schienen das zu belegen: Vielleicht müsse Frankreich in Blut und Tränen schwimmen, hatte Forster über den Terror geschrieben, die Größe der Zeit sei »Riesengröße«, also fordere sie auch »die ungewöhnlichsten Opfer«.[94] Oder seine pathetische Prophezeiung: »Tausende und aber tausende Familien können zugrunde gehen, aber das große Werk geht nicht mehr zurück.«

Der Zweck heiligt die Mittel, lautete der Reim, den man sich in der DDR auf Forsters Revolutionsschriften machte. Damals in Frankreich hatte man sich mit der Guillotine gegen den Klassenfeind zu erwehren – in der DDR mit der Mauer. Über allem die Worte Lenins: »Eine

Revolution ist nur dann etwas wert, wenn sie sich zu verteidigen versteht«.[95]

Erst viel später lernte ich die tieftraurigen Briefe kennen, die Georg Forster aus Paris an seine Frau Therese nach Neuchâtel in der Schweiz schickte – Forsters Zweifel, sein Verzweifeln am Terror. Nur zwei Wochen nach seiner Ankunft in Paris schrieb Georg Forster, dass die »eisernste Tyrannei« erst noch zu erwarten sei.[96] »Nie hatte die Tyrannei so viel Unverschämtheit, so viel Ausgelassenheit, nie wurden alle Grundsätze so mit Füßen getreten, nie herrschte Verläumdung mit so zügelloser Gewalt ...«[97] Kurz darauf seine Einsicht: »Aus der Ferne sieht alles anders aus, als man's in der näheren Besichtigung findet. Dieser Gemeinspruch drängt sich mir hier sehr auf. Ich hänge noch fest an meinen Grundsätzen, allein ich finde die wenigsten Menschen ihnen getreu. Alles ist blinde, leidenschaftliche Wut, rasender Parteigeist und schnelles Aufbrausen, das nie zu vernünftigen, ruhigen Resultaten gelangt. ... Es steht jetzt alles auf der Spitze.«[98]

Nur dekretierte der Wohlfahrtsausschuss unter Robespierre inmitten des Terrors auch Maßnahmen, denen Forster nur applaudieren konnte: Während die Köpfe fielen »wie die Dachziegel«, wurden in Paris erstmals Höchstpreise für Lebensmittel – das »Maximum« – festgelegt, um den Besitzlosen ein Auskommen zu ermöglichen. In den Übersee-Besitzungen Frankreichs wurde das Ende der Sklaverei verkündet. Für Forster noch wichtiger: Erstmals in Europa wurde die allgemeine Schulpflicht eingeführt.[99] Sie ging also weiter, die Revolution: In Frankreich sollte von nun an jedes Kind kostenfrei zur Schule gehen.

Dennoch bekannte Forster Therese gegenüber, angesichts des Blutvergießens wäre er lieber ins liberale Hamburg oder nach Altona gegangen, als in den Jakobinerklub, hätte er vor zehn Monaten gewusst, was er jetzt wisse.[100]

Dieser zerrissene Forster wurde uns Leipziger Studenten vorenthalten. Im »Lesebuch für unsere Zeit«, in dem der »Bildungs-Apostel« Walther Victor in der DDR erstmals nach dem Nationalsozialismus wieder Schriften Georg Forsters herausgab – ohne Zweifel eine verdienstvolle Wiederentdeckung nach der Bücherverbrennung von 1933 –, waren die Auszüge von Forsters Pariser Briefen jedoch ideologisch recht passgenau zugeschnitten.[101] » ... Ich glaube nun einmal an die Wichtigkeit dieser Revolution ...«, setzte der erste Brief aus Paris ein.[102] Worauf gleich der nächste jubelte:» ... Das Beste ist, das unsre Grenze überall gedeckt ist ...«[103] Derart von Zweifeln bereinigt, schien Forster als Symbolfigur für »sozialistische Demokratie« und »Waffenbrüderschaft« umso brauchbarer.

Tatsächlich war Georg Forster derjenige, der als führender Kopf der Mainzer Jakobiner und Vizechef der Administration in der abtrünnigen deutschen Region zwischen Landau und Bingen die ersten demokratischen Wahlen auf deutschem Boden organisierte. Nur mussten die Bürger, um das Wahlrecht zu erhalten, zuvor einen Eid auf die französischen Ideale, auf Freiheit und Volkssouveränität, ablegen. Ein Eidzwang, der den demokratischen Prinzipien einer Wahl zuwiderlief und dem sich nur wenige beugen wollten. In der Stadt Mainz beteiligten sich so nur 372 der 4626 Wahlberechtigten an der Abstimmung, um die 8 Prozent in Worms, ein Drittel der Wähler in Speyer und den Dörfern ringsum.[104]

Der DDR boten diese Wahlen unter Forsters Ägide einen willkommenen historischen Präzedenzfall: Hatte man es einerseits mit der ersten demokratischen Wahl in deutschen Landen zu tun, lieferte sie zugleich die Blaupause für das Fernhalten Andersdenkender.[105] Dass nicht Georg Forster, sondern die französische Militäradministration auf den fatalen Mainzer Eidzwang drang, wurde dabei unterschlagen.

Indes konnte sich die *Mainzer Republik* als revolutionäre Bastion auch nur behaupten, weil sie sich auf die Waffengewalt des französischen Revolutionsheeres stützte. Die Parallele zum kleineren der beiden deutschen Staaten, dem »ersten Arbeiter- und Bauernstaates auf deutschem Boden« war unverkennbar: Die DDR basierte auf der »Waffenbrüderschaft« mit der Sowjetunion. Ohne dieses Bündnis hätte das Land kaum vierzig Jahre überstanden.

Nicht zuletzt erkannte die DDR in Georg Forster einen frühen Vorläufer des »proletarischen Internationalismus«, wie ihn Marx fünfzig Jahre nach Forster postuliert hatte. Forsters Forderung nach Anschluss der *Mainzer Republik* an Frankreich war dafür geradezu ein Paradebeispiel. Da wurde die nationale Selbstbestimmung geopfert zugunsten des größeren revolutionären Ziels, die sprachlich-kulturelle Identität aufgegeben zugunsten einer ideologischen Gemeinsamkeit: *L'ami du Peuple* hieß die radikalste französische Revolutionszeitung, die Jean-Paul Marat 1789 in Paris herausbrachte. *Volksfreund* lautet die deutsche Übersetzung – ein Wort, das Georg Forster seiner *Neuen Mainzer Zeitung* beigab, um das französische Muster kenntlich zu machen. Forsters stolzer Satz »Die Pressefreiheit herrscht endlich innerhalb dieser Mauern, wo die Buchdruckerpresse erfunden ward« stimmte – und hatte angesichts der französischen Besatzung doch einen faden Beigeschmack.[106]

Tatsächlich sprach sich Georg Forster 1793 im barocken Mainzer *Deutschhaus* vor dem *Rheinisch-deutschen Nationalkonvent* als einer der Ersten dafür aus, die *Mainzer Republik* in einer *Réunion* mit dem französischen »Mutterland der Freiheit« zu vereinen, und stellte am 21. März 1793 den entsprechenden Antrag.[107] »Nur freie Menschen haben ein Vaterland«, rief er den Deputierten zu.[108]

Geboren als Nachfahre schottischer Exilanten bei Danzig,[109] die meiste Zeit außerhalb der deutschen Grenzen, drei Jahre im Pazifik, zuvor in Russland, dann in England, in Litauen und schließlich in Frankreich: Musste der Europäer und Weltbürger Georg Forster die Idee der Freiheit nicht für größer und bedeutender halten als die Zugehörigkeit zu einem Flickenteppich deutscher Kleinstaaten, der sich *Heiliges Römisches Reich deutscher Nation* nannte und als Institution schon seit Langem dahinsiechte?

Als Student in Leipzig begegnete mir Georg Forster als sozialistische Galionsfigur. Georg Forster verkörpere »beste revolutionäre Traditionen unseres Volkes«, verkündete auch die 1984 in Wörlitz eingerichtete Georg-Forster-Stätte der DDR: »Wir ehren in Georg Forster einen revolutionären Demokraten, der in der Stunde der Entscheidung vom Gedanken zur Tat vorangeschritten ist.«[110] Im dazugehörigen Bibliotheks-Pavillon des Wörlitzer Gartenreichs wurde eigens der »Mainzer Freiheitsbaum« rekonstruiert. Aus Kiefernholz und Tannengrün, mit den blau-weiß-roten Bändern der Trikolore und der Jakobinermütze geschmückt, wurde so an jene Stunde erinnert, in der die Mainzer Bürger 1793 ihren Treueeid auf die Mainzer Republik schwören sollten. Dass es keine 400 waren, blieb außen vor. Die nachgebildete Metallplakette am Stamm trug ihre Inschrift indes nicht im französischen Original, sondern war ins Deutsche übersetzt worden: »Vorübergehender! Dieses Land ist frei! Tod demjenigen, der es anzugreifen wagt!«.[111] Ein Sprachduktus, der an Schilder an der Berliner Mauer erinnerte, wo vom »demokratischen Sektor« und dem »antifaschistischen Schutzwall« die Rede war. Und wo 200 Jahre später ebenfalls der Tod angedroht wurde.

Nicht der zeichnende Weltreisende, den ich als Kind im Atelier meines Großvaters kennengelernt hatte, schon gar nicht ein an der Revolution Zweifelnder war es, den ich im sozialistischen Teil Deutschlands kennenlernte, sondern ein unerschütterlicher Jakobiner, treuer Waffenbruder und Internationalist. Im Herbst 1989 dann, als Hunderttausende über den Leipziger Ring marschierten, schien es für einen Moment, als werde dieser Georg Forster – wie die schwarz-weißen Lehrhefte für Marxismus-Leninismus – auf dem »Müllhaufen der Geschichte« landen. Im Bibliothekspavillon der Wörlitzer Forster-Stätte jedenfalls verschwand der Mainzer Freiheitsbaum ebenso wie ein Relief Georg Forsters. Das Konterfei des Revolutionärs wurde mit einer Wand abgedeckt, vor die eine Verkaufsvitrine geschoben wurde. So wurde aus dem sozialistischen Andachtsraum – der neuen Zeit gemäß – ein Museumsshop, in dem nun die vom Dessauer Fürsten besonders geschätzte englische Wedgwood-Keramik mit antiken Motiven feilgeboten wurde.

Doch Forster war nicht tot, jedenfalls nicht im Westen, wie ich schon ein halbes Jahr nach dem Mauerfall in Hamburg feststellen konnte. An der dortigen Journalistenschule, die sich ab Juli 1990 auch jungen Leuten aus dem Osten geöffnet hatte, lernte ich Hanns Joachim Friedrichs kennen, der in unserem Intensivkurs unterrichtete. Kaum einer konnte besser aus dem Nähkästchen des Nachrichtengeschäfts plaudern. In den Pausen aber hatte es der bekennende Kettenraucher auffallend eilig, in den Garten zu kommen. Und auch mich zog es damals noch häufig in die Raucherecke an der Rückseite der Backsteinvilla. Unter dem dichten Dach der Platanen redete man über die Fußball-WM, die die Deutschen gerade gewonnen hatten, die anstehende deutsche Wiedervereinigung und schließlich auch über meine Zukunftspläne – Journalistenschulen sind immer auch eine Jobbörse.

Irgendwann stellte mir Hajo Friedrichs die Frage, ob ich mir vorstellen könne, zum Fernsehen nach Mainz zu gehen. Ich muss wohl ziemlich perplex geschaut haben: Mainz? Wie's singt und lacht? Eigentlich wollte ich nach meiner Ausbildung viel lieber nach Berlin.

Was »Mr. Tagesthemen« zu einer Laudatio auf die Stadt am Rhein veranlasste: Es gebe dort viel Sonne und Wein. Und ganz unbedeutend sei die Stadt Gutenbergs und Forsters schließlich nicht, was er einem jungen Historiker wie mir wohl nicht erklären müsse. Ich hatte mich nicht verhört. Er sprach wirklich von Forster. Dass der »DDR-Held« nun auch in Hamburg auftauchte, überraschte mich. Doch hielt Hajo Friedrichs Georg Forster auch nicht aus ideologischen Gründen für empfehlenswert, sondern aus professioneller Sicht. Von Georg Forster, meinte er, könne man als Reporter eine Menge lernen. Ausgefeilte Ortsschilderungen zum Beispiel. Oder – das habe sich Forster vermutlich bei den Briten abgeschaut –, eine Sache mit einem Wort auf den Punkt zu bringen. Es lohne sich, Forsters *Reise um die Welt* zu lesen und seiner Spur zu folgen.

Vier Jahre später – im September 1994 – gab mir Hajo Friedrichs in einem Fernsehstudio in der Berliner Oberlandstraße sein letztes Fernsehinterview. Damals ahnten wir wohl beide noch nicht, dass es keine weiteren öffentlichen Auftritte mehr geben würde. Doch war ihm klar, dass er für seine Qualmerei, wie er es nannte, mit dem Leben bezahlen musste. Als wir nach der Aufzeichnung noch in der Kantine zusammensaßen – nunmehr beide ohne Glimmstängel –, erkundigte er sich trotz der traurigen Umstände bei mir, ob ich mich denn nun in Mainz mit Forster beschäftigt hätte. Und es freute mich sehr, dass ich ihn nicht enttäuschen musste.

Tatsächlich hatte ich auf Hajo Friedrichs Empfehlung hin im Januar 1991 das Angebot des Mainzer Senders angenommen. Und schon bald darauf, an einem trüben Apriltag, machte ich mich auf in die *Neue Universitätsstraße*, in der Georg Forster 200 Jahre zuvor gewohnt hatte. Irgendwie hatte ich die Vorstellung, dass man dort, wo mein Stadtplan das *Forster-Haus* verortete, nämlich unmittelbar neben dem *Proviantamt*, gar nicht weit entfernt vom Mainzer Hauptbahnhof, sicherlich auch das eine oder andere Buch Forsters finden könne. Doch so etwas wie ein Laden oder ein Museum war in der leicht überschaubaren Gasse mit ihren drei Reihenhäusern nicht auszumachen. Immerhin fand sich an einem der dreistöckigen Gebäude eine kleine Informationstafel. Danach waren diese klassizistischen »Professorenhäuser« von der Mainzer Universität am Ende des 18. Jahrhunderts errichtet worden – Georg Forster gehörte somit zu ihren ersten Bewohnern. Allerdings nannte sich die Straße 1788 noch französisch *Rue neuve de l'université* und zu jedem Professorenhaus gehörte ein Hofflügel für die Kinder und Dienstboten und ein Gartenhaus, neun Zimmer im Ganzen.

Linker Hand der Haustür der *Neuen Universitätsstraße 5*, unterhalb der lang gezogenen, in rote Steinrahmen gefassten Kassettenfenster der Beletage, konnte ich schließlich eine Bronzetafel mit dem Bildnis Georg Forsters entdecken, das von Weitem ein wenig an die griechische Sängerin Nana Mouskouri erinnerte. Unter dem Konterfei Forsters Lebensdaten »1754–1794«.

Ziemlich minimalistisch, ging es mir durch den Sinn. Und als ich anschließend in der größten Buchhandlung von Mainz nach Forsters *Reise um die Welt* fragte, hatte man auch sein bekanntestes Werk nicht auf Lager. Am Ende war es Klaus-Georg Popp, der langjährige Herausgeber der Akademie-Ausgabe von Forsters Werken, der nach einem kurzen Telefonat mit mir völlig umstandslos Forsters *Reise um die Welt* in ein Päckchen packte und von Berlin in die Forster-Stadt Mainz expedierte: der Grundstein meiner heute recht ausgewachsenen Forster-Bibliothek.

Dass ich schon bald nach meiner Ankunft in Mainz auch Forsters »Nachbar« wurde, verdankt sich vermutlich einem Zufall. Oder folgte ich bereits einer unterbewussten Suchbewegung? Jedenfalls ragt das Hochhaus in der Münsterstraße, in dem ich meine neue Wohnung in der Mainzer Innenstadt gefunden hatte, ganz in der Nähe des Forster-Hauses auf. Forsters *Neue Universitätsstraße* mündet sogar im spitzen Winkel in die Münsterstraße ein. Und doch war ich verblüfft, als ich aus dem Hochbett meiner kleinen Tochter durch die Fensterfront erstmals auf die umstehenden Häuser blickte: Das frühere Wohnhaus Georg Forsters war keine 50 Meter entfernt. Wir hatten Giebel, Dach und Garten seines Domizils nunmehr immer vor Augen. Und an vielen Abenden auch den Kronleuchter im Salon der Beletage, der die Blicke meiner Tochter immer wieder auf sich zog, weil sein strahlendes Licht dem nächtlich erleuchteten Forster-Haus etwas Warmes und Märchenhaftes gab. Ein Umstand, der die Frage nahelegte, wie wohl die Forsters in diesem Haus gelebt hatten, und der meine ersten Forster-Recherchen auslöste.

Als der Mainzer Kurfürst den berühmten Weltreisenden 1788 als Universitätsbibliothekar einstellte, ging es ihm wohl eher ums Prestige als um die bloße Neuordnung der 50 000 Bände seiner Universitätsbücherei. Billig jedenfalls war Georg Forster nicht zu haben. Mit 1800 Dukaten im Jahr war er damals einer der bestbezahlten unter den deutschen Bibliothekaren – sein Kollege Gotthold Ephraim Lessing in Wolfenbüttel verdiente nur ein Fünftel. Und Forster konnte nebenbei sogar noch seine gutgehende Übersetzerwerkstatt betreiben. So kam Geld ins Haus – und flog zum Fenster raus. Sparsamkeit war schon dem alten Forster zeitlebens ein Graus gewesen. Und wie sein Vater gab auch Georg Forster viel Geld, nicht selten zu viel Geld, für die Anschaffung von Büchern und sein überaus gastfreundliches Haus aus.[112]

Zuwendungen hoher Herren waren deshalb immer willkommen, gekrönte Häupter gehörten naturgemäß zu denjenigen, die gelehrte Männer alimentierten. So vermittelte 1780 Johann Wolfgang von Goethe 32 prächtige Gouachen Georg Forsters,[113] die ursprünglich für den englischen König George III. bestimmt waren, infolge der Querelen des alten Forster mit der britischen Admiralität dann aber zurückgewiesen worden waren, an Herzog Ernst II. von Sachsen-Gotha und Altenburg. Goethe lobte in einem Brief an den neuen Besitzer »die äußerste Präzision und Wahrheit« der Arbeiten, um die man den Fürsten gewiss beneiden werde.[114] Und sorgte so dafür, dass erstmals Naturzeichnungen Georg Forsters in eine breitere Öffentlichkeit gelangten. Diese kostspieligen 26 zoologischen und 6 botanischen Deckfarbengemälde sollten für Georg Forster ursprünglich nur den Auftakt einer ganzen Galerie von Südseebildern bilden. Ein Vorhaben, das durch den Verkauf von Forsters Zeichnungen an Sir Joseph Banks vereitelt worden war.

Auch heute noch, nach 250 Jahren, verblüffen die leuchtenden Farben auf Forsters »Königsbildern«, darunter auch die Sturmvogel-Zeichnung, deren Reproduktion ich als Kind im Atelier meines Großvaters begegnet war. Das war nicht immer so. Bei einem Besuch in Gotha im Frühjahr 2009 war mir aufgefallen, dass einige Gouachen wellig und einzelne Farbpartikel abgeplatzt waren. Als ich daraufhin das Gespräch mit Restaurierungsexperten suchte, stellte sich heraus, dass diese einmaligen Zeugnisse von Cooks zweiter Südseereise, Forsters schönste Arbeiten, tatsächlich gefährdet waren.[115] So kam ein aufwendiger Prozess behutsamer Restaurierung in Gang, der fünf Jahre

Die Abbildung eines Glattnackenrapps (Tantalus capensis) auf dem Computerbildschirm der Münchener Restaurationswerkstatt: Unter der Spektralkamera werden Flächen gelockerter Farbpartikel sichtbar, die wieder befestigt werden konnten.

andauern sollte, nunmehr aber die Leuchtkraft der Bilder für lange Zeit sicherstellen soll.[116] Gotha war indes nicht die einzige fürstliche Adresse, die in Forsters Leben eine besondere Rolle spielte. Seine Beziehung zu vielen Aristokraten, das lässt sich konstatieren, folgte allerdings nahezu ausschließlich handfesten materiellen Interessen. So hatte es sich Georg Forster bei seinem Vater auch abschauen können: In Petersburg feilschte Johann Reinhold Forster mit dem Fürsten Orlow noch um die letzte Kopeke.[117] Vater und Sohn Forster dürften in der Ansicht übereingestimmt haben, dass es sich beim Adel um eine »übermüthige Klasse« handelte, die sich durch »Nichtsthun, tiefe Unwissenheit und plumpe Sinnlichkeit« auszeichnete, wie Georg Forster es schließlich formulierte.[118]

Geldfragen waren daher auch in der huldvollen Begegnung mit dem englischen Herrscherpaar keine Nebensache. Und so beschenkten die Forsters bei der Rückkehr von ihrer Weltreise König und Königin großzügig mit Südsee-Kuriositäten – in der Absicht, eine angemessene Belohnung von der Krone zu bekommen: eine Sinekure etwa, einen Posten, der den Unterhalt der Naturforscher während der langwierigen Auswertung der Reise gesichert hätte.[119] Denn im Gegensatz zu Sir Joseph Banks, der auf der ersten Cook'schen Expedition die Reisekosten für sich und seine Begleiter aus der Portokasse bestreiten konnte und anschließend enorme Summen in seine »splendid collection« investierte, anders auch als Alexander von Humboldt, dessen Aufbruch nach Südamerika durch ein erhebliches Privaterbe finanziert wurde, das er schließlich in der 30-jährigen Auswertung seiner Reise aufbrauchte, besaßen die Forsters kein Vermögen.[120] Also wurde man Geschäftspartner: kaiserlicher Brillantring gegen eine Widmung im Buch des Weltreisenden.

Doch es schien eine Ausnahme von dieser Regel zu geben: Fürst Leopold III. Friedrich Franz von Anhalt-Dessau (1740–1817) und seine Gattin Henriette Wilhelmine Luise (1750–1811) aus dem Hause des Markgrafen von Brandenburg-Schwedt: das Dessauer Fürstenpaar, »Gott sei Dank! Menschen, gute, edle Menschen«, wie Georg Forster sie enthusiastisch in einem Brief an seinen Freund Jacobi nannte.[121] Sie hätten ihn gegen alle Erfahrung zu der Überzeugung gebracht, »dass Fürsten auch Menschen sein können, wenn sie nur wollen. Ein Satz, der sich mir einmal nicht so gar so überzeugend dargestellt hat. Jetzt

 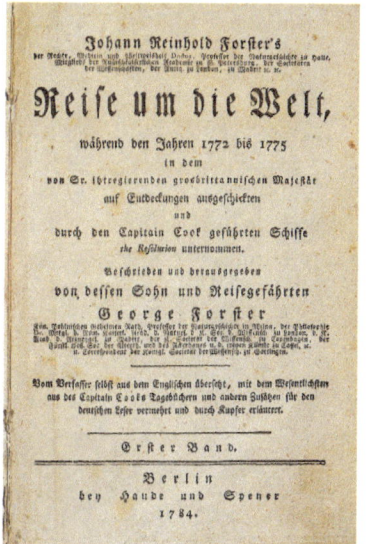

Die Percy Street im Zentrum von London – die Adresse der Forsters nach der Rückkehr von der Weltreise.

In London verfasste Georg Forster die englische und nahezu gleichzeitig die deutsche Fassung seiner *Reise um die Welt*.

bin ich wieder mit dem Geschlecht der Durchlauchtigkeiten so halb versöhnt …«[122]

Die freundliche Zutraulichkeit des anhaltischen Herrscherpaares kam allerdings nicht von ungefähr. Vielmehr war sie ein Echo auf die Großzügigkeit der Forsters, die man unmittelbar nach ihrer Rückkehr von der Weltreise vier Jahre zuvor in London kennengelernt hatte. James Cook hieß der britische Held des Jahres 1775 – und so brannte auch das neugierige Paar aus Anhalt-Dessau darauf, mehr über dessen große Reise zu erfahren. Was lag also näher, als während einer Visite in England zum Zwecke des Studiums von Kunst, Wirtschaft und Agrikultur noch einmal in London vorbeizufahren, um die beiden Deutschen zu treffen, die gemeinsam mit Cook die Südsee bereist hatten. Auch andere wissbegierige Landsleute – Georg Christoph Lichtenberg, Carl Heinrich Titius[123] oder Rudolph Erich Raspe[124] – klopften schließlich in der englischen Hauptstadt an die Pforte von *No. 16 Percy Street, Rathbone Place*, wo Johann Reinhold und Georg Forster damit beschäftigt waren, ihre »Südsee-Kuriositäten« auszupacken und

Eines der kostbarsten Geschenke der Forsters für den Dessauer Fürsten Franz: ein taumi, das Brustschild eines Kriegers von den Gesellschaftsinseln.

zu ordnen, wissenschaftlich zu katalogisieren und für die Weitergabe an Sammler, Gelehrte und Universitäten vorzubereiten.[125]

Fürst Franz und Fürstin Luise waren ganz beeindruckt davon, wie bereitwillig die Forsters sie schon bald nach dem Kennenlernen mit Raritäten beschenkten, die sie aus dem Südpazifik mitgebracht hatten. Das Paar durfte sich die Dinge sogar selbst auswählen. Die Fürstin erhielt ein besonders eindrucksvolles Präsent: die Karte, auf der die Forsters in den drei Jahren an Bord von Captain Cooks Schiff mit rotem Stift nach und nach ihren Reiseverlauf eingezeichnet hatten – oder zumindest eine der Kopien, die Georg Forster von dieser Karte angefertigt hatte. In den Mahagonirahmen, den die Fürstin nach ihrer Heimkehr für die Forster'sche Karte anfertigen ließ, ließ sie eine goldene Inschrift zur Erinnerung an die beiden Forsters stechen: »Noch beschäftigt mit dem Auspacken der von ihrer Seereise mitgebrachten Seltenheiten gaben Sie meinem Gemahl einige von Otaheiti und mir diese Karte. Luise.«[126] Insgesamt konnte Fürst Franz eine kleine, doch veritable ethnologische Sammlung von mehr als 30 Objekten nach Anhalt-Dessau – genauer: nach Wörlitz – mitnehmen.¹²⁷ Dort wurden die Schätze vor allem im Schloss aufbewahrt. Bis Fürst Franz 1779 seinen Hofarchitekten Friedrich Wilhelm von Erdmannsdorff (1736–1800) mit der Errichtung eines Südsee-Pavillons in der Wörlitzer Parkanlage *Neumarks Garten* beauftragte. Auch seine Untertanen und Gäste sollten die seltensten Stücke seiner Sammlung in einem speziell dafür geschaffenen Tempel bewundern können. Das Fundament für diese *Eisenhart* genannte Anlage, die in ihrer Frontalansicht als doppelstufige Steinpyramide erscheint, erinnert vermutlich nicht zufällig an einen *Marae*, einen polynesischen Kultplatz, dem selbst die stilisierten Rückenlehnen für die Priester nicht fehlen.

Als Georg Forster im März 1779 dort zum ersten Mal eintraf, gab es allerdings noch keinen Südsee-Pavillon. Erst sein Besuch scheint den

Der Südsee-Pavillon im Schlosspark von Wörlitz: Hier machte der Dessauer Fürst Franz die ethnologischen Stücke öffentlich zugänglich, die ihm die Forsters 1775 in London geschenkt hatten – heute ist der Pavillon Teil der ersten Georg-Forster-Dauerausstellung der Bundesrepublik im UNESCO-Weltkulturerbe Gartenreich Dessau-Wörlitz.

Bau inspiriert zu haben: Jedenfalls erteilte der Dessauer Fürst den Auftrag zur Errichtung des Südsee-Pavillons im Jahr dieser ersten Forster-Visite. Vermutlich, weil Georg Forster in seinen Gesprächen die »Südsee-Kuriositäten« mit Leben erfüllt hatte, die das Fürstenpaar vier Jahre zuvor aus London mitgenommen hatte.

Der erste Aufenthalt des sonst so eiligen jungen Forster in Dessau und Wörlitz zog sich ungewöhnlich in die Länge. Georg Forster ließ dafür sogar einen geplanten Besuch in Weimar sausen, wo er mit Goethe und Wieland gleich mehrere große Geister versetzte.[128] Stattdessen führte er im Wörlitzer *Luftschloss* des Dessauer Fürsten, ein »Faullenzerleben«.[129] Zwei Wochen lang konnte er die ausgedehnten Alleen des Augartens, die grandiosen Blickachsen, die Seen und Kanäle, Tempel und Skulpturen des Gartenreiches von Wörlitz genießen.[130] Ein »Elysium«, das Erdmannsdorff nach der gemeinsamen *Grand Tour* durch Italien im Auftrag und in enger Abstimmung mit Fürst Franz entworfen hat. Ein frühklassizistisches Antikenreich an der Elbe.

Georg Forster konnte hier – zu Beginn seines »rentrées« in Deutschland – eine Formensprache kennenlernen, die den Bildungsidealen der Aufklärung verpflichtet und nach dem Willen des anhaltischen Fürsten auch jedermann zugänglich war. Alle Stände sollten von der Verbindung des Schönen mit dem Nützlichen profitieren können. Georg Forster besuchte während seiner zwei Ferienwochen auch das Dessauer *Philantropin*, das Lehrer nach reformpädagogischen Prinzipien ausbildete, und nahm selbst am Unterricht teil. Bewunderte er einerseits den »thätigen Eifer« der jungen Leute, so kam er sich in der Bildungshochburg an der Mulde auch »dumm und stumm« vor, wie er seinem Vater anvertraute.[131]

Im Wörlitzer Schloss, das nach englischem Vorbild erbaut und 1773 eingeweiht worden war, hatte Erdmannsdorff den einmaligen Versuch unternommen, die Raumfolge eines antiken römischen Hauses nachzuahmen. Dennoch mussten die Wörlitzer Schlossbewohner auf eine moderne Einrichtung nicht verzichten: Alle Etagen wurden mit fließendem Wasser versorgt, es gab ein modernes Bad und die Speisen wurden durch einen 50 Meter langen unterirdischen Gang aus dem Küchenhaus ins Schloss geliefert. Davon profitierte auch Georg Forster.

»Des Morgens frühstückten wir beisammen, die Fürstin schenkte uns Thee ein und des Mittags und Abends kamen keine Bedienten ins

Zimmer … Abends habe ich über die Kunstsachen aus der Südsee, die der Fürst dort aufbewahrt, ein Collegium gelesen …«, berichtete Georg Forster seinem Vater.[132]

In der Schlossbibliothek, unter vier Augen, drückte Fürst Franz seinem Gast nach dessen Südsee-Vortrag 100 Louisdors in die Hand, nach heutigem Goldwert etwa 20 000 Euro. Der junge Forster solle das als Beweis verstehen, »Ihnen und Ihrem Vater nützlich zu sein«, ließ ihn der Fürst wissen.[133] Und doch teilte sich auch in der Großzügigkeit dieser Geste der Klassenunterschied mit, der zwischen dem Fürsten und dem mittellosen jungen Weltreisenden klaffte.

In den folgenden Jahren – Georg Forster besuchte Dessau-Wörlitz noch zwei weitere Male[134] – sollte dieser Abstand noch augenfälliger werden. Als er im Februar 1788 auf einer Reise zu seinem Vater nach Halle kurzerhand Zwischenstation in Wörlitz machte, um Fürst Franz zu besuchen, ließ der ihn »sehr kalt« abweisen, wie Forster seinem Verlegerfreund Spener mitteilte.[135] Über den Grund für diese Abkühlung kann man nur spekulieren. Wollte der Dessauer Fürst Georg Forster für den Vater büßen lassen, weil der Dankesbrief Johann Reinholds für das Geldgeschenk des Dessauers so überaus lange hatte auf sich warten lassen?[136] Oder war es Georg Forster selbst, der während seiner letzten Visite enttäuscht hatte, weil ihm in Wörlitz eine seltsame depressive Stimmung in mancher Stunde Denken und Sprache verschlagen hatte?[137] Vielleicht nahm Fürst Franz, der den Freimaurern in seinem Gartenreich mit zahlreichen Symbolen huldigte, dem Bruder *Amadeus* aber auch übel, dass der sich mit »Leere im Herzen« so rigoros von Logen und Geheimbünden abgewandt hatte?[138]

Die versöhnliche Begründung des Dessauer Regenten für Forsters Abweisung ging dahin, dass die Hofetikette einen unangemeldeten Besuch auf dem Landsitz des Herrschers nun mal nicht zuließ und Forster den Weg über die Dessauer Residenz hätte nehmen müssen.[139] Was immer der Grund für die Zurückweisung gewesen sein mag: Auf Augenhöhe oder gar »en famille« war Georg Forster selbst mit dem Aufgeklärtesten unter den deutschen Fürsten nicht.

Geradezu skandalös aber empfand er den Personenkult um den preußischen König Friedrich II. Bei seinen Besuchen in Berlin und Potsdam hatte er miterlebt, »dass Alles, bis auf die gescheidtesten, einsichtsvollsten Leute, den König vergöttert und so närrisch anbetet, dass selbst was schlecht, falsch, unbillig oder wunderlich an ihm ist, schlechterdings als vortrefflich und übermenschlich pronirt werden muß«, wie er seinem Freund Jacobi schrieb.[140]

Was Georg Forster dennoch nicht hinderte – nicht hindern durfte –, den Dessauer Fürsten zu bitten, Friedrich den Großen dafür zu gewinnen, das kostbare Herbarium seines Vaters zu erwerben. Da die wissenschaftliche Auswertung der Weltreise dauerhaft unter schwierigen finanziellen Umständen erfolgte, sah sich Johann Reinhold Forster 1888 gezwungen, seine einmalige Sammlung getrockneter Kräuter für 1000 Dukaten feilzubieten. Insgesamt »3000 Stück«, darunter »500 aus der Südsee« und zum Teil »noch ganz unbekannte, nur von uns auf der Reise um die Welt gesammelte Pflanzen«, wie Georg Forster den Dessauer Fürsten wissen ließ.[141]

Man kann nur darüber spekulieren, inwieweit das ständige Bitten und Betteln bei den »Durchlauchtigkeiten«, die völlige Abhängigkeit der wissenschaftlichen Arbeit von den Vorlieben, Launen und einem oft geringen Sachverstand der feudalen Eliten, dazu beigetragen hat, Georg Forster politisch zu radikalisieren. Sein Vater, der sich beim Einzug der Franzosen in Mainz gewünscht hatte, Forster möge »dieser unlucky Revolution« gänzlich fernbleiben, war jedoch ein denkbar schlechtes Beispiel für demütigen Untertanengeist.[142]

»Sire, ich habe bereits fünf Könige gesehen, drei wilde, zwei zahme; aber wie Ew. Majestät keinen«, soll Johann Reinhold Forster voller Ironie Friedrich II. von Preußen ins Gesicht gesagt haben.[143] Seine Auseinandersetzungen mit dem russischen Adel, die Querelen mit der königlichen Admiralität in England, schließlich seine publizistische Rache am britischen Hochadel im *Tableau de l'Angleterre*[144] – hier schimpfte er Lord Sandwich öffentlich einen heuchlerischen »Judas«: Den aufmüpfigen, respektlosen Blick auf hochwohlgeborene Herren hatte Georg Forster sicherlich vom Vater übernommen. Und so scheute er auch nicht allzu lang davor zurück, sich nach der Flucht des Mainzer Erzbischofs der neuen, republikanischen Macht zur Verfügung zu stellen. Indes muss Georg Forster klar gewesen sein, dass der gestürzte Herrscher alles daransetzen würde, sein Reich zurückzuerobern.

Kapitel 2

Mainzer Affären – Pariser Umrisse

Joseph von Erthal war kein schwacher Fürst: Als Bischof der mächtigsten Erzdiözese in deutschen Landen verfügte er über enorme Geldmittel. Mainz galt, was Reichtum und Eleganz betraf, gleich nach Wien als zweite Stadt im Reich.[1] Als »Erster« der sieben Kurfürsten, die den Kaiser wählten – als Erzkanzler des Reiches –, war der Mainzer Erzbischof zudem Zünglein an der Waage, wenn die deutschen Kurfürsten den römisch-deutschen Kaiser wählten.[2] Er hatte immensen politischen Einfluss. Georg Forster konnte diese Machtfülle aus nächster Nähe beobachten: Am 14. Juli 1792 – wohl nicht zufällig am dritten Jahrestag des Sturms der Pariser auf die Bastille – krönte der Mainzer Erzbischof den Habsburger Franz Joseph Karl (1768–1835) in Frankfurt am Main zum Nachfolger des verstorbenen Kaiser Leopold II. (1747–1792), der nur zwei Jahre regiert hatte.

Anlässlich des Fürstenkongresses, zu dem Joseph von Erthal nach der Kaiserkrönung einlud, war Georg Forster Zeuge diverser Festlichkeiten in Mainz, wo mit dem frisch gekürten Kaiser Franz II. und Preußenkönig Friedrich Wilhelm II. (1744–1797) die mächtigsten Männer des Reiches zusammentrafen: »Vom frühen Morgen an wimmelten die Straßen von wohlgekleideten Personen, und gegen Mittag war das Gewühl von Kutschen rauschend genug, um einer Hauptstadt den Rang streitig zu machen. Bei Hofe folgten Feste, Schmäuse, Konzerte, Bälle, Erleuchtungen, Feuerwerke …«, notierte Forster.[3] Gleichzeitig registrierte er den Unmut, der sich bei vielen Mainzern gegen die aristokratischen Emigranten richtete, die vor der Französischen Revolution in Scharen nach Mainz geflohen waren und vom Mainzer Fürstbischof hofiert wurden. Wie sehr es in der Stadt gärte, ließ sich schon im Sommer 1791 an der Spaltung der Mainzer Lesegesellschaft ablesen: Unter den politisch Interessierten der Domstadt wollten die einen die französische revolutionäre Presse lesen, die anderen alle aufrührerischen Schriften aus ihrem Zirkel verbannt wissen. Georg Forster, der einen »Umsturz« in Deutschland nach französischem Vorbild für keine glückliche Idee hielt, geriet in immer größere Distanz zum Adel, der »ganz blind vor Wuth« die deutschen Fürsten »zum Kriege gegen Frankreich hetzt«, wie er notierte.[4] Dies umso mehr, als der Mainzer Kurfürst mit seinen aufklärerischen Anwandlungen brach.[5] Joseph von Erthal wurde zu einer der Galionsfiguren im Kampf gegen das revolutionäre Frankreich. Das Manifest des Mainzer Fürstenkongresses vom Sommer 1792, das Paris im Falle eines Angriffs auf die französische Königsfamilie mit exemplarischer Bestrafung drohte, trug denn auch seine Handschrift. Im August 1792 schloss sich der Mainzer Kurfürst der österreichisch-preußischen Koalition gegen Frankreich an und stellte 2000 Kurmainzer Soldaten für die monarchische Invasion zur Verfügung, die nur wenige Wochen später – am 20. September 1792 – durch die *Kanonade von Valmy* gestoppt wurde und zur Proklamation der Französischen Republik führte.[6]

In seiner Rolle als Hofrat und Chef der Universitätsbibliothek hatte Georg Forster seinen Landesherren noch kurz zuvor als »Vater des Vaterlands« und »Beschützer und Wohlthäter der Wissenschaft und Künste« ansprechen müssen.[7] Der Machtwechsel in Mainz nach dem Einzug der Franzosen unter General Custine schaffte diese feudale Buckelei ab. Forster trennte sich von Kniebundhosen, Schuhschnallen und Perücke und wurde *citoyen* – zum Bürger Forster. Und sein Zuhause, die *Neue Universitätsstraße 5*, schließlich zur Schaltzentrale der Macht.

Der häufigste Gast in Forsters Haus war seit seinem Einzug 1788 ohne Zweifel Samuel Thomas Soemmerring, der als Junggeselle auch nachbarlich-familiären Anschluss fand. Immerhin war er es gewesen, der Georg Forster 1778 bei seiner Rückkehr nach Deutschland unter seine Fittiche genommen, den 24-jährigen Jungprofessor am Kasseler *Collegium Carolinum* bei den Freimaurern eingeführt und als Direktor des örtlichen *Rosenkreuzerzirkels* auch für alchemistische Experimente begeistert hatte. Tatsächlich vereinten die Freunde auch gemeinsame Irrwege, wie ihre mit großer Ernsthaftigkeit betriebenen Versuche, die »göttliche Ursubstanz« zu finden und Gold herzustellen.[8]

Sosehr Forsters Weg nach Mainz nicht zuletzt durch die Aussicht motiviert war, nach drei mageren Professorenjahren im litauischen Wilna wieder mit Soemmerring vereint zu sein, der es inzwischen am Rhein zum Leibarzt des Mainzer Kurfürsten und Chef der Medizinischen Fa-

Neue Universitätsstraße 5: die Adresse der Familie Forster in Mainz, Schaltzentrale der Revolution und Treffpunkt deutscher Geistesgrößen – Männer und Frauen.

kultät gebracht hatte, so klafften die Weltbilder der beiden Freunde immer entschiedener auseinander. Schon die Debatte um die Natur des Menschen hatte Unterschiede in der Haltung aufscheinen lassen. Die Französische Revolution aber, die Freiheit und Gleichheit zur politischen Tagesforderung erhob, musste die Diskussion zwischen den Freunden noch erheblich anfachen. Wie lautstark die Wortwechsel im Hause Forster (oder nebenan: bei Soemmerring) in den Tagen der *Mainzer Republik* geführt wurden, kann man nur erahnen. Gut möglich, dass Soemmerring den politisch so engagierten Georg Forster nicht nur in seinen Briefen einen »Narren« schimpfte. Und Forster dem Leibarzt des gestürzten Herrschers umgekehrt ein »Wes Brot ich eß, des Lied ich sing« an den Kopf warf, als der sich von ihm verabschiedete, um aus dem belagerten Mainz ins nahe Frankfurt – in die Hochburg der deutschen Koalitionstruppen – zu entkommen. Verrat? Es ist nicht bezeugt, dass dieses Wort unter den Freunden fiel. Jedenfalls schickte Forster dem langjährigen Vertrauten ein prinzipielles Wort hinterher:

»Ich habe mich für eine Sache entschieden, der ich meine Privatruhe, meine Studien, mein häusliches Glück, vielleicht meine Gesundheit, mein ganzes Vermögen, vielleicht mein Leben aufopfern muß. Ich lasse aber ruhig über mich ergehen, was kommt, weil es als Folge einmal angenommener und noch bewährt gefundener Grundsätze unvermeidlich ist.«[9]

Einsam wurde es nicht im Forster-Haus, als Soemmerring die belagerte Stadt verließ – im Gegenteil: In den Tagen der *Mainzer Republik* wurden hier die Sitzungen des Jakobinerklubs vorbereitet und Redaktionssitzungen der *Neuen Mainzer Zeitung* abgehalten. Als Georg Forster zudem das Amt des Vizepräsidenten der provisorischen Administration des Landes übernahm, gaben sich Bürger, Bauern und Beamte in der *Neuen Universitätsstraße 5* die Klinke in die Hand.

Dass die allabendlichen »Theestunden« im Hause Forster die geistreichste Institution von Mainz waren, hatte sich indes schon seit Forsters Ankunft herumgesprochen und rasch in ganz Deutschland verbreitet. Zu den illustren Gästen, die Forster in Mainz besuchten, gehörte als einer der ersten Wilhelm von Humboldt, der im Dezember 1788 aus seinem Studienort Göttingen anreiste. Mit Forster teilte er das Interesse an Sprachen – für das Litauische etwa, das sich Humboldt mit eiserner Disziplin aus Wörterbüchern einpaukte, während Forster noch die eine oder andere Redewendung

Georg Forster auf einem Stich nach einem Gemälde des Schweizer Malers Anton Graff, der Forster im Mai 1784 in Dresden porträtierte.

Sitzung der im Oktober 1792 in Mainz gegründeten Gesellschaft der Freunde der Freiheit und Gleichheit, kurz: Mainzer Jacobinerklub

im Gedächtnis hatte, die er als Professor an der Universität von Wilna aufgeschnappt hatte. Geradezu ins Schwärmen gerieten Wilhelm von Humboldt und der 13 Jahre ältere Forster, sobald sie auf das indische Sanskrit zu sprechen kamen, dessen Entzifferung sich Humboldt vorgenommen hatte.[10]

Forster fing so sehr Feuer, dass er sich bald darauf an die Übertragung des mittelalterlichen indischen Liebesdramas *Sakontala* aus dem Englischen ins Deutsche machte, was ihm – wohl zur eigenen Überraschung – enthusiastische Lobeshymnen der Dichterfürsten Goethe und Herder einbrachte.[11]

Mit Forsters Frau Therese dagegen beobachtete Wilhelm von Humboldt das funkelnde Sternenmeer am klaren Winterhimmel über dem Rhein. Die beiden kannten sich schon aus Göttingen, wo Humboldt bei Thereses Vater, Christian Gottlob Heyne, klassische Philologie studiert hatte. Nach und nach war so eine Nähe entstanden, die wohl recht unterschiedliche Gefühle auslöste. Suchte Therese ein mitfühlendes Herz, dem sie in aller Diskretion mitteilen konnte, was sie für die Schatten-

Therese Heyne in einem Porträt von Johann Heinrich Tischbein (1778): Der zehn Jahre ältere Georg Forster lernte sie als selbstbewusste Göttinger Professorentochter kennen und heiratete sie 1785.

seiten ihrer Ehe hielt – Forsters ungenügendes Feingefühl, seine distanzierte Kühle, die Zweifel an der Stärke seiner Liebe zu ihr[12] –, so loderten im Seelentröster Humboldt begehrlichere Emotionen auf, wie er seinem Tagebuch anvertraute: »O! ich muss Deiner hier gedenken, Therese! Ich sass neben Dir auf dem Sofa, ich ergriff Deine Hand in der Fülle der Empfindung, ich küsste sie. Du gabst sie nicht, ich musste sie nehmen.«[13]

Als der 20-jährige Alexander von Humboldt, durch seinen Bruder Wilhelm eingeführt, das Mainzer Forster-Haus betrat, hatte er mit Frauen im romantischen Sinn wenig am Hut, wenngleich die drei im Hause Forster versammelten koketten »Universitätsmamsellen«, Therese Forster, Caroline Böhmer und Meta Forkel, es gewiss nicht an Aufmerksamkeiten für den gutaussehenden jungen Mann fehlen ließen. Alexander von Humboldt aber drängte es, den berühmten Weltreisenden kennenzulernen, dessen Reisechronik seiner »unvertilgbaren Sehnsucht nach der Tropengegend den ersten Anstoß gab«.[14]

Bei seiner ersten Mainz-Visite Mitte Oktober 1789 hatte er sein wissenschaftliches Debüt über die Mineralogie des Rheintals im Gepäck – und dem Buch eine respektvolle Widmung an den »Mainzer Hofrat Forster« vorangestellt.[15] Bald wurde er ein gern gesehener Gast in der *Neuen Universitätsstraße 5* und durfte kein Mittags- oder Abendmahl auslassen. Im Wesen des jungen Humboldt – wie Forster stellte dies später auch Goethe fest, der sich fast rührend an ihn hing – vereinten sich Eigenschaften, die selten zusammengingen: einerseits strenge wissenschaftliche Strebsamkeit, andererseits erfrischende Lebenslust, sprühender Humor und grenzenlose Neugier. Ein idealer Reisegefährte, wie Schwiegervater Heyne Georg Forster wissen ließ, als der im Frühjahr 1790 über eine gemeinsame dreimonatige Rundreise mit Alexander von Humboldt nachdachte.¹⁶

Der Anatom Samuel Thomas Soemmerring wurde 1779 zum engsten Freund, Logenbruder und Wohnungsgenossen Georg Forsters in dessen fünf Kasseler Jahren und ab 1788 erneut Forsters Vertrauter und Nachbar während der vier Jahre seines Mainzer Aufenthaltes.

Auf Georg Forster kam nun eine Doppelrolle zu. Zum einen wollte der jüngere Humboldt zielstrebig in die Fußstapfen des berühmten Weltreisenden treten. Noch in seinem Alterswerk *Kosmos* setzte Alexander von Humboldt – inzwischen dank seiner Expeditionen zum *Orinoco* und der Besteigung des *Chimborazo* selbst ein berühmter Forschungsreisender – Georg Forster ein Denkmal. Mit ihm, schrieb Humboldt, habe »eine neue Ära des wissenschaftlichen Reisens« begonnen.¹⁷ Vieles, was Humboldt bei seinem Versuch einer physischen Weltbeschreibung später untersuchte, erhielt bei seiner Jugendreise mit Forster erste Anregungen.

Subtilerer Natur dagegen war die zweite Rolle, die Forster ungeahnt übernahm, als er mit dem jungen Humboldt aufbrach. Sie lässt sich allenfalls aus den Tränenausbrüchen Alexander von Humboldts schließen, die Forster in seinen Reisenotizen gelegentlich erwähnt – natürlich diskret, ohne Angabe von Gründen. Ob Humboldt seinem 15 Jahre älteren Reisegefährten auf Kutschfahrten und Schiffspassagen das Herz ausschüttete, gar von seinem Jugendfreund Wegener, von vergeblicher Liebe und Trennungsschmerz sprach? »Der arme Forster

Die Autorin und Übersetzerin Meta Forkel, hier 20-jährig auf einem Schattenriss von 1785, fand als »eheflüchtige« Göttinger Gelehrtentochter Anschluss im Mainzer Forster-Haus und übersetzte hier Thomas Paine's Die Rechte des Menschen.

Die Schriftstellerin Caroline Böhme, die spätere Ehefrau von Schlegel und Schelling, war ab März 1792 ein ständiger Gast im Haus von Georg und Therese Forster in Mainz. Bei der Zerschlagung der Mainzer Republik wurde sie in der Festung Königstein eingekerkert.

quälte sich zu ergründen, was so dunkel in meiner Seele lag«, notierte Alexander von Humboldt, der selbst nicht genau wusste, warum so viele Tränen flossen.[18] Ob Forster den todtraurigen Humboldt im einfühlsamen Zwiegespräch zu trösten wusste oder eher für dessen Ablenkung sorgte, steht dahin.

Spätestens in Paris, Anfang Juli 1790, waren beide – Forster und Humboldt – gleichermaßen bester Stimmung und mit Schaufel und Schubkarre unter den Tausenden, die in Vorbereitung des ersten Jahrestages der Französischen Revolution auf dem Marsfeld einen mächtigen Freiheitshügel aufschütteten. »Der Anblick der Pariser, ihrer Nationalversammlung, ihres noch unvollendeten Freiheitstempels, zu dem ich selbst Sand gekarrt habe, schwebt mir wie ein Traumgesicht vor der Seele«, hielt Humboldt in einem Brief an Jacobi fest.[19]

Georg Forster musste sich allerdings schon ein paar Tage vor der großen Revolutionsfeier wieder auf den Rückweg von Paris nach Mainz machen. Die drei Monate Urlaub, die ihm der Mainzer Kurfürst gewährt hatte, waren bereits überzogen. Kurz nach der Rückkehr nach Mainz begann er seine *Ansichten vom Niederrhein* zu ordnen und niederzuschreiben. »Sie gehen auf Kohlen«, erinnerte Professor Heyne seinen Schwiegersohn.[20] Denn Forster wollte in seinen Reiseskizzen ein überall in Gärung begriffenes Europa schildern, konnte also gar nicht umhin, auch politisch zu urteilen.[21] Dass ihm dies schließlich ebenso diplomatisch wie stilistisch brillant gelang, ließ selbst einen geschmäcklerischen Mann wie Goethe wünschen, »mit einem so guten, so unterrichteten Beobachter zu reisen«.[22] Umso mehr gingen die Überzeugungen Georg Forsters und Goethes auseinander, als der Dichterfürst aus Weimar Forster im August 1792 in Mainz besuchte. »Zwei muntere Abende«, notierte Goethe, »in einem natürlichen, angebornen und angewöhnten Vertrauen«.[23] Offenbar erwies sich der gegenseitige Respekt als belastbar genug, um von dem zu schweigen, was mittlerweile fundamental zwischen Goethe und Forster stand. Oder wie Goethe schrieb: »Von politischen Dingen war die Rede nicht, man fühlte, dass man sich wechselseitig zu schonen habe: denn wenn sie republicanische Gesinnungen nicht ganz verläugneten, so eilte ich offenbar mit einer Armee zu ziehen, die eben diesen Gesinnungen und ihrer Wirkung ein entschiedenes Ende machen sollte.«[24]

Während Goethe also gegen Frankreich zog, um der Revolution den Garaus zu machen, blieb der Revolutionsanhänger Forster seltsam gelassen. Ein Paradox, das sich vielleicht auf die persönlichen Eindrücke zurückführen lässt, die

Der 20-jährige Alexander von Humboldt ging 1790 gemeinsam mit Georg Forster auf eine Reise entlang dem Niederrhein nach England und Paris. Forster verfasste auf dieser Route seine berühmten Ansichten vom Niederrhein.

Nach einer ersten Visite in Kassel besuchte Johann Wolfgang von Goethe Georg Forster Ende August 1792 auch in dessen Mainzer Domizil: muntere Stunden, in denen man sich angesichts gegensätzlicher Haltungen zur Französischen Revolution mit politischen Ansichten verschonte.

Forster kurz zuvor im revolutionären Paris gewonnen hatte. Er ahnte wohl, dass die deutschen Invasionstruppen dem hoch motivierten französischen Revolutionsheer nicht gewachsen waren. Am Ende jagten – zur unbändigen Freude im Hause Forster – die revolutionären Truppen die Deutschen wieder über den Rhein. Und Goethe fand sich auf der Seite der Geschlagenen wieder. Umso seltsamer, dass der Dichter im Augenblick tiefster Schmach zu einer pathetischen Sprache griff, als hätte man gesiegt: »Von hier und heute geht eine neue Epoche der Menschheitsgeschichte aus«, jubelte er in der Niederlage, »und ihr könnt sagen, ihr seid dabei gewesen!«[25]

Gar nicht selten klopften Durchreisende in der Mainzer Neuen Universitätsstraße 5 an. Forster reagierte – vor allem, wenn er von den Spätfolgen seiner Reise, von Gicht, Magenbeschwerden oder Lungenproblemen geplagt wurde – auch mal mit unwirscher Einsilbigkeit auf die immer gleichen Fragen: Ja, tatsächlich seien neun seiner Reisegefährten auf Neuseeland verspeist worden. Nein, eine *Terra australis incognita* gebe es wohl nicht am Südpol, jedenfalls keinen fruchtbaren Kontinent, wie die alten Griechen meinten. Ja, gewiss doch sei seine Audienz beim deutschen Kaiser in Wien eine große Ehre gewesen. Oder zitierte Forster Kaiser Joseph II. auch mal ironisch: »Sie gehen nach Polen? Gibt es da denn eine Universität?« – und schickte ein vielsagendes Schweigen hinterher? Das schillernde Flair des Weltreisenden – naturgemäß blätterte mit der Zeit etwas davon ab. 21-jährig ließ sich Therese, die Göttinger Professorentochter, noch derart davon beeindrucken, dass sie Georg Forster heiratete. Trotz mancher

Zweifel an ihren Gefühlen. Sie folgte dem frischgebackenen Universitätsprofessor nach Wilna, brachte ihre erste Tochter zur Welt. Ganz glücklich – das lastete sie vor allem den unwirtlichen Umständen in der Fremde an – wurde sie in diesen ersten drei Ehejahren nicht. Fast fühlte sie sich erlöst, als Georg Forster 1787 das Angebot erhielt, im Auftrag der russischen Zarin erneut zu einer Weltreise aufzubrechen. Bester Stimmung packte das Paar in Wilna seine Koffer, die russische Admiralität übernahm alle Unkosten, und kehrte heim nach Göttingen, ins Haus von Thereses Vater. Enthusiastisch stürzte sich Georg Forster dort in die Vorbereitungen zu seiner zweiten großen Expedition. Doch dann zerschlugen sich alle Hoffnungen. Russen und Osmanen waren in einen Krieg geraten, die Zarin zog ihren Auftrag zurück. Statt auf die Weltmeere führte Forsters Weg nun nach Mainz, und Therese ging, schweren Herzens, nach langem Zögern, mit ihm.

Die Zweifel an ihrer Ehe mit Forster blieben – und Wilhelm von Humboldt war nicht der einzige Gast in der Mainzer *Neuen Universitätsstraße*, dem Therese dies offenbarte. Schon kurz nach ihrer Ankunft in Mainz vertraute sie sich Ferdinand Huber an, dem Sekretär der sächsischen Gesandtschaft in der Stadt. Was Liebe wirklich sei, sagte sie ihm, wisse ihr Mann nicht. Und Forster? Der spürte vor allem, dass die Gegenwart Hubers das gereizte Klima in seinen vier Wänden entspannte. Also suchte er, ebenso wie Therese, die Nähe des zehn Jahre jüngeren, fand in dem am Theater interessierten, Friedrich Schiller nahestehenden Mann nicht nur einen politisch Gleichgesinnten, sondern einen Freund.

Wenn an Forsters geselliger Abendtafel über die jüngsten französischen Ereignisse oder literarische Vorhaben debattiert wurde, war Huber immer öfter dabei und quartierte sich schließlich im Herbst 1789 ganz bei den Forsters ein. Die Professorenhäuser waren geräumig, auch in der Nachbarschaft nahm man gern zahlende Untermieter auf. Doch anders als Forster erhoffte, trug Hubers ständige Präsenz auf Dauer nicht zur Entschärfung der schwelenden Ehekrise bei. Im Gegenteil: In den knapp vier Monaten, die Georg Forster im Sommer 1790 mit dem jungen Humboldt auf Reisen war, verwandelten sich die Freundschaftsbande zwischen Therese Forster und Ferdinand Huber in eine innige Liebesbeziehung. Als ahnte Forster, wie unheilvoll sich die Dinge in Mainz für ihn entwickelten, schrieb er von unterwegs, geradezu beschwörend: »Dein Herz, meine Therese, alles andere ist Tand!«[26] Umso bemerkenswerter war Forsters Reaktion, als Huber und Therese ihm nach der Rückkehr aus Paris reinen Wein einschenkten: »Er war unendlich edel, gut, menschlich«, schrieb Therese an Caroline Böhmer.[27] Ménage à trois hieß die unkonventionelle Lösung, die Georg Forster nun vorschlug. Denn eine Trennung von Therese und den beiden Töchtern erschien ihm ebenso unmöglich wie die Vorstellung, seine Frau ins Unglück zu stürzen, indem er ihr Huber nahm. Doch in dieser Dreieckskonstellation blieb Forsters Sehnsucht nach privatem Glück letztlich auf der Strecke. Ihr Herz, machte Therese ihm klar, gehörte Huber allein. Forster bestand dennoch auf der »Erfüllung der ehelichen Pflichten«. Der Junge, den Therese im April 1792 in der *Neuen Universitätsstraße* zur Welt brachte, starb nach nur drei Monaten – und Forster wusste nicht einmal, ob er einen Sohn beweinen musste oder ob es an Huber war, väterlich zu trauern.

Es scheint, als sei Georg Forster, trotz seiner Schlüsselrolle in der *Mainzer Republik*, trotz seines offenen, gastfreundlichen Hauses, das private Glück versagt geblieben. Und mehr noch: als habe er mit der Abreise seiner Frau und seiner Kinder aus dem belagerten Mainz sein emotionales Zentrum verloren. Genau das aber brachte mir den Mann, der zwei Jahrhunderte zuvor in meiner Mainzer Nachbarschaft gelebt hatte, um vieles näher, als es in meiner eigenen kleinen Familie kriselte und eine Trennung unausweichlich wurde. Natürlich war es Zufall, dass mich in Mainz eine ähnliche Erschütterung einholte, wie sie sich in Forsters Briefwechsel mit seiner zur Scheidung entschlossenen Frau widerspiegelt.

Seelenverwandtschaft – eine heute seltsam anmutende Idee der Forster-Zeit, die die Parallelität der Gefühlswelt von Menschen annimmt, die sich möglicherweise nie persönlich begegnet sind – der Begriff kam mir in Mainz einen Moment lang in den Sinn. Bei Forster konnte ich nachlesen, was ich über die Trennung von Frau und Kind nicht hätte sagen können oder aussprechen wollen, weil es sich in unserer Zeit nicht schickt. Georg Forster fasste es in einem Brief an seinen Göttinger Freund Lichtenberg so in Worte: »Ich fühle mich erstorbener als ich's sollte: wie eine Pflanze, die vom Frost gerührt ist und sich nicht wieder erholen kann.«[28]

Forsters verzweifelte Bemühungen, seine kleine Familie zusammenzuhalten, weil seine »Gesinnungen und Gefühle zu wenig wandelbar« seien,²⁹ um das verlorene häusliche Glück zu ersetzen, führten ihn schließlich von Mainz über Paris bis in den kleinen Grenzort *Travers* – ins Schweizer Juramassiv, wo Therese mit den beiden Kindern und ihrem Geliebten Huber Zuflucht gesucht und gefunden hatte.

Der Ortsname scheint fast eine beziehungsreiche Anspielung zu sein: Grammatikalisch wird »travers« – zu deutsch: »hindurch« – im Französischen benutzt, wenn es um das Passieren einer Etappe zum Ziel hin geht: Dachte Therese Forster an ihre Scheidung, die durch die Französische Revolution plötzlich zu einer realen Option geworden war? »À travers« – »quer durch« – lässt an das Durchschlagen eines Knotens denken: Hoffte Georg Forster, seine Frau endgültig zurück zu gewinnen? Etwa mit den 6000 Livres Salär, die er demnächst als Bibliothekar in Paris zu verdienen hoffte? À *Travers*, hindurch also, aber wohin? Richtung Scheidung? Oder Neuanfang?

Die vom revolutionären Frankreich gesperrte Grenze konnte Georg Forster mit seinem Ausweis als *Agent du Conseil exécutif* und dem Auftrag passieren, die Absichten der Schweizer gegenüber Frankreich zu erkunden.³⁰

An einem Apriltag im Jahre 1998 bin ich der 30 Kilometer langen Wegstrecke gefolgt, die Forster am 3. November 1793 vom französischen Pontarlier in die Schweiz genommen hat, seine tieftrau-

Der 20-jährige Ludwig Ferdinand Huber auf einer Silberstiftzeichnung der Porträtmalerin Dora Stock: Er lebte in Mainz in einer Ménage-à-trois *mit Therese und Georg Forster und ging während der Mainzer Republik mit Forsters Frau und dessen Kindern in die Schweiz.*

rigen Briefe im Gepäck, in denen er von der »Erinnerung an mein verlorenes Glück und das Gefühl meiner jetzigen Ohnmacht« spricht.[31]

Die ersten Kilometer von der klassizistischen *Porte Saint-Pierre*, dem südlichen Stadttor von Pontarlier, zur Schweizer Grenze führen stetig bergan. Bis in einer Linkskehre der Talstraße hoch oben zwischen den hellen Jurafelsen bedrohlich das *Château de Joux* auftaucht, eine Bergfestung, in der 1775, zur Zeit von Forsters Weltreise, der Comte de Mirabeau inhaftiert war: der erste Präsident des Pariser Jakobinerklubs und Vorsitzende der Französischen Nationalversammlung, der 1791 vermutlich durch einen Giftanschlag aus dem Amt gemordet wurde. Hat Forster an dieses frühe Opfer der Französischen Revolution gedacht, als er an der Feste vorüberzog? Sich an seine Begeisterung für die junge Revolution erinnert: das Friedliche der großen Umwälzung, das ihm so imponierte?[32] Oder an die Hymne, die er selbst auf den »Feuergeist« Mirabeau angestimmt hatte: »Seines Geistes Blitze trafen von Herz zu Herz, und der Donner seiner Rede war ihr erschütternde Begleitung ...«[33]

Von der schwarzen Burg schlängelt sich die Talstraße weiter an einem Bach mit dem düsteren Namen *La Morte* bis zur Grenzstation *Les Verrières* entlang, wo heute ein Schild des Schweizer Zolls die Straße überdacht. Eine gute Stunde mochte Forsters Kutsche bis hierher gebraucht haben, dann wurde er mit Sicherheit scharf kontrolliert. Tatsächlich war der Grenzübertritt riskant. Für die französischen Beamten hielt Forster zwar seine Sondergenehmigung parat, doch konnte er nur ahnen, was ihn auf der Schweizer Seite des Schlagbaums erwartete. Denn *Travers* unterstand als Gemeinde von Neuchâtel preußischer Verwaltung – und in Preußen drohte Forster Verfolgung. Doch offenbar ließen die »Schweizer Preußen« ihn unbehelligt ziehen. Tatsächlich wurde die »Reichsacht«, von der seit dem Ende der *Mainzer Republik* bis heute im Zusammenhang mit Forster die Rede ist, nie über Georg Forster verhängt. Doch sooft der Verfassungshistoriker und Forster-Experte Horst Dippel, mein »Doktorvater«, auf die praktischen Schwierigkeiten hingewiesen hat, die es dem Heiligen Römischen Reich deutscher Nation schließlich unmöglich machten, das scharfe Instrument der »Reichsacht« gegen Forster in Anwendung zu bringen: Das Gerücht war bislang beständiger als die historische

Wahrheit. Richtig ist, dass Forster in deutschen Landen nicht mit der
»Reichsacht«, wohl aber mit Strafverfolgung zu rechnen hatte, als er
die Grenze in die preußische Reichsgrafschaft Neuenburg, den heutigen Schweizer Kanton Neuchâtel, überschritt.
Areuse heißt das Flüsschen, das dem Gebirgstal östlich des Grenzübergangs den Namen gab. Bis *Travers* geht es inmitten von Almwiesen immer weiter bergab, sodass Georg Forster die restliche Strecke in knapp zwei Stunden geschafft haben dürfte. Kurz hinter der markanten historischen Steinbrücke mit ihren vier Bögen, der einzigen Überquerung der *Areuse*, erwartet das *Hôtel de l'Ours* im Zentrum von *Travers* noch heute seine Gäste: ein dreistöckiges gelbes Haus mit Spitzdach und roten Fensterläden, dessen breite Seitenflügel vermutlich erst in neuerer Zeit angefügt wurden. Drei Tage verbrachte Forster hier mit seiner Frau Therese, mit Röschen und Claire, wie sie die beiden Töchter riefen.

Eine letzte Begegnung, die mit ganz gegensätzlichen Erwartungen verbunden war: Wollte Therese, die auch Ferdinand Huber nach *Travers* mitgebracht hatte, jetzt so schnell wie möglich eine Scheidungsurkunde in Händen halten, um ihre neue Beziehung zu legitimieren, so träumte Forster von nichts anderem als der Wiedervereinigung mit seiner Familie. Wie diese drei Tage und Nächte tatsächlich verliefen – wir wissen es nicht. Therese selbst hat vor ihrem Tod fast all ihre Briefe an Forster aus dieser Zeit verbrannt und Briefe von Forsters Hand gefiltert und frisiert. In ihren Erinnerungen dominiert die Freude über das Wiedersehen alles andere: Die Kinder jubelten darüber, »Väterchen« und »Hüberchen« wieder beisammen zu sehen, die Freunde Forster und Huber planten die nächsten Aufsätze für die von Huber frisch gestartete Zeitschrift *Friedens-Präliminarien*. Man lärmte und lachte, las und schrieb und erzählte bis spät in die Nacht – »ein närrischer Haufen Menschen, der in dem kleinen Dörfchen beisammen saß«, wie Therese Forster es zusammenfasste.[34]

»Sehr glückliche Stunden«, so nennt in einem Brief an Therese auch Forster die kurze Zeit, die er mit seinen beiden Töchtern nach fast einem Jahr verbringen durfte. Doch dann bricht es aus ihm heraus: »O meine Kinder! wie blutet mir das Herz bei diesem Abschied!« Als ahne er den endgültigen Verlust voraus, ergreift Forster eine ungekannte

Traurigkeit: »Die Tränen, die ihr alle vergossen habt, und der Schmerz, der uns alle preßte, werfen mich nieder.«[35]

Ich entsinne mich, dass ich mich nach dem Wiederlesen von Forsters verzweifelten Zeilen über die Brüstung der uralten steinernen Brücke von *Travers* lehnte, wo mein Blick unwillkürlich der überaus gleichmäßigen, sanften Schlängelbewegung der Wasserpflanzen in der gemächlichen Strömung der *Areuse* folgte. Die perfekte Harmonie. Was für ein Kontrast zur inneren Zerrissenheit, von der Georg Forster hier heimgesucht worden sein muss.

Der Regisseur und Schauspieler Michael Gwisdek hat 1988/89 einen Spielfilm über dieses dramatische *Treffen in Travers* gedreht. Als ich Jahre später mit Corinna Harfouch über den Film sprach – sie spielte darin die psychologisch vielschichtige Rolle der Therese Forster –, erinnerte sie sich vor allem an das absolut Beklemmende der Forster'schen Familienkonstellation. Eine Dramatik, die durch die Grenzsituation noch gesteigert wurde. Keiner, weder Therese noch ihre Kinder,

Die alte Brücke über die Areuse im Zentrum von Travers, im Hintergrund die Herberge für die Forsters und Huber: das Hotel de l'Ours.

Forster oder Huber, hatte eine Ahnung, ob man sich jemals wiedersehen würde. Für Forster war der Weg nach Osten, nach Deutschland, unpassierbar geworden, weil er dort als Jakobiner per Haftbefehl gesucht wurde. Für Therese blieb die Grenze Richtung Westen verschlossen, weil sie aus dem französisch besetzten Mainz geflohen und in Frankreich somit zur *Persona non grata* geworden war. Die Unmöglichkeit, ins Land des anderen zu gelangen: Genau das hatte Corinna Harfouch und Michael Gwisdek an Forsters Geschichte interessiert, weil sich so vom Status quo im geteilten Deutschland, vom Leben mit der Mauer, in einer Art historischem Déjà-vu erzählen ließ.

Als *Treffen in Travers* im Mai 1989 bei den Filmfestspielen von Cannes präsentiert wurde, firmierte das Melodram offiziell als DDR-Beitrag zum 200. Jubiläum der Französischen Revolution, doch wurde es ein halbes Jahr vor dem Fall der Mauer von vielen als Auseinandersetzung mit den im Nachkrieg zementierten, immer weniger lebbaren Zuständen im geteilten Europa des ausgehenden 20. Jahrhunderts verstanden.

Dieser zeitgenössische Zugriff hatte dramaturgische Konsequenzen: In *Treffen in Travers* sind es Liebende, die nicht zueinanderkommen können: Therese, Forster und Huber (im Film: Corinna Harfouch, Hermann Beyer und Uwe Kockisch) lehnen bei Kerzenlicht am Ofen der Gaststube des *Hôtel de l'Ours* von Travers aneinander und singen versonnen: »Wenn der Mühlstein trägt die Reben / und daraus fließt kühler Wein / wenn der Tod mir nimmt das Leben / hör ich auf, getreu zu sein.«

In ihrer Rolle als Therese gelang es Corinna Harfouch – was ihr eine Nominierung für den Europäischen Filmpreis eintrug –, ihre tiefen Gefühle für beide Männer, Ferdinand Huber und Georg Forster, glaubhaft zu machen. Indes ist diese Filmversion der Begegnung von *Travers* nur eine mögliche Ausdeutung dessen, was wirklich war. Sie deckt sich mit dem, was Therese Forster überliefern wollte. Dass sie am Ende ihres Lebens viele Briefe aus der intensiven Korrespondenz jener dramatischen Tage vernichtet hat, legt aber doch den Verdacht nahe, dass sich die Dinge in der Realität anders, weniger liebevoll, abgespielt haben.

Die bitterste Version des Forster'schen Familiendramas liefert das schon erwähnte, kurz nach dem Ende der *Mainzer Republik* entstandene Bühnenstück *Die Mainzer Klubbisten zu Königstein*, dessen anonymer Autor offenbar tieferen Einblick in die Verhältnisse im Hause Forster hatte und dessen Traktat sich in gewisser Weise wie eine Mitleidsbekundung für Georg Forster lesen lässt.

Danach war der berühmte Weltreisende ein Opfer der Liebe zu einer Frau, die ihren Ehemann mit kalter Berechnung entsorgen wollte: Alles beginnt damit, dass die frivole »Forsterinn« die knappen vier Monate, in denen ihr Gatte mit Alexander von Humboldt auf Reisen ist, dazu nutzt, Hausfreund Huber auf »Forsters Canapé« zu zerren. Nach seiner Rückkehr aus Paris – zweiter Akt – hetzt Therese den abwartenden, zögerlichen Forster in die Revolution, in den *Club*, in die *Mainzer Republik*, um ihr Verhältnis mit Huber pflegen zu können. Dabei verstrickt sie Forster zugleich in eine aussichtslose politische Affäre, um ihn so bald wie möglich loszuwerden. So ähnlich sagt es wohl auch Johann Reinhold Forster.[36]

Dritter Akt: Therese flieht mit den Kindern in Feindesland (das preußische Neuchâtel in der Schweiz), wo sie für Georg Forster unerreichbar ist. Mit dieser »Emigration« deckelt sie zugleich Forsters spätere Hoffnung, sie könne in absehbarer Zeit zu ihm nach Frankreich kommen. Hier endet das historische Bühnenstück, eine Fortsetzung sähe etwa so aus.

Vierter Akt: Nachdem Huber seiner Geliebten in die Schweiz gefolgt ist, drängt Therese Forster zur raschen Scheidung ihrer Ehe. Zweckorientiert willigt sie ein, Forster auf neutralem Boden noch einmal mit seinen Kindern zusammenzuführen – falls dieser im nahen Pontarlier die Scheidung arrangiert. Im Falle seiner Einwilligung stellt sie ihm eine paradoxe Rochade in Aussicht: Sobald die Scheidung vollzogen sei, könne man neu über eine gemeinsame Zukunft in einer Dreiecksbeziehung verhandeln.

Schlussakt: Eine sofortige Scheidung scheitert an den politischen Verhältnissen. Forster stirbt – ein knappes Jahr nachdem Therese ihn verlassen hat, wenige Wochen nach seiner Rückkehr aus *Travers*. Seine Witwe gibt nach einer kurzen Anstandsfrist Ferdinand Huber das Ja-Wort, noch 1794, im Todesjahr Forsters.

Georg Christoph Lichtenberg, der die Akteure in diesem Ehedrama ganz gut kannte – gemeinsam mit Forster gab er bis 1785 fast fünf Jahre lang das *Göttingische Magazin der Wissenschaften und Litteratur* heraus, auch die Professorentochter Therese Heyne war auf dem Göttinger Campus keine Unbekannte –, hatte starke Zweifel an einer glücklichen Verbindung der beiden, wie er Freund Soemmerring kurz vor Forsters Hochzeit in einem Brief anvertraute. »Forster ist für die Liebe im eigentlichen Verstand; Therese für die à la Grenadiere«, formulierte er in seinem berüchtigt-lakonischen Stil.[37] Offenbar waren ihm im kleinen Göttingen die zahlreichen Gerüchte über Thereses Liebschaften zu Ohren gekommen. Und ein paar Monate nach Forsters Hochzeit urteilte er ähnlich derb über Therese: »Ich glaube auch dieses kleine Feuerschiff wird ein gantz gutes Fischer Boot werden, wenn nur Forster häufig an Bord angeht, den Haupt Leck sorgfältig stopft, und die Feuermaterialien über Bord wirft.«[38]

Forster soll seine junge Frau, die 21-jährige Therese, also sexuell nicht vernachlässigen, rät Lichtenberg. Doch nimmt man Georg Forster beim Wort, so hielt er exzessive Erotik – Wollust, wie Lichtenberg sie ihm anrät – aus prinzipiellen Erwägungen für wenig geeignet, dem Ziel menschlicher Vervollkommnung näher zu kommen: »Nur solche Völker«, notierte er, »die in ihrer früheren Periode der Wollust glücklich entgangen, und in den Armen der Freiheit zur männlichen Stärke herangewachsen sind; können und müssen zuletzt den höchsten Gipfel der Bildung ersteigen, wo die ganze Energie unseres Wesens sich in feineren Werkzeugen der Empfindung und des Verstandes am thätigsten erweiset«.[39] In diesem Sinne wäre Erotik ohne Fortpflanzungsabsicht Energieverschwendung. Eine Auffassung, die vermutlich die wenigsten Eheleute teilen würden, vermutlich auch Therese Forster nicht. Selbst wenn ihr Mann sie als Ratgeberin und gleichberechtigte Gesprächspartnerin so ernst nahm, wie es sich andere Frauen seiner Zeit vergeblich wünschten.

Die Turbulenzen im Hause Forster, das ist offensichtlich, beschäftigten Freunde und Bekannte, darunter viele große Köpfe, in nicht unerheblichem Maße. Die einen sahen Forsters Ehe an einer aus den Fugen geratenen Zeit, die anderen an der Durchtriebenheit seiner Ehefrau scheitern. Doch gibt es noch eine dritte, ebenfalls in Forsters Zeit kursierende Version, in der die »Natur des Menschen« Georg Forster die Tragödie verursacht hat.

Überliefert ist eine Reihe von Briefen Thereses, in der sie ihre Ehe mit dem zehn Jahre älteren Forster als andauernde sexuelle Pein beklagt. Während Forster als frisch verheirateter Professor in seiner Korrespondenz aus Wilna das Glück der Zweisamkeit feiert und ein Jahr nach der Heirat glücklich die Ankunft der kleinen Therese – seiner Rosa, Thereses Röschen – annonciert, erinnert sich seine Frau an diese Zeit mit Bitterkeit.

»Ich ward erst vier Wochen nach meiner Hochzeit Frau, weil die Natur uns nicht zu Mann und Frau bestimmt hatte. Ich weinte in seinen Armen und fluchte der Natur, die diese Qual zur Wollust geschaffen hatte – endlich gewöhnte ich mich daran«, vertraute sie ihrer Freundin Caroline Böhmer in einem Brief an.[40] Doch es wurde nicht besser mit der Zeit.

Jahre später, als das schwierige Paar mit den beiden Töchtern Therese und Clara – zwei weitere Kinder fielen einem frühen Kindstod zum Opfer – schon in Mainz lebte, klagte Therese ihrem Vertrauten Wilhelm von Humboldt gegenüber, dass ihr Mann sie nicht zartfühlend zu lieben verstehe. Trotzdem bestürme Forster sie, obwohl er ihr »Herz nicht besitzt«. Ein andermal gestand Therese, dass sie sich von ihrem Ehemann körperlich abgestoßen fühle. Es war wohl diese Malaise, die dazu beitrug, dass Therese sich schließlich in die Arme Hubers flüchtete.

Es gab aber immer auch Stimmen in Kassel und Göttingen, Georg Forsters doppeltem Lebensmittelpunkt zwischen 1778 und 1784, die hinter vorgehaltener Hand über dessen Beziehung zu Samuel Thomas Soemmerring tuschelten. Darüber, dass die beiden womöglich mehr verband als Freimaurerloge, Rosenkreuzer-Zirkel und wissenschaftliche Neugier.[41] Dazu trug sicherlich bei, dass Georg Forster seine eigenen vier Wände in Kassel aufgab und mit dem Anatom in eine gemeinsame Wohnung zog, sobald Soemmerring Mitte August 1779 eigene Privaträume zugewiesen wurden, die seinem *Teatrum anatomicum* am Leipziger Tor angeschlossen waren.[42] Die Freunde benahmen sich wohl auch recht auffällig: »Georg und der Freund steckten von nun an in jeder freien Minute zusammen. Die Exklusivität ihrer Verbindung schien nahezu jede andere Gesellschaft auszuschließen. Oft bedienten sich die beiden einer geheimnisvollen Sprache, schwiegen vielsagend und fielen in ein konspiratives Geflüster, um hernach mit schwärmerischen Blicken und Zurufen von biblischem Pathos in Gefilde zu entrücken, in die ihnen niemand nachzueilen vermochte.«[43]

»Liebster Bruder«, sprach Forster seinen »Herzensfreund« oft in seinen Briefen an. Oder schrieb aus dem fernen Wilna: »Du weißt, mein einziger, bester Bruder, wie ich dich liebe ...«[44] War das mehr als die zeittypische Innigkeit, wie sie unter Ordensbrüdern gepflegt wurde? »Kein Jüngling, der mit Enthusiasmus in der Freundschaft empfand, hatte je einen häßlichen Freund«, bekannte Georg Forster in einem Brief an seine Schwestern. »Die edelsten Gefühle, Liebe und Freundschaft, sind, solange sie Gefühl und nicht Raisonnement sind, immer in gewissem Grade sinnlich, und folglich des Mißbrauchs fähig.«[45] Doch was bedeutete das im Umkehrschluss? Dass er seinen Freund Soemmerring »körperlich schön«, auch anziehend fand? Des »Mißbrauchs« würdig? Von dem Freund ist nur das Fragment eines intimen Geständnisses an Georg Forster geblieben: »auch meine ganze Zufriedenheit war dahin, ich mochte nichts mehr, verlangte nichts, und dann wieder alles; fühlte meine Ohnmacht, war niedergeschlagen, traurig, unruhig, und die Erinnerung an verflossene Stunden war mein einziges Erholungsmittel«.[46] Doch bezog sich das auf Stunden mit Forster?

Unter den Studenten in Göttingen war man sich Georg Forsters »Knabenliebe« gewiss.[47] Forsters späterer Schwiegervater Heyne wies in einem Brief an Soemmerring diskret darauf hin, dass ein Professor der Universität ihn und Forster öffentlich als homosexuell denunziert hatte.[48] Dieselbe unangenehme Nachricht drang zwei Jahre später noch einmal durch den Göttinger Verleger Johann Christian Dietrich an Forsters Ohr.[49]

Fakt ist, dass Georg Forster seinem Freund Soemmerring die Position des Schiffsarztes im selben Moment offerierte, als Katharina II. ihm die Leitung einer russischen Weltumseglung anbot.[50] Und mancher fragte sich bald darauf, ob es vielleicht erotische Gründe hatte, dass Forster 1788 erneut Soemmerrings Nachbar wurde – diesmal in Mainz, in der *Neuen Universitätsstraße*. Hatte der Anatom und Leibarzt des Mainzer Fürstbischofs dem berühmten Weltreisenden nur deshalb die Stelle als Oberbibliothekar an der Mainzer Universität verschafft?

Heimliche Homosexualität mag auch eine Erklärung für ein vierwöchiges Verzögern des Vollzugs der Ehe gewesen sein, wie Therese Forster es kolportierte.[51] Wie schrieb sie kurz nach seinem Tod: »Und doch konnte er nie glücklich sein und nie glücklich machen ...«[52] Das Bonmot des Menschenkenners Lichtenberg von Forsters Neigung zur Verstandesliebe steht dafür, dass er Forster ein tief empfundenes körperliches Begehren Thereses absprach. Freude an der Sinnlichkeit seiner Frau ist von Forster nicht überliefert – in einer Zeit, die begierig darauf war, Sinnenfreuden zu Papier zu bringen.[53]

Glaubt man Therese Forster, so schien Sex in den Augen ihres Mannes ein durch Triebe regulierter Akt zur Fortpflanzung zu sein, eine eheliche Pflicht, die beide zu erledigen hatten. Forster habe damit ihre »Seele empört«, offenbarte Therese ihrer Freundin Caroline Böhmer in einem Brief an. Als Ehefrau sah sie sich als »eine Hündinn an, die das Männchen niederwirft«. Was sie dabei zähneknirschend fühlte, sei »die Erniedrigung der Menschheit« gewesen.[54]

Eine erotische Indifferenz könnte verständlicher machen, warum Georg Forster die Treulosigkeiten Thereses, ihre dramatischen Liebschaften, so klaglos hinnahm: Selbst als die Hochzeit schon beschlossene Sache war, fachte Therese noch einmal ein heftiges amouröses Abenteuer mit ihrer Jugendliebe Wilhelm Ludwig Meyer an, woraufhin Forster unversehens eine Ménage-à-trois vorschlug. Ein Muster, das sich bei Huber wiederholte. Therese Forster mag also recht gehabt haben, wenn sie ihrem Gatten unterstellte, er befördere Dreiecksbeziehungen geradezu.

Sollte schon der junge Georg Forster eine Affinität zu Männern gehabt haben, so wäre Captain Cooks Schiff ein zwiespältiger Ort für ihn gewesen: Einerseits zog es gleichgeschlechtlich Orientierte häufig in die Männerwelt auf hoher See und heterosexuelle Seeleute kompensierten das Fehlen von Frauen durch homoerotische Praktiken. Andererseits reagierten die Offiziere zur See auf sexuelle Beziehungen unter Männern mit drakonischen Strafen. Von den 288 Peitschenhieben, die Captain Cook in den drei Jahren der zweiten Cook'schen Weltumseglung an seine Matrosen austeilen ließ, waren auch solche für »Sodomie«. Von entsprechenden Vorfällen unter den Offizieren und Gentlemen auf Captain Cooks Schiff ist, das hätte schon die Etikette verboten, allerdings nie etwas nach außen gedrungen. Ging es insofern in der britischen Marine weit schwuler als an Land zu, so wären Schlüsse auf Georg Forster und die Männer der *Resolution*, etwa den sechs Jahre älteren Freund Anders Sparrman, mit dem er die meiste Zeit in den drei Jahren zur See verbrachte, reine Spekulation.

Warum Georg Forsters privates Glück so grausam Schiffbruch erleiden musste, diese Frage wird wohl nie ganz eindeutig zu beantworten sein. Fest stehen die unmittelbaren Folgen: Auf Thereses Flucht aus der Mainzer *Neuen Universitätsstraße* reagierte Forster, indem er sich auf den Weg machte, Frau und Kinder – »Hausfreund« Huber eingeschlossen – zurückzugewinnen. Sein Aufbruch nach Paris folgte insofern zwei Impulsen: dem politischen, die *Mainzer Republik* durch den Anschluss an Frankreich vor dem Rückfall in die alten feudalen Verhältnisse zu schützen; und dem persönlichen Wunsch nach einem familiären Neuanfang.

Die *Rue des Moulins* war im Frühjahr 2010 die erste Straße, die ich in der französischen Hauptstadt besuchen wollte, nachdem ich zwei Jahrhunderte nach Georg Forster selbst nach Paris umgezogen war. Ich hatte mich dazu mit Klaus Harpprecht verabredet, der damals schon drei Jahrzehnte in Frankreich lebte und arbeitete. Auch ihn interessierte, was in den letzten Jahren aus Georg Forsters Pariser Bleibe geworden war. In der *Rue des Moulins* hatte Georg Forster mehrfach Logis genommen, wenn er sich seit 1793 in Paris aufhielt. Hier, in

Forsters letzte Bleibe in Paris. In der Rue des Moulins starb er am 10. Januar 1794.

einer kleinen Dachstube des *Maison des patriotes Hollandais*, war er im Januar 1794 auch gestorben.[55]

Die Liebe zu Forster – so würde Klaus Harpprecht es wohl kurz und knapp ausgedrückt haben – hatte uns aber schon einige Jahre zuvor zusammengeführt. Genauer: Die erste illustrierte Ausgabe von Georg Forsters *Reise um die Welt*. Klaus Harpprecht – als einstiger Redenschreiber von Willy Brandt der wohl bekannteste Forster-Biograf der Bundesrepublik[56] – lieferte das Vorwort der Neuausgabe. Ein detailliertes und sehr einfühlsames Lebensbild unseres gemeinsamen Helden.[57] Auch Michael Naumann, unser Verleger, war mit Georg Forster seit seiner Studienzeit vertraut. 1978 stieß er als Neuankömmling im *Queens College* von Oxford beim Herumstöbern zwischen alten Büchern auf einen riesigen ledergebundenen Folianten über Cooks Reisen. Und war bass erstaunt, seinem Landsmann Georg Forster, den er nur als Revolutionär und Verfasser der *Ansichten vom Niederrhein* kannte, als großartigem Zeichner zu begegnen. Eine wunderbare Überraschung, wie Michael Naumann mir drei Jahrzehnte später in Hamburg erzählte.

Als dritter und jüngster »Forsterianer« in diesem Bunde konnte ich für die neue Forster-Ausgabe fast 100 Naturzeichnungen Georg Forsters beisteuern – und ein Nachwort: die Hintergründe meiner Entdeckung unbekannter Forster-Zeichnungen im Londoner *Natural History Museum*, woraus schließlich die Idee zur illustrierten Ausgabe von Forsters *Reise um die Welt* entstanden war.[58]

Mit Klaus Harpprecht verband mich seitdem ein inniges »Forster-Band«. Als er mich zum ersten Mal in sein französisches Zuhause in La Croix-Valmer einlud, brachte ich ihm zwei Dutzend Fotokopien von Forster-Bildern mit, die ich in London gefunden hatte. Es war ein noch kühler Maitag, aber die Sonne schien und wir saßen draußen auf seiner Terrasse mit dem weiten Blick über die *Côte d'Azur*. Wieder und wieder nahm Klaus Harpprecht Forsters Bilder zur Hand und konnte sich gar nicht sattsehen. Vor Aufregung griff er zum Zigarillo, dass ihm seine Frau streng verboten hatte. Und erkor schließlich, während er immer wieder Richtung Haus blickte, um nicht rauchend ertappt zu werden, einen Albatros hoch über dem winzigen Schiff zwischen mächtigen Eisbergen zu seinem Lieblingsmotiv. Weil der Wanderalbatros, wie er mir erzählte, sich viele Jahre auf offenem Meer aufhal-

Forster-Biograf Klaus Harpprecht bei seiner ersten Begegnung mit den Zeichnungen des Welterkunders.

ten könne, ohne jemals an eine Küste zurückzukehren. Das sei doch das perfekte Bild für Captain Cooks Ambition, das Georg Forster da geschaffen habe, meinte er. Womit das Coverbild für unsere Forster-Ausgabe gefunden war.

Im Laufe der Jahre waren dieser ersten eine ganze Reihe weiterer Verabredungen gefolgt. Auf dem Filmfestival von Cannes, wo sich der temperamentvolle Schwabe furchtbar über abplatzende Farbpartikel auf Forsters »Königsbildern« in Gotha aufregen konnte. In seinem Lieblingsrestaurant *La Cousteline* in *Grimaud*, wo er angeheitert durch ein, zwei Gläschen Wein vorschlug, endlich einen eigenen Forster-Club zu gründen. Oder im *L. A.-Cafe*, in seinem Berliner Hotel *Interconti*, wo Klaus Harpprecht als Mitherausgeber einer Zeitschrift gern Autoren traf oder Korrektur las. Noch als 85-Jähriger blätterte er hoch konzentriert durch ein Drehbuch, an dem ich gerade für eine Dokumentation über Georg Forsters Aufbruch in die Südsee arbeitete und korrigierte – mit gelegentlich hochgezogener Augenbraue –, den einen oder anderen Lapsus.[59]

Nun trafen wir uns also auf der Pariser *Place de la Concorde* auf Forsters Spuren. Klaus Harpprecht hatte diesen Treffpunkt vorgeschlagen, um von hier in die angrenzenden *Tuilerien* zu gehen. Denn im königlichen Garten stand einmal die *Manège de Tuileries*, die Reithalle Ludwig XVI., in der seit 1789 die Pariser Nationalversammlung täglich zusammentrat. Hier also, wo heute die rundlichen Frauenskulpturen *Maillols* zwischen grünen Hecken hindurchschimmern, sprach Georg Forster am 30. März 1793 vor dem Konvent – und konnte auf sein Gesuch hin ein einstimmiges Votum für die Vereinigung der französischen mit der *Mainzer Republik* entgegennehmen – unter dem heftigen Beifall von den Rängen der Reithalle.[60] Eine wahrhaft historische Rede – und doch *enfant perdu*, wie Klaus Harpprecht es ausdrückte: eine verlorene Sache, da das revolutionäre Mainz den deutschen Koalitionstruppen zur selben Zeit wieder in die Hände fiel.

Wir sollten auf unserer Forster-Tour an der nahe gelegenen Ostfassade des *Louvre* vorbeigehen, schlug Klaus Harpprecht vor – obwohl nicht mehr allzu gut zu Fuß – einen kleinen Umweg auf unserem Weg von den *Tuilerien* zu Forsters Pariser Adresse vor. Immerhin finde sich unter Forsters wenigen Bemerkungen zur Pariser Architektur ein dickes Lob für die »neue Fassade des Louvre«. Ein gutes Beispiel moderner Architektur, wie Georg Forster in seinem Pariser Tagebuch festhielt.[61] Vermutlich haben ihm die korinthischen Zwillingssäulen und das zentrale Giebeldreieck über dem Eingang der berühmten *Collonade du Louvre* deshalb imponiert, weil der Architekt Claude Perrault hier der strengen Formensprache des antiken römischen Baumeisters Vitruv gefolgt war, dessen Werke Perrault aus dem Lateinischen ins Französische übersetzt hatte.[62]

Mir kam während unseres gemächlichen Defilees unter den Kolonnaden des *Louvre* allerdings der gewaltige Rubens-Saal hinter den Mauern in den Sinn.[63] Nicht ganz zufällig, denn Georg Forster hatte ein sehr spezielles Verhältnis zu Peter Paul Rubens. Es war nicht allein ein »ganz mißlungener Michael«, den der junge Forster für fürchterlich hielt, als er Rubens' *Großes Jüngstes Gericht* in Düsseldorf zum ersten Mal sehen durfte. Vielmehr mochte Forster generell Rubens' Markenzeichen nicht, »die menschliche Form so materiell als fleischigst wie möglich« darzustellen.[64] Forster vermisste »Seelengröße, Erhabenheit, Gedankenfülle«.[65] Und bediente sich deshalb gern Lessings feiner Bemerkung, »dass auf dem langen Weg vom Sitz der Fantasie bis zum Pinsel, oft so viel verloren geht«.[66]

Auch in Forsters *Ansichten vom Niederrhein* fungierten Spötteleien über die »flämische Feistigkeit« als roter Faden.[67] Etwa, wenn er auf Rubens' *Enthauptung Johannes des Täufers*, ein Bild, das er in der Kathedrale von Antwerpen gesehen hat, zwei Details hervorhebt: »ein scheußlicher Rumpf, und ein Bologneser Hündchen, welches Blut leckt!«.[68] Fast schien Forster hier die Ironie Heinrich Heines vorwegnehmen zu wollen.[69]

Hatte Klaus Harpprecht noch Forsters beißenden Spott auf Rubens' Antwerpener *Himmelfahrt Mariä* im Ohr? »Die dicke Lady Rubens sitzt zum Skandal der Christenheit in den Wolken wie in einem Lehnstuhl«, erinnerte ich mich an Forsters Satz. Klaus Harpprecht konnte nahtlos fortsetzen: »Ob sich die Lady Rubens nicht schämen sollte: eine Göttin darzustellen – und eine Jungfrau dazu?«[70] Das hatte Forster schön – wenn auch gemein – formuliert, stimmte ich mit Klaus Harpprecht überein. Stilistisch brillanter ging es kaum.

Auf unserem weiteren Weg zur *Place Vendôme* fielen uns noch ein paar andere Beispiele für die Unverfrorenheit ein, mit der Georg Forster den alten Meistern begegnet war. Tizian zum Beispiel: Georg Forster vergötterte den Venezianer, übrigens ebenso wie mein Wegbegleiter, wenn es um die Abbildung weiblicher Körper ging. Tizians *Leda* oder die verführerische *Danaë* fielen Klaus Harpprecht dazu ein. Und doch schreckte Forster vor harschesten Urteilen nicht zurück, sobald es um Tizians Gesichter ging. Den Anblick des Hauptes der *Danaë* hielt er für »seelenlos« und »auszeichnend häßlich«,[71] der Kopf der *Leda* sei »von widriger, zurückstoßender Gemeinheit«, wie Forster rügte.[72]

»Ach Gott, wie würde sich Forster die Augen reiben, wenn er heutige Kunstrezensionen lesen müsste«, sinnierte Klaus Harpprecht. »Wo doch Kunstwerke fast nur noch danach beurteilt werden, welchen Preis sie auf dem Markt bringen!« Und erzählte mir von seinem jüngsten Besuch in Berlin, wo er im Loft eines früheren Präsidenten des Bundesverbandes der Deutschen Industrie – einem »Kapitalisten vor dem Herrn«, wie Klaus Harpprecht sich ausdrückte – ein großformatiges Bild des Revolutionärs Che Guevara an der Wand hängen sah, umwallt vom Rauch kubanischer Havanna-Zigarren.

Was die Kunstkritik betrifft, so hatte Georg Forster aber auch schon lange vor uns seine Vorbehalte. Beim Besuch einer Düsseldorfer Galerie auf seiner Reise den Niederrhein entlang bespöttelte er »raisonnierte Verzeichnisse«, also verkaufsfördernde Lobhudeleien, wie sie bis heute zum Geschäft gehören, »die mit Kunstwörtern fleißig ausstaffiert, mit Loberhebungen und nachgebeteter Verehrung manches berühmten Künstlernamens angefüllt sind«.[73]

Bei einem Gläschen Pastis in einem kleinen Café an der *Place Vendôme* erkundigte sich Klaus Harpprecht schließlich nach meinem Umzug an die Seine. Und musste herzlich lachen, als ich erzählte, dass unser Umzugswagen tatsächlich wegen eines Wahlkampfauftritts des französischen Präsidenten zwei Stunden lang nicht zu unserer neuen Pariser Bleibe durchkommen konnte. Im Mutterland der Revolution hätte sich so manche feudale Sitte gehalten, fiel Klaus Harpprecht dazu ein. Doch wollte er eigentlich auf die Parallelität zwischen den Schauplätzen meines Lebens und denen Georg Forsters hinaus, zwinkerte er mir schmunzelnd zu. Das sei ja geradezu eine Kette schicksalhafter Fügungen. Ich hatte nie so recht verstanden, warum Klaus Harpprecht so eine Freude daran hatte, meine doch recht obsessive Forster-Liaison zu befeuern. Ein leicht spöttischer Unterton war auch nicht zu überhören. Aber natürlich gab es diese Parallelen – und die trug ich mit aller Ernsthaftigkeit vor: Wie Forster bin ich im deutsch-polnischen Grenzgebiet groß geworden und habe – wie er – die russische Sprache als erste Fremdsprache erlernt. Forster ging in der zaristischen Hauptstadt St. Petersburg zur Schule, ich war als Student in Kiew, der alten Hauptstadt der heiligen Rus. Die *Kalmückensteppe*, die er als Knabe mit seinem Vater auf der Wolga-Expedition durchstreifte, lernte ich als Umgebung von Wolgograd kennen, also das frühere Stalingrad, wo der Name Vorpahl gleich dreifach auf Granitblöcken des Soldatenfriedhofs von *Rossoschka* auftaucht. Den Wermut (*Artemisia absynthium*), der flächendeckend zwischen russischen und deutschen Gräbern wächst, haben Georg und Johann Reinhold Forster zwei Jahrhunderte vor der Schlacht von Stalingrad als Botaniker untersucht.[74] Nach seiner Weltreise trat Georg Forster in Kassel sein erstes Lehramt an – ich habe an der dortigen Universität promoviert. Mit Mitte 30 lebte ich ebenso wie Georg Forster in Mainz, in derselben Nachbarschaft. Beide waren wir dort anfangs *en famille*, später nicht ganz freiwillig Singles. Und wie Forster zog es mich dann nach Paris.

Nur blieb ich mehrere Jahre – Georg Forster dagegen waren nur einige intensive Monate vergönnt.

Ob die *terreur*, die Forster zur Zeit Robespierres in Paris erleben musste, und der Terror, den Islamisten heute nach Paris tragen, einen gemeinsamen Nenner haben, darüber kann man streiten. Wer sich in den *Banlieues* oder rund um den Pariser *Gare du Nord* umschaut, dem kommt jedenfalls der Gedanke, dass die Parole von Freiheit, Gleichheit und Brüderlichkeit hier einen fast zynischen Beigeschmack hat. Dass es die Ausgestoßenen, die Armen, die Gedemütigten noch immer gibt in Paris. Und deshalb auch wieder die Wütenden, die »enragés«, wie man sie zur Zeit Georg Forsters nannte.

Nach einem zweiten Gläschen Pastis machten wir uns schließlich auf zur Forster'schen Adresse. Auf dem Weg über den *Marché St Honoré* Richtung *Avenue de l'Opéra* erzählte mir Klaus Harpprecht von einer Passage aus Georg Forsters letzter Schrift, den *Parisischen Umrissen*, die ihm besonders gefallen hatte. Darin geht Forster auf *Don Quichotte* ein. Vielleicht auch, mutmaßte Klaus Harpprecht, weil er sich selbst nach dem doppelten Schiffbruch der *Mainzer Republik* und seiner Ehe ein wenig als »Ritter von der traurigen Gestalt« sah? Jedenfalls stellte Forster die Frage: »Wenn Donquichotte die Galeerensklaven auf freien Fuß stellt, und zum Lohn von ihnen zerbläuet und geplündert wird: wer hat die meiste Schuld, der schwärmende Ritter oder die verwahrlosten Menschen?« Forsters Schluss daraus: Menschen sind, wie sie sind. Man macht Revolution mit Menschen.[75] Eine analytische Nüchternheit, die Klaus Harpprecht an Forster ebenso gefallen hat wie das Pathos seiner großen Reden: der »heilige Ernst«, mit dem Georg Forster vor den Abgeordneten des Konvents in Mainz oder in Paris sprach. Wer weiß, ob sich Klaus Harpprecht als Redenschreiber Willy Brandts nicht das ein oder andere von Forster abschauen konnte.

Als wir uns nach dem Überqueren der verstauten *Avenue de l'Opéra* noch einmal orientieren wollten –, von Forsters altem Viertel der Fischweiber war tatsächlich nichts geblieben – fiel mir ein Schriftzug auf: *Rue Thérèse* stand auf dem Straßenschild, hinter dem die *Rue des Moulins* links abzweigt: Forsters letzte Zuflucht: keine 100 Meter von einer Straße mit dem Namen der Frau entfernt, nach der er sich so unendlich sehnte. »Vermutlich kein Zufall«, glaubte Klaus Harpprecht. Doch fielen ihm zur *Rue Thérèse* noch ganz andere Dinge ein: Bleiche

Knaben, die frierend und gelangweilt auf den Trottoirs auf Kundschaft warten, exotische Akzente, brasilianische Transvestiten, an denen Herren im Citroën vorbeischleichen. So hatte er die Gegend dreißig Jahre zuvor erlebt, als er hier zum ersten Mal Forsters Pariser Spuren nachging. Und so war es nächtens wohl noch immer in dieser Gegend, in der tagsüber japanische Restaurants und koreanische Schaufenster dominierten. Die Sünde sei hier schon immer zu Hause gewesen, erzählte mir Klaus Harpprecht, nur das Geschlecht hätte gewechselt. Zu Forsters Zeiten verkehrten hier keine Strichjungen, sondern die schönsten Bordsteinschwalben von Paris, in der *Rue des Moulins* befand sich ein bekanntes *Maison de Rendezvous*. Die korsischen Deputierten, die wie Forster während der Tagungsperioden des Nationalkonvents im *Maison des patriotes Hollandais* wohnten – unter ihnen ein gewisser Napoleon Bonaparte –, hätten das sehr zu schätzen gewusst.

Best Western Paris Louvre Opéra prangt heute ein goldenes Hotelschild über der marineblauen Tür zu Forsters einstiger Bleibe. Genauer: an der Stelle, wo Forsters Holländerhaus einmal stand, das schon Ende des 19. Jahrhunderts verschwunden ist. Heinrich Heine hatte Georg Forsters Dachstube als einer der Letzten besucht.[76]

Ein wenig ehrfürchtig traten Klaus Harpprecht und ich ein. Die junge Frau mit polnischem Akzent in der Lobby des *Best Western* wunderte sich anfangs darüber, dass es Klaus Harpprecht gar nichts ausmachte, dass kein Appartement mehr frei war. Doch gute 20 Minuten später hatte Mlle Violetta aus Gdansk nicht nur ihre anfängliche Reserviertheit abgelegt, sondern kannte durch Klaus Harpprecht bereits Forsters halbe Biografie. Zum Beispiel wusste Fräulein Violetta nunmehr, dass sie mit Forster den Geburtsort Danzig teilte. Oder dass der todkranke Forster in einer Dachstube über uns von einem jungen Polen gepflegt worden war, bis er am Morgen des 21. *Nivôse* 1794, dem »Schneemonat« nach Pariser Revolutionskalender, dem »Schlagfluss« erlag.[77]

Klaus Harpprechts charmante Geschichtsstunde öffnete uns jedenfalls bald das Haus. Und so durften wir die filzbelegten Stufen bis in die Mansarde in der fünften Etage hinaufsteigen. Hier oben also hatte Georg Forster seine letzten schweren Atemzüge getan. Durch ein Fenster in der Dachschräge blickten wir in den Innenhof hinunter wie in einen Schacht.

Die letzten drei Wochen seines Lebens steckte Forster hier fest –

Matratzengruft nannte Heine diesen elenden Zustand später. Gequält von der »Schmerzgestängs- und Krummzapfenmusik« in seiner Brust. »Nicht wahr, Kinder, ein paar Worte sind besser als nichts? Ich hab nun keine Kräfte mehr zum Schreiben. Lebt wohl!«, schrieb Georg Forster sechs Tage vor seinem Tod zum letzten Mal an seine Lieben in der Schweiz.[78]

Als wir uns schließlich verabschieden wollten, kam Violetta doch noch eine Idee. Vom Dachgeschoss ging es nun hinunter in den Keller, wo in einem Tonnengewölbe aus groben Steinblöcken ein langer Konferenztisch und ein paar Stühle standen. Hier müsse sich einmal die Gaststube befunden haben, war sich Violetta sicher, also auch der Speisesaal des *Maison des patriotes Hollandais*. Gut möglich, dass Forster hier sein Frühstück einnahm, bevor er zum Nationalkonvent in die *Tuilerien* aufbrach. Oder ins *Chez Onfroy* ging, in seine Pariser Buchhandlung am Ufer der Seine, wo er Bücher, Zeitungen und Zeitschriften durchsah. Vielleicht trank er hier auch ab und an ein Glas Wein mit anderen Exil-Mainzern, von denen er nach dem Ende der *Mainzer Republik* in Paris geradezu »überlaufen« wurde.[79]

Nach einer guten Stunde verabschiedeten wir uns von der schönen Violetta – Klaus Harpprecht tatsächlich mit der gehauchten Andeutung eines Handkusses, wie man ihn gelegentlich heute noch in Osteuropa sieht. Natürlich, er kannte diesen polnischen Brauch, er war an Willy Brandts Seite beim berühmten Kniefall von Warschau.

Zum Abschied am Pariser *Gare de Lyon* stellte mir Klaus Harpprecht dann eine ganz unerwartete Frage: ob unsere Vorstellung von Forsters Ende vielleicht zu einseitig sei, zu sehr auf Moll gestimmt? Ein wenig verwundert war ich schon über diesen Gedanken: Schließlich musste Forster noch acht Wochen vor seinem Tod hinnehmen, dass sein Mainzer Abgeordnetenkollege und Mitbewohner Adam Lux ein Opfer der *terreur* wurde. Die Guillotine machte auch vor den Deputierten der *Mainzer Republik* nicht halt. Forster hatte seinen Landsmann – einen glühenden Bewunderer Charlotte Cordays, der idealistischen Mörderin Jean Paul Marats[80] – beschworen, seine Sympathien für die Attentäterin für sich zu behalten. Umsonst.[81] Lux sei aufs Schafott »gesprungen«, schrieb Forster über diesen Tod. Ein Tod, der vorauszusehen war, aber Georg Forster alles andere als kaltließ.[82]

Doch war Forster in Paris auch – darauf wollte Klaus Harpprecht hinaus – voller Pläne. So hatte er im Sommer 1793 einen Vorstoß beim französischen Außenminister Lebrun unternommen, um eine eigene Mission nach Indien zu führen. Eine Idee, die durchaus auf offene Ohren gestoßen war, zumal Georg Forster durch letzte Übersetzungsarbeiten sehr vertraut mit den geopolitischen Vorgängen auf dem indischen Subkontinent war.[83] Der Weltreisende war ganz erfüllt von dem Gedanken, seine naturhistorischen und völkerkundlichen Forschungen wieder aufzunehmen – diesmal unter französischer Flagge.[84] Zugleich wollte er die indischen Aufständischen unter *Tippu-Sahib*[85] gegen die englische Kolonialisierung unterstützen, Munition und eine persische Druckerpresse zu den Aufständischen bringen, dem Bruch Frankreichs mit der Sklaverei praktische Geltung verschaffen. Mit knapp 40 Jahren machte er sich daran, die persische Sprache zu erlernen und deckte sich bei seinem Buchhändler Eugène Onfroy mit Landkarten ein.[86]

Als Quintessenz seiner Weltreise mit Captain Cook hatte Georg Forster eine wichtige Frage gestellt: Bringen wir Europäer den anderen Völkern Glück? Womöglich würde das revolutionäre Frankreich diese Frage anders beantworten als die Briten – im Sinne von Freiheit, Gleichheit und Brüderlichkeit. Und vielleicht konnte er – Georg Forster – in diesem Sinne noch einmal aufbrechen. Riss ihn sein früher Tod im Januar 1794 nicht aus einem großen, hoffnungsvollen Zukunftsprojekt, fragte sich Klaus Harpprecht. Paris stand insofern nicht nur für Moll, sondern auch für Dur in Forsters Leben. Mit diesem tröstlichen Gedanken verabschiedeten wir uns voneinander und Klaus Harpprecht stieg gut gelaunt in seinen TGV Richtung *Côte d'Azur*.

Sein Nachsinnen über die Dur- und Moll-Anteile in Forsters Pariser Zeit beschäftigten mich noch eine Weile. Für Forster bedeutete Paris natürlich mehr als diese letzten Monate seines Lebens. Insgesamt war er drei Mal – 1777, 1790 und 1793 – in die französische Hauptstadt gekommen. Am enthusiastischsten wohl, als er zum schon erwähnten Finale seiner Reise mit dem jungen Alexander von Humboldt im Juli 1790 die Vorbereitungen zum ersten Jahrestag des Sturms auf die Bastille mitansehen konnte. Unter den vielen Freiwilligen, die ein gigantisches Amphitheater aufschütteten, auch König Ludwig XVI. – »ohne Leibwache, ohne Gefolge, allein in der Mitte von 200 000 Menschen, seinen Mitbürgern, nicht mehr seinen Unterthanen. Er nahm die Schaufel und füllte seinen Schiebekarren mit Erde!«[87] Da schien ihm Pathos durchaus angebracht: »Ein Sturm der Begeisterung hob die ganze Nation zur Höhe des Selbstgefühls. Mensch zu sein war der schöne Stolz von 25 Millionen, das erste und letzte Ziel ihrer Befreiung«.[88]

Doch schon seine erste Paris-Visite, gleich nach Beendigung seiner auszehrenden Niederschrift der *Reise um die Welt* in London, muss Georg Forster wie ein Freiheitsfest vorgekommen sein. Im Oktober 1777 machte er sich erstmals ohne väterlichen Beistand zu einer großen Fahrt auf. Mit dem Schiff über den Ärmelkanal nach Dieppe und von dort weiter in die französische Hauptstadt, wo er im Oktober 1777 eintraf. Vom *Hôtel de Varsovie*, gar nicht weit entfernt von seiner späteren Adresse in der *Rue des Moulins*, fuhr der 23-Jährige wie wild durch Paris, um eine Reihe von Briefen bei Leuten abzugeben, die er nicht antraf, wie er in seinem Tagebuch notierte.[89] Auch wenn er allein reiste, musste er doch die Aufträge seines Vaters erfüllen. Da Spener, der deutsche Verleger der Forster'schen Reisechronik, die *Reise um die Welt* trotz seiner Ankündigung im September 1777 noch nicht ausgeliefert hatte, somit auch keine Einnahmen daraus erzielt werden konnten, sollte Georg umgehend Verträge und Finanzierung einer französischen Übersetzung unter Dach und Fach bringen. Sieben Wochen lang bemühte er sich darum. Vergeblich. Ein Vertrag mit den Franzosen kam nicht zustande – was den Absturz Johann Reinhold Forsters in ein tiefes Schuldenloch besiegelte.

Indes ergaben sich für Georg Forster bemerkenswerte Pariser Begegnungen: In Passy, damals noch ein Vorort von Paris, besuchte er den Mann, der sechs Jahre später den Friedensvertrag zwischen England und seinen abtrünnigen amerikanischen Kolonien signieren und damit die Gründung der Vereinigten Staaten von Amerika ermöglichen sollte (lange bevor sein Konterfei auf der 100-Dollar-Note verewigt wurde): den Universalgelehrten Benjamin Franklin. Heute erinnert ein Hausgiebel mit Franklins Konterfei in der *Rue Raynouard No. 66* daran, dass der Amerikaner hier bis 1785 gelebt hat. In der parallel zum Seine-Ufer verlaufenden Straße, aus der heute die Architektur-Ikone des Pariser *Maison de la Radio* aufragt, installierte Franklin Frankreichs ersten Blitzableiter – wohl den ersten auf dem europäischen Kontinent überhaupt.

Als Georg Forster den berühmten Mann zum Diner besuchte,

wurde bei Tisch zunächst philosophiert. Natürlich musste der Naturzeichner der zweiten Cook'schen Weltumseglung von *Tahiti* und seinem legendären Kapitän berichten. Danach erzählte der Amerikaner launige Geschichten, um die Damen in der Runde zu unterhalten, die sich ihrerseits bei Georg Forster sehr eingehend nach den Geschlechtskrankheiten an Bord und in der Südsee erkundigten.[90] Danach zog sich »Papa«, wie man den 71-jährigen Franklin vertraulich nannte, zu einem Nickerchen zurück, während Georg Forster das physikalische Kabinett besichtigen durfte.

Obgleich handfeste materielle Unterstützung für seinen Vater von Benjamin Franklin nicht zu erwarten war, genoss Georg Forster, der durch die Londoner Schreib-Fron der letzten Monate »fast zum Skelett geworden war«,[91] die ungezwungene Atmosphäre im Pariser Domizil Franklins: »Es gibt Leute, deren Art des Denkens und Handelns, obschon sehr verschieden, doch der unseren auf eine gewisse Weise entspricht, und bei denen wir uns ganz aufgehoben fühlen, wenn wir mit ihnen ins Gespräch kommen«, fasste er seinen Besuch zusammen.[92] Umgekehrt muss auch Benjamin Franklin Gefallen an dem viel gereisten jungen Deutschen gefunden haben, denn Georg Forster wurde alsbald in Franklins Pariser Freimaurer-Loge *Les Neuf Sœurs* eingeführt, zu deren 60 Mitgliedern so hervorragende Männer wie General Lafayette[93], der Enzyklopädist d'Alembert[94] oder der spätere Revolutionsführer Danton[95] zählten. Wie ehrenvoll die Aufnahme in diesen exklusiven Zirkel Pariser Gelehrsamkeit gewesen sein muss, lässt sich auch daran ablesen, dass ein halbes Jahr nach Georg Forster mit der Mitgliedsnummer 93 der große Voltaire[96] mit der Nummer 97 ins Logenverzeichnis eingetragen wurde.[97]

Die andere große Begegnung dieser ersten Frankreich-Visite Georg Forsters fand im Königlichen Botanischen Garten von Paris statt. Für den Comte de Buffon[98] – von ihm sprach man in der Gelehrtenwelt ebenso ehrfurchtsvoll wie von Carl von Linné[99] – hatte Georg Forster in London eine ganze Kollektion von Südsee-Exponaten ausgewählt und mit nach Paris gebracht. Als er sich im Herbst 1777 mit diesem wertvollen Gepäck in den *Jardin royal des Plantes* im Südosten der Stadt aufmachte, hatte Buffon sein Institut in fast vierzig Jahren zum Zentrum eines weltweit einzigartigen botanischen und zoologischen Universums gemacht.

Dieser Spur Georg Forsters in Paris wollte ich schon deshalb folgen, weil der *Jardin des Plantes* die Wirren der Revolution ohne größere Schäden überstanden hatte. Mehr noch: 1793 wurde der frühere königliche Garten zum Kern des neu gegründeten *Muséum national d'histoire naturelle*, des neuen naturwissenschaftlichen Bildungs- und Forschungsinstituts der Französischen Republik. Der Ruhm Buffons, des obersten Gärtners des Königs, überstand den Sturm der Revolution unbeschadet.

Georg Forster verdankte Buffon in gewisser Weise seine Befreiung aus der väterlichen Schreib- und Übersetzer-Werkstatt in London, in der er seit der Rückkehr von der zweiten Cook'schen Weltumseglung gegen den wachsenden Schuldenberg seines Vaters anschreiben musste und sich selbst nicht zu wehren wusste. Der Berliner Verleger Karl Spener machte dieser Situation ein Ende, als er Georg Forster 1778 eine besondere Offerte nach London übermittelte: Georg Forster könnte die Übersetzung von Buffons *Histoire naturelle* ins Deutsche fortsetzen, die durch den Tod des Naturkundlers Friedrich Martini ins Stocken geraten war.[100] Als Spener auch die Reisekosten für die Heimkehr nach Deutschland vorzustrecken versprach, riss sich Georg Forster schließlich von seiner Familie in London los. Nicht ohne Gewissensbisse seiner Mutter und den vier Geschwistern gegenüber, die er nun allein der »üblen Laune« seines Vaters ausgesetzt sah.[101]

Doch dass man ihn, den 24-Jährigen, für reif genug hielt, dem gelehrten deutschen Publikum den großen Buffon nahezubringen, nahm er mit Stolz zur Kenntnis. »Ich besinne mich«, schrieb er an Spener: »Ich bin Übersetzer des Büffon, würdiger Nachfolger eines Martini.«[102] Und auch bei seinem Start als Professor für Naturgeschichte am *Collegium Carolinum* in Kassel spielte der Comte de Buffon eine wichtige Rolle: Georg Forster orientierte sich beim Verfassen der Einleitung zu den zoologischen Vorlesungen, die er hier ab August 1778 hielt, sehr weitgehend an Ideen des französischen Gelehrten.[103]

Über die persönliche Begegnung Forsters mit dem viel bewunderten Pionier der Naturkunde im Pariser *Jardin des Plantes* ist wenig überliefert. Ein wenig musste sich Forster auch gedulden, bis der vielbeschäftigte Gelehrte Zeit fand. Er sah sich derweil in Paris um. Im Vergleich zu London bemerkte er mehr Kot auf den Straßen, dafür hielt er die überdachten Kioske auf der *Pont Neuf* für praktischer als die offenen Verkaufsstände auf den Londoner Themse-Brücken. An der Kathedrale *Notre-Dame* bemängelte er die ziselierte Stuckfassade, die ihm kindisch vorkam, dafür mochte er – der guten Aussicht wegen – den Kirchturm umso mehr.[104] Er dinierte im *Hôtel de Bourbon*, wo er sich über die vielen schwatzhaften Offiziere wunderte.[105] Und promenierte in den Gärten der *Tuilerien*, wo er das überbordende Blumen-Parterre bestaunte (nicht ahnend, dass er in 13 Jahren an ebendiesem Ort eine revolutionäre Rede halten würde).[106] In der *Comédie francaise* sah er *Robinson Crusoe* in einer »lächerlichen Harlequinade«, wobei ihm die Kunst des zehnjährigen Hauptdarstellers exzellent gefiel.[107]

Am Abend des 7. Oktober 1777 war es dann so weit: ein einstündiges, überaus freundliches Gespräch mit dem Comte de Buffon, wie Georg Forster in seinem Tagebuch festhielt. Der Mann sei zwar alt und faltig geworden, aber munter und vital – und jederzeit darauf aus, mit französischem Wortwitz zu punkten, notierte er.[108] Doch von der Übergabe naturwissenschaftlicher Exponate an Buffon erwähnt Forsters Tagebuch nichts.

Auf meine schriftlichen Nachfragen reagierten Buffons Erben – das *Muséum national d'histoire naturelle* – nicht sofort, dann aber doch mit einer freundlichen Einladung. Man habe sowohl Schriftstücke und Objekte, die Vater und Sohn Forster dem Comte de Buffon übergeben hätten, als auch Manuskripte aus Georg Forsters Nachlass, die ich gern einsehen könne.

Das klang spannend. Forsters Pariser Nachlass überstand immerhin drei verheerende Kriege, die *terreur* der großen Revolution und zwei weitere politische Umstürze, die beiden Napoleons, die Feuerwalze der Pariser Commune und nicht zuletzt den Wechsel ministerieller Zuständigkeiten, für den die französische Staatsbürokratie so berühmt ist. Seit zwei Jahrhunderten sorgte die Grande Nation dafür, dass Forsters Handschriften sicher in den Archiven des *Jardin des Plantes* aufbewahrt wurden.[109]

Doch gab es eine Reihe von Versuchen, Georg Forsters Erbe nach Deutschland zu holen: Kurz nach seinem frühen Tod meldete Huber, der Mann an der Seite von Forsters Witwe, dass die Berliner *Vossische Buchhandlung* sich in Frankreich darum bemühte, Forsters literarisches Erbe »aus dem Schiffbruche, den er bei seinem Leben erlitt« herauszubekommen.[110] Doch ohne Erfolg. Erst 1797 ging ein Teil von

Georg Forsters Pariser Habe in die Schweiz – an Therese, die mittlerweile nicht mehr Forster, sondern nach ihrem zweiten Ehemann Huber hieß. Und an seinen Vater Johann Reinhold nach Halle.[111] Therese fällte schließlich die Entscheidung, auf einen Teil ihres Erbes zu verzichten und Huber nach Paris zu schicken, um die naturwissenschaftlichen Aufzeichnungen Georg Forsters als Geschenk an den französischen Nationalkonvent zu überbringen.[112]

Diese Schenkung durfte ich mir nun also genauer ansehen. An einem grauen Morgen im Frühjahr 2010 machte ich mich per Métro auf den Weg: 13 Stationen mit der Linie 10, von der Station *Javel* nahe meiner Wohnung an der *Pont Mirabeau* bis zur Station *Jussieu*. Von dort noch einen halben Kilometer die *Rue Linné* hinauf, vorbei an diversen antiquarischen Buchläden, die auf Zoologie und Botanik spezialisiert waren –, und man kam zum Eingangsportal des Allerheiligsten der französischen Naturgeschichte, Buffons *Jardin des Plantes*. Noch 100 Meter weiter unter hohen Platanen und um das Labyrinth des botanischen Gartens herum, das von der *Glorette de Buffon* gekrönt wird,[113] und man stand direkt vor der Kolossalstatue Buffons – in der linken Armbeuge einen Adler, zu seinen Füßen das mächtige Haupt eines Löwen. Ich musste schmunzeln: auf der Rue Linné zu Buffon. Die beiden großen Gegenspieler der frühen Naturwissenschaft – Linné suchte die Artenvielfalt durch sein Ordnungssystem zu bändigen, Buffon hingegen wollte auch nicht die kleinste Spezies in ein Korsett gesteckt wissen – im 5. Arrondissement von Paris waren sie harmonisch vereint.

Anders als ich vermutet hatte, führte mein Weg zur *Bibliothéque Central*, wo man mich bereits erwartete, nicht in den neoklassizistischen Palast der *Grande Galerie de l'Evolution* gleich gegenüber der Buffon-Statue, sondern daran vorbei zu einem hohen Gewächshaus. Kein schlechter Auftakt, wie sich herausstellte: Denn nirgends sonst auf der nördlichen Halbkugel finden sich unter einem Glasdach mehr Pflanzen aus dem Südpazifik als in diesem *Grand Serre de Nouvelle-Calédonie*. Heute ein französisches Überseegebiet, gehörte Neukaledonien zu den großen geografischen Entdeckungen Captain Cooks auf seiner zweiten Weltumseglung. Viele der Bäume hier, wie die meterhohen Araukarien mit ihren stachelbesetzten Zweigen, hat Georg Forster auf seiner Fahrt mit der *Resolution* als erster Naturwissenschaftler gesehen, beschrieben und gezeichnet.

Die bislang einzige Landschafts-Skizze Georg Forsters – der Ausgangspunkt einer jahrelangen Recherche nach dem auf ihr abgebildeten Wasserfall.

Nach diesem pazifischen Entrée war ich umso mehr auf die Bibliothek des Pariser Naturkundemuseums gespannt – und wurde enttäuscht. Der dreistöckige dunkle Glaswürfel, der zwischen dem Treibhaus und dem Museums-Palais eingezwängt schien, wirkte ernüchternd. Doch keine zwei Stunden später stieß ich im Lesesaal der *Bibliothèque centrale* auf eines der erstaunlichsten Fundstücke meiner bisherigen Suche auf Forsters Spuren. Ein Coup, wie die Franzosen sagen, den ich in einem verstaubten Pariser Lesesaal nicht erwartet hatte.

Jedenfalls musste ich erst einmal raus aus dem Lesesaal, Luft schnappen. Die Bibliotheksaufsicht, die mir am Morgen mit gedämpfter Stimme ein Paar Handschuhe und die vier Forster-Kartons ausgehändigt hatte, die man in Vorbereitung auf meinen Besuch bereitgestellt hatte, schien höchst irritiert. Eben noch blätterte der einzige Leser ihrer Bibliothek andächtig durch die Seiten, die Georg Forster mit eigener Hand an Bord der *Resolution* geschrieben hatte; kopierte –

nach Vorschrift mit Bleistift – die sechs verschiedenen Ansichten der Frucht der *Laxmannia*, die Forster offenbar auf *St. Helena* in sein Bord-Journal gezeichnet hatte; und hielt auch folgsam die Regel ein, das schon Durchgesehene sofort wieder in die Schutzbox zurückzulegen. Um plötzlich, kaum hatte er den zweiten Karton geöffnet, abrupt aufzuspringen und den Lesesaal geräuschvoll zu verlassen. Dann wieder hineinzupirschen und sein Handy zu schnappen. Um die Tür ein zweites Mal mit lautem Knall ins Schloss fallen zu lassen.

Ich entsinne mich nicht mehr, mit wem ich damals zuerst telefonierte – mit meinem Freund Martin in Vincennes oder mit meiner Tochter in Oxford. Fest steht, dass ich es dringend jemandem mitteilen, nein, lauthals zurufen musste: Ich hatte eine Landschaftszeichnung Georg Forsters gefunden! Etwas, was es eigentlich nicht geben durfte. Ein Tabubruch, bei dem Forster sich über die eherne Regel hinweggesetzt hatte, unbekanntes Terrain dem Landschaftsmaler William Hodges zu überlassen.

Tatsächlich war Forster nur einmal, zu Beginn der Weltreise, vermutlich im Februar 1773, von der Verabredung mit Hodges abgewichen – und das auch nur scheinbar. Da malte Georg Forster ein romantisch anmutendes Aquarell mit Eisbergen im Südpolarmeer,[114] das heute in der Mitchell Library von Sydney verwahrt wird.[115] Sieht wie eine Landschaft aus, ist aber keine: Denn Georg Forster tuschte hier höchst fragile Eisberge und Meereswellen aufs Papier, eine Naturerscheinung von kurzer Dauer. Eine Verletzung der Exklusivrechte William Hodges' – ein Landschaftsbild – lag insofern nicht vor. Vermutlich ging es dem jungen Naturzeichner bei diesem Aquarell auch nicht so sehr um die Darstellung der antarktischen Szenerie, sondern um ein seltsames Lichtphänomen, das Georg Forster hier entdeckt hatte: das südliche Polarlicht, das er in seinem Reisebericht *Aurora australis* taufte.[116] Insofern hatte ich es in Paris tatsächlich mit der ersten, genau genommen der einzigen Landschaftsdarstellung von Forsters eigener Hand zu tun.

Seit Jahren hatte ich mich mit Georg Forsters Bildern beschäftigt, sie rund um den Globus, in London und Gotha, Sydney und St. Petersburg aufgestöbert. Doch die Abbildung einer Landschaft hatte sich nie unter all den Tier- und Pflanzenbildern gefunden. Manchmal hatte ich mich gefragt, wie Forster wohl zu den Naturkulissen gekommen

Ein unscheinbares, aber wichtiges Detail auf Forsters Skizze: ein doppelter Regenbogen über der Cascade.

war, in die er seine Vögel der Südsee platzierte. Das waren doch Landschaftsdarstellungen. Hatte Forster sie aus der bloßen Erinnerung des Weltreisenden rekonstruiert, gestützt auf den Text seiner Reisechronik? Oder doch – dafür würde die Landschaftsskizze in seinem Nachlass sprechen – eigene »Schnappschüsse« von den Weltgegenden benutzt, in denen er die neuen Spezies aufgespürt hatte? Jedenfalls konnte man sich seine Landschaftsskizze gut als Gedächtnisstütze vorstellen. Sie war nicht viel größer als eine Postkarte und fand auf einer Klappkarte Platz. Unterhalb der Federzeichnung fanden sich ein paar Notizen, die Georg Forster mit zierlicher Schrift in Latein verfasst hatte. Darüber – mit derselben Tinte gezeichnet – die Landschaft in markanten Zügen: ein Wasserfall, der als schlanke Säule von einer baumbestandenen Felskante hinunterstürzt, sich dann auf einem Felsvorsprung bricht und verbreitert, um schließlich in ein kreisrundes Becken zu stürzen, aus dem mehrere Felsen aufragen. Über der zerstäubenden Gischt ein doppelter Regenbogen.

Diese Zeichnung lag seit Forsters Tod im Jahre 1794 offenbar unbemerkt in den Archiven des *Jardin des Plantes*. Die erste Landschaftszeichnung, die wir von ihm kennen.

Wer könnte sie vor mir in Händen gehalten haben? Im 19. Jahrhundert wohl Alexander von Humboldt. Er wird es nicht versäumt haben, im Pariser Nachlass seines Lehrers zu stöbern. Zumal er ein großes Interesse an den Aufzeichnungen Forsters hatte und in den 30 Jahren, die er in der französischen Hauptstadt lebte, als Naturforscher eng mit dem *Jardin des Plantes* verbunden war.[117] 150 Jahre später, in den 1980er-Jahren, waren es die Botaniker Fosberg und Nicolson, die für ihre wissenschaftliche Arbeit das Verzeichnis mit den 220 Pflanzen kopierten, das Georg Forster dem alten Buffon 1778 aus seinem Südsee-Herbarium mitgebracht hatte.[118] Auch mir war diese Liste, die Georg Forster für Buffon angefertigt hatte, beim Öffnen des Nachlasses als Erstes in die Hände gefallen. Die beiden Amerikaner hatten zudem die Bordnotizen Georg Forsters nach Südsee-Pflanzen durchgesehen.[119] Vielleicht ist ihnen die kleine Klappkarte mit dem Wasserfall dabei sogar aufgefallen, doch hatte eine Landschaftsskizze für die Botaniker wohl keine besondere Bedeutung.

Erstmals veröffentlicht wurden Forsters Bordnotizen aus dem Pariser Nachlass Anfang der 1970er-Jahre von Mitarbeitern der Akademie-Ausgabe der Werke Forsters.[120] Doch seine Wasserfall-Skizze blieb unerwähnt. Die Ost-Berliner waren vor allem an Forsters Texten interessiert. Viele weitere Neugierige, ging es mir durch den Kopf, dürften Forsters Nachlass in den letzten 200 Jahren wohl nicht inspiziert haben.

Während ich die *Rue Linné* zurück in Richtung *Bibliothèque centrale* schlenderte, stellten sich nach und nach die ersten W-Fragen in meinem Kopf ein: Warum hatte Georg Forster ausgerechnet diesen Wasserfall gemalt? Wann war die Skizze entstanden? Und wo eigentlich auf seiner dreijährigen Reise um die Welt?

In den nächsten Wochen und Monaten pendelte ich oft zwischen *Javel* und *Jussieu* hin und her. Ich stieß im *Muséum national d'histoire naturelle* auf Paradiesvögel, Faultiere und Klammeraffen, die Forster gezeichnet hatte. Sogar auf einen giftigen Fisch, den der schwer angeschlagene Georg gerade noch in Brandy versenken konnte, bevor sich sein Bewusstsein trübte (siehe Kapitel 9: Fundsachen).

Klaus Harpprecht hat auf den Pariser Friedhöfen lange nach Forsters Grab gesucht, um etwas Greifbares in die Hände zu bekommen. Er hat es nie finden können. Für mich aber erwies sich die Stadt an der Seine dank der Fundstücke im *Jardin des Plantes* als ein Ort, an dem ich Georg Forster immer wieder auf die Spur kam.

Die Zeichnung des Wasserfalls auf der kleinen Klappkarte in seinem Pariser Nachlass wurde zum Ausgangspunkt für mehr als eine Reise auf Forsters Spuren und beschäftigte mich noch, als ich mich nach zwei Jahren wieder von Paris verabschiedete, um nach Berlin zurückzukehren. Wie sich bald herausstellen sollte, war die deutsche Hauptstadt nicht der schlechteste Ort, um Forster-Rätsel zu lösen.

Ganz unabhängig von meinem Wohnort konnte ich mich jedoch in Forsters *Reise um die Welt* auf die Suche machen und jene Schauplätze einkreisen, an denen Forster auf der zweiten Cook'schen Weltumseglung Wasserfälle, Kaskaden, Wassersäulen oder Katarakte beschrieben hatte. Auf welcher der vielen Inseln im Südpazifik hatte er den Wasserfall gesichtet, den er dann zu Papier gebracht hatte?

Da gab es gleich mehrere in der *Duck Cove* an der Südspitze Neuseelands: »Das Ufer derselben«, schrieb Forster, »war steil und von demselben stürzten sich verschieden kleine Wasserfälle aus großen Höhen herab, welches eine überaus schöne Scene ausmachte.«[121] Auch die Insel *Aurora* der Neuen Hebriden (heute *Maewo/Vanuatu*) hatte »beträchtliche Cascaden« zu bieten, die sich »in die See hinabstürzten«, wie es in Forsters Reisechronik hieß.[122] Auf *Tahiti* entdeckte Forster in *Aitepieha* ein Ufer, »von welchem sich eine crystallhelle Wasser-Säule herabstürzte, dessen anmuthiges Gestade überall mit bunten Blumen prangte.«[123] Und vom Gipfel der Berge über der *Matavai Bay* ergoss sich ein Wasserfall in eine Felsenschlucht, der »diese sonst schauervolle, finstere und romantisch-wilde Aussicht« sehr belebte, wie Forster fand.[124] Nachdem ich Forsters Reiseschilderung mehrfach durchstöbert hatte, ließen sich die Orte, an denen Georg Forster eine Kaskade gesehen hatte, von über 50 auf drei Inseln eingrenzen. Sollte der Wasserfall auf Georg Forsters Landschaftsskizze nicht seiner bloßen Fantasie entsprungen sein, musste er mit großer Wahrscheinlichkeit auf der Südinsel Neuseelands, auf *Tahiti* oder *Maewo* zu finden sein. Falls es diesen Wasserfall nach fast 250 Jahren denn noch gab.

Immerhin gab es noch einen zweiten Schlüssel, um Forsters Cascade zu orten: Der Text unterhalb der Wasserfall-Zeichnung, die Stichpunkte, die Georg Forster in lateinischer Sprache auf der Klappkarte hinterlassen hatte. Es musste sich um eine Vogelbeschreibung handeln, so weit kam ich mit meinem Latein noch. Vermutlich eine Spezies, die Forster in der Umgebung des Wasserfalls gesichtet hatte. Konnte man also über die Bestimmung des Vogels den Ort finden? Ich brauchte die Hilfe eines Ornithologen. Glücklicherweise kannte ich schon einen international renommierten Vogelexperten.¹²⁵ Er hatte mir vier Jahre zuvor geholfen, Vogelbilder von Forster zu identifizieren, die ich in Sydney gefunden hatte.

Als ich mich im Frühjahr 2010 erneut an ihn wandte, sagte er sofort zu und fertigte eine genaue Übersetzung von Forsters Notizen an: »Fuchsrote Flügel, äußerst kurz, rötlich-oliv umrandet. Rötlicher Schwanz, kurz und gerundet, Federn engst oliv gerandet. Füsse vierzehig, unterhalb dunkel. Schiene zusammengedrückt, Zehen lang«, so seine Übersetzung aus dem Latein.¹²⁶

Eine Vogelbeschreibung in lateinischer Sprache – der wissenschaftliche Steckbrief der neu entdeckten neuseeländischen Weka (Gallirallus australis).

Doch dann musste mein Vogelexperte passen. Er konnte aus Forsters fast 250 Jahre altem Steckbrief eines Vogels, einem Dokument aus der »Urzeit« der wissenschaftlichen Vogelbeschreibung, keinen eindeutigen Schluss ziehen. Am ehesten träfen Forsters Notizen noch auf den schon ausgestorbenen *Tahiti-Gesellschaftsläufer (Prosobonia leucoptera)* zu, meinte er. Doch wollte er sich aufgrund einer Abweichung in der Flügelbeschreibung nicht festlegen.

Einen Hinweis auf *Tahiti* konnte ein Optimist – und der war ich – daraus wohl schließen. Im besten Fall stammte der Vogel, den Forster auf der Klappkarte beschrieben hatte, von der Doppelinsel. Und *Tahiti* gehörte zu den drei Inseln, auf denen Georg Forster Kaskaden beschrieben hatte. Aber sollte man aufgrund dieses recht wackligen 2:0 für *Tahiti* wirklich 36 Stunden Flug auf sich nehmen, um die Wasserfälle auf *Tahiti* mit der Cascade auf Forsters Skizze zu vergleichen?

Am 22. Oktober 2010, pünktlich um 18.20 Uhr, landete der Airbus der *Air Tahiti Nui* auf dem Flughafen *Faaa* im Westen des Stadtzentrums der tahitischen Hauptstadt Papeete. Die »Fahndung« nach Forsters Cascade konnte beginnen. Hoch oben auf der Gangway, beim ersten Blick auf die Lagune von *Faaa* mit ihrem surrealen Farbverlauf von hellstem Azur zu tiefstem Türkis, spürte ich die Freude des Wiedersehens. Die Aufregung der ersten Begegnung mit den Inseln Französisch-Polynesiens, 1997 war das, lag lange zurück. Seitdem war ich mehrfach wiedergekommen – auf der Suche nach Georg Forster und Spuren seiner *Reise um die Welt*.

Südpazifik: 17° 41' Süd, 149° 27' West

Kapitel 3
Die Reise

»Ein Morgen war's, schöner hat ihn schwerlich je ein Dichter beschrieben, an welchem wir die Insel O-Tahiti, 2 Meilen vor uns sahen. Der Ostwind, unser bisheriger Begleiter hatte sich gelegt; ein vom Lande wehendes Lüftchen führte uns die erfrischendsten und herrlichsten Wohlgerüche entgegen und kräuselte die Fläche der See. Waldgekrönte Berge erhoben ihre stolzen Gipfel in mancherley majestätischen Gestalten und glühten bereits im ersten Morgenstrahl der Sonne. Unterhalb derselben erblickte das Auge Reihen von niedrigern, sanft abhängenden Hügeln, die den Bergen gleich, mit Waldung bedeckt, und mit verschiednem anmuthigen Grün und herbstlichen Braun schattirt waren. Vor diesen her lag die Ebene, von tragbaren Brodfrucht-Bäumen und unzählbaren Palmen beschattet, deren königliche Wipfel weit über jene emporragten. Noch erschien alles im tiefsten Schlaf; kaum tagte der Morgen und stille Schatten schwebten noch auf der Landschaft dahin. Allmählig aber konnte man unter den Bäumen eine Menge von Häusern und Canots unterscheiden, die auf den sandichten Strand heraufgezogen waren. Eine halbe Meile vom Ufer lief eine Reihe niedriger Klippen parallel mit dem Lande hin, und über diese brach sich die See in schäumender Brandung; hinter ihnen aber war das Wasser spiegelglatt und versprach den sichersten Ankerplatz. Nunmehro fing die Sonne an die Ebene zu beleuchten. Die Einwohner erwachten und die Aussicht begonn zu leben.«[1]

Schwärmerischer konnte man die Ankunft am Sehnsuchtsort *Tahiti* nicht schildern. Georg Forster war 18 Jahre alt, als die *Resolution* am 16. August 1773 gemeinsam mit dem Schwesterschiff *Adventure* vor

Vaitepiha *auf einem Gemälde von William Hodges (1775): das heutige* Tautira *– Schauplatz für Forsters erste Erkundungen der polynesischen Kultur.*

dem Riff von *Whai-Urua* vor Anker ging. Vier Jahre später, mit 22, hielt er diesen ersten überwältigenden Anblick jener Insel, die inzwischen die Fantasie so vieler Europäer beflügelte, im Halbdunkel seiner Londoner Schreibstube als Chronist der Reise um die Welt fest.

Jede große Fahrt hat einen Erwartungshöhepunkt – nicht immer in Übereinstimmung mit dem eigentlichen Ziel des Unternehmens. Als der südöstliche Zipfel *Tahitis* im Sommer 1773 in Sicht kam, war das für die Matrosen und Offiziere, die Seekadetten und Naturforscher an Bord gleichermaßen ein aufregender, für viele wohl der emotionalste Augenblick der zweiten Cook'schen Weltumseglung. Wie auch hätte die offizielle Mission der Expedition, die Feststellung der Nichtexistenz eines fruchtbaren Südkontinents, in ihrer Abstraktheit starke Gefühle unter den Männern wecken können? Zumal das monatelange Navigieren des Kapitäns am Südpol mit widrigem Sturmwind und eisiger Kälte, Nebel und Schnee verbunden war, wie Georg Forster immer wieder in seinen Bordnotizen festhielt.[2] Aus Sicht der britischen Admiralität war *Tahiti* zunächst eine notwendige Versorgungsstation für Cooks autarke Erkundungsfahrt. Irgendwo musste der Kapitän während des Winters auf der Südhalbkugel pausieren, solange die See in Antarktisnähe durch Packeis unpassierbar blieb. Also lief James Cook *Tahiti* und die umliegenden Gesellschaftsinseln[3] wiederholt zur »Winterpause« an.[4] Die fruchtbaren tropischen Inseln erwiesen sich als ideal, um Skorbut und Gicht zu kurieren, Wasser und Proviant aufzunehmen und die Stimmung der Männer für den Fortgang der Mission zu heben.

»Die ungekünstelte Einfalt der Landes-Tracht, die den wohlgebildeten Busen und schöne Arme und Hände unbedeckt ließ, mogte freylich das ihrige beytragen, unsre Leute in Flammen zu setzen«, notierte Georg Forster am ersten Tag seines *Tahiti*-Aufenthalts im Hafen von *Vaitepieha*.[5] »Der Anblick verschiedner solcher Nymphen, davon die eine in dieser, jene in einer andern verführerischen Positur behend um das Schiff herschwammen, so nackt als die Natur sie gebildet hatte, war allerdings mehr denn hinreichend, das bischen Vernunft ganz zu blenden, das ein Matrose zu Beherrschung der Leidenschaften etwa noch übrig haben mag.«[6]

Der Ausdruck ›orgiastisch‹ ist sicher nicht fehl am Platze, will man den Auftakt dieser interkulturellen Begegnung beschreiben. Cooks Crew war sexuell ausgehungert – und die Frauen *Tahitis*, zumal die jungen, knöpften voller Bewunderung die Hemden der weißen Seeleute auf. Mit ihnen ließen sich hellhäutige Kinder zeugen: die wichtigste Voraussetzung für den Aufstieg in die tahitische Adelskaste.[7] Nur einige Gentlemen – Offiziere und die Naturgelehrten – blieben der ausschweifenden Open-Air-Party an Deck weitgehend fern; die einen auf Weisung des Kapitäns, die anderen als gute Lutheraner.[8]

Mitten hinein in diese erotisch aufgeladene, exaltierte Stimmung der ersten Landung krachte unvermittelt ein dumpfer Laut, der das Schiff erschütterte. James Cook, der an einer Magenverstimmung laborierte und sich in die Kapitänskajüte zurückgezogen hatte, war in Windeseile wieder an Deck. Sein zorniges »Goddamn'« – Gott verdammt – übertönte die bedrohlichen Donnerschläge, die seit dem Aufprall im Stakkato-Rhythmus von unten zur Brücke heraufschallten. Nach einer kurzen Schrecksekunde hatten es alle an Bord begriffen: Die *Resolution* war auf bestem Wege, Schiffbruch zu erleiden. Während der trügerischen Windstille in der Bucht hatte die aufkommende Flut das Schiff auf die äußere Korallenmauer des *Whai-Urua*-Riffs zugetrieben, bis sein Kiel lautstark auf einem Korallenfelsen aufschlug. Niemand an Bord hatte im ausschweifenden Trubel das verhängnisvolle Abdriften bemerkt. Jetzt war zu befürchten, dass der Schiffsboden Planke für Planke aufgerissen wurde. Als der Kapitän sich hilfesuchend nach der *Adventure* umblickte, erkannte er, dass auch das Schwesterschiff, die letzte Rettung im Fall des eigenen Untergangs, auf das Korallenriffs zutrieb. Lauter als in diesem Moment, so notierte es Georg Forsters schwedischer Compagnon Sparrman, hatte er den Kapitän in den drei Jahren der Reise niemals brüllen hören.[9]

Unmittelbar vor dem Aufprall der *Adventure* gelang es Captain Furneaux jedoch, sein Schiff vor der schäumenden Riffkante zu stoppen, indem alle verfügbaren Anker der Bark ausgeworfen wurden. Auf der *Resolution* legten derweil alle verzweifelt Hand an. Auch die gerade erst an Bord gekommenen Tahitianer sprangen kurzerhand an der Winde mit ein oder suchten sich beim Einnehmen der Taue einen Platz in der Kette der Seeleute. »Wären sie im mindesten verrätherisch gesinnt ge-

Auf der Suche nach Whai-Urua, *Forsters erstem Anblick Tahitis am Morgen des 16. August 1773.*

wesen«, resümierte Georg Forster diesen wohl gefährlichsten Moment der Reise, »so hätten sie jetzt die beste Gelegenheit gehabt, uns in Verlegenheit zu setzen; aber sie bezeigten sich, bey diesem gleich wie bey allen andern Vorfällen, höchstfreundschaftlich und gutherzig.«[10] Bei stehender Hitze von 40° Celsius unter einem wolkenfreien Himmel gaben auch die Forsters ihr Bestes, um das Schiff wieder frei zu bekommen. Anderthalb Stunden blieb der Ausgang des dramatischen Schauspiels offen. Doch plötzlich wurde der Schiffsrumpf für einen kurzen Augenblick von einer unerwartet hohen Welle hochgehievt und gab endlich dem Zug der Leinen nach, die sich von den zu Wasser gelassenen beiden Beibooten zur Reeling spannten. In einem Finale kurzer harter Ruderschläge gelang es der Crew, die *Resolution* wieder in die tieferen Wasser der Bucht von Whai-Urua zu ziehen. Doch war die Gefahr noch nicht gebannt. Vielmehr galt es, diese halbwegs sichere Position trotz der Flaute zu halten. Die endgültige Entwarnung kam erst Stunden später mit einer abendlichen Landbrise. Ohne Aufschub ergriffen die beiden Schiffe die Chance, sich aus der schwierigen Bucht ins offene Meer zu retten. Allerdings blieb den Männern der *Adventure* so auch keine Zeit mehr für das aufwendige Einholen ihrer Anker. Ohne diese aber war kaum an eine Weiterfahrt zu denken. »Wir lavirten hierauf mit beyden Schiffen die ganze Nacht ab und zu und sahen die gefährlichen Felsen mit einer Menge von Feuern erleuchtet, bey deren Schein die Indianer fischten«, notierte Georg Forster.[11] Erst am folgenden Tag, nachdem die britischen Segler 15 Kilometer weiter nördlich die nächste größere Flussmündung erkundet und in die sichere Bucht von *Vaitepieha* eingefahren waren, schickten sie Boote aus, um die verlorenen Anker zu bergen.

Gefunden wurde im August 1773 kein einziger, denn das Korallenriff von *Whai-Urua* fällt auf seiner dem Meer zugewandten Außenseite steil ab, sodass das Aufspüren schon an der Meerestiefe scheitern musste. Erst 200 Jahre später konnte einer der verlorenen Anker geborgen werden, wie ich bei Recherchen auf der Spur von Georg Forsters erstem Ankunftsort auf *Tahiti* herausfand. Die Sehnsucht, sich den Schauplatz selbst anzusehen, den schöner »schwerlich je ein Dichter beschrieben« hatte, überkam beim Lesen von Forsters romantischer Schilderung der morgendlichen Annäherung an *Tahiti* wohl die meisten.

Doch ist *Whai-Urua*, das Georg Forster als lebendiges Tal voller Menschen geschildert hatte, heute nicht nur ein seit langer Zeit verlassener Ort, sondern auch einer der unzugänglichsten auf der kleinen Halbinsel *Tahiti-iti*. Die wenigen Familien, die hier links und rechts der Flussmündung des *Aiurua* leben, sind auf ihre Boote angewiesen. Südlich des Flusses breiten sich die Felsen von *Te Pari* aus, hier gibt es keine Straße, nicht einmal einen durchgängigen Fußpfad. Nur hartgesottene Wanderer durchqueren diesen ursprünglichen Küstenabschnitt auf zweitägigen Touren. Die Küste südwestlich des *Aiurua* ist nicht weniger wild, hier bilden sich an den breiten Korallenbänken vor *Teahupoo* gigantische röhrenförmige Wellen. Surfer sprechen von der härtesten Welle der Welt, professionelle Wellenreiter treffen sich hier alljährlich zu ihrer Weltmeisterschaft.[12]

Als ich in *Teahupoo* einmal mit meinem Freund Martin, der mich mit seiner Fotokamera immer wieder auf Forster-Touren begleitete, per Motorboot aufs offene Meer hinausfuhr, um dem visuellen Eindruck nachzuspüren, den Georg Forster bei der Annäherung von Cooks Schiff an *Tahiti* bekommen hatte, waren wir ebenso überwältigt wie eingeschüchtert von den kilometerlangen stahlblauen Wänden, die sich gar nicht so weit vom Ufer entfernt meterhoch um uns auftürmten. Rudo, unser erfahrener tahitischer Bootsführer, demonstrierte mit größter Gelassenheit, dass es sein starker Außenbordmotor mit jeder Welle aufnehmen konnte und ihr doch immer eine Nasenlänge vorausblieb. Doch hätte ein technischer Defekt das sichere Aus für uns alle bedeutet. Allerdings kamen wir mit Rudo auch fünf Buckelwalen näher, die sich am Surfspot tummelten. Kein ungewöhnlicher Anblick, meinte Rudo. Die Wale liebten die hohen Wellen von *Teahupoo* nicht weniger als die Surfer.

Dem Tal von *Whai-Urua* kamen wir mit dem Boot jedoch nicht nahe genug, um Forsters Perspektive bei der ersten Landung auf *Tahiti* einnehmen zu können, dafür reichte der vorhandene Sprit schließlich nicht mehr aus. Also versuchten wir es ein anderes Mal von Norden her. Im kleinen Fischerhafen von *Tautira* – Forsters *Vaitepieha* – legte an Werktagen morgens und abends das Schulboot der Kommune ab, um die etwa 40 Schüler des hiesigen Collège zu befördern, die südlich des Örtchens in den kleinen Buchten von *Tahiti-iti* leben. Kapitän Nuupure Voltaire, auf *Tahiti* berühmt für die Vielzahl seiner Tätowierun-

Nuupure Voltaire, der Bootsführer des Schulschiffs Tamarii Te Pari II: Er war bei der Bergung von Cooks verlorenem Anker im Jahre 1979 dabei.

gen, war ausnahmsweise bereit, uns auf einer Abend-Tour mitzunehmen, nachdem wir ihm von unserer Recherche auf Forsters Spuren erzählt hatten. Allerdings musste er mit seinem tuckernden *Tamarii Te Pari II* erst einmal an einem Dutzend Holzstege anlegen, wo die Kinder nach der Schule schon von ihren Eltern und jüngeren Geschwistern, oft auch von ihren aufgeregt bellenden Hunden erwartet wurden, bis er Kurs auf einen imaginären Punkt außerhalb des Korallenriffs nehmen konnte. Nach etwa 300 Metern wendete er schließlich sein Boot und schaltete in den Leerlauf. »Ca y est!« – da hätten wir's – rief er uns mit einer Handbewegung Richtung Ufer zu. Das war er also: Forsters berühmter erster Anblick *Tahitis* am Morgen des 16. August 1773. Vor uns lag das Tal von *Whai-Urua*, das vom Meer her in perfekter W-Form erschien, eine tief eingeschnittene Senke, in deren Mitte sich die im Zentrum der Halbinsel aufragenden Berge als Doppelspitze abzeichneten. Mit dem Unterschied, dass wir das Tal bei Sonnenuntergang als Silhouette sahen, während Georg Forster es bei Sonnenaufgang, also auch gut ausgeleuchtet, erblickt hatte.

Der Kapitän des Schulschiffs ließ uns eine Zigarette lang Zeit, die Szenerie in Ruhe zu betrachten, und wollte den Motor gerade wieder anwerfen, als ich ihn nebenbei fragte, warum er eigentlich genau diesen Haltepunkt ausgewählt hatte. Er hätte ja auch 200 Meter nördlicher oder 500 Meter weiter auf See stoppen können. Hatte es etwas mit dem Riff zu tun? Seine verblüffende Antwort lautete: »Hier haben wir damals den Anker hochgeholt.« Ich stutze. Und da er meinem Stirnrunzeln offenbar ansah, dass ich ihn wirklich nicht verstand, fügte er schließlich hinzu: »Cooks Anker.« Martin blickte ebenso wie ich unwillkürlich über die Reling auf die See. Doch natürlich war da nichts weiter zu sehen als sanfte Wellenbewegungen. Wie Nuupure weiter erzählte, war der britische Filmemacher David Lean Ende der 1970er-Jahre auf der Suche nach Schauplätzen für eine Neuverfilmung der *Meuterei auf der Bounty* nach *Tahiti* gekommen.[13] Dabei war er im Tal von *Aiurua* auf neuseeländische Historiker getroffen, die nach Cooks Anker suchten – und ihn auch wirklich fanden, nachdem sich der prominente David Lean an der Sache beteiligte und so genug Geld für die Bergung zusammengekommen war.[14] Unser Kapitän war damals, wenn auch nur als »Bodenpersonal« am Ufer von *Aiurua*, dabei gewesen und konnte sich noch lebhaft an das Fest erinnern, das der *Anchorman* David Lean mit seiner Filmcrew und den einheimischen Helfern veranstaltete, um den geglückten Coup zu feiern. Doch anders als geplant durften sie den Anker nicht nach England, Amerika oder Neuseeland mitnehmen, wo dieses eindrucksvolle Artefakt sicherlich viele Schaulustige angezogen hätte, sondern mussten ihn als Erbe *Tahitis* im Museum der Insel abliefern. »Naja, der Anker wurde schließlich auch vor unserer Küste gefunden«, wie Nuupure Voltaire meinte.

Einige Tage später machten Martin und ich uns auf ins Museum von *Tahiti* in *Punaauia*, um uns nach diesem einmaligen Zeugnis von Cooks Reise umzusehen. Es war merkwürdig, dass uns der Anker, der ja doch beträchtliche Ausmaße haben musste, bisher noch nicht aufgefallen war, obwohl wir uns schon mehrfach im *Musée de Tahiti et des Îles* umgesehen und auch Tara Hiquily, den Sammlungsmanager, gesprochen hatten. Die Erklärung war sehr einfach – und der Museumsdirektor musste herzlich lachen, als er uns zu seinem berühmtesten Objekt geleitete: Der mannshohe Anker aus schwerem Gußeisen, an dem man lediglich die Holzteile erneuert hatte, wurde nicht im Museum, sondern im Freien, direkt gegenüber dem Haupteingang präsentiert. Wir hatten ihn jedes Mal links liegen lassen, wenn wir ins Museum gegangen waren.

Dafür, dass er mehr als zwei Jahrhunderte in den Tiefen vor *Whai-Urua* gelegen hatte, ging es mir durch den Kopf, war Cooks Anker in erstaunlich gutem Zustand. Er bezeugte beides: die bejubelte Ankunft im heiß ersehnten Südsee-Paradies und die gerade noch abgewendete Katastrophe für die beiden Schiffe und ihre Besatzung. Das machte die Landung in *Whai-Urua* zum dramatischen Höhepunkt der dreijährigen Weltreise. Beinahe wäre das ganze Unternehmen gescheitert – nur ein Jahr nach dem Abschied der beiden Schiffe von England. Der glückliche Ausgang der Sache erlaubte es Georg Forster dann aber in seiner Reiseschilderung, den Ernst der Lage durch eine kleine Anekdote abzufedern:[15] Da streift die unaussprechlich hold lächelnde Maroraï, deren unbedeckter Oberkörper »von ungemein schönem und zarten Bau« war, wie Georg Forster bemerkt, auf der Suche nach Betttüchern durch die Offizierskajüten der *Resolution*. Der sie begleitende Offizier

Cooks Anker im Musée de Tahiti et des Îsles: *1773 in Whai-Urua »verloren« – 206 Jahre später geborgen.*

will das Linnen aber nur im Tausch gegen eine »besondre Gunstbezeugung« hergeben, wozu sich die junge Frau nach einigem Widerstreben schließlich auch bereit findet. Doch just im Moment des Vollzugs kracht das Schiff gegen den Korallenfelsen, und der »erschrockne Liebhaber« – schreibt Georg Forster, »flog ... sogleich aufs Verdeck«.[16] Was für ein dramatisches Schauspiel!

Die Lust, die Schauplätze von Georg Forsters *Reise um die Welt* mit eigenen Augen zu sehen, ist so alt wie seine Reisebeschreibung. Schon Friedrich Schlegel wünschte bei Erscheinen von Forsters Buch, »dass junge Wahrheitsfreunde, statt der Schule, häufiger eine Reise um die Welt wählen könnten«.[17]

Georg Forsters Reisebericht ist ein Füllhorn, randvoll mit abenteuerlichen Begebenheiten. Ein Prüfen und Vergleichen vieler Gegenstände aus den unterschiedlichsten Metiers. Die bloße Zahl der durch Cook auf seiner zweiten Weltumseglung im Südpazifik angelaufenen Küsten und Inseln beläuft sich auf über 50. Hinzu kommen die starken klimatischen Kontraste zwischen eisiger Kälte am Südpol und tropischer Hitze auf den Inseln in Äquatornähe; die enorme geografische Breite, die die *Resolution* zwischen dem südafrikanischen Kap der Guten Hoffnung und dem südamerikanischen Kap Hoorn gleich mehrfach durchmessen hat. Das zu erkundende Terrain reichte von den weißen *Permafrostinseln* im Süden *Feuerlands* bis zu den lavaschleudern-

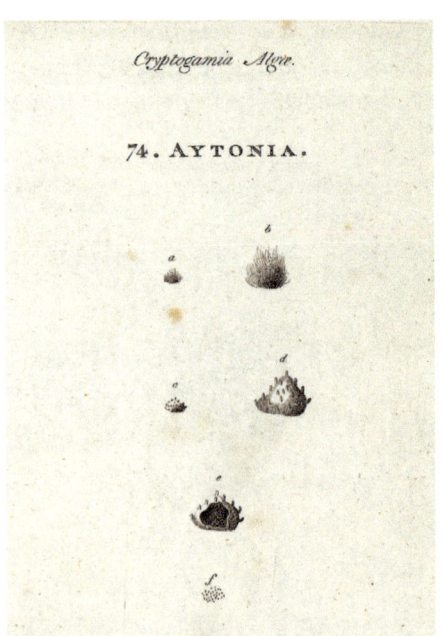

Die erste botanische Entdeckung Georg Forsters – Aytonia rupestris, *ein unscheinbares Lebermoos auf Madeira. Georg Forsters Zeichnung erschien im Druck als Nummer 74 der von den Forsters auf der Weltreise neuentdeckten Pflanzen in den* Characteres generum plantarum.

den Vulkaninseln *Vanuatus*, von den Nebelfjorden *Neuseelands* bis zur ausgezehrten *Osterinsel*, von der größten Lagune der Welt um *Neukaledonien* bis zu den kleinen türkisfarbenen Kraterseen der *Tuamotu-Atolle*, von den Steilklippen der *Marquesas* bis zu den platten, nur durch ihre Kokoshaine über den Meeresspiegel ragenden Inseln *Tongas*.

Schon ein Blick in Georg Forsters rudimentär geführtes Bordjournal vermag zu verblüffen: Am 31. Juli 1772 botanisierte der 17-Jährige auf *Madeira* und stieß dabei auf kleine grüne »Katzenzungen«. Das unbekannte Lebermoos, die erste botanische Entdeckung in seinem Forscherleben, ist ein unscheinbares Pflänzchen. Doch weil es sich um »a new genus«[18] – eine neue Pflanzengattung – handelt, geht Georg Forster damit in die Annalen der Botanik ein. Er gilt von nun an, gemeinsam mit seinem väterlichen Lehrmeister, als wissenschaftlicher Entdecker von *Aytonia rupestris J. R. Forst. & G. Forst*. Dieser ersten Pflanze, die nach ihm als »Autor« benannt wurde, sollten viele weitere Südsee-Arten folgen.[19]

Im November 1772 sieht er am Kap der Guten Hoffnung die nächtliche See leuchten: ein blauschimmerndes Flammenmeer bis zum Horizont. Ein Naturphänomen, das durch phosphoreszierende Algen ausgelöst wird.[20] Am Silvestervorabend 1772 driften dann auf einer Eisscholle 86 Pinguine an ihm vorbei. Ihr Fleisch habe »a fishy taste«, einen fischigen Geschmack, wie Georg Forster fand.[21] Ein Dreiviertel-Jahr später kann er auf der Insel *Raiatea*[22] einen »Hiwa« bewundern, einen »Indian Dance«, wie er den traditionellen polynesischen Tanz nennt.[23] Eine hohe Ehre, denn eine der beiden schönen Tänzerinnen ist Poedua, die Tochter des Königs O-Rea von *Raiatea*.[24]

Das nächtliche Meer in Flammen, vorbeidriftende Pinguine, schöne Tänzerinnen: Mancher Seemann auf Cooks Schiff wollte gern für immer in der Südsee bleiben. Der Kanonier-Gehilfe John Marra aus dem irischen Cork etwa. Während Cooks Schiff im Mai 1774 die Anker hievte und Segel setzte, um von *Tahiti* abzufahren, sprang John Marra über die Reling, um zurück an Land zu schwimmen, wo eine Geliebte und ein Stück Land, das König O-Tu ihm versprochen hatte, auf ihn warteten.[25] Obwohl er eine sehr lange Strecke lautlos vom Schiff wegtauchte, wurde er im glasklaren Wasser der Bucht von Matavai schließlich doch noch entdeckt. Sofort ließ Captain Cook eine Schaluppe aussetzen und dem Deserteur nachsetzen. Als seine Verfolger ihn endlich eingeholt und ins Boot gezerrt hatten, gab Marra dennoch nicht auf, sondern sprang erneut ins Wasser. Lieber wollte er ertrinken als zurück aufs Schiff. Es bedurfte einer weiteren Verfolgungsjagd und eines erneuten Schlagabtauschs, bis er zurück an Bord gebracht werden konnte, wo er die nächsten 14 Tage in Ketten zubringen musste. Georg Forster erschien der Fluchtversuch des Gleichaltrigen nur zu verständlich:

»Wenn man erwägt, wie groß der Unterschied ist, der zwischen der Lebensart eines gemeinen Matrosen am Bord unsers Schiffes, und dem Zustande eines Bewohners dieser Insel statt findet; so läßt sich leicht einsehen, dass es jenem nicht zu verdenken war, wenn er einen Versuch wagte, den unzählbaren Mühseligkeiten einer Reise um die Welt zu entgehen, und wenn er, statt der mancherley Unglücksfälle die ihm zur See droheten, ein gemächliches, sorgenfreyes Leben in dem herrlichsten Clima von der Welt, zu ergreifen wünschte. Das höchste Glück, welches er vielleicht in Engelland hätte erreichen können, versprach ihm lange nicht so viel Annehmlichkeiten, als er, bey der bescheidenen Hoffnung, nur glücklich als ein ganz gemeiner Tahitier zu leben, vor sich sahe.«[26]

Captain Cooks zweite Weltumseglung war für einen Mann wie John Marra die einzige Chance, in die Südsee zu gelangen – ein Versuch, der nicht glückte. Aber auch für wohlhabendere Menschen war eine solche Reise infolge des hohen Zeit- und Geldaufwandes nicht machbar. Allenfalls ein überaus begüterter Naturliebhaber wie Sir Joseph Banks konnte sich im ausgehenden 18. Jahrhundert eine Pazifiktour leisten, die heute am ehesten mit einem Ausflug zur Weltraumstation ISS vergleichbar wäre. Banks gönnte sich dieses Vergnügen inklusive einer Entourage von sieben Teilnehmern auf Cooks erster Weltumseglung – eine Reise, für die er gut bezahlte.[27] Doch selbst ein Mann wie er, der Vertraute des Königs und einer der einflussreichsten Männer von London, konnte – wie schon erwähnt – eine zweite Reise mit mehr Komfort an Bord nicht durchsetzen.[28]

Tatsächlich blieb das Reisen in den Südpazifik vom 18. bis ins ausgehende 20. Jahrhundert hinein das Privileg weniger reicher Leute. Sonst fuhren nur Walfänger, Handelsschiffe und Fischtrawler dahin, eine Handvoll Schriftsteller und Künstler nicht zu vergessen.[29] Doch keiner von ihnen ist je Georg Forsters *Reise um die Welt* gefolgt.

Klaus Harpprecht, der enthusiastischste unter den Forster-Biografen, war derjenige, der mich immer wieder anstieß: Ich solle die Sache rund machen, keine Forster-Fährte auslassen, endlich losfahren. Wäre er nicht »zu klapprig«, wie er sich ausdrückte, würde er selbst noch zu einer voyage à la Forster aufbrechen. Einen von Forsters Schauplätzen hatte er Ende der 1980er-Jahre immerhin selbst besuchen können: die Insel *Tanna* im Archipel von *Vanuatu*. »Da kann man mit Forsters Buch in der Hand loslaufen und geht nicht verloren. Stimmt alles noch!«, erzählte er mir. Und augenzwinkernd: »Forster selbst ist ja auf den feuerspeienden Vulkan nie raufgekommen, dessen Magmasalven über *Tanna* er so intensiv geschildert hat. Beim Aufstieg kamen ihm immer irgendwelche Kannibalen in die Quere. Also könnte man Forster mit einem Blick in den Krater des *Mt. Yasur* heute noch toppen!«

Tatsächlich hatte Klaus Harpprecht wohl darauf gehofft, dass ich irgendwann Arbeit, Freunde und Familie für ein paar Jahre »an den Nagel hängen« und dem Weltumsegler auf seiner Fährte durch die Weltmeere hinterherpaddeln würde. Wir hatten ja beide *Die glücklichen Inseln Ozeaniens* von Paul Theroux gelesen.[30] Allerdings waren es die Bestseller eines Theroux oder Bruce Chatwin[31], die in meinen Augen eher vor der großen Reise warnten, so faszinierend sie sich auch lesen ließen: Einerseits verdienten die beiden Angelsachsen höchsten Respekt für die große Nähe, aus der heraus sie Naturskizzen und Alltagseindrücke lieferten und das Ganze als geborene Entertainer mit skurrilen Aussteiger-Porträts und pointenreichen Anekdoten würzten. Theroux etwa stieß ausgerechnet auf *Tahiti*, wo Georg Forster 200 Jahre vor ihm noch das »gewöhnliche Lächeln« der Tahitianerinnen pries,[32] auf eine Kampagne des *Polynesian Tourist Board* mit der Parole »Put on a smile!«. Die Insulaner hatten es unter französischem Einfluss offenbar verlernt, Touristen freundlich zuzulächeln.[33]

Andererseits waren die »Schreibnomaden«, als die sich Theroux und Chatwin sahen, stets auf Grenzsituationen erpicht, aus denen heraus sie eine bestimmte Grundstimmung aus Melancholie und latenter Langeweile destillieren konnten, über die man sich als Leser bestens amüsieren konnte: ob nun Paul Theroux in einer Hängematte auf der kleinen *Tonga*-Insel *Pau* allein gegen Moskitos[34] oder

Bruce Chatwin im australischen Outback mit Scotch & Soda gegen die Dumpfheit ankämpfte.[35] Man muss als Mitteleuropäer nur ein paar Wochen in den Tropen gewesen sein, um die Erfahrung der beiden zu teilen: In feuchtheißem Klima sinkt der Energiespiegel sehr schnell, früher oder später ergibt man sich einer allmächtigen Lethargie. Theroux und Chatwin haben sich körperlich und geistig gern auf diesen Zustand eingelassen – in einem Survivalexperiment des weißen Mannes in den Tropen, bei dem der Leser zum Voyeur wird. Er beobachtet, insgeheim sehr genau wissend, was dabei herauskommen muss, wie der literarische Gentleman scheitert.[36] Die glücklichen Inseln Ozeaniens – ein Dschungelcamp.

Anders als Theroux vor dreißig Jahren erwartet heute niemand mehr, dass das Glück irgendwo auf Brotbäumen wächst. Was bleibt, ist die Neugier, die Freude am Entdecken, das Glück des Erkundens: Was ist aus den Inseln geworden, die Georg Forster – oft als Erster – vor 250 Jahren durchstreift hat? Aus ihrer Landschaft, der Küste, dem Meer? Aus Pflanzen und Tieren, die er beschrieben und gezeichnet hat? Aus den Menschen, die er dort antraf, ihrer Lebensart, ihrer Kultur?

Forsters historischer Reisebericht ist so einzigartig, weil er das eben entdeckte Terrain noch in seinem ursprünglichen Zustand erkunden und schildern konnte. Er war der Erste und oft auch der Letzte, der das Land »unkorrumpiert« von europäischen Einflüssen sah.

Es wäre vermessen, auf Forsters große, seine »philosophischen« Fragen schlüssige Antworten geben zu wollen. Aber sie stellen sich natürlich ein, sobald man sich an den Ufern umschaut, die Georg Forster 250 Jahre zuvor betreten hat: Bringen wir den Menschen der Südsee Glück? Oder wären sie besser nie entdeckt worden?[37] Forsters Idee, die Konsequenzen von Regierungskunst und Politik »vor dem Richterstuhl der Vernunft« an den Erfahrungen der Menschen zu messen: Was käme wohl in Bezug auf *Tahiti, Vanuatu* oder *Neuseeland* dabei heraus?[38]

Nullius in verba, diese Losung der britischen *Royal Society* hat Georg Forster seiner Schrift *James Cook, der Entdecker* als Leitspruch vorangestellt.[39] »Auf niemandes Worte schwören«, lautet die Übersetzung, oder etwas salopper: sich selbst ein Urteil bilden.

Nie waren die Voraussetzungen für das Sich-selbst-ein-Bild-Machen besser als in den letzten zwanzig Jahren, in denen das Reisen um die Welt tatsächlich revolutioniert wurde. Wobei – das steht heute auf der Tagesordnung – der hohe ökologische Preis für Vielfliegen und Fernreisen uns gerade erst bewusst wird. In den Nullerjahren sind Flugtickets nach *Neuseeland* oder *Tonga* für viele erschwinglich geworden und das *World Wide Web* machte es möglich, sich per Mausklick in ein paar Sekunden auch auf den abgelegensten Südsee-Inseln zu orientieren. Insofern ergab sich erstmals die »logistische« Möglichkeit, nahezu alle Stationen der Cook'schen Weltreisen anzulaufen – oder genauer: sie auch aus der Luft zu erreichen. Was im Rückblick ganz selbstverständlich erscheint, war mir naturgemäß nicht klar, als ich zu meiner ersten Reise in die Südsee aufbrach. Damals, im Herbst 1997, ahnte ich noch nicht, dass aus einem einzelnen Projekt ein gezieltes systematisches Reisen auf Forsters Spuren werden würde. Doch waren diese ersten Monate intensiver Beschäftigung mit Forster einer der stärksten Impulse für die spätere Entscheidung, die Sache gründlicher und langfristiger anzugehen.

Am Anfang stand Christina. Eine energische junge Filmemacherin, die auf der Suche war nach Stoff für einen Kinofilm. Wir kannten uns aus der Fernsehausbildung Anfang der 90er-Jahre, hatten uns danach aus den Augen verloren und trafen uns als Mittdreißiger in einem Sushicircle in Berlin wieder. Beide hatten wir uns mittlerweile an längeren Fernsehformaten versucht. Christina war den letzten Kopfjägern im Norden Indiens gefolgt, ich hatte Reportagen in türkischen Gefängnissen gedreht oder durfte Michail Gorbatschow und Fidel Castro interviewen. Beruflich ganz erfolgreich, privat wieder solo, waren wir ohne Nest, mit einer Vorliebe für das Leben unter freiem Himmel.

Ich verbrachte den Sommer 1997 in einem Zelt am Rhein. Nach der Arbeit im klimatisierten Büro erwartete mich ein Abend am Fluss, bei dem Christina mir oft Gesellschaft leistete. Es dauerte nicht lange und wir sprachen wieder über Georg Forster, von dem ich ihr schon während unseres gemeinsamen Volontariats ab und an erzählt hatte. Forster hatte die Sommer in seiner Mainzer Zeit, ähnlich wie wir, mit Blick auf den Rhein verbracht. Nur, dass er sich nördlich von Mainz in Eltville installiert hatte, während wir 30 Kilometer weiter flussaufwärts am *Oppenheimer Wäldchen* kampierten. »Erdhaftes Leben« nannte Goethe einen Lebensstil, der in der zweiten Hälfte des 18. Jahrhunderts in Mode kam und das Flussbad hoffähig machte, zu dem der Dichterfürst zusammen mit seinem Herzog, manchmal sogar nackt und oft nachts bei Vollmond, in die Ilm vor seinem Weimarer Gartenhaus stieg.[40] In Göttingen, das Georg Forster während seiner sechsjährigen Professur in Kassel so oft besuchte, war es die junge und selbstbewusste Fürstin Gallitzin,[41] die im Flüsschen Leine badete.[42] Und so badete auch Georg Forster, der von seiner Südseereise erstaunlicherweise kein einziges Badevergnügen überliefert hat, bei Eltville im Rhein und überließ sich mit der älteren seiner beiden Töchter, der fünfjährigen Therese, gern der Flussströmung. Tatsächlich ist die Strömung im Rhein tückisch und besonders in der Fahrrinne lebensgefährlich, doch im Schutz der ruhigeren Wasser am Ufer ließ es sich herrlich schwimmen. Ich musste meine achtjährige Tochter nicht lange zu einem solchen Driften im Rhein à la Forster überreden. An den Ufern der rheinhessischen Auenlandschaft vorüberzuschweben – mit einem Ball zwischen den Knien und bis zum Hals im Wasser – wird immer eine der schönsten Erinnerungen an meine frühe Spurensuche auf Forsters Fährte bleiben.

Auch Christina ließ sich gern im Rhein treiben, und an den Abenden am Feuer vor unserem Zelt fantasierten wir uns in unseren großen Forster-Film hinein, während die Schiffe auf dem Fluss den Boden unter uns vibrieren ließen. Eigentlich unglaublich, staunte Christina immer wieder, dass sich bislang kein Filmproduzent gefunden hatte, der Forsters abenteuerliches Leben zwischen Weltreise und Revolution auf die Kinoleinwand gebracht hatte.

Auf einem Zeitungsfoto der *Nouvelles de Tahiti* vom November 1997 ist eine junge Frau in ärmellosem Shirt zu sehen. Neben ihr – knapp einen Kopf größer – ein Mann mit Dreitagebart und schulterlangen Locken. Die beiden sind, wie ein Buch in ihren Händen mit dem Namenszug Georg Forster zeigt, *sur les traces de Georg Froster.*[43] Ein Fehler im Namen, doch der Inhalt der Meldung stimmte: Wir waren auf Forsters Spur.

Allerdings dauerte es seine Zeit, bis wir es schafften, uns beruflich ein paar Monate freizuschaufeln, um nach *Tahiti* aufbrechen zu können. Zudem wollten wir gut vorbereitet losfahren. Also ging es im

Herbst 1997 nicht gleich in den Südpazifik, sondern zunächst in die Bretagne, immerhin ans Meer. Auch, um neben unseren Vorbereitungen die französische Sprache zu trainieren, die heute auf vielen Inseln gesprochen wird, die Cook auf seiner zweiten Weltumseglung anlief. Das Französische hat sich auf *Tahiti* und den *Gesellschaftsinseln*, auf *Neukaledonien* und den *Marquesas* im Laufe der Kolonialära als Verkehrssprache durchgesetzt, allerdings sind die wiederholten Versuche der *Grande Nation* gescheitert, das Polynesische ganz zu verdrängen, wie das etwa den USA auf den Inseln von *Hawaii* weitgehend gelang. Natürlich hätte es uns gefallen, Gespräche vor Ort in einem polynesischen Dialekt zu führen – und einige wichtige tahitische Redewendungen übten wir auch ein. Doch für die Recherchen auf Forsters Spuren schien das Französische doch einfacher und praktikabler zu sein.

Die milde Herbstsonne an der bretonischen Küste schien noch intensiv genug, um Forsters *Reise um die Welt,* seine Schriften zur Weltreise und Cooks Reisebericht in der Hängematte zu lesen, im Schatten einer ausladenden Kiefer, mit Blick auf den Atlantik. Die Klangkulisse der heranrollenden Wellen machte es leicht, sich auf Forster zu konzentrieren. Für mich war es das erste Mal, dass ich mich so intensiv mit seiner Reiseschilderung beschäftigen konnte, ein wunderbares Privileg: vier Wochen, um gründlich zu lesen. Auch den romantischen Bildern zu folgen, die Georg Forster malte. Zum ersten Mal verstand ich, dass hier kein reifer, abgeklärter Mann auf die Südsee blickte, sondern ein 18-, 19-, 20-Jähriger. Mit der ganzen Emotionalität seiner Jugend. Und es scheint, als habe er sich beim Schreiben seiner *Reise um die Welt* noch einmal *Tahiti* entgegengesehnt, so empathisch schildert er die Insel.

Der französische Seefahrer Bougainville, den er kurz vor der Abreise noch übersetzt hatte, kam ihm wieder in den Sinn. Er sei wirklich nicht zu weit gegangen, dies Land »als ein Paradies zu beschreiben«.[44] Selbst einen verführerischen Apfel gab es hier: »Eine schattenreiche Art von Bäumen, mit dunkelgrünem Laube, trug goldgelbe Äpfel, die den würzhaften Geschmack und Saft der Ananas hatten.«[45]

Nach den Monaten voller Gestank an Bord fielen die Wohlgerüche der Insel besonders auf: »Die Wohnungen der Indianer lagen einzeln, jedoch ziemlich dicht neben einander, im Schatten der Brodfrucht-

Bäume auf der Ebene umher, und waren mit mancherley wohlriechenden Stauden, als Gardenia, Guettarda und Calophyllum umpflanzt.«[46] Immer wieder bestaunte der junge Forster eine nie gekannte Harmonie zwischen Mensch und Natur: »In den Gipfeln der höchsten Cocosnuß-Bäume pflegte sich eine Art kleiner, schöner Saphir-blauer Papagayen aufzuhalten, und eine andre grünlichte Art mit rothen Flecken, sahe man unter den Pisang-Bäumen häufig, traf sie auch oft zahm in den Häusern an, wo die Einwohner sie der rothen Federn wegen, sehr gern zu haben schienen.«[47] Dass diese roten Federn auf den *Gesellschaftsinseln* überaus wertvoll waren und die gefiederten Freunde regelmäßig »geschoren« wurden, die Vogelliebe der Einheimischen also pragmatische Gründe hatte, erfuhr Forster erst später.

Der Pflanzensammler und Zeichner aber – und um die natürlichen »Kuriositäten« ging es den Forsters auf ihrer Reise schließlich zuallererst – wurde auf *Tahiti* nicht ganz glücklich: »Von wilden Kräutern, die der Naturforscher in Menge zu finden wünschte, gab es nemlich nur wenige«, notierte er, »dagegen desto mehr eßbare Gewächse und Früchte, als Yams, Zehrwurzeln (eddoes), *Tahiti*-Äpfel, Pisang- und Brodfrüchte. Von allen diesen, besonders von den ersteren drey Arten, als für welche es gerade die rechte Jahreszeit war, brachten uns die Eingebohrnen so große Quantitäten zum Verkauf, dass die gesammte Mannschaft beyder Schiffe damit gespeiset werden konnte. Bey einer so gesunden Kost erholten sich unsre mit dem Scorbut behafteten Kranken gleichsam zusehends.«[48] Das botanische Manko konnte immerhin durch zoologische Neuentdeckungen kompensiert werden: »Das Geschlecht der Vögel hingegen war schon ungleich zahlreicher, und von Fischen gab es vollends eine so große Menge neuer Arten, dass man fast jedesmal auf Entdeckungen rechnen konnte; so oft den Indianern ein neuer, frischgefangner Vorrath davon abgekauft ward«, hielt Georg Forster begeistert fest.[49]

Nur frisches Schweinefleisch – dessen Verzehr auf *Tahiti* den Männern der ranghöchsten Familien vorbehalten war – blieb für die Crew der *Resolution* lange unerreichbar, da sich »die Leute immer Mühe gaben, sie für uns versteckt zu halten«, wie Forster notierte.

»Wir bothen ihnen Beile, Hemden und andre Waaren an, die hier zu Lande in hohen Werth standen; aber alles war umsonst. Sie blieben dabey, die Schweine gehörten dem Ärih oder König.«[50]

Eine der bis dahin unbekannten Fischarten, die Georg Forster im Mai 1774 auf Tahiti zu Papier brachte: der Adlerrochen (Raja edentula).

Das allerdings änderte sich bei der zweiten Landung auf *Tahiti* im Mai 1774 grundlegend, nachdem sich Cooks Männer im *Tonga*-Archipel reichlich mit roten Vogelfedern eingedeckt hatten, die in *Tahiti* Gold wert waren: »Der ungemein hohe Werth aber, den man darauf setzt, beweiset sattsam, wie hoch unter diesem Volke der Luxus schon gestiegen ist«, schlussfolgerte Forster. »Das erstemal konnten wir mit genauer Noth, nur einige wenige Schweine von ihnen bekommen, und mußtens als eine ganz besondre Gefälligkeit ansehen, wenn uns der König und etwa noch einer oder der andre von den Vornehmern der Insel, eins dieser Thiere zukommen ließ; diesmal aber waren unsere Verdecke so voll davon, dass wir uns genöthiget sahen, einen eignen Stall zu ihrer Beherbergung am Lande zu erbauen.«[51]

Forster spekulierte auch, dass die Kriege zwischen den beiden Halbinseln *Tahitis*, die bis kurz vor Cooks erster Landung im Sommer 1773 ausgefochten wurden, eine Ursache mehr dafür waren, dass man Cooks Männern beim ersten Besuch weniger Schweine zum Tausch anbieten konnte.[52]

Gravierender dagegen war seine Enttäuschung, als er bei einem seiner Streifzüge in der Bucht von *Matavai* Zeuge einer unerwarteten Szene wurde, bei der »ein sehr fetter Mann ausgestreckt da lag, und in der nachläßigsten Stellung, das Haupt auf ein hölzernes Kopfküssen gelehnt, faullenzte« – während eine junge Frau sich beeilte, ihm gebackene Fische und Brotfrucht ins Maul zu stopfen, wie Forster empört festhielt.[53]

Die jugendliche Entrüstung Georg Forsters hatte sich auch in den vier Jahren noch nicht gelegt, die zwischen dem Geschehen und ihrem Aufschreiben lagen:

»Wir hatten uns bis dahin mit der angenehmen Hofnung geschmeichelt, dass wir doch endlich einen kleinen Winkel der Erde ausfündig gemacht, wo ... alle Stände mehr oder minder, gleiche Kost, gleiche Vergnügungen, gleiche Arbeit und Ruhe mit einander gemein hätten. Aber wie verschwand diese schöne Einbildung beym Anblick dieses trägen Wollüstlings, der sein Leben in der üppigsten Unthätigkeit ohne allen Nutzen für die menschliche Gesellschaft, eben so schlecht hinbrachte, als jene privilegirten Schmarotzer in gesitteten Ländern, die sich mit dem Fette und Überflüsse des Landes mästen, indeß der fleißigere Bürger desselben im Schweiß seines Angesichts darben muß.«[54]

Nach und nach verstand Georg Forster, dass er es auch auf *Tahiti* mit einer hierarchischen Gesellschaft zu tun hatte: »Das Volk lebt in einer Verfassung, die sich gewissermaaßen mit dem alten europäischen Feudal-System vergleichen läßt; es stehet nemlich unter einem allgemeinen Oberherrn, und ist in die drey Classen von Erihs, Manahauna's und Tautaus getheilt«. Die verführerische Vorstellung, die er sich noch ein Jahr zuvor in London machen durfte, als er Bougainvilles *Tahiti*-Bericht übersetzte, hielt der Realität nicht stand. Das schöne Bild vom Paradies zerbrach.

Indes nahm Georg Forster sehr bewusst wahr, mit welcher Offenheit die Einheimischen den Fremden entgegenkamen: »Doch hatten wir im Ganzen noch immer Ursach mit den Einwohnern zufrieden zu seyn«, notierte er, »denn sie ließen uns in ihrem herrlichen Lande wenigstens überall ungestört herum streifen«. Was die Männer der *Resolution* oft in Rage versetzte, ja selbst den gelassenen Kapitän zu martialischen Vergeltungsmaßnahmen trieb, nahm Georg Forster mit nüchterner Sachlichkeit: »Dass sie zu allerhand kleinen Diebereyen ungemein geneigt wären, hatten wir zwar ebenfalls verschiedentlich erfahren, doch niemals etwas von einigem Werthe dadurch eingebüßt.«

Im Gegensatz zur Ellenbogenmentalität im kalten Europa, wie er sie in London oder im russischen St. Petersburg kennengelernt hatte, kam ihm das Leben auf den fernen Inseln des Pazifik, wenn auch nicht mehr paradiesisch, so doch bewundernswert vor: »Der ruhige vergnügte Zustand dieser guten Leute, ihre einfache Lebensart, die Schönheit der Landschaft, das vortrefliche Clima, die Menge gesunder wohlschmeckender Früchte – alles war bezaubernd und erfüllte uns mit theilnehmender Freude«, schrieb er. »Wo Clima und Landessitte es nicht schlechterdings erfordern, dass man sich von Kopf bis zu Fuß kleide; wo man auf dem Felde überall Materialien findet, aus denen sich eine anständige und eingeführte Kleidung verfertigen läßt; und wo endlich alle Bedürfnisse des Lebens einem Jeden fast ohne Mühe und Handanlegung zuwachsen: Da müssen Ehrgeiz und Neid, natürlicherweise, beynahe gänzlich unbekannt seyn. Zwar sind die Vornehmern hier fast ausschließungsweise im Besitz von Schweinen, Fischen, Hühnern und Kleidungszeuge: allein, der unbefriedigte Wunsch den Geschmack mit ein Paar Leckerbissen zu kitzeln, kann höchstens nur einzelne Menschen, nicht aber ganze Nationen unglücklich machen.«

Vermutlich habe ich keine Lektüre davor so achtsam aufgenommen. Nach und nach verwandelten sich die beiden Bände von Georg Forsters *Reise um die Welt*, die ich mit bunten Klebezetteln thematisch ordnete, in regenbogenfarbene Boxen, aus denen Wortpaare herausragten: Skorbut & Sauerkraut, Captain Cook & Erstkontakt, Prostitution & Syphilis, Diebstahl & Tote, Kannibalen & Kriege, Tattoo & Tabu, Brotfrucht & Glück, Vulkan & Steinregen.

Aus den Stichworten wurden Seiten voller Notizen, erste Ideen für den Forster-Film. Anfang Oktober zogen wir weiter nach Süden, in ein Fischerdorf in Kantabrien, wo wir die Anfangsszenen für den Forster-Film entwerfen wollten. Bis uns etwas aus der Routine warf.

Ich war wie jeden Tag ein Stück in die Bucht von *Pechón* hinausgeschwommen, als mich eine starke Meeresströmung erfasste und ins offene Meer hinauszog. Zuerst versuchte ich energisch dagegen anzuschwimmen, dann – was sich als viel schwieriger erwies – Ruhe zu bewahren und die Strömungsrichtung herauszufinden. Christina stand währenddessen am Strand, blickte ab und an flüchtig in meine Richtung – ahnungslos. Sie tauchte im Auf und Ab der hohen Wellen regelmäßig vor meinem Gesichtsfeld auf, aber durch Gischt und Wind war es mir unmöglich, ihr ein »Hilfe!« zuzurufen. Dann, nach einer kleinen Unendlichkeit, ließ die Strömung meinen Körper wieder los, ganz abrupt, so wie sie ihn ergriffen hatte, und ich konnte mit letzter Kraft ans Ufer zurückschwimmen.

Todesangst. Ausgeliefertsein. Solche Situationen waren mir aus Georg Forsters Reisebericht vertraut – doch seltsam blass in Erinnerung geblieben. Forster selbst merkte in seinem Bericht an, dass Reisende und Leser »sie schnell zu vergessen pflegen, so bald sie übrigens nur glücklich abgelaufen sind«.[55] So war es Christina und mir offenbar beim Lesen und Wiederlesen seiner *Reise um die Welt* auch gegangen. Doch der Schrecken, mit dem ich in *Pechón* noch einmal davongekommen war, machte uns wach. Als wir am Abend die Episoden noch einmal durchgingen, die wir in den letzten Wochen für ein Szenario aus der *Reise um die Welt* destilliert hatten, hob sich plötzlich eine Szene besonders ab.

Mitte Dezember 1772 im Südpolarmeer: Seit ein paar Tagen ist die *Resolution* von Kapstadt aus Richtung Antarktis unterwegs. Zwischen den Nebelbänken tauchen einzeln treibende Eisschollen auf, Haufen von Pinguinen und Sturmvögeln, fleischfarbene Walfische, die ihre Fontänen in die klirrende Luft prusten. Nach dem Schneetreiben der Nacht ist das Meer ungewöhnlich ruhig. Johann Reinhold Forster und Cooks Astronom William Wales stoßen sich in einem kleinen Boot von der Schiffswand ab. Sie wollen die Temperatur in verschiedenen Tiefen des Eismeeres messen. Doch während sie das an einem langen Strick vertäute Thermometer wieder und wieder in die Tiefe gleiten lassen, dickt sich der Nebel in wenigen Minuten zu einer undurchdringlichen weißen Wand ein, sodass nicht einmal mehr die beiden Schwesterschiffe Blickkontakt halten können.[56] Die See liegt ruhig, ist aber nicht still. Eis und Wind, Wale und Vögel bilden eine Geräuschkulisse, in der die verzweifelten Rufe und einzelne Schüsse aus den Musketen der beiden Männer untergehen. Orientierungslos rudert Wales mit dem winzigen Boot ohne Mast und Segel durch das undurchdringliche Weiß. Mal hierhin, mal dahin. »Lassen Sie doch den Unsinn, Wales«, hört man den alten Forster einmal sagen. Allmählich dringt die Kälte in die Kleider, die Stimmen verlieren an Kraft. In einer Anwandlung von Galgenhumor disputieren sie ihre wahrscheinlichste Todesursache. Würden sie ertrinken, verhungern, verdursten oder erfrieren?[57] Schließlich liegen die beiden Männer, Rücken an Rücken, auf dem Boden der winzigen Nussschale im Eismeer, reglos.

Die Dramatik der Situation spiegelt sich in den Befürchtungen und Ängsten Georg Forsters, der an Bord der *Resolution* zurückgeblieben war. Stand er zitternd an der Reling, alle Sensoren auf den Vater ausgerichtet, der irgendwo da draußen zwischen den Eisschollen trieb? Was, wenn er aus dem unendlichen Weiß nie mehr auftauchte? Oder als kältestarre Leiche an Bord zurückkehrte? Seit seiner frühen Kindheit war Georg Forster gemeinsam mit dem Mann unterwegs gewesen, der jetzt so plötzlich verschwunden war. Was er wusste, verdankte er ihm. Was die Neugier des Vaters weckte, fand auch sein Interesse. Wenn Gefahr in Verzug war, galt das immer für beide, für Vater und Sohn – wie in der wütenden Feuersbrunst am südrussischen Elton-See, acht Jahre zuvor. Ein Schrecken, der sich Georg Forster ein Leben lang einbrannte.[58]

Oder hatte der 17-Jährige auch andere Gedanken? Stellte sich ihm insgeheim die Frage nach einem »Was wäre, wenn«? Wie wäre es, der Leibeigenschaft zu entkommen, in die ihn sein väterlicher Lehrmeister von Kindesbeinen an zwängte? War er der ständigen Fron womöglich überdrüssig, eine Schrift nach der anderen ins Englische zu übertragen, die der ältere Forster dann als eigene Übersetzung ausgab? Hatte er dem Vater wirklich verzeihen können, dass der ihn zwölfjährig allein in London gelassen und dort einer Firma ausgeliefert hatte, die seine Russischkenntnisse bis zum Zusammenbruch ausbeutete?[59] Nahm er es einfach so hin, dass der Vater ihn als Assistenten an Bord mit Aufträgen überhäufte, sodass er mit dem Vergleichen, Bestimmen, Notieren, Zeichnen, Kopieren, Ordnen, Pressen, Trockenhalten, Wenden, Sortieren, Verstauen und Kontrollieren kaum nachkam? Oder sah Georg Forster, der seinen aufbrausenden, kompromisslosen Alten bestens kannte, voraus, dass es auf der langen Reise unweigerlich zu schweren Konflikten zwischen dem Vater, Cook und seinen Männern kommen musste? Schlich sich also während des hilflosen Wartens der Gedanke ein, dass das Verschwinden des Vaters auch eine – seine – Befreiung bedeuten könnte?

Zu vermuten ist, dass der gottesfürchtige 17-Jährige eine solch teuflische Eingebung, sollte sie ihm je gekommen sein, erschrocken in die undurchdringliche Nebelsuppe zurückstopfte, aus der sie über ihn gekommen war. Den Ausgang des Dramas um den Vater schildert Georg Forster in seinem Reisebericht nicht aus der eigenen Perspektive, sondern aus Sicht der beiden schlotternden Gelehrten im Boot: »Endlich hörten sie in großer Entfernung eine Glocke läuten. Das war ihren Ohren himmlische Musik. Sie ruderten sogleich danach zu, und erhielten endlich auf stetes Rufen von der *Adventure* aus Antwort. Nunmehro eilten sie an Bord derselben, höchsterfreut der augenscheinlichen Gefahr eines langsamen und fürchterlichen Todes so glücklich entkommen zu seyn.«[60]

Georg Forster selbst erfuhr von der Rettung seines Vaters erst, als ein Kanonenschuss der *Adventure* die Unsicherheit donnernd beendete – ein Signal, auf das hin Captain Cook trotz des Nebels bis auf Rufweite an das Schwesterschiff heranmanövrierte, sodass Johann Reinhold Forster und William Wales zur *Resolution* zurückrudern konnten. In seiner Reisechronik beschließt Georg Forster die Episode mit der Bemerkung, den Geretteten seien ihre »feuchten Betten und baufälligen Cajütten« nun noch einmal soviel wert gewesen als zuvor.[61] Ein ironisiertes Finale – wie bei der Kollision von Cooks Schiff mit dem Korallenriff von Whai-Urua: Entdramastisierung des todernsten Geschehens.

Soweit Georg Forsters Buch. Doch was ging wirklich in dem jungen Forster vor? Eine Frage, die nur er selbst oder einfühlsame Beobachter der Situation beantworten könnten. Schriftliches zu seiner Gefühlslage ist nicht überliefert.

Für einen Spielfilm, wie er Christina und mir vorschwebte, musste man sich eine genaue Vorstellung davon machen, was der 17-Jährige fühlte und wie er agierte, als der Vater, noch einmal mit dem Schrecken davongekommen, wieder an Bord der *Resolution* auftauchte. Und so grübelten wir: Wurde der Sohn laut? Lachte er hysterisch auf? Betete er leise? Wandte er sich mit feuchten Augen ab? Oder ging er »cool« mit der Sache um: »Well, father«, die Forsters sprachen und korrespondierten an Bord englisch miteinander, »what about the water temperature down there?«: »Na Vater, wie sieht's denn mit den Wassertemperaturen da unten aus?«

In meiner Drehbuchversion sah die Wiederbegegnung an Bord nach den bangen Stunden so aus: Zwei Matrosen helfen Johann Reinhold Forster über die Reling. Im Aufrichten sieht der Vater, dass der Sohn auf ihn zueilt. Das Gesicht des jüngeren Forster hellt sich in großer Erleicherung auf. Der erschöpfte Vater streckt den rechten Arm aus. Doch statt den Sohn zu umarmen, wie es Georg vermuten musste, greift der Vater nach dem halbvollen Teebecher in dessen linker Hand. Gierig trinkt er den Becher aus, während er sich Clerke, dem Ersten Offizier, zuwendet. Im Abgang drückt er dem irritierten Georg noch rasch den Becher in die Hand und ruft höchst routiniert: »Danke, mein Junge!«.

So könnte die Wiederbegegnung zwischen Vater und Sohn Forster sich abgespielt haben – in meiner Vorstellung. Doch Christina hatte eine andere. Sie wünschte sich für den Film eine stärkere Reaktion der beiden Akteure. Vermutlich zu Recht, sie kam von der Filmhochschule. Doch sosehr ich ihr vertraute, wir spürten beide, dass die Forster-Bilder in unseren Köpfen auseinanderdrifteten: Ich mochte die Löcher, die Forsters Reiseschilderung ließ, nur ungern mit Fiktivem auffüllen. Als Historiker konnte ich gut mit den Leerstellen leben, die sich naturgemäß in jeder Biografie finden. Man markierte sie, auf dass sie sich bei besserer Quellenlage füllten. Auf keinen Fall aber machte man die eigene Imagination zum Dreh- und Angelpunkt eines Charakters oder Geschehens – was vermutlich der Ausgangspunkt für einen guten Spielfilm ist. Kurzum: Ich taugte nicht zum Co-Autor für den Spielfilm. Eine Einsicht, deren Eingeständnis weitere Wochen, Nerven und viel Papier kostete. Bis sie endlich ausgesprochen wurde – in einem klimatisierten Konferenzraum auf der Insel *Moorea*, den uns ein generöses Südsee-Ressort, wohl in Erwartung eines späteren Werbeeffekts, für die Arbeit am Drehbuch zur Verfügung gestellt hatte.

Eigentlich hatten Christina und ich auch in der Südsee in der freien Natur und im Zelt arbeiten wollen. Da *Tahiti* aber keine guten und sicheren Campingplätze zu bieten hatte, waren wir auf die westliche Nachbarinsel *Moorea* ausgewichen, die mit der Fähre in einer knappen Stunde zu erreichen war. In einer der schönsten Buchten von Französisch-Polynesien, in der Bucht von *Oponohu*, war Captain Cook 1777 auf seiner dritten Reise vor Anker gegangen.[62] Georg Forster aber hatte *Eimeo*, wie er *Moorea* in seiner *Reise um die Welt* nannte, nie betreten. Vermutlich, weil der tahitische König O-Tu während Forsters Aufenthalt gerade dabei war, seine mächtige Kriegsflotte gegen die Rebellen auf der nahen Nachbarinsel in Marsch zu setzen.[63]

Ganz glücklich war ich nicht darüber, dass wir unser Zelt abseits der Forster-Spur aufschlugen. Zudem war es zwischen den Leinwänden zu heiß, zu laut und zu anziehend für giftige Tausendfüßler. Paul Theroux hätte seine Freude an uns gehabt. Mir war es bei 40° Celsius schlichtweg unmöglich, einen klaren Gedanken für das Drehbuch zu fassen. Ich wollte bei der Hitze, wie es uns die Einheimischen mitsamt ihren Hunden vormachten, lieber bis zur Nasenspitze in der Südsee-Lagune sitzen. Auch der Umzug in den kühlen Konferenzraum des Ressorts konnte nicht verhindern, dass wir unser gemeinsames Forster-Filmprojekt schließlich aufgeben mussten. Wir brauchten eine Weile, um wieder miteinander zu sprechen.

Dieses Scheitern, der Druckabfall, die eintretende Ziellosigkeit – sie hatten etwas Erleichterndes. Plötzlich waren da unverplante Ferienwochen, eine locker besiedelte Südseeinsel, ein kleines Zelt und direkt vor der Nase das Korallenriff von *Moorea*. Beim Schnorcheln sah ich meinen ersten *Picasso-Drückerfisch*. Ein *Humuhumunukunukuapua'a*, wie uns unser Zeltnachbar aus *Hawaii* erzählte und mir diesen zwölfsilbigen polynesischen Namen beibrachte.[64] Von ihm lernte ich auch, dass man mit einem *Humuhumu* herumtollen konnte wie mit einem Hund: Schwamm man resolut auf den Fisch zu, wich er schnell zurück. Aber nur, um nach ein, zwei Metern umzudrehen und nun furchtlos vorwärtszuschießen, um erst kurz vor der Taucherbrille abzustoppen, wo er den hellblauen Doppelstreifen auf seiner Stirn in bedrohliche dunkle Tinte verwandelte.

Ein Schauspiel, das Georg Forster – wie mir durch den Kopf ging – nie erlebt hat, weil der 18-Jährige unter der Aufsicht seines Vaters kaum den Kragenknopf öffnen und die Zeit nicht mit kindlicher Spielerei verschwenden konnte. Was der junge Forster allerdings 1773 zu sehen bekam, weil es ihm die Einheimischen gern zum Tausch anboten, waren die Korallen der *Gesellschaftsinseln* in den verschiedensten Formen und Farben.[65]

Die Korallen, die ich in der Lagune von *Moorea* sah, bildeten in Ufernähe braune Bänke, vor denen der *Humuhumu* durch seine gelben und blauen Neonfarben besonders auffiel. Da dürfte Georg Forster, zwei Jahrhunderte vor Massentourismus und Klimawandel, ein ganz anderes Riff erlebt haben. Immerhin: Weit draußen, am allerdings nicht ungefährlichen äußeren Riff vor *Moorea*, bekamen viele Korallen ihre kräftigen roten und gelben, violetten und blauen Farben zurück. Selbst das Weiß der ausladenden Fächerkorallen erhielt im Azur des Wassers ein leuchtendes Strahlen, sobald die Sonne sie illuminierte.

Staunen konnte man aber nicht nur unter Wasser. Nach einem heftigen Sturm war die Küstenstraße vor dem Campingplatz übersät von essreifen Mangos. Was für ein aromatisches Picknick auf unseren Wandertouren! Beim Aufstieg zum *Belvedere Lookout* hoch über *Moorea* sammelte ich unter einem auffallenden Baum, dessen Blätter zweifarbig grün und weiß schimmerten, einige kastaniengroße Früchte auf, die mich an eine Walnuss erinnerten: *Tutui*, die Lichtnuss, wie Georg Forster sie nannte.[66] Die alten Polynesier – so lernte ich von unserem hawaiianischen Begleiter – machten helle Fackeln daraus, indem sie ein Dutzend der öligen *Tutui*-Kerne auf Palmwedelrippen aufspießten und dann anzündeten. Den so entstehenden Ruß mischten sie wiederum mit frischem *Tutui*-Öl und benutzten die so entstandene schwarze Tinte zum Tätowieren. Wie wichtig diese Tattoos waren, hat Georg Forster im Gespräch mit seinem auf der *Resolution* mitreisenden polynesischen Freund Maheine herausgefunden: Es waren die vornehmsten Mitglieder der polynesischen Gesellschaft,»die stärkere und mehrere Puncturen« auf ihrer Haut trugen.[67] Aber auch für die einfachen Leute war die Lichtnuss nützlich – zum Harpunieren von Fischen etwa. Zerkauten sie die Nuss gründlich und spien das Öl in die See, wurde das Wasser unter dem Ölfilm klar und sie konnten die Fische mit dem Speer leichter anvisieren.

Am stärksten beeindruckte mich auf *Moorea* eine Gruppe Einheimischer. Tagsüber jobbten sie an der Tankstelle und im Bürgermeisteramt, auf der Vanille-Farm und im *Supermarché*. An zwei Abenden der Woche kamen sie mit auf ihren *Motos*, den allgegenwärtigen Motorrollern, zum Campingplatz, um für Wochenend-Auftritte in den Urlauberresorts und Hotels auf *Moorea* und *Tahiti* zu üben. Vor dem Training setzten sie sich zum Abendessen zu uns ins *Fare*, das mit Pandanussblättern gedeckte große Langhaus des Campements, in dem die Gemeinschaftsküche und ein Dutzend großer Esstische untergebracht waren.

Außer einem »Salut!« und »Ça va?« wurde während der Mahlzeit nicht viel gesprochen. Man kannte sich, einige der Stammgäste lebten schon seit Jahren hier, Aussteiger, wie sie Theroux oder Chatwin beschrieben hatten: ein Schwede, der lange als Elektriker zur See gefahren war und nun elektrischen Strom nicht mehr aushalten mochte, wie er sagte. Dafür hielt er sich für energetisch genug, um durch Handauflegen Knieschmerzen oder Muskelkater zu lindern. Oder der lustige junge Ire, der Neuankömmlinge gern zu einer Wette im *chicken race* überredete, wozu er auf dem Zeltplatz umherstreunende Hühner zu einem Wettrennen herumscheuchte. Er blieb wohl vor allem am anderen Ende der Welt, weil er sich in Dublin nicht zu einem Comingout vor seiner streng religiösen Familie durchringen konnte.

Die *Locals* waren freundlich, aber nicht überschwänglich. Immerhin wurde ich von Mareva, einer der jungen Frauen, zu meinem ersten *poisson cru* eingeladen, dem markantesten tahitischen Gericht. Während die meisten anderen am Tisch ihr französisches Baguette zu den Würfeln aus rohem Thunfisch aßen, die in Zitronensaft »gegart« und dann in Kokosmilch eingelegt waren, bestand Marevas Beilage aus seltsam aussehenden Gemüsewürfeln.

»Süßkartoffel?«, fragte ich. »Non«, antwortete Mareva lachend,

»fruit d'arbre à pain«. Es war Brotfrucht, was da nach fruchtiger Kartoffel schmeckte. Nicht besonders aufregend im Geschmack, aber wohlschmeckend. Die perfekte Beilage zu dem in Zwiebeln und Tomaten schwimmenden *poisson cru* in Kokosmilch.

Dass es sich beim Brotfruchtbaum um die wichtigste Kulturpflanze Polynesiens handelte, dass es ohne diese fußballgroße Frucht weder eine Besiedlung der weiten Südsee noch einen Neustart der Ankömmlinge auf den von ihnen entdeckten Inseln gegeben hätte, wurde mir erst später klar. Zunächst interessierte mich, ob denn Georg Forster als einer der ersten kulinarischen Erkunder der Südsee *poisson cru* kennengelernt hatte. Und tatsächlich war er dieser Speise, wie ich später im Schein der Zeltlampe nachlesen konnte, auf seiner Reise gleich mehrfach begegnet: »Wir kosteten davon und fanden sie gar nicht unangenehm«, schrieb er kurz nach seiner Ankunft auf *Tahiti*, »weil wir aber nicht an rohe Speisen solcher Art gewohnt waren, so vertheilten wir diese Leckerbissen ...«[68] Sein polynesischer Reisegefährte Maheine hingegen war der Ansicht, »es schmecke roh besser und bat sich nur eine Schaale Seewasser aus, um den Fisch darinn einzutunken; dabey biß er wechselsweise in einen Klumpen Mahei, oder sauren Brodfrucht-Teig, der ihm statt Brods diente.«[69] Die Kombination aus Brotfrucht und rohem Fisch hatte offenbar eine lange Tradition.

Ich fand, dass kalter Thunfisch in Kokosmilch an einem warmen Tropenabend nicht nur eine leckere, sondern besonders leichte Speise war. Die jungen Einheimischen, die zum Training auf den Zeltplatz gekommen waren und sich ihr *poisson cru* als Abendbrot in Schraubgläsern mitgebracht hatten, wirkten denn auch sehr athletisch. Ganz im Gegensatz zu vielen Einheimischen, die mir bei der Ankunft in der tahitianischen Hauptstadt *Papeete* aufgefallen waren.

In den 90er-Jahren hatte sich *Steak frites* als heimliches Nationalgericht in Französisch-Polynesien durchgesetzt: Rindersteak und Pommes frites. Ein fettiger Trend, der zuerst aus Paris herübergeschwappt und dann durch amerikanische Burgerketten verstärkt worden war. Jahre später sprach ich mit Marin Trenk, einem Pionier der *kulinarischen Ethnologie*, über meine Beobachtungen zur grassierenden Fettsucht in der Südsee.[70] Er verstand mich sofort: »Mit Ozeanien haben wir die einzige Essprovinz vor uns, die durch die globalen Entwicklungen ernsthaft unter Druck geraten und in ihrer Identität bedroht ist«, lautete seine Expertise.⁷¹ Das heißt: Man isst nicht mehr, was das Land hergibt und ganze Generationen ernährte – Brotfrucht und Fisch, Taro und Schwein –, sondern importiert: Weizen für Baguette, Kartoffeln für Fritten, Rindfleisch für die Steaks, Hopfen und Malz für das allgegenwärtige *Hinano*-Bier.

Auf einigen Südsee-Inseln machte Trenk einen »kulinarischen GAU« aus, etwa in dem kleinen Inselstaat *Nauru*, wo heute geschätzte 90 Prozent der Bevölkerung an Fettsucht leiden.⁷² Auf *Hawaii* fand er, dass Corned-Beef-Konserven und *Spam-Sushi* aus fetthaltigen »Frühstücksfleisch«-Büchsen die ursprüngliche polynesische Küche vollkommen verdrängt haben – leider aber nicht verbessert.⁷³ Seitdem die USA im Zweiten Weltkrieg zur zentralen Ordnungsmacht im Pazifik wurden und die GIs im Kampf gegen die Japaner auch die abgelegensten Inseln besetzten, treibt die kulinarische Dominanz der Supermacht die seltsamsten Blüten: Mitten im fischreichen Stillen Ozean essen die Leute lieber Konserven-Fisch *made in USA* als den Frischfang aus ihrer Lagune.⁷⁴ Frankreich und England lassen die Insulaner in ihren pazifischen Übersee-Territorien bereitwillig an diesem Fortschritt teilhaben, schon um einer Unzufriedenheit vorzubeugen, die am Ende noch zu Unabhängigkeitsforderungen führen könnte. Auf *Tahiti* muss man nur abends am riesigen *McDonald's* westlich vom Flughafen *Faaa* vorbeischauen, um den Irrsinn zu begreifen: Dort kommt die endlose Karawane französischer Kleinwagen, die sich beständig im *Stop and Go* um die Hauptinsel *Tahiti-Nui* windet, für ein paar Stunden zur Ruhe: weil man sich dort in endlosen Autoschlangen am *Drive-In* anstellt, um sich seinen *Big Mac* zu gönnen.

Diese koloniale Attitüde, die Verachtung der polynesischen Küche, hat Georg Forster vor 250 Jahren kulinarisch durchbrochen, wie mir Marin Trenk erzählte. Eine rühmliche Ausnahme. Durch Georg Forster wurde der »Essprovinz Ozeanien«, wie Trenk meint, »ein rares Kompliment aus europäischem Munde zuteil: Hier schmeckte etwas besser als zu Hause.«⁷⁵

Es war die Zubereitung der Speisen im polynesischen Erdofen, von der Georg Forster in seiner *Reise um die Welt* schwärmte: »Wir fanden die Tahitische Zubereitung der Brodfrucht (die so wie alle andre Speisen, vermittelst heißer Steine in der Erde gebacken wird) unendlich besser als unsre Art sie zu kochen. Bey dieser Bereitung bleibt aller

Saft beysammen und wird durch die Hitze noch mehr verdickt; beym Kochen hingegen saugt sich viel Wasser in die Frucht und vom Geschmack und Saft geht viel verloren.«[76] Tatsächlich zieht sich Forsters Bewunderung für die polynesische Küche durch seinen gesamten Reisebericht.

Als ich bei unserem Abendessen im *Moorea Camping* von Mareva wissen wollte, ob denn die Brotfrucht, die sie mir spendiert hat, im *umu* zubereitet worden sei, winkte sie kopfschüttelnd ab: »Pas du tout« – nein, überhaupt nicht. Das traditionelle Kochen im Erdofen gebe es schon noch, erzählte sie, aber nur bei großen Familienfeiern. Dann würden ein paar Ferkel, Brotfrüchte, Taro, Süßkartoffeln, Bananen und Gemüse in Bananenblätter gehüllt und für Stunden im Erdofen gegart. Köstlich, aber viel Arbeit für die Männer der Familie, weil auch die Steine erst in einem großen Feuer erhitzt werden müssten, bevor sie in die Erdgrube versenkt werden könnten.

Der Höhepunkt des Abends, vermutlich meine emotionalste Erinnerung an diesen ersten Aufenthalt in der Südsee, kündigte sich mit schnellen Trommelschlägen an: An der Stirnseite der Terrasse, zwischen unserem Langhaus und dem Ufer der Lagune, hatten zwei der *Locals* ihre hohen schmalen Trommeln aufgestellt, auf deren Haifischhaut-Bespannung sie mit schmalen Stöcken einschlugen. In wenigen Sekunden hatten acht junge Frauen, darunter Mareva, ihre Plätze eingenommen. Mit weichen Hand- und Fingerbewegungen hoch über ihrem Kopf nahmen sie den Rhythmus der Trommeln auf und versetzen ihr Becken in lasziv-kreisende Bewegungen, die durch ein rhythmisches Stop-and-go ihrer Hüften unterbrochen wurden. Die acht jungen Männer, die sich von der anderen Seite der Terrasse näherten, folgten dem schnellen Rhythmus, indem sie ihre Knie wie Schmetterlingsflügel aneinanderschlugen, sodass ihr Hüfttuch im Sekundentakt gestaucht und wieder gespannt wurde. Ihre Hände folgten dem Takt, indem sie energisch auf Ellenbogen, Schultern, Schenkel und die nackte Brust klatschten. Dieses Klatschen verstärkten die Tänzer noch durch ihre Atemgeräusche. Der europäische Begriff Tanz wird diesem Auftritt nicht gerecht – auch wenn sich die jungen Leute *groupe de danse* nannten. Natürlich tanzten sie, Frauen und Männer bewegten sich während ihrer Performance sogar mit Hochdruck über die Terrasse. Doch bildeten sie auch ein Orchester, indem sie den eigenen Körper zu einem erstaunlich vielseitigen Instrument machten. Mich verblüffte besonders, dass sich der Klang veränderte, je mehr die Tänzer ins Schwitzen gerieten. Schließlich verdoppelten die Trommler ihre Schlagzahl, sodass die Tänzer in eine Art Ekstase gerieten, die in einem letzten Trommelschlag kulminierte. Das plötzliche Innehalten verstärkte die Energie noch, die sich von der Terrasse wie eine Woge ausbreitete.

Georg Forster befand, dass die Tänze Tahitis »mit unsern Begriffen von Zucht und Ehrbarkeit eben nicht sonderlich übereinstimten«, als er im August 1773 in der Matavai-Bucht bei O-Tu eingeladen war, dem späteren König Pomaré I.[77] Bei diesem Gastmahl war es Tedua Tauraï, die Schwester des Königs, die den jungen Forster durch ihre »bewundrungswürdige Geschicklichkeit, die alles übertraf« in ihren Bann zog.[78]

Vieles, was ich 200 Jahre nach ihm auf Moorea sah, stimmte mit dem überein, was er in seiner Reise um die Welt über polynesische Tänze notiert hatte. Hüfthohe, »aus hartem Holze geschnitzte und mit Hayfisch-Fell überzogene Trommeln« etwa.[79] Oder das enorme Tempo, mit dem eine Reihe männlicher Tänzer »gewaltig, fast wie rasend« mit den Füßen stampfte.[80] Erst viel später, nachdem ich häufiger ähnliche Tänze gesehen hatte – Heiva auf den Gesellschaftsinseln, Haka auf Neuseeland und den Marquesas oder Hula auf Hawaii – konnte ich meine erste Begegnung mit dem polynesischen Tanz richtig einordnen. Was ich auf Moorea gesehen hatte, kam ursprünglichen Tänzen vermutlich am nächsten. Nicht nur, weil die Tänzer nicht in bunten »Plastik«-Kostümen steckten oder die allgegenwärtige Ukulele fehlte, die seit dem ausgehenden 19. Jahrhundert die Musik auf vielen Inseln des Pazifik dominiert. Sondern vor allem, weil die Einheimischen an einer historischen Rekonstruktion des tahitischen Tanzes arbeiteten, wie mir Mareva nach der Aufführung erzählte. Mit meiner Frage, ob das ein »Zurück zu den eigenen Wurzeln« sei, konnte sie nicht viel anfangen. Man wolle sich einfach von anderen Tanzgruppen abheben, meinte sie. Fest steht, dass die Performance ihrer Tanzgruppe vielfach mit Forsters Schilderung übereinstimmte. Vielleicht hatte man Forster sogar als Quelle zur Rekonstruktion des unter den Missionaren verpönten tahitischen Tanzes herangezogen, wie das für den Nachbau polynesischer Kanus und die Wiederbelebung des Tätowierens zutraf. Denn im alltäglichen Leben der *Gesellschaftsinseln* hat sich nur wenig von der ursprünglichen Kultur erhalten: Nicht die Götter und die ihnen geweihten *Marae*, ihre »heiligen Versammlungsplätze«, die Georg Forster auf jeder Insel vorgefunden hatte.[81] Nicht die Tapa-Stoffe, mit denen Forster nach seiner Rückkehr von der Weltreise Göttingens Universitätmamsells in Staunen versetzte.[82] Und nicht die Tattoos, die Forster so erstaunten. Nach Jahrhunderten der christlichen Missionierung und der französischen Kolonialisierung ist das, was heute an Sitten und Gebräuche der Polynesier vor ihrem ersten Kontakt mit den Europäern erinnert, fast immer Nachahmung: eine Rekonstruktion oder Reinszenierung.

Prinzessin Poedua, Sinnbild des Tahiti-Mythos, auf einem Ölgemälde von John Webber: Georg Forster bewunderte sie auf Raiatea mehrfach als Hiwa-Tänzerin.

In jedem Fall war Georg Forster derjenige, der unter den Chronisten der Cook'schen Weltreisen am detailreichsten von polynesischen Tänzen erzählte. Er erlebte den erstaunlichsten *Heiva* – und so habe ich ihn im heutigen Pazifik nirgendwo, sondern nur in Forsters *Reise um die Welt* gefunden – auf *Raiatea*. Georg Forster selbst ahnte damals nicht, dass er sich auf der Insel mit dem wichtigsten polynesischen *Marae* seiner Zeit, dem Tempel *Taputapuatea*, befand[83] – und er von der Tochter eines der ranghöchsten Befehlshabers der Insel[84] einen besonders aufwendigen Auftritt erwarten durfte: Die schöne Poedua trug, während sie Hals, Schultern und Arme unbekleidet ließ, auf dem Kopf einen *Tamau*: einen etwa 20 cm hohen und nach oben breiter werdenden Turban, der aus kreisförmig gelegten schwarzen Haarzöpfen bestand. Das Innere dieser Haarkrone wurde mit den Blüten der *Tiaré* gefüllt, die einen betörenden Geruch verströmten.[85] Das Äußere des Haarturms war ebenfalls mit weißen Blüten dekoriert, die sternförmig in mehreren Reihen eingesteckt waren »und auf dem pechschwarzen Haar des Kopfputzes einen so schönen Effect machten als Perlen«, wie Georg Forster schwärmte.[86] »In ihrer Art die Arme zu bewegen, ist warlich viel Grazie und in dem beständigen Spiel ihrer Finger ebenfalls etwas ungemein zierliches«, beschrieb er Poeduas Stil. Doch sah er auch Verstörendes: »Das einzige, was mit unsern Begriffen von Schönheit, Anstand und Harmonie nicht übereinstimt, war die häßliche Gewohnheit, den Mund auf eine so abscheuliche Art zu verzerren, dass es ihnen keiner von uns gleich thun konnte. Sie zogen den Mund seitwärts, in eine herabhängende Linie, und brachten zu gleicher Zeit die Lippen in eine wellenförmig-convulsivische Bewegung, als ob ihnen, aus langer Gewohnheit, der Krampf gleichsam zu Gebote stände.«[87]

Als ich Mareva an einem ihrer nächsten Trainingsabende im *Moorea Camping* fragte, ob sie eine Ahnung hätte, was Forster da zwei Jahrhunderte zuvor »Convulsivisches« gesehen haben könnte, zuckte sie mit den Schultern. Und fragte dann lachend: »Faire une pipe?« – vielleicht Fellatio? Angesichts dessen, was Forster beschrieben hatte, war das wohl der naheliegendste Gedanke. Auch historisch spricht einiges dafür: Unmittelbar vor der Ankunft Captain Cooks auf *Raiatea* im Mai 1774 hatte eine große Zeremonie im *Marae* von *Taputapuatea* stattgefunden.[88] Hunderte *Arioi*, Mitglieder eines fahrenden polynesischen Geheimordens, die überall auf den Gesellschaftsinseln ihre Fruchtbarkeitsrituale durchführten, waren auf die Insel gekommen.[89] »Sie ziehen zuweilen von einer Insel zur anderen, schmausen, zechen und geben sich Ausschweifungen hin. Es waren lauter Leute von Stande, Häuptlinge, wie es schien«, hatte Captain Cook notiert.[90]

Theater und Musik, Awa-Genuss – anstelle von Alkohol berauschten sich die Polynesier an Taumel-Pfeffer[91] –, aber auch erotische Tänze und Sex verwandelten *Raiatea* für einige Tage in den Schauplatz kultischer Orgien.[92] Poedua, die Tochter aus einem der besten Häuser von *Raiatea*, verhielt sich mit dem zuckenden Spiel ihrer Lippen während ihrer *Hiwa*-Vorstellung angesichts der *Arioi* im Publikum wohl angemessen.

Doch kam Georg Forster auf *Raiatea* tatsächlich an die Grenzen seines Verständnisses der anderen Kultur: Die Ordensregeln der *Arioi* mit ihrem Leben als Nomaden zwischen den Inseln erlaubten keinen Nachwuchs. Entsetzt stellte Forster fest: »Um aber doch die Absicht des ledigen Standes beyzubehalten, so ist man darauf verfallen, die unglücklichen Kinder gleich nach der Geburt umzubringen.«[93] Über die Ursachen für diesen grausamen Brauch in einem Land, dass er »der Barbarey entrissen« glaubte, hat Forster viel nachgedacht.[94] Hatte man eine Armee bindungsloser, jederzeit einsatzbereiter Krieger nötig? Oder sollte der Kindermord den Zuwachs an Adligen auf den Inseln begrenzen – was ihm noch am ehesten einleuchtete?[95] Am häufigsten sprach er in seinem Reisebericht davon, dass es ihm schlichtweg unbegreiflich sei, »dass eine Nation von so sanftem, mitleidigen, und zur Freundschaft gestimmten Herzen, zugleich der äußersten Grausamkeit fähig seyn soll«.[96] Und so drang der junge Forster denn auch auf seinen polynesischen Reisegefährten Maheine ein, der den *Arioi* angehörte. Nach langem Gespräch konnten Vater und Sohn Forster dem jungen Krieger das Versprechen abringen, seine Kinder nicht umzubringen und der Bruderschaft den Rücken zu kehren, sobald er Vater werden würde.[97] Allerdings blieb den beiden Deutschen die Schlüsselrolle der *Arioi* im Kult um den Kriegsgott *Oro* und seinem Tempel *Taputapuatea* weitgehend verborgen. Dass es die Mitglieder dieser Geheimbruderschaft waren, die mit ihren Kanus als Nomaden-Priester zwischen den umliegenden südpazifischen Inseln unterwegs waren, um zeremoniell und praktisch für den Nachschub an Menschenopfern zu sorgen, die der *Oro*-Kult »forderte«, blieb ihnen verborgen.[98] Und musste es nach den Taburegeln der *Arioi* auch. Es ist daher fraglich, ob der mit blutigen Ritualen vertraute Maheine, ein auf *Raiatea* groß gewordener *Arioi* von *Bora-Bora*, den Verzicht auf die Tötung seiner Kinder so ernst gemeint haben kann, wie es Georg Forster hoffte. Oder ob das moralische Entsetzen der Forsters in Maheine nicht die Absicht festigte, seine Zusage für eine Weiterfahrt nach Europa zu widerrufen.[99] Vielleicht spürte der Polynesier, im Gegensatz zu den Forsters, wie sehr hier ethisch-moralische Weltbilder auseinanderklafften.

Dieser Ort des zivilisatorischen Zusammenpralls interessierte mich: *Raiatea*. Auch *Havai'i* genannt – »Heimatland«[100] –, wie mir Mareva anvertraute, als ich ihr sagte, dass ich in den verbleibenden

Wochen gern den *Marae* von *Taputapuatea* und die *Inseln unter dem Wind* besuchen wollte.[101]

Vier Tage und zwei Schiffspassagen später – mit der Fähre von *Moorea* nach *Tahiti*, dann mit dem Cargoschiff *Vaeanu* weiter nach *Raiatea* – stellte sich Ernüchterung ein. Der Anblick des bedeutendsten Kultplatzes Polynesiens, der noch drei Jahrhunderte zuvor der Nabel einer weit ausgedehnten rituell-religiösen Welt gewesen war, ließ das Aufkommen irgendeiner Aura des Ortes kaum zu. Obwohl der Tempelbezirk 1994 zum ersten Mal grundlegend rekonstruiert worden war. Vielleicht auch deswegen.[102]

An *Taputapuatea* beeindruckte am ehesten die schiere Größe der drei teilweise mit Gras bewachsenen rechteckigen Steinplattformen, die hier vor Jahrhunderten aufgeschichtet und Stein für Stein fugengenau zusammengesetzt worden waren. Sie nahmen ungefähr die Fläche von zwei Fußballstadien ein. Im Zentrum der Plateaus erinnerten freigestellte mannshohe Steinsäulen (*turu'i*) daran, dass sich polynesi-

Der Marae von Taputapuatea: *Der Kultplatz des Kriegsgottes* Oro *war zur Zeit Georg Forsters das spirituelle Zentrum Polynesiens.*

sche Kultplätze einmal aus den steinernen Rückenlehnen des ranghöchsten Herrschers entwickelt hatten. Einer dieser »Menhire« auf dem *Marae Tauraa* am äußersten Ende der Landzunge von *Taputapuatea* diente einst der Inaugurations-Zeremonie für die *Arii*, den Angehörigen der Königskaste von *Raiatea*.[103]

Am besten erhalten schien mir der *Marae Hauviri* direkt am Meeresufer. Sein *Ahu*, der lang gezogene Altar, schirmte die gesamte Plattform wie ein Querbalken von der türkisfarbenen Lagune dahinter ab. Dem Altar gegenüber – im Korallenriff 500 Meter weiter östlich – findet sich noch heute die »heilige« Passage von *Te Ava Moa*: ein Nadelöhr, durch das die polynesischen Seefahrer navigieren mussten, um den Tempelbezirk zu erreichen. Bei der Ankunft beladen mit Opfergaben, nicht selten mit Menschenopfern; bei der Abfahrt versorgt mit religiösen Weisungen und Tabu-Regelungen der theokratischen Obrigkeit auch für so weit entfernte Inseln wie die *Austral*- und die *Cook-Inseln* oder *Neuseeland*.[104]

Als Captain Cook hier im Juli 1769 zum ersten Mal einfuhr, existierte der Tempelbezirk bereits seit 3000 Jahren, war also ein Jahrtausend älter als die christliche Kirche. Der Kult um den Kriegsgott *Oro*, der hier seit dem 17. Jahrhundert zelebriert wurde, war auf seinem Höhepunkt. Mir kam 200 Jahre später das Wort vom Müllhaufen der Geschichte in den Sinn, als ich die Reste hölzerner Kultobjekte sah, die am Rand des *Marae* lagen: diverse Hahnenkamm-Stelzen (*unu*) – Symbole der Vögel und Götterboten – die Reste von Zeremonialpaddeln (*ho'e*) und diverse Opfergabeln (*fata ai'ai*), auf denen die Tahitianer ihren Göttern Brotfrucht und Fisch, Obst und Gemüse darbrachten.

Hatte sich der lange Weg von *Tahiti* hierher gelohnt? Vierzehn Stunden auf der rostigen *Vaeanu*, auf der mein Schlafsack im Rhythmus der Dünung hin- und herrutschte, sodass an Schlaf nicht zu denken war? Früh um fünf von Bord gehen, um in der ausgestorbenen Inselhauptstadt *Uturoa* vergeblich nach einer schon geöffneten Brasserie zu suchen? Und dann der Holperweg nach *Opoa*, dem kleinen Dorf am Eingang zum *Marae*, auf dem man mit dem Fahrrad kaum vorankam. Noch paradoxer mutete die kleine Vorstellung an, die ein französischer Reiseführer hier veranstaltete: Um die Silbenkombination »Tapu-tapu-atea« verständlich zu machen, stampfte er beim Aussprechen von »Tapu« jedes Mal fest mit seinem Schuh auf die heilige Plattform – und wiederholte das Prozedere mehrfach: an einem Ort, an dem ebendies, das Betreten der sakrosankten Fläche (*atea*), tabu war. Doppelt tabu sogar, *tapu-tapu*, todbringend![105]

Die Frage, ob sich der Weg nach *Raiatea* gelohnt habe, beantwortete sich mir überraschenderweise zwanzig Jahre später. Als Kurator der Georg-Forster-Ausstellung im Schloss und Park *Wörlitz* fiel mir bei einer Ortsbegehung auf, dass das Fundament für den dortigen Südseepavillon, der sogenannte *Eisenhart*, von seiner Längsseite her an jene Plattform erinnert, die ich am Rand der Lagune von *Tapu-tapu-atea* gesehen hatte.[106] Nur einen Altar schien dieser anhaltische *Marae* nicht zu besitzen. Bis sich bei genauerer Untersuchung das Gegenteil herausstellte: Es gab da durchaus eine Wand, die als *Ahu* fungieren konnte. Nur war diese aufgesetzte kleinere »Pyramidenstufe« seit Georg Forsters Visite in Wörlitz, bei der er den Architekten Erdmannsdorff offenbar zu diesem Bauwerk inspiriert hatte, nach und nach von Efeu überwuchert und schließlich ganz vergessen worden. Seit Mai 2018 ist der Wörlitzer *Marae* – womöglich die einzige Reminiszenz an einen polynesischen Kultplatz in Europa – wieder gut erkennbar.

Im Dezember 1997 aber war ich eher enttäuscht von dem, was ich in *Taputapuatea* vorfand. Die eine oder andere Erklärung hätte nicht geschadet, nur schien daran weder das französische »Mutterland« noch die Inseladministration interessiert. Also suchte ich mir einen schattigen Platz unter einem ausladenden Strandmandelbaum am Rand des *Marae* und blätterte in Georg Forsters *Reise um die Welt*. Beim erneuten Lesen wurde mir klar, dass die Vorzeichen der Zerstörung, die die polynesische Kultur sehr bald nach dem ersten Kontakt mit den Europäern treffen sollte, sich schon bei Forsters erstem Besuch auf *Raiatea* abgezeichnet hatte, sich sogar in Forsters persönlichen Begegnungen erahnen ließ.

Als der junge Naturforscher der schönen Poedua ein zweites Mal begegnete, war dies ein weniger erfreuliches Zusammentreffen als beim nächtlichen *Hiwa*. Beim Erkunden der Insel hatte Georg Forster mehrere Eisvögel erlegt, die er präparieren und zeichnen wollte. Auf dem Rückweg zum Schiff traf er die junge Frau im Kreis mehrerer Begleiterinnen. Als die Hiwa-Tänzerin die toten Vögel in Forsters Hand bemerkte, begann sie zu weinen und »beklagten den Tod ihres *Eatua*«,

Georg Forsters Darstellung des Tahiti-Liests (Alcedo collaris) *von der Insel* Tahiti.

wie Forster festhielt.[107] »Auch Ihre Mutter und die übrigen Frauensleute schienen über diesen Zufall nicht minder betrübt zu seyn; und als wir wieder nach dem Schiffe zurück fahren wollten, bat uns *Orea* in einem ganz ernstlichen Tone, keine Eisvögel und Reyher mehr auf seiner Insel zu tödten«.[108]

Ahnte Forster, wie sehr sein naturwissenschaftliches Vordringen – und dazu zählte das Erlegen unbekannter Vögel – die religiösen Gefühle auf der Insel verletzte? Die enorme spirituelle Bedeutung des nahen *Taputapuatea* war ihm unbekannt, selbst wenn ihm Captain Cook oder andere Teilnehmer der ersten Cook'schen Weltumseglung von diesem großen Tempelbezirk berichtet haben dürften, in dessen Nachbarschaft sie vier Jahre zuvor ihre Fässer mit Süßwasser aufgefüllt hatten.[109] Doch hatte Georg Forster duchaus eine Ahnung von der repräsentativen göttlichen Rolle der Vögel im Glauben der Polynesier. Ein »in Matten eingewickelter Vogel« war ihm schon beim ersten Durchstreifen *Tahitis* aufgefallen, als er in *Aitepieha* erstmals einen *Marae* inspiziert hatte. Dort lernte er auch, dass das Wort *Eatua* im Tahitischen Gott bedeutete.[110] Das Wort, das Poedua klagend wieder und wieder ausstieß. Zudem war er kurz zuvor auf der Insel *Huahine*, wo Cook auf dem Weg von *Tahiti* nach *Raiatea* einen Zwischenstopp eingelegt hatte, ebenfalls angefleht worden, keine Eisvögel und Reiher zu töten.[111]

Forster konnte sich also vorstellen, dass es in den Augen Poeduas göttliche Wesen waren, deren Tod er verursacht hatte. Und dass ihr Vater Orea ebendeshalb um Schonung der Vögel bat. Dennoch ließ er die Aufregung der Insulaner in seiner Reiseschilderung als rätselhaft erscheinen. Man hätte, schrieb er, über die Ursache der Verehrung von Reihern und Eisvögeln trotz Nachfragens nichts weiter in Erfahrung bringen können.[112] Wie Georg Forster generell wenig vom Glauben der Polynesier verstanden zu haben meinte: »In diesem und andern die Religion und Landes-Verfassung betreffenden Umständen, sind wir aber nicht im Stande hinlängliche Auskunft zu geben; denn wegen der Kürze unsers Aufenthalts und mangelhaften Kenntniß ihrer Sprache wars nicht möglich von allem gehörigen Unterricht zu erlangen«.[113] Das klingt redlich, kaschiert aber womöglich auch, dass fremde Götter nicht ganz oben auf der Forster'schen Prioritätenliste standen. Man hatte ja schon einen Gott. Der »einfache und einzige richtige Begriff von der Gottheit« war ihm von Kindheit an in der kleinen Kirche seines Vaters in Nassenhuben eingepaukt worden.[114] »Vielgötterei« hielt er für Blendwerk. Er hätte wohl gottlos in die Südsee kommen müssen, um die polynesischen Glaubensvorstellungen – auf Augenhöhe – als eine andere Spielart von Spiritualität begreifen zu können. Doch auch ein Mann der Wissenschaft in Zeiten der Aufklärung konnte fremdem Aberglauben nicht wirklich Respekt abgewinnen. Warum sollte, wer in Europa alles vor den Thron der Vernunft zerren wollte, vor pazifischen Göttern haltmachen?

In seinem Reisebericht bettete Georg Forster ein Gespräch über »Religions-Sachen« am Hofe des tahitischen Herrschers in eine vielsagende Szene ein: Da spielte König Aheatua, während man über die Götter sprach, selbstvergessen mit Captain Cooks Taschenuhr.

»Er betrachtete die Bewegung der Räder, die sich von selbst zu bewegen schienen, mit großer Aufmerksamkeit. Erstaunt über ihr Geräusch, welches er nicht begreifen und ausdrücken konnte, gab er sie zurück«.[115] Der Fortschritt klopfte an die Tür – so konnte man Forster verstehen – und die polynesische Götterdämmerung brach an.

Einige Jahre nach meiner ersten Südsee-Reise hatte ich die Chance, mir in einer großen Cook-Ausstellung in Bonn polynesische »Federgötter« anzusehen. Zum ersten Mal bekam ich eine Ahnung davon, worum sich zeremoniell in *Taputapuatea* alles gedreht haben könnte, wenngleich diese »Bilder der gefiederten Vögel« (*ki'i hulu manu*) aus Hawaii stammten.[116] Es waren büstenartige Götterskulpturen mit menschenähnlichem Antlitz, die die alten Hawaiianer aus Abertausenden roten und gelben Federn gefertigt und bei Prozessionen auf Stangen herumgetragen hatten. Wie seltsam: Sie schienen Zeugen einer sehr weit zurückliegenden Epoche zu sein, und waren doch vor 200 Jahren noch in Gebrauch, als Kultobjekte einer Religion, die auf dem halben Erdball, in den Weiten des Pazifik, praktiziert wurde.

Ich war mit der US-amerikanischen Anthropologin Adrianne Kaeppler, der Kuratorin der Ausstellung, verabredet. Kaum einer weiß mehr über die Cook'schen Reisen und die polynesische Kultur.[117] Als wir gemeinsam die gefiederten Götterbilder bewunderten, kamen mir *Poeduas* Vogelgötter wieder in den Sinn. Und die Frage: ob – wie beim Dominoeffekt – das Antasten der Götter nicht die gesamte polynesische Kultur ins Wanken gebracht hatte.

Adrienne Kaeppler stimmte zu, sah aber auch eine andere Seite: Der wissenschaftliche und technische Fortschritt, das Reisen um die Welt, die Vermessung unseres Planeten, der Zusammenprall mit anderen Kulturen, all das wäre nicht aufzuhalten gewesen, meinte sie. Doch anders als Pizarro oder Cortés bei Inka und Azteken seien in der Südsee eben nicht Konquistadoren eingefallen, sondern auch gelehrte Forscher wie Johann Reinhold und Georg Forster an Land gegangen, die sich nicht nur für die Natur der Inseln, sondern auch für die Menschen und ihre Kultur interessierten. Insofern sei es ein Geniestreich gewesen, dass Captain Cook Naturforscher mit an Bord genommen hatte.

So stimmig Adrienne Kaepplers historische Einordnung klang – heute beschäftigt man sich in den Universitäten in *postcolonial studies* kritischer mit den großen Entdeckungsfahrten der Europäer am Vorabend des Kolonialzeitalters.[118] Auch an die Reisen Captain Cooks und das Agieren der Naturwissenschaftler an Bord werden skeptische Fragen gestellt. Etwa die, ob Georg Forster eigentlich, um seiner Forschungsaufgabe zu genügen, so viele Eisvögel und Reiher hat schießen und damit gegen Taburegeln verstoßen müssen. Er hatte immerhin auf *Tahiti* beobachtet, dass man viele Vögel in Polynesien mit Fallen aus dem klebrigen Saft von Früchten fing, ihnen ein paar Federn auszupfte und die Tiere dann wieder freiließ.[119] Um eine neu entdeckte Vogelart beschreiben und zeichnen zu können, hätte die Übernahme dieser Methode wohl genügt, doch schien es ihm naturwissenschaftlich sicherlich geboten, auch den Vogelbalg nach Europa mitzunehmen. Ob dazu aber, wie im Fall der Eisvögel und Reiher, gleich »etliche« auf *Tahiti*, *Huahine* und *Raiatea* erlegt werden mussten, obwohl, wie Forster ja bemerkte, »verschiedene Leute eine Art von religiöser Ehrerbiethung dafür hegten, und sie *Eatua's* nannten«,[120] steht dahin.

Insgesamt hielt sich Georg Forster im Herbst 1773 und im Frühjahr 1774 für drei Wochen auf *Raiatea* auf. Er sah sich mehrfach Hiwas an und bewunderte die unglaubliche Geschwindigkeit der Trommler,[121] probierte den gegorenen Brotfruchtteig *Mahei*,[122] studierte die Muster eines mit Tätowierungen überhäuften Befehlshabers von der Nachbarinsel *Bora-Bora*,[123] beobachtete die Herstellung des berauschenden *Awa*-Getränks, die er »höchst ekelhaft« fand, weil die Zweige des Tau-

Oft zeichnete Georg Forster Vögel, die schon bald nach der europäischen Entdeckung ausgestorben waren, wie diesen Tahiti-Laufsittich (Psittacus pacificus).

mel-Pfeffers zerkaut und mit Speichel versetzt werden mussten, bevor der Gärprozess einsetzen konnte.[124]

Einmal scheint er dem *Marae* von *Taputapuatea* auf die Spur gekommen zu sein, in Form unzähliger Überreste von Menschenopfern. Ein grausiger Fund: »Ich hatte bisher weder hier noch auf den vorigen Inseln dergleichen todte Cörper auf eine so sorglose Weise der Verwesung und andern Zufällen überlassen gefunden, und wunderte mich daher nicht wenig, dass der ganze Boden umher überall voller Todten-Köpfe und Todten-Knochen lag. Ich hätte mich gern mit einem Indianer darüber besprechen mögen, konnte aber in dieser Gegend nirgends einen ansichtig werden. Ich strich eine ganze Zeitlang umher, ohne jemand anzutreffen«, notierte er.[125]

Doch der Eindruck, Georg Forster habe sich in aller Ruhe auf *Raiatea* umschauen können, täuscht. Tatsächlich war der Aufenthalt für ihn ein beispielloser emotionaler Stresstest, nur lässt er davon in seiner Reiseschilderung nichts verlauten. Denn dabei geht es nicht um die Begegnung mit den Fremden, sondern um Hausgemachtes: einen explosiven Konflikt, den sein Vater heraufbeschworen hatte und der deshalb nicht öffentlich werden sollte.

Der Ort des Geschehens lag »6 miles beyond many arms of the Sea«, also 6 Meilen und viele Buchten jenseits vom Ankerplatz der *Resolution* in Richtung Norden, wie Johann Reinhold Forster in seinem Bordjournal festhielt.[126] Heute liegt dort, rund zehn Kilometer nördlich von *Pufau*, die Inselhauptstadt *Uturoa*. Als ich im Dezember 1997 die Insel wieder Richtung *Tahiti* verlassen wollte, hatte ich viel Zeit, mir das Städtchen anzusehen. Denn die *Vaeanu*, die laut Plan in der Mittagszeit von *Bora-Bora* eintreffen sollte, verspätete sich infolge ungewöhnlich starken Wellengangs. Doch um wie viele Stunden? Da mussten auch zwei nicht mehr ganz junge, sehr runde Damen in wallenden bunten Kleidern passen, die, beladen mit Körben voller halbgrüner Tomaten, offenbar die einzigen Passagiere waren, die an diesem Tag mit mir auf das Cargoschiff warteten. Während die beiden Frauen am Quai im Schatten eines größeren Fischerbootes ihre Bastmatten ausrollten, die sie für das Übernachten an Deck vorsorglich unter den Arm geklemmt hatten, empfahlen sie mir, mich in der Pizzeria des *Gare Maritime* einzurichten. Denn die Ankunft der *Vaeanu* hinge zwar von Wind und Wellen ab, wie sie mir erklärten, mehr noch aber von der Ladung, die das Schiff auf jede Insel bringe oder von dort wieder mitnähme. Es könnte also dauern, bedeuteten sie mir, denn aufzuladen gäbe es augenblicklich eine Menge. »Sable blanc«, weißer Sand, den man an den Stränden der Insel *Tahaa* einsacke – eigentlich unserer Schiffsanlegestelle direkt gegenüber, wie sie mit einem Kopfnicken Richtung Meer andeuteten, auf der anderen Seite der Lagune, nur ein Dutzend Kilometer von *Raiatea* entfernt. Der Sand aus *Tahaa* werde auf *Tahiti* verkauft, wo der Bedarf riesig sei. Denn auf *Tahiti* – jetzt schwang eine Spur Hochmut in ihrer Stimme mit – gebe es bekanntlich nur schwarze Strände. Zum Totensonntag aber müssten alle Gräber gischtweiß sein, damit die Blumengebinde in ihrer ganzen Farbenpracht wirken könnten.

Wie mir die beiden auskunftsfreudigen Damen angeraten hatten, schlenderte ich schließlich zur Pizzeria und suchte mir ein schattiges Plätzchen unter einem Sonnenschirm auf der Terrasse. Wie seltsam, dass an einem Quai auf *Raiatea* ein amerikanisches Gericht serviert wird, das viele für italienisch halten – in einem typisch französischen Bistro, das jedoch auf gut Spanisch »La Cubana« heißt (französisch hieße es ja »la Cubaine«), ging es mir durch den Kopf. Nur die Aussicht war hier polynesisch.

Während ich Forsters *Reise um die Welt* aus meinem Rucksack fädelte, fiel mein Blick auf die Stadt. Auch das ein bizarrer Anblick. Eigentlich war *Uturoa* die perfekte Kulisse für einen Hollywood-Western: eine schnurgerade Straße, die der heftige Wind immer wieder mit Sandschauern eindeckte. Links und rechts zweistöckige Stelzenhäuser in rosa, hellblau und giftgrün. Eine Apotheke, eine Bank, die Post, Gebäude, die dank ihrer auf Säulen thronenden Veranden an einen Saloon erinnerten. Davor ein paar Strommasten aus Holz, zwischen denen tief hängende Kabel im Wind schaukelten. Am Straßenrand ein Hund mit rötlichem Fell, der alle viere von sich streckte. Einmal trieb im Blast der schwirrenden Hitze eine Plastiktüte wie ein Luftballon zum Quai hin und von dort in die weißlich schimmernde Lagune, wo eine Welle sie unter sich begrub. Die Stadt schien vollkommen menschenleer. *High noon.*

Als Georg Forster hier am späten Nachmittag des 13. September 1773, ebenfalls kurz vor dem Ankerlichten, einen Einheimischen ansprach, um für sich und seinen Vater ein Kanu für die Rückfahrt zur *Resolution* anzuheuern, kam es überraschend zu einem Handgemenge.[127]

Der Hintergrund: Beim stundenlangen Botanisieren an diesem Tag hatte Johann Reinhold Forster seinen Diener mitsamt der Botanisiertrommel und den mitgeführten Tauschutensilien aus den Augen verloren und stand am frühen Abend fern vom Schiff ohne alle »Zahlungsmittel« da. Also suchte er nach seinem Sohn, der dem übrigen Exkursionstrupp am weitesten nach Norden vorausgeeilt war, und fand ihn schließlich in einer weiten Bucht. Von den Anstrengungen des Tages ermüdet, fassten Vater und Sohn den Entschluss, einen Einheimischen mit Kanu heranzuwinken, der in Ufernähe vorbeifuhr, um ihn um eine Fahrgelegenheit zur *Resolution* zu bitten. Doch bei den Preisverhandlungen, die Georg Forster, während sein Vater am Ufer verschnaufte, im flachen Wasser der Lagune führte, konnte man dem Kanubesitzer nur einen Nagel bieten. Der Bootsbesitzer verlangte aber vier Nägel. Georg Forster versuchte es darauf mit einigen Glasperlen. »Aima« – auf keinen Fall, gab der Insulaner darauf herablassend zu verstehen. »Towna« – Halunke –, erwiderte Georg Forster und das Feilschen ging weiter. Bis der Insulaner plötzlich nach der Flinte griff, die seinem Gegenüber von der Schulter hing. Trotz heftiger Gegenwehr machte er nicht den Eindruck, als wolle er die wertvolle Beute wieder herausrücken. Also versuchte Georg Forster an die Handpistole an seiner Brust zu kommen und musste dazu seine Flinte ganz aus den Fingern lassen. Angesichts des Griffs nach der Pistole – oder sah der Dieb das auf ihn gerichtete Gewehr des Vaters? – gab der Kanubesitzer die Flinte schließlich wieder her und machte sich davon. Die Sache schien noch einmal glimpflich ausgegangen zu sein, Georg Forster obsiegt zu haben.

Doch wenige Sekunden später zerriss ein Gewehrschuss die abendliche Stille: Johann Reinhold Forster hatte auf den Polynesier angelegt und feuerte ihm mit Schrot hinterher. »I ran up to him & could have shot him dead.« Er hätte ja auch hinter dem Dieb herjagen und diesen totschießen können – gab der ältere Forster in seinem Bordjournal zu Protokoll.[128] Doch habe er den Mann stattdessen, trotz des Aufruhrs in seiner väterlichen Brust, bewusst auf »50 or 60 yards«, also auf ungefähr 50 Meter, entkommen lassen, um dessen Leben zu schonen. Daher seien die Blessuren, die er dem Insulaner beigebracht habe – wie einer der Seeleute bezeugen könne, der dem Verletzten nach dem Vorfall begegnet sei –, kaum der Rede wert: neun Einschüsse an der linken Schulter, die lediglich die Haut verletzt hätten.[129]

Johann Reinhold Forster schien es, als habe Captain Cook den Vorfall anfangs für nicht so gravierend gehalten. Wohl auch, weil er selbst auf die »Diebereien« der Einheimischen mit drakonischen Maßnahmen reagierte. So wurde auf der *Marquesa*-Insel *St. Christina* (heute: *Tahuata*) im März 1774 auf einen Dieb gefeuert, der auf Cooks Schiff »die große eiserne Stange, woran das Tau zum Aus- und Einsteigen befestigt ist« zu stehlen versuchte. »Ein Officier ... ward über die Verwegenheit des Indianers so aufgebracht, dass er nach einem Gewehre griff, und den Unglücklichen auf der Stelle todt schoß«, überlieferte Georg Forster den Fortgang des Geschehens.[130]

Fünf Monate später feuerte auf der Insel *Tanna* auf den *Neuen Hebriden* (heute *Vanuatu*) einer von Cooks Seekadetten aus nächster Nähe auf einen Insulaner, der es gewagt hatte, eine »Scheidelinie« im Sand zu überschreiten, die der Bootsmann gezogen hatte, um ein Stück Strand »von Indianern rein« zu halten.[131] Der Tanneser »glaubte mit Recht«, wie Georg Forster schrieb, »dass ihm, auf seiner eigenen Insel, ein Fremder nichts vorzuschreiben habe«.[132] Ein tödlicher Irrtum.

Persönlich griff der eher besonnene James Cook auf seinen ersten beiden Weltreisen nicht zur Waffe, bei seiner letzten Fahrt jedoch eröffnete er in einem Handgemenge im hawaiianischen *Kealakekua* das Feuer auf eine Gruppe von Einheimischen – was dem berühmten Seefahrer am 14. Februar 1779 das Leben kostete. Nachdem er als Erster geschossen hatte, traf ihn der Schlag eines Streitkolbens, dann der tödliche Dolchstoß eines hawaiianischen Kriegers. Es gelang der Besatzung seines Schiffes nicht, seinen Leichnam zu bergen. Vielmehr wurde der Körper Captain Cooks unter den bedeutendsten Befehlshabern *Hawaiis* aufgeteilt, um sich das *Mana* eines so mächtigen Mannes einzuverleiben.[133]

Doch auch auf *Raiatea* sollte man den erfahrenen Kapitän auf seiner letzten Reise als einen dünnhäutig gewordenen Mann kennenlernen, der ungewohnt hart vorgehen konnte. Im November 1777 kam es zwar zu keinem Blutvergießen, doch setzte Captain Cook die Kinder seines alten Freundes *Orea*, darunter die schöne Poedua, über Tage als Geiseln an Bord fest, um die Rückkehr eines Bootes mit Deserteuren von *Bora-Bora* zu erzwingen.¹³⁴ Selbst die Belagerung seines Schiffes durch Einheimische, die der Trauer über die Gefangennahme ihrer Herrscherfamilie Ausdruck gaben, indem sie sich – wie im Todesfall eines nahen Verwandten – unter lautem Wehklagen mit Muschelmessern die Haare abrasierten und mit Haifischzähnen blutige Kopfwunden zufügten, konnte kein Einlenken Cooks bewirken.¹³⁵

Johann Reinhold Forsters Schuss drei Jahre zuvor dürfte in den Augen der hartgesottenen Männer der *Resolution* und ihres Kapitäns also per se kein Sakrileg dargestellt haben. Und doch erwuchs aus dem Vorfall ein Streit an Bord, wie er in den Annalen der britischen Seefahrt kaum ein zweites Mal vorgekommen sein dürfte: Der vom König bestallte Leiter der naturwissenschaftlichen Expedition, Johann Reinhold Forster, forderte den Master und Commander des ganzen Unternehmens, Captain Cook, zum Duell. »I desired Satisfaction & was promissed it« – ich verlangte Satisfaktion und sie wurde zugesagt –, vermerkte er in seinem Bordjournal.¹³⁶ Zwei reife Männer, gleichermaßen verantwortlich für den Erfolg der bis dahin ausgedehntesten Entdeckungsfahrt der abendländischen Seefahrtsgeschichte, waren drauf und dran, sich nach europäischen Kavaliersregeln in einem Duell totzuschießen. Mitten im Pazifik.

Der genaue Hergang dieser Eskalation ist heute kaum mehr nachzuvollziehen.¹³⁷ Der Kapitän sei von seinem Diener falsch instruiert und gegen ihn aufgehetzt worden, vermutete Johann Reinhold Forster.¹³⁸ Für Captain Cook dürfte der Umstand, dass der ältere Forster einem Fliehenden in den Rücken geschossen hatte, genaueres Insistieren erforderlich gemacht haben. Zumal Johann Reinhold Forster in dem Ruf stand, ein Choleriker zu sein, der schnell aufbrauste und dabei Takt und Maß verlor.¹³⁹ Wie recht der Kapitän damit hatte, die Hemmschwelle im Gebrauch der Schusswaffe bei seinem leitenden Naturwissenschaftler möglichst hochzuhalten, zeigte sich schon wenige Monate später auf der Insel *Tanna*, wo der alte Forster aus Unmut über die vermeintlich falsche Auskunft eines Einheimischen wütend die Pistole zog.¹⁴⁰

In der dramatischen Auseinandersetzung zwischen Captain Cook und Johann Reinhold Forster in der *Hamaneno*-Bucht von *Raiatea* hatte aber auch der Deutsche nicht ganz unrecht: Er hätte nicht zur Waffe greifen müssen, warf der Gelehrte dem Kapitän an den Kopf, würden er und seine Assistenten ausreichend geschützt.[141] Mal wäre es sein Sohn Georg, der sich plötzlicher Lebensgefahr ausgesetzt sähe, mal sein Botaniker Sparrman, der erst zwei Wochen zuvor auf *Huahine* splitternackt von einer Exkursion zum Schiff zurückgekommen sei. Vielleicht hätte er damals schon laut werden müssen, als die Insulaner den Schweden überfallen, mit Keulenhieben auf die Schläfe bewusstlos geschlagen und dann sogar versucht hätten, seine Hände abzuhacken, nur um ihm das Hemd leichter vom Leibe zerren zu können, mit dessen Knöpfen sie nicht zurechtkamen. Es sei doch reiner Zufall gewesen, dass Sparrman wieder aufgewacht und mit den Zähnen schnell die Knöpfe seines Hemdes habe lösen können.[142] Cook sollte sich hier also nicht als Ankläger aufspielen, sondern für den besseren Schutz seiner Naturforscher sorgen! Wozu sonst habe man die Seekadetten an Bord!

Der Schlusssatz des alten Forster mochte dem Kapitän das Stichwort geliefert haben, zumal er an Widerworte auf seinem Schiff nicht gewöhnt war, schon gar nicht an eine solche Tirade. Jedenfalls ließ er Johann Reinhold Forster von seinen Seekadetten in Gewahrsam nehmen und aus der Großen Kajüte hinauseskortieren, ein Verbot für seinen Versammlungsraum auf den Lippen, in dem Offiziere und Forscher regelmäßig zusammenkamen.[143] Johann Reinhold Forster war nun ausgesperrt.

Erhebt sich die Frage: Wie verhielt sich Georg Forster? Blieb er, schockiert, wie angewurzelt, in Cooks Großer Kajüte stehen? Oder folgte er dem festgesetzten Vater mit hinaus? Tatsächlich steckte Georg Forster in einem tiefen Loyalitätskonflikt: Einerseits war er dem Kapitän verpflichtet. Cook war sein Vorgesetzter, seine Order galt. Doch musste er natürlich auch zum Vater halten: Nicht nur, weil er ihm vieles verdankte, sondern auch, weil Johann Reinhold Forster aus Angst um ihn, den Sohn, auf den Dieb geschossen hatte. Oder hatte sich sein »Alter« – er kannte ihn gut – in seinem Jähzorn einmal mehr hinreißen lassen? Im Affekt gehandelt, was heißt: gedankenlos. Also auch ohne Gedanken an ihn?

Georg Forsters Reisebericht schnurrte Mitte September 1773 stark zusammen: »Die beyden folgenden Tage brachten wir damit hin, längst der Küste botanisch- und physicalische Untersuchungen anzustellen. Gegen das Nord-Ende der Insel fanden wir viel tiefe Buchten, die sich mit Morast endigten, in welchen es wilde Endten und Schnepfen die Menge gab«.¹⁴⁴ Das Gerangel um seine Flinte hingegen hatte offiziell gar nicht stattgefunden. Zum größten Zerwürfnis der Reise kein Wort, von einem Duell ganz zu schweigen. Noch knapper fasst sich Captain Cook in seinem Journal: »Nothing happen'd worthy of note« – »Nichts Bemerkenswertes passiert«.¹⁴⁵ Offensichtlich hatten die streitenden Parteien bei einem ersten Handschlag drei Tage nach dem Eklat nicht nur ihre Forderungen zum Duell zurückgezogen.¹⁴⁶ Sondern sich irgendwann auch auf ein Stillschweigen über den Vorfall geeinigt, vielleicht als Cook sterbenskrank darniederlag und der alte Forster seinen geliebten tahitischen Hund schlachten ließ, um dem Kapitän aufzuhelfen.¹⁴⁷

Und doch schien Johann Reinhold Forster zu fürchten, nach dem Ende der Reise vor Gericht gestellt zu werden. Für die Auflehnung gegen den Kapitän gab es einen Begriff in der britischen Marine: Meuterei. Um im Fall einer Anklage nicht mit leeren Händen dazustehen, ließ er den einzigen Zeugen, den er zu seiner Verteidigung aufrufen konnte, eine eidesstattliche Versicherung in sein Bordjournal eintragen. Unter dem Datum des 13. September 1773 gab Georg Forster das Geschehen in gleicher Weise zu Protokoll, wie es sein Vater zuvor Captain Cook geschildert hatte.¹⁴⁸

Und doch ist es höchst merkwürdig, dass der Vater den Sohn noch am selben Tag zu einer schriftlichen Bestätigung seiner Aussage veranlasste. Wie der alte Forster in seinem Journal festgehalten hatte, waren beide, Vater und Sohn, an diesem 13. September schon nach der langen naturwissenschaftlichen Exkursion »much tired« – sehr müde.¹⁴⁹ Wie viel Energie mussten erst die Ereignisse danach gekostet haben: das Handgemenge zwischen Georg Forster und dem Bootseigner, die Schießerei des Vaters, schließlich die Auseinandersetzung mit Captain Cook. Trotz all dieser nervenzehrenden Vorgänge setzte sich Johann Reinhold Forster noch in derselben Nacht hin und hielt auf mehreren Manuskriptseiten seine Version des Geschehens fest. Danach war der müde Georg an der Reihe, es dem Vater gleichzutun. Wozu das alles? Traute Johann Reinhold Forster seinem Sohn nicht? Fürchtete er, dass Captain Cook den jungen Forster auf ein Wort zur Seite nehmen könnte – und dann eine andere Version des Tathergangs ans Licht kam: womöglich eine, in der Georg Forster nie in Gefahr geraten war, sondern der Vater nur deshalb in Wut geraten war, weil der Kanubesitzer seinem Verlangen nicht gleich nachgab?[150] Warum auch immer Johann Reinhold Forster auf *Raiatea* ein sofortiges schriftliches Zeugnis seines Sohnes für notwendig erachtete: Georg Forsters Eintrag in das Journal seines Vaters – der einzige an Bord der *Resolution* in drei Jahren – lässt die Frage nach dem internen Verhältnis der Forsters zueinander aufkommen: Wie innig, wie verlässlich, wie vertrauensvoll war ihre Beziehung?

Sobald die *Vaeanu* mit vierstündiger Verspätung am Quai von *Uturoa* festmachte, wo ich den beiden Damen beim Schleppen ihrer schweren Tomatenkörbe half, wofür sie mir ein Plätzchen unter dem regensichereren Vordach hinter der Schiffsbrücke reservierten, kramte ich aus den Tiefen meines Rucksacks den wasserdicht verpackten Band mit Forsters Schriften zur Weltreise hervor. Es würde noch einige Stunden hell sein auf der Rückfahrt nach *Tahiti*.

Doch erst einmal zog eine Ein-Mann-Show meine ganze Aufmerksamkeit auf sich. Im Zentrum des Schauspiels: der schweißglänzende Kapitän der *Vaeanu*. Ein Hühne aus *Tahiti*, der zunächst mit seiner enormen Körperlichkeit beeindruckte, die die Maße des *Michelin*-Männchens, das in Französisch-Polynesien an jeder Werkstatttür prangt, weit in den Schatten stellte. Die Passagiere des Cargoschiffs lernten ihn zunächst als Ticketverkäufer kennen, sobald sie an Bord gingen. Mit einer roten Gummimanschette über dem rechten Daumen riss der Kapitän höchstpersönlich das Billet für jeden Reisenden von seinem Ticketblock ab und fuhrwerkte auf der Suche nach Wechselgeld mit seinen Pranken in der Geldkiste herum. Nachdem alle Passagiere versorgt waren, stapfte er eilig Richtung Schiffsmitte zum Kran der *Vaeanu*, mit dessen Hilfe er einen Gabelstapler über Deck auf den Quai schweben ließ, der bis dahin unter einer Plane verborgen gewesen war. Sobald der Stapler auf der Betonplattform neben dem Poller gelandet war, jagte der Kapitän das Fallreep hinunter, um den Gabelstapler laut scheppernd von den Transportketten des Krans zu lösen. Sodann sattelte er auf und startete den Motor, raste zu einem Lagerschuppen am Ende des Quais und nahm dort ein Dutzend Betonröhren auf, um sie unter die Ketten des Krans zu bugsieren. Mir ging auf, dass der Gabelstabler wohl vornübergekippt wäre, hätte unser Kapitän nicht mit seinem ganzen Körpergewicht dagegenhalten können.

Nach drei, vier weiteren Expresstouren zum Schuppen kettete er den Stapler wieder an die Hängevorrichtung des Krans, hievte das Fahrzeug an Bord und verstaute es wieder sorgsam unter der Plane. Schließlich nahm er seinen Platz auf der Brücke ein und wurde wieder zum Kapitän. Nach dem Ankerlichten war nautisches Können auch dringend gefragt, um die *Vaeanu* durch das Nadelöhr zu navigieren, das die Passage im Korallenriff um die beiden Schwesterinseln *Raiatea* und *Tahaa* darstellt. Kaum waren wir zwischen den Leuchtbojen der Passage von *Te Ateha Rahi* hindurch und hatten das Gischtweiß der Riffkrone hinter uns gelassen, winkte der bis dahin ernst dreinblickende Kapitän verschmitzt die beiden Damen neben mir zu sich heran. Nachdem ich versprochen hatte, ihre grünen Tomaten vor dem Zugriff anderer Mitreisender zu schützen – es mochten vielleicht zwanzig andere Passagiere mit uns an Deck sein, die ihre Schlafsäcke auf herumliegenden Kartons ausgebreitet hatten –, machten sie sich aufgeregt tuschelnd zur Brücke auf. So hatte ich über Nacht viel Platz unter dem Vordach, das sich tatsächlich als idealer Schutz vor Wasserspritzern erwies. Während ich bis Sonnenuntergang in Forsters Schriften blätterte, trug mir der Wind den Geruch gebratener Eier, Ukuleleklänge aus einem schnarrenden Radio und Fetzen von lautem Kichern und gurrendem Lachen zu. Doch sorgte das gleichmäßige Dröhnen der Dieselmotoren der *Vaeanu* zumeist für eine Geräuschkulisse, die es einem leicht machte, sich auf seine Lektüre zu konzentrieren. Nur ab und zu blickte ich auf, immer wieder erstaunt über das satte Tintenblau des Pazifik, das im Wechsel mit dem Horizont gemächlich zwischen den Gitterstäben der Reling auf- und abtauchte.

Über das Verhältnis von Vater und Sohn ist in Georg Forsters *Reise um die Welt* naturgemäß kaum die Rede. Die Arbeit am Forster-Drehbuch hatte mich indes für diese Frage sensibilisiert. Wie sehr psychologische Gegebenheiten ein ganzes Unternehmen befördern, aber auch gefährden konnten, war bestens an der Duell-Forderung auf *Raiatea* klargeworden. Johann Reinhold Forster und Captain Cook waren nahe daran gewesen, sich gegenseitig zu erschießen. Nach nur einem Jahr der Reise, lange vor den großen Entdeckungen der zweiten Cook'schen Weltumseglung!

In Bezug auf die Vater-Sohn-Beziehung ist aus der Reisechronik

Georg Forsters zumindest zu schließen, dass die beiden Forsters bei ihren Landgängen häufig getrennte Wege gingen, um in kurzer Zeit möglichst viele unterschiedliche Erkundungen machen zu können, zumal sich das Zeitbudget dafür nach Captain Cooks Plänen richtete und nicht nach den Bedürfnissen der Naturwissenschaftler.

Auf hoher See, also während der meisten Zeit der dreijährigen Reise, hockte man allerdings eng beieinander, auch wenn für die Forsters unmittelbar vor der Abreise zwei winzige Nachbarkabinen unter dem Achterdeck gezimmert worden waren.[151] Vater und Sohn besaßen, im Unterschied zur Mannschaft, einen privaten Rückzugsraum und hatten täglich mit anderen Mitreisenden zu tun. Johann Reinhold Forster vornehmlich mit seinem Diener.[152] Georg Forster mit dem Schweden Anders Sparrman, mit dem er sich die botanischen Aufgaben teilte. Ein auf sich allein gestelltes Duo waren Vater und Sohn Forster auf ihrer langen Reise also nicht. Doch stellte das Leben auf einer Fläche von 34 mal 10 Metern, einer Nussschale im Ozean, die 112 Mann beherbergen musste, natürlich eine Herausforderung dar. Die einfachen Seeleute an Bord der *Resolution* lösten Unstimmigkeiten untereinander in reichlich Branntwein auf oder mit einem sonntäglichen Boxkampf. Im Falle größerer Konflikte konnte sich der Kapitän auf die 14 Seekadetten an Bord, seine bewaffnete Bordpolizei, stützen.

Was die allgemeine Stimmung auf hoher See anging, resümierte Georg Forster: »Wenige Wochen erschöpfen den kleinen Vorrath von eigenen Abentheuern, Anekdoten und lustigen oder witzigen Einfällen, die jeder vorzubringen weiß, und deren zweyte und dritte Wiederholung man nur noch eben ohne Gähnen hört. Sobald ein jeder alle diese Erzählungen auswendig weiß, verstummt die Tischgesellschaft ...«[153] Und selbst ein großer Kapitän wie James Cook verlor bei allzu großer Nähe an Format. Man müsse »den Helden aus einer gewissen Entfernung betrachten, um nicht die Schwächen der Menschheit an ihm gewahr zu werden«, notierte Georg Forster.[154] Dennoch war für jedermann an Bord sichtbar, dass Cook den zurückhaltenden jungen Forster dem älteren Selbstdarsteller gleichen Namens vorzog.[155]

»Ein Sohn sollte nicht vom Vater urtheilen und Lob oder Tadel über ihn verkündigen«, postulierte Georg Forster, als er sich aus den väterlichen Fesseln befreite.[156] Doch was hielt er tatsächlich von ihm? Der

17-jährige Georg Forster dürfte bei der Abreise von Plymouth ein gottesfürchtiger junger Mann gewesen sein, der das vierte Gebot des lutherschen Katechismus ernst nahm, wonach er Vater und Mutter in Ehren halten, ihnen dienen, gehorchen und sie lieb und wert haben sollte. Von Widerworten oder einem Aufbegehren Georg Forsters gegenüber dem Vater während der Weltreise ist denn auch nichts bekannt.[157] Was nicht heißt, dass der Sohn zu allem, etwa zur Duellforderung des Vaters auf *Raiatea*, geschwiegen haben muss. Fest steht nur, dass wir darüber keinerlei Aufzeichnungen besitzen. Überliefert ist hingegen, was Georg Forster drei Jahre nach der Rückkehr aus der Südsee über die Persönlichkeit seines Vaters zu sagen hatte: »Seine Hitze, Heftigkeit und eifrige Verfechtung seiner Meinungen, haben ihm unermeßlichen Schaden zugefügt, so wie es ein Unglück für ihn ist, dass er die Menschen nicht kennt und nie kennen wird«, vertraute Georg Forster seinem Freund und Verleger Jacobi in einem diskreten Brief an.[158] »Welch eine Beichte! Theurer Jacobi!«, setzte er, wohl erschrocken über die eigene Offenheit, hinzu. Doch sah Georg Forster immer auch die Qualitäten seines väterlichen Lehrmeisters – »in allem Betracht ein nützlicher, brauchbarer Mann für die Wissenschaften, der gründliche Gelehrsamkeit, auserlesene Literatur- und Bücherkenntniß besitzt, dabei ein guter Naturkundiger, Antiqar und auch Theologe …«[159]

Grundsätzlich loyal, sollte Georg Forster zeitlebens dennoch immer wieder mit dem Vater aneinandergeraten. Schon als er 1778 seine erste unabhängige Stelle als junger Professor in Kassel annahm – statt sie seinem Vater zu verschaffen, wie dieser es sich erhofft hatte. Dass der Landgraf von Hessen-Kassel[160] einen jungen Mann bevorzugen könnte, der als Weltreisender nicht weniger schmückte als der ältere Forster, akademisch aber noch unbeleckt und deshalb billiger zu haben war, hatte Johann Reinhold Forster wohl nicht erwartet. »Verrat!«, schallte es von London herüber, als der 24-jährige Sohn endlich auf eigenen Beinen stehen wollte und das Angebot in Kassel annahm. Der Vater sah sich und seine Familie im Stich gelassen. Und zugleich seiner letzten sicheren Einnahmequelle beraubt, die Georg Forster als Zeichner, Schriftsteller und Übersetzer bis dahin für ihn gewesen war.[161]

Allerdings stellte Georg Forster seinen »Alten« auch vor vollendete Tatsachen. Ein offenes Gespräch, ein vertrauensvolles Beraten, ein gemeinsames Abwägen der Optionen vor großen Entscheidungen fand zwischen Vater und Sohn nicht statt. Das Prinzip des *fait accompli* – Dinge festzurren und erst dann mitteilen – war offenbar der Schluss, den Georg Forster aus den über zwanzig Jahren an der Seite seines Vaters zog. Ein Schluss, der sicherlich aus dem schwierigen Charakter Johann Reinhold Forsters resultierte, den Vater in seinen einsamen Entscheidungen aber auch kopierte.

Im Laufe ihrer Fahrt mit Cook waren die beiden deutschen Weltreisenden zudem zu heimlichen Konkurrenten geworden. Georg Forster war – nicht zuletzt als Autor der *Reise um die Welt* – vom Gehilfen zu einem eigenständigen Kopf gereift. So konnte er Gedanken zu Papier bringen, die er mit seinem Vater wieder und wieder ausgetauscht hatte – bei der Lektüre der letzten botanischen, zoologischen und völkerkundlichen Publikationen, in Gesprächen an Bord während langer Antarktisfahrten und auf Landgängen an neu entdeckten Küsten, bei ersten Begegnungen mit den Menschen der Südsee und auf der gemeinsamen Jagd nach neuen Spezies der Tier- und Pflanzenwelt. Aus dem 17-jährigen, noch kindlich wirkenden Georg war im Laufe der Weltumseglung und ihrer anschließenden publizistischen Auswertung ein scharfer Beobachter und talentierter Erzähler geworden, der Gesehenes und Gehörtes nicht nur mühelos reproduzieren, sondern mit wacher Intelligenz kombinieren konnte.

Die Folgen blieben nicht aus: etwa als Katharina die Große im Frühjahr 1784 nach naturwissenschaftlichem Personal für ihre russische Pazifik-Expedition suchte. Während Georg Forster seinen Freund Soemmerring schon im Juni desselben Jahres zur Teilnahme an diesem Unternehmen drängte,[162] gab er die sensationelle Nachricht erst im August an seinen Vater weiter.[163] Mit der klaren Botschaft, dass die Russen ihn nicht dabeihaben wollten. »Wahrlich, das Herz blutete mir«, klagte Georg Forster seinem Verleger Spener gegenüber: »Mein Gott! Dass doch der gute Mann, sich so geschadet hat!«[164] Es mag sein, dass Georg Forster seinen väterlichen Lehrmeister aufrichtig bedauerte, doch vereitelte er zugleich dessen schnelles Intervenieren. Indem Georg Forster die russische Expedition wochenlang verschwieg, nahm er seinem Vater die Chance, seine Kontakte nach St. Petersburg zu nutzen, um doch noch eine Nominierung für die Fahrt unter russischer Flagge zu erlangen.

Die Gründe dafür kann man sich leicht ausmalen: Wer hätte wohl das Kommando an Bord gehabt, wären Vater und Sohn erneut gemeinsam auf Weltreise gegangen? Tatsächlich meldete Johann Reinhold Forster, sobald sein Sohn ihn in das Projekt eingeweiht hatte, nicht nur seinen Anspruch an, bei der russischen Pazifik-Expedition dabei zu sein, sondern versuchte auch, Georg Forster zu immer höheren Geldforderungen anzustacheln. Schließlich forderte er für seinen zweiten Sohn Wilhelm, den Georg Forster als Arztgehilfen für eines der fünf russischen Schiffe empfohlen hatte, die Stelle des obersten Arztes der gesamten Expedition.[165] Man kann nur darüber spekulieren, wie weit Johann Reinhold Forster sein anmaßendes Spiel noch getrieben und damit die Beziehung zu seinem ältesten Sohn belastet hätte, wäre die russische Südsee-Expedition nicht infolge des türkisch-russischen Krimkriegs abgesagt worden.

Mit dem Begriff patriarchalisch lässt sich das Verhältnis zwischen Vater und Sohn Forster wohl am besten fassen. Georg Forster wusste diese Ketten abzuwerfen, sobald sich ihm mit dem Stellungsangebot in Kassel eine Möglichkeit dazu ergab. An Bord der *Resolution* aber, im Alter zwischen 17 und 20 Jahren, hatte er seinem Vater zu folgen. Oder kam ihm einmal der Gedanke, aus diesen Konventionen auszubrechen? Der unter Deck in Ketten liegende John Marra dürfte ein Exempel dafür gewesen sein, was mit jungen Männern geschah, die allen Zwängen durch Flucht auf eine Südsee-Insel entkommen wollten. Georg Forster war klug genug, zu verstehen, dass Captain Cook den Präzedenzfall einer erfolgreichen Desertion unbedingt verhindern musste.[166] Sonst wäre seine Crew sehr rasch auf eine Handvoll Offiziere geschrumpft. Nicht einmal die Heimkehr nach England wäre ohne die 57 »ordinary people« an Bord, die Schwerstarbeiter in den Rahen und Wanten, geglückt. Von weiteren Erkundungsfahrten im Eismeer ganz zu schweigen. Doch hielt Georg Forster – trotz seiner Jugend bereits ein Mann der Aufklärung und der Wissenschaft, nicht zuletzt ein *homme de lettre* – das Leben auf einer Südsee-Insel, ein romantisches »Zurück zur Natur« à la Rousseau, auch nicht für erstrebenswert. Ununterbrochene Ruhe und beständiges Einerlei würden einen Menschen bald langweilen, »der zu einem thätigen Leben gebohren, mit tausend Gegenständen bekannt, wovon die *Tahitier* nichts wissen, und gewohnt ist, an das Vergangne und Zukünftige zu denken«, vermutete er.[167]

Eine Flucht stand für Georg Forster nicht zur Debatte, er musste sich also dem Kommando zweier Herren fügen, selbst wenn Captain Cook und Johann Reinhold Forster im Clinch miteinander lagen. Im Zusammenleben mit dem widerborstigen Vater muss er die Gratwanderung zwischen Loyalität und Eigenständigkeit mit diplomatischem Geschick zur Perfektion gebracht haben. Nur so ist zu erklären, dass die kritischen Vorwürfe und harschen Anwürfe, die nach der Rückkehr von der Weltreise wie ein Trommelfeuer auf Johann Reinhold Forster niedergingen, sich zu keinem Zeitpunkt gegen seinen Sohn richteten. An dem jüngeren Forster hatten Cooks Männer offenbar nichts auszusetzen.[168]

Ein lang anhaltender, durchdringender Basston kurz nach fünf Uhr früh sorgte dafür, dass sich die Passagiere an Deck der *Vaeanu* die Augen rieben. Ich stellte fest, dass irgendwann in der Nacht auch die beiden lebenslustigen Besitzerinnen der Tomatenkörbe aus *Raiatea* wieder ihre Plätze unter dem Vordach eingenommen haben mussten, ohne dass ich es bemerkt hatte. Jetzt flüsterten sie mir freundlich nickend ein »Ça va?« zu und drückten mir ein Stück Baguette und eine leicht rötliche Tomate in die Hand, während ich mich aus dem Schlafsack schälte und bemühte, dankbar zurückzulächeln. Über der Reling tauchte schon die Silhouette der steil ansteigenden Berggipfel von *Tahiti* auf, die Spitze in der Mitte musste der *Mont Orohena* sein. Aus der Ferne, noch durch den weißen Schaumgürtel des Korallenriffs von der Insel getrennt, wirkte *Tahiti* zeitlos. Nur ein paar helle Dreiecke im unteren Teil des dunkelgrünen Kegels vor uns erinnerten daran, dass hier die größte Ansiedlung Französisch-Polynesiens lag: die Häuser Papeetes mit mehr als 100 000 Einwohnern, mehrstöckige Wohnblocks und Bürogebäude, Krankenhäuser und Schulen, Hotels und Bistros, zumeist aber bescheidene, mit kleinen Gärten umgebene Einfamilienhäuser, die an den Berghängen hinter den großen Uferboulevards der Stadt hinaufkletterten. Im Dunst des Morgens verschwammen die Konturen, und die mächtigen Korallenbänke von *Faaa* mit einer ganzen Palette heller Türkistöne erstrahlten im ersten Sonnenlicht. Hatte Georg Forster die Insel je so gesehen?

Was er bei seinem berühmten ersten Anblick *Tahitis* von Bord der *Resolution* – »ein Morgen war's, schöner hat ihn schwerlich je ein Dichter beschrieben ...« – bewundert hatte, war die südöstliche Seite der

Doppelinsel, heute würde man sagen: *Tahiti* von hinten. Die heutige Inselhauptstadt Papeete, auf die die *Vaeanu* gerade zulief, war zu Zeiten Forsters eine kaum besiedelte Ebene, deren schemenhafte Umrisse er erstmals im September 1773 »beym Mondenlicht« wahrnahm, als Captain Cook vom dreißig Kilometer weiter östlich gelegenen *Point Venus* Richtung Westen nach *Huahine* aufgebrochen war.[169] Zehn Monate später, am Mai 1774, folgte Captain Cook der gleichen Route, nur wurden die Anker schon in der Mittagsstunde gelichtet. Doch auch diesmal konnte sich Georg Forster den »schönen Aussichten« Tahitis nicht eingehender widmen, da sich ein anderer überraschenderer Anblick ergab, der »eines jeden Aufmerksamkeit an sich zog«.[170] Eine schöne junge Frau von *Raiatea*, die als junges Mädchen heimlich mit ihrem Liebhaber nach *Tahiti* geflohen war, hatte sich an Bord der *Resolution* versteckt, um mit den Briten zu ihrer Heimatinsel und ihren Eltern zurückzugelangen. Sobald das Schiff bei raschem Wind aus der Bucht von *Matavai* gesegelt war, zeigte sich der blinde Passagier in einer Offiziersuniform an Deck und verdrehte nicht nur den Matrosen den Kopf; »denn auch ohne alle Bildung ihres Verstandes gefiel sie einem jeden, schon durch ihre natürliche Lebhaftigkeit und Freundlichkeit«. In den folgenden Tagen nahm die Schöne ohne jede Scheu an den Mahlzeiten der Offiziere und Naturforscher teil und wusste ihnen mit Lachen und Scherzen »die Zeit zu verkürzen«, wie Georg Forster festhielt.[171] Tatsächlich konnte er den berühmten *vue de la mer*, die »Postkartenansicht« *Tahitis* vom offenen Meer her auch beim zweiten Vorbeisegeln nicht konzentriert wahrnehmen.

Allerdings führte ihn am 26. April 1774 eine Küstenfahrt im Ruderboot bis in diese Gegend, in den damaligen Distrikt O-Parre. Gemeinsam mit Captain Cook, seinem Vater und dem Botaniker Sparrman wurde er »durch einen Anblick überrascht, den in der Süd-See gewiß keiner von uns erwartet hatte«.[172] Es war ein gewaltiges Schauspiel, dass sich ihnen darbot: Längs des Ufers lag eine Kriegsflotte von über 300 Booten, darunter 159 große, doppelkufige Kriegskanus, wie Georg Forster zählte, jedes einzelne »bis 90 Fuß«, also rund 28 Meter lang,[173] bemannt mit 40 Ruderern und bis zu 20 Kriegern in voller Rüstung mit meterhohen Helmen und Brustschilden aus Federn und Haifischzähnen.[174] »Nach einem sehr mäßigen Anschlage mußte die Bemannung der Flotte, wenigstens aus fünfzehnhundert Kriegern und viertausend Ruderern bestehen«, vermutete Georg Forster.[175] James Cook schätzte die Streitmacht inklusive ihrer Hilfskräfte auf mindestens 7760 Mann.[176]

Ihr martialischer Eindruck wurde durch die aufwendigen Bug- und Heckaufbauten der Kriegskanus verstärkt, die in Form sichelförmiger Vogelschnäbel bis zu sechs Meter hoch aufragten und reich mit Schnitzereien verziert waren. Zwischen diesen Sicheln waren große Bahnen von weißem Tapa-Stoff gespannt, die sich im Wind zu Segeln aufblähten, geschmückt mit mehrfarbigen Wimpeln und heiligen roten Federn, überragt von einem hohen Pfosten in schwarzem Federkleid, auf dem eine mit rotem Ocker bemalte »krüpplichte Menschenfigur« thronte.[177] Dass es hier um keine fröhliche Flottenparade ging, wurde bald augenscheinlich: »In jedem Canot sahen wir große Bündel von Speeren und lange Keulen, oder Streit-Äxte, die gegen die Platteformen angelehnt waren«, hatte Georg Forster bemerkt. »Auch hielt jeder Krieger eine Keule oder ein Speer in der Hand. Außerdem lag in jedem Fahrzeug noch ein Haufen von großen Steinen.«[178] Anders die kleineren Doppel-Kanus. Die breiten Plattformen zwischen ihren Rümpfen waren vollständig mit Bananenblättern bedeckt – »nach der Aussage der Insulaner waren diese für die Todten bestimmt«, wie er erfuhr. »Sie nannten dieselben *E-wa-no t' Eatua*« – Kanus der Gottheit.[179]

Am stärksten zeigte sich Georg Forster von einer Art »Licht-Glorie« beeindruckt, die an Bord jedes Katamarans um den Befehlshaber erstrahlte. Die hohen Kopfaufsätze der Kommandeure waren mit einem weißen Kranz von »Schwanzfedern des *Tropischen Vogels*« bestückt, sodass sie im Licht der Sonne aufleuchteten und ihn an die Heiligendarstellungen der abendländischen Malerei erinnerten. Und noch etwas sehr Ungewöhnliches fiel ihm auf: Obwohl es in *O-Parre* von Menschen wimmelte, »herrschte unter der ganzen Menge ein allgemeines, feyerliches Stillschweigen.«[180] Was ihn an das Innehalten bei einem friedlichen Gottesdienst gemahnte, war die Ruhe vor dem Sturm. Denn wie er weiter herausfinden konnte, war die Flotte gegen »Rebellen auf Eimeo«, gegen den Herrscher der Nachbarinsel *Moorea*, aufgestellt worden. Captain Cooks leger unterbreitete Offerte, »die Landung durch Kanonen-Feuer zu unterstützen« lehnte O-Tu, der junge tahitische Herrscher, nach einigem Nachdenken ab – »der Klugheit sehr gemäß«, wie Georg Forster meinte. Denn die Besiegten, so seine Vermutung, würden ihre Niederlage beim Einsatz der »unüberwindlichen Vierpfünder« der *Resolution* am Ende allein den Geschützen der Briten zugeschrieben haben und damit langfristig die Autorität der siegreichen tahitischen Krieger untergraben.[181]

Captain Cooks Angebot erweckte indes die Geister, die O-Tu schon bald darauf rief. So begann, was schließlich in die Kolonialisierung *Tahitis* und der *Gesellschaftsinseln* mündete. Derselbe O-Tu, der Captain Cooks Vorschlag in Gegenwart Georg Forsters noch dankend abgelehnt hatte, ging nur wenige Jahre später als Pomaré I. daran, den gesamten Archipel um *Tahiti* zu unterwerfen – mithilfe der Europäer und ihrer Geschütze. Sodass Frankreich den Thron von O-Tus Pomaré-Dynastie fünfzig Jahre später durch ein »Protektorat« unter seine Kontrolle bringen und ihn nach weiteren 50 Jahren in einem abschließenden Mattzug ganz an sich reißen konnte.[182]

Von feierlichem Stillschweigen, wie Forster es bei seinem Flottenbesuch in *O-Parre* erlebt hatte, konnte auf der *Vaeanu* über 220 Jahre später trotz der frühen Morgenstunde keine Rede sein. Als unser Schiff

Verkauf von weißem Sand der Insel Tahaa *– für Gräber auf* Tahiti, *der Insel mit den schwarzen Stränden.*

seine Schlusskurve zum Pier von *Motu Uta* drehte, dem östlichen Hafenbecken von *Papeete*, füllte sich das Deck mit einer erstaunlichen Anzahl von Passagieren, die in *Bora-Bora, Raiatea, Tahaa* oder *Huahine* an Bord gegangen waren und mit ihren Bastmatten tatsächlich irgendwo auf dem Schiff einen Schlafplatz gefunden haben mussten. Gut fünfzig Passagiere kamen sicher zusammen, die nun ihre Bastmatten, Tücher und Schlafsäcke verpackten, Körbe und Taschen ordneten, Rucksäcke verschnürten und – vielleicht ein heutiges Südseeritual – in gurgelnden Kleingruppen mit Wasserflaschen und Zahnpasta zusammenstehend weiße Bögen über die Reling spuckten: *Maeva!* Willkommen in *Papeete*.

Unser Kapitän war schon dabei, sich mittschiffs zwischen den Säcken mit weißem Sand aus *Tahaa* einen Weg zum Gabelstapler zu bahnen, um zügig mit seiner nächsten One-Man-Show beginnen zu können, als ihm ein alter Mann mit zwei Hunden entgegensprang. Die drei kamen unter einer Abdeckplane hervor, die sie für ihren Ausstieg kurz liften mussten, wobei für einen Moment das Rettungsboot der *Vaeanu* aufblitzte. Gab es also doch eines, ging es mir, der ich die *Vaeanu* für eine Art Seelenverkäufer gehalten hatte, durch den Kopf. Doch war das Rettungsboot mit den vermutlich komfortabelsten Plätzen, die das Cargoschiff neben seinen immer ausgebuchten Kabinen zu vergeben hatte, sehr schnell wieder unter der Persenning verschwunden. Dafür kamen im Hafenbecken zwei mächtige amerikanische Kreuzfahrtschiffe in Sicht, die vor *Papeete* geankert hatten, damit sich die Touristen im *Marché de Papeete* oder im *Centre Vaima* mit Bündeln von Vanilleschoten, schwarzen Perlen und parfümiertem Kokosöl eindecken konnten. Oder hinter der Kathedrale zur unbefleckten Empfängnis ihre von Gauguin genährten Südsee-Fantasien im Verkehr mit Sexarbeiterinnen zerplatzen ließen.

Nachdem unser Schiff wieder an den rostbraunen Pollern von *Motu Uta* vertäut war und der Kapitän das Fallreep für den Ausstieg mithilfe seines Krans endlich an die richtige Stelle bugsiert hatte – plötzlich schien es jeder von uns sehr eilig zu haben, dabei war die *Vaeanu* an diesem Morgen überpünktlich –, konnte ich mich ein letztes Mal als Kavalier beweisen und den beiden Damen, die eben eine Tiaré-Blüte hinter ihr Ohr gesteckt hatten, mitsamt ihren Körben an Land helfen. Wofür ich erneut mit nachgereiften, inzwischen fast roten Tomaten belohnt wurde. Während über unseren Köpfen die Paletten mit Sandsäcken aus *Tahaa* ans Ufer schwebten, ermunterten mich die beiden, mir am kommenden Wochenende einen Friedhof auf *Tahiti* anzusehen, egal welchen, sie seien alle – natürlich nicht so schön wie auf *Raiatea*, aber doch *très, très bien*, wie sie betonten. *On verra*, wir werden sehen, redete ich mich beim Abschied heraus. Friedhöfe nahmen in meinem Leben keine besondere Präferenz ein. Doch gäbe es ohne die Nekropolen der Antike, die Pyramiden Ägyptens oder die Grabmäler der Inder auch keine Geschichtsschreibung. Insofern war ich als Historiker auch nicht abgeneigt. Der Totenkult – früher für den Kriegsgott *Oro*, heute nach christlichem Brauch – spielte in Polynesien vielleicht noch immer eine große Rolle. Schließlich trafen sich in der Verehrung der Ahnen, der Überhöhung des Todes, polynesische und christliche Vorstellungen.

Als ich am Totengedenktag, unmittelbar vor meinem Rückflug, tatsächlich noch den Friedhof von *Tautira* besuchen konnte – Forsters *Aitepieha*,[183] der Ort, an dem er seine ersten Landgänge auf *Tahiti* unternommen und zum ersten Mal einen *Marae*, einen heiligen Begräbnisplatz, beschrieben hatte –, fielen mir jenseits der Einfriedung des *Cimetières de Tautira* einige leere Sandsäcke mit der Aufschrift *Sable blanc de Tahaa* auf. Es war kurz nach Mittag und ich war, von einem streunenden Hund abgesehen, allein unterwegs. Vermutlich waren die Gräber am frühen Morgen geschmückt und nach der Messe in der nahen Kirche *Notre-Dame de la Paix* gesegnet worden.

Der Friedhof von *Tautira* lag inmitten des Ortskerns und wohl noch immer da, wo Georg Forster im August 1773 den *Marae* von *Aitepieha* ausgemacht hatte: zwei Meilen südöstlich vom Landeplatz der Boote der *Resolution*, an der am tiefsten eingeschnittenen Bucht im Westen der Halbinsel *Tautira*, nah am Meer.[184] Eine große Ruhe lag über dem Ort und ich ließ mir Zeit, den Friedhof zu betreten.

Forster hatte in seiner *Reise um die Welt* über den hiesigen Begräbnisplatz berichtet, dass die frischen Bananen und Kokosnüsse, die auf dem *Marae* »für die Gottheit« geopfert worden waren, kurzerhand der Verköstigung der weißen Ankömmlinge dienen mussten, »mit der Versicherung, sie wären *mâa maitai*, gut zu essen«. Auch die Einheimischen trugen keine Bedenken, »es sich auf Kosten der Götter recht tapfer schmecken zu lassen«.[185]

Was sich meinen Augen zwei Jahrhunderte später beim Betreten des katholischen Friedhofs von *Tautira* darbot, war etwas pathetischer: Es war das gewaltigste Blumenmeer, das ich je im Leben gesehen habe. Der gesamte Friedhof, am Eingang überdacht von einem mächtigen madagassischen *Flamboyant* mit tulpenförmigen Blüten in Orange-Rot, schien eine zusammenhängende Blütenfläche zu bilden, nur durch schmale Wege unterbrochen, mit einer ungeheuren Vielzahl floraler Formen und Farben. Der kostbare Sand, der eigens aus *Tahaa* herangeholt worden war, leuchtete hier und da weiß auf.

Dass rote Blumenketten um die schmalen weißen Kreuze geschlungen waren, mochte eine Reminiszenz an die heiligen roten Federn sein, die den *Marae* einst geschmückt hatten. Einige Kreuze waren hüfthoch von Stapeln handgroßer dunkler Steine umgeben, als hätte man das christliche Symbol mit einem *Marae* umgeben wollen. Andere Gräber waren mit großen weißen Plastikfolien überdacht. Vielleicht, um das all zu rasche Verwelken der Blumen zu verhindern? Oder in Anlehnung an die »Tupapau«, die Georg Forster hier vorgefunden hatte, »kleine Hütten«, in denen die Toten mit einem Stück weißen Tapa-Stoff überdeckt worden waren, das in langen Falten herabhing?[186] Mit Worten wie »feyerlich« und »melancholisch« suchte der 18-Jährige die Gefühle zu beschreiben, die ihn an diesem Ort ergriffen. »Es war etwas Großes in dieser Szene«, fasste er schließlich zusammen, was er spürte.[187]

Mit Blick auf den mit Blumen überladenen Friedhof, inmitten einer berauschenden, fast betäubenden Duftwolke von *Plumeria*- und *Tiaré*-Blüten, beschlich mich die Ahnung, dass der Geist der alten Polynesier nie so ganz verschwunden war.

Güimar: 28° 18' Nord, 16° 25' West

Kapitel 4
Atlantische Skizzen

Ende Dezember 1997 kehrte ich von dieser ersten Südsee-Reise auf Forsters Spuren zurück. Das Scheitern an einem Drehbuch, für das ich drei Monate lang Bücher gewälzt, diskutiert, gestritten, manchmal auch mein Hirn zermartert hatte, hinterließ seltsamerweise keinerlei negative Gefühle. Im Gegenteil: Ich fühlte mich durch das Herantasten an Forsters Geschichte und die Eindrücke der Fahrt enorm bereichert.

Zum ersten Mal wurde der Gedanke real, Georg Forster auf seiner Reise um die Welt systematisch nachzuspüren. Meine Besuche auf *Tahiti*, *Moorea* und *Raiatea* konnten der Ausgangspunkt für eine größere Suchbewegung sein. Aber noch zögerte ich. Forster interessierte mich mehr denn je, doch bedeutete die gründliche Beschäftigung mit seiner Erkundungsreise zugleich eine geografische Festlegung auf den Süden unseres Globus. Dabei war es bisher immer der Norden gewesen, der mich angezogen hatte. Selbst die Flitterwochen hatte ich an einem Fjord auf den norwegischen Lofoten nördlich des Polarkreises verbracht. Vielleicht musste es deshalb ein Norweger sein, der mir den letzten Anstoß gab, Forster nachzureisen.

Er wäre jederzeit bereit, noch einmal in den Pazifik aufzubrechen, verkündete Thor Heyerdahl vollmundig, als ich ihn kurz nach der Jahrtausendwende auf der spanischen Atlantikinsel *Teneriffa* kennenlernte. Damals ahnte er noch nichts von dem Gehirntumor, der ihn bald niederringen würde. Im März 2000 aber war Thor Heyerdahl ein Energiebündel. Nach einem kurzen, festen Händedruck bei der Ankunft auf dem *Aeropuerto Reina Sofia* ging es schnurstracks zu seiner

Georg Forsters Blauer Sturmvogel (Procellaria similis): Eine detailgetreue Abbildung für die Einordnung der Vogelart in das linné'sche System.

ausgedehnten Pyramidenanlage von Güímar. Fast war ich verwundert, dass der 85-Jährige den Wagen, mit dem wir der Küstenstraße Richtung Nordosten folgten, nicht selbst steuerte. Das mochte wohl an dem gestrengen Blick von Jacqueline gelegen haben, seiner nunmehr dritten Gattin. »Meine erste Miss France«, wie Thor Heyerdahl die strahlende, deutlich jüngere Frau an seiner Seite vorgestellt hatte.[1] Die freundliche Selbstverständlichkeit, mit der er mir, dem ein halbes Jahrhundert Jüngeren, vom ersten Augenblick an begegnete, war eine großzügige Geste. Denn er war schließlich eine lebende Legende. Schon als junger Forscher sorgte er für Schlagzeilen mit seinem »Zurück zur Natur!« auf der Südsee-Insel *Fatu Hiva*, wo er unter abenteuerlichen Umständen mit seiner ersten Liebe Liv lebte und beide beinahe ums Leben gekommen waren. Im Zweiten Weltkrieg prangte Thor Heyerdahl in Uniform auf den Werbepostern der norwegischen Heimatfront und warb so für den Widerstand gegen die deutschen Besatzer. Weltruhm erlangte er schließlich auf seinen monatelangen Floßfahrten über die Weiten des Pazifik und des Atlantik – ein Sinnbild für den unbeugsamen Willen, praktisch zu beweisen, was andere für unmöglich hielten. Dazu seine Bücher und Filme, Hollywood, zwei Oscars. En passant richtete er auf der *Osterinsel* die *Moai* wieder auf, die riesenhaften Steinstatuen auf dem östlichsten Zipfel des polynesischen Dreiecks. Oder ging auf Teneriffa dem Untergang der *Guanchen* nach, den ausgerotteten Ureinwohnern der Kanarischen Inseln. Der Name Heyerdahl war im Mythenareal meines Hirns angesiedelt, irgendwo zwischen der Hündin Laika, die man als erstes irdisches Wesen ins All geschossen hatte, und Martin Luther Kings beschwörenden Worten »I have a dream!«.

Als unser Wagen nach einem kurzen Bogen landeinwärts schließlich vor einer flachen Feldsteinmauer mit der Reliefinschrift *Pirámides de Güímar* zum Halten kam, sprang Thor Heyerdahl dynamisch aus dem Wagen. Diesen Schwung brauchte er auch, denn er hatte sich das Ziel gesteckt, die gesamte Theorie seines Lebens anhand der sechs Pyramiden, die sich vor uns im Tal von *Güímar* erhoben, in meine Kamera zu diktieren. Wozu er die ausgedehnte Steinlandschaft abschreiten und zum besseren Verständnis auch die eine oder andere Pyramide erklimmen wollte, wie er am Modell des Pyramidenparks erklärte. Meine Hoffnung, die schöne Jacqueline könnte angesichts der stechenden Sonne bremsend eingreifen, erfüllte sich nicht. Meinen fragenden Blick beantwortete sie mit dem charmantesten Lächeln der Welt – und hilflosem Schulterzucken: Ein dozierender Thor war nicht aufzuhalten.

So ganz gefiel mir nicht, was der legendäre Kapitän der *Kon-Tiki*,[2] der trotz sanfter Stimme sehr bestimmend klingen konnte, da vorschlug. Eigentlich hatten wir vereinbart, über seine Autobiografie zu sprechen, die demnächst in deutscher Sprache erscheinen sollte.[3] Über sein Leben, seine Abenteuer, seine Einsichten, seine Irrtümer. Stattdessen staksten wir stundenlang mit hochrotem Kopf zwischen den Pyramiden umher, denen Alteingesessene gern anhängten, dass es sich um eine bloße Ansammlung von Feldsteinen handele, die kanarische Bauern in Jahrhunderten von ihren Äckern geräumt hätten. Thor Heyerdahl sah das naturgemäß anders: Er war davon überzeugt, dass die Pyramiden auf *Teneriffa* wichtige steinerne Zeugen einer globalen Völkerwanderung waren: eine Zwischenstation beim maritimen Durchzug der alten Pyramidenbauer Ägyptens ins Reich der ebenfalls Pyramiden errichtenden Maya in Mittelamerika. Nicht zufällig bildete ein Boot den Höhepunkt von Thor Heyerdahls Tour: der Nachbau seines Schilfkanus *Ra II*. Mit diesem fragilen Gefährt hatte er 1970 den Atlantischen Ozean überquert und so bewiesen, dass man sich per Meeresströmung von Afrika nach Amerika, vom marokkanischen *Safi* bis nach *Barbados*, treiben lassen konnte. Dazu war man dann aber auch schon im alten Ägypten in der Lage, kam Thor Heyerdahls zu seinem Schluss, bei dem sich eine Spur Triumph in die etwas heiser gewordene Stimme mischte.

Erst kräftiger Applaus in meinem Rücken machte mir bewusst, dass sich uns ein gutes Dutzend silberhaariger Touristen angeschlossen hatte. Thor Heyerdahl musste der Held ihrer Jugend gewesen sein. Für mich, den viel später Geborenen, hatte der so ambitionierte Abenteurer immer auch einen Hauch unfreiwilliger Komik. Manchmal war da eine Spur zu viel Pathos in seiner Stimme, mitunter merkte man seiner Rede die Vorbereitung an, auch das Posieren vor der Kamera war erkennbar eingeübt. All das konnte man schon in Heyerdahls filmischem Erlebnisbericht *Kon-Tiki* sehen, der in Hollywood 1952 als bester Dokumentarfilm ausgezeichnet worden war. Irgendwie ließen sich Thor Heyerdahls Regieanweisungen erahnen: »Achtung Jungs,

Thor Heyerdahl auf Teneriffa: *Der Kapitän der legendären* Kon-Tiki *glaubte an die Besiedlung des Pazifik durch Ankömmlinge aus Amerika.*

alle auf Position! Erik, dreh den Haifisch auf die blutige Seite! Bengt, rutsch ein Stück nach links, du verdeckst die norwegische Fahne! Und --- Action!« So ungefähr. Als ich den Schauspieler Pål Sverre Valheim Hagen, der Thor Heyerdahl 2010 im Spielfilm *Kon-Tiki* verkörperte, nach den besonderen Anforderungen dieser Rolle fragte, meinte er, er hätte vor allem etwas steif, »mit dem Stock im Kreuz«, spielen und betont langsam sprechen müssen.[4]

Als wir im März 2000 nach der Führung durch seinen kanarischen Pyramidenpark die kurze Strecke zu Thor Heyerdahls Wohnhaus fuhren, zu einer zweistöckigen landestypischen Villa inmitten eines üppig blühenden Gartens, verabschiedete ich mich innerlich vom sonnigen Teil dieses Besuchs. Wir nahmen unter einem uralten schattigen Baum Platz, einer *Ceiba*, deren mit Stacheln besetzter Stamm mir plötzlich wie ein Sinnbild vorkam. Es war klar, dass ich im Gespräch mit dem Norweger irgendwann auf Georg Forster zu sprechen kommen würde – genauer: auf Forsters Vermutungen zur Südsee-Besiedlung, die das genaue Gegenteil von Thor Heyerdahls Theorien waren. Folgte man Georg Forster, wie es Völkerkundler und Anthropologen seit fast 250 Jahren tun, wurde der größte Teil der Südsee – nach und nach, Insel für Insel, in Hunderten von Jahren – von einem Volk besiedelt, das ursprünglich von den »Ostindischen Inseln«,[5] also aus Südostasien stammte. Von hier aus machten sich die ersten Polynesier in Doppelkanus auf den Weg übers Meer.[6] Richtung Osten, der Sonne entgegen. Falsch, genau andersherum, behauptete dagegen Thor Heyerdahl: Die Polynesier kamen – so seine These – aus Amerika und ihre Boote fuhren daher Richtung Westen übers Meer. Was Heyerdahls legendäre Fahrt mit der *Kon-Tiki* von der amerikanischen Küste bis nach Polynesien beweisen sollte.[7] Einig waren sich Forster und Heyerdahl nur in dem Punkt, dass sich ein seefahrendes Volk über den Pazifik verbreitet hatte. Alles andere waren gegensätzliche Annahmen. Vor allem in der Frage, wer da eigentlich unterwegs war.

Georg Forster und sein Vater Johann Reinhold leiteten ihre Vermutung aus sprachlichen und ethnologischen Beobachtungen auf der zweiten Cook'schen Weltumsegelung ab. Überall in der Südsee hatten sie Wörter gesammelt und Wortlisten angelegt, auf *Tahiti* und *Neuseeland*, auf den *Marquesas*, *Tonga* und auf der *Osterinsel* – die ersten kleinen Wörterbücher der polynesischen Dialekte.[8] Zudem war seit ihrem ersten Aufenthalt auf *Raiatea* der Muttersprachler Maheine mit an Bord.[9] Auf der gemeinsamen Fahrt mit dem Polynesier konnten sie auf verschiedenen Inseln Sprachvergleiche anstellen.[10] Fest stand: Die Menschen auf fast allen Inseln, die sie besucht hatten, teilten Aussehen, Kultur und die Sprache. Das Polynesische aber hatte, wie die Forsters sehr klug erkannten, Ähnlichkeiten mit dem Malaiischen.[11] Was nicht heißen sollte, dass die Polynesier selbst Malaien waren, sondern dass die pazifischen Sprachen mit der malaiischen eine gemeinsame Ursprache teilten.[12] Also lag es auf der Hand, dass die Menschen Polynesiens aus Südostasien in die Südsee eingewandert waren.[13] So weit der wissenschaftliche »Mainstream« seit Forster. Auch jüngst wieder bestätigt.[14]

Thor Heyerdahl hatte sich als junger Forscher auf der *Marquesa*-Insel *Fatu Hiva* jedoch seinen eigenen Reim auf die Besiedlung der Südsee gemacht.[15] Danach war es ein hellhäutiges Seefahrervolk – er hatte wohl die Wikinger im Hinterkopf –, das rund um den Globus seine Spuren hinterlassen hatte, lange vor Ankunft der Polynesier.

Wer heute nach *Fatu Hiva* kommt – da es keine Flugverbindung gibt, nimmt man die *Aranui 5*, einen modernen Passagier-Frachter, der einmal im Monat Besucher von *Tahiti* sehr komfortabel zu den *Marquesas* mitnimmt –, wird im kleinen Touristenbüro von *Omoa* sehr bald zu Thor Heyerdahls Steinfisch geschickt, einer der bekanntesten Felszeichnungen der *Marquesas*. Als ich Ende Oktober 2016 auf *Fatu Hiva* recherchierte, war es der Besitzer der Ländereien im *Omoa*-Tal, der alle, die nach Heyerdahl fragten, persönlich zu dem berühmten Felsen kutschierte – zwanzig Minuten für zehn Euro, immer bergan durch den dichten Busch. Raphaël, wie sich unser Guide schließlich vorstellte, hätte man auch für einen jungen Fitness-Trainer halten können. »Groß und wohlgestaltet«, so hatte auch Georg Forster die Inselbewohner beschrieben, die ihn an antike Statuen erinnerten.[16]

Während unserer Tour erzählte Raphaël, dass er bereits Frau und Kind habe. Doch könne er die junge Mutter nicht heiraten. Denn falls es irgendwann zu einer Scheidung käme, wäre er am Ende sein schönes Land los. Seine Familie habe da schlechte Erfahrungen gemacht. Das war natürlich auch eine Möglichkeit, in der früheren Kolonie, heute eine *Collectivité d'outre-mer*,[17] das Scheidungsrecht des französischen »Mutterlandes« zu umgehen.

Während Raphaël durch ein paar Pfiffe seine frei laufenden Pferde aus dem Weg dirigierte, war nicht zu verkennen, dass es immer polynesischer wurde, je tiefer wir in das üppig bewachsene Tal von *Omoa* hineinfuhren: Vor allem gab es links und rechts der steilen Piste Drahtverhaue, in denen größere und kleinere Schweine dösten – *pour le casserole*, für den Kochtopf, wie Raphaël voll Besitzerstolz erklärte. Dass die Tiere und ihre Ställe einen so reinlichen Eindruck machten, rief mir in Erinnerung, dass zur Zeit Forsters auch auf den *Marquesas* Schweine als erlesene Kost Männern von Rang vorbehalten waren.

Nach 15 Minuten intensiven Geruckels stoppte Raphaël den Jeep schließlich unvermittelt im Schatten hoch aufragender Palmen und einiger Bananenstauden, zwischen denen sich reichlich Buschwerk ausgebreitet hatte. Als Thor Heyerdahl sich hier seinen Weg mit der Machete freischlug, bestand diese Gegend vor allem aus den Büschen einer früheren Kaffeeplantage. Fast 70 Jahre später führte ein kurzer

Eine Felszeichnung auf der Marquesa-Insel Fatu Hiva: Heyerdahls Steinfisch – der Ausgangspunkt seiner spekulativen Besiedlungstheorie.

Fußmarsch über ein offenes Waldstück vorbei an handtellergroßen Vanilleblüten, deren Stängel sich bald in hocharomatische Vanilleschoten verwandeln und gutes Geld bringen würden, wie Raphaël erzählte.

Dann tauchte er plötzlich auf – ein Felsen wie ein überdimensionaler Brotlaib, braun und glatt, vielleicht zwölf Meter lang. Irgendwann war er in drei große Stücke zerborsten. Noch ein paar Schritte, und auf dem mittleren Bruchstück wurde der *I'a te kea* sichtbar. Thor Heyerdahls Steinfisch. Voilà!

Der Norweger nannte die Entdeckung dieser Felszeichnung das wichtigste Ereignis seines Lebens.[18] Der Grundstein aller Theorien, die er im Laufe seines Lebens in die Welt setzte.

Als ich dem alten Thor Heyerdahl in seinem Garten auf *Teneriffa* gegenübersaß – er hatte auf einem kniehohen schwarzen Stein inmitten des gepflegten Gartens Platz genommen, über uns Palmen, deren Blätter abwechselnd Licht und Schatten auf seine dünn gewordenen weißen Haare warfen –, wollte sich bei mir dennoch keine rechte

Ehrfurcht vor dem 20-fachen Ehrendoktor einstellen. Trotz der Bewunderung, die ich für seinen praktischen Experimentiergeist hatte, hielt ich die Grundthese, die er als junger Mann auf *Fatu Hiva* entwickelt hatte, für falsch. Auf die Frage, wer wohl die Schöpfer des Steinfischs waren, den er im *Omoa*-Tal gefunden hatte, fielen dem jungen Heyerdahl nicht etwa die Menschen ein, die seit Jahrhunderten auf *Fatu Hiva* lebten. Er dachte vielmehr an »die Kultur eines Volkes, von dem niemand wusste, woher es gekommen war«, an irgendwelche ominösen Vorgänger der heutigen Inselbewohner. Jedenfalls nicht an Polynesier.[19] Noch seltsamer: Er rühmte sich der Freundschaft mit *Tei Tetua*, dem »letzten Kannibalen« von *Fatu Hiva*.[20] Nach Heyerdahls Angaben war es dieser Alte, der ihm am nächtlichen Feuer verraten hatte, dass seine Vorfahren aus dem Osten, also aus Amerika, auf die *Marquesas* gekommen waren.[21] Dieser »Kronzeuge« der Heyerdahl'schen Migrationstheorie war, wie man auf einem Foto mit Thors Frau Liv sehen kann, am ganzen Körper tätowiert.[22] Mag sein, dass er einer der letzten Kannibalen *Fatu Hivas* gewesen war, ganz sicher aber war er einer der letzten Tätowierten. Die christlichen Missionare auf den *Marquesas* hatten es in knapp 100 Jahren geschafft, die »Zierrathe«[23] auf der Haut der Insulaner, deren regelmäßige geometrische Form Georg Forster 1774 noch so erstaunt hatte, nahezu vollständig zu eliminieren. Thor Heyerdahl hatte die Tattoos der Marquesaner noch fotografieren können. Er kannte zudem die Arbeiten des deutschen Ethnologen Karl von den Steinen,[24] der die Kunst des Tätowierens auf den *Marquesas* fotografisch dokumentiert hatte.[25] Und doch mochte der Norweger den naheliegenden Schluss nicht ziehen, dass es die Polynesier der Insel selbst waren – diese Altmeister im grafischen Verzieren der eigenen Haut –, die auch den zwei Meter langen Fisch in Stein graviert hatten, den er entdeckt hatte. Stattdessen verstieg er sich zur Idee eines außergewöhnlichen nordischen Seefahrervolkes mit heller Haut und glatten Haaren, die rund um den Globus ihre Wunderwerke hinterlassen hätten.[26] Im nationalsozialistischen Berlin, wo Heyerdahl nach seiner Rückkehr aus der Südsee 1938 den Ethnologen Hans Günther aufsuchte, den Autor der *Rassenkunde des deutschen Volkes*, passte der junge norwegische Forscher insofern gut ins herrschende Weltbild.[27] Auch wenn die Deutschen nicht bereit waren, ihm 20 000 Kronen für die Schädel zu zahlen, die Thor

Heyerdahl auf *Fatu Hiva* im Namen der Wissenschaft hatte heimlich mitgehen lassen.[28]

Er sei damals politisch recht naiv gewesen, in der Südsee auch abgeschnitten von dem, was sich inzwischen in Deutschland abspielte, antwortete Thor Heyerdahl auf meine Frage nach seiner Berlin-Visite in der Nazizeit. Als Medienprofi, der er immer war, kam er sehr bald auf Fidel Castro zu sprechen und Gorbatschow, große Leute, die er irgendwann einmal getroffen hatte. Der weltweite Kampf gegen den Hunger und der Schutz unserer Umwelt, das waren die Themen, zu denen er gern kommen wollte. Irgendwann sprang er von seinem Sitzplatz auf, um den dicksten Baum in seinem Garten mit beiden Armen zu umfassen: »Passt gut auf die Erde auf«, sagte er, »wir haben nur die eine!« Ein fernsehgerechter Schlusspunkt, nach dem man sich eigentlich nur verabschieden konnte.

Wäre da nicht die Hitze gewesen und die fürsorgliche Jacqueline mit einer Karaffe voll eisgekühlter Zitronade in der Hand. Widerspruch zwecklos, sagte ihr Blick. Und so nahmen wir noch einmal Platz auf den gusseisernen, mit Grünspan überzogenen barocken Gartenstühlen im Schatten des stachelbewehrten *Cëiba*-Baums hinter Thor Heyerdahls Haus. Im Abfallen der Spannung fragte ich ihn, ob er Georg Forster kenne. »Natürlich«, antwortete der alte Mann mit leiser Stimme, auf Deutsch, wenn ich mich recht erinnere. Ob er nicht manchmal – vielleicht im Geheimen – glaube, dass Forsters Theorie stimmte, wagte ich mich weiter vor. Thor Heyerdahl schwieg eine Weile und ließ die Eiswürfel in seinem Glas leise klirren. »Sollte Forster am Ende recht behalten, wäre ich der Erste, der ihm postum gratulieren würde. Aber noch ist die Sache nicht entschieden«, sagte er mit Nachdruck. Und erzählte von identischen steinernen Strukturen in Amerika und Polynesien, von ähnlichen Augen an Kolossalstatuen auf beiden Seiten des Pazifik, von Süßkartoffeln, die aus Amerika stammten, aber seit Jahrhunderten in Polynesien angebaut wurden. Kartoffeln hätten doch nicht Tausende Meilen übers Meer treiben und danach noch keimen können. Davon, dass Sprachen den Menschen schnell übergestülpt werden könnten, in ein, zwei Generationen, man müsse sich nur im Pazifik umschauen. Wie überzeugend waren also Beweise, die – wie die Forster'sche Besiedlungstheorie – allein auf Sprachvergleiche bauten.

Nullius in verba – Georg Forsters Motto für seinen Essay *James Cook, der Entdecker* fiel mir ein. Auf niemandes Worte schwören. Anders als mit Forsters Theorie konnte sich Thor Heyerdahl mit dieser skeptischen Forster-Losung schon eher anfreunden.

Als ich mich im Sonnenuntergang von dem Norweger und seiner Frau Jacqueline verabschiedete, nahm ich mir vor, Thor Heyerdahls Argumente im Hinterkopf zu behalten. Mit dem Respekt, den sein so unnachgiebiges Nachfragen verdient.

Heute, 15 Jahre nach seinem Tod, weiß man, dass es den Kontakt zwischen Polynesiern und den mesoamerikanischen Kulturen, an den Thor Heyerdahl immer geglaubt hat, tatsächlich gegeben hat. Nur geht man, anders als der Norweger, davon aus, dass es die Polynesier mit ihren doppelkufigen Kanus selbst waren, die die amerikanische Küste angelaufen sind und von dort auch wieder zurück auf ihre Inseln segelten – wobei sie die Süßkartoffel als Nahrungsmittel mitnahmen.[29]

Manchmal versteht man erst in der Retrospektive, welche Bedeutung eine bestimmte Begegnung für eigene Entscheidungen hatte. Jedenfalls begann ich nach dem Treffen auf *Teneriffa* im März 2000, Georg Forsters Reiseroute in der Südsee gezielt und systematisch zu folgen. Vermutlich verdanke ich ausgerechnet Forsters »Gegenspieler«, dem Enthusiasten Thor Heyerdahl, diesen letzten Anstoß. Auch ich wollte die Dinge selbst sehen, aus meiner Neugier eine Reise machen.

Seit meinen ersten Visiten auf *Tahiti*, *Moorea* und *Raiatea* sind im Laufe von zwanzig Jahren viele Schauplätze hinzugekommen, die für Georg Forsters Reise um die Welt bedeutsam waren: die *Dusky Bay* und der *Queen Charlotte Sound* in Neuseeland, *Tongatapu* und *Eua* im *Tonga*-Archipel, die Inseln der *Marquesas*, die *Osterinsel* im Osten des polynesischen Dreiecks und das südamerikanische *Feuerland*, die *Vanuatu*-Insel *Tanna* und *Neukaledonien*. Und immer wieder *Tahiti* und die *Gesellschaftsinseln*. Als ich meine Reisezeit auf Forsters Fährte einmal überschlug, kam ich auf über ein Jahr. Vermutlich hatte ich auf der Suche nach Georg Forster schon nach ein paar Jahren mehr Zeit auf pazifischen Inseln verbracht, als es ihm selbst vergönnt war, da Captain Cook während der 36 Monate seiner zweiten Weltumseglung insgesamt nur an drei Monaten irgendwo vor Anker ging und einen Landgang erlaubte. Doch anders als der Pazifik – die Südsee – blieb der Atlantik in meinem Forster-Kosmos lange unterbelichtet, eine Art notwendiger Zwischenstation auf der Reise zu großen Entdeckungen und aufregenden Erkundungen. Der Südsee-Mythos verfehlte offenbar seine Wirkung auch bei mir nicht. Erst nach und nach wurde mir klar, wie wichtig Forsters atlantische Reise-Etappen waren – das englische Plymouth, Madeira, die Kapverdischen Inseln oder Kapstadt. Seine ersten Ankünfte und Abschiede auf der zweiten Cook'schen Weltumseglung, seine ersten Eindrücke und Erfahrungen, das Vertrautwerden mit dem Meer, seinem Schiff und den Männern an Bord. Zwischen England und dem Kap der Guten Hoffnung probierte er vieles zum ersten Mal aus, was im Lauf der Reise Routine wurde: das Sammeln von Pflanzen und Tieren, das Zeichnen der Natur, wissenschaftliche Beobachtungen und Beschreibungen, nicht zuletzt die ersten Begegnungen mit fremden Kulturen. Viele Zeugnisse dieses Anfangs sind Fragment oder Skizze geblieben, wie sein persönliches Bordjournal oder seine ersten Vogelzeichnungen. Georg Forster übte sich ein, trainierte, der 17-Jährige machte sich auch auf die Reise, erwachsen zu werden. Alles war noch im Werden – und begann mit dem Setzen der Segel im englischen Plymouth.

Die Gelegenheit, Forsters Aufbruchsort genauer kennenzulernen, ergab sich im August 2010, als ich die Hafenstadt im Südwesten Englands für ein Drehbuch über Forsters Vorstoß in die Südsee genauer unter die Lupe nehmen konnte.[30] Endlich konnte ich den alten Hafen mit eigenen Augen sehen, der den Briten über Jahrhunderte als Dreh- und Angelpunkt ihrer expandierenden Seefahrt gedient hatte. Johann Reinhold und Georg Forster waren hier im Juli 1772 mit der Kutsche aus London eingetroffen, mussten aber tagelang auf ihr Schiff warten, das auf dem Wege nach Plymouth durch ungünstige Winde aufgehalten wurde.[31] Sie nutzten die freien Tage, um sich die berühmten Zinnbergwerke in Cornwall anzusehen. Und ärgerten sich insgeheim über Lord Sandwich, der des Wartens auf die *Resolution* bald müde wurde und Plymouth wieder verließ.[32] Die beiden Deutschen hatten darauf gehofft, dass der mächtige Mann ihnen ein bisschen mehr Platz an Bord verschaffen würde. Doch daraus wurde nichts.[33]

Auch ich war von London angereist, genauer vom Flughafen Heathrow. Nach vier Stunden auf den relativ staufreien *Motorways* M4 und

M5 war ich in *Britains Ocean City* eingetroffen, wie ein Schild am Ortseingang verkündete. Die Landschaft war auf den 200 Meilen westwärts deutlich hügeliger geworden. Je näher ich Plymouth kam, desto weiter zogen sich die Hänge in den blauen Himmel. Nur das für Kontinentaleuropäer fast künstlich wirkende üppige Grün war auf der ganzen Fahrt gleich geblieben.

Ich hatte mich für die Mittagsstunde mit dem Marineexperten des hiesigen *City Museums* verabredet, um den Umständen des Aufbruchs zu Cooks zweiter Reise nachzugehen. Doch bis zu unserem Treffen am alten Hafenbecken von *Sutton Harbour* hatte ich noch ein wenig Zeit. Und so durchstöberte ich die alten Gassen ringsum auf der Suche nach Häusern, die auch zu Cooks Zeiten schon hier gestanden haben konnten. Eine kurze Reihe drei- und vierstöckiger Speichergebäude direkt am Wasser fiel mir auf, weil sie durch das Schwarz ihrer Steine herausstachen. Ihre übergroßen Fenster ließen vermuten, dass sie erst in jüngster Zeit in Restaurants und kleine Boutique-Hotels verwandelt worden waren. Auf der anderen Seite des Hafenbeckens machte das Gasthaus zu den drei Kronen – *The Three Crowns* – einen besonders ehrwürdigen Eindruck. Tatsächlich führte es seinen Namen nachweislich seit 1755, wie auf einer kleinen Tafel an der Fassade zu lesen war. Hier könnte Lord Sandwich mit Vater und Sohn Forster logiert und gespeist haben. Vermutlich aber kein *Sandwich*, das nach dem Lord benannt worden war, weil er – es gibt zwei Versionen der Geschichte – entweder so spielbesessen oder aber derart arbeitswütig war, dass er sich regelmäßig Rindfleisch zwischen zwei Toastscheiben an den Spiel- beziehungsweise Arbeitstisch bringen ließ, um nicht unterbrechen zu müssen.

Vom Gesamteindruck her wirkte der historische Stadtkern seltsam uneinheitlich. An der Uferpromenade *Barbican* drängten sich auffallend viele neuere Häuser zwischen die alten Gemäuer. »Das haben wir euch Deutschen zu verdanken«, beantwortete Tom meine entsprechende Frage, nachdem der Museumsmann mich mit einem kurzen Handschlag begrüßt hatte. »Die Luftwaffe hat im Zweiten Weltkrieg halb Plymouth zerstört.« Ich schaute mich ein wenig um – beschämt? Jedenfalls entließ Tom mich mit einem versöhnlichen Schulterklopfen gleich wieder aus der Kriegsschuld meiner Ahnen. Und erklärte mir dann, dass er nur der Ersatzmann des Marineexperten seines Museums sei. Den Grund für den Tausch – und da gäbe es durchaus einen wichtigen – würde ich spätestens am Leuchtturm begreifen, fügte er ein wenig ominös hinzu. Ich war gespannt.

Inzwischen führte mich Tom, der um die 35 Jahre alt sein mochte, am Hafenbecken entlang Richtung Südwesten. Die *Mayflower Steps* wollte ich doch sehen? Wollte ich? Mit Captain Cook und Georg Forster hatte das eigentlich nichts zu tun, sondern mit den legendären Pilgervätern der *Mayflower*, die 1620 von Plymouth aus nach Amerika aufgebrochen waren. Doch das Angebot abzulehnen hätte im höflichen England sicherlich als rüde Geste gegolten. Also folgte ich Tom zu einer Treppe, die von einem Sandsteinbogen überdacht und mit einer britischen und einer US-Flagge dekoriert war. Die tatsächlichen *Mayflower*-Stufen, flüsterte mir Tom heimlichtuerisch zu, hätten sich allerdings zehn Meter weiter rechts, also unter der heutigen Taverne *The Admiral MacBride* befunden. Das Hafenbecken hätte sich über die Jahrhunderte etwas verschoben. Während Tom die Sache eingehender erklärte, fiel mein Blick auf eine Bronzeplakette an der Seitenmauer der *Mayflower-Steps:*

Vom Hafen in Plymouth aus, hieß es da, sei im Mai 1839 mit der *Tory* ein erstes Pionierschiff zur Kolonialisierung *Neuseelands* aufgebrochen. Oder zur Kolonisierung *Neuseelands*? Das englische *colonisation* kennt den im Deutschen so wichtigen Unterschied zwischen Kolonisierung (im Sinne von Besiedlung) und Kolonialisierung (im Sinne von »weißer« Machtübernahme) nicht. Während Tom mir auf den *Mayflower steps* einen Moment der Andacht gönnte, ging mir durch den Kopf, dass Georg Forster ein gutes Gespür dafür gehabt hatte, was auf *Neuseeland* zukam. Oder hatte er die Briten an Bord der *Resolution* schon davon reden hören, dass die Doppelinsel ihnen klimatisch passabel und groß genug für eine europäische Inbesitznahme erschien? Jedenfalls gab er seiner Schrift *James Cook, der Entdecker* wohl nicht zufällig einen Passus mit, der die Vision einer friedlichen Besiedlung beschwor, in der die Europäer die neuseeländischen Ureinwohner als ihre Brüder respektieren sollten.[34] Plymouth, dachte ich, stand insofern für zwei Seiten einer Medaille: für den Aufbruch von Männern wie Cook und Forster zur Vermessung und Erkundung der Welt – und den Beginn der Kolonialisierung des Pazifik nicht nur durch die Briten.

Ob wir auch Englands erstem Weltreisenden unsere Aufwartung

machen wollten, riss mich Tom schließlich wieder aus meinen Gedanken. Das Denkmal läge praktisch auf unserem Weg zum Leuchtturm. Ein kleiner Umweg über den weiten englischen Rasen von *The Hoe*, dem Stadtpark von Plymouth, war es dann aber doch. Wie auf einer Sahnetorte thronte da ein stattlicher Herr mit Lockenschopf und Krausebart, Globus, Zirkel und Degen: Sir Francis Drake, der Freibeuter und Admiral Elizabeths I. Im Jahre 1588 rettete er der Queen vor Plymouth den Thron, indem er die weit überlegene spanische Armada fintenreich an einer Invasion Englands hinderte.[35] In Toms Anekdotenkästchen fand sich dazu die Story, nach der Sir Francis, bevor er sich die bedrohliche spanische Kriegsflotte vorknöpfte, auf *Plymouth Hoe* erst einmal sein Ballspiel zu Ende bringen musste. Siegreich, versteht sich.

Ich erzählte Tom im Gegenzug, dass auch James Cook bei seiner zweiten Weltumseglung eine Art Sieg errungen hatte: Anders als sein Vorgänger Drake umrundete Captain Cook die Erde nämlich ostwärts, also von der Tafelbay an der Südspitze Afrikas in Richtung *Neuseeland* und dann weiter Richtung Südamerika, was bis dahin als kaum machbar galt. Ein ungewöhnlicher Kurs, den Cook als Erster meisterte und der immense Folgen hatte: Wer auf dem Pazifik schnell in Richtung Osten um die Welt segeln will, muss in den Breitengraden nah am Südpol navigieren, denn nur dort funktioniert die sogenannte »Westwind-Drift«. Wäre Cook dagegen westwärts gesegelt, hätte er die antarktischen Gewässer nie erreichen können, in denen er nach dem ominösen Südkontinent zu fahnden hatte. Ganz interessant – *quiet interesting* – wiegte Tom den Kopf und gab vor, diesen Zusammenhang so klar noch nicht gesehen zu haben. Womöglich war auch das britische Höflichkeit.

Ansonsten schien Plymouth vor allem Rekorde im Guinnessbuch zu horten: Mit der *Devonport Naval Base* verfügte die Stadt über die größte militärische Marinebasis in Westeuropa, außerdem über das größte Meeresaquarium des Vereinigten Königreiches und – Tom ließ seine Stimme noch etwas bedeutungsvoller klingen – die älteste Ginbrennerei der Welt, überragt von einem hohen Backsteinturm. Seit 1793 belieferte die Brennerei Pubs und Restaurants rund um das Hafenbecken von *Sutton Harbour*, dem Herz des alten Flottenstützpunkts.

Die endlosen Autoschlangen an den Fährterminals verschlucken die Menschen, dachte ich, als ich von *The Hoe* über die lang gezogene

Stadt blickte. Und so war auch das geschäftige Menschengewimmel verschwunden, das hier jahrhundertelang die Piers geprägt hatte.

»Die Ära von Captain Cook ist heute kaum noch zu erahnen«, zuckte Tom fast entschuldigend mit den Schultern, als wir schließlich auf den Leuchtturm zusteuerten, der nach dem Namen seines Konstrukteurs *Smeaton's Tower* genannt wird. »Die Männer der *Resolution* würden vermutlich selbst über den Turm hier staunen«, fuhr er fort, während wir das historische Bauwerk umrundeten, das wie ein rot-weiß gestreifter Socken 22 Meter hoch vor uns aufragte. Ein bisschen irritiert war ich jetzt doch: Warum sollten sich Cooks Männer über den Leuchtturm hier wundern? Die Forsters hatten ihn doch beim Auslaufen von Plymouth gesehen? Es musste *Smeaton's Tower* gewesen sein, denn der war 1759 errichtet worden, 13 Jahre vor dem Aufbruch zur zweiten Cook'schen Weltumseglung. Das jedenfalls besagten meine Recherchen.

»Ja und Nein«, reagierte Tom auf meine Nachfrage und sorgte noch einmal für Stirnrunzeln. Es hätte da eine kleine Verschiebung gegeben. Doch sollten wir erst einmal auf den Turm steigen – er deutete in Richtung der 93 Stufen hinter der weit offen stehenden Eingangstür –, dann könnte er die Sache besser erläutern. Während mir die Kletterei wegen der hohen, schmalen Stufen bald den Atem nahm, klärte Tom mich jetzt darüber auf, warum er für seinen Kollegen eingesprungen war. Der war nämlich korpulent – und nur ein halbwegs schlanker Mensch hatte in *Smeaton's Tower* eine Chance, bis zur Laterne hochzusteigen. Um von den unteren Depoträumen über die Küchenetage und den darüberliegenden Schlafraum bis zur Spitze zu kommen, musste man sich in jedem Stockwerk auf einer Holzleiter durch ein kleines rundes Loch zwängen. Tom schien in dieser Disziplin recht geübt und legte ein erstaunliches Tempo vor. Doch auf der windumtosten Aussichtsplattform des Turms fiel dann auch ihm das Luftholen schwer.

Ja, der Leuchtturm sei 1759 errichtet worden, kämpfte er mit lauter Stimme und nachdrücklichem Kopfnicken gegen den Wind an. Und ja – die Crew der *Resolution* habe den Leuchtturm bei ihrer Abreise gesehen. Doch nicht hier. Nicht hier auf dem *Hoe*, er klopfte mit dem Zeigefinger auf das weiß gestrichene Schutzgeländer, sondern ziemlich weit draußen vor der Küste. Dort – sein rechter Arm schwang in Richtung der stahlblauen See –, 21 Kilometer Richtung Westen, auf der Felsinsel von *Eddystone Reef*, hätte der erste *Smeaton's Tower* gestanden. Doch sein Fundament sei von der See rasch ausgehöhlt worden, sodass man den Einsturz des Turms befürchtet und ihn bald wieder außer Dienst gestellt habe. Die Reste des Fundamentes ragten heute noch aus der See, bei einer Fahrt mit der Fähre könnte man die Ruine noch ausmachen.

Nachdem ich Tom ein wenig enttäuscht wieder ins windstille Innere der Laternenkammer gefolgt war, noch immer erstaunt darüber, wie behände er sich bewegte, wartete eine Überraschung auf mich. Wir befänden uns hier nämlich – Attention! – im Obergeschoss jenes *Smeaton's Tower,* der Cooks Schiffen einst »heimgeleuchtet« hätte. Dieser obere Teil des Turms sei ab 1780 zum Andenken an einen der ersten englischen Leuchttürme aus Stein an Land geholt und – Ziegel für Ziegel – auf dem *Plymouth Hoe* wieder aufgebaut worden.

Georg Forsters letzter Blick auf England am 13. Juli 1772: Smeaton's Tower in Plymouth.

Also war ich doch nicht umsonst auf den Turm geklettert. Im Gegenteil: Hätten wir am Morgen des 13. Juli 1772 aus einem der Butzenfenster geschaut, wären uns wohl zwei Dreimaster aufgefallen, die mit vollen Segeln dabei waren, dicht hintereinander Richtung Süden aus dem *Plymouth Sound* auszulaufen. Womöglich hätte man von hier aus sogar den 17-Jährigen erblicken können, der an der Reling der *Resolution* mit den Tränen kämpfte. »Ich kehrte einen Abschieds-Blick gegen Englands fruchtbare Hügel zurück, und lies dem natürlichen Gefühl der Verbindungen, woran mich diese Aussicht erinnerte, freyen Lauf«, wie Georg Forster es ausdrückte.[36] Er wusste ja nicht, ob er diese Küste je wiedersehen würde, und die Mutter, und seine Geschwister.

Bei Cooks erster Weltreise war mehr als die Hälfte der 94-köpfigen Besatzung an einer Seuche, vermutlich Typhus, gestorben, die man sich auf der Rückfahrt im holländisch-ostindischen *Batavia*, der heutigen Hauptstadt Indonesiens *Jakarta*, eingefangen hatte.[37] Selbst einen Monat nach Verlassen *Javas* quälten sich noch immer viele Männer der *Endeavour* röchelnd in ihren Hängematten. Nach dem Segelmacher Ravenhill starb Jonathan Monkhouse, der Schiffschirurg. Auch die beiden Tahitianer, die so gespannt auf England gewesen waren, *Tupaia* und *Taiato*, wurden von der tödlichen Krankheit hinweggerafft. Schließlich gingen der Finne Herman Spöring – der Botaniker, den Sir Joseph Banks für seine Expedition ausgewählt hatte – und sein talentierter Naturzeichner, der 26-jährige Sydney Parkinson, zugrunde, Georg Forsters Vorgänger an Bord von Captain Cooks Schiff.[38] Erst ein Jahr zuvor – auf den Tag genau: am 13. Juli 1771 – war diese Höllenfahrt zu Ende gegangen.[39] Wie sollte sich Georg Forster da nicht insgeheim fragen, ob er diese Reise überleben würde. Einen Augenblick lang zumindest – »bis endlich die Heiterkeit des schönen Morgens, und die Neuheit unsrer Fahrt, durch die noch glatte See, die Oberhand gewannen und jene trüben Gedanken zerstreuten«, wie er, schon zuversichtlicher, festhielt.[40]

Ich blickte mich noch einmal im historischen Oberstübchen von *Smeaton's Tower* um: Vermutlich war die abgetretene Schiffstreppe, die durch eine kleine Luke hoch zur Laterne führte, ein altes Originalstück. Wohl auch die rotbraunen Sitzbänke und die Wandschränke. Irgendwo musste der Leuchtturmwärter seine Utensilien ja damals verstaut haben.

Diesem Mann, dem Wächter des Lichts, galt beim Abschied von England Georg Forsters letzter Gedanke: Man müsse mit dem einsamen Manne zittern, schrieb er, der »oft drey Monathe lang, von aller Gemeinschaft mit dem festen Lande abgeschnitten«, zubringen müsse. Umso mehr, als sein Leben ständig durch »die schwankende Bewegung des jetzigen Thurms, wenn Wind und Wetter ihn bestürmen«, bedroht war.[41] Es war ein beunruhigendes Bild, das Georg Forster sich da am Anfang seiner langen Reise ausmalte. Womöglich angefacht durch einen Vorfall, der sich tags zuvor auf der Reede vor Plymouth ereignet hatte, wo Cooks Schiff vor Anker gegangen war. Johann Reinhold Forster bemerkte »zufälliger Weise« beim nächtlichen

Spaziergang über das Verdeck, dass das schwer beladene Schiff »auf die Klippen unter der Festung zutriebe«, weil bei heftigem Wind die Kette zwischen der *Resolution* und der Ankerboje gerissen war.[42] Welche Vorahnungen mochten Vater und Sohn angesichts der Tatsache beschlichen haben, dass der wachhabende Lotse dieses gefährliche Abdriften nicht einmal bemerkt hatte, während es dem alten Forster sofort aufgefallen war? Ganz anders beurteilten die Seeleute die Sache, die die Katastrophe in letzter Minute gerade noch abwenden konnten. Sie schlossen aus der kreuzgefährlichen Situation »auf den günstigen Fortgang der ganzen Reise«, wie Georg Forster berichtete.[43]

Als ich mich, ein wenig in Gedanken, schon dem *Exit* von *Smeaton's Tower* zuwenden wollte, bat mich Tom noch um einen kurzen Augenblick Geduld. Das alte Holz knarrte erstaunlich laut, als er eine der Wandschranktüren öffnete, um eine übergroße Kerze herauszunehmen. »Fünf Pfund«, wog er den blassen Wachszylinder anerkennend in seiner Hand, der mich an die Kerze in der katholischen Ostermesse erinnerte. Zwei Dutzend solcher Kerzen hätten zur Zeit Cooks allnächtlich die Laterne erhellt. Unzählige Seemänner – eine Spur Pathos schien sich jetzt in seine Stimme zu mischen – wären an der rauen Küste Devons und Cornwalls dank solcher Leuchtfeuer vor dem Seemannstod gerettet worden. Während wir uns schließlich aufmachten, die Wendeltreppe des Turms wieder hinunterzusteigen, ging mir durch den Kopf, dass sich Georg Forster damals in eine Welt ohne Leuchttürme aufmachen musste.

Den Weg hinaus in den *Plymouth Sound* nach *Eddystone Reef*, so wie Georg Forster ihn 238 Jahre zuvor beim Abschied von England erlebt hatte, mochte Tom dann aber doch nicht mitgehen. Zum Tauchen am frühen Morgen jederzeit, meinte er, das lohne sich: ein Haufen Seegetier da draußen zwischen den Felsen von Eddystone. Aber nur mal eben um den Stumpf des alten Leuchtturms tuckern, da hätte er Besseres zu tun.

Tatsächlich bot der graue Sockel, der nach ungefähr 40 Minuten ruhiger Fahrt übers Meer in Sicht kam, einen traurigen Anblick. Das also war aus Forsters Leuchtturm geworden! Und keine 100 Meter weiter stahl ihm zudem ein moderner Nachfolger die Show, der mit einem Strahlenkranz auftrumpfte, der an die New Yorker Freiheitsstatue erinnerte.

Doch dann war es wie immer, wenn man sich selbst auf den Weg machte: Irgendetwas Lohnendes fand sich. Pete, der Skipper, konnte mit seinem leichten Sportboot, das sonst gern von Sporttauchern gechartert wurde, sehr nah an den ursprünglichen Standort des *Eddystone*-Leuchtturms heranfahren. Aus dieser Perspektive wirkte der stummelige Rest von *Smeatons's Tower* wie ein ehrwürdiger Vulkankegel von immerhin acht Meter Durchmesser, aus dem an einer Seite weiße Flüssigkeit auszuströmen schien, die tatsächlich von den Möwen und anderen Seevögeln im Plymouth Sound stammte, wie Pete mir erzählte. Wirklich überrascht aber wurde ich vom Anblick des meterlangen schwertförmigen Riementangs, der sich zum Teil durch das Wasser schlängelte, sich zum Teil auf den Felsen entlangzuhangeln schien. Als die Sonne für einen Moment durch die Kumuluswolken über der Bucht brach, schillerten die Kelp-Blätter in allen Farben des Regenbogens. Schon für diese Überraschung hatte sich die Fahrt gelohnt.

Georg Forsters Ansicht der Eisberge im Südpolarmeer: Vermutlich zeichnete er sie, um das von ihm entdeckte *Südlicht* festzuhalten, das er in Analogie zu den Polarlichtern des Nordens Aurora australis *taufte*.

Die Natur wahrzunehmen, ihre Schönheit zu empfinden, sich für ihre erstaunlichen Inszenierungen zu begeistern: Vermutlich war es auch diese Fähigkeit, die mich spontan für Georg Forster einnahm, als ich seine *Reise um die Welt* zum ersten Mal zur Hand nahm. Der junge Forster besaß nicht nur eine außerordentliche ästhetische Sensibilität, er vermochte sie auch in eine suggestive Sprache zu übersetzen. Mehr als alles andere, ging es mir auf unserer Rückfahrt über die spiegelglatte Fläche des Plymouth Sound durch den Kopf, bewunderte ich seine Meeresschilderungen. Wohl auch, weil ich heute zwar viel schneller als er um die Welt fliegen und nahezu alle Inseln erreichen konnte, die er vor über 200 Jahren erkundet hatte, doch niemals würde ich mit eigenen Augen all die phantastischen Schauspiele und Dramen auf hoher See erleben können, die er in den drei Jahren an Bord der *Resolution* – auf den von seinem Vater so verfluchten endlosen Cook'schen Fahrten übers Meer – in verblüffender Vielzahl gesehen und beschrieben hatte.

Bei Madeira erschienen im Heckwasser der *Resolution* »eine Menge kleiner Funken, die heller als alles übrige waren« und das Meerwasser leuchtete schließlich des Nachts, als werde es von einer Sonne unter Wasser illuminiert.[44] Südlich von Kapstadt schien »der ganze Ocean in Feuer zu seyn«, verursacht durch riesige Schwärme von Medusenlarven. Ein »bewundrungswürdiger Anblick«, wie Forster schwärmte, zumal das phosphoreszierende Glimmen mit der Bewegung des Wassers auf- und abschwoll wie bei einer Lichtorgel.[45] Auf hoher See, zwischen *Neuseeland* und *Tonga*, zogen in sternenklarer Nacht Medusenschwärme am Schiff vorbei, die so hell funkelten, »dass die See glänzendere Sterne zu enthalten schien als der Himmel«.[46] Und inmitten des Südpolarmeers, bei 58 Grad südlicher Breite, tauchten in den Nächten »lange Säulen eines hellen weißen Lichts« auf, die sich mal bis zum Zenit erhoben, mal »einen Bogen über den gantzen Himmel« schlugen: Georg Forster hatte das Südlicht entdeckt, dass er in Analogie zu den Polarlichtern des Nordens *Aurora australis* taufte.[47] Trotz der bitteren antarktischen Kälte bemerkte der aufmerksame Naturzeichner der Expedition, wie »mahlerisch« die Eisberge ringsum ihres »zertrümmerten Ansehens wegen« wirkten, und beschrieb sie als strahlende Kathedralen, durch deren Fenstergrotten das Sonnenlicht »durch und durch gieng«.[48]

Noch im schlimmsten aller Stürme, dem Captain Cooks Crew auf dessen zweiter Weltreise ausgeliefert war – neun Tage lang in der schäumenden *Cook-Straße* zwischen den beiden Hauptinseln Neuseelands –, registrierte Georg Forster mit unbändigem Staunen den »überaus blendenden Anblick«, den die strahlende Sonne unter einem stahlblauen Himmel in den dicken Dunstfilm aus winzigen Wassertropfen projizierte, der beim Brechen der langen, »entsetzlich hoch steigenden« Wellen entstand.[49]

Noch zwiespältiger dürften seine Gefühle auf der Fahrt zur neuseeländischen *Königin-Charlotten-Bucht* gewesen sein, als bei heftigem Sturm und Regen eine gewaltige Wassersäule von »70 Klaftern« – rund 250 Kubikmetern[50] – als mächtige Spirale aus dem Meer in den Himmel aufstieg und bis auf drei Meilen an das Schiff heranrauschte, während gleichzeitig ein dunkler Zapfen aus dem Himmel hinabzuwachsen schien, als wollten sich beide Dunstwirbel miteinander vereinen.[51]

Die *Resolution* geriet schließlich in den Hagel, »der Wind lief um den ganzen Compaß herum« und sorgte dafür, dass »das Meereswasser durch die Gewalt der wirbelnden Bewegung, in Form einer gewundnen Säule gegen die Wolken empor getrieben wurde«. Als sich die Windhosen schließlich ringsum vervielfachten und diese das Meereswasser wie in gläsernen Röhren nach oben saugten – vor den Augen der Männer an der Reling –, wurden auch »unsre ältesten Seeleute verlegen«, wie Georg Forster festhielt, und man machte sich auf das Schlimmste gefasst. Eine Schiffskanone wurde in letzter Minute einsatzbereit gemacht, um versuchshalber auf das Wasserungetüm feuern zu können, doch dann zerplatzte auch die letzte Wassersäule mit einem stummen Blitz. Sodass der junge Chronist der Reise die »schreckenvolle Majestät«, die überwältigende Kraft der Natur, feiern konnte.

Georg Forster wusste aus seiner Übersetzung der Seeabenteuer des französischen Seefahrers Bougainville genau, worauf er sich eingelassen hatte, als er Mitte Juli 1772 von Plymouth absegelte. Nur war niemand, auch er nicht, auf eine Reiselänge von über drei Jahren gefasst. Das Schwesterschiff etwa, Captain Furneaux' *Adventure*, war innerhalb der üblichen zwei Jahre wieder in heimatlichen Gewässern aufgekreuzt, nachdem es den Kontakt zu Cooks *Resolution* Anfang November 1773 in der *Cook-Straße* endgültig verloren hatte.[52] Als von Captain Cook ein halbes Jahr nach der Rückkehr der *Adventure* immer noch kein Lebenszeichen auftauchte, glaubte man die *Resolution* in London bereits verloren, was ihre Ankunft im Juli 1775 mit einem Streckenrekord von sensationellen 300 000 Kilometern umso mehr zu einem Triumph machte – selbst der König ließ es sich nicht nehmen, persönlich zu gratulieren.[53]

Am Morgen des 29. Juli 1775 sichteten die Männer der *Resolution* den *Lizard*, Englands südlichsten Punkt in Cornwall, und liefen bei bestem Wind auf *Smeaton's Tower* auf den *Eddystone Reefs* zu.[54] Plymouth allerdings sah Georg Forster nie wieder. Vielmehr ging sein Schiff in der Mittagsstunde des 30. Juli 1775 fünfzig Meilen weiter östlich vor Spithead auf Reede, von wo aus Georg und Johann Reinhold Forster gemeinsam mit Captain Cook, dem Maler Hodges und dem Astronomen Wales die Postkutsche nach London nahmen.[55] In letzter Minute sprang noch der Seekadett Richard Gindall auf den Kutschbock. Er hatte drei Jahre zuvor eine Stunde vor der Abreise der *Resolution* geheiratet, die Ehe indes nie vollzogen, sodass man ihm nun eine rasche Heimkehr zubilligte.[56]

Als Pete unser Boot auf der Rücktour von den *Eddystone Rocks* in den Hafen von Plymouth steuerte, konnte ich mir den einstigen Ankerplatz so ungefähr vorstellen. Da die *Resolution* nach dem Zerreißen der Ankerkette den Felsen der Zitadelle von Plymouth gefährlich nah gekommen war, musste sie ein Stück vor der Festung geankert haben, also östlich vom Kreidefelsen des *Plymouth Hoe* mit dem versetzten *Smeaton's Tower* obenauf, der jetzt rosa in der Abendsonne erstrahlte. Die *Resolution* hatte 1772 vermutlich da gelegen, wo sich heute das Terminal für die Stadtfähre befand. Auch Pete, der mit der *Venture* seit 15 Jahren in den Hafen von Plymouth ein- und ausfuhr, hielt den Ankerplatz an der Fähre für die wahrscheinlichste Variante. Zumal 200 Jahre nach Cook auch die *Endeavour Replica* dort vor Anker gegangen war – der exakte Nachbau eines »Whitby Cats«, jenes Schiffstyps, mit dem der britische Seefahrer dreimal um die Welt gesegelt war.

Im Sommer 1998 hatte die historische Rekonstruktion von Cooks Schiff viel Aufsehen erregt, wie sich Pete erinnerte, zumal das australische Schiff in Plymouth von genau dem Punkt ablegen sollte, von dem auch Captain Cook zwei Jahrhunderte zuvor losgesegelt war. Er hätte damals große Lust gehabt, selbst mit der *Endeavour Replica* auf Weltreise zu gehen, erzählte mir Pete, doch sei er zu diesem Zeitpunkt noch ein

Die Endeavour *Replica im Hafen von Sydney: Mit dem Schiffstyp des* Whitby Cat, *ursprünglich ein Kohletransporter, startete Captain Cook zu drei Weltumseglungen.*

Greenhorn im Charterbusiness gewesen und hätte erst einmal seine Kredite zurückzahlen müssen. Umso größer war sein Erstaunen darüber, dass ausgerechnet ich, eine »Landratte« aus Berlin, tatsächlich ein Stück mit der *Endeavour Replica* mitgesegelt war.[57]

Es schlief sich nicht sonderlich gut in meiner Hängematte Nummer 9, die zwischen zwei Dutzend anderer, ebenfalls nummerierter *Hammocks* fischgrätenartig über den Esstischen aufgespannt werden musste und gerade mal zwei Handbreit Luftraum nach oben ließ. Das Ganze in einem Massenquartier unter Deck. Immerhin glich so eine Hängematte den stärksten Wellengang aus – weshalb sie der Standard für Mannschaftsunterkünfte auf allen Schiffen der britischen Marine zu Zeiten Captain Cooks war und im Todesfall an Bord auch dem letzten Weg zur Seebestattung diente.

Der von James Cook favorisierte Schiffstyp für seine drei Südsee-Reisen war indes sehr speziell: ein Kohletransporter, wie er ihn in seinen Lehrjahren zwischen 1747 und 1755 in Whitby kennengelernt hatte: der unermüdliche Lastenträger unter den Seglern, den man für Jahre mit Proviant ausstatten konnte und dem die Korallenriffe der Südsee dennoch wenig anhaben konnten, weil das Schiff keinen Kiel und wenig Tiefgang besaß.[58] Insofern glich die *Endeavour Replica* Forsters *Resolution* wie ein Ei dem anderen.

Für mich war es die einmalige Chance, einen lebendigeren Eindruck davon zu bekommen, wie sich der Alltag an Bord von Cooks Schiff für Georg Forster tatsächlich angefühlt haben musste. Seitdem ich in *Cook's Log*, dem vierteljährlich erscheinenden Informationsblättchen der *Captain Cook Society*, gelesen hatte, dass ein Nachbau von Cooks Schiff den Weltreisen des britischen Entdeckers nachsegelte, hatte ich von dieser Fahrt geträumt. Um anzuheuern, musste man nur warten, bis das Schiff nach Europa kam. Doch leider kam häufiger etwas dazwischen – Hollywood zum Beispiel. Für die Dreharbeiten von *Master und Commander* mit Russell Crowe in der Hauptrolle gab die *Endeavour Replica* eine ideale Kulisse ab. Nach diesen Dreharbeiten waren die verfügbaren Plätze an Bord noch knapper geworden. Doch im März 2004 war es tatsächlich so weit: Die *Endeavour Replica* machte in der nordspanischen Hafenstadt Vigo halt, und ich durfte mit an Bord gehen.

Es war schon Nacht geworden, als ich mit einer Maschine der *Iberia* in Vigo eintraf, doch ich machte mich trotz der Dunkelheit noch zum Hafen auf, um das Schiff zu sehen. Und plötzlich lag es dann im gelblichen Licht einer Uferlaterne vor mir am Kai: ein seltsam rundlicher Körper aus braunem warmen Holz, ein strenger Kontrast zu den schnittigen Jachten der spanischen Küstenwache dahinter. So also sah es aus: das Schiff, mit dem Georg Forster um die Welt gereist war. Die beiden hoch aufragenden Masten mit den gerafften Segeln im Vollmond, gedämpftes Licht, das durch die Heckreihe der vier Bogenfenster der *Großen Kajüte* drang und sich im Wasser spiegelte. Ein fast kitschiger erster Eindruck.

Eigentlich hätte man sich Jahre vorher für die Reise auf dem nachgebauten Schiff anmelden müssen, denn die *Replica* fuhr zwar eine Reihe von Cooks historischen Routen nach, lag aber zumeist als Museumsschiff im Hafen von Sydney. Zum Glück machte man für einen Fernsehmann eine Ausnahme und so fand sich kurzfristig noch ein Plätzchen an Bord – nachdem ich versprochen hatte, Tag und Nacht zu filmen.

Georg Forster hat eine Beschreibung der Stube gegeben, die der 17-Jährige in der Nachbarschaft zur Kabine seines damals 42-jährigen Vaters bezogen hatte. Danach handelte es sich um »einen Würfel von sechs Fuß«, wo ein Bett, ein Kasten und ein Schreibtisch gerade noch Platz für einen Feldstuhl übrig ließen.[59] Dass die *Experimental Gentlemen*, wie die britischen Seeleute Johann Reinhold und Georg Forster zunächst respektvoll, später eher spöttisch nannten, in winzigen Verschlägen kampieren mussten und in dieser Enge auch Kisten und Kästen, Messinstrumente und Malutensilien, Pflanzenpressen und Bücher unterzubringen hatten, machte die Sache nicht besser. Von Kühen und Ziegen in der Nachbarschaft zu schweigen, die nur durch eine dünne Bretterwand von den Forschern getrennt untergebracht waren und deren Urin die Kabinen der Forsters beim Rollen des Schiffes regelmäßig überflutete.[60]

Auf meiner Suche nach zwei kleinen Kabinen im Vordeck, wie sie Georg Forster und sein Vater bewohnt hatten, wurde ich auf der *Endeavour Replica* allerdings nicht fündig, trotz eifrigen Herumstöberns. So exakt war die historische Rekonstruktion von Cooks Schiff denn doch nicht – und natürlich war das Schiffsinterieur während großer Reisen immer wieder umgebaut worden. Eine historische Schiffsrekonstruktion orientiert sich insofern immer nur an einem ganz bestimmten, eng umrissenen Zeitpunkt in der zumeist langen Geschichte eines Seefahrzeugs.

Einen Hinweis darauf, wie die Forsters an Bord gehaust hatten, gab am ehesten die auf der *Replica* nachgebaute Gelehrtenkammer von Sir Joseph Banks. Dem Vorgänger von Johann Reinhold Forster im Amt des leitenden Naturgelehrten hatte der Kapitän allerdings mehr Nähe eingeräumt als den Forsters. Banks kleines Refugium schloss unmittelbar an Cooks Wohn- und Schlafraum an, zudem durfte er seinen kleinen Schreibtisch zwischen Ofennische und Kammertür der *Großen Kajüte* aufstellen. Insofern war Banks' Unterbringung – quasi als Zimmergenosse Captain Cooks – weit komfortabler als die der Forsters. Doch selbst die Kammer Sir Joseph Banks', der dem höchsten englischen Adel entstammte und mit der *Royal Society* jahrzehntelang den angesehensten Zirkel britischer Gelehrsamkeit leitete, war so puppenhaft zugeschnitten, dass man unwillkürlich an die Kapsel der Astronauten der Apollo denken musste. Drei Jahre in dieser

Enge konnte man sich nur schwer vorstellen. Diesem Eingepferchtsein konnte man wohl nur durch Landgänge zu entkommen suchen, doch war der britische Weltvermesser ja fast immer in den Weiten des Pazifischen Ozeans unterwegs. Der heute gern gewählte Vergleich mit dem *Raumschiff Enterprise* – die Parallelen zwischen den großen Fahrten von Captain Cook und Captain Kirk – mochte ganz stimmig sein, was den Aufbruch in neue Welten und zu unbekannten Zivilisationen anging. Er hinkte aber insofern, als es auf dem Schiff der Briten des 18. Jahrhunderts so unendlich beengter und bedrückender zuging.

Bei meinen Überlegungen, mich irgendwie auf die *Endeavour Replica* zu beamen, hatte ich mir im Internet auch die Bewerbungsbogen angesehen, die man für eine Atlantik-Überquerung oder einen Pazifik-Turn ausfüllen musste: all die Fragen, die Crew-Mitglieder auf Zeit, also für drei Monate oder ein halbes Jahr, beantworten mussten. In Sachen Segelerfahrung auf hoher See hätte ich in jedem Fall passen müssen. Ich nannte ein kleines Boot in Berlin-Köpenick mein Eigen und hatte dafür den Bootsführerschein Binnen gemacht. Aber Hochsee-Kenntnisse? Ich war auch nicht sicher, ob ich fünfzig Meter in voller Kleidung schwimmen konnte. Vermutlich ja – aber bei starkem Wellengang? Traute ich mir das Klettern in den Rahen zu? Tatsächlich stieg ich auf der *Replica* mehrfach die »Strickleiter« bis zur Gefechtsmars hoch. Und einmal auch auf den höchsten der drei Masten, der immerhin 39 Meter in die Höhe ragt. Dort schaukelte ich mich auf den *Fußpferden* ganz gut ein, auf einer Art Drahtseil stehend, den Oberkörper auf die Rahe gestützt, den Anblick von sechs Hintern vor mir, die sich seiltänzelnd vor dem Fockmast auf und ab bewegten. Natürlich hatte ich dank Sicherheitsleine und -geschirr, die auf der *Endeavour Replica* vor jedem Aufentern angelegt werden mussten, eine »Lebensversicherung«, die Cooks Leute nie gekannt hatten. Auch der Hinweis unseres Captains, man möge immer auf der Luv-Seite in die Wanten klettern, damit man im Notfall aufs Deck und nicht ins Wasser stürze, hatte ich mir gemerkt. Richtig nützlich machen konnte ich mich aber nicht. Die Knoten, deren Verfertigung ich mir gerade mühsam in der Knotenlehre angeeignet hatte, wollten nicht so recht sitzen und ich brauchte viel zu viel Unterstützung. Bis mir aufging, dass auch Georg Forster nicht in den Wanten herumgeklettert war oder das Deck geschrubbt hatte, sondern eher mit dem Skizzenblock an der Reling gestanden oder im Kartenraum gezeichnet hatte. Seine Aufgabe war es, Dinge für die Nachwelt festzuhalten. Insofern war ich mit meiner Kamera auf Forsters Fährte gar nicht so verkehrt, selbst wenn ich kaum seemännische Aufgaben übernehmen konnte und das Magnetaufzeichnungsband in meiner Kamera niemals so lange halten würde wie die Zeichnungen Georg Forsters, die nach fast 250 Jahren immer noch frisch aussehen.

Was mich auf der *Endeavour Replica* verblüffte, war der hohe Frauenanteil an der Besatzung. Fast ein Drittel der »Matrosen« war weiblich. 200 Jahre zuvor wäre vermutlich keiner von Cooks Leuten je mit der *Replica* gefahren, hieß es doch unter den abergläubischen Seeleuten, Frauen stürzten noch jedes Schiff in den Abgrund. So blieben die Männer unter sich, als Matrosen, Seekadetten, Offiziere und gelehrte Gentlemen säuberlich in Schiffsklassen getrennt. Während letztere das Privileg genossen, exklusiv das komfortablere Achterdeck mit der *Großen Kajüte* zu beanspruchen – hier hielten sich denn auch die beiden Forsters auf –, sorgte das Quartier der bewaffneten Seekadetten unter Deck für einen Puffer zwischen der höchsten und der niedrigsten Klasse an Bord, der zur Not auch militärisch verteidigt werden konnte. Insofern lieferten die Schiffe der *Royal Navy* ein Spiegelbild der gesellschaftlichen Verhältnisse des ausgehenden 18. Jahrhunderts. So wie die *Endeavour Replica* sich durch seine weiblichen Besatzungsmitglieder trotz Holzes, Teers und Leinen als Schiff des 21. Jahrhunderts definierte: Wenn sich »alle Mann« an Deck in einer Reihe zur »Polonaise« formierten, um die Segel einzuholen, war es meistens die etwa 30-jährige Carolyn aus Newcastle, die sich der Spitze des Taus bemächtigte und den Takt für das »Hol-weg« vorgab, dem die Gruppe hinter ihr bereitwillig folgte, bis das Segel sich schubweise bewegte. Auch beim Kommando »Two-six heave!« am Gangspill, einem rotierenden Zylinder zum Hieven der Ankerkette, stemmte sich Carolyn nicht weniger kraftvoll gegen das Gewicht des tonnenschweren Ankers, als die Männer im Kreisel vor und hinter ihr. Während ich mir zwischen den brusthohen Speichen bald vorkam wie ein blinder Esel an einem orientalischen Schöpfrad.

Alexandra aus Melbourne, die ihre blonde Mähne mithilfe einer eng anliegenden Mütze unter Kontrolle bringen musste, damit ihr die Haare nicht während des Herumkletterns in den Wanten die Sicht nahmen, war die ungeschlagene Rekordhalterin im Aufentern. Trotz ihrer zierlichen Hände schaffte sie es beim Einholen der Segel – einer viel kraftraubenderen Prozedur als das Segelsetzen –, die hin und her schlackernde Leinwand nicht nur zu packen, sondern auch mit beiden Händen zu halten, bis sie zur Rah hochgezogen und festgemacht werden konnte. Die alte Mär vom »schwachen Geschlecht« löste sich hoch über dem Schiff bei einer frischen Brise Seewind auf. Als ich Alex auf die erstaunliche Kraft in ihren kleinen Händen ansprach, zeigte sie mir ihr Übungsgerät: einen Quetschring aus rotem Gummi, mit dem sie seit Jahren mehrmals täglich ihre Handmuskeln trainierte. Und Judith, eine drahtige, schon ergraute Bibliothekarin aus dem neuseeländischen Dunedin, bediente zwar weibliche Klischees – sie nähte, flickte und besserte aus –, verwandelte sich in der Freiwache aber in das gewiefteste Pokerface an Bord. Zum Glück durfte man auf der *Replica* nicht um Geld spielen.

Judith war es denn auch, die mir das Innenleben von Cooks Schiff näherbrachte. »Clog oder Holland-Holzschuh war der Spitzname für den Schiffstyp der Collier, wegen der bauchigen Form«, erzählte sie mir, während wir eine Leiter, den sogenannten Niedergang, ins Schiffsinnere hinunterstiegen. Zunächst konnte man im Halbdunkel erkennen, dass da allerhand von der Decke baumelte: Tische für bis zu 30 Mann zum Beispiel, die an Seilen hingen, um das Rollen des Schiffs auszugleichen. Auf den Tischen Krüge, darunter Bänke und an der Seite ein Ofen. Und in diesem Wirrwarr von Leinen wurden die schon erwähnten Hängematten gespannt, sobald sich eine Wache aufs Ohr legen wollte.

Der Rest des Schiffs war ein gigantisches Warenlager voller Kisten und Fässer. Einige waren geöffnet, sodass Sauerkraut, Pökelfleisch und Erbsen sichtbar wurden. »Alles Nachbildungen aus Kunststoff – aber täuschend echt gemacht«, versicherte mir Judith. »Was damals unter Deck für ein Gestank geherrscht haben muss, können wir uns nicht annähernd vorstellen. Muss die Hölle gewesen sein.« Zumal Captain Cook immer auch lebende Rinder, Schweine und Schafe, Gänse, Hühner und Enten laden ließ und in Madeira, auf den Kapverden oder Kapstadt zusätzlich Ochsen, Ziegen und Perlhühner orderte und unter Deck verstaute.

Als die *Resolution* 1772 in Plymouth auslief, war sie reichlich beladen: 60 000 Stück Zwieback, fast 20 000 Stück gepökeltes Rind- und Schweinefleisch, 5000 gallertartige Brühwürfel, 300 Gallonen Hafermehl, 2000 Pfund Zucker und 60 Fässer Sauerkraut. Auch Alkoholisches wurde im Schiffsinneren verstaut. Darunter 19 Tonnen Bier, an die 3000 Liter Wein und 31 Fässer Maische-Konzentrat zum Bierbrauen. Die Maischefässer gerieten allerdings in der Hitze der Südsee in Gärung und explodierten mit lautem Knall.

Krachende Explosionsgeräusche waren indes auch der *Endeavour Replica* nicht fremd – allerdings in Form dumpf blaffender Schüsse aus der Bordkanone. Auf das Kommando »Feuer am Zündloch!« senkte Alexandra, die Frau an der Kanone, eine fauchende Lötlampe auf die kleine Pfanne mit Schwarzpulver herab, und dann rumste es nach einer Sekunde gewaltig. Nur wurde auf der *Replica* nicht scharf geschossen, vielmehr spuckte das Kanonenrohr einen Ball aus zerknülltem Zeitungspapier aus. Doch wie zu Zeiten Cooks sorgte der Schuss für eine ordentliche Rauchwolke. Falls die *Replica* also in einem fremden Hafen vor Anker ging, ließ man sich ein »Antreten zum Salut« nicht nehmen, schon um Besucher anzulocken.

Solche Ehrenböller ließ auch Captain Cook auf seinen Weltreisen gern abfeuern, um die Insulaner zu beeindrucken. Häufiger aber noch wurde scharf geschossen, mal eine Breitseite an den Strand, mal eine Kugel auf die Spitze einer Insel, um die Kräfteverhältnisse zwischen Ankömmlingen und Einheimischen zweifelsfrei klarzumachen. Die *Resolution* war dafür mit 16 Bordkanonen ausgerüstet und Georg Forster erwähnt in seinem Reisebericht mehr als einmal, dass die berstenden Einschläge ihre Wirkung nicht verfehlten.

Irgendwann hatte Chris Blake, der Kapitän der *Replica* – Captain Cooks Amtsnachfolger also –, ein bisschen mehr Zeit für mich. Zu Beginn unserer Fahrt musste er sich vor allem um die neuen »Rekruten« an Bord kümmern, die in Schnellkursen das Handwerk eines Matrosen des 18. Jahrhunderts erlernen mussten. »Wer die Knoten nicht ordentlich hinkriegt, macht dafür ein Dutzend halber Schläge, die tun's auch«, machte er denjenigen Mut, die wie ich mit den Tampen nicht zurechtkamen. Und erzählte nebenbei aus der Zeit, als ein Schiff wie das unsere noch ohne Wasserklosetts auskommen musste: »Toiletten gab es zu Cooks Zeiten natürlich nicht, man ließ Flüssiges da raus, wo man gerade stand. Und platsch, einen Eimer Meerwasser übers Deck, das war's. Für größere Geschäfte setzte man sich auf einen Donnerbalken, der vorn über den Bugspriet ragte, und dankte Newton für das Gesetz des freien Falls.« Allerdings ging das nicht immer gut. Auf der *Resolution* verlor Captain Cook schon zu Beginn der Reise einen Zimmermann, weil der bei hohem Wellengang vom Bugspriet abgestürzt und ins tosende Meer gefallen war. »Hie und da zeigte sich in den Augen der Empfindsamen eine verstohlne Trähne«, berichtet Georg Forster über das Echo dieses tragischen Ereignisses an Bord in seiner *Reise um die Welt*.[61] Doch war dies einer von nur vier Todesfällen insgesamt in den drei Reisejahren – sodass Cook nach seiner zweiten Weltumseglung in England geradezu als Schutzengel seiner Crew gefeiert wurde.[62] Auch wegen der Umsicht, mit der er Krankheiten vorzubeugen suchte.

»Es ward bey uns nicht nur scharf darauf gesehen, dass die Matrosen sich selbst, ihre Kleider, Hemden u. s. w. rein hielten, sondern auch die Küchengeräthe wurden fleißig untersucht, damit von der Nachläßigkeit der Köche nichts zu befürchten wäre. Ihre Betten mußten bey trocknem Wetter des Tages aufs Verdeck gebracht werden. Am wichtigsten aber war das Räuchern mit einer Mischung von Schießpulver und Eßig, oder auch Wasser, und die fast wöchentlichen Feuer, die im Schlafraum des Volks, in den Cajütten der Officiere, und selbst im untersten Raum, wohin die Pumpen reichen, angezündet wurden. Ungesunde, faule Ausdünstungen und Feuchtigkeiten wurden auf diese Art zertheilt und unschädlich gemacht, und die Luft durchaus gereinigt«, hielt Georg Forster dem Commander in seiner Reisechronik zugute.[63]

Doch wer wie der Zimmermann Henry Smock – dessen Tod wohl aus Pietät offiziell als Arbeitsunfall verzeichnet wurde – einmal über Bord gegangen war, konnte infolge der Behäbigkeit des umgebauten Kohletransporters in der Regel nicht mehr gerettet werden. Davon abgesehen, dass die meisten Seeleute der britischen Marine auch nicht schwimmen konnten.

Mir persönlich gab Chris Blake auf unserem Rundgang über die *Endeavour Replica* vor allem einen guten Rat in Sachen Seekrankheit: »Wenn du erste Anzeichen spürst, hol dir einen roten Plastikeimer von Judith. Dann schön draußen bleiben und bloß nicht unter Deck gehen! Und nie vergessen: Immer schön zur Leeseite kotzen, sonst hast du dein Lunchpaket gleich wieder im Gesicht!« Sein kleiner Nachsatz, länger als drei Tage habe er noch keinen kotzen sehen, sollte vermutlich der Beruhigung dienen, konnte aber auch das Gegenteil bewirken. Georg Forster war zum Glück »8 Tage krank und dann nicht wieder«, wie er dem deutschen Kaiser auf dessen Nachfragen sagte.[64]

Eine gewisse Ehrfurcht strahlte Chris Blake dann aber doch aus, als er sich in der historischen Uniform des Commanders an den riesigen Kartentisch in Cooks *Großer Kajüte* setzte. Der mit grünem Filz bezogene Tisch nahm immerhin die Hälfte des einzigen großen Raums der *Endeavour Replica* ein. »Hier haben die Offiziere getafelt. Und übrigens auch reichlich Rum genossen, zu besonderen Anlässen sogar die doppelte Ration«, erzählte mir Chris. Es gibt die Theorie, dass die frühen Entdeckungsreisen eine solche physische und psychische Schinderei waren, dass man sie nur im Zustand durchgängiger Trunkenheit aushalten konnte, somit also die halbe Welt im Suff entdeckt und kartografiert worden sei. »Halte ich für kaum übertrieben«, meint Chris Blake. »Die Tischgesellschaft in der Kajüte bindet man auf ihren Stühlen fest an den Tisch«, überlieferte Georg Forster zum Thema Tischsitten auf See. Dies aber nicht wegen des Alkoholkonsums, sondern um bei bewegter See das Hin- und Herrutschen zu verhindern.[65]

Trotz vielerlei Maßnahmen, die Captain Cook im Kampf gegen Skorbut und andere Krankheiten auf seinen Schiffen anordnete – trotz der Mitnahme von vitaminhaltigen Nahrungsmitteln oder der Verarbeitung von »Grünzeug« in der Küche, sobald man irgendwo Land erreichte –, am Ende litten dennoch fast alle Seeleute unter den Folgen des Scharbocks, da menschliche Zellen das lebensnotwendige Vitamin C höchstens zwei Monate lang speichern können. Und so kam es nicht nur zu Zahnausfall, Müdigkeit und allgemeiner Leistungsschwäche, sondern auch zu Blutungen im Mund und aus der Nase sowie dem berüchtigten Blutschwall aus der Lunge. Im schlimmsten Fall sogar zum Aufbrechen alter Knochenbrüche und Wunden. Die gefeierte Einführung des »deutschen« Sauerkrauts durch Captain Cook, das auf den Schiffen der *Royal Navy* fast 200 Jahre lang als Allheilmittel gegen Skorbut galt, erwies sich – wie Wissenschaftler inzwischen nachgewiesen haben – als wirkungslos oder bestenfalls als Placebo-Mittel. Selbst der junge Georg Forster litt auf der dreijährigen Weltreise immer wieder unter den Folgen des Vitaminmangels und protokollierte »böses Zahnfleisch, schweres Othemhohlen, blaue Flecke, Ausschlag, Lähmung der

Glieder, und grüne fettichte Filamente im Urin«.[66] Symptome, die für höllische Schmerzen gesorgt haben müssen.

»Die Männer an Bord haben viel gebetet. Was sonst hätten sie damals tun können?«, erzählte mir Chris Blake, während er die ausgebreitete *Neuseeland*-Karte vor sich auf Cooks nachgebautem Kartentisch geraderückte. Ordnung musste sein, wir befanden uns schließlich in der Befehlszentrale für die größten Forschungsexpeditionen des 18. Jahrhunderts. Hier trafen seemännisches Können und naturwissenschaftliche Kompetenz zusammen, wurden frisch entdeckte Küsten in Karten eingetragen und mithilfe wissenschaftlicher Instrumente – Präzisionsuhr, Sextant und Kompass – auf ein Netz von Längen- und Breitengraden fixiert, sodass sie jederzeit wieder auffindbar waren. Zwei Drittel des riesigen Pazifischen Ozeans waren noch unbekannt, als Cook im Jahre 1768 zu seiner ersten Weltumseglung aufbrach, ein gutes Jahrzehnt später, nach Cooks dritter Reise, gab es kaum noch weiße Flecken auf dem Globus.

Am Kartentisch plante der Kapitän mit den Schiffsoffizieren Routen und Reiseetappen und trug alles Entscheidende in sein Logbuch ein. Hier durfte auch Georg Forster an der Seite des Kartenzeichners seine Naturskizzen fertigen. Er muss oft in diesem hellen, die ganze Breite des Schiffshecks einnehmenden Raum gewesen sein, hat er doch im Laufe der drei Jahre an Bord der *Resolution* über 500 Pflanzen und Tiere gezeichnet – überwiegend neue, bis dahin unbekannte Spezies.

Die *Große Kajüte* war aber auch der Ort dramatischer Auseinandersetzungen. James Cook wollte vor allem schnell weiter, um die Welt zu vermessen. Doch seine Naturforscher verlangten nach dem genauen Gegenteil: Sie brauchten Zeit, um neu entdeckte Küsten und unbekannte Inseln zu erkunden, mussten dafür tiefer eindringen, genauer studieren, was ihnen dort an Menschen, Tieren und Pflanzen begegnete. Ein Konflikt, der durch Cooks extremes Navigieren am Südpol, wo in Eis und Schnee für Menschen- und Naturforscher naturgemäß nicht viel zu holen war, immer wieder auflodert und seinen Höhepunkt in Forsters Duellforderung an Cook in der *Großen Kajüte* fand.

»Hätte man eigentlich als Meuterei bestrafen müssen«, meinte Chris Blake, immerhin selbst Chef eines – wenn auch nachgebauten – Schiffes. »Dann wäre es aus gewesen mit dem alten Forster.«

In den drei Tagen, die ich auf der *Endeavour Replica* mitfahren durfte, stellte sich der stärkste Eindruck ein, als wir die Ría de Vigo, die tiefe Meeresbucht, die sich im Norden Galiciens in die Küste einschneidet, hinter uns ließen und auf die westlich vorgelagerten *Illas Cies* zuhielten, eine Gruppe unbewohnter Inseln, die wie schlangenförmige Bergrücken aus dem Ultramarin des Atlantik aufragen. Lange mussten wir uns auf den Motorantrieb der nachgebauten *Endeavour* verlassen, weil in der Bucht kein Lüftchen wehte. Doch dann, am späten Nachmittag, die Großsegel wurden inzwischen von einem stetigen Wind aus Südwest bestrichen, teilte sich mir in einem Moment der Ruhe das Wechselspiel von Wind und Segeln mit. Jetzt endlich konnte ich spüren, was Segeln auf Captain Cooks Schiff wirklich bedeutete. Chris Blake hatte mir das Steuer anvertraut. Trotz der Verantwortung dafür, das Ruder auf Kurs zu halten, schloss ich nach einer Weile für einen Moment die Augen und lauschte dem Summton nach, der sich wie eine Klangwoge auf dem Schiff ausbreitete. Als Kind hatte ich manchmal am Bienenhaus meines Großvaters Johann gestanden und mich minutenlang nicht wegbewegen können. Als hätte dieses gleichmäßige und doch vielgestaltige Geräusch eine magnetische Kraft. Etwas Ähnliches drang hier an mein Trommelfell, verstärkt vom gleichmäßigen Rhythmus der leise gegen die Segel klopfenden Schnüre, die von jeder Leinwand herabhingen wie Lametta von einem Weihnachtsbaum. Georg Forster, mochte keine Musik, fiel mir dabei ein. Vielleicht hatte er dieses merkwürdige, kaum definierbare Summen aber doch einmal bemerkt.

»Vier Speichen nach backbord«, riss mich der Ruf des Steuermanns aus meinen Gedanken und ich konzentrierte mich wieder auf meine Ruderwache. Inzwischen hatte ich herausgefunden, dass ich das fast mannshohe Steuerrad anstelle der geforderten vier besser nur um drei seiner insgesamt zehn Speichen weiterzerren sollte, weil ich sonst nach der halben Minute Reaktionszeit des Schiffs gewöhnlich wieder zwei Speichen zurückrudern musste. Doch Diskussionen waren hier fehl am Platze, die Order des Steuermanns war Gesetz. Das war vor 200 Jahren so und galt heute immer noch. Wohl auch, weil es genügend andere Dinge gab, die man im Auge behalten musste, um Kurs zu halten – die Horizontlinie und den Kompass vor allem. Eine ziemlich komplexe Angelegenheit, bei der man sich kaum vorstellen konnte, wie das auch noch in einem Sturm funktionieren sollte.

Das Schiffsruder hätten die Offiziere zu Zeiten Cooks indes keinem Laien anvertraut, auch Georg Forster hatte es während seiner dreijährigen Fahrt sicherlich nie in der Hand. Die Grenzen zwischen den verschiedenen Gewerken an Bord waren – wie die zwischen den Zünften an Land – undurchlässig. Die Hierarchien waren streng definiert. Seeleute sorgten für das Auf und Ab der Segel, die Offiziere für den Kurs, Zimmerleute für den ordentlichen Zustand des Schiffs, die Seekadetten für die Sicherheit an Bord und die *Experimental Gentlemen* für Kenntniszuwachs und Reisebilder. Was einfache Seeleute im Verlauf der Reise aufzeichneten, hatten sie bei ihrer Rückkehr nach England abzuliefern.[67] Hodges durfte keine Vögel zeichnen, Georg Forster keine Porträts. Und ein dritter Deutscher an Bord der *Resolution*, Ernst Scholient, der Diener von Johann Reinhold und Georg Forster, war nicht einmal der Rede wert. Jedenfalls kam er in den Publikationen seiner beiden Herren nicht vor. Bis zur Wiederentdeckung des handschriftlichen Reisejournals des älteren Forster wusste man kaum, dass es ihn gab, obwohl Ernst Scholient Vater und Sohn Forster auf vielen Exkursionen in der Südsee mit der Botanisiertrommel begleitet hatte.[68] Georg Forster, der Verfechter der Gleichheit, der Bruder der Maori, der Verteidiger der Kannibalen – er blieb ein Kind seiner Zeit, wenn es um den eigenen Diener ging.

Mir wurde an Bord der *Endeavour Replica* klar, dass eine längere Reise mit Cooks nachgebautem Schiff nicht so ganz meine Sache war, und so ging ich ohne sehnsüchtigen Blick zurück in Vigo wieder an Land. In dem Bewusstsein, einerseits einen ganz einmaligen Einblick in Forsters Leben auf See erhalten zu haben, andererseits ein gehöriges Stück davon entfernt geblieben zu sein. Geschichte, davon war ich nach der Fahrt mit der *Endeavour Replica* mehr denn je überzeugt, ließ sich nur in ihren groben Umrissen reinszenieren. Zugleich lernte ich aus diesem Segeltörn, dass das Meer, so wandlungsfähig es sein mochte, mich kaum für die vielseitigen Eindrücke entschädigen konnte, die ich als »Landratte« gewohnt war. Dieses Gefühl hatte auch Georg Forster schon bald nach der Abreise von Plymouth beschlichen. In seiner Wahrnehmung sorgte die »Eigenthümlichkeit des Seelebens« zudem für »Vereinzelung« und »einen gewissen Grad an Ungeselligkeit«.[69] Die Fahrt auf der *Resolution* war ihm kein Vergnügen, sondern ein notwendiges Übel, um in unbekannte Welten vorzustoßen. Umso mehr sehnte er jeden Landaufenthalt herbei. Den ersten größeren auf seiner Weltreise legte Captain Cook im Oktober 1772 in Kapstadt ein – immerhin drei Wochen.

Über vier Monate war die *Resolution* von England bis zur Südspitze Afrikas unterwegs gewesen. Eine Strecke, die man heutzutage in zwölf Flugstunden bewältigt. Vorausgesetzt, der globale Flugverkehr funktioniert.

Doch Mitte April 2010 sorgte ein isländischer Vulkan dafür, dass genau der zusammenbrach. Die Auswirkungen, die die ausgetretene Vulkanasche des so hoch im Norden gelegenen *Eyjafjallajökull* erzeugte, waren selbst auf der Südhalbkugel der Erde zu spüren. In Kapstadt etwa, wo ich mich zu diesem Zeitpunkt aufhielt, um die Vorbereitungen Südafrikas auf die kommende Fußballweltmeisterschaft zu reportieren. Als ich mich nach dem Abschluss meiner Recherchen wieder auf die Rückreise nach Paris machen wollte, bat man mich am *Cape Town International Airport* um ein wenig Geduld. Zum Glück für den Forsterianer, wie sich bald herausstellen sollte. Denn sonst wäre ich wohl nie auf das letzte lebendige Zeugnis von Forsters Reise um die Welt gestoßen.

Anfangs hieß es am Kapstädter Flughafen noch, es könnten sich schon bald wieder Flüge nach Europa ergeben, womöglich über Tripolis und Marseille. Man möge also nicht etwa auf Safari gehen, sondern in ein paar Stunden wieder am Flughafen auftauchen.[70] Um die Zeit zu überbrücken, schloss ich mich einigen Journalisten an, die wie ich am Airport festsaßen und beschlossen hatten, gemeinsam ein Taxi zu nehmen, um einen kurzen Ausflug nach *Groot Constantia* zu machen, dem ältesten Weingut am Kap.

Erwartungsgemäß wurde es ein wunderbarer Nachmittag, wir tafelten bei bestem Wetter im Schatten einer Allee knorriger Laubbäume vor dem schlohweißen *Manor House* von 1685 mit seinem hoch aufragenden holländischen Giebel. Der nach dem Weingut benannte 2009er *Sauvignon Blanc* war so gut, dass wir noch ein paar Flaschen mitnahmen. Falls wir weiter auf dem Airport herumlungern mussten, wollten wir das wenigstens angenehm beschwingt tun. Tatsächlich aber wurde aus dem *Delay* – der Verzögerung – ein einwöchiger ungeplanter Aufenthalt.

Nachdem ich in dem kleinen Hotel nahe *Green Point Lighthouse* erneut ein Zimmer beziehen konnte, nunmehr ohne Blick auf die Tafelbay, dafür vis-à-vis der Baustelle für das WM-Stadion von Kapstadt, suchte ich in meinem Computer nach alternativen Flugrouten. Und stieß dabei – intuitiv, aber vermutlich nicht ganz zufällig – auf den Ordner »Forster_digital« auf meinem Desktop, eine elektronische Version der *Reise um die Welt*, die mich seit ein paar Jahren begleitete. Eröffnete der Vulkan auf Island nicht großartige Recherchemöglichkeiten auf Forsters Spuren? Was hatte der Welterkunder eigentlich vor fast 250 Jahren in Kapstadt erlebt? Ich tippte den Suchbegriff *Constantia* in Forsters *Reise um die Welt* auf meinem Computer ein. Und wurde auf Anhieb fündig.

»Der Wein, welcher auf dem Cap gebauet wird, ist von unendlich verschiedenen Sorten. Der beste fällt auf Herrn *Van der Spy's* Plantage zu Constantia, und den kennt man in Europa größtentheils wohl nur vom Hörensagen«, hielt Georg Forster bei seiner ersten Visite in der Tafelbay im November 1772 fest. »Die Stöcke von denen er kommt, sind ursprünglich von *Schiras*, in Persien, hiehergebracht. Man hat auch versucht, Reben vom Burgunder-Wein aus Frankreich, desgleichen Frontingac und Muscatellerstöcke von eben daher, hier anzupflanzen, und die sind alle so gut eingeschlagen, dass das Gewächs zuweilen das französische übertrifft.«[71] Das galt offenbar auch für den *Sauvignon Blanc* aus dem französischen Loire-Tal, konnte ich Georg Forster nach meinem Besuch auf *Groot Constantia* ergänzen.

Ob der 17-Jährige den Wein dort selber verkostet, sein positives Urteil selbst gefällt hatte? Oder gab er nur wider, was er in Kapstadt gehört hatte?[72] Auch ob er sich selbst gern berauschte, wissen wir nicht. Immerhin verfügten zu Cooks Zeiten schon Teenager über einschlägige Erfahrungen im Konsum von Hochprozentigem. Erst recht zur See, wo viele der Seeleute oft schon im Alter von 14 oder 15 anheuerten.[73] Georg Forster überlieferte, dass der Quartiermeister der *Resolution* täglich zur Mittagszeit einem jedem an Bord seine Schnapsration ausschenkte. An Feiertagen – wie dem Geburtstag des Königs oder an Weihnachten – gab er sogar »doppelte Rationen seines Branntweins« an die Crew aus, was regelmäßig zum »Extrem einer lärmenden und tobenden Fröhlichkeit« führte, die sich vermutlich mit den Gelagen in heutigen Londoner Pubs an Freitagabenden vergleichen lässt.[74] In Mainz jedenfalls, umgeben von Weinbergen, versammelte Georg

Forster als Mittdreißiger seine zahlreichen Gäste allabendlich zwischen sieben und neun Uhr um eine »Thee-Machine nach englischem Vorbild«. Im Hause Forster trank man also Tee.[75]

Bei Captain Cook hingegen sorgte eine purpurne Färbung der Nase auf einem Gemälde schon mal für ein galantes Nachdenken über den Branntweinkonsum des Weltumseglers.[76] Von Cook und Johann Reinhold Forster wissen wir, dass sie vor Neukaledonien um ein paar Flaschen Wein wetteten. Was dafür spricht, dass beide einen guten Tropfen zu schätzen wussten.

Am ersten Morgen meines seismisch bedingten Sonderaufenthalts am Kap wurde ich durch ein unbekanntes Geräusch geweckt: ein tiefer Orgelton, der sich alle 30 Sekunden wiederholte, wie ich nach einer Weile gebannten Lauschens feststellte. Jeweils vier Sekunden lang. Vielleicht doch eher Horn als Bass? Als ich beunruhigt aus dem Fenster sah, war ich doch verdutzt: Die riesige Stadionbaustelle hinter dem Hotel war verschwunden. Tatsächlich wurde alles vor meinem Fenster von dichtem Weiß verschluckt.

Einen Moment lang überlegte ich, ob ich es hier mit einer Folge des Vulkanausbruchs auf Island zu tun haben konnte. Mit Wasserdampf vielleicht – der *Eyjafjallajökull* war auch ein Gletscher, wie ich in den Abend-*News* gehört hatte. Wurden da etwa Millionen Tonnen Gletschereis in ihren gasförmigen Zustand versetzt und wälzten sich rund um den Globus bis an die Südspitze Afrikas?

Ein erneuter Hupton riss mich aus meinen Gedanken, es mussten schon wieder 30 Sekunden vergangen sein. Die Frequenz war für ein Alarmsignal eigentlich zu lang, ging es mir durch den Kopf, aber ich sollte mich wohl besser bei der Hotelrezeption erkundigen. Dort lösten meine Nachfragen ein unbekümmertes Lachen aus. Das da draußen sei der übliche Herbstnebel im April an der Tafelbay, teilte mir eine abgeklärte ältere Dame mit. Auch für den wiederkehrenden Brummton gäbe es eine harmlose Erklärung: Was ich da hörte, war das Signal des Nebelhorns von *Green Point Lighthouse*, des Leuchtturms am Ende der Beach Road – *Sorry* für den Lärm!

Jedenfalls kein isländischer *Fallout*, dachte ich beruhigt, doch der Dunst durchkreuzte meinen Plan, einen Tagesausflug zum Kap der Guten Hoffnung zu unternehmen. Also machte ich mich in die historische Altstadt von Kapstadt auf. Dort hatte schließlich auch Ge-

Die rekonstruierte Burg zur Guten Hoffnung: Georg Forster konnte hier die Bibliothek des Gouverneurs von Kapstadt studieren.

org Forster seine Kap-Visite begonnen: »Kaum waren wir aus unsren Booten gestiegen, so machten wir dem Gouverneur, Baron Joachim von Plettenberg, unsre Aufwartung. Er ist ein Herr von Wissenschaft und großer Kenntniß«, berichtete er von der Ankunft am 29. Oktober 1772.[77]

Plettenberg leitete damals die wichtigste Versorgungsstation für die Gewürzflotte der Vereinigten Ostindischen Companie auf ihrem langen Weg zwischen der holländischen Kolonie im indonesischen Batavia und den Häfen der Niederlande. Darum residierte er, wie seine Vorgänger, gut geschützt in der Burg zur Guten Hoffnung, einer mit fünf sternförmig angeordneten Bastionen und dicken Mauerwällen umgebenen Festung.

»Die Gegend rund um das Fort sah früher ganz anders aus«, erzählte mir Ronald, ein etwa 35-jähriger Taxifahrer, der bereit war, mich mit seinem Toyota durch den Nebel zu kutschieren. »Die Bay reichte einmal bis an die Mauern der Festung heran«, seine Hand deutete ins Ungefähre nach links, »heute liegt das Fort über einen Kilometer von den Hafenkais entfernt.«

An einer Kreuzung lehnte sich Ronald weit aus dem Fenster und hielt einen kurzen Plausch mit einem Taxi-Kollegen, der in der Gegenrichtung durch den Nebel geisterte. Die Klicklaute der beiden machten mich neugierig, ich kannte sie bisher lediglich aus einem Song von Miriam Makeba, also erkundigte ich mich nach der Sprache, sobald wir wieder angefahren waren. »Khoen« sagte Ronald und schob hinterher, seine Großmutter sei *Hottentott* gewesen.[78]

»Klingt sehr kolonial«, erwiderte ich reflexhaft, eine Redewendung meiner Großeltern im Hinterkopf. »Hier sieht's ja aus wie bei den Hottentotten« hieß es immer, wenn wir Enkelkinder das Spielzimmer verwüstet hatten. »Kolonial?«, fragte Ronald zurück. Und stimmte nach kurzem Nachdenken zu. »So ungefähr wie Nigger in den USA.« Lachend beobachtete er im Rückspiegel, wie ich gleich noch einmal zusammenzuckte. Um dann versöhnlich anzufügen, dass manche, vor allem ältere Leute in Südafrika, noch immer *Hottentott* sagten, weil sie es ihr Leben lang so gesagt hätten. Auch wenn sie es nicht alle rassistisch meinten. Mir ging dabei durch den Kopf, dass Ronald mit seinem Taxi vor allem auf das Trinkgeld älterer weißer Südafrikaner angewiesen war. Eine rigorose *political correctness* wäre sicherlich geschäftsschädigend gewesen.

Doch wurde ich ganz generell den Eindruck nicht los, dass sich im Alltag hier nicht allzu viel verändert hatte seit dem Ende der Apartheid. Erst vor ein paar Tagen hatte ich bei Recherchen in Johannesburg kilometerlange Demonstrationszüge, Zehntausende wütende schwarze Südafrikaner auf den Straßen, erlebt, die mit stampfenden Xhosa-Tänzen – ursprünglich ein Symbol gegen die Diskriminierung durch die Weißen – gegen die von ihnen gewählte Regierung des ANC protestierten und eine Anhebung ihrer Hungerlöhne forderten. Und bei Besuchen junger Fußballer in den Townships war die schreiende Ungerechtigkeit der Verteilung des Reichtums in diesem Land unmöglich zu übersehen. Die einen lebten in Schuhkartons, die zu Tausenden aneinandergepappt waren, die anderen in botanischen Gärten mit allem Komfort des 21. Jahrhunderts.

Die Sicht war immer noch nicht besser geworden und fast wäre

Ronald am Fort vorbeigefahren. Wir mussten zum Abschied herzlich lachen, als er mir routiniert Orientierungspunkte für meinen Weg in die Festung aufzählte, die im Nebel gar nicht auszumachen waren. Doch fand ich den Weg in Südafrikas ältestes Kolonialgebäude dann ohne größere Umwege, die mächtigen Kanonen waren als Wegweiser immer noch ganz gut zu erkennen. Ich fand sogar die Signatur VOC für die *Vereinigte Ostindische Company* am Eingangsportal unterhalb des Glockenturms, so wie Ronald es mir beschrieben hatte.

Gleich hinter dem Tor schaute ich in einem kleinen Café erst einmal in meinen Computer. Hatte Forster in seiner *Reise um die Welt* nicht auch über *Hottentotten* berichtet?

Er definierte die Khoikhoi zunächst einmal als die »ursprünglichen Landes-Einwohner«, doch war er ihnen kaum begegnet, denn sie hatten sich »in die innern Gegenden des Landes zurückgezogen, sodass ihr nächstes *Kraal* oder Dorf fast hundert englische Meilen von der Stadt am Cap entfernt ist«.[79] Das stellte sich ein Jahrhundert zuvor noch ganz anders dar, als sich der holländische Schiffsarzt Wouter Schouten in der Tafelbucht über »wilde Menschen« verwundert hatte, »welche am Ufer in grosser Anzahl sich sehen liessen«.[80] Die koloniale Expansion der holländischen Kapkolonie war, wie Forsters Reisebericht offenbarte, in 100 Jahren stark vorangeschritten und sollte bald darauf, 1779, in die ersten Grenzkriege der Kapkolonie mit den San und Khoikhoi führen.

Schouten hatte 1676 aber auch das diskriminierende Stereotyp vom *Hottentotten* mitgeliefert. Er postulierte in seiner Reisechronik, es handele sich bei den Khoikhoi um Wesen, die »wegen ihrer Unmenschlichkeit nichts an sich haben, das einen Menschen gleichet«.[81] Ein Bild, dass noch im 20. Jahrhundert in den Köpfen meiner Großeltern herumspukte.

Georg Forster korrigierte in seiner *Reise um die Welt* Schoutens rassistisches Verdikt. Die schwarzen Ureinwohner der Kapregion sah er als Bauern, die wie die holländischen Buren gelegentlich nach Kapstadt auf den Markt kamen, »um ihr eignes Vieh zum Verkauf zu bringen, theils um den holländischen Pächtern, ihre Heerden zu Markt treiben zu helfen«.[82] Von den Khoikhoi in den Bergen jenseits der Tafelbay brachte er in Erfahrung, dass sie Eisen und Kupfer »zu schmelzen wissen«.[83] Auch wenn Forster die 100 Jahre nach Schouten

Im Kompaniegarten der Niederländischen Ostindien-Kompanie: eine 1775 gepflanzte Araukarie – das letzte lebendige Zeugnis der Reise von Cook und Forster.

in der Kapkolonie geläufige Bezeichnung *Hottentotten* übernahm, sah er in ihnen Bauern und Metallurgen, Menschen, die in denselben Metiers zu Hause waren wie die Europäer.

Den stärksten Eindruck übten auf Georg Forster wohl die jämmerlichen Verhältnisse aus, denen die Sklaven ausgesetzt waren, schwarze, braune und – weiße. Dass die sonst so frommen niederländischen Calvinisten ihren afrikanischen und indischen Sklaven keinen religiösen Beistand stellten, fand er schlimm.[84] Denn was sollte das besagen: dass die Sklaven am Kap keine Menschen waren? Dass es ihre Seelen nicht wert waren, gerettet zu werden? Doch viele holländische Soldaten, die er 1772 in Kapstadt vorfand, schienen ihm fast noch elender dran zu sein, weil sie für den Dienst in der Ostindien-Kompanie in Holland »weggestohlen« worden waren, wie Forster es ausdrückte. Obwohl sie theoretisch »das unschätzbare Glück der Freyheit« besaßen, wurden sie infolge des Rekrutenhandels wie Sklaven gehandelt und behandelt.[85] Mit dem Unterschied, dass die Soldaten nicht einmal heiraten durften, dafür aber einen Hungerlohn von neun Gulden erhielten. Die Vertragszeit von fünf Jahren überlebten indes nur wenige, da sie an Skorbut, Malaria und anderen Tropenkrankheiten zugrunde gingen. Das Hospital für die Soldaten der Ostindien-Kompanie lag nicht zufällig direkt neben dem 1679 von der VOC errichteten fensterlosen Sklavenquartier in der Wale Street. Heute erinnert ein Museum in der *Slave Lodge* an den grausamen Sklavenhandel. Das Hospital hingegen ist verschwunden.

Forster berichtet, dass hier eine »gemeiniglich ungeheure Menge von Kranken« untergebracht wurde. Der Grund: Die Schiffe der Ostindien-Kompanie führten jeweils 600 bis 800 Rekruten nach Indonesien, wie er ermittelte, die »auf der langen Reise durch den heißen Himmelsstrich, sehr eng zusammengesteckt, auch an Wasser sehr knapp gehalten werden, und nichts als Eingesalznes zu essen bekommen«. Es war daher »sehr gewöhnlich«, dass ein holländisches Schiff allein auf der Fahrt von Europa zum Kap der Guten Hoffnung »80 oder gar 100 Mann Todte zählt« und bei seiner Ankunft 200 bis 300 ernsthaft Erkrankte ins Hospital schicken musste.[86]

Erst später, bei einem Besuch des Kapstädter Sklavenmuseums, wurde mir klar, dass die holländischen Rekruten fast denselben menschenunwürdigen und mörderischen Verhältnissen ausgesetzt waren wie die dunkelhäutigen Sklaven. Und dass die holländischen »Zielverkoopers« – die Rekrutenfänger der *Ostindischen Kompanie* – angesichts ihrer enormen Gewinne ebenso wenig Mitleid mit ihren jungen Landsleuten hatten wie die Sklavenhändler mit ihrer menschlichen Fracht aus Madagaskar oder Bengalen. Wie hatte Forster zehn Jahre später in seiner Kontroverse mit Kant über Menschenrassen gefragt: »Wo ist das Band, das entartete Europäer davon abhalten kann, über ihre weißen Mitmenschen ebenso despotisch wie über Neger zu herrschen.«[87]

Tatsächlich dürften Forster angesichts der hohen Krankenzahlen auf den Schiffen in der insgesamt noch kleinen Stadt rund um die Burg zur Guten Hoffnung viele bemitleidenswerte Gestalten begegnet sein.[88] »Kranke die gehen können, müssen des Morgens bey gutem Wetter in den Straßen auf und nieder spazieren«, hielt er fest. Ihre Kräuterapotheke war im benachbarten Garten der Kompanie untergebracht, in dem die Reichen und Gesunden von Kapstadt »einen reitzenden Lustort« fanden, weil hier im barocken Stil des 17. Jahrhunderts Zypressen, Buchsbaum und Eiben zu »Vasen, Pyramiden und Statuen geschnitten« worden waren. Während all jene, die auf Medikamente angewiesen waren, den Park »mit stolzer Verachtung einen *Bettelmönchs-Garten*« nannten, da er für hochwertige Arzneien nicht taugte, wie Forster schrieb.[89]

Als ich *Company's Garden* an einem der nächsten Tage besuchte, tauchte im Zentrum des Parks unvermittelt ein gigantischer Baum auf. Es sollte sich herausstellen, dass ich ausgerechnet hier eine meiner schönsten Entdeckungen auf Forsters Spuren machen würde: Auf einem Schildchen am Stamm wurde der Baum als Araukarie von *Norfolk Island* vorgestellt. Die Herkunft machte mich stutzig: Die *Norfolk*-Insel gehörte zu den neu entdeckten Inseln auf Cooks zweiter Reise. Und sie gehörte nicht zu den Inseln, die wie *Neuseeland* oder *Tahiti* unmittelbar nach ihrer Entdeckung häufiger oder regelmäßig von Schiffen angelaufen wurden, zumal ihre Küste »sehr steil«, das Eiland »unbewohnt« und für die beiden Forsters nur »mit der größten Beschwerde« zugänglich war.[90]

Mein geduldiges Nachfragen in der Parkverwaltung ergab schließlich, dass der junge Baum tatsächlich bei Captain Cooks Aufenthalt im Jahre 1775 gepflanzt worden war. Die Naturforscher an Bord mussten ihn von der neu entdeckten Insel unweit von *Neuseeland* mit nach Südafrika gebracht haben. Ich hatte es tatsächlich mit einem – womöglich dem letzten – lebendigen Zeugnis von Forsters großer Reise zu tun.

Doch auch in der alten Burg zur Guten Hoffnung – wie die *Endeavour Replica* eigentlich ein Nachbau, nachdem man das alte Gemäuer bis 1970 fast vollständig abgetragen hatte – traf ich auf Spuren von Cooks Visite während seiner zweiten Weltumseglung. Im Gästeverzeichnis der Festung fehlten zwar Captain Cook und die beiden Forsters, obwohl sie 1772 und 1775 den hiesigen Gouverneurspalast besucht hatten, dafür war der Schwede Anders Sparrman verzeichnet, der im Auftrag Linnés längere Zeit am Kap botanisiert hatte, bevor Johann Reinhold Forster ihn hier für die Weltreise anwarb. Noch verblüffter war ich über ein Gemälde in der Bildergalerie der Festung, das eine Ansicht Kapstadts vor dem majestätischen Plateau des Tafelbergs wiedergibt. Der Maler sah die Stadt ungefähr von dort, wo heute der lärmende Leuchtturm von Green Point stand, neben dem ich gerade wohnte. Doch gemalt war das Ölbild im Jahre 1772, als Georg Forster hier an Land ging. Im Westen lag das Fort mit seinen zwei Geschützreihen und weiter westlich fanden sich nur noch die Masten einiger Schiffe auf Reede. Nach Osten hin schloss sich die Uferzeile von Kapstadt an: Speichergebäude und Magazine, überragt vom Turm eines neuen Warenhauses auf der Strand Street, der ab 1779 der Lutherischen Gemeinde als Kirchturm dienen sollte. Dahinter private Wohnhäuser, die sich in rechtwinklig angelegten Straßen ein Stück den Hügel hinaufschoben.

Als ich das Kupferschild auf dem Bilderrahmen näher betrachtete, war ich aber doch verdutzt. Kein anderer als William Hodges – Cooks Landschaftsmaler, Georg Forsters Kollege – hatte dieses Bild gefertigt, als James Cook sein Schiff hier ein letztes Mal vor der langen Reise Richtung Südpol mit Proviant bestückte. Ich freute mich so sehr, dass selbst das »Dope on a rope« meiner Journalistenkollegen, die das Abseilen vom Tafelberg trainierten, solange der Flugverkehr blockiert

Der Tafelberg und die holländische Kap-Kolonie während der zweiten Cook'schen Weltreise auf einem Gemälde von William Hodges.

war, mein Glücksgefühl nicht hätte toppen können. Tatsächlich verriet der Stil, in dem Hodges die Stadt vor dem Plateau gemalt hatte, noch ein wenig den Theaterkulissenmaler, der er bis zur Nominierung für die Weltreise gewesen war.[91]

Was das Bild aus der Perspektive vom *Green Point Lighthouse* allerdings nicht zeigen konnte, waren die typisch holländischen Grachten in der Stadt. Georg Forster aber registrierte die Wasserkanäle mit großer Aufmerksamkeit: »Die Straßen sind breit und regelmäßig, die vornehmsten derselben mit Eichen bepflanzt, und einige haben in der Mitte einen Canal«, schrieb er. Mit Hinweis darauf, »dass die Ausdünstungen derselben den Einwohnern, besonders zu Batavia, höchst nachtheilig werden müssen«.[92] Das Sterben von Cooks halber Besatzung auf seiner ersten Weltreise, das man auf die Grachten in der holländischen Kolonie in Indonesien zurückführte, blieb als Drohkulisse auch in Kapstadt in seinem Hinterkopf präsent.

Es ist nicht überliefert, ob die Forsters sich in Kapstadt mit Arzneimitteln oder Kräutern eindeckten, zu besonderen Schutzmaßnahmen griffen, nachdem sie die Krankensäle der Ostindienfahrer inspiziert hatten, oder die Grachten mit ihren »gefährlichen Ausdünstungen« mieden – tatsächlich waren sie Brutstätten für krankheitsübertragende Insekten, insofern war die Forster'sche Schlussfolgerung nicht falsch.

Doch nutzte Georg Forster diese ersten Wochen der Weltreise vor allem zum Training seiner Fähigkeiten als Naturzeichner an Bord der *Resolution*. Kapstadt bot sich dafür in besonderer Weise an: »Die größten vierfüßigen Thiere, der Elephant, das Rhinoceros und die Giraffe ... sind in dieser Spitze von *Africa* zu Haus«, hielt er in seiner *Reise um die Welt* fest. Doch mussten sie, ebenso wie Nashorn und Flusspferd, schon damals unter Schutz gestellt werden, so selten waren sie in der Kapkolonie geworden, wie Georg Forster enttäuscht feststellte.[93] Er bekam sie also nicht zu Gesicht. Doch besaß Gouverneur von Plettenberg ein Tiergehege im Garten der Kompanie.[94] Da gab es eine Art wilder Ochsen, »welche von den Eingebohrnen Gnu genannt werden«, die für die Menagerie des Prinzen Wilhelm von Oranien in Holland bestimmt waren, »Tiger-Katzen« und Exemplare des schönen »Gazellen- oder Antelopen-Geschlechts«, Springböcke und Springmäuse (»Yerbua's«), Sekretäre, Kapenten und Gackeltrappen.[95] Der

Gouverneur verfügte zudem über eine Bildersammlung der in Südafrika lebenden wilden Tiere. Diese plötzliche Fülle ihm bis dahin unbekannter Spezies animierte Georg Forster in den zwei Wochen seines ersten Kapaufenthaltes zu diversen Abbildungen, zumeist »nach lebender Natur«.[96]

Das Erstaunliche an diesen ersten Tierzeichnungen Georg Forsters ist die enorme Präzision: Sein Gnu, das er mit Feder und Bleistift aufs Papier brachte, hat nicht nur feinstrukturierte Hörner, deren Anordnung räumliche Tiefe simuliert, sondern ist mit Tausenden feiner Borstenhaare versehen. Selbst einzelne Augenwimpern treten über dem glänzenden Auge plastisch hervor.[97]

Während der zweiten Cook'schen Weltumseglung zeichnete Georg Forster insgesamt 33 Säuger, fast alle am Kap der Guten Hoffnung.[98] Als er sich dort in der Tiermenagerie einfand, um sich mit Feder und Pinsel an die Arbeit zu machen, konnte er nicht ahnen, dass er im Pazifik zwar viele Fische, Vögel und Pflanzen, doch nur zwei neue Säugetierarten würde zu Papier bringen können, nämlich eine neuseeländische Fledermaus und eine Robbenart.[99]

In Kapstadt dagegen, zu Beginn der Reise, konnte er noch davon ausgehen – und hatte sich darauf einzustellen –, dass er einer Vielzahl unbekannter Spezies begegnen würde, darunter auch Säugetieren. Erst recht, falls Captain Cook auf seiner Fahndung nach dem Südland Erfolg beschieden war. Glaubte man dem Geografen der britischen Ostindien-Kompanie Alexander Dalrymple, wäre bei seiner Entdeckung mit einer zoologischen Schwemme zu rechnen, die der überwältigenden Artenvielfalt Nordamerikas gleichkam. Umso wichtiger war es also, dass Georg Forster seine noch unerfahrene Hand im Naturzeichnen schulte. Doch die Sache war diffizil. Seine Zeichnungen mussten nicht nur in ästhetischer, sondern auch in naturwissenschaftlicher Hinsicht überzeugen.[100] Die radikalen Regeln, die Linné Ende des 18. Jahrhunderts erstmals aufgestellt hatte, um aus der unübersichtlichen Mannigfaltigkeit der Natur eine überschaubare Ordnung zu machen, diktierten dem jungen Zeichner dabei gewissermaßen Perspektiven und Details. Danach musste Georg Forster nicht nur jede Abbildung anatomisch so genau wie möglich anfertigen, sondern zugleich die Besonderheiten jeder neu entdeckten Spezies verdeutlichen, um sie von anderen Arten abzugrenzen. Ein buschiger

Schwanz, der sich in schwungvoller Kurve über die gesamte Breite seiner Zeichnung spannt, könnte das nicht besser illustrieren: Alle markanten anatomischen Merkmale des Südafrikanischen Springhasen sollten in diesem Bild schlaglichtartig deutlich werden. Demzufolge musste das Tier mit vollständigem Schwanz und zugleich im Profil, mit kräftigen Sprungbeinen, ausgestreckten Vorderpfoten und einem zurückgewinkelten Ohr porträtiert werden.[101] Der junge Forster konnte sich nicht einfach in den Garten der Kapstädter Ostindien-Kompanie setzen und drauflosmalen, sondern musste jede Partie seiner Zeichnung konsequent antizipieren, um einen gültigen naturkundlichen Steckbrief zu erstellen.

Wie er genau vorging, um sich das nötige zeichnerische Rüstzeug dafür anzueignen, wurde mir allerdings erst einige Wochen nach meiner Rückkehr vom Kap klar, als ich im Nachlass Georg Forsters im Pariser *Muséum national d'histoire naturelle* eine Reihe von Säugetier-Zeichnungen von ihm entdeckte.[102] Abbildungen, die Auskunft darüber geben konnten, wer eigentlich die Vorbilder waren, an denen sich der junge Naturzeichner orientierte.

Da fand sich zum Beispiel die Zeichnung eines *paresseux bengale*, eines »bengalischen Faultiers«.[103] Oder die Abbildung eines Klammeraffen, der von den holländischen Kolonisten in Surinam *Bosch-Duivel* genannt wurde.[104] Doch wie kam Georg Forster zu einem »bengalischen Faultier« oder einem »Buschteufel« aus Surinam?

Der entscheidende Hinweis fand sich ebenfalls in Forsters Pariser Nachlass, wo ich auf neun eng beschriebene Manuskriptseiten in der Handschrift Georg Forsters stieß, die sich als zoologische Steckbriefe herausstellten. Allerdings war Forster den darin mit Bild und Text porträtierten Tieren aus Südamerika oder Asien nie begegnet.[105] Diese Tierbeschreibungen stammten, wie ich beim weiteren Durchblättern des Forster-Nachlasses herausfand, aus einer Art Tierlexikon, der *Monographiae Vosmaerii*, aus der Georg Forster einzelne Seiten abgeschrieben hatte.[106] Der Autor dieses Lexikons, der Niederländer Arnout Vosmaer, war zur Zeit der Cook'schen Weltreisen der Aufseher des Naturalienkabinetts des niederländischen Erbstatthalters Wilhelm von Oranien. Er war als Chef der Tiermenagerie in Den Haag also auch der Empfänger jener exotischen Tiere, die Gouverneur von Plettenberg von Kapstadt nach Den Haag expedierte, sobald er sie in

Der »Buschteufel« aus Holländisch-Brasilien in der Darstellung des Niederländers Arnout Vosmaer aus dem Jahre 1768.

Georg Forsters Kopie des Rotgesichtklammeraffen (Ateles paniscus) nach Vosmaer – vermutlich während des Aufenthalts in Kapstadt 1772 oder 1775 angefertigt.

seinen Kompaniegärten für den Statthalter der Niederlande ordentlich aufgepäppelt hatte.[107]

Als begeisterter Linné-Verehrer hielt Vosmaer die in Holland ankommenden Tiere in Text und Bild fest. Und so gab er 1768 auch den kolorierten Kupferstich des »Buschteufels« heraus.[108] Und zwei Jahre später, 1770, die Abbildung des »bengalischen Faultiers«.[109] Beide Bilder unbekannter und lebender Tiere – *inconnu* und *vivant*, wie Vosmaer anmerkte – waren erst kurz vor Georg Forsters Ankunft in Kapstadt erschienen und somit hochaktuell.

Georg Forster nutzte offenbar die günstige Gelegenheit in der Burg zur Guten Hoffnung, um die Tierabbildungen des 24 Jahre älteren Vosmaer – oft die ersten und einzigen visuellen Steckbriefe neuer Spezies – aus den Schriften zur Natur in der Bibliothek des Kapstädter Gouverneurs zu kopieren. So konnte er einerseits eine Bestandsaufnahme der jüngst in Übersee entdeckten Tier- und Pflanzenarten vornehmen, was den gerade zur zweiten Cook'schen Weltumseglung auslaufenden Naturforschern einen immensen Vorteil verschaffte:

Sie wussten, welche Tier- und Pflanzenarten jüngst entdeckt worden und welche ihrer künftigen Funde daher noch unbekannte Spezies sein mussten. Andererseits konnte Georg Forster beim Kopieren seine zeichnerischen Fähigkeiten auf den letzten Stand der naturkundlichen Kunst bringen.[110]

Arnout Vosmaer war dabei als Naturzeichner ein bemerkenswertes Vorbild, dem Georg Forster nach der Weltreise, Ende Oktober 1778, auch persönlich begegnet ist, als ihn Vosmaer in Den Haag durch die Naturaliensammlung des Prinzen von Oranien führte.[111] In den Annalen der abendländischen Tierdarstellung gilt Vosmaer als einer der Ersten, der nicht tote oder ausgestopfte Tiere abbildete. Vosmaer hielt sich an lebendige Exemplare nach dem Vorbild der Natur. An wem sonst hätte sich der junge Forster als Zeichner auch orientieren sollen? Die Briten konnten ihm kaum eine Richtung weisen. Der brillante Zeichner der ersten Cook'schen Expedition, Sydney Parkinson, überlebte die Reise nicht und fiel als stilistisches Vorbild aus.[112] Sir Joseph Banks aber ging als naturwissenschaftlicher Kopf der ersten Cook'schen Weltumseglung und Erbe Parkinsons äußerst restriktiv mit dessen Tier- und Pflanzenzeichnungen um. So bekam Georg Forster keine Möglichkeit, sich in die Südsee-Bilder seines Vorgängers zu vertiefen. Umso wichtiger dürfte es für ihn gewesen sein, sich an Vosmaer, dem modernsten unter den Tierzeichnern seiner Zeit, zu orientieren.[113] Zumal ihm durch die kurzfristige Nominierung für die Reise mit Cook auch kaum Zeit geblieben war, sich in England gründlich auf seine Aufgabe als assistierender Naturforscher und Naturzeichner der Expedition vorzubereiten. Während Captain Cook in der Tafelbay letzten Proviant und Wein laden ließ, versorgte sich Georg Forster daher in Kapstadt mit dem besten Rüstzeug, das er als Naturzeichner erwerben konnte. Dass er den Gouverneur der Kolonie für einen Mann von »Wissenschaft und hoher Kenntniß« hielt – sicherlich auch hinsichtlich seiner Bibliothek –, war insofern keine Floskel.[114]

Als die *Resolution* im Frühjahr 1775 auf der Rückreise nach England einen letzten Zwischenstopp in der Tafelbay machte und für fünf Wochen in Kapstadt ankerte, hätte sich das Schiff beinahe »beym Kap der guten Hoffnung verbey treiben lassen«, wie Georg Forster in seiner *Reise um die Welt* berichtete. Nur »zu gutem Glück« hatte man das Land gerade noch rechtzeitig »durch den Nebel gesehn«.[115] Ein offenbar typisches Wetterphänomen, mit dem auch ich inzwischen vertraut war. Immerhin hatte ich es im April 2010 während meines vulkanisch verursachten Zwangsaufenthalts an drei Tagen hintereinander mit dieser Nebelsuppe zu tun – also auch mit dem nervenden Nebelhorn des Leuchtturms von Green Point. Eine geplante Exkursion zum Kap der Guten Hoffnung auf Forsters Spur musste ich daher weiter vor mir herschieben.

Während ich also Zeit verlor, hatte Georg Forster, wie ich verblüfft bei ihm nachlesen konnte, bei seiner zweiten Ankunft in Kapstadt einen ganzen Tag gewonnen. *Here I break off my Journal*, schrieb sein Vater am 22. März 1775 in sein Bordtagebuch: »Hier breche ich mein Journal ab«.[116] Denn sonst hätte er das Datum des 22. März 1775 ein zweites Mal hineinschreiben müssen. Infolge ihrer Fahrt rund um die Welt in Richtung Osten hatte Cooks Schiff einen Tag gewonnen. Die uns heute ganz geläufige Tatsache, dass täglich Hunderte Flugzeuge die Datumsgrenze überqueren (so sie nicht von isländischen Vulkanen aufgehalten werden), hatte Ende des 18. Jahrhunderts noch etwas Sensationelles. Und in der Tafelbay warteten, nachdem man drei Jahre lang von Nachrichten aus Europa abgeschnitten war, weitere gute Botschaften: Der Siebenjährige Krieg war zu Ende gegangen, im heimatlichen Nassenhuben herrschte wieder Frieden »und Friedrich der Große ruhte von seinen Siegen, opferte den Musen, im Schatten seiner Lorbeeren, selbst von seinen ehemaligen Feinden bewundert und geliebt!«[117] War da feine Ironie zu spüren? Ein mokanter Ton in Forsters *Reise um die Welt*? Vertrug der bald 70-jährige preußische König den? Man konnte freilich beim Verfassen der Reisechronik in London noch nicht ahnen, dass zumindest Johann Reinhold Forster bald auf die Gnade des Preußenkönigs angewiesen sein würde.[118]

Zurück in der »Zivilisation«, hatte man in Kapstadt nach der langen Reise erst einmal damit zu tun, »gierig zu fressen«, wie Georg Forster es ausdrückte. In den Gärten der Kompanie war ein lebendiger Orang-Utan zu bewundern, der bald in die Menagerie des Prinzen von Oranien geschickt werden und wenig später als ausgestopftes Exemplar seiner Gattung in dessen naturkundlichem Cabinet enden würde.[119] Wo Arnout Vosmaer wiederum eine Zeichnung von ihm anfertigte.

Dass Forsters Interesse an der Tierdarstellung bei seiner Rückkehr nach Kapstadt keineswegs erlahmt war, belegen Skizzen, auf die ich ebenfalls in seinem Pariser Nachlass gestoßen bin. Wie der bengalische Plumplori oder der Klammeraffe aus Surinam waren auch sie Zeugnis eines zoologischen Imports aus den niederländischen Kolonien: Abbildungen von Paradiesvögeln nämlich, die auf Neuguinea und den Molukken beheimatet sind.[120] Von sechs Arten dieser schillernden Spezies mit so opulenten Bezeichnungen wie *Le Superbe* oder *Le Magnifique* hatte Georg Forster Federzeichnungen angefertigt.[121] Bei meinen weiteren Recherchen stellten sie sich wiederum als Kopien heraus – diesmal hatte sie Georg Forster nach farbigen Kupferstichen von François-Nicolas Martinet angefertigt.[122] Der Franzose Martinet war im 18. Jahrhundert als Illustrator der von Buffon herausgegebenen *Naturgeschichte der Vögel* einer der bekanntesten Vogelzeichner seiner Zeit. Die mit überwältigenden Farben auftrumpfenden kolorierten Stiche seiner Paradiesvögel wurden erstmals 1774 veröffentlicht. Das Interesse der Holländer an diesen farbigen Steckbriefen der exklusivsten Vögel ihrer Hemisphäre dürfte groß gewesen sein, sodass der Gouverneur von Kapstadt als Chef der Drehscheibe im Handel mit Paradiesvögeln dieses Vogellexikon sicherlich unmittelbar nach Erscheinen in seine Bibliothek aufnahm.

Dass Georg Forster sich in Kapstadt mit Tiersteckbriefen eindeckte, die während seiner Abwesenheit gerade frisch erschienen waren, liegt nahe – erst recht mit Vogelbeschreibungen in Text und Bild. Denn am Ende seiner Reise wusste er, dass er nicht als Entdecker und Naturzeichner von Säugetieren reüssieren konnte, sondern mit Arbeiten von den vielen neuen Vogelarten, die er an Bord der *Resolution* gezeichnet hatte.

Die Paradiesvögel, die er am Kap kopiert hatte, beschäftigten Georg Forster noch erstaunlich lange. In seinen unveröffentlichten Handschriften in Paris findet sich ein Dutzend Seiten in französischer und lateinischer Sprache, die sich mit *Paradisea* befassten.[123] Auch auf den wenigen handgeschriebenen Seiten, die die Berliner Staatsbibliothek von Georg Forster besitzt, ist von Paradiesvögeln die Rede.[124] Hier ist es ein Manuskript, das sich mit der schier grenzenlosen Fantasie beschäftigte, mit der europäische Gelehrte die *Paradisea* bis zur Epoche der Aufklärung verklärt hatten. Da war von »Vögeln der Götter« die Rede, die nicht einmal Füße besaßen – bis sich herausstellte, dass man auf den malaiischen Inseln jahrhundertelang die Füße von den Bälgen der Vögel entfernte, bevor man sie nach Europa schickte. Die überlangen Schwanzfedern erklärte man damit, dass die langen Federn den fußlosen Tieren dazu dienten, sich in Äste zu hängen um auch einmal auszuruhen. Die erstaunlichste Schilderung behauptete, dass sich männliche Paradiesvögel zur Fortpflanzung in der Luft auf dem Rücken näherten, um den Geschlechtsakt zu vollziehen, dass sich die Vögel in den Wolken von Tau und Dämpfen ernährten und zum Fliegen nicht einmal mit den Flügeln schlagen mussten. Ein sehr amüsanter und zugleich aufklärerischer Aufsatz Georg Forsters zur abendländischen Mythenbildung.[125]

Ganz anders das kleine Bordjournal, das er vor allem zu Beginn seiner großen Reise führte. Auf dem Atlantik – von England bis Kapstadt – war Georg Forster streng wissenschaftlich mit den Vögeln befasst, die die *Resolution* umschwirrten, mit Seeschwalben, Möwen und Sturmvögeln. Sein Tagebuch zeigt – auf fast rührende Weise – die verzweifelten Versuche des Naturzeichners der Cook'schen Expedition, Sturmvögel im Flug zu zeichnen, Bewegungsstudien, die weitaus schwieriger waren als die Zeichnung eines bengalischen Faultiers.[126] Die Fluggeschwindigkeit von Sturmvögeln liegt bei 10 bis 25 Metern pro Sekunde.[127] Der 17-Jährige an der Reling versuchte also etwas ganz Unmögliches. Wie sollte er die Tiere trotz ihrer Schnelligkeit zu Papier bringen? Und so begann er offenbar, den Vogelflug in einer bestimmten Flugphase gedanklich einzufrieren und dann aufs Papier zu bringen. Sein Bordjournal zeigt genau das – quasi-fotografische Studien, die er mit Bleistift in sein Tagebuch skizzierte: Sturmvogel fliegt diagonal himmelwärts, Sturmvogel wendet sich dem Zeichner zu, Sturmvogel senkt den Oberkörper nach vorn, Sturmvogel drückt die Flügel an die Seiten, Sturmvogel spreizt die Flügel vom Körper, Sturmvogel entfernt sich vom Zeichner, Sturmvogel schwebt gerade in der Luft, Sturmvogel spreizt die Flügel nach hinten, Sturmvogel kippt nach vorn in den Sturzflug …

Aus den atlantischen Skizzen in seinem Bordjournal entwickelte Georg Forster im Laufe seiner Weltreise mit Captain Cook moderne Vogelbilder. Irgendwann glitten seine Sturmvögel tatsächlich vor den Wolken am Himmel dahin.[128] Und doch gibt es eine leichte Diskrepanz zwischen den Vögeln auf Forsters Bildern und der natürlichen

Haltung eines Vogels im Flug, die wir im Zeitalter der Digitalfotografie sehr genau kennen. Eine Abweichung, die Forster wohl in Kauf nehmen musste, wollte er beim Zeichnen eines Vogels im Flug zudem den artenspezifischen »Steckbrief« der Vogelart mitliefern.

Ideal für diese Kombination, so stellte Georg Forster im Laufe der Reise fest, war die Darstellung eines Vogels im Sturzflug.[129] Denn hier konnte der Zeichner trotz der Flugbewegung die Proportionen des Körpers, seine Schwingenmaße, die Schwanz- und Schnabelform sowie die Gefiederzeichnung deutlich werden lassen. Was Forster da auf Captain Cooks Schiff zeichnerisch vollzog, war eine Revolution in der Ästhetik der Vogeldarstellung!

Und das war nicht die einzige zeichnerische Innovation, an der er sich auf der ersten Etappe der Reise – in seinen atlantischen Skizzen – probierte. Da Linnés System zur Ordnung der Pflanzen sich am Aufbau der Blüten orientierte, heftete Georg Forster seinen Pflanzenabbildungen kleine »technische Zeichnungen« an, die Anzahl und Gestalt der Staubblätter, den Mechanismus der Bestäubung und Form und Stadien der Fruchtbildung verdeutlichten. In seinem kleinen Bordjournal spielte er das mit dem Bleistift an den Früchten der *Laxmannia* durch, deren dreidimensionale Abbildungen er versuchte.[130]

Höchste Perfektion erreichte Georg Forster in dieser Kunst drei Jahre später in Kapstadt. Hier bereiteten Johann Reinhold und Georg Forster 1775 ihr großes Pflanzenwerk für den Druck vor: die botanische Bilanz ihrer dreijährigen Reise, die Beschreibung und zeichnerische Darstellung all der Entdeckungen im Pflanzenreich, die sie auf der zweiten Cook'schen Weltumsegelung gemacht hatten – insgesamt 74 neue Spezies: *Characteres generum plantarum*.[131] Georg Forster selbst verriet in seiner *Reise um die Welt* nichts von der enormen Arbeit, die die beiden Forsters in den fünf Wochen in der Tafelbay in aller Stille geleistet haben müssen, gemeinsam mit dem beschlagenen Botaniker Anders Sparrman, der die Weiterfahrt nach England nicht mitmachte und in Kapstadt wieder von Bord ging.[132]

Doch ausgerechnet Georg Forsters erste eigene Entdeckung im Reich der Pflanzen, das Debüt einer beachtlichen botanischen Entdeckerlaufbahn, ließ sich für eine eindrucksvolle 3-D-Darstellung denkbar schlecht verwenden – und wurde wohl deshalb an den Schluss der *Characteres* gesetzt. Was Georg Forster am 31. Juli 1772 in seinem Bord-

Flug-Skizzen in Georg Forsters Bordjournal: ein Versuch, Vögel in ihrer natürlichen Bewegung zu zeichnen.

journal als neue Pflanzenart vermerkt hatte – »Aitonia rupestris, … a new genus …« –, war leider sehr, sehr winzig: ein flechtenartiges Lebermoos, das auf den Felsen Madeiras wächst.[133]

Als ich mich im Dezember 2013 auf den Weg nach Madeira machte, um Forsters »Erstlings-Spezies« für ein Foto aufzuspüren, stellte sich das als kein glückliches Unternehmen heraus. Obwohl ich auf Anraten eines Experten des *Jardim Bôtanico* in Funchal im Naturschutzgebiet von Rabaçal, einem UNESCO-Weltnaturerbe, in uralten Lorbeerwäldern und an einem Dutzend abgelegener Quellen suchte und schließlich die abgelegensten *Levadas*, die zum Wandern auf Madeira so idealen steinernen Bewässerungskanäle, hinaufkletterte, konnte ich kein Exemplar finden. Schließlich stieß ich an einem weit weniger abgelegenen Ort, nämlich dem Disney-artigen *Jardim tropical* in Monte, unerwartet auf das Gesuchte. Meinte ich jedenfalls, bis sich ein paar Wochen nach der Abreise im E-Mail-Verkehr mit Botanikern der Berliner

Humboldt-Universität herausstellte, dass ich ein sehr verbreitetes verwandtes Lebermoos abgelichtet hatte, jedoch nicht Georg Forsters Erstentdeckung. Vielleicht, so mein Verdacht, war *Aitonia rupestris* auf der Atlantikinsel inzwischen ausgestorben. Zum Trost leuchteten mir bei meinen *Levada*-Touren auf Madeira aber auf Schritt und Tritt die violetten Blütenköpfe von *Carthamnus lanatus* entgegen, einer mannshohen Distel, die Georg Forster – ähnlich wie das Weißschwanzgnu in Kapstadt – mit größter Präzision zu Papier gebracht hatte.

Georg Forsters atlantische Arbeiten, die Tier- und Pflanzenabbildungen der ersten Reiseetappe an Bord von Captain Cooks Schiff, sind besonders bemerkenswert, weil sie uns Forsters zeichnerische Idealvorstellungen vermitteln – noch ganz unbeeindruckt von den Erschwernissen der langen Fahrt, den klimatischen und gesundheitlichen Beeinträchtigungen, auch den »technischen« Ausfällen, wie dem Schwinden der Aquarellfarben, die im Juni 1774 auf der *Tonga*-Insel *Nomuka* nahezu aufgebraucht waren.[134] Die erste Tierabbildung Georg Forsters auf der Weltreise, sein Weißkopfliest von der kapverdischen Insel *São Thiago*, zeigt, was sich uns im besten Fall darbieten sollte: ein Vogel, eingeordnet in sein natürliches Umfeld – eine quasi-fotografische Abbildung nicht nur der Tierart, sondern auch ihres natürlichen Biotops.[135] Forster wiederholte diesen Ansatz in Kapstadt. Da fanden ausnahmsweise sogar William Hodges und er, der Landschaftsmaler und der Naturzeichner, zu einem gemeinsamen Bild zusammen. Hodges lieferte den Hintergrund: das Plateau um die Tafelbay. Und Georg Forster einen Stelzvogel, wie er in den Gärten der Ostindien-Kompanie von Kapstadt anzutreffen war: einen Afrikanischen Sekretär.[136]

Für seine Innovationen als Naturzeichner ist Georg Forster indes nie gewürdigt worden, da seine Südsee-Zeichnungen, einmal an Sir Joseph Banks verkauft, nicht an die Öffentlichkeit gelangten. Dabei hatte er bei den letzten Handgriffen in Kapstadt, ermutigt durch den bevorstehenden Druck der botanischen Ausbeute der Reise, die Hoffnung, dass man demnächst viele seiner Zeichnungen in den Räumen der Londoner *Royal Society* zeigen, die Reise um die Welt auch mittels seiner Bilder als große Forschungsexpedition verstehen würde.[137]

Als Captain Cook am 27. April 1775 die Anker vor Kapstadt lichten ließ, wurde Georg Forsters Aufmerksamkeit von einem markanten Punkt in der Tafelbay geweckt. Ein Eiland in Sichtweite der Uferzeile,

Forsters Abbildung des von ihm entdeckten Zügel- oder Kehlstreifpinguins (Aptenodytus antarctica) am Kap der Guten Hoffnung.

von den Briten *Penguin Island* genannt, ein »unfruchtbarer Sandhügel«, wie Georg Forster schrieb.[138] Ich hatte diese Insel vor Kapstadt unbedingt noch besuchen wollen – *Robben Island*, wie die Holländer sie nannten –, doch dann ging plötzlich alles sehr schnell im globalen Flugverkehr. In Europa hatte man nach Tagen des totalen Flugausfalls damit begonnen, trotz der Vulkanasche in der Atmosphäre »auf Sicht« zu fliegen, wie es in den Nachrichten hieß. Und wenig später ließ man auch Interkontinentalflüge wieder zu. Bei meinem allabendlichen Kontrollanruf auf dem Airport von Kapstadt sagte man mir, als sei das ganz selbstverständlich, dass ich schon am nächsten Morgen nach Paris zurückfliegen könne. Endlich! Und doch zu schnell. Meinen Ausflug ans Kap der Guten Hoffnung hatte ich zwar an einem nebelfreien Tag noch absolvieren können: mit einem Wettlauf auf freier Strecke, zu dem sich ein Strauß offenbar durch meinen Leihwagen herausgefordert gefühlt hatte. Ansonsten gab es viele Felsblöcke und ein großes Blechschild mit Verweis auf den südlichsten Punkt des afrikanischen Kontinents. Der Höhepunkt: eine Gruppe munterer, gar nicht scheuer Kehlstreifpinguine, die sich auf einem Felsen zu einem Meeting zusammengefunden hatten – eine Spezies, die Georg Forster 1772 entdeckt und gezeichnet hatte.[139]

Doch hätte ich anstelle des letzten Zipfels Afrikas lieber noch *Robben Island* besucht. Nelson Mandela war hier 27 Jahre eingesperrt.[140] Wer Ende der 1980er-Jahre für den Boykott von Produkten des Apartheidregimes »missioniert« hatte, durfte *Robben Island* eigentlich nicht verpassen.

Und doch hatte ich eine sehr genaue Vorstellung von diesem Ort: Anfang Dezember 2009 hatte ich in den USA den Film *Invictus* gesehen, einen starken Film, der vom Überleben Nelson Mandelas auf *Robben Island* erzählt. Über diesen Film wollte ich unbedingt berichten und konnte dafür schließlich auch die Filmemacher treffen. Morgan Freeman, der Nelson Mandela spielte, Matt Damon, der einen jungen weißen Rugbyspieler darstellte, und Regie-Altmeister Clint Eastwood hatten für ihre Dreharbeiten in Südafrika die Gefängnisinsel vor Kapstadt besucht und erzählten ziemlich eindringlich davon, wie sie *Robben Island* persönlich erlebt hatten: von der Kargheit der Anhöhe, dem schwarzen Stein, den Nelson Mandela hier im Steinbruch brechen musste, vom weiten Gefängnishof und dem pfeifenden, kalten Wind.

Matt Damon hatte noch sein Studium im Hinterkopf, als Studenten in Boston Protestdemos gegen die Apartheid organisierten. Auf *Robben Island* fiel ihm besonders auf, dass Nelson Mandela an fast jedem Tag dieser 27 Jahre von seinem Gefängnis aus auf die Skyline von Kapstadt, das Leben der anderen, schauen konnte. Hochhäuser wuchsen in die Höhe, die glitzernden Lichter der neuen Waterfront von Kapstadt gingen irgendwann an, die Gondeln zum Tafelberg nahmen ihren Betrieb auf. Das alles nahm Nelson Mandela wahr und blieb doch hinter Gittern, weil für ihn die Gleichheit von Schwarzen und Weißen unverzichtbar war. Morgan Freeman hatte ein Foto, das ihn zusammen mit dem inzwischen sehr alten Mandela auf dessen Krankenbett zeigte. Es imponierte ihm, dass Madiba, wie er Nelson Mandela familiär nannte, noch immer herzlich mit den Augen lachen konnte. Clint Eastwood erzählte, dass das Botha-Regime dem ANC-Führer mehrfach die Freilassung angeboten hatte, falls er den Kampf gegen die Apartheid für beendet erklären würde. Und dass er doch stur blieb, bis er ein alter Mann geworden war.[141]

In Südafrika gab es damals auch kritische Stimmen, die fragten, warum ihr Nationalheld eigentlich von einem Schauspieler aus Hollywood dargestellt werden musste statt von einem Xhosa vom Kap. Aus heutiger Perspektive, nach dem Bekanntwerden so vieler Korruptionsfälle im neuen, schwarzen Establishment von Südafrika, mutet Clint Eastwoods Film fast wie eine schöne Utopie an.

Was aber bleibt, ist die unbeugsame Haltung des Mannes, der für seine Sache 27 Jahre lang auf der Gefängnisinsel standhielt. Diesen Ort hatte ich, auch ohne Visite, genau vor Augen. Als sich die Maschine der Air France beim Abflug in ihre Wendeschleife legte, war *Robben Island* im weiten Blau der Tafelbay schemenhaft auszumachen. Dank *Invictus* konnte ich mich an Einzelheiten »erinnern«: Die schmale, steile Treppe, die sich die Gefangenen über Jahrzehnte in den Steinbruch geschlagen hatten. Der Gefängnishof, auf dem die Häftlinge sich gegenübersaßen wie Schachfiguren. Der monotone Rhythmus des Steineklopfens.

Als ich Georg Forsters Passage über die Insel zur Hand nahm, war ich umso erstaunter, dass er schon zwei Jahrhunderte zuvor überliefert hatte, wofür »Robben-Eiland« seit der Ankunft der Europäer am Kap stand. Im April 1775 schrieb er, dass hier »Mörder und andre Übelthäter auf Befehl der Holländischen Ostindischen Compagnie« eingesperrt waren, sich aber unter den Gefangenen »etliche unglückliche Schlachtopfer dieser grausamen, ehrgeizigen Gewürzkrämer« befänden.[142] Darunter der König von Maduro, ein unbeugsamer malaiischer Widerstandskämpfer, den man auf der Insel eingesperrt und versklavt hatte. Dass der 20-Jährige, während die *Resolution* aus der Tafelbay lief, um nach England zurückzukehren, diejenigen hochhielt, die als Widerständler gegen die holländische Kolonialmacht auf *Robben Island* eingekerkert waren, belegt schon früh seine lebenslange Grundhaltung: Georg Forster zweifelte nicht am Recht des Menschen, gegen Ungleichheit aufzustehen – schon auf Cooks Schiff nicht. Eine Haltung, die in den drei Jahren der Weltreise gereift war.

Dusky Bay, 45° 47' Süd, 166° 34' Ost

Kapitel 5

Fahndung nach Forsters Cascade

»Nach einer Fahrt von einhundert und zwei und zwanzig Tagen, auf welcher wir ohngefähr dreitausend fünfhundert Seemeilen in ofner See zurückgelegt hatten, kahmen wir endlich am 26sten März zu Mittage in *Dusky-Bay* an«, heißt es in Georg Forsters *Reise um die Welt*.

Viele große Zahlen in einem Satz. Als wollte der Chronist das, was sich hinter diesen Zahlen versteckt, rasch hinter sich lassen, um zum Wort »endlich« zu kommen. Tatsächlich waren es nicht weniger als vier lange Monate, die Captain Cook zwischen Kapstadt und Neuseeland nach dem ominösen Südland fahndete. Auf einem gnadenlosen Kurs durch antarktische Gewässer rund um den Südpol: »Fog & snow« und »cold sharp air« – Nebel, Schnee und schneidende Luft –, wie Georg Forster in seinem Bordjournal festhielt.[1]

In seiner *Reise um die Welt* hat er die deprimierenden Umstände dieser Höllenfahrt durch Eis und Schnee genauer beschrieben – die *Resolution* muss in absolut erbarmungswürdigem Zustand gewesen sein, als sie Neuseeland erreichte: Die Segel zerrissen, das Tauwerk in Stücken, Kajüten und Oberdeck durch die brüllenden Stürme dem Einsturz nahe. Stärker als Regen, Hagel und Schnee hatte Matrosen und Offizieren bei Cooks Suche nach dem ominösen Südkontinent zugesetzt, dass Taue und Takelwerk beständig mit Eis überzogen und die Hände durch Blut, Schwellungen und Erfrierungen kaum noch zu gebrauchen waren.[2] Der Segelaufwand am Südpol war indes um ein Vielfaches höher, Freiwachen und Ruhepausen waren daher nicht einzuhalten. Hinzu kam, dass in den 122 Tagen zwischen Kapstadt und Neuseeland kein einziger Fisch an die Angel gegangen war, die Crew sich also mit dem ewigen Einerlei von Pökelfleisch und Zwieback abfinden musste. »Zu allen diesen Unannehmlichkeiten«, schreibt Georg Forster in seiner Reisechronik, »gesellte sich endlich noch die düstere Traurigkeit, welche unter dem antarctischen Himmel herrscht, wo wir oft ganze Wochen lang in undurchdringliche Nebel verhüllt zubringen mußten, und den erfreulichen Anblick der Sonne nur selten zu sehen bekamen ...«[3]

Was für ein Befreiungsschlag muss es gewesen sein, als Cooks Schiff – und mit ihm das Begleitschiff der *Resolution*, die *Adventure* unter Captain Furneaux – die neuseeländische Südinsel erreichte, eine Küste, gekrönt von Wäldern, »deren Alter in die Zeiten vor der Sündfluth hinauf zu reichen schien«, wie Georg Forster schwärmte.[4] Ende März herrschte zwar schon Herbst in der südlichen Hemisphäre, aber beim Einlaufen der beiden britischen Segler zeigte er sich von seiner goldenen Seite.

»Sanft wehende Winde führten uns nach und nach bey vielen felsichten Inseln vorbei, die alle mit Bäumen und Buschwerk überwachsen waren, deren mannigfaltiges, dunkleres Immergrün *(evergreen)* mit dem Grün des übrigen Laubes, welches die Herbstzeit verschiedentlich schattirt hatte, malerisch vermischt war und sehr angenehm von einander abstach. Ganze Schaaren von Waßervögeln belebten die felsigten Küsten und das Land ertönte überall vom wilden Gesang der gefiederten Waldbewohner. Je länger wir uns nach Land und frischen Gewächsen gesehnt hatten, desto mehr entzückte uns nun dieser Prospect, und die Regungen der innigsten Zufriedenheit, welche der Anblick dieser neuen Scene durchgängig veranlaßte, waren in eines jeglichen Augen deutlich zu lesen.«[5]

Endlich konnten die Männer der *Resolution* rund um das Schiff ihre Angeln auswerfen. In wenigen Augenblicken wimmelte es von frischen Fischen an Deck, nach denen man schon so lange gegiert hatte: »So war es kein Wunder, dass uns diese erste Neu-Seeländische Mahlzeit als die herrlichste in unserm ganzen Leben vorkam«, hielt Forster fest.[6]

Richard Pickersgill, einer von Cooks Schiffsoffizieren, konnte in Dusky Bay schließlich einen Hafen mit großem Tiefgang ausma-

Unter den Fischen, die die Forsters an der Küste Neuseelands entdecken konnten, fand sich auch diese hochgiftige Spezies: Scorpaena cardinalis, landläufig auch als »Cook's Skorpionsfisch« bekannt, den Georg Forster 1773 zu Papier brachte.

chen, den der Kapitän zu Ehren des Entdeckers »Pickersgill Harbour« taufte. Dieser vom Wind geschützte Platz im Südosten der Bucht gegenüber *Indian Island* hatte zudem den Vorteil, dass ein Baum waagerecht aufs Wasser hinausragte, der sich als natürliche Brücke zwischen der *Resolution* und dem Ufer anbot. Tatsächlich gab es viel Hin und Her, denn das Schiff musste nach der strapaziösen Polarfahrt gründlich überholt werden. Für diese Mammutaufgabe – fünf Wochen lang hatten die verschiedenen Gewerke damit von Sonnenaufgang bis Sonnenuntergang zu tun – richteten die Zimmerleute, Schmiede und Segelmacher in Pickersgill Harbour eigene Werkstätten ein. Und auch der Astronom der *Resolution* schlug sein Zelt an Land auf, um in diesem Observatorium mittels der tatsächlich präzisen kendallschen Taschenuhr *Neuseelands* geografische Lage noch genauer zu verorten.[7]

Heute dauert es Sekunden, die geografische Lage im Internet zu ermitteln. Auf der Satellitenkarte hat die Halbinsel, an der Cook sein Schiff ankern ließ, die Form eines Dreiecks, sobald man nah genug heranzoomt. Aber dichte Vegetation kann natürlich auch täuschen.

Das war der Ort, zu dem ich wollte. Nicht nur, um mit eigenen Augen einen Küstenstrich zu sehen, der für Georg Forster von Bedeutung war. Sondern »zur Klärung einer Sachlage«, wie mein Freund Martin, von Beruf Bundesbeamter, das nannte. Ich »fahndete« noch immer nach dem Wasserfall, den Georg Forster auf eine kleine Klappkarte gezeichnet hatte. Bislang immerhin die einzige Landschaftsskizze, die Georg Forster hinterlassen hat. Irgendwie konnte ich nicht hinnehmen, dass sich nicht erschließen sollte, was es genau war, das er vor über 200 Jahren auf seiner Reise um die Welt gezeichnet hatte. Ein Stückweit war ich schließlich auch vorangekommen: Ich hatte die Wasserfälle lokalisiert, die Forster auf der zweiten Cook'schen Weltumseglung beschrieben hatte. Und war mithilfe der Vogelbeschreibung, die Forster auf derselben Klappkarte hinterlassen hatte, auf eine Vogelart gekommen, die allein auf *Tahiti* zu finden war: den schon ausgestorbenen Tahiti-Gesellschaftsläufer. Indizien, die mich im Oktober 2010 nach *Tahiti* gebracht hatten, in der Hoffnung, dass ich die gesuchte Cascade finden würde. Nur hatten – wie ich bei mühsamen Klettertouren erfahren musste – die Wasserfälle auf *Tahiti* keinerlei Ähnlichkeit mit der Cascade auf Forsters Skizze. Kurzum, die »Fahndung« nach Forsters Cascade hatte sich als Fehlschlag erwiesen. Nur Martin, der am Fiasko auf *Tahiti* teilgenommen hatte, verfügte über genug positives Karma, um diesen Reinfall als »Fahndung: erster Akt« zu bezeichnen.

Am Ende hatte er Recht: Es sollte einen »zweiten Akt« dieser Fahndung geben. Womöglich erneut ein Drama, oder – in der Wiederholung – eine Farce? Jedenfalls ging es nach *Neuseeland*.

»Haben Sie bestimmt schon bemerkt – die kleinen Lämmer, die ab und zu am Straßenrand liegen. So ist das bei uns Kiwis auf der Südinsel: Über 4500 tote Schafslämmer fallen hier pro Jahr an. Ist verdammt kalt und gar nicht so einfach, zu überleben direkt nach der Geburt.« Paul Brown, unser Busfahrer, der sich als Brownie und waschechter Maori vorstellte, hatte offenbar seinen Spaß daran, mit den rauen Wahrheiten seiner neuseeländischen Heimat per Bordmikro Touristen zu schockieren. »Früher hat man die toten Lämmer einfach liegen lassen, aber jetzt ist das ein Riesengeschäft. Die toten Lämmer werden am Straßenrand abgelegt und täglich eingesammelt. Genau wie die Plazentas, die bei jeder Geburt anfallen. Auch ein Bombengeschäft. Am Ende wird Make-up draus oder eine andere Kosmetik.« Hier setzte Brownie eine kurze Pause, um seine Pointe vorzubereiten: »Ja, auch die schönsten Frauen pudern sich das Näschen mit toten Lämmern aus Neuseeland! Und mit dem Geld aus der Schönheitsindustrie finanzieren wir unseren Nationalsport: Rugby. Selbst die New Zealand All Stars!«

Zwischen seinen Geschichten animierte Brownie die 30 Fahrgäste im Bus immer mal wieder zu einem stampfenden *Waka hui*, einem Ruf, mit dem die neuseeländischen Ureinwohner beim Kanufahren ihren Ruder-Rhythmus synchronisierten, als sie noch an den Küsten nach Walen und Robben jagten. Mein Freund Martin erregte besonderes Aufsehen. Obwohl er als Sohn eines indischen Vaters und einer deutschen Mutter ein wenig an Mahatma Gandhi erinnerte, konnte er mit erstaunlich kräftiger Bassstimme singen – gut geschult im Kirchenchor, wie er gern erzählte. Sein *Waka hui* versetzte unseren Fahrer in Bestlaune.

Martin hatte nicht lange gezögert, als ich ihn fragte, ob er Lust auf eine etwas aufwendigere Exkursion an den südlichsten Zipfel der neuseeländischen Südinsel hätte. Für ihn war der Weg das Ziel, er wollte neue Landschaften kennenlernen und vor allem fotografieren. Für mich aber standen die Chancen, dass ich die Cascade auf Forsters Skizze in der neuseeländischen *Dusky Bay* orten würde, weitaus besser als bei der missglückten Suche auf *Tahiti*.

Denn ich hatte inzwischen herausbekommen, dass es sich bei dem Vogel, den Forster unterhalb seiner Wasserfallzeichnung in einem Steckbrief beschrieben hatte, um ein Wasserhuhn handelte, das ausschließlich auf der Südinsel *Neuseelands* vorkam. Deshalb war ich mir sicher, dass wir nach einem Wasserfall in *Dusky Bay* suchen mussten. Sollte Forster eine reale Landschaft abgebildet haben – und davon konnte man ausgehen – gab es gute Chancen, den Wasserfall diesmal aufzuspüren und das Rätsel um seine Landschaftszeichnung zu lösen.

»Dir ist schon klar, dass der Wasserfall in fast 250 Jahren verschwunden sein könnte, selbst wenn Georg Forster ihn damals tatsächlich in Dusky Bay gezeichnet hat«, sprach der skeptische Beamte aus Martin. Das stimmte natürlich. Wo auf der Welt war nach so langer Zeit schon noch ein Stein auf dem anderen? »Immerhin ist die Dusky Bay ein fast unberührter Ort, Menschen haben da kaum etwas verändert«, versuchte ich eine Antwort. »Gehört zum Nationalpark Fjordland, UNESCO-Welterbe. Und wie sagen die Briten, also wohl auch die Neuseeländer: *The proof of the pudding is in the eating* – man prüft einen Pudding, indem man ihn isst«.

Während der Bus sich gemächlich seinem Ziel am *Lake Manapouri* näherte, wirkte Brownie auch nach drei Stunden noch immer redselig. Er erzählte von der Wiedergeburt der Landwirtschaft in *Neuseeland* und davon, dass viele verlassene Farmen jetzt wieder in Betrieb gingen. »Die Chinesen können gar nicht genug kriegen von unserem Milchpulver«, erzählte er weiter. »Und der Staat pusht neue Milchfarmer mit Steuernachlässen.« Inzwischen hatten wir ein Schild passiert, das für den Besuch eines unterirdischen Wasserkraftwerks am Manapouri-See warb. »Das größte Kraftwerk Neuseelands!«, rief Brownie nicht ohne Stolz in sein Mikrofon. Ich hatte bei meinen Reisevorbereitungen von diesem Kraftwerk gelesen. Der Bau hatte zu massiven Protesten der Anwohner und Umweltschützer geführt. Erst militanter Widerstand brachte den Plan zu Fall, die ganze Gegend um den See für noch mehr Energie zu fluten und den Wasserspiegel um 30 Meter anzuheben.[8]

Inzwischen breitete sich der Manapouri-See – dank Greenpeace und WWF noch immer in seinem alten Bett – vor unseren getönten Busfenstern aus, ein saphirfarbener Riesenkrake in einer Berglandschaft aus üppig-grünen Tälern vor schneebedeckten Gipfeln. Doch selbst der Tourismus konnte in dieser »Herr-der-Ringe«-Landschaft sicherlich nur für eine überschaubare Zahl von Arbeitsplätzen sorgen. Eine Expedition in die *Dusky Bay*, wie wir sie für unsere Fahndung nach Forsters Wasserfall gebucht hatten, wurde nur zweimal jährlich für jeweils zehn Tage von *Real Journeys*, dem einzigen »Discovery Cruiser« an der Südspitze der Südinsel, angeboten. Sonst zog es vor allem Kanuwanderer nach Fjordland, wie die Region um die *Dusky Bay* genannt wird: eine riesige menschenleere Fläche, über 12 000 Quadratkilometer, *Neuseelands* größter Nationalpark.

Ein kurzer Halt an der Endstation *Manapouri* – beim Aussteigen aus dem Bus verabschiedete Brownie seine Fahrgäste und wünschte uns eine ruhige See in *Tamatea*, dem Maori-Wort für die Gegend. Dann mussten wir einen Katamaran entern, der den *Lake Manapouri* überquerte, ein Kleinbus schleppte uns zum *Wilmot Pass* hinauf, um auf der anderen Seite wieder zum *Doubtful Sound* herunterzurollen. Immerhin gab es diese Trasse zum Meer überhaupt. Die 20 Kilometer lange Asphaltroute, die in den 60er-Jahren für den Baustofftransport zur Kraftwerksbaustelle gebaut worden war, war die einzige Straße, die tief im Süden der neuseeländischen Südinsel das Küstengebirge durchschnitt und zu einem Fjord, also tatsächlich an die Westküste führte. Von hoch oben war der *Doubtful Sound* in nahezu ganzer Länge zu überschauen: Eine lange Quecksilbersäule tief unter uns, von der zu beiden Seiten steile olivgrüne Hänge aufstiegen, die sich in der Ferne verloren. Die offene See war auch aus den 670 Metern Höhe des *Wilmot Passes* noch nicht zu sehen.

»Knapp 72 Stunden seit unserem Abflug von Berlin-Tegel«, fasste Martin unsere Tour über London, Kuala Lumpur, Melbourne, Auckland und Queenstown zusammen.

»Vielleicht weniger, wegen des Zwischenstopps in Australien«, hakte ich ein, während wir den unglaublich weiten Blick über die zum Meer abfallenden Berge genossen.

»Hat Georg Forster doch nie gesehen?«, fragte Martin, während er seine ersten Fotos schoss.

»Im Grunde haben die Forsters immer nur einen schmalen Küstenstreifen vor sich gehabt – da, wo ihr Schiff ankerte«, fiel mir dazu ein. »Es sei denn, sie haben eine kleinere Insel entdeckt. Aber hier in Neuseeland haben sie sich von Bucht zu Bucht gehangelt und es höchstens ein paar Meilen landeinwärts geschafft – mit der Machete in der Hand.«

Den *Doubtful Sound* zu unseren Füßen hatte James Cook schon bei seiner ersten Weltumseglung entdeckt und getauft: Damals, 1770 war er *in doubt* – im Zweifel darüber –, ob dieser schmale Fjord wirklich befahrbar ist. Also trug Isaac Smith, der junge Mann im Kartenraum, der Cousin von Cooks Ehefrau Elizabeth, die Bezeichnung *Doubtful Harbour* auf Cooks nautischer Karte ein. Am Ende, nach den drei Weltumseglungen Captain Cooks, hatte seine Karte von *Neuseeland* eine Silhouette, die an heutige Satellitenaufnahmen von der Doppelinsel heranreicht, mit zwei kuriosen Irrtümern: Cook hielt *Stewart Island* für eine Halbinsel und eine wirkliche Halbinsel, nämlich *Bank's Peninsula*, für eine Insel.

Mir wurde angesichts der Aussicht von hier oben bewusst, dass die ganze Umgebung zu Zeiten Cooks völlig anders ausgesehen haben musste. Der aufgelockerte Buschbewuchs von heute hatte mit dem undurchdringlichen Urwald, wie ihn Georg Forster vor 240 Jahren geschildert hat, keinerlei Ähnlichkeit. Der junge Forster fand im Mai 1773 hohe Berge vor, die vom Gipfel bis ans Meeresufer mit Holz bewachsen waren, einen Dschungel voller Schlingpflanzen, Dornen, Farne und Strauchwerk, der es mühsam machte, in das Innere des Landes einzudringen. Immer wieder stieß er auf umgefallene morsche Bäume, in deren täuschende Rinde Cooks Männer reihenweise einbrachen und bis zum Bauchnabel versanken. Was wiederum Schwärme von Sandfliegen freisetzte, deren Stiche ein unerträgliches Jucken, Geschwüre und heftiges Wundfieber auslösten. Johann Reinhold Forster konnte wegen seiner geschwollenen Hände in *Dusky Bay* nicht mal mehr sein Tagebuch führen.

Was an dieser Landschaft heute wie damals ganz ähnlich gewesen sein muss, waren die vielen Wasserfälle, die in größeren oder kleineren Säulen von Bergen und Felsüberhängen herunterstürzten. Aber war das nun ein gutes Omen für Leute, die nach einer Cascade suchten? Einer Nadel im Heuhaufen?

Es war schon später Nachmittag, als wir schließlich das Meer erreichten, genauer *Deep Cove Wharf*, den kleinen Auslegerhafen im *Doubtful Sound*. Ein marineblauer Zweimaster, die *Milford Wanderer*, wartete schon auf uns. Das Schiff wurde rasch noch einmal mit reichlich Meerwasser geschrubbt, bevor wir Passagiere an Bord gehen konnten. Es machte einen guten Eindruck. Mit ihm würden wir also zu »Akt 2« unserer Fahndung nach Forsters Cascade aufbrechen.

Das Zentrum des 30 Meter langen Seglers war schnell auszumachen: ein kleiner Tresen mit Zapfhahn für heißes Wasser in der Mitte des Passagiersalons. Die Große Kajüte selbst mochte das halbe Oberdeck einnehmen. Links und rechts des Tresens reihten sich durchgehend Fenster aneinander und bildeten das Observationsdeck. Bald hatten auch wir uns eine der Tassen geschnappt, die zwischen Chips und Keksen um den Tresen aufgereiht waren, und uns den ersten Tee gebrüht. »Very british«, stellte Martin erfreut fest, dessen indischer Großvater es als Beamter in britischen Diensten immerhin zu einem Adelstitel gebracht hatte. Mir ging durch den Kopf, dass es im Süden *Neuseelands* ziemlich kühl sein konnte und man sich vermutlich gern auch mal aufwärmen wollte. Das Tee-Ritual, stellte sich bald heraus, gab den Tagesrhythmus an Bord vor und brachte die 30 Fjordland-Fahrer ins Gespräch miteinander. Anfangs sorgte die Rettungsübung, die die sechsköpfige Schiffscrew gleich nach dem Ablegen durchführte, noch für Aufregung. Dann drängte sich das Thema der letzten Tage in den Vordergrund: ein schweres Erdbeben im nahe gelegenen Christchurch, das ein älteres Paar an Bord nur knapp überlebt hatte. Nach und nach übertrug sich jedoch die Ruhe der Landschaft – verstärkt durch das gleichmäßige Bass-Stakkato des Schiffsdiesels – auf die Passagiere, und die Gespräche verstummten. Wir standen grüppchenweise mit unseren Teetassen an der Reling, um die Landschaft in uns aufzunehmen.

Erst als die *Milford Wanderer* nach einer Weile aus dem Fjord in die offene See auslief, brach wieder hektische Betriebsamkeit aus: Alles drängte mit Kameras und Fotoapparaten zur Reling, um die Wale zu

Die Milford Wanderer *läuft in die* Dusky Bay *ein.*

erwischen, die am Horizont sichtbar wurden. Erst als Glen, der etwa 50-jährige Captain mit Dreitagebart, Randlosbrille und Mikrofon, den Irrtum aufklärte, der offenbar vielen Touristen unterlief, nämlich schwarze Felsen am Horizont für Wale zu nehmen, kehrte wieder Gelassenheit ein. Dann aber, auf dem offenen Meer, »rollte« das Schiff spürbar. Die Küste der neuseeländischen Südinsel – so klärte mich Glen auf – galt denn auch als die am schwierigsten zu navigierende nach Kap Hoorn.

Die Reisetabletten, die vor dem Ablegen gegen aufkommende Seekrankheit verteilt wurden, schienen ganz gut zu wirken. Trotz schwankender Horizonte wollte niemand die Albatrosse und Sturmvögel im Anflug verpassen, die der Schiffskoch mit maritimen Küchenresten zur *Milford Wanderer* lockte. Jedenfalls stürzten sie sich mit lautem Kreischen unmittelbar vor der Bordwand ins Meer und tauchten mit reichlich Beute im Schnabel wieder auf. Backbord wurden inzwischen Seerobben gesichtet, die sich auf den schwarzen Felsen einen Schlafplatz gesucht hatten und nun – aufgeschreckt durch den Schiffslärm – ein wenig auf dem Stein umherrutschten. »Zum Glück bin ich digital«, rief mir Martin mitten im Gefecht zu, während er versuchte, das Gesicht einer kleinen Robbe in Nahaufnahme zu bekommen. Durch das Bordmikrofon erklärte der Kapitän derweil, dass die Seerobben in *Dusky Bay* 1820, keine fünfzig Jahre nach Cooks erster Reise, nahezu ausgerottet waren. Schon 1792 hatte die erste »seal gang« *Neuseelands* – die erste professionelle Robbenfänger-Truppe der Kolonie – mit dem Abschlachten der Robben in der *Dusky Bay* begonnen.

Ich kam erst nach dem abendlichen Dinner dazu, in Georg Forsters Reisechronik nachzuschlagen, was er über die Robben notiert hatte, auf die er hier vor 240 Jahren gestoßen war. Während ich die *Reise um die Welt* aus dem Hartschalenkoffer holte, der meine Bücher vor Feuchtigkeit schützen sollte, ging mir durch den Kopf, dass Georg Forster bei seinem ersten Neuseelandaufenthalt in der *Dusky Bay* noch nicht ahnen konnte, dass er in den nächsten drei Jahren kaum weitere Säuger entdecken würde.

»Das Fleisch dieser Thiere ist fast ganz schwarz und nicht zu genießen«, hielt er im Mai 1773 fest. Die vier Monate hungriger Südpolfahrt hatten offenbar ihre Spuren in der Wahrnehmung der Tierwelt hinterlassen, zumal bei einem 18-jährigen Heranwachsenden. »Herz und Leber hingegen lassen sich essen. Ersteres könnte man bey starken Appetit und etwas Einbildung vor Rindfleisch halten; und die Leber schmeckt so vollkommen wie Kälber-Geschlinge. Nur mußte alles Fett sorgfältig weggeschnitten werden ehe man es kochte, denn sonst hatte es einen unerträglich thranichten Geschmack.«

Selbst James Cook betätigte sich hier als Robbenjäger, aber nicht nur aus Nahrungsgründen: »Der Capitain ... ließ aus dem Fett einen Vorrath von Brenn-Öl kochen, auch die Felle sorgfältig aufbewahren, weil sie zum Ausflicken des Takelwerks gut zu brauchen waren«.[9] An manchen Tagen wurden die Robben – die Vater und Sohn Forster schließlich genauer als »See-Bären« bestimmen konnten – dutzendweise geschossen, wofür sich allerdings einmal ein besonders schweres Tier im Todeskampf rächte und die Schaluppe vor *Seal Island* fast zum Kentern brachte.

Ich las gerade, wie oft Seebären ganz umsonst getötet wurden –

weil einige Robben schlicht zu schwer waren, um sie ins Boot zu hieven, mussten Cooks Männer die erlegten Tiere am Ende in die Tiefen des Meeres sinken lassen, wobei sie im Wasser eine lange Blutspur nach sich zogen –, als plötzlich das Licht in der Kabine verlosch. Um 22 Uhr wurde der Dieselgenerator an Bord der *Milford Wanderer* abgeschaltet, es wurde schlagartig dunkel und zugleich still. Nachtruhe – der Begriff stimmte wortwörtlich.

Martin, den der Lichtausfall bei seiner Lieblingsbeschäftigung, dem Studium von Landkarten, überraschte, wollte wie ich die Batterien der Taschenlampe schonen. Die genauen Umrisse der *Dusky Bay* konnte man sich auch beim Frühstück ansehen. Also Schluss mit Lesen. Durch das kleine runde Bordfenster, das sich einen Spaltbreit aufdrücken ließ, war das ruhige Plätschern der Wellen zu hören, die rhythmisch auf die Schiffswand trafen. Die See war sehr ruhig in dieser ersten Nacht an Bord der *Milford Wanderer*.

»Halbwegs gut geschlafen?« Martins nicht ganz geräuschfreies Hantieren an einem Warmlufterhitzer brachte mich zum Aufwachen. Felix, der Deutsche in der sechsköpfigen Crew der *Milford Wanderer*, hatte uns das erstaunlich leistungsstarke Gerät gestern Abend noch in die Kabine geschoben. Der Mittzwanziger aus Sachsen hatte recht: Es war über Nacht empfindlich kalt geworden an Bord, Hose und T-Shirt waren klamm. Doch der warme Luftstrahl füllte den kleinen Raum rasch mit Wärme. »Hätten die Forsters bestimmt auch gern gehabt«, sagte ich halb in Gedanken mit Blick auf die Heizung zu Martin. »Sie hatten nach ihrer Weltreise beide mit schmerzhaftem Rheuma zu tun.« Nach einer kurzen Outdoor-Beratung waren wir uns einig: An der Reling wasserdichte Regenhosen, die auch den kräftigsten Wind abhalten konnten. Und natürlich Wetterjacke und Mütze.

»Lucky you!«, rief Captain Glen uns zu, der während der Discovery-Tour das Rasieren einzustellen schien. »So einen aufgeräumten Himmel gibt's selten hier unten!« Wenn es einer wissen musste, dann unser Skipper, der seinen Wetter-Kontroll-Blick noch einmal durchs Fenster zur *Breaksee Island* hinüberschickte, vor der die *Milford Wanderer* über Nacht einen schützenden Liegeplatz gefunden hatte. Pastell – so hätte mein malender Großvater eine Lichtstimmung kurz gefasst, die alles in Farben mit erhöhtem Rotanteil hüllte. Ein starker Kontrast zum Silbergrau des Vorabends.

Im Passagiersalon der *Milford Wanderer*, auf einem großen Bildschirm an der Wand, vollzog ein schwarzer Pfeil auf einer Satellitenkarte den aktuellen Kurs unseres Schiffes mit. Beim Frühstück fiel mir hier zum ersten Mal die Eintragung »Dusky Sound« auf, auf die sich der Pfeil zubewegte. Darüber das Datum 03. 09. 2012 und die geografischen Koordinaten:

S 45°47.656' E 166°34.599'. Wir mussten also bald eintreffen, die Fahndung nach Forsters Cascade konnte weitergehen.

Für Johann Reinhold und Georg Forster bot sich in *Dusky Bay* erstmals auf der Reise die Möglichkeit, als Naturforscher zur Erkundung an Land zu gehen. Allerdings hatte ihr Vorgänger auf Cooks erster Weltumseglung, Sir Joseph Banks, bei der Erforschung der bis dahin von Europäern unbetretenen Inseln schon vieles entdeckt, nämlich »zwischen zwölf und fünfzehnhundert verschiedene noch unbekannte Pflanzen-Gattungen, nebst einer sehr beträchtlichen Anzahl Vögel, Fische, Amphibien, Insecten und Gewürme«, wie Georg Forster in seiner *Reise um die Welt* auflistete.[10]

Insofern konnten die Forsters in *Neuseeland* nur ergänzen, was Banks vor ihnen übersehen hatte. Dabei machten die Forsters dann aber doch einige Schwergewichte aus. Wortwörtlich die schon erwähnten Seebären, die sie als erste wissenschaftlich beschrieben hatten. Vor allem aber den Neuseeland-Flachs, die wichtigste Kulturpflanze der Ureinwohner *Neuseelands*. Fast all ihre Erzeugnisse wurden daraus hergestellt: Kleider, Mäntel, Matten, Taschen, Segel, Seile, Zeltplanen und vieles andere. Für die Briten nicht unwichtig: die Südseemyrte, wie Georg Forster sie nannte, oder auch »Thee-Baum«, aus der sich die Crew der *Resolution* in *Dusky Bay* begeistert Tee kochte.[11]

Ohne Teetassen gingen auch Martin und ich nicht an Deck. Dort war Glen, unser Kapitän, nicht zu überhören, wenn er per Bordfunk mit der Küstenwache plauderte. »Brillant«, kommentierte er die Wetter-News an diesem Morgen. Und mit einer Drehung in unsere Richtung: »Dann werden wir wohl am späten Nachmittag in die Duskys einlaufen.«

Ob er schon einmal Myrthen-Tee getrunken habe, fragte ich Glen etwas später, nachdem er den Funkempfänger eingehakt hatte. Für seine Antwort legte er ein vielsagendes Schmunzeln auf. Er trinke lieber Sprossen-Bier – immerhin das erste Bier, das in *Neuseeland* gebraut wurde. Eine Erfindung von Captain Cook!

»Zum ersten Mal naturkundlich beschrieben von unserem Helden Georg Forster«, fiel mir dazu ein. Als Glen den Kopf schüttelte, legte ich nach: »Doch, doch: das Sprossenbier ließ Cook aus den Nadeln des Rimu-Baums brauen – und den hat Georg Forster entdeckt und beschrieben!«

»Dann glauben wir's mal«, lachte Glen und wechselte dann in eine Art Verschwörerton. Er hätte da mal einen Deal vorzuschlagen: Es sei ja so, dass *Cascade Cove*, die Bucht, in der wir den von Georg Forster gezeichneten Wasserfall vermuteten, zwar in *Dusky Bay* läge, aber leider nicht so ganz auf der Route unseres Schiffs. Diese abseitige Lage mache die Sache kompliziert. Und man wisse ja nicht, ob bei dieser ganzen Wasserfallaktion überhaupt etwas herauskäme. Ich spürte eine Art Alarmstimmung in mir aufsteigen: »Wir haben vor einem Vierteljahr genau erklärt, was das Ziel der Reise ist«, hielt ich dagegen. »Ohne diese ›Wasserfall-Aktion‹ wären wir nicht hier!«.

Tatsächlich hatte ich die schriftliche Zusage, dass die *Milford Wanderer* uns zur *Cascade Cove* bringen und uns dort ein Mitglied der Crew zum Wasserfall führen würde, in der Tasche. Wortwörtlich. Zusammen mit einer genauen Karte unserer Zielregion und einer Kopie von Forsters Wasserfallskizze steckte dieses Schreiben in einem wasserdichten Klarsichtsack, den ich am Körper trug. Martin hatte darauf eine eher ironische Sicht: Er vermutete, dass ich die »Akte Forsters Cascade« wasserdicht am Körper trug für den Fall, dass das Schiff sinke. Wer auch immer meine Leiche fände, könnte die Fahndung nach Forsters Cascade dann fortsetzen, und mein Tod wäre nicht sinnlos gewesen.

Ich war schon dabei, den Plastiksack unter meiner Jacke hervorzuziehen, um Glen die Zusage seiner Firma unter die Nase zu halten, als sich die ernste Miene unseres Skippers in ein verschmitztes Lächeln verwandelte: Nur die Ruhe, die Wasserfalltour sei nicht einfach, aber sie solle natürlich stattfinden. Er habe nur das abendliche Entertainmentproblem anschneiden wollen, beschwichtigte er. »Wie wär's mit einem Vortrag über Georg Forster nach dem Dinner, Frank?«, kam er schließlich zu seiner eigentlichen Frage. Es wisse ja kaum einer, dass Cook auch deutsche Begleiter hatte! Und psychologisch sei es ebenfalls nicht dumm, die Mitreisenden in unsere Aktion einzubinden. Die müssten sich schließlich einen halben Tag lang mit Paddelübungen beschäftigen, während er uns seinen besten Naturführer für eine Extra-Tour zum Wasserfall mitgäbe. Da sei es für die Stimmung an Bord bestimmt nicht schlecht, wenn alle das Gefühl hätten, hier bringe man Opfer für eine große Sache.

Nach kurzer Bedenkzeit stimmte ich zu – einfach nur froh darüber, dass unsere Tour zu Forsters Wasserfall wie geplant stattfinden sollte.

Schließlich war es so weit: die Einfahrt in die *Dusky Bay*. Mildes Wetter, so wie es auch Forster bei seiner Ankunft hier erlebte. Martin konnte sich kaum fassen vor fotografischer Begeisterung. Zuerst waren es Wolkenschwaden, die sich in bizarren Formen gemächlich über das Wasser schoben und symmetrisch in der glatten See spiegelten, sobald die Sonne aus dem Dunst hervorbrach. Dann lösten sich Nebelschleier aus den felsigen Uferpartien und erzeugten im Gegenlicht zarte Regenbögen, die sich hintereinander staffelten. Ein Farbenspiel, das ich so noch nirgendwo auf der Welt gesehen hatte. Plötzlich verstand man, warum James Cook den Dunst im Namen dieses Küstenstrichs verewigen wollte: *Dusky Bay* – dunstige Bucht.

Und dann ein überwältigendes Naturschauspiel: Im Waschbrettmuster der Wellen erschien eine sichelförmige Rückenflosse – plötzlich waren es zwei Rückenflossen, die sich parallel aneinanderpressten. Schließlich sammelte sich eine Gruppe von sechs Delfinen, die an den Wellenkämmen auf- und abturnten wie an einem Reck. Mal sprangen sie in die Höhe, sodass ihre schneeweißen Bäuche zu erkennen waren. Dann tauchten sie – im glasklaren Wasser der Dusky Bay gut sichtbar – schräg hinab in die Tiefe, um Anlauf für den nächsten Open-Air-Ritt zu nehmen.

»Ich hätte mehr Foto-Chips mitnehmen müssen«, hörte ich Martin, der den Auslöser seiner Kamera im Dauermodus klicken ließ. Während ich an Forsters wunderschöne Darstellung eines solchen Delfins denken musste. »Delphinus delphis«, meinte ich mich zu erinnern, 1774. Ich hatte das Aquarell als großes Faltblatt für die erste illustrierte Ausgabe von Georg Forsters *Reise um die Welt* ausgewählt.[12] 2007 war das, nachdem ich im Londoner *National History Museum* auf nahezu eintausend bis dahin unveröffentlichter, vergessener Zeichnungen Georg Forsters gestoßen war. Eigentlich führten mich Recherchen zu Charles Darwins Evolutionstheorie ins Museum nach South Kensington. Doch muss ich im Gespräch mit Judith Magee, die damals die Handschriftenabteilung des Museums betreute, sehr schnell auf Georg Forster gekommen sein. Jedenfalls holte Judith, als ich sie auf Forster ansprach, ohne weitere Umschweife einen großen blauen Kasten nach dem anderen aus einem mahagonifarbenen Wandschrank, streifte sich blaue Chirurgenhandschuhe über und packte vor meinen Augen Blatt für Blatt Dutzende Forster-Zeichnungen auf die halbschrägen Ablagen ringsum. Es war, als baute sie Forsters Reise um die Welt in einem Amphitheater aus großformatigen Zeichenkartons für mich auf: Die Tuschzeichnung einer spiralförmigen Passionsblume aus *Neukaledonien* und die aus tausend Fäden bestehende Blüte einer Barringtonia aus *Vanuatu*, die Abbildung einer bienenwabenhäutigen Brotfrucht aus *Tahiti* und einer Riesenschildkröte aus *Tonga*, die erste Ansicht eines Königspinguins aus Südgeorgien und eines tiefblauen Stachelrochens von der Insel *Raiatea*.

Beeindruckten mich diese Südseebilder schon aufgrund ihrer exotischen Farbenpracht und Genauigkeit, so flößte mir der Gedanke, dass Georg Forster all das vor über 240 Jahren in einem dunklen Verschlag unter Deck der *Resolution* irgendwo im Pazifik aufs Papier getuscht und dabei auch noch den wissenschaftlichen Ansprüchen einer Erstbeschreibung neu entdeckter Arten genügt hatte, tatsächlich Ehrfurcht ein. Wie absurd, dass diese Schätze – zudem visuell so opulente – nie ausgestellt, nie hergezeigt, in fast zweieinhalb Jahrhunderten nicht veröffentlicht worden waren. War da nie irgendjemand auf diesen naheliegenden Gedanken gekommen? Und sollte man das nicht dringend tun? Ob dies wohl möglich sei, ging meine Frage schließlich an Judith Magee. Ihr selbstverständliches »Why not?« klingt mir bis heute als ganz außergewöhnlich in den Ohren.

Zum Glück fand ich damals bei drei »Forsterianern« Gehör, die auf die eine oder andere Weise auch mit dem Büchermachen zu tun hatten. Zuerst bei Wolfgang Hörner, dann bei Klaus Harpprecht und Michael Naumann. So kamen viele Londoner Bilder Georg Forsters mit der illustrierten Ausgabe seiner *Reise um die Welt* erstmals ans Licht. Darunter Forsters Delfin.

»Pickersgill Harbour ist der Höhepunkt jeder Reise mit der *Milford Wanderer*« suchte Richard Parkinson, der Naturführer der Exkursion, die rund 20 Passagiere zu motivieren, die sich mit ihm in einem leichten Aluminium-Beiboot zu Cooks alter Anlegestelle in der *Dusky Bay* aufgemacht hatten. Ganz leicht hatte er es nicht, denn der Himmel war in Minuten bleiern angelaufen und der Wind hatte deutlich aufgefrischt. Jede Böe brachte einen neuen Wasserschwall heran, der die Exkursionsteilnehmer überschüttete. Die anthrazitfarbene See hatte sich in ein Nagelbrett verwandelt, dessen Konturen irgendwo im Nebel verliefen. Während die beiden Youngsters an Bord – Lin, ein 17-jähriges Mädchen, das seine englische Großmutter auf der *Milford Wanderer* begleitete, und Patrick, der etwas jüngere, sommersprossige Managersohn aus Wellington – einander festhielten, als sei der Untergang der *Titanic* gekommen, plauderten vier ältere Damen so unbeeindruckt miteinander, als existierten Regengüsse und Sturm überhaupt nicht. »Unglaublich die Ladys«, flüsterte Martin mir zu. »So etwas würde eine deutsche Reisegruppe nie hinkriegen!« Tatsächlich demonstrierten die drei Neuseeländerinnen und die robuste Schottin, die sich zu ei-

Pickersgill Harbour, *Cooks Ankerplatz in der Dusky Bay während seiner zweiten Weltumseglung, auf einem Gemälde von William Hodges.*

243

ner Alterskohorte der über 70-Jährigen zusammengeschlossen hatten, was Haltung auf gut Britisch bedeutet. Begeistert wiesen sie dann auch auf die von Grünspan etwas unlesbare Platte im Felsgestein über dem Wasser hin, an der die *Resolution* – vom 27. März bis zum 28. April 1773, wie die Gedenktafel verkündete – geankert hatte.

Auf unserer Tour zogen sich die Ladies aus knietiefen Löchern, die der Regen mit Schlamm und Wasser gefüllt hatte, gegenseitig wieder heraus und kämpften sich mit Händen und Füßen auch durch zugewachsene, dornige Pfade. Wege, die hier nicht etwa Captain Cook und seine Crew hinterlassen hatten, sondern Hirsche und Elche, die erst in Fjordland ausgesetzt wurden und sich über Jahrzehnte millionenfach vermehrt hatten, dann aber bei der Einrichtung des Nationalparks von Helikoptern gejagt und restlos ausgerottet wurden, wie Richard uns aufklärte.

Tatsächlich hatte selbst diese vollkommen abgelegene Küste nur wenig mit der Naturkulisse zu tun, die Georg Forster hier vorgefunden hatte, von Bäumen so alt wie die Sintflut ganz zu schweigen. Allerdings wuchsen zwischen den allgegenwärtigen Baumfarnen und Silberbirken, die heute Fjordland dominieren, auch wieder Rimu- und Manukabäume, die Georg Forster vor zwei Jahrhunderten hier als mächtige Baumriesen vorfand. Und wer in diesen »dead forest« – in diesen toten Wald – hineinlauschte, wie Richard ihn kritisch nannte, weil Vogelgesang so selten geworden war, konnte mit ein wenig Geduld doch typisch neuseeländische Vogellaute hören. Ein Gesang, den nicht, wie in Europa, melodisches Zwitschern, sondern hallende und rasselnde Einzellaute ausmachten.[13] Plötzlich hüpfte ein flauschiger, kleiner, schwarzer Vogel mit hellem Bauch auf Martins Kamera zu. Zur Freude unseres Naturführers, der nicht nur davon begeistert war, dass wir es mit einem extrem seltenen Chatham-Schnäpper zu tun hatten, sondern an der fehlenden Scheu des Vogels bestens erklären konnte, wie sich Tiere in der *Dusky Bay* vor der Ankunft der ersten Europäer verhielten.

Ein wenig seltsam muteten dagegen Versuche an, den Waldpapagei der Südinsel, den Georg Forster hier im September 1773 in den feinsten Nuancen seines rötlich-braunen Gefieders porträtiert hatte, wieder im Nationalpark heimisch zu machen.[14] Zum Verhängnis wurde dem Kaka, wie er heute wieder auf *Maori* genannt wird, dass das gar nicht scheue Tier zur leichten Beute von Katzen und Hermelinen wurde, die die Europäer in Neuseeland einführten. Heute gibt es eine mörderische Schutzeinrichtung, auf die uns Richard aufmerksam machte: Unterhalb jeder Baumhöhle, in der ein Kaka oder sein flugunfähiger Verwandter, der Kakapo nistet, wird am Baumstamm eine Falle für Wiesel, Opossums und Ratten angebracht – eine Box, in der tödliches Kohlendioxid freigesetzt wird, sobald einer der Räuber auf seinem Weg zum Nest in die Falle gegangen ist. Ob das den Waldpapagei tatsächlich nachhaltig schützt, ist allerdings schwer abzuschätzen, zumal auch Bienen und Wespen mit dem Vogel um sein Hauptnahrungsmittel, den Blütennektar, konkurrieren. Wirklich verheerend wirkte sich die Abholzung der Südbuche für den Waldpapagei aus. Dieser immergrüne Baum bringt nur alle zwei bis vier Jahre Samen hervor – und genau in diesem Zyklus pflanzen sich auch die Waldpapageien fort, die ihren Nachwuchs mit den Samen der Südbuche großziehen. Heute bemüht sich *Neuseeland*, die Region wieder zu renaturieren, doch bräuchte Fjordland Jahrhunderte dafür – vorausgesetzt, die Region bliebe so streng geschützt, wie sie es heute ist.

Spuren vom Aufenthalt der *Resolution*, von den Erkundungen Georg und Johann Reinhold Forsters, waren naturgemäß nicht mehr zu finden. Selbst in *Pickersgill Harbour* nicht, wo wir über eine Holzplattform zum *Astronomer's Point* gelangten, zu der Stelle, an der vor mehr als 240 Jahren das Observatorium der *Resolution* stand. Immerhin ragt dort eine Metallstange aus dem Boden, die als Landvermessungsmarke fungiert. »Passt doch zu Cook. Hat doch die Welt vermessen«, flüsterte mir Martin in der andächtigen Stille zu, die sich in unserer Gruppe, selbst bei der munteren Damengruppe, eingestellt hatte.

Als wir kurz darauf wieder an der Reling der *Milford Wanderer* standen, kam das lang ersehnte Ziel dieser Reise fast überfallartig in Sicht. Glen rief uns etwas von der Brücke zu, doch der Fahrtwind am Schiffsbug verschluckte seine Worte. Zugleich deutete der Kapitän der *Milford Wanderer* mit ausgestrecktem Arm immer wieder auf eine bestimmte Stelle an der gegenüberliegenden Küste. Plötzlich wussten wir, was er meinte, auch wenn unsere ungeübten Augen etwas länger brauchten, um in der Felsenlandschaft vor uns auszumachen, was Glen sofort erkannt hatte. Ein paar Kilometer vor uns schoss hoch über dem

Ufer eine weiße Wassersäule aus dem dunkelgrün bewachsenen Bergmassiv: oben ein schlanker Schlauch, etwas tiefer dann eine mächtige Säule, die sich stetig verbreiterte, bevor sie im Dickicht verschwand. Sie war nicht nur größer als die anderen Wasserfälle, die wir bisher auf unserer Fahrt gesehen hatten, sondern auch viel markanter. »Unglaublich, man kann sie wirklich erkennen«, raunte ich Martin kopfschüttelnd zu, während ich ein Trommeln in meiner Brust verspüren konnte: »Sie ist tatsächlich noch da.«

Nach und nach versammelten sich auch andere Mitreisende an der Reling. Glen musste in unserer Abwesenheit für reichlich Interesse an dem Wasserfall gesorgt haben, dem wir auf der Spur waren. Ein guter Kapitän musste sicherlich auch immer ein Näschen für Entertainment haben. »Das dahinten ist doch Forsters Wasserfall – oder etwa nicht?«, rief er lachend durch sein Bordmikrofon.

»Gut möglich – für den ersten Eindruck!«, ruderte ich, jetzt doch ein bisschen verlegen, zurück. Dass der Wasserfall vor uns der Silhouette auf Forsters Skizze aus großer Distanz ähnelte, musste noch lange nicht bedeuten, dass auch die Details stimmten. Es konnte sich genauso gut herausstellen, dass auch diese lange Reise auf der Suche nach Forsters Cascade ein Reinfall war.

»Wie gesagt: heute Abend mehr zu Forsters Wasserfall«, nahm Glen die Sache mit routinierter Professionalität in die Hand. »Wird sicher spannend, Franks Vortrag!«, nickte er in meine Richtung.

Ich wollte jetzt vor allem eines: den Anblick des Wasserfalls auf mich wirken lassen. Trotz Dunstes und großer Entfernung hatte die Wassersäule etwas Dynamisches, Lebendiges. Das Wasser schwoll an und ab, bis es schließlich in die Tiefe rauschte. Konnte man die Kontur irgendwie beschreiben? Martin erinnerte die Form an eine dickbäuchige Flasche mit langem dünnem Hals. Mir, dem Sohn eines Försters, fiel unwillkürlich ein Fuchsschwanz ein, der nach unten immer buschiger wird. Später dann, in unserer kleinen Kabine, musste ich erst einmal mein Tagebuch aus dem Koffer hervorholen. »3. 9. 2012, 18.27 Uhr: erste Ansicht Forsters Cascade« lautete meine kurze Notiz. Dann setzte ich – vielleicht auch ein wenig abergläubisch – ein Fragezeichen dahinter.

Nach dem Dinner hatten sich fast alle Passagiere der *Milford Wanderer* zum Forster-Vortrag im Passagiersalon versammelt. Neugierig, erwartungsvoll. Eigentlich nicht verwunderlich, ging es mir durch den Kopf. Denn wer diese Tour in den äußersten Süden Neuseelands mitmachte, musste auch ein obsessiver Captain-Cook-Fan sein, also höchst interessiert an allem, was den großen Seefahrer betraf – was Cooks Naturforscher und die Erkundung Neuseelands einschloss. Georg Forster hatte sich als junger Freimaurer in seiner Loge vermutlich so ähnlich gefühlt wie ich unter den Passagieren der *Milford Wanderer*, im Kreise einer Bruderschaft Gleichgesinnter. Während Glen den Computerprojektor in Stellung brachte und ich meinen USB-Stick installierte, gab der Küchenchef wie immer nach dem Dinner ein Kochrezept von Elizabeth Cook zum Besten. Die Witwe Captain Cooks hatte in den fast fünfzig Jahren, die sie den berühmten Entdecker überlebte (und am Ende auch ihre sieben Kinder), Kochrezepte von Seeleuten gesammelt, die sich in abgelegenen Weltgegenden kulinarisch mit dem behelfen mussten, was dort eben vorrätig war. Algen, Ratten, Hunde oder, so Chris' Empfehlung an diesem Abend, »Stewed Albatross«. Aus dem kleinen Kochbuch von Mrs Cook zitierte Chris nun den Tipp, man möge den Albatros nach dem Rupfen und Häuten für mindestens eine Nacht in Meerwasser einlegen, um den strengen Geschmack zu mildern. Und verriet außerdem, wem Liz Cook dieses Rezept verdankte: keinem Geringerem nämlich als Sir Joseph Banks, dem großen Naturgelehrten und Gegenspieler der Forsters. Der habe die Sitte, Albatros am Feuer zu braten, hier in *Dusky Bay* auf Cooks erster Weltreise schon bei den Maoris beobachtet. Der Vorschlag, Backpflaumensauce zum Albatros zu reichen und gern etwas Ingwer oder ein anderes starkes Gewürz zu verwenden, falls gerade an Bord, stammte allerdings von Mrs Cook selbst.

Ich war unserem Küchenchef ziemlich dankbar für den Tipp, denn mit seinem »Stewed Albatross« hatte er mir ein ideales Stichwort geliefert. Unter den Zeichnungen, die ich für den Vortrag ausgewählt hatte, fand sich nämlich ein Aquarell, auf dem Georg Forster einen Wanderalbatros abgebildet hatte, ein *Kapschaf,* wie er es nannte.[15] Forster beschrieb den Wanderalbatros in seiner Reisechronik als einen beständigen Begleiter in den südpolaren Gewässern zwischen dem 30. und 40. Breitengrad und machte an den Küsten *Neuseelands* eine unendliche Menge dieser Vögel aus. Nur auf halbem Weg zwischen *Neuseeland* und Amerika, so hielt er fest, sonderbarerweise in

Der Gelbnasenalbatros (Diomedea chrysostoma), von Georg Forster 1775 auf Südgeorgien zu Papier gebracht.

den landlosen Weiten des Stillen Ozeans, wären diese Meeressegler noch häufiger anzutreffen.

In den drei Jahren seiner Reise mit Captain Cook begegnete Georg Forster immer wieder Albatrossen und kam in seiner *Reise um die Welt* auch immer wieder auf sie zu sprechen: Mal erzählte er, dass sie in ihrer Ausdauer beim Fliegen von keinem anderen Vogel übertroffen würden und der *Resolution* über Hunderte von Meilen folgten, wobei sie das Schiff in regelmäßigen Abständen mit nur wenigen Flügelschlägen in reißendem Tempo umkreisten. Ein anderes Mal beobachtete er, wie große Möwen einen Albatros angriffen und immer wieder am Bauch attackierten, bis sich der bedrängte Vogel schließlich aufs Wasser setzte, um mit wilden Schnabelhieben sein Leben zu retten. Oder er berichtete von einem Kapschaf, das vor Erschöpfung nach einem heftigen Sturm auf offener See fest eingeschlafen war und das Schiff nicht einmal bemerkte, als es knarrend und ächzend an ihm vorüberzog. Und immer wieder – so konnte ich noch einmal an Chris' Rezept aus dem Kochbuch der Witwe Cook anknüpfen – schilderte Georg Forster, wie die Schiffscrew, ausgerüstet mit Angeln, Schnüren und einem Stück Schafsfell als Köder, Jagd auf die großen Vögel machte und diese dutzendweise erbeutete, um nahe der Antarktis nur irgendetwas Frisches auf den Teller zu kriegen.[16] Die Matrosen an Bord aber erzählten sich die Geschichte, man weiß nicht, ob im Scherz, oder um ihr Mütchen zu kühlen, dass die Albatrosse ringsum nichts anderes seien als die abgeschiedenen schwarzen Seelen all jener Kapitäne, die zur Strafe für ihre üppige Lebensart zur See nun im Eismeer ausharren müssten, wo sie endlich ein Spiel der Stürme und Wellen wären, statt sich – wie zuvor – in größter Not in ihre schützende Kajüte zurückzuziehen.[17]

Während ich eine weitere Zeichnung Georg Forsters mit dem von ihm südlich von Feuerland entdeckten Graukopfalbatros auflegte, um auf den Zeitdruck hinzuweisen, unter dem Georg Forster an Bord von Captain Cooks Schiff oft zeichnen musste, weshalb manche Blätter unfertige Skizzen geblieben waren, unterbrach Glen meinen Vortrag mit kurzem Räuspern. Bekanntermaßen werde der Stromgenerator um 10 Uhr abends abgeschaltet. Man habe also nur eine gute Stunde. Ob ich nicht vielleicht Forsters Wasserfall vorziehen könnte? Mit heftigem Kopfnicken in meine Richtung bedeutete mir Martin, dass unser Captain zeitlich nicht ganz falschlag.

Also klickte ich auf dem Computer Forsters Wasserfallzeichnung an und sah sie kurz darauf auf dem Wandbildschirm: »Das ist es, wonach Martin und ich suchen. Und mit etwas Glück kommen wir in den nächsten Stunden zu dem Wasserfall, vor dem Georg Forster hier in *Dusky Bay* vor fast zweieinhalb Jahrhunderten stand und zeichnete.« Jetzt, wo ich das Bild zum ersten Mal so groß vor mir sah, fiel mir um so mehr auf, wie großartig es Georg Forster gelungen war, eine dramatische Szenerie mit wenigen Federstrichen wiederzugeben. Wie schade, ging mir durch den Kopf, dass dieser hoch talentierte junge Zeichner an Bord von Captain Cooks Schiff nicht immer zeichnen durfte, was seine Aufmerksamkeit erregte.

Doch jetzt musste ich kurz erklären, wie ich überhaupt auf die Idee gekommen war, dass Georg Forster seine Cascade hier auf der Südinsel *Neuseelands* und nicht an einer der vielen anderen Stationen seiner dreijährigen Weltreise gezeichnet hatte. Ich erzählte von den beiden Schlüsseln bei der Fahndung nach Forsters Cascade, dem Wasserfall und der Vogelbeschreibung auf ein und derselben Skizze. Und musste zugeben, dass ich den Vogel auf Forsters Skizze zunächst für tahitisch gehalten und Forsters Cascade deshalb ganz umsonst auf *Tahiti* gesucht hatte. Ich hatte sogar ein paar Bilder dabei, um diesen Reinfall zu illustrieren: Das erste Foto zeigte Martin und mich im Sommer 2012 am Leuchtturm von *Point Venus* in der tahitischen Hauptstadt Papeete.[18] Von hier aus waren Johann Reinhold und Georg Forster 240 Jahre vor uns zu einem Wasserfall im Tal von *Matavai* aufgebrochen. Martin und ich brauchten fünf Stunden für diesen Aufstieg zum Wasserfall, da wir den Flusslauf des *Tuauru* 26 Mal queren mussten, von einem Ufer ans andere, an wasserumtosten Felsen vorbei und vor allem immer wieder durch Wasserlöcher, von denen man nie wusste, ob man gleich bis zum Knie oder doch bis zum Bauch in den Fluten versinken würde. Tatsächlich war der Fluss, nach dem heute das ganze Tal in einer kolonialen Melange aus französischer und polynesischer Sprache *La Vallée de Tuauru* – »Tal des Ursprungs der Brotfrucht« – genannt wird, mit Steinen und Felsgeröll übersät. Auch Georg Forster hatte in seinem Reisebericht festgehalten, dass ihn der beschwerliche Aufstieg am 2. Mai 1774 ganz matt gemacht hatte und er zusammen mit Anders Sparrman den *Tuauru* wenigstens 50 Mal durchwaten musste. Daran hatte sich also wenig geändert. Nur die Kulissen links und rechts des Flusses stimmten nach fast 250 Jahren nicht mehr, wie Martins Fotos zeigten. Georg Forster sah am Wegesrand noch weitläufige Plantagen, eine beträchtliche Zahl neu erbauter Häuser und an vielen Orten frische »Canots auf dem Stapel«.[19] Wir dagegen kamen durch ein unbewohntes Tal, in dem uns nur einmal eine junge Großfamilie begegnete, die sich auf den flachen Steinen im Fluss ausgebreitet hatte und mit frankofonem Rap vom Ghettoblaster eine Fluss-Party feierte. Kurz darauf folgte eine kleine Müllhalde am Ende des befahrbaren Weges, aus der bunte Plastiktüten aufragten. Noch verblüffter waren wir, als wir hinter der nächsten Flussbiegung auf ein handgemaltes Schild mit der Aufschrift *Cochons en reproduction! Attachez vos chiens!*, auf Deutsch »Hier pflanzen sich Schweine fort. Achten Sie auf Ihre Hunde!«, stießen. Vermutlich ging es um *Cochon Mooirii*, die Wildschweine von *Tahiti*. Irgendwann zog sich nur noch ein schmaler Gemüsegarten über einige Hundert Meter im Schatten des rechten Flussufers hin, bestellt mit Taro und Bananen, zwei hiesigen Grundnahrungsmitteln, die in *Matavai* schon James Cook und den Forsters zum Tausch gegen Nägel und Tuch angeboten worden waren. Nur die namensgebenden Brotfruchtbäume schienen im »Tal des Ursprungs der Brotfrucht« überall verschwunden zu sein, sowohl in der fruchtbaren Mündungsebene des *Tuauru* als auch in der engen Schlucht, in der wir endlich das stetig anschwellende Rauschen des Wasserfalls vernehmen konnten.

Tatsächlich machte sich auf den letzten Metern zum Wasserfall im Tal von *Matavai* sehr schnell Ernüchterung breit. Beim Näherkommen löste sich die vermeintliche Wassersäule in einen breitflächigen Vorhang vieler einzelner Perlenschnüre auf, die aus einer Höhe von etwa zehn Metern in die Tiefe prasselten. Bestimmt ein ganz wunderbarer, einzigartiger Anblick. Nur für uns hatte er in diesem Moment etwas Niederschmetterndes. Dieser Wasserfall hatte absolut keine Ähnlichkeit mit Georg Forsters Pariser Skizze. Erst jetzt, beim Zeigen der Fotos auf dem Screen der *Milford Wanderer*, konnte ich wahrnehmen, wie großartig diese »falsche« Cascade eigentlich war, die »aus lauter schwarzen, dichten Basalt-Säulen bestand«, wie Georg Forster es zwei Jahrhunderte zuvor geschildert hatte.[20] Schwarz glänzende Orgelpfeifen in einem Amphitheater, das von einer Vielzahl schillernder Wasserläufe überspült wurde. So schön kann maßlose Enttäuschung daherkommen.

Irgendwie verhakte sich unsere Cook-Forster-Bruderschaft im Nachfragen und Erörtern, sodass wir uns schließlich für den nächsten Abend verabredeten, um der Spur von Forsters Wasserfallskizze bis nach Neuseeland zu folgen. Ich war gerade dabei, meinen USB-Stick aus dem Computer zu entfernen, als Dave herüberwinkte, der Mann, der uns zum Wasserfall hinaufführen sollte. Auch Glenys, die sympathische Biologie-Lehrerin aus Auckland und unseren Naturführer Richard winkte er zu sich heran.

»Surprise«, strahlte der ruhige Mittvierziger. Tatsächlich hatte er eine Überraschung von einem kleinen Nachmittagsausflug mit dem Beiboot nach *Cooper Island* mitgebracht: einen frischen Trieb Manuka – Myrten-Tee – wie ihn Cook und Forster hier getrunken hatten. Dave hatte ihn frisch für uns zubereitet und vier Minuten ziehen lassen. Wenn wir uns jeder eine Tasse schnappten, könnten wir eine Verkostung vornehmen, meinte er.

»Die Blätter waren angenehm aromatisch, etwas zusammenziehend und gaben beym ersten Aufguß dem Waßer einen ganz besonders lieblichen Geschmack«, hatte Georg Forster in seiner Reisechronik überliefert. Nur dürfe man das Kraut kein zweites Mal mit Wasser aufgießen, weil es dann ungemein bitter werde.[21]

Vorsichtig hingen wir die Nasen in den Manuka-Dampf über unsere Becher, dann schlürften wir vorsichtig von der blassgelben Flüssigkeit. »Schmeckt eigentlich wie Wasser«, meinte Dave etwas enttäuscht. Martin hielt jedoch kopfschüttelnd dagegen: Er sei in Kalkutta mit Tee groß geworden, jedenfalls bis zu seinem vierten Lebensjahr, und erkenne einen feinen, aber sehr guten Jasmin-Geschmack. Richard meinte eine leichte Zitrusnote herauszuschmecken. Glenys, als Biologielehrerin wohl vertraut mit Experimenten, schlug vor, dass wir einen zweiten Schluck vom Rand einer Untertasse nehmen sollten, weil der heiße Sud so etwas abkühlte und man mit einer größeren Teemenge eher auf den Geschmack käme. Also träufelten wir etwas Flüssigkeit auf das kalte Porzellan und schlürften dann vom Rand. Glenys und ich stimmten mit Martin überein: Forsters Myrten-Sud erinnerte an Jasmin-Tee. Auf jeden Fall schmeckte uns Cooks Myrten-Tee so gut, dass Martin und ich unsere Tassen mit an die Reling nahmen. Kurz da-

*Georg Forsters Zeichung der Südseemyrthe (*Leptospermum scoparium*): Captain Cooks Teebaum – Vitamine gegen den Skorbut.*

rauf gingen die Lichter auf dem Schiff aus und eine große Ruhe legte sich über die *Dusky Bay*. Himmel und Wasserfläche gingen im Dunkel der Nacht ineinander über.

Am nächsten Morgen wurden wir durch ein merkwürdiges Prusten und Schnauben geweckt – noch vor dem Einschalten der stromliefernden Dieselgeneratoren. »Vielleicht Robben?«, rief ich Martin in der Koje unter mir zu, nachdem ich den seltsamen Lauten einen Moment lang intensiv gelauscht hatte. Mit einem Satz waren wir raus aus den Betten. Mit Kameras bewaffnet ging es im Eiltempo mittschiffs die Treppe hoch und zum Heck, wo wir uns erst einmal durch ein Dutzend baumelnder Rettungswesten kämpfen mussten, die hier zum Trocknen aufgehängt wurden und in Gesichtshöhe den Blick auf die See versperrten. Endlich konnten wir die Geräuschquelle ausmachen: Chris, unser Schiffskoch, war ins Wasser gesprungen, um mit zwei anderen um die Wette zu schwimmen – ein paar Runden ums Schiff, wie es hieß.

»Wollen wir mitmachen? Ein paar Meter durch die *Dusky Bay*?«, versuchte ich Martin zu überreden. Doch der winkte ab: »Erst nach dem Aufstieg zu Forsters Cascade. Das Wasser hat sieben Grad, eine Erkältung wäre jetzt schlecht …« Das klang, leider, vernünftig. Als Sieger enterte schließlich Patrick – trotz seiner 16 Jahre schon der Hüne an Bord – keuchend die Leiter, dicht gefolgt von Glenys, in ihrem marineblauen Bikini.

Ich musste an den etwa gleichaltrigen Georg Forster denken, der hier in der *Dusky Bay* vermutlich zum ersten Mal in seinem Leben eine barbusige Frau zu Gesicht bekommen hatte. Den Maori-Frauen genügte es, sich bei kühleren Temperaturen in federgeschmückte Ponchos zu hüllen – »Matten von Neu-Seeländischen Flachs«, wie Forster schrieb – weit entfernt von europäischen Schamvorstellungen.[22]

Bei Georg Forsters erster Begegnung mit den Maori in der *Dusky Bay* am 6. April 1773 »erblickte man in der Ferne, am Eingang des Waldes, zwei Frauenspersonen, deren jede einen Spieß in der Hand hielt«, wie er in seiner *Reise um die Welt* festhielt.[23] Ein lautes Rufen der »Indianer« – wie Forster die Maori nannte – habe das Boot, in dem die beiden Forsters, Captain Cook und Leutnant Clerke zur Jagd in die Duck Cove aufgebrochen waren, schließlich zu einer Insel gelockt, die man daraufhin *Indian Island* taufte. Auf einem Felsvorsprung fand dann das erste Zusammentreffen zwischen Europäern und Maori auf der zweiten Cook'schen Weltumseglung statt. Georg Forster berichtete, dass ein älterer Mann den Fremden mit seiner Keule gedroht habe – vielleicht zum Schutz der beiden Frauen – dann aber weiße Papierbögen als Geschenk annahm und mit Captain Cook die Nase aneinanderdrückte, sodass friedliches Einvernehmen hergestellt war.

»Nunmehro erfolgte zwischen uns und den Indianern eine kleine Unterredung, wovon aber keiner etwas rechtes verstand, weil keiner in des andern Sprache hinreichend erfahren war«, erzählte Georg Forster weiter in seiner Reisechronik.[24] Tatsächlich war der polynesische Wortschatz des Sprachgenies Georg Forster am Anfang der Reise noch begrenzt, konnte sich aber im Laufe der nächsten drei Jahre enorm erweitern.

Doch über die beiden »Amazonen« mit dem Spieß in der Hand erfuhren wir an dieser Stelle nicht viel mehr. Die ältere der beiden Frauen sei durch ein Gewächs an der Unterlippe entstellt, während die jüngere, die man zunächst für ihre Tochter hielt, »gar nicht so unangenehm aussah«. Und weiter: »Sie waren alle dunkelbraun oder Olivenfarbicht, hatten schwarzes und lockichtes Haar, das mit Öhl und Rothstein eingeschmiert, bey dem Mann oben auf dem Wirbel in einen Schopf zusammen gebunden, bey den Weibern aber kurz abgeschnitten war. Den Oberteil des Cörpers fanden wir wohl gebildet; die Beine hingegen außerordentlich dünne, übel gestaltet und krumm«.[25]

Eine romantische Begegnung war das nicht. Aber Georg Forster verfasste seine Reisechronik nach der Rückkehr nach London auch unter den Augen seines lehrmeisterlichen Vaters, der an Bord zudem als Herr über die Bordnotizen fungiert hatte. Das Journal des Vaters bildete denn auch Georg Forsters Grundlage für die Abfassung der *Reise um die Welt,* da er sein eigenes Bordtagebuch – man wüsste gern warum – schon nach wenigen Monaten abgebrochen hatte.

Generell beurteilten beide, Vater und Sohn Forster, weibliche und männliche Physiognomie nach ästhetischen Kriterien, die rigoros am Vorbild antiker Skulpturen geschult waren. So kamen sie zu Urteilen, die typisch waren für ihre Zeit, uns heute aber aufgrund ihrer Schroffheit schaudern lassen.

Die Frauen auf Madeira waren »klein und stark von Knochen, selbst im Gesicht«, es fehlte ihnen »die blühende Farbe«, kurzum: »hässlich«, wie Georg Forster apodiktisch befand. Die Einwohner der Städte Madeiras – noch hässlicher als die Landleute.[26] Noch zwanzig Jahre später folgte Georg Forster auf seiner Reise mit dem jungen Alexander von Humboldt nach England in seinen *Ansichten vom Niederrhein* denselben antiken Leitlinien wie in seiner Jugend und fand die Frauen in einigen Landstrichen Flanderns und Brabants unansehnlich.[27]

Als 18-Jähriger in der *Dusky Bay* machte Georg Forster im Verlaufe des fünfwöchigen Aufenthalts an der jungen Maori-Frau jedoch Eigenschaften aus, die er für typisch weiblich hielt. Etwa die Freude am Tanz oder die Begierde, »vermittelst eines höhern Grads von Lebhaftigkeit und Gesprächigkeit zu gefallen«. Eher irritiert hielt er fest, dass sie »in einem fort und mit so geläufiger Zunge geplaudert hatte, als sich keiner von uns je gehört zu haben erinnern konnte«. Dass das Mädchen indes nicht nur von ihrem viel älteren Mann geprügelt wurde, sondern umgekehrt auch auf diesen einschlug und dann weinte, konnte der junge Forster kaum einordnen.[28]

Ob er auch erotische Reize von dem halb nackten Maori-Mädchen mit dem schönen Oberkörper empfing, ist seiner Reisechronik nicht zu entnehmen. Viele andere junge Männer der Crew versuchten indes, mit der jungen Frau aus dem Clan der *Ngati Mamoe* – einer nomadisierenden Maori-Gruppe, die den Dusky Sound regelmäßig aufsuchte – anzubändeln. Vergeblich.

Tatsächlich werden Forsters persönliche Gefühle in seiner *Reise um die Welt* am ehesten auf *Tahiti* und den tropischen Südseeinseln spürbar. Dort konnte er sich nicht genug über die sexuelle Freizügigkeit wundern: »Mit alle dem bleibt es immer ein sonderbarer Zug in dem Character der südlichen Insulaner, dass unverheirathete Personen sich ohne Unterschied einer Menge von Liebhabern preis geben dürfen! Sollten sie denn wohl erwarten, dass Mädchen, welche den Trieben der Natur Gehör und freyen Lauf gegeben, bessere Weiber würden als die unschuldigen und eingezogenern?«[29]

Und was die Crew der *Resolution* betraf: »Man kann wohl denken, dass unsere Seeleute sich den guten Willen dieser Schönen zu Nutze machten. Sie ließen uns auch hier wieder Scenen sehen, welche der

Tempel Cytherens werth gewesen wären.«[30] Der junge Forster sah »Nymphen, davon die eine in dieser, jene in einer andern verführerischen Positur behend um das Schiff herschwammen, so nackt als die Natur sie gebildet hatte«. Oder dass eine Landestracht, »die den wohlgebildeten Busen und schöne Arme und Hände unbedeckt ließ«, geeignet war, »unsre Leute in Flammen zu setzen«. War auch er berauscht von so viel Sinnlichkeit?

Die Begrüßungsrituale auf *Tonga* waren dazu angetan, auch die letzte körperliche Distanz aufzuheben: »Sie umarmten uns, küßten uns zuweilen die Hände und drückten sie an ihre Brust«, hielt Georg Forster über die Ankunft in *Eua*, der kleinen Insel gegenüber von *Tongatapu*, fest.[31] Mochte er zurückküssen?

Allein Forsters kleiner Dialog *Gastfreundschaft*, der erst nach seinem Tod 1794 erschienen ist, verriet möglicherweise etwas von den erotischen Sehnsüchten des *Teori*, wie die Tahitianer Georg Forster beim Vornamen nannten.

»Ich gebe mich den kühnen Augen des Mädchens gefangen«, sagt da *Teori* zu seinem Freund *Pamani* – Anders Sparrman wurde so in Tahiti gerufen – über *Imiroa*, ein »tolles Geschöpf«, das ihn im Matavai-Tal nach Landessitte, gegen anfänglichen Protest, über die schlüpfrigen Steine des Tuaura-Flusses trägt, damit seine Schuhe nicht nass werden. »Halt dich fest an meinem Halse«, ruft Imiroa dem jungen Mann auf ihrem Rücken zu. »O festwachsen soll meine Hand an diesem Busen!«, denkt heimlich *Teori*. Und *Imiroa* verspricht: »Sobald wir durch das Gebüsch sind, kommen wir an den Rasenplatz, auf welchem unsere Hütte steht. Da will ich dir die Müdigkeit vertreiben.«[32] War das nun das Eingeständnis Georg Forsters, dass er sich über die Regeln des Pfarrers Johann Reinhold Forster hinwegsetzte, sobald er in der Südsee mit dem sechs Jahre älteren Sparrman allein unterwegs war? Lockerte sich unter dem Einfluss des 24-jährigen Schweden das Moralkorsett des 18-jährigen Deutschen?

Oder hatte dieses Fragment mit Georg Forsters individueller Gefühlslage wenig zu tun, sondern knüpfte nur literarisch an ein Erlebnis auf *Tahiti* an – eine romantische Fiktion, vielleicht angeregt durch die Liebesdialoge zwischen Kaiser Duschmanta und der Schönen des Waldes im indischen Schauspiel *Sakontala*, das Georg Forster 1791 in Mainz aus dem Englischen ins Deutsche übersetzt hatte?[33]

Glaubt man Georg Forsters Reisechronik, so scheint er an der Beherrschung der Leidenschaften gearbeitet zu haben. Nur wenig spricht dagegen. Man könnte immerhin fragen, warum er am 13. Martius (März) 1774 auf der Osterinsel in einer Ecke seines persönlichen Bordtagebuchs die drei polynesischen Vokabeln »Eoore« für Penis, »Poke« für Vagina und vermutlich »Ayay« für Kopulieren eingetragen hatte.[34] Während er in seinem Reisebericht sehr viel allgemeiner von »Gliedmaßen« sprach, nach denen man sich bei dem jungen Mann von der Osterinsel erkundigte, der als Erster den Mut hatte, die *Resolution* zu betreten. Dieser trug ein »Netzwerk« vor der Scham, »das aber nichts bedeckte«, wie Georg Forster festhielt.[35] Insofern ist augenscheinlich, wie er beim Abfragen der Fremdwörter auf »Penis« kam. Aber auch auf »Vagina« und »Koitus«? Ging sein linguistisches Interesse doch weiter, als wir ahnen? Spekulation. Schließlich nannte er die in den Tropen sexuell sehr aktiven Seeleute »verblendet«, eine Sicht, die wohl eher seiner strengen Erziehung entsprach.[36]

Ganz anders der gelehrte aristokratische Vorgänger der Forsters, Sir Joseph Banks, der durchaus doppeldeutig vom »Transit der Venus« parlierte und täglich mit den tahitischen Damen verkehrte.[37] Diese ihrerseits erhofften sich Nachkommen mit hellerer Hautfarbe, die nach tahitischem Brauch leichter in höhere Adelskreise aufsteigen konnten. Insofern sorgte die Ankunft der Briten für sexuelle Aufregung auf den Inseln.[38] Das soziale Aufstiegsmotiv der Frauen aber – zumal es sich erst neun Monate später bei der Geburt realisierte, wenn die weißen Ankömmlinge längst wieder abgereist waren – war vermutlich weder Banks noch den Forsters bewusst. Sie erfreuten sich an der »Liderlichkeit« der Weibsbilder in der Südsee oder wunderten sich darüber. Man kann darüber spekulieren, inwieweit die »Liebeskunst« der ausgehungerten Seeleute, die oft genug roh über die Frauen der Südsee herfielen, den zum Manne reifenden Georg Forster geprägt hat. Seine unglückliche Ehe, Thereses Klagen über seinen ungenügenden Feinsinn, könnte in diese Richtung weisen.

An *Indian Island*, dem berühmten Schauplatz der ersten Begegnung zwischen Europäern und *Maori* in der *Dusky Bay*, führte auch für uns auf der *Milford Wanderer* kein Weg vorbei. Nach dem morgendlichen Wettschwimmen ums Schiff, das sich noch unter dramatisch grauem Himmel abgespielt hatte, machte sich unser Schiff auf den Weg, während die Wetterkulissen in atemberaubender Geschwindigkeit wechselten, sodass schließlich auf saphirblauer See tropisch anmutende Inseln auftauchten. Ganz gemächlich steuerte unser Kapitän sie an und dann sanft zwischen ihnen hindurch, sodass man die Äste und Zweige der Bäume am Ufer der kleinen Eilande, die der *Indian Island* westlich vorgelagert sind, fast mit ausgestrecktem Arm berühren konnte. Vor dem hellen Frühlingsgrün, das jetzt im September überall erstrahlte, nahmen sich die ringsum hervorstechenden *Rata*-Blüten, deren zeigefingerlange rote Tentakel ein gelbes Auge umschließen, wie rote Vögel aus, die nur kurz auf den wippenden Zweigen Rast machten.

Das schnelle Klicken von Martins Kamera lenkte meinen Blick von den Baumblüten auf eine von dunkelroten Algen überzogene Felsnase vor uns, auf der sich zwei junge Seerobben in der Sonne ausgestreckt hatten. Beim Vorbeidriften konnte man ihre großen, runden Augen ganz aus der Nähe betrachten – blau schimmernde Glasmurmeln, die mit dem ahnungslosen Staunen eines Kindes auf den dunklen Schiffskörper blickten, der sich an ihnen vorüberschob. Und immer wieder wurde vor den hellen Uferfelsen, deren Verlauf man im glasklaren bläulichen Wasser metertief verfolgen konnte, der neuseeländische *Kaikoura*-Seetang sichtbar, der sich ockerfarben im Meer oder wie ein Aal auf den Felsen entlangzuschlängeln schien, wo meterlange ölige Stücke in den Regenbogenfarben schillerten.

Ein wenig abrupt brach Glens Mikrofonstimme in die beschauliche Stimmung der Passagiere ein, die wie verzaubert an der Reling standen und die Natur nicht stören wollten. Doch hatten wir *Indian Island* erreicht. »Sie wollen's doch nicht verpassen«, entschuldigte sich Glen durch die offene Tür der Brücke.

Schon kam der Felsvorsprung in Sicht, auf dem Cook und die Forsters den alten Maori mit der Keule und seine beiden Frauen gesichtet hatten. »Wo sich die Umarmung ganz genau abgespielt hat, kann ihnen selbst ein Marine-Historiker nicht genau sagen«, räumte Glen ein. »Doch habe ich bei einem englischen Historiker nachgelesen, dass Captain Cook sich nicht nur darauf freute, Einheimische zu treffen, sondern sie auch ein wenig fürchtete.«

Tatsächlich hatte nicht nur Cooks erster Neuseeland-Aufenthalt zu Auseinandersetzungen mit den *Maori* geführt, wie unser Kapitän erzählte. Ein französisches Schiff hatte vor Cooks zweiter Weltreise an der Küste *Neuseelands* ein Zusammentreffen mit den Einheimischen erlebt, bei dem es nicht friedlich geblieben war. Capitain de Surville und seine Equipe hatten im Norden *Neuseelands* 30 Hütten eines Maori-Dorfes niedergebrannt und den Häuptling entführt, der schließlich an Bord der *St. Jean-Baptiste* an Skorbut gestorben war. »Keine guten Vorzeichen für Cooks nächste Visite«, fasste Glen die Geschichte zusammen. Vielmehr musste man davon ausgehen, dass weiße Europäer als feindliche Eindringlinge betrachtet wurden. Auch Georg Forsters Reisechronik zeugt davon, dass man bei der Erkundung der Inseln immer darauf achtete, sich nicht leichtsinnig in allzu kleine Gruppen aufzuspalten. Dass tatsächlich zehn ihrer Kameraden in *Neuseeland* erschlagen wurden, erfuhren James Cook und die Forsters erst auf ihrer Rückreise – einen Teil der schrecklichen Wahrheit schon 1774 von den Maori selbst, die vollständige Version aber erst 1775 in Kapstadt, wo Tobias Furneaux, der Kapitän des Schwesterschiffs der *Resolution*, eine Nachricht für Cook hinterlassen hatte.

Das Unheil hatte sich nach der Trennung der beiden Schwesterschiffe im Dezember 1773 bei dem neuntägigen Sturm in der Cook-Straße ergeben, als Captain Furneaux – nunmehr ohne die Begleitung durch Cooks *Resolution* – die Segel zur Rückreise nach England setzen ließ. Um seine Besatzung mit vitaminreichen Kräutern zu versorgen, ließ er noch einmal in der *Queen Charlotte Bay*, dem zweiten Ankerplatz der neuseeländischen Südinsel, haltmachen.

»Seine Leute landeten in Gras-Cove, und fingen an Kräuter abzuschneiden«, berichtete Georg Forster in seiner *Reise um die Welt*. »Vermuthlich hatten sie, um mehrerer Bequemlichkeit willen, bey dieser Arbeit ihre Röcke ausgezogen; wenigstens erzählten uns die Indianer in Königin-Charlotten-Sund, der Streit sey daher entstanden, dass einer von ihren Landsleuten den unsrigen eine Jacke gestohlen hätte. Dieses Diebstahls wegen habe man sogleich Feuer auf sie gegeben, und so lange damit fortgefahren, bis die Matrosen kein Pulver mehr gehabt: Als die Eingebohrnen dies inne geworden, wären sie auf die Europäer zugerannt, und hätten selbige bis auf den letzten Mann erschlagen.«[39]

Der Befehlshaber dieser tödlichen Mission, Jack Rowe, war zuvor schon mehrfach durch brutales Verhalten den Maori gegenüber aufgefallen, berichtete Forster weiter. So habe Rowe häufiger als andere zum Gewehr gegriffen und mehrfach versucht, Einheimische zu kidnappen, um seinen Willen durchzusetzen.[40]

Nach der Entdeckung des Gemetzels wurde der Rachedurst der Männer der *Adventure* zusätzlich dadurch angeheizt, dass sie in Körben zerstückelte und angeschmorte Leichenteile ihrer Kameraden fanden und eine kannibalische Orgie der Maori vermuteten.

So kam es am 17. Dezember 1773 in der *Wharehunga Bay* zu einem zweiten Massaker, diesmal an den für das Erschlagen der Engländer verantwortlichen Clans der *Ngati Kuia* und *Rangitane* – verübt von den Männern der *Adventure*.[41] Georg Forster schreibt: »Sie feuerten und tödteten viele von den Wilden, trieben sie auch zuletzt, wiewohl nicht ohne Mühe, vom Strande, und schlugen ihre Canots in Trümmern.«[42]

Ich erinnere mich, dass ich 2003, bei meinem ersten Besuch in der *Queen Charlotte Bay*, etwas verwundert war über das Cook-Denkmal in der *Ship-Cove* – *Meretoto* sagt man heute wieder auf Maori –, dem wichtigsten Ankerplatz der *Resolution* in den Jahren 1773 und 1774. Nach einer mehrtägigen Wanderung an den Buchten des *Marlborough Sound* entlang erwartete man inmitten der Natur nicht unbedingt ein monumentales Bauwerk. Vermutlich ist der gewaltige weiße Pyramidenstumpf zu Ehren Cooks – direkt gegenüber dem Steg, an dem heute mehrmals in der Woche das kleine Schnellboot aus *Anakiwa* anlegt – eines der größten Cook-Monumente weltweit. Gekrönt wird es durch einen Anker, der dem der *Resolution* nachempfunden ist.

Das eigentlich Bemerkenswerte aber ist, dass zwei mächtige Kanonen flankierend links und rechts des Bauwerks aufgepflanzt wurden, als gäbe es hier etwas strategisch Wichtiges zu verteidigen. Vermutlich war das aus Sicht der Briten auch der Fall: Hier wurden weiße Männer abgeschlachtet – und anschließend ein Exempel an den Wilden statuiert. Interessant auch die Inschrift. Sie begnügt sich mit dem Hinweis, dass Captain Cook fünf Mal in *Ship Cove* ankerte, seine angeschlagenen Seeleute hier ihre Zelte errichteten und die Wasserfässer auffüllten. Von Blutvergießen keine Rede. Ein solcher Hinweis hätte vermutlich den Anschein von Harmonie im *British Empire* – das Denkmal wurde 1913 eingeweiht – empfindlich gestört.

In der *Dusky Bay* musste sich unser Kapitän zum Glück nicht mit diesen blutigen Seiten des zivilisatorischen Zusammenstoßes der

Cook'schen Reisen befassen. *Indian Island* konnte seine Unschuld bewahren, es blieb friedlich, als Georg und Johann Reinhold Forster die Gegend erkundeten. Ein See nahe *Pickersgill Harbour* heißt heute *Lake Forster*. Glen erzählte, dass die Maori 1772 nichts mehr verwunderte, als ein Werkzeug, dass sie bislang nicht besaßen: die Säge nämlich. Auch Georg Forster berichtet in seiner Reisechronik, dass der alte *Maori*-Krieger genau zusah, sobald die Zimmermänner zur Säge griffen. Fasziniert von der Technologie, dicke Bäume umzulegen, indem zwei Männer ein großes Metallblatt hin- und herschoben. Generell, so befand Georg Forster anerkennend, interessierten sich die Einheimischen hier für Dinge, die einen praktischen Wert besaßen.[43]

Eine Art Augenhöhe stellte sich ein, als die Maori ihrerseits die Einladung aussprachen, die Crew der *Resolution* möge von Pickersgill Harbour zum Besuch herüberkommen auf die *Indian Island*. Dafür bereiteten sich die Maori »in allem ihrem Schmuck und Staat« vor, wie Georg Forster in seiner Reisechronik notierte.

»Sie hatten sich gekämmt und die Haare mit Öl oder Fett eingeschmiert, auf dem Scheitel zusammen gebunden, auch weiße Federn oben in den Schopf gesteckt. Einige trugen dergleichen Federn, an eine Schnur aufgereihet, um die Stirn gebunden; und andre hatten Stücke von Albatros-Fell, auf welchen noch die weißen Daunen saßen, in den Ohren. In diesem Staate erhoben sie bey unsrer Ankunft ein Freudengeschrey und empfingen uns stehend mit mannigfaltigen Zeichen von Freundschaft und geselligem Wesen.« Es folgte der gegenseitige Austausch von Geschenken: Cook überreichte ein rotes Cape, das er zuvor eigens angefertigt und um seine Schultern gelegt hatte, und erhielt dafür ein *Pattu-Pattu*, eine flache Streitaxt aus Fischbein. Ein Akt gegenseitiger Anerkennung.[44]

Als die *Milford Wanderer* die östliche Spitze der *Indian Island* erreichte, machte uns Glen auf ein Schild aufmerksam. Ziemlich stolz las er den Schriftzug vor: »Finally predator-free!« – Endlich raubtierfrei! – verkündete die Tafel. Sponsoren hätten fast 100 000 Neuseeland-Dollar gespendet und viele Freiwillige jahrelang Fallen aufgestellt und kontrolliert: »It's official!«, erzählte unser Captain. »Keine Maus, keine Kröte, kein Raubtier mehr!« Für die Naturfreunde an Bord der größte Hoffnungsschimmer dieser Reise. Erstmals seit der Ankunft der Europäer kann hier, auf *Indian Island*, die reale Rekonstruktion der ursprünglichen Flora und Fauna von *Te Wai-pounamu*, der Südinsel Neuseelands, beginnen.

Nachdem die *Milford Wanderer* ihre Ankerposition für die Nacht in der *Duck Cove* eingenommen hatte, erwartete uns Richard mit einer akustischen Überraschung, bevor wir uns wieder auf die Spur von Forsters Wasserfallskizze machen wollten: Mit geschlossenen Augen lauschten wir den Klängen der *Koauau*, der kurzen Mundflöte, die unter den historischen Instrumenten der Maori am häufigsten gespielt wurde.

»Erinnert ein bisschen an den Zauber der Panflöte«, flüsterte mir Martin zu – und hatte nicht ganz Unrecht. Mir ging durch den Kopf, dass Captain Cook, der seinen »Bergschotten« abendliche Dudelsack-Konzerte in *Dusky Bay* abhalten ließ, die Maori mit diesen sehr lauten Flötentönen sicherlich beeindrucken konnte. Allerdings brachte es die *Putatara* – das Muschelhorn der Maori – auf nicht weniger Dezibel Lautstärke. Am beeindruckendsten aber fanden wir eine *Hue Puruhau* genannte Kürbisflöte, deren bassige Töne sehr räumlich und mysteriös, fast ein wenig unheimlich klangen. Ein Sound, der erotische Wirkung haben soll, wie uns Richard verriet, weil er den Balzruf des *Kakapo* nachahmte. Ein Ruf, der selten geworden ist, wie wir wussten.

Wobei auch fest steht, dass schon die ersten Polynesier, die *Neuseeland* von *Tahiti* und den *Cook-Inseln* kommend vor rund 800 Jahren besiedelt hatten, einen ersten Vernichtungsschub auslösten, indem sie die straußengroßen Moa (*Dinornithiformes*) – einst die größten und zahlreichsten Landbewohner der beiden neuseeländischen Inseln – in einem Zeitraum von nur drei bis vier Generationen ausrotteten. Und dies war nicht die einzige Tierart, die *Aotearoa* – das »Land der großen weißen Wolke«, wie die polynesischen Siedler das Land bei ihrer Ankunft nannten – nach dem Eintreffen des *Homo sapiens* für immer einbüßte. Der natürliche Feind des Moas, der Haast-Adler (*Harpagornis moorei*), mit einer Spannweite von über drei Metern der größte Greifvogel der Neuzeit, verschwand ebenso wie die bis zu 18 Kilogramm schwere, flugunfähige Südinsel-Riesengans (*Cnemiornis calcitrans*).

Rund 500 Jahre später waren die europäischen Ankömmlinge im Vergleich zu ihren polynesischen Vorgängern technologisch so weit fortgeschritten, dass sie nur zwei Generationen benötigten, um die ursprünglich vollständig mit Wald bedeckte riesige Doppelinsel abzuholzen und in Weideland zu verwandeln. Wer einmal im Naturschutzgebiet des *Waipoua Forest* auf dem nordwestlichsten Zipfel der neuseeländischen Nordinsel unter der Krone des *Tane Mahuta* stand – unter dem mit fast 50 Meter Höhe und 14 Metern Umfang größten Baum *Neuseelands* aus der extrem gefährdeten Araukarien-Gattung der *Kauri* –, kann sich vielleicht vorstellen, wie erschüttert die Männer der *Resolution* wären, hätten sie die gewaltige Vernichtung von Arten und Biomasse vor Augen, die seit ihrer Entdeckerleistung in *Neuseeland* vonstattengegangen ist. Aber auch Menschen des 21. Jahrhunderts überkommt im Schatten der mächtigen Kauri-Bäume ein ehrfurchtsvolles Schweigen. Ihre Majestät vermittelt eine Anschauung davon, wie großartig und überwältigend diese Welt sein könnte, würde sie nicht aus Gier und Dummheit zerstört. An dieser Stelle griff unser Captain routiniert in den Vortrag ein, diesmal nicht, um an die baldige Nachtruhe zu erinnern, sondern weil er einen Waldbrand im winzigen Überrest der Kauri-Wälder miterlebt hatte. Damals, 2007, hatten sich die Flammen durch den *Waipoua Forest* schon bis zum *Tane Mahuta* durchgefressen. In dieser Situation waren es freiwillige Feuerwehrmänner, wie Glen sichtlich berührt erzählte, die zum Schutz des 3000-jährigen Ureinwohners ihres Landes ihr Leben einsetzten, was den ehrwürdigen Baum am Ende tatsächlich rettete. Zustimmendes Klopfen auf den Tischen ringsum belegte etwas, was mir in den letzten Tagen in *Neuseeland* besonders aufgefallen war: ein großer Respekt vor der Natur, eine Art ökologischer Patriotismus der Neuseeländer.

Schließlich war ich wieder an der Reihe. Mit einem Mausklick kehrte ich zu den Vogelzeichnungen Georg Forsters zurück und ließ den neuseeländischen Vogel erscheinen, der Martin und mich in die *Dusky Bay* gebracht hatte: die Zeichnung einer *Weka*, eines neuseeländischen Wasserhuhns. Daneben warf ich eine Abbildung jenes Buches an die Wand, das am Ende das Rätsel um die Vogelbeschreibung auf Forsters Klappkarte gelöst hatte: ein Buch von Johann Reinhold Forster, das jedoch erst Jahrzehnte nach seinem Tod erschienen war: *Descriptiones animalium*, die Beschreibung aller Tierarten, die die Forsters auf der zweiten Cook'schen Weltumseglung entdeckt hatten.[45]

Georg Forsters Zeichnung des neuseeländischen Wasserhuhns (Gallirallus australis).

Georg Forsters Klappkarte aus seinem Pariser Nachlass mit der Skizze der Cascade und der Vogelbeschreibung darunter.

Nach dem Reinfall auf *Tahiti* hatte ich ziemlich wahllos in alle Richtungen weiterrecherchiert und mich nach einer Weile auch an dieses rare Buch in der Berliner Staatsbibliothek erinnert. Und dann wieder einer dieser glücklichen Zufälle: Beim Durchblättern der *Descriptiones* stieß ich auf einen Vogelsteckbrief, der mit der handschriftlichen Vogelbeschreibung auf Forsters Klappkarte übereinstimmte. Zuerst die Entdeckung einer unbekannten Forster-Skizze in Paris, dann die geografische Zuordnung mittels eines lateinisch geschriebenen, kaum bekannten Forster'schen Tierlexikons in Berlin, schließlich die Suche im Südpazifik – das war schon ein ziemlich raumgreifendes Puzzle. Am Ende aber konnte es weitergehen mit der Fahndung nach Forsters Cascade – nunmehr in *Neuseeland*.

Auf dem Wandbildschirm konnte ich jetzt das Foto der *Weka* durch ein Aquarell von Georg Forster aus dem Londoner *Natrunal History Museum* ersetzen.[46] *Gallirallus australis* hieß die *Weka* da, neuseeländisches Wald- oder Wasserhuhn.[47] Den Kopf ganz nach hinten gedreht, schaute das Tier vom Screen der *Milford Wanderer* in den Passagiersalon – etwas ungläubig? Ich jedenfalls konnte zum Schluss kommen: Da es sich bei der *Weka* um eine Spezies handelte, die ausschließlich auf der Südinsel *Neuseelands* vorkam, konnten wir die Suche auf die *Dusky Bay* eingrenzen. Und dann gab es – ich ließ Forsters Zeichnung von der *Cascade* bildschirmfüllend auf dem Screen erscheinen – weitere Indizien auf einen ganz bestimmten Wasserfall in *Dusky Bay*: In seinem Reisebericht schilderte Georg Forster die Entdeckung der *Weka* durch Anders Sparrman direkt nach seiner Beschreibung des Wasserfalls am Eingang der *Cascade Cove*, sodass Wasserfall und Vogel in Forsters Reisebericht ähnlich zusammenfanden wie die *Cascade* und die Vogelbeschreibung auf der Klappkarte in seinem Pariser Nachlass.[48] Weiter berichtete Georg Forster von einem Aufstieg von »600 Fuss« zum Wasserfall der *Cascade Cove*. »Der Gegenstand, der zuerst in die Augen fällt, ist eine klare Wassersäule, die gegen 24 bis 30 Fus [sieben bis acht Meter] im Umfange hält, und mit reißendem Ungestüm sich über einen senkrechtstehenden Felsen, aus einer Höhe von ohngefähr 300 Fuß, herabstürzt [...] Während des schnellen Herabströmens fängt das Wasser an zu schäumen und bricht sich an jeder hervorragenden Ecke der Klippe, bis es unterhalb in ein schönes Becken stürzt, das [...] von großen und unordentlich über einander gestürzten Steinmassen eingeschlossen ist.« Zudem erregte ein »vortreflicher Regenbogen, der bey hochstehender Mittags-Sonne in den Dünsten der Cascade völlig cirkelrund und sowohl vor, als unter uns, zu sehen war«, seine besondere Aufmerksamkeit.[49]

Tatsächlich korrespondierte Forsters Schilderung des Wasserfalls in der *Cascade Cove* von *Dusky Bay* recht genau mit seiner zeichnerischen Darstellung auf dem Wandbildschirm unseres Schiffs. Selbst die beiden braun-weiß getupften Regenbögen auf Forsters Skizze wurden in seiner Reisechronik erwähnt.[50] Aber auch was die Umgebung der Cascade angeht, wäre Forsters Zeichnung als perfekte Illustration seiner Reisebeschreibung brauchbar. Oder umgekehrt: Seine Schilderung könnte den Blick des Betrachters von einem Detail seiner Zeichnung zum anderen lenken – etwa wenn Forster über den Hintergrund des Wasserfalls schreibt: »Zur Linken dieser herrlichen Scene stiegen schroffe braune Felsen empor, deren Gipfel mit überhängendem Buschwerk und Bäumen gekrönt waren.«[51] Ich drehte mich noch einmal zu Forsters Zeichnung auf dem Screen um. Ob Martin und ich diesmal mehr Glück hatten als auf *Tahiti*? Konnte es nach über 200 Jahren noch erkennbare Übereinstimmungen zwischen der Wassersäule in der *Dusky Bay* und der Skizze auf Forsters Klappkarte in seinem Nachlass in Paris geben?

Nach einem ermutigenden Schlussapplaus breitete Glen schließlich auf seinem Kapitänstisch eine detaillierte Karte der *Dusky Bay* aus und winkte Dave heran, um mit dem Tourguide und uns die Planung für den Aufstieg zur Cascade durchzusprechen. »Um 8.00 Uhr wird die *Milford Wanderer* von ihrem Ankerplatz in der *Duck Cove* zur *Cascade Cove* übersetzen«, erläuterte Dave, während er der Route mit seinem Finger auf der Karte folgte. »Um 8.30 Uhr bringt uns Richard mit dem Beiboot zu einem Landungspunkt in der Nähe des Wasserfalls. Von 9 bis 14 Uhr haben wir Zeit, zum Wasserfall und zurück zu trekken. Jeweils zwei Stunden für Auf- und Abstieg, eine Stunde zum Filmen und Fotografieren. Um 14.00 Uhr bringt uns Richard dann wieder mit dem Beiboot zur *Milford Wanderer* zurück. Einverstanden?«

Während Martin und ich zustimmend nickten – was sollten Großstädter auch anderes tun –, las ich neben dem grünen Punkt auf der Karte, auf den Dave gerade mit seinem Zeigefinger getippt hatte, dem

Letzte Absprachen am Abend vor dem Aufstieg zum Wasserfall in der Cascade Cove.

Ausgangspunkt unserer Tour, einen vertrauten Namen – die Bezeichnung des fast tausend Meter hohen Berggipfels über der Cascade. Cook hatte ihn nach dem Schweden Anders Sparrman, dem Botaniker und Reisegefährten der Forsters, auf Mt. *Sparrman* getauft.

»Also kraxeln wir morgen auf dem Sparrman-Berg zum Wasserfall hoch«, zeigte ich Martin vergnügt den Namen des Schweden auf der Landkarte. Während mir gleichzeitig durch den Kopf ging, dass Georg Forster die willkürliche europäische Benennung geografischer Orientierungspunkte im Pazifik für wenig sinnvoll hielt. Er plädierte dafür, einheimische Namen auszukundschaften und auf europäischen Karten festzuschreiben, weil diese »selbständig und nicht so häufiger Veränderung unterworfen« waren.[52] Doch sein Plädoyer verhallte folgenlos, wie wir nicht zuletzt auf der Karte der *Dusky Bay* vor unserer Nase sehen konnten. »Ob ihr da morgen wirklich hochkommt, hängt vom Wetter ab«, klinkte sich Glen in unsere Kartenrunde ein, nachdem er die letzten Passagiere aus dem Salon verabschiedet hatte. »Sieht aber nach offizieller Wetterprognose ganz gut aus. Nur stimmt die eben nicht immer.«

»Vermutlich kommt es darauf an, dass wir die richtige Seite für den Aufstieg erwischen«, gab Dave zu bedenken. Er wäre vor zehn Jahren schon einmal Richtung Wasserfall getrekkt, aber nicht herangekommen, weil kurz vor dem Ziel unzählige Felsen seinen Weg blockiert hätten. »Diesmal würde ich die andere Seite vorschlagen, rechts vom Wasserfall«, sagte er und tippte auf der Karte eine olivfarbene Fläche neben dem blau eingezeichneten Wasserlauf an, auf der außer den Höhenangaben der Gipfel ringsum – sie waren alle, wie der Mt. *Sparrman*, um die 1000 Meter hoch – keine weiteren Angaben zu finden waren.

»Eine Garantie gibt es natürlich auch auf der rechten Seite nicht, ich kenn keinen, der da schon mal oben war«, dämpfte Dave sicherheitshalber allzu große Hoffnungen. »Dann werdet ihr eben die Ersten sein!«, hielt Glen, unser immer optimistischer Captain, dagegen, bevor er mir zum Dank für den Vortrag noch einmal die Hand drückte und Order gab, den Dieselgenerator zu stoppen, um die Nachtruhe an Bord einzuläuten.

Als wir schon auf unserem »Nachhauseweg« entlang der Reling Richtung Heck zu unserer Kabine waren, sprach uns im Dunkel ganz unerwartet eine ungefähr 50-jährige Neuseeländerin an, mit der wir bislang noch keine Bekanntschaft geschlossen hatten. Sie stellte sich kurz als Maree Mahony aus Christchurch vor und wollte uns anscheinend nur für den »großen Tag« morgen viel Erfolg wünschen. Als wir uns schon mit dem vollmundigen Versprechen verabschieden wollten, auf jeden Fall heldenhaft bis zum Wasserfall vorzudringen, hielt sie uns noch für einen Moment zurück. Sie habe in Christchurch die schweren Erdbeben erlebt, 2011 und 2012, erzählte sie mit gesenkter Stimme, winkte aber bei unseren besorgten Blicken beruhigend ab. Es gebe da einen großen Riss an einem Giebel, aber sie lebe zum Glück im flachen Bungalow ihrer Eltern und ihrer Familie sei weiter nichts passiert.

Dennoch hatte ich die dramatischen Fernsehbilder aus Christchurch noch im Hinterkopf: Bilder panischer Menschenmassen beim dritten schweren Beben 2012, als die Massenflucht traumatisierter Menschen in der gerade wieder notdürftig aufgeräumten Stadt zur größten Gefahr wurde. Oder vom Beben 2011, das die berühmte Altstadt komplett zerstörte. Typisch für mein selektives Forster-Gedächtnis erinnerte ich mich vor allem an das Captain-Cook-Denkmal im Zentrum von Christchurch, vor dem ich irgendwann einmal für ein Foto gestanden hatte. Nach dem Beben stand die Cook-Statue seltsam schräg inmitten einer Staubwolke, die mal das alte Stadtzentrum rund um den Victoria Square gewesen war. Man wusste am Fernsehbildschirm nicht genau, ob die Cook-Statue selbst aus der Balance geraten war oder die kreuz und quer aufragenden Masten und Häuserwände ringsum nur für eine optische Täuschung sorgten.

»Keine Angst, Captain Cook hält seine Stellung in Christchurch erhobenen Hauptes«, beantwortete Maree meine Nachfrage, bevor sie etwas nachdenklicher wurde: »Mir ging während des Vortrags die ganze Zeit durch den Kopf, dass ich ziemlich skeptisch bin, ob die hohe Felswand hinter dem Wasserfall auf Forsters Zeichnung nach so langer Zeit noch steht. Beim Beben in Christchurch sind riesige Felsvorsprünge abgeplatzt wie von einem mürben Biskuit – und es muss hier auf der Südinsel sehr viele und sicher auch stärkere Beben gegeben haben in fast 250 Jahren. Irgendwie wollte ich euch das mitgeben, für den Fall, dass die Gegend ganz anders aussieht, als ihr es euch wünscht.«

Marees Zweifel lösten ein nachdenkliches Schweigen in unserer Runde aus, sodass die Wellen hörbar wurden, die in der *Duck Cove* ein wenig stärker als an den Ankerplätzen der letzten Nächte gegen die Schiffswand der *Milford Wanderer* schlugen. Während wir an der Reling standen und auf die dunkle Fläche vor uns sahen, in der sich das Toplicht unseres Schiffs wie eine auf- und abschwellende weißliche Qualle im Wasser spiegelte, wurde mir bewusst, dass ich mich bisher fast ausschließlich mit dem Wasserfall auf Georg Forsters Zeichnung beschäftigt hatte. Die Möglichkeit, dass sich Forsters Sujet – also der reale Wasserfall – bis zur Unkenntlichkeit verändert haben oder ganz verschwunden sein könnte, hatte ich bislang ganz erfolgreich verdrängt.

Ein wenig hingen mir Marees Zweifel noch nach, als wir uns schon in den schmalen Doppelstockbetten unserer Kabine ausgestreckt hatten. Statt dem Finale unserer Fahndung optimistisch entgegen zu sehen, breitete sich Skepsis in mir aus. »Ist schon ein seltsamer Hürdenlauf«, beugte ich mich über die Bettkante zu Martin herunter, von dessen Stirn eine kleine Leselampe ein diffuses Lichtdreieck auf die

Landkarte der *Dusky Bay* warf, die er sich wohl von Dave ausgeliehen und großflächig auf der Bettdecke vor sich ausgebreitet hatte. »Erst der Fund der Zeichnung in Paris. Hurra! Dann aber keine Idee, wo Forsters Cascade überhaupt sein könnte«, fing ich an, die Stationen unserer Suche zu resümieren. »Immerhin: eine Vogelbeschreibung. Dann aber der falsche Vogel, was uns den Reinfall in *Tahiti* bescherte«, setze ich fort. »Und dann: Neustart. Diesmal der richtige Vogel. Dank des doppelten Regenbogens vielleicht der richtige Ort. Und dann gibt es nur einmal im Jahr ein Schiff, das bis ans Ende der Welt schippert. Und zum Schluss, nach all dem, könnte der Wasserfall nicht mehr da sein?«

Martin legte den rechten Zeigefinger auf seine Lippen, der im Licht der Kopflampe wie ein Neonstab aufleuchtete: »Die schlafen alle schon«, wies er mich flüsternd auf meine Lautstärke hin und fing an, die Karte auf seiner Bettdecke zusammenzufalten und gleich darauf den Warmlufterhitzer unter seinem Bett hervorzuholen. »Mach' ich morgen früh gleich an, dann sind die Sachen nicht so klamm, wenn es losgeht«, sagte er, bevor er sein Leselicht ausknipste.

Um dann mit einem typischen Martin-Satz doch noch auf meine Ängste vor dem nächsten Reinfall einzugehen. »Das wird schon. Ich hab' doch nicht umsonst jahrelang im Kirchenchor gesungen!«. Dieses Gottvertrauen musste man als notorischer Rationalist erst einmal aufbringen.

Punkt acht Uhr drückte uns Dave mit einem freundlich-knappen »Morning!« die Rettungswesten in die Hände: zwei gelbe für Martin und mich, er selbst trug eine rote mit der Aufschrift *Crew*. Von der Reling aus konnte ich durch die Bordfenster den Bildschirm im Passagiersalon ausmachen. Auf dem Screen blinkte unsere aktuelle Position in der *Duck Cove*, die ich rasch in mein Notizbuch eintrug: S: 45°44.289', E: 166°39.026' am 4. September 2012 um 8.01 Uhr.

Unser Ziel lag der *Duck Cove* ziemlich genau gegenüber, etwa zehn Kilometer Luftlinie entfernt. Auf der schnellen Fahrt fanden sich wieder Delfine ein, die sich minutenlang im Hochsprung überboten.

Nach einer letzten kurzen Passage zwischen *Pickersgill Harbour* und *Heron Island* stoppte die *Milford Wanderer* ihre Motoren. Martin und ich nickten uns kurz zu, als ein kleiner Teil »unseres« Wasserfalls zu sehen war, der sich aber zum größeren Teil durch eine hervorspringende

Aufbruch am frühen Morgen – im Hintergrund der Mt. Sparrman *und der Unterlauf des Wasserfalls: Ist er Teil der* Cascade *auf Forsters Skizze?*

baumbestandene Klippe noch unseren Blicken entzog. Während wir am Heck das schaukelnde Beiboot bestiegen, übernahm Richard das Steuer des kleinen Blechkastens. Trotz verhangenen Himmels und leichten Nieselregens brach plötzlich die Sonne aus den Wolken und ließ die glatte graue Wasserfläche vor uns für einen Moment aufstrahlen. Wir steuerten jetzt direkt auf den *Mt. Sparrman* zu, der als hoher runder Buckel links neben dem Wasserfall erschien.

»Dieser Wasserfall scheint in einer Entfernung von anderthalb englischen Meilen eben nicht beträchtlich zu seyn, dies rührt aber daher, dass er sehr hoch liegt. Denn nachdem wir angelangt waren, mußten wir den Berg, auf welchem er gelegen ist, wenigstens 600 Fus hoch hinan klettern, ehe wir ihn völlig zu Gesicht bekamen«, schilderte Georg Forster in seiner *Reise um die Welt* seine Annäherung an die *Cascade Cove*.[53]

Auch mir fiel aus der Entfernung von etwa 300 Metern – Forster ist damals aus ähnlicher Distanz und ebenfalls von *Pickersgill Harbour* herübergekommen – der vermeintlich geringe Umfang der Cascade auf. Aus der Bootsperspektive auf Meeresspiegelhöhe erschien sie wie eine dünne weiße Strichlinie, die sich über einen steilen ocker-grünen Abhang wand und dabei von weit oben bis an die Küstenlinie hinunter einen bananenförmigen Bogen schlug. Nur wenig erinnerte an die Silhouette eines breiten Fuchsschwanzes, wie ich sie mir beim ersten Anblick der Cascade aus großer Entfernung eingeprägt hatte.

Mit dem blechernen Tender gelang es Richard, bis an die granitgrauen Steine heranzufahren, sodass wir per Leiter an Land gehen konnten. Zunächst wollten wir dem kleinen Bachlauf folgen, der hier gar nicht weit von unserem Landungsplatz über die Steine rauschte und in die Bucht einmündete.

»Wir sollten keine Zeit verlieren«, tippte Dave auf seine Armbanduhr, während ich die wasserdichte Plastikhülle mit der Forster'schen Zeichnung aus meiner Jacke hervorzog, um sie jederzeit vergleichend zur Hand zu haben.

»Die Felsen und Steine um die Cascade waren theils Granit-Massen (Saxum), theils eine Art von gelblichen talkichten Thonstein in

Steiler Aufstieg zur Cascade: Die Geröllspur stammt vom letzten schweren Erdbeben in der Dusky Bay im Jahre 2009.

Schichten, der durch ganz Neu-Seeland sehr gemein ist«, schrieb Georg Forster über das Gelände, über das nun auch Dave, Martin und ich zogen. Zur Größe des Gesteins aber schwieg er sich aus, dabei reichten uns die Steine in dem Flussbett, das Dave als beste Option für den Aufstieg ausgewählt hat, oft bis zur Hüfte, teilweise waren sie mannshoch. Wir trekkten nicht, sondern kletterten wie Bergziegen die fünf bis zehn Meter breite Felsschneise hinauf, in der das Wasser wie weißer Schaum immer wieder zwischen den Steinen aufschien und alle anderen Geräusche übertönte. Die Exkursion zum *Tuauru*-Wasserfall auf *Tahiti* war dagegen ein Spaziergang gewesen.

Dass Georg Forster diese widrigen Umstände unerwähnt ließ, mag daran liegen, dass sie ihm nicht berichtenswert erschienen waren. Oder aber daran, dass es hier im April 1773 noch keinen derartigen Steinbruch gegeben hatte.

Als Dave nach 20 Minuten eine kleine Pause einlegte, damit wir Anschluss halten konnten, sprach ich ihn darauf an. Tatsächlich wusste er mehr über die Erdbeben in der *Dusky Bay*, als uns Maree in dem nächtlichen Gespräch über das Beben von Christchurch hätte erzählen können. Die *Dusky Bay* war im Juli 2009 das Epizentrum eines gewaltigen Bebens gewesen, das an vielen Hängen in den umliegenden Bergen Erdrutsche und einen Tsunami auslöste, der die Küste in der Bucht mit einer meterhohen Flutwelle heimsuchte. Fjordland wurde statistisch gesehen alle zehn Jahre von einem Erdbeben erschüttert. »Das macht dann also 24 Beben seit 1773«, rechnete Martin nach. Sehr ermutigend klang das nicht.

Auf den ersten 500 Metern, die wir uns bergan bewegten, mussten wir denn auch immer wieder über umgestürzte Baumstämme hinwegklettern, die vermutlich durch den Tsunami entwurzelt worden und in der Senke des Flusslaufs zu liegen gekommen waren. Immerhin bot die »Schotterpiste« aus gewaltigen Granitbrocken, über die wir langsam weiter nach oben gelangten, eine Aufstiegsmöglichkeit, bei der Dave das Buschmesser, mit dem er sich notfalls den Weg durch Sträucher und Schlingpflanzen freischlug, im Rucksack lassen konnte. Überhaupt löste sich der auf dem Schiff gewonnene Eindruck, dass der Wasserfall sich durch einen dichten Busch aus Wald und Sträuchern winde, mehr und mehr auf. Tatsächlich dominierte hier ein lockerer Bewuchs, wir stießen sogar auf eine nur karg bewachsene Steilwand, die sich wie eine mächtige Palisade der Bucht entgegenneigte und wirkte, als könnte sie jeden Moment kippen. Schräg über uns aber, in einer Entfernung von etwa 300 Metern, senkte sich die Mauer linker Hand ein Stück ab, sodass Dave dort eine Art Einstieg vermutete, durch den wir weiter nach oben kraxeln konnten. Dazu mussten wir allerdings diagonal über ein glattes Felsplateau, dessen Neigungswinkel es in sich hatte und auf dem unsere Füße am ehesten Halt an Ranken und Wurzeln finden konnten, die über den Stein wucherten.

Nach über einer Stunde machten Martin, Dave und ich ein kleines Picknick hoch über der Bucht. Jetzt ging unser Blick aufs Meer bereits über die Kronen der hohen Bäume am Ufer hinweg. Trotz einiger Dunstschleier in der *Dusky Bay* und einer dunkelgrauen Wolkenfront bildeten die zahlreichen Inseln der Bucht einen großartigen Anblick. Die Schönheit dieses Ausblicks auf »die weite Bay, mit kleinen hochbewachsnen waldichten Inseln besäet«, hatte auch Georg Forster 240 Jahre zuvor schon in seiner *Reise um die Welt* als so bewundernswürdigen »Prospect« beschrieben, »dass es der Sprache an Ausdrücken fehlt, die Majestät und Schönheit desselben, der Natur gemäß zu beschreiben«.[54]

Als ich mich von diesem Panorama wieder in die Gegenrichtung drehte, um unseren weiteren Aufstieg zum Wasserfall abzuschätzen, überfiel mich plötzlich ein Verdacht. Noch war ich mir nicht sicher, deshalb nahm ich meine Plastikhülle mit der vergrößerten Kopie der Forster'schen Zeichnung zur Hand und verglich die Zeichnung mehrfach mit dem Anblick der Felswand direkt vor mir. Es war frappierend. Schließlich winkte ich Dave und Martin heran: »Wenn man sich die Steilwand vor uns mal genau ansieht, mit den Bäumen oben, dem Felsen an der rechten Seite: Sieht das nicht genauso aus wie auf Georg Forsters Zeichnung?«, tippte ich mit meiner Hand auf die Zeichnung in der Plastikhülle. »Kann es nicht sein, dass der Wasserfall einmal hier war, aber dann seitlich gewandert ist?«, versuchte ich möglichst unaufgeregt zu klingen.

Martin nahm die Zeichnung in beide Hände, da das Plastik offenbar ein wenig reflektierte, dann schauten Dave und er abwechselnd auf das Blatt und in Richtung Plateau. »Könnte schon sein, ja«, meldete sich Martin als Erster zu Wort. Und machte sogar eine hellere Rinne im Felsgestein aus, in der Forsters Cascade sich – so, wie auf seiner Zeichnung – einmal ergossen haben könnte.

»Maybe« – vielleicht –, räumte auch Dave ein, doch klang seine Stimme nicht sehr überzeugt. Wir sollten jetzt nicht lang grübeln, schlug er vor, sondern möglichst rasch aufsteigen. Vermutlich fänden wir ein paar Hundert Meter weiter eine ganz ähnliche Felswand wie hier vor uns. »Let's go!«, nickte er uns aufmunternd zu.

Die letzte halbe Stunde unseres Aufstiegs ging schweigend vor sich. Wir kraxelten jetzt immer steil am reißenden Wasser entlang, das zu unserer Linken weiß schäumend in die Tiefe rauschte, immer wieder gebremst von einzelnen Vertiefungen in den Felsen, als flösse es von einer Schale in die nächst tiefere. Manchmal konnte man sich an einer Pflanze oder an einem Baumstamm festhalten, der parallel zum Bachbett lag, manchmal an einer Felskante hochziehen. Bis hinter einer letzten Biegung des immer mächtiger werdenden Wassers eine brodelnde Dunstwolke auftauchte, die Tausende feiner Wassertropfen meterhoch in die Luft schleuderte. Direkt hinter dieser Felsbarriere, über die in schnellem Rhythmus große Wassermengen schwappten, musste das Bassin liegen, auf das die Wassersäule traf.

Während Dave an der Biegung wartete, bis wir wieder zu ihm aufgeschlossen hatten, wurde seine Silhouette ganz von feinem Wassernebel eingehüllt. Auch Martin und ich wurden, sobald wir Daves Höhe erreicht hatten, in wenigen Sekunden pitschnass.

Eine Verständigung war jetzt nur noch mit Handzeichen möglich. Aber alle drei deuteten wir nach rechts oben. Dort erschien zwischen schwarzen Baumstämmen und dem Grün einiger Baumkronen zum ersten Mal eine Seitenansicht der Cascade. Obwohl die Sonne inzwischen in den trichterförmigen Abhang hineinfunkelte und infolge des Wasserdunstes umso mehr blendete, konnte man doch, sobald man seine Augen etwas abschirmte, die Felskante erkennen, von der das Wasser in die Tiefe fiel. In diesem Moment wussten wir, dass wir es tatsächlich geschafft hatten: Was immer beim Vergleich zwischen Forsters Zeichnung und dem realen Wasserfall hier in der *Cascade Cove* herauskommen mochte, wir waren weit genug gekommen, um ihn anstellen zu können.

Jeder von uns hatte wohl das Gefühl, dass irgendein offizieller Akt den letzten Schritt einläuten sollte, aber angesichts der Umstände brüllte ich, nachdem wir unsere Kameras startklar gemacht hatten, ein kurzes »In we go« – wir gehen rein – in Daves Richtung, das ich in dem donnernden Getöse sicherheitshalber mit einer deutlichen Armgeste unterstrich.

»Mehr als 300 Fus weit umher fanden wir die Luft mit Wasser-Dampf und Dunst angefüllt, der von dem heftig Falle entstehet, und so dicht war, dass er unsre Kleider in wenig Minuten dermaßen durchnäßte, als ob wir in dem heftigsten Regen gewesen wären. Wir ließen uns indessen durch diese kleine Unannehmlichkeit im geringsten nicht abhalten, dies schöne Schauspiel noch von mehrern Seiten her zu betrachten«, schrieb Georg Forster über seine erste Begegnung mit dem Wasserfall.[55] Eine Dunstwolke von 300 preußischen Fuß – das macht einen Umfang von fast 90 Metern: Wir waren gewarnt.

Tatsächlich war es der Luftdruck, der sich im Intervall der an- und abschwellenden Wassermassen der Cascade als Erstes bemerkbar machte, als wir die letzte Barriere hinter uns ließen, die den Wasserfall auf der rechten Seite wie ein Paravent abschirmte. Als wir unmittelbar an das Becken herantraten, fühlte es sich an, als drehe man sein Gesicht frontal in eine Duschbrause, deren Druck in raschem Rhythmus variierte. Martin machte mir ein Zeichen, dass er mit seiner Kamera an der hinteren Felswand zurückbleiben wolle, wo es etwas Schutz vor der Dunstglocke gäbe und sich wohl noch am ehesten ein Foto machen ließe. Dave und ich tasteten uns in Zeitlupe von der rechten Seite des Beckens auf die linke hinüber, wo weniger Wasser aufzuwirbeln schien. Zum Glück konnten wir unsere Augen auf diesen etwa 15 Metern vor dem unangenehmen Sprühwasser schützen, indem wir uns immer wieder für ein paar Sekunden hinter den Felsbrocken duckten, die das Bassin rahmen.

»Das Getöse des Wasserfalls ist so heftig, und schallt von den benachbarten, wiedertönenden Felsen so stark zurück, dass man keinen andern Laut dafür unterscheiden kann«, schrieb Georg Forster sehr richtig. Und weiter, was Dave und ich jetzt von der linken, tatsächlich etwas geschützteren Seite des Wasserfalls ebenfalls erkennen konnten. Die von Forster angegebenen Maße stimmten mit unserer Beobachtung überein, dass es sich um eine etwa acht Meter breite Wassersäule handelte, die sich nach einen Viertel ihrer Fallstrecke durch Aufprall verbreiterte.

Anblick des Wasserfalls in der Cascade Cove am 4. September 2012 in der Mittagsstunde: Die Ähnlichkeit mit der Cascade auf der Skizze von Georg Forster ist verblüffend.

Nachdem wir alle drei reichlich damit zu tun hatten, unsere Kameralinsen in dem allgegenwärtigen Sprühregen nach jeder einzelnen Aufnahme immer wieder trocken zu bekommen, versammelten Martin, Dave und ich uns noch einmal. Zum Glück war die Kopie von Georg Forsters Zeichnung in der Plastikhülle gut geschützt, sodass wir sie nun zum Detailvergleich mit der Wassersäule vor uns zur Hand nehmen konnten.

Unser übereinstimmender Eindruck: Forsters Cascade hatte die vergangenen 240 Jahre trotz der vielen Beben auf der neuseeländischen Südinsel ohne allzu große Veränderungen überstanden. »Das Gebirge hier wächst so schnell wie menschliche Fingernägel, haben Geologen herausgefunden. Seit Captain Cook so um die 6 Meter«, erzählte Dave, während unser Blick zwischen Zeichnung und Wasserfall hin- und herwanderte. »Aber dabei werden nicht einzelne Felsen angehoben, sondern die ganze tektonische Platte, auf der Neuseeland liegt, oder?«, fragte ich nach. »Nein, nein«, wurde Dave jetzt doch ein wenig energischer. »Unter der Südinsel stoßen Australische Kontinentalplatte und Pazifische Platte genau aneinander«, ließ er seine beiden Handflächen aufeinanderprallen. »Deshalb die Beben, es kommt zu Entladungen und Rissen. Hätte aber schon mit dem Teufel zugehen müssen«, gab er mit Blick auf Forsters Wasserfall vor uns dann doch Entwarnung, »wenn es dabei ausgerechnet die Granitwand hier erwischt hätte.«

Sicher war, dass heute einige Tonnen Felsgestein mehr im Becken liegen als zur Zeit Forsters. Auch der Scheitelpunkt der Cascade schien sich infolge von Erosion etwas tiefer eingeschnitten zu haben und die Wassermenge musste sicherlich je nach Jahreszeit und Witterung im Regenwald der *Dusky Bay* variieren. Insgesamt waren wir uns jedoch einig, dass wir auf Georg Forsters Zeichnung in der mit Wassertropfen besprenkelten Plastikhülle in meinen Händen tatsächlich den Wasserfall hier vor uns sahen, den Wasserfall in der *Cascade Cove*. Zwischen Realität und Abbildung stimmten nicht nur die Konturen des Wasserfalls generell und die Proportionen zwischen der Wassersäule und dem Bassin überein, dessen Umfang Forster in seiner Reisechronik mit »180 Fus«, also etwa 50 Metern, angegeben hatte. Wir fanden auch, dass das Bassin in der Cascade Cove, wo große und unordentlich »über einander gestürzte Steinmassen« einen Riegel bildeten, wie es Forster in seiner Reisechronik festgehalten hatte und wir es auch noch 240 Jahre später genau so vorfanden, sich adäquat auf Forsters Zeichnung widerspiegelten.[56] »Mission accomplished« – Mission erfüllt –, klatschte Dave uns schließlich ab und blickte sehr zufrieden auf seine Uhr. Wir lagen tatsächlich im Zeitplan.

Es setzte ein leichter Nieselregen ein, als Richard uns zur *Milford Wanderer* zurückbrachte. Vom Tender aus nahm sich Forsters Cascade, sobald wir das Ufer weit genug hinter uns gelassen hatten, wieder wie eine schlanke weiße Schlangenlinie aus. Wir blickten eine Weile zurück. Nichts erinnerte aus der Distanz an die tosende Kraft, die wir gerade gespürt hatten. Wie viele Jahre hatte diese Fahndung seit dem Fund im Pariser Archiv gedauert? Doch jetzt wussten wir, was auf Forsters einzigem bislang bekannten Landschaftsbild zu sehen war. Trotz des ungemütlichen Wetters hatte sich am Heck der *Milford Wanderer* ein Spalier gebildet. Als wir über die kleine Bordleiter auf das Schiff kletterten und unsere Daumen hochgingen, wurden wir empfangen, als kämen wir gerade aus dem Weltraum. Wow. Tatsächlich eine obsessive Bruderschaft, diese Cook-Forster-Fans, ging es mir durch den Kopf.

Point Venus: 17° 29' Süd, 149° 29' West

Kapitel 6
Auf dem Brotfrucht-Pfad

»Das war keine Meuterei, das war Piraterie! Kein Aufstand der Mannschaft gegen den Kapitän, sondern der Coup einer kriminellen Clique unter Führung des Zweiten Offiziers, die den Commander mit Waffengewalt seines Schiffs beraubten!« Der sehnige weißhaarige Mann mit der perfekt gebundenen Fliege – einer Fliege mit britischer Flagge, was ganz bestimmt nicht alltäglich war in diesem Teil der Französischen Republik – versuchte seiner altersmüden Stimme besondere Festigkeit zu geben: »Vor allem gab es einen entscheidenden Unterschied zu den anderen Schiffen der Königlichen Flotte« – er machte eine kurze Pause, in der sein Blick von einer Seite des Saals zur anderen ging, um Augenkontakt zu den dreißig, vierzig Zuhörenden herzustellen, die sich im Halbkreis um sein Pult versammelt hatten. »Captain Cook hatte auf seinen Reisen nach *Tahiti* ein Dutzend bewaffneter Seekadetten, so eine Art Schiffspolizei, falls die Lage auf See einmal brenzlig wurde. Mein Urururgroßvater hatte keinen einzigen bewaffneten Mann. Nur vierzig Freiwillige, die man in England gefragt hatte: Will da mal eben einer in die Südsee? Also war bei endloser Flaute in der Tropenhitze, als die Leute anfingen zu murren, auch keiner da, der die Autorität des Kapitäns hätte durchsetzen können.«[1]

Dass es auf der *Bounty* keine Seekadetten gab, hatte ich bislang nicht gewusst. Deshalb war es den Meuterern so rasch gelungen, ihren Kapitän festzunehmen und vom Schiff zu jagen, als sie meinten, der gäbe das knappe Süßwasser an Bord lieber den tausend Brotfrucht-Setzlingen im Laderaum als seinen durstigen Matrosen. Maurice Bligh hatte natürlich recht: Ein Captain der britischen Marine ohne Militärschutz

Forsters vermutlich wichtigster Erkundungsort auf der Weltreise: Point Venus in der Bucht von Matavai auf Tahiti.

war im 18. Jahrhundert undenkbar. Selbst bei James Cook, den Georg Forster als einen Mann mit ausgleichendem Charakter, Augenmaß und väterlichem Gerechtigkeitssinn porträtiert hatte, brauten sich insbesondere auf seiner dritten und letzten Weltumseglung gefährliche Spannungen zusammen, die leicht zu einer Rebellion hätten führen können.[2] Insofern hatte sich der Kapitän der *Bounty* ohne eine Schutztruppe tatsächlich auf ein riskantes Unternehmen eingelassen.

Trotz seiner schlüssigen Argumentation hatte dieser Vortrag etwas Rührendes. Wie engagiert und ernsthaft sich der alte Mann für seinen Vorfahren William Bligh in die Bresche warf.[3] Als gelte es, einen üblen Justizirrtum auszuräumen. Und als wäre die Meuterei auf der *Bounty* erst vor Wochen ausgebrochen und nicht schon 1789. Seine Zuhörer, in der Mehrzahl Einheimische mit braunen und sonnengebräunten Gesichtern, aber auch einige Interessierte aus Europa und Amerika, zog er jedenfalls in seinen Bann.

Tatsächlich war William Bligh nach seiner abenteuerlichen Rückkehr nach England jedoch ein berühmter Mann geworden. Er hatte auch den spektakulären *Bounty*-Prozess in London gewonnen, der 1790 pro forma angestrengt werden musste, da ein königliches Schiff entwendet worden war. Der Verlust der *Bounty* – eines mit Kanonen bestückten Schiffs seiner Majestät – wurde naturgemäß nicht ihm, sondern dem 24-jährigen Oberbootsmann Fletcher Christian und seinen meuternden Kumpanen zur Last gelegt.

Und doch galt – dagegen kämpfte Maurice Bligh seit Jahren an – der Meuterer Fletcher Christian als Held dieser Geschichte. Nur weil Hollywood die Rolle des Aufrührers in der *Meuterei auf der Bounty* einem Star wie Marlon Brando angeboten hatte, der dann die Hälfte des Films mit aufgerissenem Hemd vor der Kamera agierte, um seine Brustmuskeln vorzuzeigen. Mehr als fünf Jahrzehnte war das schon her.[4] Und doch hatte der ausgebootete Kapitän seitdem das Image eines Menschenschinders. Obwohl William Bligh – was aus Sicht seines Nachfahren fast immer unterschlagen wurde – nach der Meuterei ein seemännisches Bravourstück vollbracht hatte: Mit 17 seiner Männer steuerte er ein völlig überladenes kleines Ruderboot über 6000 Kilometer bis zu einem holländischen Stützpunkt auf *Timor*. »Die Tatsache, dass er und seine Leute es schafften, über 40 Tage unter der erbarmungslosen Äquatorsonne zu überleben, war eine Sensation«, stellte Maurice Bligh fest, um zum Höhepunkt seiner Rede zu kommen: »William Bligh war ein Mann, der nicht aufgab. Zwei Jahre nach dem Drama auf der *Bounty* steuerte er noch einmal nach *Tahiti*, um die Brotfrucht doch noch in die Karibik zu bringen. Seine zweite Brotfrucht-Fahrt wurde ein voller Erfolg. Und wer heute nach Puerto Rico kommt, wird die Brotfrucht dort überall auf dem Speiseplan finden!« Etwas Pathos in seiner Stimme war nicht zu überhören.

Das mochte aber auch an der Aura des Ortes liegen, an dem wir uns Ende Oktober 2016 versammelt hatten. Maurice Bligh sprach im Gemeindezentrum der *Commune* von *Mahina* in *Point Venus*, auf der berühmten Landzunge in der *Bucht von Matavai*, vor der Captain Cook auf seinen drei Weltreisen vor Anker gegangen war, wo William Bligh, 1789 noch ganz optimistisch, seine 1015 Brotfruchtbaum-Schösslinge auf die *Bounty* geladen hatte und von wo aus Georg Forster immer wieder zur Erkundung *Tahitis* aufgebrochen war.[5]

Forster und Bligh – diese Verbindung hatte mich interessiert, deshalb war ich nach *Tahiti*, genauer: nach *Point Venus*, gekommen. Denn

Im Gemeindezentrum von Point Venus: *Während des Vortrags von William Blighs Nachfahren entsteht das Bild der* Bounty *auf der Leinwand.*

Maurice Bligh im Gespräch über Georg Forsters Brotfrucht-Zeichnungen.

die Lebenswege beider hatten mit Captain Cook und der Südsee, vor allem aber mit einer Frucht zu tun, die im heutigen Europa fast unbekannt ist. Schon das Bemühen um eine Pflanze, die Vorstellung, dass sich wegen eines wie auch immer gearteten Baumes Dramen abspielen oder Karrieren entscheiden konnten, muss uns heute, im naturfernen Digitalzeitalter, befremden. Und doch spielte die Brotfrucht für diese beiden Männer, die mit Captain Cook um die Welt gefahren, sich persönlich aber nie begegnet waren, eine enorme Rolle.[6] Der eine, William Bligh, setzte für die globale Verbreitung des Brotfruchtbaums sein Leben aufs Spiel – und das mehrfach. Nach der Meuterei auf der *Bounty* geriet er, kaum hatte er den sich anschließenden Gerichtsprozess in London hinter sich gebracht, bei seiner zweiten Brotfrucht-Fahrt von *Tahiti* in die Karibik in einen schweren, fast tödlichen Hurrikan im Bermuda-Dreieck. Alles für die Brotfrucht!

Georg Forster zeichnete den Brotfruchtbaum, den er gemeinsam mit seinem Vater entdeckte und als *Artocarpus communis J. R. & G. Forst.* im Linné'schen System verortete, sorgte mit seinem Aufsatz *Der Brodbaum* für ein Aufhorchen der großen Geister in deutschen Landen, setzte diese Spezies an die erste Stelle seiner Doktorarbeit über die essbaren Pflanzen der Südsee und erkannte, dass die Brotfrucht mehr war als ein Stück Natur: nämlich die wichtigste Kulturleistung der Polynesier, Ergebnis von mehr als 2000 Jahren Züchtung, Dreh- und Angelpunkt der Besiedlung der unendlichen Weiten des Pazifiks, der Nabel der pazifischen Welt.[7]

Doch irgendwie war die Brotfrucht in Vergessenheit geraten, von der in den Salons und gelehrten Gesellschaften Europas vor 200 Jahren noch überall die Rede war. Umso positiver überraschte mich die Nachricht, dass am *Point Venus* auf *Tahiti* ein außergewöhnliches Oktoberfest stattfinden sollte: eine Tagung und ein Festival, das die *Bounty* und die Brotfrucht zelebrieren sollte und zu dem die tahitischen Veranstalter deshalb auch Maurice Bligh eingeladen hatten, der sich seit seinem Ruhestand dem Vermächtnis seines berühmten Urahnen widmete. Tatsächlich sagte er ohne viel Umstände zu, als ich per E-Mail anfragte, ob wir uns nicht auf *Tahiti* treffen und uns über den »Bligh-Forster-Link« austauschen wollten.

Als Treffpunkt hatte ich die Gedenkstele für die *Bounty* in der Parkanlage von *Point Venus* vorgeschlagen, die hier 2007 aufgestellt worden

Georg Forsters Darstellung einer ausgereiften Brotfrucht (Artocarpus communis).

war. Offenbar war das handtellergroße goldene Konterfei des Schiffs auf dem dunklen Stein für das *Bounty*-Festival extra auf Hochglanz poliert worden. Es blitzte jedenfalls auf, sobald ein Sonnenstrahl durch die schattenspendenden Zweige der hochgewachsenen Kasuarinen-Bäume ringsum darauf fiel.

Ich hatte den üblichen Stau auf der überfüllten Hauptstraße vom Zentrum Papeetes bis zum *Point Venus* erstaunlich schnell überstanden und war eine halbe Stunde früher angekommen, sodass ich mich der *Bounty*-Stele gegenüber an einen Picknicktisch setzen und nachlesen konnte, was Georg Forster in seiner *Reise um die Welt* über *Point Venus* geschrieben hatte.

Als die *Resolution* und die *Adventure* hier im August 1773 einliefen, hielt es Forster für ausgemacht, »daß dies der schönste Theil der Insel sei«.[8] Die *Point Venus* genannte Landzunge an der Mündung des Matavai-Flusses verwandelte sich schon kurz nach der Landung in ein Zeltlager für Holzhauer, Wasserträger und Kranke, die hier Genesung finden konnten. Die Astronomen der beiden Schwesterschiffe hatten ihre Sternwarten an derselben Stelle errichtet, wo »auf der vorigen Reise der Durchgang der Venus beobachtet worden war«.[9]

Mit der Beobachtung der Passage der Venus durch die Sonne hoffte man 1769, die Distanz zwischen Sonne und Erde genauer berechnen zu können. Ich selbst konnte ein solches Himmelsereignis, das sich nur alle 243 Jahre wiederholt, an einem Junimorgen 2012 in einer Berliner Sternwarte verfolgen: Innerhalb einer guten Stunde schob sich dabei ein schwarzer Stecknadelkopf, die Venus, von links nach rechts über die große helle Sonnenscheibe. Tatsächlich ein Vorgang mit klarem Anfangspunkt und ebenso klarem Endpunkt, den man mit der Stoppuhr messen konnte. In Berlin wird eine solche Venus-Passage erst wieder im Juni 2247 sichtbar – falls denn der Himmel wolkenfrei ist. Insofern verstand ich gut, warum James Cook zur Beobachtung eines solchen astronomischen Ereignisses auf die lange Reise nach *Tahiti* geschickt worden war: Man wollte so sicher wie möglich gehen, ein so seltenes Himmelsereignis auch tatsächlich vermessen und danach mathematisch verarbeiten zu können. *Point Venus* war insofern – da meist wolkenfrei – ein idealer Ort.[10] Zu Cooks Zeiten war auch noch die Luft »perfectly clear« – vollkommen klar – wie der Commander vermerkte.[11] Während heute der dichte Autoverkehr, auch zur ausgedehnten Militärbasis östlich von *Point Venus*, die mit viel Stacheldraht »eingeigelt« ist, für reichlich »blauen Dunst« sorgt.

Wie schon 1769 hatten sich auch bei der Ankunft Georg Forsters vier Jahre später viele Tahitianer am *Point Venus* eingefunden, um die beiden britischen Segler zu begrüßen. Schwimmend oder mit ihren Auslegerbooten pendelten sie zwischen den Schiffen und der Landspitze hin und her. Bald hatten sie auch »einen ordentlichen Markt errichtet«, auf dem alle Arten von Früchten, »und zwar sehr wohlfeil zu haben waren, indem ein Korb voll Brodfrucht oder Coco-Nüsse nicht mehr als eine einzige Coralle galt«.[12]

In der angenehmen Kühle des Morgens, wenn der junge Forster zum Botanisieren aufbrach und dazu den Matavai-Fluss überqueren musste, wurde er »für eine Coralle« von einem Einheimischen auf den Schultern über den Fluss getragen, »ohne dass wir einen Fus naß machen durften«. Die körperliche Reinlichkeit der Bewohner imponierte ihm besonders: »Die mehresten Einwohner waren eben aufgestanden, und badeten zum Theil noch im Matavai-Fluß, welches sie des Morgens allemal ihr erstes Geschäft seyn lassen«.[13] Da sie täglich zwei- bis dreimal badeten und auch Hand und Gesicht vor und nach jeder Mahlzeit wuschen, waren sie vermutlich »das reinlichste Volk auf Erden«, wie Forster vermutete.[14]

Seine naturwissenschaftlichen Erkundungen führten Georg Forster von *Point Venus* mehrfach in das sich verjüngende Tal von Matavai, an dessen Ende sich eine »schöne Cascade« vom Gipfel in den Fluss herabstürzte und »diese sonst schauervolle, finstere und romantisch-wilde Aussicht« belebte[15] – eine Flusswanderung, die ich auf der »Fahndung« nach *Forsters Cascade* auf seiner Pariser Landschaftsskizze ohne den erhofften Erfolg nachvollzogen hatte. Auf einer anderen Exkursion, die Georg Forster von *Point Venus* aus Richtung Westen unternahm, begünstigte ihn »das Glück mit einer botanischen Entdeckung«, wie er es in seiner *Reise um die Welt* ausdrückte.

»Wir fanden nemlich einen neuen Baum, der das prächtigste Ansehen von der Welt hatte. Er prangte mit einer Menge schöner Blüthen, die so weiß als Lilien, aber größer und mit einer Menge Staubfäden versehen waren, welche an den Spitzen eine glänzende Carmosinrothe Farbe hatten.« Dieser von Georg Forster *Barringtonie* getaufte Baum besaß erstaunliche Eigenschaften. »Die Einwohner versicherten, dass wenn die nußartige Frucht desselben zerstoßen, und, mit dem Fleisch der Muscheln vermischt, ins Meer geworfen wird, die Fische auf einige Zeit so betäubt davon würden, dass sie oben aufs Wasser kämen und sich mit den Händen fangen ließen.«[16]

Ich hatte einmal Gelegenheit, mich nach dem Gift dieses Baumes bei Peva Levy zu erkundigen, einem altehrwürdigen tahitianischen Biologen, der im Süden von *Tahiti* ein ausgedehntes Gartengrundstück bewirtschaftet und für seine Kollektion von Brotfruchtarten berühmt ist. Als er mich auf den wunderbaren Duft der Blüten seiner *Barringtonie* aufmerksam machte, fragte ich ihn, ob das Gift, das die Fische betäube, denn nicht auch diejenigen vergifte, die den Fisch verspeisten. Zu meinem Erstaunen erklärte er mir, dass die *Barringtonie* nicht etwa das Gewebe vergifte, sondern zu sofortigem Herzstillstand führe – ob nun bei Fischen oder beim Menschen. Man müsse nur den Kern zerreiben – wie er mir spontan demonstrierte, indem er eine ledrige braune Frucht vom Boden aufhob und die walnussgroße Kapsel darin mit seinem Daumen zerquetschte – und das Ganze mit einem Brei oder einer Flüssigkeit vermengen. »Ganz einfach«, erklärte er mit der Stimme des routinierten Naturforschers.

Angesichts der schwierigen Debatten, die wir in Deutschland und weltweit über Sterbehilfe führen, kam mir seine Auskunft zur *Barringtonie* so unwirklich wie alarmierend vor. Ob er recht hatte? War das der Weg, den Tahitianer aus der Welt nahmen? Ich würde es nicht ausprobieren.

Georg Forster fertigte von diesem »Fischgiftbaum« mit seiner imposanten Blüte eine seiner schönsten Pflanzenzeichnungen an, bei der sowohl der räumliche Eindruck als auch seine Detailversessenheit verblüffen.[17] Vermutlich an einem der Nachmittage in *Point Venus*, die der Naturzeichner der Expedition häufig dazu nutzte, »die bisher gesammelten Naturalien zu zeichnen und zu beschreiben«.[18]

Bei Sonnenuntergang hingegen ging es vor *Point Venus* »so ausschweifend lustig zu, als ob wir nicht zu *Tahiti*, sondern zu *Spithead* vor Anker gelegen hätten«, wie Georg Forster festhielt. »Ehe es ganz dunkel ward, versammleten sich die Mädchen auf dem Verdeck des Vordertheils. Eine von ihnen blies die Nasen-Flöte; die übrigen tanzten allerhand Tänze, worunter verschiedne waren, die mit unsern Begriffen von Zucht und Ehrbarkeit eben nicht sonderlich übereinstimten.« Die

Eine der überraschenden botanischen Entdeckungen Georg Forsters auf Tahiti und eines seiner schönsten Pflanzenbilder: die Barringtonie (Barringtonia speciosa).

Seeleute, nach und nach von den Mädchen »schon besser ausstudirt«, waren gern bereit, Korallen, Nägel, Beile oder Hemden – rein alles – für »die Tahitischen Buhlerinnen« zu geben. Die größte Freude konnten ihre Liebhaber ihnen machen, indem sie ihnen »frisch Schweinefleisch vorsetzten«, das die jungen Frauen »gierig« und in großen Mengen verspeisten, da der Verzehr auf *Tahiti* allein den Männern vorbehalten war.[19]

Für Captain Cook galt es vor allem, »sich das Wohlwollen des Königs zu erwerben«, wollte er »hinlänglich Lebensmittel« für seine nächste Antarktistour erlangen.[20] Dazu genügten nicht allein Geschenke, am besten in Form der »heiligen« roten Federn, oder Konzerte, die Cooks schottischer Seekadett zu Ehren des Herrschers auf dem Dudelsack gab. Es mussten auch bestimmte Zeremonialregeln eingehalten werden, wenn König *O-Tuh* nach *Point Venus* kam, um an Bord des einen oder anderen britischen Seglers zu gehen. Während die tahitischen Untertanen in Anwesenheit des Königs, wie bei der Annäherung an einen heiligen Kultplatz, als Zeichen der Ehrfurcht ihre Schultern zu entblößen hatten, galt für den britischen Kapitän das Gegenteil: *O-Tuh* war erst bereit, an Bord der *Resolution* zu gehen, wenn Cook sich zuvor nach höfischer Etikette in reichlich Tapa, den tahitischen Stoff aus Baumrinden-Bast, einhüllen ließ, bis er »zu einer ungeheuer dicken Figur geworden war«, wie Georg Forster amüsiert festhielt.[21]

Bei seinem zweiten Aufenthalt an dieser »weit hervorragenden Landspitze« sorgte Captain Cook für ein donnerndes Spektakel, das die Einheimischen in Staunen versetzte: »Wir feuerten unsre scharf geladenen Canonen ab, so, dass die Kugeln und Kartetschen über das Rief ins Meer schlugen«, hielt Forster fest. Bei Einbruch der Nacht »ließen wir Raketen und Luftkugeln steigen, worüber sie noch mehr Vergnügen und Erstaunen bezeigten«.[22] Womöglich hatten Blitze und Sterne über *Point Venus* aber noch eine andere Funktion. Nachdem Captain Cook die mächtige Kriegsflotte der Tahitianer gesehen hatte, die nicht weit von der Landzunge vor Anker lag, schien es ihm vielleicht ratsam, die eigene Feuerkraft noch ein wenig beeindruckender aussehen zu lassen.

Für Georg Forster – so meine Quintessenz aus seinen Notizen – war *Point Venus* und die Bucht von *Matavai* ringsum die vermutlich intensivste Reisestation der zweiten Cook'schen Weltumseglung. Fast vier Wochen lang hatte die *Resolution* im August 1773 und im Frühjahr hier 1774 geankert.

Drei Jahre später, im August 1777, fand sich die *Resolution* am selben Ankerplatz in *Point Venus* wieder ein – nur dass Cook jetzt einen neuen Mann, William Bligh, für die Landung mit der Barkasse auf der Westseite der Landzunge eingeteilt hatte, wie Maurice Bligh mir mit Blick auf die Lagune erzählte. Bei dieser ersten Ankunft konnte William Bligh noch nicht ahnen, dass er von hier einmal als Kapitän der *Bounty* auf eine dramatische Reise gehen würde. Sein für die legeren tahitischen Verhältnisse sehr elegant gekleideter Nachfahre fand sich auf die Minute genau am Denkmal für den berühmten Vorfahren ein – begeistert von den jungen Leuten, die mit Drachen und Surfboard in der Bucht herumkurvten. *Point Venus* – französisch: *Pointe Vénus* – war längst kein so exklusiver Ort mehr wie zu Zeiten Cooks, aber ein breiter und beliebter Strand für die Bewohner der tahitischen Nordküste. Der hohe viereckige Leuchtturm, der hier 1867 ungefähr an dem Punkt errichtet wurde, wo Cooks Astronomen 100 Jahre zuvor ihr Observatoriumszelt aufgeschlagen hatten, bildet den weißen Kontrapunkt zum schwarzen Sand ringsum, der auf der Westseite mit hohen Bäumen bewachsen ist. Östlich davon findet sich eine kleine Marina mit Fischerbooten. Das Spektakulärste am heutigen *Pointe Vénus* waren tatsächlich die Kitesurfer, da hatte Maurice Bligh schon recht. Vor dem schaumgekrönten Riff der türkisblauen Lagune und der dahinterliegenden Silhouette der Nachbarinsel *Moorea* sorgten sie für spektakuläre *Flips* und *Raileys* in bis zu 20 Metern über dem Wasser.

Der recht formelle Aufzug des Bligh-Nachfahren hatte eine einfache Erklärung: Er musste als Galionsfigur des *Bounty*-Oktoberfestes fungieren. Sein Vortrag am *Point Venus* machte dabei nur den Anfang und mündete in ein dreitägiges *Bounty*-Festival. Mit einem Zeltkino unter dem Leuchtturm, in dem – natürlich – *Die Meuterei auf der Bounty* aufgeführt wurde. Mit einer Regatta in der Bucht von *Matavai* für Auslegerkanus und Kitesurfer. Sogar mit einem Stand junger Frauen von *Pitcairn Island*, die hier als Nachfahren der Meuterer Briefmarken verkauften – ironischerweise mit großformatigen Brotfruchtmotiven. Offenbar hatte man sich mit der Pflanze versöhnt, deren durstige Setzlinge aus Sicht der Rebellen der Dreh- und Angelpunkt der Meuterei auf der *Bounty* gewesen sein sollen.

»Was für ein Märchen. Das ist eben der Unsinn aus Hollywood«, winkte Maurice Bligh routiniert ab. Seit fünfzig Jahren stemmte er sich gegen diese Lesart der Geschichte. Beruflich hatte sich der Mann aus dem englischen Kent einen Namen als Erfinder gemacht. Unter anderem mit einem Patent für Evakuierungssysteme auf Schiffen, die mit Farbcodes arbeiteten. Auf diese Idee war er gekommen, als er in den 1970er-Jahren dem Kurs der Bounty rund um die Welt gefolgt war und mehr als 50 000 Kilometer hinter sich gebracht hatte.

Brotfrucht-Motive auf einer Briefmarke der heute zu England gehörenden Pitcairn Islands.

Was das Thema Evakuierung anging, hatte auch ich gerade etwas gelernt, als ich mit dem Passagierfrachter Aranui 5 durch die Marquesas gefahren war. Am Strand von Nuku Hiva, der Hauptinsel der Marquesas, hatte ich zwei junge Tahitianer getroffen, Jack und Tina, die dort in den Uferbereichen im staatlichen Auftrag Sirenen installierten, die im Falle eines Tsunamis automatisch Alarm auslösen sollten.

»Und? Funktionieren sie vernünftig?«, wollte Maurice Bligh als Fachmann für Rettungssysteme wissen. »Eigentlich schon«, gab ich die Antwort der beiden Installateure weiter. Paradox war nur, wie sie mir ebenfalls erzählt hatten, dass man sich in Französisch-Polynesien um Tsunamis keine Sorgen machen musste, weil die meisten Inseln von einem Korallenriff umgeben waren, sodass Flutwellen ihre verheerende Wirkung nicht entfalten konnten.

»Und dennoch stellen sie Sirenen auf?« Maurice Bligh runzelte die Stirn, sodass sein Strohhut ein wenig nach vorn rutschte. »Ja überall, in jahrelanger Arbeit, für sehr viel Geld, selbst auf den abgelegensten

Inseln«, konnte ich meine eigene Verblüffung an den Briten weitergeben. Das sei keine Frage der Logik, hatten mir Jack und Tina erklärt, sondern eine Frage der Politik. Unter dem Motto: Wo Frankreich ist, da sorgt die Republik auch für den Schutz ihrer Landsleute, ob sie den nun brauchen oder nicht! Wir schüttelten beide den Kopf – das kannte wohl jeder von uns auch aus Europa. Doch dann stutzte Maurice Bligh. Er habe in einer tahitischen Zeitung gelesen, dass die größte Unsicherheit in der Region vom *Mururoa-Atoll* ausginge, dessen Vulkan durch die französischen Atomtests so »mürbe« geworden sei, dass er auseinanderzubrechen drohe, was eine Flutwelle ungekannten Ausmaßes nach sich ziehen würde. Vielleicht, meinte er, würden die Sirenen, die überall in Französisch-Polynesien aufgestellt wurden, doch irgendwann gebraucht?

Bringen wir den Völkern der Südsee Glück? Georg Forsters berühmte Frage kam mir in den Sinn. Die Zahl der Menschen, die in Französisch-Polynesien an Krebs erkrankt waren – »potenziell infolge nuklearer Strahlung«, wie es offiziell hieß –, war seit 1992 auf fast 7500 angewachsen.[23]

Maurice Bligh hatte Georg Forsters *Voyage*, die englische Ausgabe seiner *Reise um die Welt*, noch nicht gelesen, wollte es aber gern nachholen. Es war seltsam: Die Zunft der angelsächsischen Captain-Cook-Historiker bediente sich ständig bei Forster, doch die Quelle selbst – Georg Forster – blieb dabei ungenannt. Was Georg Forster als Augenzeugen der Cook'schen Abenteuer so wertvoll machte, erklärte mir der amerikanische Cook-Biograf Tony Horwitz einmal so: »Wenn die Briten eine neue Küste entdeckten, fragten sie: Wo liegt diese Insel genau und wie viel Klafter Holz können wir da holen? Und das hielten sie in ihren Büchern fest. Während die Forsters sich für die Menschen dort, für ihre Sitten und Gebräuche, vor allem die Frage interessierten, wie Cook und seine Leute und die Ureinwohner einander begegneten.«[24] Das machte Georg Forster für jeden interessant, der über Captain Cook schreiben und der Sache mehr Farbe, mehr Lebendigkeit geben wollte. Doch schien Georg Forster auch jene Tradition begründet zu haben, nach der Angelsachsen in Deutschland viel gelesen wurden, deutsche Autoren im englischsprachigen Raum aber seltsam anonym blieben.

Maurice Bligh hielt Georg Forster vor allem für einen frühen Verbündeten: Der hatte schließlich mit der Übersetzung der Schriften William Blighs dafür gesorgt, dass der Name seines Vorfahren in Deutschland bekannt wurde und sowohl vom Aufruhr auf der *Bounty*, als auch von der Standhaftigkeit und dem »Muth im Leiden« des gebeutelten Kapitäns berichtet.[25] Umgekehrt hatte Georg Forster an William Bligh aber nicht nur die skandalträchtige Meuterei interessiert, sondern ebenso, was es Neues über den Brotfruchtbaum auf den Inseln *Hawaiis* zu berichten gab – auf der Inselgruppe, die Cook und Bligh gemeinsam entdeckt hatten und auf der James Cook schließlich erschlagen worden war.[26]

Beim Übersetzen von *Captain Blighs Reise in das Südmeer* packte Georg Forster die Gelegenheit beim Schopfe und fasste alles zusammen, was Brotfrucht-Kenner früherer Weltreisen und die Helden der Stunde James Cook, William Bligh und James King – die Entdecker *Hawaiis* – zum Thema *Uru* in Erfahrung gebracht hatten: dass der Brotfruchtbaum »den Wuchs einer mittelgroßen Eiche« hatte und Blätter »mit tiefen bogenförmigen Ausschnitten wie Feigenblätter« besaß, die, sobald man sie verletzte, einen weißen »Milchsaft« abgaben; dass die Früchte kindskopfgroß waren und sich in deren Mitte eine Verlängerung des Stiels »so groß wie der Griff eines kleinen Messers« verbarg; dass das Fruchtfleisch »weiß wie Schnee« war und der Geschmack mal an Artischockenherzen, mal »an die Krume des Weizenbrotes« erinnerte.[27] »Wenn jemand während seines Lebens zehn solcher Bäume pflanzt, wozu er allenfalls eine Stunde braucht«, zitierte er das Bonmot Sir Joseph Banks', »so hat er gegen seine Zeitgenossen und gegen nachfolgende Generationen seine Pflicht erfüllt.«[28]

Auf der Hauptinsel *Hawaiis* wurde der Brotfruchtbaum zwischen pilzartig aufragenden »steilen Gehängen« gesichtet und sein »üppiges Wachstum« gelobt. Cook bemerkte, »dass man ihn niemals pflanze«, sondern die Setzlinge »von den Wurzeln der alten Bäume ausschlagen«. Und auf dem Schwesterschiff fiel Captain James King auf, dass es auf *Hawaii* zwar weniger Brotfruchtbäume als auf *Tahiti* gab, dafür aber »mit einer doppelt so großen Menge von Früchten.«[29]

Davon war 200 Jahre später allerdings nichts geblieben, wie ich 2008 verblüfft feststellen musste, als ich Georg Forsters *Fragmente über Cooks letzte Reise und sein Ende* neu herausgab und dafür in der *Kealakekua Bay* recherchierte.[30] Als ich mich auf den Weg zu der vom Meer überspülten Bronzeplatte machte, die im Norden der *Kealakekua Bay* den Felsen markiert, auf dem Captain Cook erschlagen und erdolcht wurde, war nirgendwo ein Brotfruchtbaum zu entdecken. Weder links noch rechts des einstündigen Fußweges von der kleinen Ortschaft *Captain Cook* zum Ufer der Bucht, noch auf den drei Kilometern am Ufer entlang, die ich im Kanu von einer Pier im Süden der Bucht bis zum weißen Obelisken des Cook-Denkmals paddelte.[31] Anders als auf *Tahiti* oder auf den *Marquesas* war die *Uru* auf der Hauptinsel *Hawaiis* fast vollständig verschwunden – mit eine Ausnahme: Am Parkplatz des sonst so steril wirkenden *Kona Commons Shopping Centre* sorgte eine frisch gepflanzte Allee von Brotfruchtbäumen für einen Hoffnungsschimmer zwischen all dem Beton.

Das war auf *Tahiti* ganz anders. Brotfruchtbäume gab es hier noch immer reichlich. Nur gegessen wurde die Frucht kaum noch. »Deshalb gibt es einen *Uru*-Wettbewerb auf dem *Bounty*-Festival«, erzählte mir Maurice Bligh. »Da kann jeder mitmachen, der sich zur guten alten Uru etwas Neues einfallen lässt.« Ich staunte. Das war schon etwas überraschend auf *Tahiti*, dem Reich der allgegenwärtigen *Steak frites*.

»Ich war sogar in einem großen Supermarkt in Papeete, um für die Uru Werbung zu machen«, erzählte Maurice Bligh weiter. »Nach allem, was mein Vorfahr für die Verbreitung der Brotfrucht auf sich genommen hat, muss ich sie einfach mögen.«

Aber das war auch nicht schwer, wie ich fand. Seitdem mir Mareva zum ersten Mal Brotfrucht angeboten hatte – 1997 beim Tanztraining im *Moorea Camping* –, hatte ich so oft wie möglich *Uru*-Gerichte probiert. Erst kurz vor meiner Begegnung mit Maurice Bligh hatte ich dazu eine großartige Gelegenheit auf der *Marquesas*-Insel *Tahuata*, Georg Forsters *St. Christina*. Da gab es bei einem Empfang Brotfrüchte (*Uru*) aus dem Erdofen (*Umu*), kurz »*Uru* im *Umu*« – das berühmte Brotfruchtmahl, bei dem Schweinefleisch zusammen mit Brotfrüchten und Kochbananen, eingehüllt in Bananenblätter, langsam im Erdofen gegart wurde. Natürlich schmeckte das Ganze dank der Zubereitung im eigenen Saft, wie schon Georg Forster gerühmt hatte, überaus aromatisch.

In seiner Doktorarbeit empfahl er aber auch eine Reihe von vegetarischen Varianten der Brotfrucht-Zubereitung: »Entweder man schält sie, wickelt sie in Blätter ein und röstet sie auf der Feuerstelle. Oder sie wird mit dem Öl und dem Fruchtfleisch der Kokosnuss vermischt und geröstet.«[32] Ich dagegen hatte eine Variante entwickelt, die der französischen Technik-Manie entsprach, die sich natürlich von Paris aus auch im Pazifik verbreitet hatte. Ich steckte die *Uru* – vom Baum gepflückt und drei Tage abgelagert – einfach in die Mikrowelle. Gegart im eigenen Saft, nach 20 Minuten servierbereit, musste man nur noch Scheiben aus der grünen Kugel herausschneiden, wie aus einer Melone. Dazu ein Stückchen Butter. Oder *Poisson Cru* – die rohen limonengebeizten Thunfischwürfel in Kokosmilch, die ich auf *Moorea* kennengelernt hatte. Oder *Uru* mit gebratenen Zwiebeln und Fisch vom Grill. Schmeckte wie Kartoffel, manchmal ein wenig fruchtiger.

Wie schade, dass Maurice Bligh schon wieder anderswo gebraucht wurde, als ich das Zelt des *Uru*-Wettbewerbs auf dem *Bounty*-Festival besuchte. Hier erinnerte nichts an Kartoffel. Stattdessen Süßes aus Brotfruchtmehl: Waffeln, Muffins und Crêpes am Stiel. Von Thérèse Rattinassamy, einer jungen Tahitianerin, die mir eine Brotfrucht-Waffel mit Mangomus reichte, war zu erfahren, dass man bei diesem Festival nicht so sehr die Touristen im Blick hatte – über die man sich natürlich auch freute –, sondern Leute aus der Kommune von *Mahina*, zu der *Point Venus* gehörte. Thérèse gehörte gemeinsam mit ihrem Mann Beni einer Projektgruppe jüngerer Leute an, die angesichts der dreißig Prozent der Bevölkerung unter der Armutsgrenze und der hohen Jugendarbeitslosigkeit nicht mehr auf die Segnungen des französischen Sozialstaates hofften, sondern selbst alternative Ideen umsetzen wollten.

Die beiden strahlten wirklich Enthusiasmus aus. Ihre Gedanken kreisten um die lokale Handelskammer und Businesspläne, aber ebenso um die *Bounty* und die Brotfrucht.

Thérèse und Beni planten in kurz-, mittel- und langfristigen Projekten: Mit einem kleinen Hotel in Papeete bauten sie sich eine Basis auf. Längerfristig suchten sie nach Partnern und Geldgebern für ihre *Association Bounty Tahiti*, um die *Bounty* nach *Tahiti* zu holen. Ihr Traum: Ein originalgetreuer Nachbau der *Bounty*, der als Hotel und Restaurantschiff auf abendliche Segeltörns zwischen *Tahiti* und *Moorea* ging. Das konnte Urlauber mit einem Faible für Geschichte, Seefahrt und Mythen anziehen – und Arbeitsplätze schaffen. Was für ein Aufbruchsgeist, dachte ich. Dabei klagte man doch sonst, ob in Paris

Rund um den Leuchtturm von Point Venus treffen sich heute junge Leute aus Papeete.

oder in den »Übersee-Territorien«, so gern darüber, dass man Weltmeister im Klagen sei.

Sie würde mich gern einladen, riss mich Thérèse aus meinen Gedanken. Ihr drittes Projekt würde mich vermutlich besonders interessieren, da gehe es nämlich um die Brotfrucht. Falls ich Zeit hätte, sollte ich doch in ihrer Pension vorbeikommen. Was ich gern versprach.

Während ich zum Sonnenuntergang an den Strand von *Point Venus* schlenderte, vorbei am Basketballfeld, auf dem sich mit viel Spaß viel zu viele Teenager drängten, gingen mir die beiden »Jungunternehmer« noch einmal durch den Kopf. Für mich war das eine ungewohnte Mischung aus jugendlichem Unternehmergeist und *Tahiti*-Bewusstsein. Auch ein ungewöhnliches »Multikulti« mit Vorfahren aus Indien und der Schweiz. Da versuchte offenbar eine neue Generation, selbst etwas auf die Beine zu stellen, aus den natürlichen Ressourcen *Tahitis*, statt nach mehr Frankreich, mehr Transfer, mehr Import zu rufen.

Dieses »Auf-sich selbst-Besinnen« war mir vor 20 Jahren, als ich anfing, Forsters Spuren zu folgen, schon einmal begegnet: damals als letztes »Nachbeben« einer polynesischen Unabhängigkeitsbewegung.

Am stärksten konnte man das auf der Insel *Huahine* spüren. Hier hatte Henri Hiro seine Spuren hinterlassen, ein Aktivist der Emanzipationsbewegung *Fenua Ma'ohi* (»Erde der Menschen«). Für die einen war er ein polynesischer Nationalist, ein Extremist, für die anderen ein Revolutionär, ein Partisan des »Zurück zu den Wurzeln«, ein Vorkämpfer der kulturellen Identität der *Ma'ohi*, der Ureinwohner Französisch-Polynesiens.[33] Tatsächlich hat Henri Hiro viel dafür getan, dem Spirit der Ureinwohner *Tahitis*, der durch christliche Missionierung und koloniales »Brainwashing« weitgehend ausgerottet schien, wieder Respekt zu verschaffen. Angesichts einer ausufernden Konsumgesellschaft, die die Inseln mit tödlicher Nuklearstrahlung verseuchte und gesellschaftspolitisch Lethargie erzeugte, warf er die Frage auf, ob die naturnahe Lebensform der Vorfahren eine Alternative sein könnte – *retour aux sources*, zurück zu den Quellen. Inklusive der Aneignung ihrer Kultur: der Techniken der Bootskonstruktion und des Hausbaus aus nachwachsenden Rohstoffen, der Ernährung aus eigenem Anbau, der Nutzung von Heilpflanzen und des traditionellen Rauschmittels *Awa*, des kollektiven Fischfangs mit Kanus und Netzen, des Tätowierens und des traditionellen *Hiwa*, wo Geschichten erzählt, Theater gespielt, gesungen und getanzt wurde. Mit seinem Film *Marae* (1983) rückte Henri Hiro die zerstörten polynesischen Kultplätze und die Riten des *Marae* wieder ins Bewusstsein, mit dem Film *Tarava* (1983) die Musik, die Tänze und die Tätowierkunst der Ahnen, bevor er sich 40-jährig mit seiner Frau und den Kindern in sein »nährendes Tal«, sein *peho*, im *Vallée d'Arei* im Süden *Huahines* zurückzog, um das naturnahe Leben seiner Vorfahren zu leben.[34]

Als ich die Insel, die wohl ursprünglichste der *Gesellschaftsinseln*, mehr als zehn Jahre nach dem frühen Tod von Henri Hiro besuchte, war sein Geist noch lebendig. Viele junge Leute auf der Insel kleideten sich traditionell in Shorts ohne Oberteil, sodass die Tätowierungen sichtbar wurden, die sie sich im polynesischen Stil hatten stechen lassen. Auf keiner anderen Insel Französisch-Polynesiens gab es eine größere Anzahl einfacher Unterkünfte oder Öko-Herbergen für Urlauber, während eines der bestgelegenen Luxushotels im Pazifik, das *Sofitel Heiva Huahine*, nach einem Sturm zur dauerhaften Ruine wurde (und noch heute in Trümmern liegt).

Ich wohnte damals in einer Familienpension nahe *Parea* ganz im

Süden der kleineren Halbinsel *Huahine-iti*. Das Campement verfügte über Gästehütten ohne Elektroanschluss oder Heißwasser, lag dafür aber direkt an der türkisfarbenen Lagune unter großen, schattigen Strandmandelbäumen. Unser Gastgeber, Matareva, war gerade aus seinem Job als Lehrer des *Collège de Huahine*, der Gesamtschule der Insel, pensioniert worden und war – wie sich herausstellte – ein Freund und Bewunderer Henri Hiros gewesen. In seinem kleinen *Eco-Campement* hatte er ein Dutzend Holzschilder angebracht, in die Worte in polynesischer Sprache geschnitzt waren, Bezeichnungen des Equipments wie Herd, Schrank, Dusche, Regal, Grill etc. Zum Sonnenuntergang gab es häufig frischen Fisch aus der Lagune, den er mit seiner Familie fing, indem im flachen Wasser vor dem Riff ein großes Netz ausgeworfen und mithilfe von vier, fünf Leuten so verengt wurde, dass am Ende ein paar Fische in der Falle zappelten, von denen die größten für den Grill ausgewählt wurden. Als Beilage konnte man Taro oder Süßkartoffel wählen – und es war klar, dass vom Baguette, dem Symbol der kulinarischen Herrschaft Frankreichs, nur im Notfall etwas abgebrochen wurde.

Matarevas ganzer Stolz war sein botanischer Garten auf einer Anhöhe etwas außerhalb der Ortschaft, in den er uns mehrfach mitnahm und über den er sehr bereitwillig Auskunft gab: Über die heilende Wirkung seiner Aloe Vera für die Haut, die Verwendung der dunkelroten Langblätter der *Ti-Pflanze* anstelle von Aluminiumfolie in der Küche und den Einsatz der faustgroßen Noni-Früchte gegen Schmerzen, Bluthochdruck und Depression. Den größten Respekt aber brachte er einem stattlichen Brotfruchtbaum entgegen, aus dessen armlangen dunkelgrünen Blättern überall hellgrüne Blütenstände ragten. Obwohl die Saison für Brotfrüchte schon vorüber war, wie er sagte, konnte unser Lehrer doch noch zwei fußballgroße Früchte entdecken, die er mit einer langen Lassostange vom Baum pflückte. Tatsächlich wurde das Dinner an diesem Abend zu einem besonderen Fest, da es zum Thunfisch die im offenen Feuer gegarte Brotfrucht mit einem großartigen rauchigen Aroma gab.

Nach dem Essen lud uns Matareva noch in sein Wohnhaus am Meer ein, über dessen Tür das Schild *Fare Nui* – Großes Haus – aufgehängt war. Nach der Idee hinter den Plakatierungen gefragt, antwortete er mir mit einem Satz Henri Hiros: Man könne nur in seiner eigenen

Sprache zu Hause sein. Mir ging durch den Kopf, wie befremdlich er es als Lehrer im Staatsdienst gefunden haben musste, viele Jahre seines Lebens in französischer und nicht in polynesischer Sprache zu unterrichten.

Zu unserer Überraschung gab es im geräumigen Salon des Hauses einen Videorekorder, den Matareva auch gleich einschaltete, um uns ein besonderes Dokument zu zeigen, wie er sagte. Anfangs dachte ich, er hätte die falsche Kassette eingelegt, da es sich um eine Fernsehsendung für Kinder zu handeln schien. Doch er wollte uns genau das zeigen: einen Film für Kinder – über den Brotfruchtbaum. Darüber, dass die alten Polynesier, die *Ma'ohi*, das Brot aus Brotfruchtbrei auf ihre Doppelrumpfkanus gestapelt hatten, um damit auf große Fahrt zu gehen. Nur so, sagte die Kommentarstimme, sei genug Nahrung an Bord gewesen, um eine Gruppe von Menschen monatelang, manchmal ein halbes Jahr, auf hoher See zu ernähren, bis man eine neue Insel, ein neues Zuhause entdeckt hatte. Erst die Brotfrucht habe es ermöglicht, die *Fenua Ma'ohi*, die »Welt der Menschen«, über den weiten Pazifischen Ozean auszudehnen.

»Kennst du diese Stimme?«, fragte mich Matareva etwas unvermittelt. Ich zuckte ahnungslos mit den Schultern. Pariser Schnellsprech war dieser Kommentar sicherlich nicht, und das gerollte »r« stammte eher von einem Polynesier. »Das ist er«, fuhr Matareva mit einer Geste Richtung Bildschirm fort: »Henri Hiro!« Er drückte mir die Kassettenhülle in die Hand. »Te Ora« stand darauf. »Dein Wohlergehen«, wie Matareva für mich übersetzte. In seinen letzten Lebensjahren hatte Henri Hiro fünfzehn Filme für Kinder realisiert, fünfzehn Ausgaben einer Fernsehreihe über die wichtigsten Nutzpflanzen Polynesiens. Jedes Kind sollte verstehen, dass die polynesische Kultur aus der Kultivierung dieser Pflanzen hervorgegangen war. Und in diesem Wissen aufwachsen.

Mit seinem Traum von der Unabhängigkeit Französisch-Polynesiens ist Henri Hiro gescheitert, doch gibt es heute ein Bestehen auf der eigenen Identität, ein stärkeres *Tahiti*-Bewusstsein.

Vor zwanzig oder dreißig Jahren wäre in Papeete niemand auf die Idee gekommen, sich anstelle eines Plastik-Weihnachtsbaums einen Brotfruchtbaum in den Garten zu stellen. Das hatte sich geändert, wie mir Thérèse in ihrem angenehm schattigen Hotelgarten mitten in Papeete zeigte, als ich wie verabredet zum Kennenlernen ihres Brotfrucht-Projektes vorbeikam. Da stand eine Reihe von Brotfruchtbäumen – das Alpha und Omega der tahitischen Kultur, wie sie meinte. »Man kann die Brotfrucht in jeder Größe und in jedem Reifegrad essen, aber man kann sie auch so groß werden lassen wie einen Kohlkopf. Früher ernährte ein einziger Brotfruchtbaum eine vierköpfige Familie sieben bis acht Monate lang, *Pa Uru* hieß dieser Zeitraum hier im Schlaraffenland. Und danach gab es fermentierte Brotfrucht – das Schlaraffenland aus der Konserve«, erzählte sie, während ich neugierig einen Ast zu uns heranzog, an dem sich eine noch ganz junge, pflaumengroße Brotfrucht gebildet hatte. Dabei fiel mir zum ersten Mal auf, dass auf ihrem weißen Shirt ein grünes Oval in Brotfruchtform aufgedruckt war, in dem *Uru* stand. *E oha to 'oe Uru*, las ich den ganzen Satz von ihrem T-Shirt ab. »Ganz schön schräg: Mehl aus Brotfrucht«, übersetzte Thérèse für mich: »Also man muss schon Werbung machen und braucht dazu ein bisschen Küchenpsychologie: Wenn Beni und ich, Leute mit BWL-Studium und Pariser T-Shirts, die gute alte *Uru* feiern, dann ist Brotfrucht ja vielleicht gar nicht so uncool ...«

Ich musste schmunzeln, denn das war eine Cook'sche Taktik: Als die Crew der *Resolution* das Sauerkraut partout nicht essen wollte, das er prophylaktisch gegen Skorbut hatte laden lassen, setzte er es auf den Speiseplan der Offiziersmesse – exklusiv. Und bald galt Sauerkraut auch bei der Mannschaft als »cool«.

»Genau so«, meinte Thérèse. »Fast jeder Tahitianer hat einen Brotfruchtbaum im Garten, aber die Früchte fallen herunter, nur wenige machen sich die Mühe, sie zu verarbeiten. Höchstens für eine Hochzeit oder ein traditionelles Fest. Brotfrucht war sehr lange out in *Tahiti*. Ein bisschen so, als wären in Frankreich Käse oder Wein aus der Mode gekommen. Dabei sagen wir auf den Inseln noch heute ›Wie geht es deiner Brotfrucht?‹, wenn wir ›Wie geht's?‹ meinen.« Das deckte sich so ziemlich mit dem »Super-GAU der polynesischen Küche«, von dem mir der kulinarische Ethnologe Marin Trenk an der Frankfurter Uni erzählt hatte. Umso interessanter, dass es ein junges Paar in *Tahiti* gab, das diesen Trend umkehren wollte.

Während meiner Gartenrunde mit Thérèse hatte ihr Mann Beni auf der kleinen Hotelterrasse das Sortiment aus Brotfrucht-Mehl aufgebaut, das die beiden in den letzten drei Jahren in ihrer Hotelküche erprobt und für gut befunden hatten.

»Alles aus dem eigenen Backofen«, klärte Beni mich auf. »Erst schälst du die Brotfrucht, dann lässt du sie 24 Stunden lang bei 55° Celsius trocknen, dann wird sie liebevoll in der Kaffeemühle zermahlen.« Das Ergebnis sah *très francais* aus: *Pain de Uru*, also knuspriges Baguette, *Muffins de Uru* im Achterpack und 500-Gramm-Tüten mit Brotfrucht-Mehl zum Kochen oder als »Baking Mix« für Kuchen. Die Küchenpsychologie der beiden ging sogar im *Carrefour* von Faaa auf, einem der großen Supermärkte von Papeete: Modern verpackt wurden die Brotfrucht-Backwaren gern gekauft, wie mir Beni erzählte. Nur mit dem kontinuierlichen Nachschub der Früchte aus den Gärten »hinterm Haus« der Insulaner haperte es noch. Da müssten sie sich noch irgendein System einfallen lassen, meinten die beiden fast synchron.

Irgendwann stieß auch Maurice Bligh zu uns – im perfekt sitzenden Tropenanzug. Seinen obligatorischen Strohhut benutzte er in der Nachmittagshitze als Fächer. Er hatte sich auf *Tahiti* »standesgemäß« einquartieren wollen, begründete er die Wahl seiner Herberge, nämlich bei Thérèse und Beni, also in einem Hotel, das den Brotfruchtbaum hochhielt. Das hätte sein großer Vorfahre ganz bestimmt von ihm erwartet. Es war offensichtlich, dass sich mit dem Urururenkel des Captains der *Bounty* und den beiden Vorkämpfern für einen Nachbau der *Bounty* Freunde fürs Leben gefunden hatten.

Während unseres Gesprächs stellte sich heraus, dass Maurice Bligh die Vorträge über seinen berühmten Altvorderen demnächst auch auf der *Aranui 5* halten würde, auf dem Postschiff, mit dem ich für Recherchen auf den *Marquesas*-Inseln unterwegs gewesen war. Viele Urlauber, die ihre Fahrt durch den abgelegenen Archipel mit diesem Passagier-Frachter unternahmen und anfangs nur von Ferien unter Palmen träumten, gingen trotz des Swimmingpools an Deck sehr bald dem *Lecturer*, dem »Vortragenden« an Bord ins Netz – zumeist ein Historiker oder Ethnologe, der sich mit der fremden Kultur auskannte und aus dem Nähkästchen plaudern konnte. Dort erfuhr ich zum Beispiel – was nicht einmal die Brotfrucht-Experten Thérèse und Beni wussten –, dass die Tänzer auf der Insel *Ua Pou*, dem Mekka für traditionellen Tanz auf den *Marquesas*, vor Beginn ihrer energetischen Tänze mit dem weißen Saft der frischen Brotfrucht gurgelten. Eine Prozedur, mit der sie ihre Stimme auf die rauen und bassigen Laute vorbereiteten, mit denen sie ihren Rhythmus erzeugten.

Georg Forster hielt die *Marquesas* für den Ort, an dem die *Uru* »das vornehmste Nahrungsmittel der Einwohner« darstellte. Als Captain Cook hier auf der Insel *Tahuata* landete, fand Forster die hiesigen Brotfrüchte »größer und wohlschmeckender als irgend sonstwo«. Darum wunderte es ihn auch nicht, dass die Marquesianer »fast nichts als vegetabilische Speisen« aßen, am liebsten »aus gegohrnen Teig von der Brodfrucht«, eine säuerliche Speise, die auch »für die vornehmen Leute in *Tahiti* einen so großen Leckerbissen ausmacht«.[35]

Die Brotfrucht musste doch für mehr und mehr Leute, die wachsende Zahl von Veganern und Vegetariern nämlich, von Interesse sein, ging es mir durch den Kopf. Zudem war sie glutenfrei. Doch der Trend, fleischärmer zu leben, sei auf den Inseln noch nicht angekommen, dämpfte Thérèse meinen Optimismus. Immerhin gab es ihn in Frankreich – und bis jetzt hatte man auf *Tahiti* noch immer alles nachgeahmt, was Paris vorlebte.

Anders als auf *Tahiti* hatten sich die Bewohner der *Marquesas* nie so ganz von der Brotfrucht verabschiedet, überhaupt tickte man hier anders, schon um sich von denen da drüben, 1400 Kilometer weiter südwestlich, abzugrenzen. Als ich mich im Oktober 2016 auf *Tahuata* umsah – Georg Forster hatte die kleine *Marquesa*-Insel im April 1774 erkundet –, fiel mir auf, wie selbstverständlich im hiesigen Hafen-Bistro ein Schlag *'Ma de Uru*, der fermentierte Brotfruchtbrei, als Beilage zum Fisch zu bekommen war. An der Schiffsanlegestelle im Hafen der Inselhauptstadt *Vaitahu* wurde gerade eine neue Pier für größere Frachter gebaut und auf der Baustelle waren viele Inselbewohner beschäftigt, Bau- und Transportarbeiter, auch Taucher für Unterwasserarbeiten – ein Job für ein Jahr, über den viele sehr froh waren. In der Mittagspause griffen die Arbeiter, anders als auf *Tahiti*, lieber zu Brotfrucht und Fisch statt zu *Steak frites*. Da die Bauarbeiten tagsüber viele Schaulustige in den Hafen zogen, lag die Kathedrale *Notre-Dame* im Zentrum *Vaitahus* um so friedlicher da.[36] Rund um die Kirche ein Garten Eden: Kokospalmen und Mangobäume, dominiert von gigantischen Brotfruchtbäumen, die Dutzende faustgroße Früchte trugen. Nach ihrer Größe zu urteilen, mussten die Bäume hier schon einige Jahrzehnte

Auf der Marquesas-Insel Ua Pou: *Die Tänzer präparieren ihre Stimmen mit Brotfruchtsaft.*

stehen – ein kleiner Brotfruchtbaum-Hain, wie ihn auch Georg Forster und Anders Sparrman bei ihrer Exkursion auf *St. Christina* vor über 200 Jahren vorgefunden hatten.[37] Der kühle Schatten war hier, nahe am Äquator, besonders willkommen und lud zum Verweilen ein. Vielleicht wären mir ansonsten die Details des Kirchturms gar nicht aufgefallen. Umso mehr war ich erstaunt, als ich mit meiner Kamera an die geschnitzte Holzfigur der Muttergottes unterhalb des Turmspitze heranzoomte: Da hielt eine sehr polynesisch aussehende Jungfrau Maria den kleinen Jesus vor ihre Brust. Das pausbäckige Jesuskind aber, dessen Züge denen der Mutter ähnelten, hielt etwas Rundes in seinem Schoß, das aus vielen sechseckigen Waben zu bestehen schien. Genau so hatte der sehr präzise Zeichner Georg Forster *Artocarpus communis* abgebildet, mit einer Lederhaut, die aus Bienenwaben zu bestehen schien.[38] Es war tatsächlich eine Brotfrucht, die das Jesuskind mit seinen kleinen Armen umschlungen hielt.

Von so viel Ehrerbietung für die *Uru* überrascht, schaute ich mich im Innern der Kathedrale von *Vaitahu* etwas genauer um – und fand

Auf der Marquesa-Insel Tahuata: *Die Muttergottes hält ein Jesuskind mit einer Brotfrucht in ihren Armen.*

den Brotfruchtbaum als Leitmotiv wieder: Die aus *Tamanu*-Holz geschnitzte Kanzel der Kathedrale stellte zwei aufstrebende Äste des Brotfruchtbaums mit Blättern und reifen Früchten dar. Und selbst die sorgsam ins Holz gravierte Passionsgeschichte Jesu an den Wänden zeigte den Heiland auf dem Ölberg im Garten Gethsemane nicht etwa in einem Jerusalemer Olivenhain, sondern unter einem Brotfruchtbaum.

»Halleluja!« Dieses Kurzkommentars konnte sich Maurice Bligh denn doch nicht enthalten, als ich ihm davon erzählte. Und setzte für seine kommende Fahrt auf der *Aranui 5* zu den *Marquesas* fermentierten *Uru*-Brei auf sein Programm, da der auf *Tahiti* kaum zu bekommen war. Doch hatte er in Papeete gerade ein anderes Brotfruchtgericht probieren können – bei einem Abendessen im Gourmet-Restaurant eines 5-Sterne-Hotels. Dort stand *Uru Poe* als lokale Spezialität auf der Karte. Und auf einem Wandbildschirm im Restaurant wurde demonstriert, wie das Ganze zubereitet worden war: Zuerst wurde die *Uru* im Feuer geröstet, dann die rußschwarze Haut mit einem langen Holzspatel abgeschält, anschließend schlug der Koch das Innere in einem langen hölzernen Zuber mit einer steinernen Keule zu Brei und walkte den Teig immer wieder durch. Zum Schluss formte er ein Dutzend nussgroßer Schiffchen daraus, die in einem Bett aus Kokosmilch auf den Tisch kamen. »In der Konsistenz wie Gnocchi«, meinte Maurice Bligh, doch der Geschmack sei viel aromatischer und tatsächlich ein Genuss gewesen. Der Koch – natürlich ein Mann von den *Marquesas*. Umso mehr freute sich William Blighs Nachfahre auf die kommende Rundreise mit der *Aranui 5*. Er musste sich allerdings auf Touristen gefasst machen, die dem *lecturer* Fragen stellten, die sie sich sonst nicht zu fragen trauten. Daran mochten die traditionsbewussten Insulaner auf *Fatu Hiva* oder *Ua Pou* ihren Anteil haben, die die Fantasie der Passagiere beflügelten, indem sie die Tänze ihrer Vorfahren möglichst ursprünglich, das heißt erotisch unverstellt, aufführten. Hinzu kamen Details, die auf Exkursionen auf den Inseln anhand von Skulpturen auszumachen waren und viel diskutiert wurden: Warum spalteten sich die jungen Krieger auf den *Marquesas* im Initiationsritus ihre Eichel und »schälten« ihren Penis? Was erhofften sie sich davon, außer Schmerzen? Ich erinnere mich, dass mich die Amerikanerin Carol Ivory, die als Expertin für die Kunstgeschichte der *Marquesas* regelmäßig Vorträge auf der *Aranui* hielt, mit ihrer routinierten Sachlichkeit verblüffte. Ein narbenreicher Penis sorge vermutlich für eine größere Sensibilisierung der Vagina, lautete ihre Antwort.

Dennoch stellte sich mitunter eine seltsam schlüpfrige Launigkeit an Bord der *Aranui* ein, die sich vermutlich nicht allzu sehr von der anzüglichen Stimmung unterschied, die Georg Forster an Bord der *Resolution* beobachtet hatte. Die Sexualität der Polynesier irritierte noch immer. Wie das Eheleben der *Paetini* – einer Matriarchin auf den *Marquesas* zu Zeiten Cooks, die offiziell 32 Ehemänner hatte.[39] Carol Ivory, die feministische Professorin aus Seattle, kam gern auf die Vielmännerei und das Matriarchat auf den *Marquesas* zu sprechen, um die oft übersehene Macht polynesischer Frauen zu betonen. Die »Frauenpower« der Südsee sei immer schon, seit ihrer Entdeckung, unterbelichtet gewesen, so ihre These. Doch machten sich ihre Zuhörer noch mehr Gedanken darüber, wie der Vollzug einer Ehe mit 32 Männern wohl praktisch ausgesehen haben könnte.

Georg Forster jedenfalls hielt, wie er in seiner Doktorarbeit über die Brotfrucht und die essbaren Pflanzen der Südsee festhielt, die sexuelle Libertinage auf den Inseln der Südsee für einen Gewinn: Es sei die »Nachgiebigkeit gegenüber dem Liebesdrang«, schrieb er über die Polynesier, die »zur Erhaltung der Gesundheit und zur Verlängerung der Lebensdauer« beitrage.[40] Ganz anders die ersten Missionare auf den Gesellschaftsinseln. Einige unter ihnen argwöhnten, dass die bequeme Ernährung durch den Brotfruchtbaum – das süße Leben im Schlaraffenland – sündige Gedanken und die Wollust anheize. Es gab sogar die verrückte Überlegung, wie mir Matareva auf *Huahine* erzählte, »aus sittlichen Gründen« den Konsum der *Uru* auf den Inseln einzuschränken. Zum Glück ohne Erfolg. Aber auch ohne derart drakonische Maßnahmen begann mit der Ankunft der Europäer, mit der Missionierung und Kolonialisierung, das große Sterben in der Südsee. Georg Forster hatte die Zahl der Bewohner *Tahitis* noch auf weit über 120 000 geschätzt.[41] Bis zum Jahr 1800 war die Einwohnerzahl in nur 25 Jahren infolge von Pocken-, Scharlach- und Typhus-Epidemien auf 16 000 abgestürzt. Auf den *Marquesas* überlebten bis 1920 nur 2000 Menschen der ursprünglich 70 000 Bewohner des Archipels. Angesichts dieses Massensterbens, das die Fischerei, die Landwirtschaft und das Handwerk, ja sämtliche Lebensfunktionen auf den Inseln paralysierte, wurde die Brotfrucht vom Lebens- zum Überlebensmittel. Erst nach dem Zweiten Weltkrieg, in der zweiten Hälfte des 20. Jahrhunderts, fiel sie dank *Baguette* und *Steak frites* dem »Outsourcing« anheim.

Die Folgen dieser radikalen Verdrängung der *Uru* konnte man heute – so verrückt das klingt – in den Backwaren von Beni und Thérèse schmecken. Denn Brotfruchtbaum ist nicht gleich Brotfruchtbaum. Das Mehl, das man aus ihren Früchten gewinnt, ist von sehr unterschiedlicher Qualität. Noch vor ein paar Jahrzehnten pflegte jedermann auf *Tahiti* den Brotfruchtbaum hinter seinem Häuschen. Die Leute fachsimpelten über Größe, Ertrag, Nährwert und Geschmack dieser oder jener Sorte, man konnte berühmt werden mit einem Brotfruchtbaum auf den *Gesellschaftsinseln*. »So wie ein französischer Winzer, der einen besonders guten Wein hinkriegt«, meinte Beni. »Und nun stell dir vor, so ein Weinberg wird nicht mehr gepflegt. Dann nützt auch die beste Lage nichts.«

Dass Brotfruchtbäume Hege und Pflege brauchten, dass ihre nahr-

Die Aranui 5 *auf dem Ankerplatz von Cooks* Resolution *vor Tahuata, der einzigen Insel im Archipel der Marquesas, die die Forsters auf ihrer Weltreise erkunden konnten.*

hafte Frucht kein Naturprodukt, sondern Ergebnis der Kultivierung durch den Menschen war, gehörte zu den großen Rechercheleistungen Forsters auf seiner Südseereise.[42] Immer wieder – mehr als 70 Mal – kam er in seiner *Reise um die Welt* auf die Brotfrucht zu sprechen. Wie ein roter Faden zog sich ein »Brotfruchtpfad« durch seinen Reisebericht: Auf der *Tonga*-Insel *Rotterdam* (heute: *Eua*) bewunderte er die Schönheit der langen Brotfrucht-Alleen, auf *Huahine* die ausladenden Kronen als Schattenspender. Er notierte, dass Brotfruchtbrei – tahitisch: *Mahei* – sich bestens als Babynahrung eignete oder der Stamm des Brotfruchtbaums auch zum Dachbalken taugte.[43] Vor allem aber hob er die großartige Kulturleistung der Polynesier hervor: Ihnen sei es gelungen, aus der ursprünglich stachligen Brotnuss – die aus einem großen Kern und wenig Fruchtfleisch besteht – über die Jahrhunderte »vermittelst der fleißigsten Kultur« stachellose Brotfrüchte zu züchten, die keinerlei Samen, sondern nur noch Fruchtfleisch enthielten.[44]

Für wie staunenswert Georg Forster und seine Zeitgenossen diese

Leistung der fernen Südsee-Kultur halten mussten, lässt sich nur verstehen, wenn man sich das Elend in Europa zur selben Zeit vor Augen führt. Hunger ist das große Thema in der Alten Welt, erst Recht nach dem Siebenjährigen Krieg und den bewaffneten Konflikten um die erste Teilung Polens. Die Menschen darbten nicht nur in Preußen, sondern auch in England und Frankreich. Aufruhr und Rebellion – nicht zuletzt der Sturm auf die Bastille, die Französische Revolution von 1789 – brachen aus, weil die Menschen kein Brot mehr hatten. Ganz anders auf Tahiti und den Gesellschaftsinseln – in dieser entscheidenden Frage hielt Forster die pazifische Kultur für überlegen. Überlegen infolge einer Kulturleistung, der *Zähmung der Brotfrucht*, wie Forster sie nannte.[45]

Für eine zweite Beobachtung wurde er in drei Jahren an Bord der *Resolution* bestens konditioniert: Fernab der Küsten, auf den langen Südpol-Fahrten oder quer über den Pazifik, musste Cooks Crew unentwegt Zwieback essen. Es mochte allen zum Halse heraushängen, doch erst dieses haltbare kohlenhydratreiche Gebäck ermöglichte Captain Cooks autarke Langzeittouren. Georg Forster erkannte, dass

Herb Kane, Initiator des Revivals des polynesischen Übersee-Kanus, in seinem Atelier auf Hawaii.

die Polynesier sich derselben Methode bedienten, nur wurde ihr Überlebensmittel nicht aus Weizen und Roggen gebacken, sondern aus der Brotfrucht. Es war der gesäuerte Brotfruchtbrei, der auf *Tahiti* zu einer Art »Pumpernickel« gebacken wurde, wie Georg Forster berichtet.[46] Ein unverderblicher Proviant für lange Seefahrten. Vielleicht war dieses Brotfrucht-Brot nicht nur eine, sondern die wichtigste Voraussetzung für die Völkerwanderung der Polynesier überhaupt. Das kam darauf an, für wie ausgeklügelt man die Navigation der Polynesier hielt.

Waren sie, wenn sie mit ihren gut bepackten doppelkufigen Hochseekanus zu unbekannten Ufern aufbrachen, zielgerichtet unterwegs? Oder trieben sie eher auf Verdacht über »das große Inselmeer«, wie Forster den Pazifik nannte?[47] Dann brauchten sie allerdings sehr viel mehr Wegzehrung.

Die zusammengebundenen Planken des Doppelrumpfes ihrer Hochseekanus und die beiden aus Pandanuss-Blättern geflochtenen großen Segel mussten zwar ständig geflickt und erneuert werden, aber sie waren seetauglich.[48] Doch hartes Navigieren am Wind, wie die Briten es vermochten, war etwas anderes. Cooks drei Weltreisen demonstrieren am besten, welchen Quantensprung Wissenschaft und Technik machen mussten, um ein zielgerichtetes Ansteuern von bestimmten Zielen auf den großen Weltmeeren zu erlauben. Das Vermessen der Welt, das Aufspannen eines Orientierungsnetzes aus Längen- und Breitengraden mittels Sextant und Chronometer, das genaue Kartografieren der Küsten und Ausloten von küstennahen Meerestiefen, schließlich der Bau »gehorsamer« Schiffe mit robusten Segeln und einer Takelage, die die Windenergie in kalkulierbare Geschwindigkeiten und genaue Richtungen umwandeln konnte – all das besaßen die polynesischen Meeresbezwinger nicht.

»Und doch konnten die Polynesier perfekt navigieren«, meinte Herb Kane mit seiner ruhig-nachdrücklichen Bass-Stimme. Der Guru des Revivals der traditionellen polynesischen Seefahrt musste es wissen.[49] Immerhin war der fast 80-Jährige, dessen Haare ihre schwarze Farbe noch immer nicht verloren hatten, einer der wenigen mit praktischer Erfahrung. Mitte der 1970er-Jahre war er für zwei Jahre auf der *Hokule'a* mitgesegelt, dem ersten Nachbau eines polynesischen *Wa'a Kaulua*, des traditionellen Hochseekanus.

Ich hatte das Gefährt zum ersten Mal auf *Tahiti* bewundert, wo es im

Hafenbecken der *Papeete Marina* zwischen anderen Jachten vertäut lag. Zwischen all den glänzend weißen und chromblitzenden Booten traf mich der plötzliche Anblick eines traditionellen polynesischen Kanus wie ein Schlag. Ich war zwar auf *Huahine* schon einmal mit einem Auslegerboot mitgefahren, zwischen sechs Paddlern, die sich auf die alljährliche Inselregatta *Hawaiki Nui Va'a* vorbereiteten, aber das war ein modernes Sportboot.[50]
Dass aber der Nachbau eines traditionellen Hochseekanus existierte, hatte ich nicht einmal geahnt. Wie aufregend, es in Augenschein nehmen zu können! Es erinnerte tatsächlich an die Kanus, die ich von den alten Bildern kannte: die Schnäbel des Doppelrumpfes, die gut zwei Meter nach oben ragten, die beiden hohen Segelmasten zum Aufziehen der Lateinersegel und hinten die Ruderpaddel für jeden Ausleger, die in ihrer Form an einen übergroßen Blasebalg erinnerten und anstelle eines Ruders benutzt wurden. Erst als ich noch einmal einen Schritt zurücktrat, um mir das Hochseekanu im Ganzen anzuschauen, bemerkte ich schemenhaft die Insel *Moorea* im Hintergrund. So hatte wohl auch Georg Forster seine ersten großen Kanus, vier Kilometer weiter östlich von hier in *O-Parre*, gesehen, in jener Flotte, die nach Moorea übersetzen wollte.[51]

Als ich mich genauer nach dem Kanu erkundigte – leider war es in nächster Zeit nicht für eine Fahrt zu haben – hörte ich zum ersten Mal den Namen Herb Kane. Ein Hawaiianer, wie es hieß, ein genialer *constructeur-navigateur*.

Als ich im Oktober 2008 auf *Hawaii* den Spuren von Captain Cooks Tod in der *Kealakekua Bay* nachging, ergab sich endlich eine Gelegenheit, den Motor der Renaissance der polynesischen Seefahrt, der inzwischen auch ein bekannter Historiker und Künstler war, in seinem Atelier in der Siedlung *Captain Cook* zu treffen.

Herb Kanes Haus lag nur ein paar Meilen vom Captain-Cook-Monument entfernt, an dunstfreien Tagen konnte er es von der Terrasse seines Hauses oberhalb der *Kealakekua*-Bucht sehen. Allerdings war es selten ganz klar, die Kona-Küste, die *Coffee Coast* von *Big Island*, bekam fast täglich Regenschauer ab, die sich auf dem warmen Boden in Dunst verwandelten. Entsprechend tropisch sah es hinter Herb Kanes Bungalow aus: üppiges Grün und Dutzende Blüten, zwischen denen Scharen von Finken hin und her flatterten. Schon sein Großvater, halb

Vorbilder für Herb Kanes Rekonstruktionen: die großen Kanus der Kriegsflotte auf einem Gemälde von William Hodges (1774).

Hawaiianer, halb Chinese, habe einen so üppigen Garten mit vielen Vögeln im *Waipio*-Tal im Norden der Insel gehabt, erzählte er mir, während er ein Stück Papaya auf einen kleinen Holzspieß fädelte, den er als Vogelfutter zwischen die Latten seines Terrassenzauns klemmte.

Doch konnte sich der fürsorgliche Vogelfreund auch furchtbar darüber aufregen, dass das Cook-Monument immer wieder beschmiert und verschandelt wurde. Statt James Cook standen dann Wörter wie »Jerk« oder »Dick« – Wichser oder Schwanz – auf dem Denkmal.

»Als wäre James Cook dafür verantwortlich, dass Amerikaner wie Dole sich *Hawaii* als Ananasplantage unter den Nagel gerissen haben«, schimpfte er. »Da war Cook schon mehr als 100 Jahre tot.«[52] Immerhin konnte ich ihm ein paar Fotos von meiner Kanutour am Vortag zeigen, auf denen Cooks Obelisk makellos sauber aussah. »Aber die Jahreszahlen stimmen wieder nicht«, tippte Herb Kane auf die Jahreszahl 1770 auf meinem Kamerascreen. Offenbar war den Behörden beim Ausbessern der Inschrift nach der letzten Attacke das richtige Datum der Entdeckung *Hawaiis* entgangen.« »Naja«, meinte er schließlich: »Bestimmt müssen sie bald wieder ran – und können dann ›1778‹ drübermalen«.

Mein Besuch bei Herb Kane hatte vor allem ein Ziel: Ich wollte besser verstehen, wie die Navigation der alten Polynesier funktionierte. Es war irgendwie schwer herauszukriegen. Selbst im *Bishop-Museum* von *Honolulu,* einem der besten polynesischen Museen der Welt, blieb die Sache ziemlich abstrakt. Klar war nur, dass die alten Polynesier sich mittels der Sterne orientierten.

Allerdings: James Cook orientierte sich ebenfalls mithilfe von Gestirnen, der Sonne vor allem. Doch dazu benötigte er einen Sextanten und eine Umrechnungstabelle, sonst hätte er seine geografische Breite kaum richtig ermitteln können. Wie aber sollte das ohne Hilfsmittel gehen? Es handelte sich bei der Besiedlung des Pazifik ja nicht um Kurzstrecken. So bedeutsame Ansiedlungen wie *Tahiti* und *Hawaii* lagen 4400 Kilometer auseinander.

Herb Kane erklärte mir erst einmal das Doppelrumpfkanu, das er nach dem Vorbild von Hochseekanus rekonstruiert hatte, wie sie zur Zeit Captain Cooks auf *Tahiti* gefahren wurden. Besonders hilfreich waren dabei die Gemälde von William Hodges, dem Landschaftsmaler der *Resolution,* wie er meinte.[53] Von ihm hatte der Hawaiianer zum Beispiel den Schiffsbug in Schnabelform übernommen. Viele Details konnte er aber auch bei den Forsters nachschlagen, nicht nur was die Gesamtkonstruktion und die Maße, sondern auch die Funktion verschiedener Einzelteile betraf. Dafür hatte Herb Kane Georg Forsters englische Ausgabe der *Reise um die Welt* und Johann Reinhold Forsters *Observations* herangezogen.[54] »Ich glaube, von den Forsters stammt auch eine Art technische Zeichnung. Die war Gold wert für meinen Nachbau«, erzählte er, während er zwischen den Bildern in seinem Atelier herumstöberte, bis er ein Gemälde von einem traditionellen polynesischen Kanu gefunden und vor uns aufgebaut hatte.[55] Wie sehr es Herb Kane auch als Künstler um eine genaue historische Rekonstruktion ging, erkannte ich an der Kulisse, vor der er sein historisches Kanu platziert hatte: Es war der *Heiau* von *Puukohola,* der besterhaltene hawaiianische Kultplatz auf *Big Island.*[56]

»Aus den Reiseberichten konnte ich nach und nach eine Art Bauplan zusammenstellen«, erzählte er weiter. »So kam ich auf die V-Form der Kufen, die das Navigieren leichter machen, und auf die runden Seitenwände, die den Auslegern mehr Stabilität geben.«

Am meisten verblüffte er mich, als ich ihn fragte, wie die alten Polynesier denn nun mit einem solchen Kanu über Riesendistanzen navigierten. Herb Kane lachte: Das könne er mir doch schon deshalb nicht verraten, weil das nautische Wissen der polynesischen Seefahrer tabu war, wie er meinte. *Kapu,* im hawaiianischen Dialekt. Ich war irritiert. Meinte er mit diesem Tabu das Wissen der alten Seefahrer? Oder sein eigenes? Er war schließlich auch ein polynesischer Navigator.

Statt einer Antwort stellte mir Herb Kane eine Frage: ob ich schon einmal vom *vaha-nui* gehört hätte? Ich stutzte. *Nui* bedeutete groß, aber *vaha?* »Großer Mund, eine Art Diplomat«, erklärte er mir. Den hätte es früher überall in Polynesien gegeben. Seine Aufgabe sei es gewesen, Fremden genau das zu erzählen, was sie gern hören wollten. Häufig spiegelte der *vaha-nui* einfach die Fragen der Fremden. Deshalb wüsste man heute so viel über die Kunst der Navigation der alten Polynesier: Sie hätten netzartige Seekarten aus Muscheln und Flechtwerk besessen, fast wie die Europäer. In ihren Songs hätten sie die Lage der Inseln im Pazifik in Konstellation zu den Sternen weitergegeben – ähnlich wie in den Annalen der europäischen Seefahrt. Entfernungen hätten sie in »Kanu-Tagen« gezählt und für jeden Kanu-Tag eine Muschel in den Sand gelegt – nicht viel anders als die Knoten in einem Logbuch. Sie hätten Fregattvögel auf ihren Hochseekanus mitgenommen – als Landanzeiger, da Fregattvögel sich erst dann auf den Weg machen, wenn sie auch sicher an einer Küste landen können. Schwang da Ironie in Herb Kanes Stimme mit?

Ob ich mir vorstellen könne, dass Inselketten und Atolle in der Südsee für eine bestimmte Struktur der Wellen und eine spezifische Form der Dünung sorgten, aus der ein Navigator seine Rückschlüsse ziehen konnte?, fragte er weiter. Oder dass man an Reflexionen in den Wolken erkennen könne, ob unter ihnen Wasser oder Land zu finden sei. All das stünde in Büchern. Das eine oder andere davon hatte ich auch schon gelesen.[57] Und mich manchmal gewundert.

Georg und Johann Reinhold Forster zum Beispiel überlieferten die berühmte Seekarte des Tupaia.[58] In Enzyklopädien hieß es, dass Captain Cook auf seiner ersten Pazifikreise nur durch die Hilfe Tupaias, des polynesischen Meisternavigators, viele neue Inseln entdecken konnte.⁵⁹ Als aber Johann Reinhold Forster Tupaias Karte mit Längen- und Breitengraden versah, indem er die Position der ihm bekannten Inseln einpasste und Tupaias Vorlage entsprechend ummodelte, stimmte dessen Karte kaum noch.⁶⁰ War Tupaia ein *vaha-nui*? »Schon möglich«, meinte Herb Kane. »Oder die Polynesier tickten ganz anders als die Europäer. Ihre nautischen Kenntnisse sind vielleicht nicht so einfach zu übersetzen wie Vokabeln.« Was wohl heißen sollte, dass er, obgleich ein Nachfahre der Ureinwohner *Hawaiis*, dieselben Verständnisprobleme hatte wie jeder andere moderne Mensch.

Konnte man also nur Vermutungen darüber anstellen, wie sich die Polynesier auf dem Meer orientiert hatten? Fest stand: Es gab einen unheilbaren Bruch im polynesischen Wissenstransfer, der bald nach der Ankunft der Europäer eingesetzt hatte.

Tupaias berühmte Karte aber wurde doch noch lesbar: Meeresforscher, die sich mit ihr befasst hatten, meinten, sie funktionierte nicht als zweidimensionale Flachware, sondern als räumliches Gerüst. Demnach hatte Tupaia in einem 3-D-Modell Navigationsrouten zusammengestellt, die sternförmig von *Raiatea*, *Tahiti* und vom samoanischen *Savai'i* ausgingen. In diesem Fall stießen sie tatsächlich auf die meisten Inseln, die er 1770 aufs Papier gezeichnet hatte.⁶¹

Gut möglich, dass dieses Modell der Sache näher kam. Doch konnte Tupaia, auch dieser Gedanke ging mir durch den Kopf, tatsächlich auch ein *vaha-nui* gewesen sein. Bei der Ankunft Captain Cooks war er der wichtigste Priester am tahitischen *Marae* für den Kriegsgott Oro in *Papara*, zudem der Liebhaber Pureas, der ranghöchsten Frau auf *Tahiti*, ein Mann, der in den Händeln der höfischen Politik zu Hause war und Intrigen zu spinnen wusste.⁶² Die Kunst der Täuschung war ihm also vertraut. Insofern war es auch möglich, dass die Karte, die Tupaia nach europäischem Muster anfertigte, nie mehr verraten sollte, als die überlegenen Fremden ohnehin schon wussten. Fest steht: Die Polynesier kamen ohne die Karten und nautischen Instrumente der Europäer aus. Ihre Hochseekanus genügten als Fortbewegungsmittel, das »Pumpernickel« aus Brotfruchtbrei war ihr Überlebensmittel für die ausgedehnteste Völkerwanderung der Menschheitsgeschichte. Das »polynesische Dreieck«, das so besiedelt wurde, reichte in der Ost-West-Ausdehnung über 7000 Kilometer von Samoa bis zur Osterinsel, in der Nord-Süd-Spanne über 8000 Kilometer von *Hawaii* bis *Neuseeland*.

Thor Heyerdahl vermutete, dass die Polynesier sich einfach über den Pazifik treiben ließen, mit der vorherrschenden Meeresströmung von Amerika Richtung Asien. Georg Forster hingegen nahm – umgekehrt – eine Bewegung gegen die dominierende Meeresströmung an. Im Sinne dieser Theorie argumentierte er auch botanisch.

Der Brotfruchtbaum, den die Polynesier bei ihrer Wanderung über den Pazifik mit sich nahmen, um ihn in der neuen Heimat wieder auszupflanzen, variierte stark: Je weiter Richtung Asien, desto ursprünglicher war er, nämlich ein Nuss-Baum, der sich durch Samen vermehrte. Je weiter Richtung Amerika, desto »gezähmter« wurde er: ein samenloser Fruchtbaum, wie auf *Tahiti* oder den *Marquesas*. Forster kam daher zu dem Schluss, dass der Brotbaum »ursprünglich in die näher an Asien gränzenden Inseln zu Hause gehört, und nur von Menschen weiter ostwärts gebracht worden ist.«[63] Da die *Uru* die Polynesier bei ihrer Völkerwanderung zudem ernährte, hielt Georg Forster sie für »das Kostbarste, was wandernde Völker mit sich führen konnten«.[64]

Herb Kane hatte zur Navigation seiner Vorfahren seine ganz eigene Theorie: Er glaubte, dass die alten polynesischen Seefahrer die Dinge aus Sicht ihres Kanus betrachteten, und nicht von festen Punkten am Lande her. Aus dieser Kanu-Perspektive bewegten sich ständig Dinge auf die Seeleute zu: Inseln und Riffe, Fische und Vögel, der Wind, die Wolken, die Wellen und die Sterne. Ein komplexes Geschehen, das sich ständig veränderte – ganz anders als das europäische System aus Breiten- und Längengraden, das sich an einem fiktiven Punkt wie dem Null-Meridian von Greenwich ausrichtete. Kein Liniendenken, kein Quadrantenwissen. Stattdessen seemännische Erfahrung, die alles, was auf das Hochsee-Kanu zukam, interpretierte. Und daraus schloss, wie Segel und Paddel ausgerichtet werden mussten.

War das die Methode, mit der Herb Kane 1975 mit seiner *Hokule'a* zwischen *Hawaii* und *Tahiti* hin- und hersegelte? Herb Kane winkte ab. Damals habe man noch viel weniger von den polynesischen Methoden des *wayfinding* verstanden.[65] Weshalb er sich Mitte der 70er Jahre an einem Fixpunkt orientierte, auf den er auch als Offizier der U.S. Navy beim Ausfall der Navigationssysteme zurückgegriffen hätte: An *Arkturus*, einen Stern im Sternbild Bärenhüter, dem hellsten Stern im Nordpazifik. Über *Hawaii* stand er genau im Zenit. *Hokule'a* war nichts anderes als der hawaiianische Name für den Arkturus. Dieser Stern war seine wichtigste Orientierungshilfe auf den über 4000 Kilometern zwischen *Tahiti* nach *Hawaii*. Das, da war er sicher, galt mit Sicherheit auch für seine Vorfahren.

Herb Kanes Reisen mit dem traditionellen Hochseekanu sorgten damals für Schlagzeilen. Vor allem aber lösten sie Fragen aus. Eine Neugierde, die sich auf die Menschen der Südsee richtete, deren Kulturleistung mehr und mehr in Vergessenheit geraten war. Herb Kane fing nach seinem Segeltörn damit an, die Geschichte seiner Vorfahren in Zeichnungen und Gemälden zu rekonstruieren, auch den Tod Captain Cooks in der Bucht von *Kealakekua*. Die großformatige Leinwand, die er jetzt auf die Staffelei in seinem Atelier schob, unterschied sich allerdings deutlich von dem Bild, das der Landschaftsmaler John Webber, ein Augenzeuge von Cooks Tod, überliefert hatte.

»Ich wollte so genau wie möglich sein. Während Webber seine Aufgabe darin sah, einem großen Mann zu huldigen«, erklärte Herb Kane die Unterschiede. Tatsächlich hatte er jahrelang alles zusammengetragen, was an Details über Cooks Tod in Erfahrung zu bringen war. Eine seiner wichtigsten Quellen: Georg Forster.

Dem jungen Deutschen war nach dem Tod seines berühmten Kapitäns als Chronist von Cooks zweiter Reise naturgemäß die Aufgabe zugefallen, den Deutschen auch von seinem Ende zu berichten.[66] Dazu gab ihm ein Gespräch mit den deutschen Matrosen Zimmermann und Lohmann Gelegenheit, die Cook auf seiner dritten Weltumseglung begleitet und die dramatischen Ereignisse auf *Hawaii* aus größter Nähe miterlebt hatten. Als sie Georg Forster nach ihrer Rückkehr von der Reise 1781 in Göttingen aufsuchten, konnte Forster eine Art Zeugenbefragung zu Cooks Ende durchführen.

Forsters Darstellung stimmte im Wesentlichen mit dem überein, was Herb Kane inzwischen aus dem aktuellen Stand der Forschung wusste: Danach wurde Captain Cook in der *Kealakekua Bay* zunächst durch eine Keule am Hinterkopf getroffen, bevor ihm ein zweiter Krieger einen jener eisernen Dolche in den Rücken stieß, die die Briten selbst als Tauschgut nach *Hawaii* mitgebracht hatten. Als der Kapitän nach dem vermutlich tödlichen Dolchstoß in einem Felsspalt in un-

Das Ende von Captain Cook in der Bucht von Kealakekua auf Hawaii – in der von Herb Kane akribisch recherchierten Fassung.

mittelbarer Ufernähe zusammensackte, wurde er schließlich von den Keulen weiterer Angreifer getroffen.

Auch was den unmittelbaren Anlass der tödlichen Auseinandersetzung betrifft, deckte sich Forsters Version mit den Ergebnissen späterer Untersuchungen. Danach wollte Captain Cook durch eine Geiselnahme die Rückgabe des großen Beibootes der *Discovery* erzwingen, das von den Einheimischen entwendet worden war. Cook ordnete zunächst eine Absperrung der gesamten Bucht und die Beschlagnahme aller Boote der Einheimischen an, griff dann jedoch zu einem drastischeren Mittel. Wie schon mehrfach zuvor – etwa auf *Huahine* und *Tongatapu* –, versuchte der Kapitän auch auf *Hawaii* Mitglieder der Herrscherfamilie als Geiseln an Bord zu nehmen, um im Gegenzug für ihre Freilassung gestohlenes Gut zurückzubekommen.

Diesmal jedoch, als er Häuptling Kalaniopu'u halb freundschaftlich, halb drängend ins Beiboot bugsieren wollte, regte sich Widerstand am Strand. Die Hauptfrau des Herrschers begann laut zu wehklagen, zwei Unterhäuptlinge klammerten sich an Kalaniopu'us Arme und hielten ihn zurück, schließlich machte der Häuptling selbst Anstalten, sich Cooks Drängen zu widersetzen. Obgleich der Kapitän und sein hawaiischer Gastgeber in den Wochen zuvor einvernehmlich Namen getauscht und Cook dadurch in die göttliche Ahnenreihe des Herrschers aufgenommen war, eskalierte die Situation innerhalb weniger Sekunden, als sich am Strand die Nachricht verbreitete, die Briten hätten am anderen Ende der Bucht einen Häuptling getötet. Als in dieser aufgeladenen Situation die Bogen gespannt und erste Pfeile auf Cook gerichtet wurden, feuerte der Kapitän zunächst mit Schrot in die Menge. Da diese sich aber nicht einschüchtern ließ, feuerte Cook kurz darauf eine tödliche Kugel aus seiner Flinte ab – allerdings traf er irrtümlich einen hawaiischen Häuptling. Als Cook sich nunmehr hilfesuchend nach der mit Seesoldaten besetzten Schaluppe umschaute, die allerdings viel zu weit entfernt war, um dem bedrohten Kapitän zu Hilfe zu eilen, traf ihn der Keulenschlag und Sekunden später der Dolch.

Georg Forsters »Zeugenbefragung« stellte nicht nur einen der ersten Berichte über Cooks Tod überhaupt dar, sondern bildete ein Gegengewicht zur schon bald einsetzenden Mythenbildung.[67] Die Kupferstiche, die unmittelbar nach der dritten Cook'schen Weltumseglung kursierten, stellten das Sterben des Kapitäns sehr unterschiedlich dar: Auf einer Abbildung wurde der Entdecker rücklings erstochen, auf einer anderen blickte er seinem Angreifer im Moment des Dolchstoßes erstaunt ins Auge. Auf einem weiteren Stich hob er sogar noch den Arm, um seinen Männern in den Booten ringsum – sterbend – die Einstellung des Feuers zu befehlen.[68]

Herb Kane hatte auch auf John Webbers Darstellung von Captain Cooks Ende erhebliche Abweichungen gefunden, die sich kaum erklären ließen. Statt der Lavafelsen in der *Kealakekua*-Bucht weißer Sand, der hier nirgends zu finden war. Anstelle der flachen Ebene von *Ka'awaloa*, auf der der Seefahrer zusammengebrochen war, starb er bei Webber direkt am Fuß der bedrohlichen Felswand von *Kealakekua*. Die hawaiianischen Angreifer waren auf seinem Bild zu zahlreich, ihr Kanu zu klein, sie trugen Fantasiehelme auf den Köpfen und waren nach europäischer Mode antikisiert, das heißt viel länger und schlanker – griechischer – als die realen Hawaiianer.

Damit, so stellte ich verblüfft fest, schlug sich Herb Kane mit denselben Verzerrungen der Realität herum, die auch schon der Zeichner Georg Forster beklagt hatte. Auch der kritisierte an seinem Kollegen, dem Landschaftsmaler Hodges, »griechische Conture und Bildungen, dergleichen es in der Südsee nie gegeben hat«.[69] Und beide, Forster und Kane, kamen – um mehr als zwei Jahrhunderte zeitversetzt – zum selben Schluss: Sie korrigierten die Bilder.

Georg Forster ging zwanzig Jahre nach der Reise daran, die Abbildungen seines Künstlerkollegen William Hodges zu verändern, um ihnen mehr Authentizität zu geben: die Gesichtszüge eines Melanesiers von der *Vanuatu*-Insel *Malicollo*, den Kopfschmuck und die Waffen eines Neukaledoniers oder den Rücken eines Mannes von der Insel Tanna.[70]

Wie gravierend Hodges' Abweichungen von der Realität tatsächlich waren, wurde mir erst klar, nachdem ich die Skizze von Forsters Wasserfall in Paris entdeckt und als Kaskade in der neuseeländischen *Dusky Bay* identifiziert hatte. Denn jetzt konnte ich den Wasserfall auch mit einer Darstellung von William Hodges vergleichen, der ihn in *Neuseeland* ebenfalls gezeichnet hatte.[71] Sein 1776 vollendetes Ölgemälde gilt als eine der frühesten und eindrucksvollsten Darstellungen eines Wasserfalls mit Regenbogen in der britischen Kunst.[72] Doch könnten die Unterschiede zwischen Forsters Bild und Hodges Gemälde kaum größer sein: Bei Forster befand sich der Betrachter unterhalb der Wassersäule, die von oben bedrohlich herabstürzte. Vollkommen realistisch, so wie auch ich die Wassersäule in der *Cascade Cove* gesehen hatte. Im Vergleich dazu hatte William Hodges seinen Wasserfall merkwürdig flach angelegt und die realen geografischen Verhältnisse enorm verzerrt. Dadurch erhielt er Platz für die Darstellung einer historischen Episode: die erste Begegnung mit den Maori auf der zweiten Cook'schen Weltumseglung.[73] Mit der Realität hatte diese Inszenierung allerdings nichts zu tun, es handelte sich im wörtlichen Sinn um eine »meisterhafte Täuschung«, wie Georg Forster Hodges' Arbeit nannte.[74]

Forster dagegen sah sein höchstes Ziel darin, nach der *wahren Natur* zu zeichnen – und damit den Kriterien einer wissenschaftlichen Expedition zu genügen. Genau diesen quasi-fotografischen Anspruch hatte auch Herb Kane. Seine Gemälde sollten so wirklichkeitsnah, so realistisch wie möglich sein – bereinigt von historischen Verfälschungen. Also hatte er für den 14. Februar 1779, Cooks Todestag, den Stand der Gezeiten um acht Uhr morgens ermittelt. Und recherchiert, um wie viel Zentimeter sich die Lavafelsen in der *Kealakekua Bay* in den letzten 200 Jahren gesenkt hatten, auf denen das Handgemenge vonstattengegangen war. Am Ende musste er tatsächlich schnorcheln gehen, um sich unter Wasser das Profil der Lavafelsen anzusehen, auf denen der Kampf stattgefunden hatte. Alles mit dem Ziel, eine Darstellung von Captain Cooks Ende zu schaffen, die der Wahrheit so nah wie möglich kam.

»Ein ziemlich kontrastreiches Bild«, kommentierte er seine Arbeit. »Mit kurzen harten Schatten, die Sonne steht um acht schon ziemlich hoch im Februar.« Sein Captain Cook, fiel mir auf, hatte anders als auf Webbers Gemälde keine Kniehosen an. »Er wird wohl nicht in Gala-Uniform an Land gegangen sein, um Geiseln zu nehmen«, meinte Herb Kane. Dafür trug der Hawaiianer, der Captain Cook tötete, nicht nur einen Dolch in der Hand, sondern einen prächtigen rot-gelben Federmantel über der Schulter.[75] Ein subversiver Akt? Eine Art Umkehrung der Propaganda? Doch Herb Kane hatte auch das genau recherchiert. Die 500 000 Federn eines solchen Mantels sollten den Gegner nicht nur beeindrucken, sondern dienten vor allem als dicker Schild gegen Hiebe und Stiche.

Mir fielen Bäume am linken Bildrand auf. Kokospalmen. Auch Brotfruchtbäume? William Bligh hatte einige davon gesehen, als er im Auftrag von Captain Cook nach einem Ankerplatz vor *Hawaiis Küste* suchte und die Bucht von *Kealakekua* ausgemacht hatte. Als Cooks Zweiter Offizier war es seine Aufgabe gewesen, eine besonders fruchtbare Gegend zu finden, denn man musste für reichlich Proviant sorgen. Schließlich sollte Cooks dritte Fahrt den Versuch unternehmen, den amerikanischen Kontinent im hohen Norden zu umschiffen.[76]

Herb Kane schmunzelte versonnen: Brotfrucht. Er kannte sie vor allem aus seiner Kindheit im *Waipio-Tal*, wo sein Großvater lebte. Die hohen Brotfruchtbäume hatten dort die Grenzen der ausgedehnten Taro-Felder markiert, erzählte er mir. Und dann stellte er mir eine Frage, die meinen Brotfruchtpfad, so sollte sich herausstellen, geradezu global expandieren ließ – die vielleicht größte Überraschung meiner Visite auf *Hawaii*: ob ich das *Breadfruit Institute* kenne, fragte er fast nebenbei. Ich zuckte stirnrunzelnd mit den Schultern: »Ein Brotfrucht-Institut? Hier auf *Hawaii*?« Ich musste wohl ziemlich ungläubig klingen. Doch Herb Kane nickte umso heftiger: Die *Uru* – oder hawaiianisch *Ulu* – erlebe doch gerade eine Art Revival. Selbst Michelle Obama habe sich dafür starkgemacht.

Ich hätte nie erwartet, dass die Brotfrucht ausgerechnet auf *Hawaii*, wo man alles Polynesische so gründlich abgetrieben und ins Museum verfrachtet hatte, ein Comeback erleben könnte. Ganz anders als die *Uru* auf *Tahiti* war die *Ulu* auf den Inseln von *Hawaii* – man konnte die Lautverschiebung zwischen *Uru* und *Ulu* lesen, aber kaum hören – im Alltag nicht präsent, nicht einmal zur Zierde oder als Schattenspender in privaten Gärten. Ich hatte über zwanzig Jahre, wo immer ich hinkam, nach der Brotfrucht Ausschau gehalten, auch in der Hoffnung, vielleicht zu einem leckeren Brotfrucht-Gericht zu kommen. Meiner Erfahrung nach gab es Brotfruchtbäume am häufigsten im polynesischen Südpazifik, also auf *Tahiti* und den *Gesellschaftsinseln*, auf den *Marquesas*, auf *Tonga* und *Samoa*. Danach kam *Melanesien* mit *Neukaledonien* und *Vanuatu*. Man fand ab und zu einen Baum in der Karibik, auf *Guadeloupe* und *Martinique*, vor der Küste Afrikas auf *Mauritius* und *Madagaskar* und an der indischen Ostküste in *Pondicherry* (heute Puducherry) – allesamt Nachfahren der weißfleischigen Brotfrucht, die Captain Bligh von *Tahiti* mitgenommen hatte.

Irgendwann fiel mir auf, dass mein persönlicher Brotfrucht-Pfad sich oft durch ehemalige Kolonien Frankreichs oder heutige französische Überseeterritorien schlängelte, offenbar hatten die Franzosen ihre botanische Südsee-Errungenschaft anderswo in den Tropen besonders emsig verbreitet.

Nur wenige Brotfruchtbäume waren mir auf *Rapa Nui*, der *Osterinsel*, ins Auge gestochen – so kann man das für diese nahezu baumlose Insel wohl ausdrücken. Ein schlanker Baum stand gleich neben einer kleinen Bäckerei in der Inselhauptstadt *Hanga Roa*. Georg Forster war 1774 kein einziger Brotfruchtbaum auf der *Osterinsel* begegnet, sehr zum Bedauern von Cooks Crew.

Und ähnlich wie auf *Rapa Nui* sah es, was die *Ulu* betraf, auch auf *Hawaii* aus: Brotfruchtbäume, so war mein Eindruck, gab es hier eigentlich nur in staatlicher Obhut, nämlich im *National Tropical Botanical Garden* (NTBG). Die einzige Ausnahme war wohl *Molokaii*, ein na-

Mit Diane Ragone in der Plantage ihres Brotfrucht-Instituts im National Tropical Botanical Garden *auf* Kauai.

hezu strandloses und daher für Touristen uninteressantes Eiland, das deshalb aber, jenseits der riesigen Ananas- und Kaffee-Plantagen von Dole, sehr ursprünglich geblieben war. Dort konnte einem der *Ulu*-Baum schon mal begegnen.

Doch ansonsten prangte überall das Schildchen NTBG, wo ein Brotfruchtbaum zu finden war: Im *Kahanu Garden* auf der hawaiianischen Insel *Maui* zum Beispiel. Hier paradierten in einer eingezäunten Plantage fast 300 *Ulu*-Bäume in Reih und Glied. Ich hatte die Anlage an der Ostküste *Mauis* zum ersten Mal Mitte der 1990er mit Christina besucht. Damals waren wir fast noch erstaunter darüber, dass sich hier einst der größte Kultplatz der Sandwichinseln, der *Pi'ilanihale Heiau,* befunden haben soll. Unter dem Signet des NTBG fand sich auch auf *Kauai*, dem hawaiianischen *Garden Island*, ein Platz für die *Ulu*. In den *Limahuli Gardens* nahe Hanalei gehörte eine Handvoll Brotfruchtbäume zur Rekonstruktion eines 1500 Jahre alten polynesischen Siedlungstals, in dem der traditionelle Anbau der »Kanu-Pflan-

Rekonstruktion eines 1500 Jahre alten polynesischen Siedlungstals in den Limahuli Gardens *auf Kauai.*

zen«, der von den Polynesiern bei ihrer Völkerwanderung mitgenommenen Nutzpflanzen, entlang eines munteren Bergbachs praktiziert und erläutert wurde. Zwischen den Mauern und Teichen für den Taro-Anbau, die sich in Terrassen bergan stapelten, hatte auch der Brotfruchtbaum seinen unübersehbaren Platz. Nur im Alltag der Hawaiianer kam die *Ulu* praktisch nicht mehr vor.

»Weil sich die Leute ihre Töpfe nicht einsauen wollten«, klärte mich Diane Ragone auf, die Gründerin und Leiterin des Brotfrucht-Institutes.[77] Sie meinte das ganz im Ernst. Film und Fernsehen, so ihre These, vor allem die Werbung der 1950er- und 1960er-Jahre mit all den Hochglanzküchen, sauberen Fliesen, adretten Hausfrauen und blinkenden Stahltöpfen, hätten das endgültige Aus für die *Ulu* bedeutet. »Wenn sie eine Brotfrucht verletzen«, sie zog den biegsamen Ast eines Brotfruchtbaums zu sich heran und fuhr mit dem Daumennagel kurz über eine faustgroße Frucht, »dann kommt sofort die weiße Latex-Milch heraus. Sehen Sie?« Ich nickte ungefähr im Takt der weißen Perlen, die aus der stachligen Haut der kleinen *Ulu* tropften. »Das Problem: Im Kochtopf wird der weiße Saft schwarz und klebrig. Kompliziert sauber zu machen. Ein Albtraum!«

Aber was erzählte sie den Leuten in ihren Kochkursen? Ich war beim Tanken meines Leihwagens auf dem Weg zu ihrem Institut in den *McBride Gardens* von *Kalaheo* gerade auf einen Mann getroffen, der sich einen *Ulu*-Ableger auf den Beifahrer-Sitz geschnallt hatte und mir begeistert von den Brotfrucht-Schulungen des *Breadfruit Institute* erzählte, wo man sich auch noch gratis eine Pflanze für den eigenen Garten mitnehmen konnte. Das war vielleicht das Ungewöhnlichste an ihrem ungewöhnlichen Institut, das natürlich auch zum *National Tropical Botanical Garden* gehörte: Sie sorgte für die Umsetzung von Brotfruchtbäumen aus staatlicher Obhut in private Gärten, die Rückkehr der *Ulu* in den Alltag. »Im Moment sind wir dabei, insgesamt 5000 Bäume auf den Inseln *Hawaiis* zu verbreiten. Das ist schon ganz ordentlich.«

»Aber die Brotfruchtmilch macht die Töpfe doch immer noch schmutzig?«, fragte ich nach. »Da gibt es so viele Alternativen in der Zubereitung«, ging Diane Ragone auf meine Frage ein, während wir uns auf den Weg durch das Spalier von über 120 Brotfruchtbaum-Unterarten machten, die sie im Laufe der letzten drei Jahrzehnte auf 34 Inseln im Pazifikraum gesammelt hatte, vorbei an einer *Dugdug* von den *Marianen*, an einer *Yap* aus dem Archipel von *Palau* und an einem *Meitehid*-Baum von der mikronesischen Insel *Pohnpei*. »Früher dachten die Leute, man müsse die Brotfrucht kochen. Aber das ist natürlich Unsinn. Traditionell wurde die Brotfrucht im Feuer geröstet. Das geht auch heute noch, man kann die *Ulu* zum Beispiel für 20 Minuten auf die Flamme eines Gasherds setzen. Mit ihrer Schmalseite passt sie perfekt darauf. Aber man kann sie auch dämpfen, frittieren oder in Folie hüllen und in der Röhre backen. Alles ohne einen Tropfen Latex!«

»Oder in eine Mikrowelle stecken«, verriet ich ihr meine tropfenfreie Patentlösung. »Warum nicht«, meinte die sportliche Instituts-Chefin, die mich über den fußballfeldgroßen Brotfrucht-Hain, der zur Küste hin sachte abfiel, zu einem ganz bestimmten Baum lotste.

Sie hätte da mit ihren Kollegen etwas ganz Neues herausgefunden, erzählte sie mir. An dem hohen Baum, einem *Ulu Fiti*, den sie schon als junge Frau für ihre Doktorarbeit über die verschiedenen Arten der Brotfrucht aus Mikronesien nach *Kauai* mitgebracht hatte, fielen vor allem die schweren gelben Früchte auf. »Schmecken toll«, meinte sie. Aber ich sollte mir doch auch die fingerlangen bräunlichen Schoten neben den Brotfrüchten einmal genauer ansehen – die männlichen Blütenstände, wie sie mich aufklärte. Aus diesen halb vertrockneten braunen Kolben, erklärte sie, während sie ein paar davon vom Boden aufhob und knackend in ihren Händen zerrieb, ließe sich ein ganz bemerkenswertes Öl pressen. Sie hielt mir ihre linke Hand unter die Nase, sodass ich einen leicht bitteren Geruch wahrnehmen konnte, der ein wenig an Astern oder Chrysanthemen erinnerte.

»Dieses Öl enthält vierzig Mal mehr DEET als herkömmliche Mückenschutzmittel!« Diane Ragone sprach jetzt sehr betont. Nachdem sie im Schatten des Baumes ihre Sonnenbrille wie einen Stirnreif über ihre weißblonden Haare geschoben hatte, konnten ihre Augen angesichts dieser Message umso intensiver strahlen. »Einhundert Prozent *Ulu*, alles Bio. Und ein tolles Abwehrmittel gegen Moskitos!«

Ich war erstaunt. »Das hatten nicht einmal die Forsters berichtet, auch Captain Cook, Banks und Bligh nicht, soweit ich weiß«, versuchte ich mich zu erinnern.

»Ganz sicher nicht«, stoppte Diane Ragone mein Nachdenken. »Damals gab es auf den meisten Inseln Ozeaniens noch keine Mücken. Also hatte man auch keinen Bedarf an Schutzmitteln.«

Auf unserer Rücktour durch ihren Brotfrucht-Hain zum Institutsgebäude sprachen wir über ihr wichtigstes Anliegen: 2009 hatte Diane Ragone die globale Anti-Hunger-Initiative *Global Breadfruit* gestartet. Der Hintergrund: Von den 900 Millionen Hungerleidenden dieser Welt leben achtzig Prozent in den Tropen. Genau dort aber ließ sich die Brotfrucht anbauen. Ein Brotfruchtbaum konnte vier Personen fast über das ganze Jahr – und immerhin fünfzig bis siebzig Jahre lang – ernähren. Die *Ulu* konnte aber auch als langfristige Nahrungsmittelreserve dienen, was sie für instabile Länder und Krisengebiete in Afrika, Asien und Amerika besonders wertvoll machte. Über 60 000 Brotfruchtbäume hatte ihre Initiative mithilfe von Kollegen aus Universitäten, Nichtregierungsorganisationen, Freiwilligen und privaten Sponsoren bis 2015 in 32 Ländern gepflanzt. Darunter in so bedürftigen Krisenregionen wie Haiti, Liberia und Bangladesch.

»Jetzt können wir noch einen Schritt weitergehen«, meinte sie. Denn in denselben tropischen Ländern, die an Hunger litten, waren es auch häufig Moskitos, die für die Übertragung schwerer oder tödlicher Krankheiten wie Malaria oder Dengue-Fieber sorgten. »Wir könnten mit unseren Brotfruchtbäumen künftig beides bekämpfen: den Hunger und die Krankheitsüberträger!«

Herb Kane hatte mir erzählt, dass das kleine Institut dafür sogar die offizielle Unterstützung von Michelle Obama bekommen hatte. »Das ging jetzt nicht so weit, dass sie *Ulu* aus dem Erdofen gegessen hätte«, meinte Diane Ragone. »Aber wir durften einen Baum in ihrem Namen pflanzen. Und wenn sich die First Lady der Vereinigten Staaten so hinter eine Sache stellt, hat das schon eine Werbe-Wirkung«.

Als wir den McBride-Garten schon fast durchquert hatten, stoppte Diane Ragone noch einmal kurz ab und wandte sich um. Sie müsse eigentlich los, aber einen Baum wollte sie mir unbedingt noch zeigen, keine hundert Meter von hier. *Ma'afala* nannte sie den Namen der Sorte, eine Spezies aus *Samoa*, ein besonders breit ausladender, sehr hoher Baum. Mir schienen auch die Blätter, die ihren Maßen und der Form nach an eine Gitarre erinnerten, noch größer zu sein als an den anderen Bäumen.

»700 Früchte im Jahr, jede zwei Kilogramm schwer, sehr hoher Stärke- und Eiweißgehalt, hoher Vitamin-C-Gehalt, glutenfrei, viel gesünder als Weizenmehl und weniger kälteempfindlich als andere Sorten«, zählte Diane Ragone die Vorzüge dieses Exemplars auf. »Unsere absolute Favoritin«, wie sie meinte. Ich könne mir gern ein paar Früchte mitnehmen. Ich freute mich. In Hanalei, meinem Hotel gegenüber, gab es ein Restaurant, das von Tahitianern betrieben wurde. Dort würden wir uns gemeinsam über die Früchte hermachen.

Auf Diane Ragone wartete in Lihue, der Inselhauptstadt von *Kauai*, noch eine andere Aufgabe: die Besprechung des Layouts für ein Brotfrucht-Kochbuch. Es waren 300 Rezepte per Internet hereingekommen, erzählte sie, die konnten nun gedruckt und in den Kochkursen verteilt werden. Brotfrucht-Chips waren am beliebtesten. Als sie sich mit einem *Aloha* verabschiedete, drückte sie mir noch ein Kärtchen in die Hand. Ein Adresse in Deutschland unter dem Label von *Global Breadfruit*? Ich stutzte. Da solle ich mich unbedingt mal umschauen, rief sie mir noch zu.

Im *Tahiti*-Restaurant von Hanalei wurde ich zwei Tage später – man wollte die *Ulu* noch in Ruhe »ausbluten« lassen – mit Hummus und Falafel-Bällchen aus Brotfrucht überrascht. Ein toller polynesisch-mediterraner Mix. Nur aus der Mikrowelle in meinem Bungalow, ganz pur mit Butter und Salz, schmeckte mir die *Ma'afala* noch ein wenig besser.

Ein paar Wochen später klopfte ich bei einer Gärtnerei in Vaihingen an der Enz, tief im Schwäbischen, an die Tür. Und Diane Ragone sollte recht behalten: Es lohnte unbedingt, sich in Deutschland nach *Global Breadfruit* zu erkundigen.

»Ein Sommertag hat etwa 100 000 Lux, ein bedeckter Wintertag liefert vielleicht 500 bis 1000 Lux«, erzählte Achim Fleischle, während er vorsichtig den schmalen Gang zwischen den halbmeterhohen, dunkelgrünen Büschen entlangbalancierte, die auf hüfthohen Tischen in seinem geräumigen Gewächshaus standen. »Jetzt im Winter gehen wir da mit zusätzlichen 4000 Lux drauf«, deutete er mit der Hand hoch zum Stahlgerüst des Treibhauses, an dem eine schuhkartongroße Lampe hing. »So viel Licht brauchen die Pflanzen, damit sie hier bei uns wachsen können.« Wie viele Brotfruchtbäume mochten hier um mich herumstehen?

Mehrere Tausend bestimmt, schätzte ich. Tatsächlich drängten sich die meterhohen Bäumchen dicht an dicht, als wollten sie sich aneinanderkuscheln im kalten Deutschland. Im Freien war es trotz der milden Wintersonne empfindlich kalt, die kahle und zurechtgestutzte Platane zwischen Gewächshaus und Gärtnereigeschäft war mit Reif bedeckt. Nur hier drinnen herrschte subtropisches Klima. Alles unter 15 Grad wäre für die *Ma'afala* tödlich gewesen.

»Nächste Woche gehen wieder 800 Stück raus«, setzte Achim Fleischle routiniert seine Führung durch das Glashaus fort, während er vorsichtig ein handtellergroßes Blatt von seinem karierten Hemd löste, das sich wie mit einem Klettverschluss an ihn geheftet hatte. »Wenn die Schößlinge aus Mainz zu uns kommen, sind sie so groß wie mein kleiner Finger. Nach einem halben Jahr sind die Triebe so lang wie mein Arm. Und in drei Jahren tragen sie die ersten Früchte. Das geht rasend schnell!«

Man hörte dem Schwaben an, wie sehr dieses enorme Wachstum selbst einen Fachmann für tropische Gewächse wie ihn verblüffte. Ich überlegte, ob ich so einen *Uru*-Spross aus der Gärtnerei in Vaihingen auch bei mir in Berlin halten könnte. »Freilich«, meinte der Gärtnereichef. Die Spur Ironie in seiner Stimme war nicht zu überhören: »Hauptsache, ihre Wohnung ist geräumig genug. Mit so einem Brotfruchtbaum sind sie ganz schnell bei zehn Meter Durchmesser!«

Stuttgart – Luxemburg – Dubai – Pakistan. Das war der Flugplan für die 800 Pflanzen aus Vaihingen, die innerhalb der nächsten Woche in der Umgebung von Lahore ausgepflanzt werden sollten. Aber warum machte Achim Fleischle bei Diane Ragones *Global Breadfruit* mit? »Wir haben eine Gluten-Unverträglichkeit in der Familie. Und die Brotfrucht ist glutenfrei«, begründete er seinen Einsatz. »Man wartet immer drauf, dass da mal ein Mehllieferant hergeht und die Brotfrucht entdeckt. Aber bis jetzt umsonst. Also schieben wir die Sache jetzt mit an. Das nützt der Dritten Welt. Aber vielleicht auch irgendwann den Allergikern hier.«

Zweihundert Kilometer weiter nördlich, bei Dr. Axel Feldhoff, rauschte der Wind. Mächtig sogar. Es war ein künstlicher Luftzug, der erzeugt wurde, um seinen Arbeitsplatz so keimfrei wie möglich zu halten. »Sterilraum« nannte sich dieser Teil des Labors der Mainzer Firma Cultivaris. Alle Instrumente mussten bei Temperaturen über 200 Grad keimfrei gemacht werden.

Mit der Pinzette entnahm er einem kleinen Gläschen ein winziges hellgrünes Pflänzchen. *Ma'afala* stand auf dem transparenten Aufkleber. Mit einem Skalpell zerteilte der Mikrobiologe die Pflanze auf einem Pappteller, vier kleine Setzlinge entstanden so aus einem Spross, die wiederum in ein neues Gläschen mit der Nährlosung Agar-Agar eingesetzt wurden. Alle sechs Wochen konnte Axel Feldhoff diese Prozedur wiederholen, alle sechs Wochen vervierfachte sich so der Bestand an samoanischen Brotfruchtbäumen. Eigentlich war Cultivaris für die Vermehrung, Bewurzelung, Produkteinführung und Lizenzierung – für die Kommerzialisierung – von Zierpflanzen da, gemeinsam mit dem Schwesterunternehmen in San Diego. Doch für *Global Breadfruit* hatten sie eine Ausnahme gemacht.

»Wenn man einen Brotfrucht-Schössling von der Wurzel absticht, wie man das in *Tahiti* oder *Samoa* macht, hat man alle Krankheiten des Bodens mit an der Pflanze. Aber so kann man die Bäumchen nicht in die ärmsten Länder dieser Welt bringen. Anders in unserem Labor: Die Brotfrucht-Schösslinge, die wir hier aus Gewebekulturen ziehen, sind sauber und robust«, erzählte mir Garry Grueber, der Manager der Mainzer Firma.

Zu *Global Breadfruit* kam er nicht ganz zufällig, denn seltsame Pflanzentransfers waren seit Längerem seine Spezialität. So war er zum Beispiel am sogenannten *Wollemie*-Projekt beteiligt. Dabei ging es um ein australisches Bäumchen, eine vermeintlich ausgestorbene *Araukariaceae*, die vor 65 Millionen Jahren auf der Erde wuchs und die man aus Fossilien kannte. Doch dann, 1994, wurden in einer abgelegenen Schlucht in den australischen Blue Mountains einige Überlebende dieser *Wollemia nobilis* aus dem Jurassic Park entdeckt – eine Sensation. Eine kanadische Kollegin fragte Garry Grueber damals, ob er sich an der Vermehrung der wiederentdeckten *Wollemie* durch Gewebekulturen beteiligen wollte. Und er wollte. Dieselbe kanadische Kollegin fragte ihn ein Jahrzehnt später, ob er schon einmal von der Brotfrucht gehört habe. Ihr war es an der Universität von British Columbia in Vancouver erstmals gelungen, die Brotfrucht in einer Gewebekultur zu vermehren. Nun konnte daraus ein praktisches Verfahren zur Massenvermehrung der Brotfrucht werden. Garry Grueber sagte sofort zu und kam so zu *Global Breadfruit*.

»Wir sind inzwischen so weit, dass wir Millionen Brotfruchtbäume herstellen können«, erzählte er nicht ohne Stolz. Fast fünf Jahre hatten Garry Grueber, Axel Feldhoff und ihr kleines Team gebraucht, bis alles stimmte, um die *Uru* im Reagenzglas vermehren zu können. »Und für jede *Ma'afala*-Pflanze, die *Global Breadfruit* sponsorenfinanziert im Reagenzglas herstellt, erhält die Regierung Samoas 50 US-Cent zurück. Dieses Projekt ist ausnahmsweise mal keine Einbahnstraße.«

Seine ersten Brotfruchtbaum-Schösslinge pflanzte Garry Grueber noch persönlich. Die Umsetzung der kleinen Pflanzen – erst aus dem Labor ins Gewächshaus, dann von Deutschland nach Afrika – war anfangs noch heikel, wie Garry Grueber erzählte. Alle mussten dazulernen. Und so fuhr er zum Beispiel mit 400 Brotfrucht-Setzlingen, verpackt in zwei Koffern, persönlich nach Ghana. »Wenn den Pflanzen etwas gefährlich werden kann, dann sind es der Zoll und die Bürokratie. Es sind ja lebende Pflanzen, die dürfen nicht austrocknen.« Für *Global Breadfruit* war es aber immer auch wichtig, den Menschen vor Ort Kultivierungshinweise für die ihnen unbekannten Pflanzen zu geben.

»Für die Leute vor Ort hat so ein Brotfruchtbaum große Bedeutung: Er kann ihr Leben, manchmal sogar Überleben sichern. Wenn so ein Dorf in Ghana zehn Bäume hat, sieht die Zukunft schon viel besser aus. Und deshalb passen sie wirklich auf die Bäume auf. Da, wo ich in Ghana gepflanzt habe, in Bunso, wurde um jeden Baum ein spezieller Schutzkäfig gebaut, damit sich kein Elefant an den schönen großen Blättern vergreifen kann.« Inzwischen, erzählte Garry Grueber weiter, wurden in Ghana schon reichlich Früchte geerntet. Der Plan war aufgegangen.

Mir ging bei alldem durch den Kopf, dass es ausgerechnet die Forster-Stadt Mainz war, in der nun der Brotfruchtbaum – der von Forster entdeckte, als gezähmt erkannte und gepriesene Wunderbaum – für den weltweiten Einsatz gegen den Hunger bereitgestellt wurde. Eine biotechnologische Revolution, die durch das soziale Engagement der Aktivisten von *Global Breadfruit* ein Erfolg werden konnte: 225 Jahre nach der Mainzer Republik – nach Georg Forsters Revolution gegen eine Welt, die sich um den Hunger der Ärmsten nicht scheren wollte.

Hanga Roa: 27° 9' Süd, 109° 26' West

Kapitel 7
Hiwa auf der Osterinsel

Sie segelten an ihr vorbei. Jahrhundertelang. Selbst der Schöpfer des Tahiti-Mythos Bougainville, der unermüdliche Admiral Byron und der Großmeister der Navigation Philipp Carteret.[1] Der Nabel der Welt, *Te Pito o Te Whenua*, wie die Bewohner der *Osterinsel* ihre Heimat nannten, blieb unerreicht. Keine der polynesischen Inseln war im 18. Jahrhundert schwieriger zu finden als diese winzige Nadel im pazifischen Heuhaufen. Der isolierteste Ort der Welt: *Tahiti* lag 4240 Kilometer weiter westlich, die chilenische Küste 3790 Kilometer weiter im Osten. Doch die Uhren von Kendall und Arnold an Bord der *Resolution*, die »ungemein gleichmässig« gingen, wie Georg Forster in seiner *Reise um die Welt* lobte, hatten sich als verlässliche Anzeiger der geografischen Länge bewährt.[2] Captain Cook konnte anhand der erstaunlich exakt angegebenen Position, die der Niederländer Jacob Roggeveen bei seiner Entdeckung der Insel am Ostersonntag 1722 in sein Logbuch eingetragen hatte, dessen »Oster-Eilandt« problemlos wieder aufspüren.[3] Am 13. März 1774 steuerte er sein Schiff in die Bucht vor Hanga Roa, der einzigen größeren Siedlung und Hauptstadt der *Osterinsel*.

Selten wurde ein Ort so sehnsüchtig erwartet wie dieser große dunkle Felsen. Die Schiffsbesatzung »freute sich im Voraus auf die Menge von Hühnern und Früchten, die nach dem Zeugniß des holländischen Entdeckers auf dieser Insel vorhanden seyn sollten«.[4]

Doch der Wind verhinderte zum Verdruss der Mannschaft eine rasche Ankunft. Indes konnte Georg Forster, obwohl er vom Skorbut so geschwächt war, dass er an Deck nur noch kriechen konnte, beobach-

William Hodges' romantisierende Abbildung der Moai auf der Osterinsel – ein Memento mori mit Totenschädel im Vordergrund.

ten, dass nachts entlang der Küstenlinie überall Feuer aufflammten, die zu Füßen »schwärzlicher Felssäulen« entzündet wurden. Handelte es sich bei diesen Säulen wirklich um gigantische »Götzenbilder«, wie Roggeveen fünfzig Jahre zuvor spekuliert hatte?[5]

Hinter der Schiffsbesatzung lag nunmehr der zweite große antarktische Bogen der Reise, den der Kapitän auf der Suche nach dem ominösen fruchtbaren Südland abgesegelt war – »wir lebten nur ein Pflanzen-Leben, verwelkten, und wurden gegen alles gleichgültig, was sonst den Geist zu ermuntern pflegt«, fasste Georg Forster die trüben zwölf Wochen zusammen.[6] Es war eine lange Fahrt Richtung Südpol gewesen: Am 30. Januar 1774 waren sie bei 71° 10' südlicher Breite und 106° 54' westlicher Länge am südlichsten Punkt auf dem Globus angekommen, den je ein Mensch erreicht hatte.[7] Die beiden Bewohner der winzigen Kabinen an der Bugspitze der *Resolution*, Georg Forsters Botanikerkollege Anders Sparrman und der 16-jährige Seekadett George Vancouver, sollten sich fortan darüber streiten, wer von ihnen an diesem denkwürdigen Tag derjenige war, der dem Südpol am nächsten gekommen war.[8] Nur ein Mann auf dem Donnerbalken am Bugsprit wäre mit seinem Hintern in noch südlichere Gefilde geraten. Auf heutigen Karten finden sich Captain Cooks südlichste Koordinaten in der *Ammundsen-See,* etwa fünfzig Kilometer westlich der antarktischen *Thurston-Insel,* schon einige Kilometer innerhalb der gefährlichen Sommer-Packeis-Zone – nur ein Katzensprung von dem schneeverwehten Kontinent entfernt, nach dem er so ausdauernd gefahndet hatte.

Eine große Erleichterung ging an diesem Tag der Wende durch das Schiff. Da das Thermometer nur ein Grad über dem Gefrierpunkt stand und das Packeis alle weiteren Wege Richtung Antarktis blockierte, konnte der Kapitän nur noch umkehren.[9] Sollte es Jubel gegeben haben, ging er im »koaxenden« Geschrei von Pinguinen unter, die man nicht überhören, im dichten Dunst aber leider nirgends erkennen konnte.[10] Wie ärgerlich für den Naturzeichner der Expedition! Johann Reinhold Forster indes, der Leiter der naturwissenschaftlichen Expedition, hielt die Mission der Reise für erfüllt. Aus seiner Sicht war nun klar, »dass der ganze Südpol bis auf 20 Grad, mehr oder weniger, mit festem Eise bedeckt ist, und dass nur die äußersten Enden oder Spitzen davon jährlich durch Stürme abgebrochen, durch die Sonne geschmolzen und im Winter wieder ersetzt werden«.[11]

In acht Monaten, so hofften die meisten an Bord, würde man wohl wieder zu Hause sein.[12] Doch England, James Cook verschloss dieses Wissen in seiner Brust, lag noch unendlich fern: Man hatte gerade erst die Halbzeit dieser längsten aller britischen Seereisen erreicht.

Bei der Einfahrt in die Bucht von Hanga Roa lag eine gnadenlose Tour hinter der Crew: 103 Tage, so hatte Georg Forster gezählt, hatte es keinerlei Landberührung gegeben. Schlimmer noch: Das weite Meer ringsum hatte sich als leer erwiesen: »es war nun länger als drey Monate her, dass wir keinen frischen Fisch gekostet hatten«, notierte er.[13]

Ich erinnere mich, dass ich stutzte, als ich diesen Satz in seiner *Reise um die Welt* zum ersten Mal las. Ein Vierteljahr ununterbrochen auf hoher See – und darin absolut nichts, was irgendwie zum Essen taugte? Erst Jahre später, als ich auf Madeira nach Forsters botanischer Erstentdeckung *Aytonia rupestris* suchte, konnte ich seine Erfahrung nachvollziehen. Der einzige Speisefisch, der auf Madeira gefangen wurde, war der großäugige schwarze Espada. Um ihn zu fangen, mussten Angelschnüre in die Tiefe von eintausendfünfhundert Metern herabgelassen werden. Die Weltmeere konnten unendliche Wüsten sein.

Fast wäre der Commander selbst ein Opfer seines Ehrgeizes und der daraus resultierenden viel zu langen Reiseetappen geworden, die auch an seiner Gesundheit zehrten. Trotz vieler Brech- und Abführmittel, der Klistiere und Opiate entspannte sich sein aufgedunsener Magen nach einer schweren Leidenswoche schließlich erst in einem 24-stündigen ununterbrochenen Rülpsen kurz vor der Ankunft auf der *Osterinsel*.[14]

Nach Cooks großer Schleife durch die Packeisregion des Südpazifik, so formulierte es Georg Forster bei der Annäherung an die Osterinsel optimistisch, »würde uns der kahlste Felsen ein willkommner Anblick gewesen seyn«.[15] Und registrierte gemeinsam mit seinem jungen Reisegefährten von der Insel *Bora-Bora* alles, was auf Land vor dem Bug hindeutete. Die grauen Meeresschwalben, »die nach unsers Freundes *Maheine* Aussage nie weit vom Lande gehen sollen«.[16] Kleine schäumende Wellen aus Südost – »unmittelbare Vorläufer des Windes«. Und schließlich »einige hohe Wolken und Dunst am Horizont«.[17] Offenbar hatte Maheine auf *Raiatea* schon einiges Wissen als *Tata-o-Rerro*, als Experte für Navigation, ansammeln können. Schon bald schwärmten »Meerschwalben in unzähliger Menge« um die Reling und je näher sie dem Gelobten Land kamen, desto mehr Haifische fanden sich am Schiff ein, die die Gefährten zum Zeitvertreib mit der Angel und Pökelfleisch köderten.

Bei der Ankunft an der Südwestspitze der *Osterinsel* wurde schließlich offenbar, wo die Meeresschwalben ihre Nester gebaut hatten: »Zwey einzelne Felsen, lagen ohngfähr eine Viertelmeile vor dieser Spitze. Einer derselben hatte eine sonderbare Form, er glich nemlich einer großen Spitz-Säule oder Obelisk, und beyde waren von einer ungeheuren Menge Seevögel bewohnt, deren widriges Geschrey uns die Ohren betäubte«, wie Georg Forster festhielt.[18]

Im Landeanflug auf *Rapa Nui*, wie die *Osterinsel* heute auf Polynesisch heißt, ließ die Maschine der chilenischen LAN die weiß gesäumten Felsen von *Motu Nui* und den Zuckerhut des *Motu Kao Kao* links liegen, während das Fahrwerk der Boeing hörbar ausklappte.[19] Die Flugbegleiter schnallten sich bereits an und der Commandante verkündete 24 Grad Celsius auf *Isla de Pascua*. Gar nicht schlecht für Ende November, dachte ich, für einen Frühlingstag auf der Südhalbkugel. Der Himmel war seit dem Abflug von Santiago, das beim Abheben des Fliegers vor dem Weiß der hochaufragenden Anden etwas bräunlich versmogt aussah, über die gesamte Flugstrecke von knapp sechs Stunden hinweg tiefblau geblieben. Und auch jetzt war die Sicht brillant, sodass man im Sinkflug etwas Zeit hatte, das bräunlichgrüne Landstück zu betrachten, das das endlose Blau des Pazifik vor uns aufwarf.

Vom Fensterplatz hinter mir hörte ich bereits das routinierte Klicken von Martins Kamera. Die seltsamen Steinfiguren auf der Osterinsel hätten ihn schon immer interessiert, hatte er ohne Zögern auf meine Frage geantwortet, ob er mit seiner kleinen Fotoausrüstung nicht auch auf dieser »Forster-Tour« wieder dabei sein wollte. Ein paar Aufnahmen von diesen *Moai*, wie die Polynesier ihre Monumente nannten, hatte Martin schon im Kasten. Wie jede aufstrebende Hauptstadt mit »Übersee-Territorium« hatte sich auch Santiago de Chile – unsere Zwischenstation auf dem Weg zur Osterinsel – einige Glanzstücke der polynesischen Kultur ins Herz seiner Metropole geholt. Direkt unterhalb der *Moneda*, in der General Pinochet den sozialistischen Präsidenten Salvador Allende zusammengebombt hatte, präsentierte das *Centro Cultural de la Moneda* im November 2015 in großen weißen Hallen jahrhundertealte steinerne und hölzerne Skulpturen aus *Rapa Nui*. Martin und ich zeigten, sobald wir auf die Vitrine mit vier schulterhohen *Moai* gestoßen waren, spontan auf die Ohren der Skulpturen, deren Ohrläppchen bis auf die Schulter ragten. »Hollywood«, seufzte ich nach kurzem Innehalten. Denn natürlich hatten wir beide Kevin Costners Epos *Rapa Nui* gesehen, in dem die Insel zwischen den Clans der Kurzohren und Langohren aufgeteilt war, die in Schwarz-Weiß-Manier aufeinander losgingen. Genau das hatte sich offenbar in unserem Gedächtnis festgesetzt, obwohl die Story reine Spekulation war. Aber wie jedes Klischee benutzte auch dieses ein stimmiges, markantes Detail, das schon Georg Forster bei seiner ersten Begegnung mit den Bewohnern der Insel aufgefallen war: »Das Sonderbarste an ihnen war die Größe ihrer Ohren, deren Zipfel oder Lappen so lang gezogen war, dass er fast auf den Schultern lag; daneben hatten sie große Löcher hinein geschnitten, dass man ganz bequem vier bis fünf Finger durchstecken konnte«, hielt er erstaunt fest.[20] Ganz neu war ihm das indes nicht, denn schon auf Neuseeland hatte er beobachten können, dass die *Maori* gern »ein Stück Albatros-Fell, daran noch die weißen Pflaum-Federn saßen« als Schmuck im Ohr trugen. Nur dehnten die Neuseeländer ihre Ohrlöcher nicht mit elastischen Zuckerrohr-Manschetten wie die Rapanui.[21]

Aus dem Fenster des Fliegers betrachtet erinnerte die Silhouette der Insel an einen Bumerang, ging es mir durch den Kopf, während ich den Gurt für die Landung anlegte. Ein Dreieck: 24 Kilometer lang und zwölf Kilometer breit. Die Südwest-Spitze dieses Bumerangs unter uns sah aus, als hätte eine Kanonenkugel eingeschlagen, sodass ein kilometergroßes kreisrundes Loch entstanden war. Jedenfalls erweckten die scharfen Konturen des Kratersees von *Rano Kao* diesen Eindruck, dessen abgebrochener Vulkankegel auf der Meeresseite gut 300 Meter tief ins Meer fiel. Überhaupt waren es die Krater der drei großen Vulkankegel an jeder der Ecken dieser dreieckigen Insel, die *Rapa Nui* ihr unverwechselbares Profil gaben.

»Unter uns müssten wir eigentlich diese berühmte Steinsiedlung sehen können«, rief mir Martin vom Fensterplatz hinter mir zu. Ich nickte. Tatsächlich lag der Kultort *Orongo*, an dem die Chefs der verschiedenen Clans der *Osterinsel* alljährlich ihren Vogelkult zelebriert hatten, auf dem oberen Kraterrand des *Rano Kao*. Also wirklich genau unter uns. So ähnlich hatten wir es auf einem Modell in der *Moneda* in Santiago gesehen. Mich hatten die flachen, terrassenartig übereinandergestapelten Häuser aus grauen Steinen von *Orongo* an einen Gefechtsstand aus dem Zweiten Weltkrieg erinnert, vermutlich weil es keinerlei Fenster, sondern nur kleine, dunkle Einstiegsöffnungen gab. Tatsächlich hatten die alten Polynesier diesen Ort für ihre Festung strategisch genial gewählt: Einerseits konnte man vom Grat des Kraters, dreihundert Meter über dem Meeresspiegel, die weiten Grasebenen des Eilands ebenso gut überblicken wie das Meer ringsum und sich im Falle eines Angriffs gut verteidigen. Andererseits hatte der Kultplatz einen exklusiven Zugang zur größten Wasserreserve der Insel, dem wichtigsten Gut auf dieser kargen Erde, nämlich zum Kratersee des *Rano Kao*, der eine riesige natürliche Zisterne darstellte. Für eine Kalebasse voll Wasser musste man am Rand des Kraters nur ein Stück nach unten steigen.

»Sie hatten Grasdächer«, fiel es mir wieder ein, während mein Blick den Rändern der kreisrunden, zum Teil grün überwachsenen Wasserfläche im Kratersee folgte. Der See lag vielleicht zweihundert Meter unterhalb des Kratergrates und mutete so futuristisch wie aus einem James-Bond-Film an.

»Wir können nichts erkennen, weil ihre Festung komplett mit Grasdächern bedeckt ist«, rief ich in Martins Fotoklicken hinein. So ideal unsere Vogelperspektive aus dem Flieger auch sein mochte, *Orongo* musste uns verborgen bleiben. »Gut getarnt«, gab Martin zurück.

Ich musste schmunzeln: Es ging uns trotz des modernen Fliegers und der Ankunft aus der Luft nicht anders als Captain Cook und seinen Leuten damals bei der Landung: Das Versteckspiel funktionierte noch immer, auch nach über zwei Jahrhunderten. Damals kamen weder der Kapitän, noch seine Naturforscher oder ein anderes Besatzungsmitglied der *Resolution*, vermutlich nicht einmal ihr polynesischer Mitreisender Maheine, den Geheimnissen der Einheimischen auf die Spur. So blieben diese Süßwasser-Reserven der Insel unangezapft, nach denen es Captain Cook für den Fortgang seiner Expedition so dringend verlangte. Es gab frisches Wasser auf der Insel, nicht nur im Krater des *Rano Kao*, sondern auch zwanzig Kilometer weiter östlich im Kratersee des *Rano Raraku*, Wasser, das zum Auffüllen der leeren Fässer der *Resolution* wohl gereicht hätte. Stattdessen aber boten die Insulaner den Briten ersatzweise stets Brackwasser und Zuckerrohr an.

Auch in sexueller Hinsicht gingen die Rapanui sehr vorausschauend vor: Während sich viele von Cooks Männern nach drei Monaten auf hoher See sehnsuchtsvoll nach Frauen umschauten, fanden sich auf der Insel zwar siebenhundert Männer – wie Georg Forster schätzte –, aber nur an die dreißig »Weibsleute«, die offenbar dafür ausgewählt worden waren, sich im Schatten der Monumente mit den Fremden einzulassen. »Die mehresten Frauenspersonen, welche uns zu Gesicht kamen, gaben uns freylich nicht Anlaß, zu vermuthen, dass sie an einen einzigen Mann gewöhnt wären«, wie er schrieb.[22] Dass die Frauen der Insel ansonsten komplett versteckt worden waren, ahnte Georg Forster jedoch sehr wohl und dachte dabei an die Höhlen, »wozu uns die Einwohner niemals den Eingang gestatten wollten«.[23]

Vermutlich waren die Frauen am Kultplatz von *Orongo* und in oft nur per Boot zugänglichen Grotten oder Höhlen wie der »Jungfrauenhöhle« *Ana O Keke* untergebracht, in denen heranwachsende Mädchen ihre Haut für kultische Zeremonien ausbleichen mussten. Wenngleich Georg Forster ein solches Verstecken vermutete, dachte er auch darüber nach, ob es sich hier um *Polyandrie* handeln könnte, um eine Kultur, in der einzelne Frauen mit mehreren Männer liiert waren.[24]

Doch nicht nur gutes Wasser und schöne Frauen blieben Cooks Männern verborgen, sie konnten auch die ganz ungewöhnlichen spirituellen Verhältnisse auf der abgelegenen Insel nicht durchdringen oder die *Rongorongo*-Schrifttafeln der Rapanui studieren.[25] Offenbar war es den Einheimischen gelungen, die Fremden konsequent vom Kultplatz *Orongo* fernzuhalten und sie in andere Richtungen auf dem kleinen Eiland zu lenken. Sonst hätte Georg Forster womöglich die jährliche Zusammenkunft der Clanhäuptlinge auf dem Kraterrand des *Rano Kao* verfolgen können, eine Art Häuptlingslager mit Prozession, Tanz und Wettkampf – vor allem aber ein erstaunliches Prozedere zum Aushandeln der Herrschaft über die Insel.[26]

Einmal im Jahr, kurz vor der Rückkehr der Meeresschwalben auf die beiden Felsen vor der Osterinsel, erstiegen junge Männer – *hopu* – im Auftrag ihrer Clanchefs die Felsen. Dort lauerten sie mitunter Wochen, um schließlich das erste frisch gelegte Ei aus dem Nest einer Seeschwalbe zu ergattern, das sie so schnell wie möglich auf die gegenüberliegende Seeseite nach *Orongo* brachten. Derjenige, der dort das erste Schwalbenei überbrachte, der die Felsen auf beiden Seiten der Meerenge herauf- und herabgeklettert, anderthalb Kilometer durch das offene Meer geschwommen war und das zerbrechliche Ei in einem Stirnband aus Bast sicher transportiert hatte, errang den Titel des Vogelmanns – des *tangata manu*. Die kultische Kraft – das *Mana* –, das der Vogelmann mit dem Ei am Zeremonialplatz von *Orongo* in Händen hielt, verlieh ihm die Macht, den Herrscher der Insel zu bestimmen und diesem das *Ao*, das zeremonielle Tanzpaddel, eine Art Zepter, zu reichen. Das Schwingen des *Ao* symbolisierte nicht nur den Machtwechsel, sondern konnte blutige Folgen haben. Der neue Regent und die mit ihm aufsteigende Großfamilie rächte sich mitunter an dem bis dahin herrschenden Clan.[27] Wenngleich Georg Forster in

Georg Forster fertigte 1774 eine Abbildung der Rußseeschwalbe (Sterna serrata) auf Neukaledonien an.

diese ungewöhnliche Verkettung von Extremsport und Machttransfer keinen Einblick bekommen konnte, fertigte er doch eine Abbildung der schwarzen Seeschwalben an, um die sich der Kult drehte, zumal diese so zahm waren, »dass sie den Einwohnern auf der Schulter saßen«, wie er notierte.[28] Den auch mit reger Fantasie kaum vorstellbaren Vogelmannkult der Rapanui konnten die Forsters nicht durchschauen, schon gar nicht in den nur vier Tagen, die ihnen Captain Cook für die Erkundung der Insel eingeräumt hatte. Georg Forster vermutete daher eine »monarchische Regierungsform« auf der Osterinsel, wie er sie von anderen Südsee-Inseln kannte.[29]

Den hoch aufragenden »Obelisk« des *Motu Kao Kao*, wo das ominöse erste Ei einst aufgespürt wurde, konnte man noch lange im Auge behalten, bis die Boeing schließlich auf der Grasebene von Mataveri zur Landung aufsetzte – dem einstigen Sammlungsort der Inselbewohner für die Prozession hinauf zum Kraterrand nach *Orongo*. Beim Ausrollen der Maschine zogen vor dem Fenster eine ganze Reihe kleinwüchsiger, kräftiger Palmen vorbei, am Ende der Landebahn wurde ein dichter Hain aus Bäumen sichtbar. Forster wäre wohl überrascht gewesen: Das »schwarze traurige Ansehn« der Insel – ihre Baumlosigkeit – schien zumindest im Weichbild der Inselhauptstadt überwunden.

Für Georg Forster konnten die Umstände seiner ersten Begegnung mit den Menschen am östlichsten Ende des polynesischen Dreiecks nicht widriger sein. Seine Beine und die Schenkel waren durch den Skorbut derart geschwollen, dass er nicht wie gewohnt laufen konnte. Zum anderen machte der Insulaner, der sich als Erster getraut hatte, mit seinem Kanu längs der *Resolution* und dann an Bord zu gehen, ganz und gar nicht den Eindruck, als stammte er von einer fruchtbaren Südseeinsel. Im Gegenteil – und der kranke Georg Forster registrierte das genau: Die Auslegerkanus der Einheimischen waren »kümmerlich zusammengeflickte Canots«, aus kleinen Patchwork-Stücken zusammengebastelt, was noch mehr für den baumlosen Eindruck der Insel sprach. Später sollte er herausfinden, dass ein vermeintlicher Mimosenstrauch das einzige Gewächs auf der Insel war, das den Einheimischen Holz für ihre Kanus und Keulen gab.[30] Diese Beschreibung der *Toromiro*-Pflanze gilt heute als erste Erwähnung des für die Rapanui so existenziellen Gewächses, von dem Georg Forster auch Proben für das Herbarium des Londoner Natural History Museums sammelte.

Der erste Inselbewohner, auf den Georg Forster bei der Ankunft auf der Osterinsel traf – Maruwahai, so hatte Maheine den Namen des Polynesiers ermittelt –, stellte Captain Cook nach dem Überwinden der Reling die Frage, ob man ihn nun als Feind umbringen werde. Das konnte für beides sprechen: seine Einfalt oder seinen Mut.[31] »Da wir ihm aber gute Begegnung versprachen«, so erzählte Georg Forster in seiner Reise um die Welt weiter, »schien er völlig beruhigt und sicher zu seyn, und redete von nichts als Tanzen (Hiwa.)«.

Tatsächlich ereignete sich hier, in der Aufregung des ersten Zusammentreffens, ein sprachlicher Fauxpas. Denn Maruwahai nahm offenbar an, dass das fremde Schiff aus Hiva gekommen war – Nuku Hiva auf den Marquesas vermutlich –, dem Land, aus dem sich etwa ein Jahrtausend zuvor seine Vorfahren zur Besiedlung neuer Küsten aufgemacht hatten und unter Führung des großen Hotu Matua schließlich an Land gegangen waren.[32] Die Wesen auf der Resolution waren für ihn also entweder Besucher aus der alten Heimat oder Geister aus der Welt der Ahnen. Doch falls sich, wie Georg Forster mutmaßte, auf der Osterinsel erst kürzlich kriegerische Auseinandersetzungen abgespielt hatten, könnte Maruwahai in Cooks Männern auch messianische Retter gesehen haben. Maruwahai jedenfalls war so erfreut über die Ankunft der Fremden, dass er die Nacht an Bord bleiben wollte und auf dem Kartentisch der Großen Kajüte übernachtete, nachdem man dem frierenden Mann eine Bahn tahitischen Tapastoffs als Decke gegeben hatte.[33] Vielleicht meinte Maruwahai sogar für einen Moment, als sich nachts der Anker losriss und erneut die Segel gesetzt wurden, um das Schiff nach Hanga Roa zurückzubringen, es ginge nun auf nach Hiva, in die alte Heimat.[34]

Die Geschichte dieser kleinen Sprachverwirrung musste sich schon beim ersten Lesen von Forsters Reise um die Welt in meinem Gedächtnis festgesetzt haben, denn sie kam mir Jahre später wieder in den Sinn, als ich für einen Vortrag über die Sprachforschung der Forsters in der Berliner Staatsbibliothek recherchierte.[35] Dabei stieß ich auf eine Handschrift Johann Reinhold Forsters – wie sich herausstellte: eine

Liste mit einhundert Vokabeln von der *Osterinsel*.[36] Und tatsächlich fand sich schon auf der zweiten Seite des Manuskripts, fein säuberlich mit Bleistift eingetragen, das Wort »Heeva« in seiner englischen Phonetik. Und dazu die Forster'sche Übersetzung »To Dance, it. to Sing« – tanzen oder singen. Ganz so, wie Georg Forster das Wort »Hiwa« auch in seiner *Reise um die Welt* gedeutet – oder missdeutet hatte.

»We collected a good many words into my Vocabulary« – wir haben eine ganze Menge Vokabeln in mein Vokabelheft gesammelt –, vermerkte der ältere Forster einmal in seinem *Journal*.[37] Und Georg Forster sprach davon, »dass wir es uns zur Regel gemacht hatten, von allen fremden Ländern die wir besuchen würden, allemal die eigenthümlichen Namen welche sie in der Landessprache führen, auszukundschaften«.[38] Dieses »Einsammeln« von Worten der fremden Sprache zieht sich wie ein roter Faden durch sämtliche Erkundungen der Forsters. Fast könnte man von europäischer Ersterkundung sprechen, denn vor ihnen hatte sich ja nicht einmal eine Handvoll sprachlich interessierter Südsee-Entdecker mit der polynesischen Sprache beschäftigen können.

»Sanft, harmonisch, einfach zu betonen« – so fasste der Seefahrer Louis Antoine de Bougainville seinen Eindruck von der Sprache Polynesiens nach zehntägigem Aufenthalt auf *Tahiti* zusammen.[39] Und merkte ansonsten als Franzose das Fehlen von Nasallauten im Tahitianischen an.[40] Da Georg Forster Bougainvilles Reisechronik *Voyage autour du Monde* kurz vor dem Beginn der Weltumseglung aus dem Französischen ins Englische übersetzt hatte, nahmen die Forsters also zunächst das schwärmerische Urteil des *grand navigateur* mit auf die Reise, als man vier Jahre nach ihm in die Südsee aufbrach.[41]

Bougainvilles Botaniker Philibert Commerçon hielt den polynesischen Dialekt der Tahitianer einerseits für harmonisch, andererseits für eintönig. Den Wortumfang veranschlagte er mit vier- bis fünfhundert undeklinierbaren und unkonjugierbaren Vokabeln, die im Satzbau keinerlei Regeln folgten. Doch wären sie völlig hinreichend, die Bedürfnisse und Gedanken der Tahitianer vollständig auszudrücken.[42]

Sir Joseph Banks befand bei Cooks erster Weltumseglung nach drei Monaten Aufenthalt auf *Tahiti*, die polynesische Sprache erscheine ihm aufgrund ihrer vielen Vokale weich und melodisch, grammatikalisch aber äußerst reduziert, da sie mit nur einem Fall und ganz ohne Beugung von Nomen und Verben auskomme. Und deshalb, so sein Schluss, sei den Insulanern die Aussprache des Englischen ganz unmöglich.[43] Das überaus rasche, zum Teil chauvinistische Urteil über die Sprache der eben Entdeckten erweckt den Eindruck, man hätte mit den Menschen der Südsee ziemlich schnell reden können und hätte sie gut verstanden. Die großen Seefahrer selbst waren da sehr viel bescheidener: Bougainville kam nach Gesprächen mit dem Tahitianer Ahutoru, den er an Bord seines Schiffes mit nach Frankreich nahm, zu der Erkenntnis, er habe die Tahitianer missverstanden.[44] Und auch der große James Cook räumte ein, nur geringe Kenntnisse von der Sprache und den Vorgängen auf den von ihm besuchten Inseln erlangt zu haben.[45]

Und die Forsters? Der von allen wohl Sprachgewandteste, Georg Forster, kam zu einer recht nüchternen Einschätzung: »Wenigstens sind alle Nachrichten, die man aus dem Munde der Eingebohrnen erfährt, bey der Unvollkommenheit unserer Sprachkenntniß, mehr oder weniger schwankend und unzuverlässig, je mehr Beziehung sie auf abstrakte Begriffe oder auf Gegenstände der Einbildungskraft und Logik haben.«[46]

Bei Johann Reinhold Forsters Jagd nach Vokabeln kommt man indes nicht umhin, gelegentlich neurotische Züge festzustellen. Etwa in einer Auseinandersetzung im August 1774 auf der Insel *Tanna*: Johann Reinhold Forster und ein Tanneser, der ihn beim Botanisieren begleitete, gerieten aneinander. Forster senior wollte die einheimische Bezeichnung für einen Muskatnussbaum wissen – und notierte die Antwort seines Begleiters. Kurz darauf jedoch hörte er von anderen Einheimischen, denen er die Blätter desselben Baumes zeigte, eine ganz andere Bezeichnung und wähnte sich von seinem Begleiter betrogen.[47] Folgt man der Ursache der ganzen Aufregung, so stößt man auf ein simples Missverständnis: Johann Reinhold Forsters Frage nach der tannesischen Bezeichnung der Muskatnuss beantwortete sein einheimischer Begleiter mit »yawinatuan«, denn er glaubte, Forster meinte die grünen Tauben in der Krone des Muskatnussbaums, die man »yawinatuan« nannte.[48] Als Johann Reinhold Forster die Blätter des Baumes später anderen Tannesern zeigte, verneinten sie naturgemäß die Nachfrage, ob es sich dabei um »yawinatuan«, um grüne Tauben, handelte.[49]

So kam es zu einem Wutausbruch des älteren Forster, den der Zweite Offizier Clerke schließlich unterbinden wollte. Worauf der hitzige Johann Reinhold Forster mit seiner Pistole drohte.[50] Zeigt diese bizarre Begebenheit auf Tanna einerseits das aufbrausende Temperament Johann Reinhold Forsters, so bezeugt sie doch auch etwas anderes: Wie ernst – todernst nämlich – Johann Reinhold Forster seine Sache nahm und wie penibel er darauf achtete, dass sich keine Fehler einschlichen. Wie stimmig waren also diese ersten Forster'schen Wörterbücher der Südsee?

Nicht zuverlässig! So urteilte kein Geringerer als Wilhelm von Humboldt, der Georg Forster bekanntermaßen bewunderte und den Vater als Wissenschaftler ebenso schätzte.[51] Der ältere Humboldt hinterließ eine kritische Notiz, nachdem er – als einer der ganz wenigen Interessierten – die Forster'schen Wortlisten der polynesischen Sprache eingesehen hatte und einige Übersetzungen für falsch hielt: »Endlich sind viele der von Forster angegebenen Wörter so sehr von denen der Missionare verschieden, dass man nicht weiß, was man daraus machen soll«, hielt er fest.[52] Hatte Humboldt recht?

Wie genau konnten die beiden Pioniere der Sprachforschung, trotz schmerzlich geschwollener Schenkel und der emotionalen Aufwallung einer ersten Begegnung, sich einfühlen und zuhören? Wie gut verstand man die anderen wirklich?

Durch den kleinen Sprachunfall um das Wörtchen »Hiwa« war ich neugierig geworden. Und mit den aufgefundenen einhundert Wörtern von der Osterinsel hatte ich etwas in der Hand, um eine Antwort auf diese Frage zu finden. So entstand die Idee, mit Nachfahren der polynesischen Bewohner die hundert Vokabeln durchzugehen – zu überprüfen, ob die Übersetzung der Forsters halbwegs hinkam. Denn so viel Arbeit sich die Forsters in den drei Jahren der Reise mit dem »Einsammeln« von Wörtern unter oft schwierigen Bedingungen gemacht hatten, ihre Feldforschung war, von Ausnahmen abgesehen, weitgehend ignoriert worden.

»Denk an die Pferde«, brüllte Martin etwas zu laut in mein Ohr, wobei unsere Schutzhelme hart aneinanderstießen. Er hatte nicht unrecht und ich schaltete zurück in den dritten Gang. Man konnte nicht genug aufpassen und sollte die Insel umbenennen – von Oster- in Pferdeinsel, ging es mir durch den Kopf. Die in völliger Freiheit aufwachsenden Tiere tauchten offenbar gern in Herden auf, manchmal zu dritt, manchmal zu acht. Der erste Trupp war schon übermütig über den Weg geprescht, als wir den Scooter gerade erst am Airport von Mataveri in Empfang genommen hatten und mit unseren Rucksäcken bedenklich bepackt in unsere Herberge rollten.

Hanga Roa war wirklich ein Dorf, so mein erster Eindruck: ein hübsches, legeres Dorf mit roten Dächern und bunten Fähnchen unter grünen Bäumen. Zwei breite Hauptstraßen parallel zur Küste, auf der zu beiden Seiten luftig ein paar Autos parkten, vor allem offene Geländewagen. Am späten Nachmittag schien die Stadt aus ihrer Siesta zu erwachen. Das musste sie auch, denn wie täglich kam gegen vier Uhr der Flieger aus Santiago mit Urlaubern an: Franzosen, Deutsche, Briten und Amerikaner, wenige Chilenen – Touristen, von denen die meisten nach einer Woche wieder abreisen würden. Auf der Hauptstraße, der *Atamu Tekena*, der wir bis zu unseren Cabañas nur knappe sechs Kilometer vom Süden in den hohen Norden der Hauptstadt folgen mussten, waren nur wenige Autos und Motorroller unterwegs, dafür umso mehr Spaziergänger, die ihre Behördengänge und Einkäufe erledigten oder auf den Terrassen der kleinen Cafés, Garküchen und Restaurants im Zentrum des Ortes ihre *peña* – ihren Stammtisch – hielten. Unter tief gezogenen, bunt bemalten Wellblech-Dächern, denn mit den schnell ziehenden Wolken über *Rapa Nui* konnte jederzeit ein kräftiger Regenschauer über diese einsame Landmarke inmitten des Pazifik kommen.

Martin wollte angesichts einer schnell heranrückenden Wolkenwand schon seinen Regenumhang aus dem kleinen Rucksack zwischen uns hervorzerren, was auf dem Motorroller nicht ganz einfach war, doch wir hatten das anthropologische Museum der Insel schon erreicht, von dem – wie Martin, der Kartenfetischist, vorausschauend ermittelt hatte – eine letzte Kurve zu den *Cabañas Al Mar* führte, noch höchstens fünfhundert Meter. Angesichts der ersten Regentropfen gab ich Gas. Und so jagten wir – sehenden Auges, aber mit den Gedanken in den Regenwolken – an unserem ersten *Moai* vorbei, der unverkennbar zweihundert Meter weiter links an der Küste stand. »Später«, rief ich Martin nur zu, der wohl irgendetwas gesagt hatte, das vom

Fahrtwind verschluckt worden war. Ich hatte alle Hände voll damit zu tun, eine Stute mit Fohlen und die gigantischen Schlaglöcher auf den letzten Metern bis zu unserer Herberge zu umschiffen. Schließlich kamen wir aber doch halbwegs trocken den kleinen Hang zu den Cabañas hinauf.

Erika, die etwa 55-jährige runde Patronin, auf deren Kleid riesige rote Hibiskus-Blüten prangten, empfing uns überrascht: Wo wir denn José gelassen hätten, wollte sie nach einem Küsschen wissen, das sie jedem von uns auf Zehenspitzen auf die Wange drückte. »José holt unsere Gäste doch immer ab«, stemmte sie ihre Arme in die Taille. Das stünde ganz groß im Internet. Sie konnte nur tadelnd mit dem Kopf schütteln. Immerhin, lachte sie schon wieder, käme José auf seiner Tour zum Maraveri-Airport bei den Fischern vorbei, um den frischen Fang für das Abendessen zu besorgen. »Gibt tollen Fisch hier«, sprudelte es aus ihr heraus, während sie die runde Brille unter ihrem schwarzen Pony zurechtrückte. Vielleicht würde sie uns auch einmal zu einem Fischessen einladen, spielte sie uns eine kleine Unschlüssigkeit vor, wir müssten ja nicht immer auswärts essen! Währenddessen schloss sie den weiß getünchten Bungalow auf, dessen rotes Spitzdach über die kleine Holzterasse mit Tisch und Stühlen gezogen war. Mit ein paar Griffen machte sie in der kleinen Küche einen Schlauch an der bereitstehenden Propangasflasche fest, drehte an einem Herdschalter, bis hörbar Gas ausströmte, und ließ schließlich dampfendes Wasser aus dem Boiler über der Spüle laufen. Alles sehr einfach, aber »perfecto«, wie sie sagte – *la pura vida*, mit Blick aufs Meer.

Mir wurde klar, dass wir es mit einer waschechten Chilenin zu tun hatten. »Direkt aus Santiago, Barrio Bellavista«, beantwortete sie meine Nachfrage. Ich war ein wenig enttäuscht, denn ich war eigentlich darauf aus gewesen, in Hanga Roa bei einer polynesischen Familie unterzukommen, deshalb hatte ich im Internet die einfache Unterkunft am Rande von Hango Roa gewählt. Hinter dem deutschen Namen Erika in der Internetanzeige der Pension hatte ich wohl auch eine Verbindung zu Pater Sebastian Englert vermutet, einem Deutschen, den die Osterinsulaner sehr verehrten und ihren Kindern deshalb gelegentlich deutsche Vornamen gaben, die hier sehr exotisch klangen. Der Seelsorger und Anthropologe lebte seit 1935 bis zu seinem Tod 1969 auf der Insel und hatte sich nicht nur um die sozialen Nöte, die Schulausbildung und die hiesige Lepra-Station gekümmert, sondern auch den Dialekt der Rapanui erlernt, ihr Wörterbuch verfasst und sich enorm für ihre Kultur interessiert.[53] Vermutlich hätte vor 100 Jahren niemand geglaubt, dass die Rapanui noch eine Überlebenschance hatten, nachdem ihre Zahl 1877 auf kaum mehr als 100 Menschen gesunken war – verursacht durch Menschenfänger, die die Ureinwohner auf südamerikanische Plantagen und Guano-Inseln verschleppten, wo bis auf wenige Rückkehrer die meisten durch Pocken- und Syphilis-Epidemien zugrunde gingen.[54] Georg Forsters Frage, ob die Europäer den Menschen der Südsee Glück brachten, erhielt auf der Osterinsel ihre bitterste Antwort. Dass Chile die Insel im Salpeterkrieg 1888 aus strategischen Gründen annektierte und die polynesischen Bewohner bis 1967 per Kriegsrecht und ohne Pass in Hanga Roa in eine Art Reservat steckte, verlängerte den Leidensweg der Rapanui ins 20. Jahrhundert. Sodass ein deutscher Kirchenmann wie Sebastian Englert zu ihrem nahezu einzigen Hoffnungsschimmer wurde.

»Der Schutzpatron dieser Insel, ein Heiliger«, rief Erika, die als gute Katholikin natürlich Sebastian Englert kannte. An dessen letzter Ruhestätte an der Kirche von Hanga Roa – das schönste Grab der Insel, wie sie meinte – hatte sie schon auf ihrer ersten Visite auf *Rapa Nui* gebetet. Denn es war die Kirche gewesen, die den Besuch der *Osterinsel* zur Kontaktpflege mit abgelegenen Gemeinden preisgünstig organisiert hatte. Und damit Erikas Leben verändert: Dreißig Jahre hatte sie in Santiago eine Garküche betrieben, ihre Jungs großgezogen, den Mann bewaschen, dann wollte sie endlich weg aus dem Moloch Santiago, raus in die Natur. Eine Freundin aus der Gemeinde hatte sie zu der Kurzreise auf die *Osterinsel* überredet. Also schön. Erika sah sich auf der Insel um, lernte im Gemeindezentrum José kennen, der Land und Häuschen besaß, aber keine Frau mehr, und zehn Bungalows zu vermieten hatte. So kam eins zum anderen. Und ihr Mann in Santiago? Erika zuckte mit den Schultern: »Die Liebe kommt – die Liebe geht.« Seit drei Jahren war sie nun hier. »Iorana!« – Herzlich Willkommen! – rief sie uns noch einmal ganz offiziell auf polynesisch zu und beendete ihre kleine Führung, indem sie die Schlafzimmertür öffnete. Mein Blick landete auf einem Bett, auf dem sich zwei Schwäne, kunstvoll aus weißen Handtüchern geformt und mit Hibiskusblüten dekoriert, zueinander neigten. »Dankeschön!«, sagten wir auf deutsch und mussten das Wort aus der Sprache Sebastian Englerts mehrfach wiederholen, weil es Erika zu gut gefiel. »Mauururu«, gab uns die Chilenin ein »Danke« auf Rapanui zurück.

Das Anlanden der Männer der *Resolution* auf der Osterinsel Mitte März 1774 ließ sich mit ungeahnten Schwierigkeiten an. Denn auf dem »Oster-Eyland« galt es zunächst einmal, seine Kopfbedeckung zu verteidigen. Georg Forster war von Captain Cook und Anders Sparrman offenbar barhäuptig an Land gehievt worden, sonst wäre der schwächelnde und fußlahme junge Deutsche sicherlich von Dieben nicht verschont geblieben. So aber traf es als ersten den behenden Maheine, der das leise Anschleichen eines Einheimischen nicht bemerkte und seine schwarze Mütze los wurde. An ein Verfolgen des Diebes war nicht zu denken, da der Räuber »über den holprichten Boden voller Steine fortrannte, wo hin keiner von uns nachzulaufen im Stande war«, wie Georg Forster festhielt.[55] Der Landschaftsmaler Hodges war kurz darauf auf einer kleinen Anhöhe »um einen Prospect zu zeichnen, und verlohr auf gleiche Weise seinen Hut«.[56] Und so ging es fort.

Die Vorliebe der Osterinsulaner für Hüte erkannte Georg Forster auch daran, dass sie bereits über europäische Hüte verfügten, die sie spanischen Seeleuten abgenommen haben mussten, die vier Jahre zuvor auf der Insel gelandet waren.[57] Forster führte sie auf die »unerträgliche Sonnenhitze« zurück.[58] Und so schienen die Kopfbedeckungen auf der Osterinsel denn auch viel ausgeklügelter als anderswo in Polynesien. Die Männer trugen dicke Gras- oder Holzreifen auf dem Haupt, in die lange schwarze Federn des Fregattvogels oder die weißen Federn der Soland-Gans eingesteckt wurden, »die bey dem geringsten Lüftchen hin und her schwankten«, um gleichzeitig als Fächer zu fungieren.[59] Andere trugen »große buschichte Mützen von braunen Mewen-Federn«, die so groß waren wie die Perücken von Doktoren. Die Frauen hingegen setzten weit ausladende Hüte »von artigen Mattenwerk« auf, die auf der Rückseite mit Krempen verstärkt wurden, um auch die Schultern vor der Strahlung zu schützen. »Diese Hüte fanden wir ungemein kühlend«, notierte Georg Forster, was eine erste europäische Hutprobe auf der Osterinsel belegt.[60]

Heute hingegen erspart die Helmpflicht den Chauffeuren von Motorroller auf *Rapa Nui* alle Überlegungen zur Kopfbedeckung. Wir sollten das bitte ernst nehmen, wurden Martin und ich im Scooter-Verleih gewarnt, Verkehrsdelikte würden durchaus geahndet. Mir fiel dabei unwillkürlich eine Reise auf den Spuren Robert Louis Stevensons ein, die ich ein paar Jahre zuvor mit dem Schweizer Romancier Alex Capus nach Samoa unternommen hatte. Dort war es im Jahre 1889 ein preußischer Polizist gewesen, der den berühmten Autoren der »Schatzinsel« in der deutschen Kolonial-Hauptstadt *Apia* »mit einer Buße wegen zu schnellen Reitens« belegt hatte.[61] Diese preußische Strenge hatte sich offenbar auch auf die Osterinsel übertragen.

Mit dem Schalenhelm auf dem Kopf machten Martin und ich uns auf zu unserer ersten Begegnung mit den berühmtesten Monumenten von *Rapa Nui*. Tatsächlich war der Parkplatz des »Complejo Tahai« von Hanga Roa schon ziemlich voll, als wir dort zum Sonnenuntergang eintrafen. Während ich den Roller aufbockte und die Helme unter der Sitzbank verstaute, stellte ich überrascht fest, dass die erwartete Stille nach dem Ausschalten des Scooters nicht eingetreten war. Vielmehr erfüllte ein dynamisches Brummen die Umgebung, als befände man sich in einem Multiplex-Kino. Nach einigen Schritten in Richtung einer alleinstehenden Steinsäule, die vor der tiefstehenden Abendsonne und dem glitzernden Meer wie eine unwirklich wabernde Silhouette erschien, wurde klar, woher die seltsamen Geräusche kamen. Der fünf Meter hohe *Moai* des *Ahu Tahai* wurde von mehreren summenden Drohnen umschwärmt, deren Piloten es sich mit der Fernbedienung im Schoß auf dem weiten Rasen bequem gemacht hatten und ihre Fluggeräte über Screens steuerten, die in der Dämmerung aufleuchteten. Verblüfft, aber auch neugierig geworden, schlenderten wir die etwa zweihundert Meter breite Wiese hinunter, die zu den Monumenten unmittelbar an der Küstenlinie leicht abfiel, und blickten schließlich einem der Drohnenpiloten über die Schulter. Doch wie seltsam – und zugleich einleuchtend: Von oben, aus der Vogelperspektive, wirkten die mächtigen Steinsäulen wie kleine Knöpfe. Selbst die mehr als dreißig Meter lange Steinplattform links von uns, der *Ahu* »Vai Uri«, auf der fünf *Moai* nebeneinander standen, konnte aus dieser Sicht keine monumentale Wirkung entfalten. Diese war nur zu erreichen, wenn man die Plattform aus Augenhöhe und frontal betrachtete – und genau so hatten die Rapanui ihren *Ahu* mit den *Moai* obenauf konzipiert, die Tahitianer ihren *Marae* und die Hawaianer ih-

Die größte Zeremonialanlage auf Rapa Nui: der Ahu Tongariki, dessen Moai nach der Tsunami-Flutwelle von 1960 mit japanischer Unterstützung wieder aufgerichtet wurden.

ren *Heiau*. Der Fotograf an meiner Seite wirkte recht zufrieden. Martin hatte mit seiner »flugunfähigen« Fotokamera alles, was er brauchte, um die mächtigen Steinsäulen vor dem Sonnenuntergang in Szene zu setzen. »Prozessions-Perspektive« war der Begriff, auf den wir uns für diesen idealen Blickwinkel einigten. Und es stimmte: Kultplätze wie diese sollten beeindrucken, die Wege waren vorgeschrieben: Man näherte sich in der Prozession und blickte auf ein symmetrisches Ensemble. Ganz bewusst gingen wir daher frontal auf die höchste Steinsäule auf der rechten Seite der Anlage zu, den *Ahu Ko Te Riku*, hinter der die rot glühende Sonnenscheibe unterhalb einer dunklen Wolkenfront im Pazifik versank.

So etwa mussten die *Moai* der *Osterinsel* einmal ausgesehen haben, als den Menschen diese Kultplätze noch heilig waren: Auf einer zum Meer hin ansteigenden, künstlich angelegten Schräge aus Stein, einer mächtigen Barriere gegen die Wellen dahinter, thronte ein etwa acht Meter hoher *Moai*. Das Besondere: Die aus einem kurzen Rumpf und dem übergroßem Haupt bestehende graubraune Skulptur trug einen *Pukao*, einen Kopfaufsatz aus rötlichem Tuffstein, der aussah, als hätte man einem größeren einen kleineren Zylinder aufgestülpt. Der *Moai* erschien dadurch um ein weiteres Drittel höher. Unwillkürlich kam mir der Wirbel um die Kopfbedeckungen wieder in den Sinn, den Georg Forster bei seiner Ankunft geschildert hatte: Mussten auch die Steinskulpturen vor der Sonne geschützt werden?

Der *Ko Te Riku* unterschied sich jedoch durch eine weitere Besonderheit von seinen Nachbarsäulen: Er war einer der wenigen *Moai* auf *Rapa Nui*, dem die Augen wieder eingesetzt worden waren. Bis 1968 hatte man nicht einmal gewusst, dass die Steinskulpturen der Rapanui »sehende Wesen« darstellten.[62] Heute vermutet man, dass die mächtigen Steinskulpturen auch im Ganzen bemalt gewesen sein könnten, dass der rote *Pukao* auf dem Kopf, die weißen Mandelaugen und die braunen Pupillen nur Relikte einer farbigeren Anmutung waren.[63]

Georg Forster sah die Steinmonumente 1774 zunächst als dunkle Säulen vom Schiff her. Doch sobald Vater und Sohn sich an Land umschauen konnten, trugen sie so viele Informationen wie möglich zusammen. Die Plattformen, auf denen die Skulpturen thronten, waren »aus verschiednen Lagen von Steinen« errichtet, notierte Georg Forster. Besonders verblüffte ihn die Qualität der Steinmauern, auf denen die *Moai* ruhten: »Das Sonderbarste war die Verbindung dieser Steine, die so künstlich gelegt und so genau in einander gepaßt waren, dass sie ein ungemein dauerhaftes Stück von Architectur ausmachten.«[64]

Beim Oberkörper der Steinfiguren erkannte er »eine Ähnlichkeit mit dem Kopf und den Schultern eines Menschen«. Der untere Teil schien ihm ein roher Steinblock zu sein.[65] Vor allem aber erinnerten ihn die *Moai* an die »hölzernen Figuren, *Ti's* genannt«, die er auf den *Marae* von *Tahiti* gesehen hatte.[66] Handelte es sich also um Monumente der Rapanui zum »Andenken ihrer Könige«, wie er vermutete?[67]

»Götzenbilder«, wie Roggeveens Leute sie fünfzig Jahre früher vor sich zu haben meinten – Fetisch-Säulen zur Anbetung von Göttern oder Geistern –, schloss er jedenfalls aus, auch »Opferfeuer« zu Füßen der Steinsäulen, wie sie die Holländer vermutet hatten. Die Flammen »dienten den Einwohnern zur Bereitung ihres Essens«, konnte er beobachten und ließ sich von ihnen im Schatten der Monumente gern zu ein paar gerösteten Kartoffeln einladen.[68] Ganz gewiss, so notierte er, würde man hier kein Holz für anderes »opfern«: »Denn der Mangel des Brennholzes setzt die Einwohner in die Nothwendigkeit, sehr sparsam damit umzugehn.«[69]

Andererseits kritisierte der junge Naturforscher, als er in Hanga Roa der ersten Steinsäule, vermutlich dem heute hutlosen, fünf Meter hohen *Moai* auf dem *Ahu Tahai*, gegenüberstand, das Talent der hiesigen Steinmetze. So rigoros, als hätte er ein Werk des von ihm oft gescholtenen Rubens vor sich: »Diese Figur war schlecht gearbeitet«, befand er, »Augen, Nase und Mund waren an dem plumpen ungestalten Kopfe, kaum angedeutet.«[70] Den Hals hielt er für unförmig und kurz, Schultern und Arme für »nur wenig angedeutet«, allein die »nach Landessitte« langen Ohren schienen ihm etwas besser gelungen. Dass der Kopf zusammen mit dem rötlichen Kopfputz die Hälfte der ganzen Säule ausmachte, widersprach seinem Proportionsgefühl. »So weit sie über der Erde sichtbar war«, kalkulierte Georg Forster ein mögliches anderes Ausmaß der Säule ein – vermutlich recht weitsichtig, denn derzeit versucht man *Moai* freizulegen, deren unterer Körperteil tief in der Erde stecken könnte und der deshalb für uns unsichtbar bleibt.[71]

Doch die Forsters beließen es nicht beim Besichtigen und Beschreiben der Monumente. Johann Reinhold Forster skizzierte, vermutlich klammheimlich hinter dem Rücken von Landschaftsmaler Hodges, das Konterfei eines *Moai* in sein Bordjournal.[72] Vor allem aber versuchten die Forsters durch Befragung der Einheimischen mehr Licht ins Dunkel zu bringen. Das Ergebnis dieser Erkundigungen war eine handschriftliche Liste mit »Names of the Stone Pillars« – den Namen von Steinsäulen –, auf die ich in der Berliner Staatsbibliothek gestoßen war, als ich dort die Forster'sche Vokabelliste der Osterinsel durchsah.[73]

Auf dieser Liste der Forsters taucht der Begriff *Moai* zum ersten Mal auf, als Bezeichnung einer Steinsäule mit der Benennung *kotomòai*. Insgesamt verzeichneten die Forsters achtzehn Namen.[74] Sie waren damit die Ersten und für fast 200 Jahre auch die Einzigen, die versuchten, die Steinmonumente der Rapanui im Einzelnen zu erfassen.[75]

Ein Verzeichnis, das Thor Heyerdahl vermutlich elektrisiert hätte, wäre es ihm bekannt geworden.[76] Denn der Norweger hatte auf der *Osterinsel* Mitte der 1950er Jahre nicht nur umgestürzte *Moai* wieder aufgestellt, die heute als Touristenattraktionen auf *Rapa Nui* dienen.[77]

 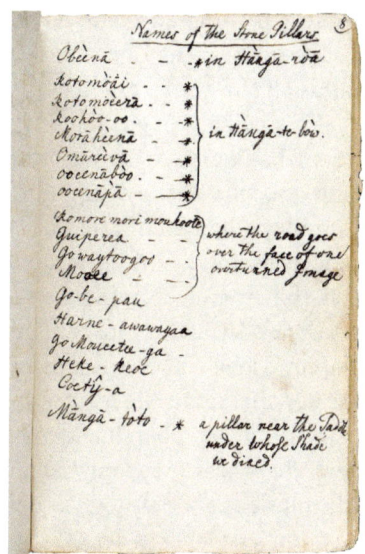

Johann Reinhold Forsters Skizze von einem Moai in seinem Bordjournal.

Eine Seite der Forster'schen Vokabelliste von der Osterinsel – mit den erfragten Namen der Steinsäulen.

Sondern sich auch brennend für die *Moai* interessiert, weil er in den ominösen Steinsäulen Schöpfungen von Ankömmlingen aus Südamerika vermutete – Kunstwerke, die seine Theorie der amerikanischen Besiedlung des Pazifik stützen konnten.[78] Insofern hätte er sicherlich auch anhand der Forster'schen Namensliste der *Moai* nach Belegen für seine Theorie gesucht.[79]

Georg Forster hingegen sah – ganz im Gegensatz zu Thor Heyerdahl – auf *Rapa Nui* Polynesisches. Seine Vermutungen über die Herkunft der Inselbewohner ergaben sich aus dem Vergleich mit dem, was er auf der Reise mit Cook auf Dutzenden Inseln des polynesischen Dreiecks gesehen hatte. Er kam zu dem Schluss, dass Gesichtszüge und Hautfarbe, Tätowierungen und Kleidung, Werkzeuge und Waffen sowie Körpersprache und Kochkunst auf der *Osterinsel* denen der anderen polynesischen Inseln »sehr nahe« kamen, wie er schrieb – und nicht zuletzt die Sprache.[80]

Trotzdem stellte sich die Frage, ob Johann Reinhold und Georg Forster im Gespräch mit den Einheimischen tatsächlich Namen der

»Steinsäulen« herausgefunden hatten. Hatten die *Moai* überhaupt individuelle Namen? Und falls dem so war: Galten hier keine strengen Tabu-Regeln, zumal es um kultische Überlieferungen ging?

»Ich glaube, Missverständnisse waren vorprogrammiert«, meinte jedenfalls Francisco Torres vom *Museo Antropologico* in Hanga Roa.[81] Eine offizielle Verabredung mit dem Kurator der anthropologischen Sammlung des wichtigsten Museums der Insel war gar nicht so einfach, da er ständig mit Ausgrabungsteams im Gelände unterwegs war. Wir sollten einfach morgens vorbeikommen, hatte man mir bei einer ersten Visite im Museum gesagt, da hätte man die beste Chance, den umtriebigen Museumsmann ohne viel Bürokratie zu erwischen. Da der markante Museumskomplex mit seinem fensterlosen Doppelgebäude aus übereinandergestapelten Natursteinen nur fünfhundert Meter von unseren Cabañas entfernt lag, kamen Martin und ich mit dem Scooter täglich daran vorbei und nutzten die Gelegenheit, um ausgiebig in der Museumsbibliothek herumzustöbern. Nach zwei oder drei Tagen trafen wir dort auch auf den gelernten Archäologen, der in Jeans, Stiefeln und Kakihemd gerade auf dem Sprung zum *Rano Aroi* war, einem Kratersee im Norden der Insel. Meiner Bitte, einen Blick auf die Namensliste zu werfen, die die Forsters vor über zwei Jahrhunderten auf der *Osterinsel* angefertigt hatten, wollte Francisco Torres aber gern nachkommen und lud uns ein, auf der Bank neben dem museumseigenen *Moai* Platz zu nehmen. Natürlich kannte er Georg und Johann Reinhold Forster, sie gehörten auf *Rapa Nui* zur »Grundausbildung für Anthropologen«, erzählte der Mittvierziger. Allerdings lag sein Studium schon zwanzig Jahre zurück. Derzeit beschäftigten ihn vor allem Fragen der Hydrotechnik der Rapanui. Doch auf seine Nachfrage, ob die Forsters etwas zur Wasserversorgung auf der Insel überliefert hätten, konnte ich nur auf den Brunnen in Hanga Roa verweisen und die Feststellung Georg Forsters, dass das Wasser »brackisch« schmeckte.[82]

»Viel mehr als die Südwestseite von *Rapa Nui* haben Cooks Leute in den wenigen Tagen, die sie auf der Insel waren, ohnehin nicht gesehen«, meinte der Museumskurator. »Neunzig Prozent der Begegnungen zwischen den Männern der *Resolution* und den Einheimischen spielten sich auf einem sehr kleinen Areal ab. Ungefähr da, wo heute das Fußballstadion von Hanga Roa liegt«, erzählte er weiter.

Das Thema Wasserversorgung interessierte ihn besonders, weil ein deutsches Ausgrabungsteam am *Terevaka*, dem mit 507 Metern höchsten Vulkankegel der Osterinsel, auf historische Wasser-Konstruktionen der Rapanui gestoßen war. Der am Südhang des Vulkans gelegene Kratersee *Rano Aroi* war eigentlich für sein Totora-Schilf berühmt, aus dessen fingerdicken Halmen die Inselbewohner Bootshäuser, Surfbretter und Ausleger für ihre Kanus, Matten, Körbe, Umhänge und Hüte flochten. Jüngst waren am Abfluss des Sees, in der *Quebrada Vaipu*, aber auch Staudämme und Wasserbecken entdeckt worden.[83] Und nicht weit von ihnen eine mit Petroglyphen geschmückte Kulthöhle.[84]

»Solche hydrotechnischen Anlagen«, vermutete der Archäologe, »hätten die frühen europäischen Besucher der Osterinsel nicht für möglich gehalten.« Aus seiner Sicht hing das mit einer generellen Unterschätzung der Kultur der Rapanui seit ihrer Entdeckung zusammen. Man wollte nicht glauben, dass »diese Leute« etwas so Gigantisches wie die *Moai* schaffen konnten, meinte Francisco Torres mit Blick auf die mächtige Steinskulptur neben uns. Auch diesem *Moai* hatte man, wie mir jetzt auffiel, eine Nachbildung des Auges eingesetzt, dessen Original der einheimische Archäologe Sergio Rapu 1978 in der Bucht von Anakaena entdeckt hatte und das nun das Highlight des Museums war. Stimmte es, dass das Auge den riesenhaften Steinskulpturen erst nach ihrem Aufrichten auf dem *Ahu* eingesetzt wurde, weil die Rapanui im Auge den Sitz des lebenspendenden *Mana* vermuteten? Francisco Torres zuckte mit den Schultern. Als Wissenschaftler hielt er nichts von Spekulationen. Weder von Langohren und Kurzohren, noch von Thor Heyerdahls Sklavengeschichte oder dem Film von Kevin Costner. Historisch sei tatsächlich wenig belegbar: »Die Bodenschichten auf der Insel sind so flach, das Gelände ist so steinig, dass man keine lesbaren Zivilisations-Formationen findet, wie anderswo«, machte er mit einer Armbewegung über die flache Ebene ringsum das Grundproblem der hiesigen Archäologie klar. Zudem hätten Tsunamis vieles auf *Rapa Nui* durcheinandergewirbelt. Mir fiel ein Bericht Sebastian Englerts über einen schweren Tsunami ein, der die Insel 1960 heimgesucht hatte. Die riesige Flutwelle, die die Osterinsel überrollte, berichtete der Pater, hätte sechzig Tonnen schwere *Moai* Hunderte Meter weit über das Land geschleudert und bis auf die Grundfesten zerstört.[85]

Mit großem Interesse, aber nicht weniger skeptisch, sah sich Francisco Torres die Forster'sche Namensliste von *Moai* an, die ich mitgebracht hatte. Die Umlautung der Forsters, fiel ihm erstaunt auf, hatte große Ähnlichkeit mit der aktuellen Wiedergabe der Sprache der Rapanui. Tatsächlich hatten Johann Reinhold und Georg Forster für ihre Sprachforschung Betonungszeichen benutzt, um auch phonetisch exakt zu sein, was bei der Häufung von Selbstlauten im Polynesischen sehr sinnvoll war. Entsprechend wurde das Wort *Moai* bei den Forsters als *Mòāi* wiedergegeben.

»Wenn die Forsters diese Namen heute hier vorlesen könnten, würden das vermutlich viele Rapanui verstehen«, meinte Francisco Torres anerkennend.

Doch ob es sich bei der Liste wirklich um die Namen einzelner Steinskulpturen handelte? Ein leichtes Kopfschütteln des Kurators verriet ziemliche Bedenken. Mehrfach scrollte er die achtzehn Namen der Liste auf meinem Computer auf und ab. Dann – plötzlich – blitzten seine Augen auf. Für den Namen ganz oben auf der Liste, meinte er verschmitzt, habe er vielleicht eine Erklärung gefunden.

»Ich denke, es gab da ein sprachliches Missverständnis. Als die Forsters die Einheimischen nach dem Namen des *Moai* in Hanga Roa fragten, deuteten sie dabei sicherlich in die Richtung dieses *Moai*. Doch die Einheimischen dachten vielleicht, die beiden Fremden wollten den Namen der Bucht wissen, in dem der *Moai* stand, die lag ja in derselben Richtung – und antworteten *Apina*. So heißt die kleine Bucht, in der Cooks Leute damals mit ihren Ruderbooten landeten, nämlich noch heute. Hinter dem Namen *Obeènā* auf dem Namensverzeichnis der Forsters verbirgt sich vermutlich der Name der Bucht *Apina*«.

»Klingt ziemlich einleuchtend«, meinte Martin, während ich verblüfft nickte. Doch fragte ich mich gleichzeitig, ob Georg Forster nicht noch einmal nachgehakt hätte, um wirklich sicherzugehen. »Auch wir spekulieren jetzt natürlich«, meinte Francisco Torres, während er schon zum wiederholten Mal auf seine Armbanduhr schaute. Er musste nun wohl langsam los zum *Rano Aroi*. Doch bevor er sich verabschiedete, hatte der Museumskurator noch eine Idee. Er könnte einen jungen Mitarbeiter, einen kompetenten Muttersprachler der Osterinsel, bitten, sich das *Vocabulary* der Forsters einmal in Ruhe anzusehen. Falls wir die Zeit hätten, am nächsten Tag noch einmal im Museum vorbeizuschauen, würde sich Simón Tepano, so der Name seines Kollegen, sicherlich gern mit uns zusammensetzen. Ein großartiger Vorschlag, fand ich, und drückte Francisco Torres rasch eine Kopie des *Vocabulary* der Forsters in die Hand. »Die kommt dann auch in unser Archiv, immerhin die Kopie einer Forster'schen Handschrift«, verabschiedete sich der Museumsmann von uns.

Martin und ich hatten uns vorgenommen, mit dem Motorroller zu den Steinplattformen und *Moai* zu fahren, die Georg Forster in seiner *Reise um die Welt* beschrieben hatte. Was war von ihnen geblieben nach über 200 Jahren? Zunächst wollten wir zum einstigen Landeplatz von Cooks Ruderbooten, ins Zentrum von *Hanga Roa*. Doch je näher wir kamen, desto ohrenbetäubender wurden die Reggae-Klänge, die über das Fußballstadion und den kleinen Hafen im Stadtzentrum hallten. Im Stadion hatte offenbar ein Fußballturnier begonnen. »Ich glaube, wir haben es mit der deutschen Nationalmannschaft zu tun«, meinte Martin verdutzt, als wir über die kniehohe Absperrung unmittelbar an der Straße stiegen und uns auf eine der drei Sitzreihen aus Beton setzten, die das Oval aus perfektem Kunstrasen einrahmten. »Unser Manuel Neuer ist vielleicht etwas stämmiger«, deutete Martin auf das linke Tor. Er hatte recht: Das Team von *Moeroa* spielte nicht nur in Schwarz-Weiß, sondern hatte seine Trikots zudem mit einer schwarz-rot-goldenen Fahne bedruckt. »Es gibt eine Menge Fans der Deutschen bei uns«, erklärte mir ein ziemlich lautstarker Familienvater die Sache, der mit Frau und Kindern, eingedeckt mit Kartoffelchips und Getränken, rechts von uns auf der Bank saß. Sein Sohn, so ließ sich aus seinen wilden Zurufen schließen, spielte offenbar als Linksaußen in der Jugendmannschaft von *Moeroa*. Ihre Gegner, die 14-jährigen der Mannschaft *Hanga Roa*, waren ganz in Orange aufgelaufen, was wiederum sehr an die niederländische Mannschaft erinnerte. Oder war das Zufall?

»Bei der letzten Weltmeisterschaft waren die meisten Rapanui für Holland oder Deutschland, jedenfalls nicht für Chile«, klärte mich mein Banknachbar weiter auf. »Wir Rapanui können nicht für Chile jubeln – und die Chilenen nicht für Spanien, ist doch klar«, vermittelte er mir, sehr fair, wie ich fand, die koloniale Gefühlslage seiner Landsleute.

Erst nach dem Schlusspfiff und dem in unserer Kurve sehr bejubelten 2:0 für die Mannschaft von *Moeroa* fiel uns bei einem Blick auf die Anzeigetafel auf, dass über der Null *Local* stand und über der Zwei *Visita*. Wer aber waren die Locals – und wer die Gäste auf *Visita*, wenn alle zehn Mannschaften der *Osterinsel* aus einem einzigen Ort, nämlich Hanga Roa kamen? Mein hochzufriedener Banknachbar, der seinem siegreichen Spross gerade noch kräftig auf den Rücken geklopft hatte, fand auch darauf eine simple Antwort. »Das Stadion gehört beiden Teams, *Moeroa* und *Hanga Roa*, aber wir können nicht beide *local* nennen, also ist mal der eine, mal der andere *Visita*.« In Deutschland, ging mir bei seinen Worten durch den Kopf, würde man trefflich darüber streiten, wer zu Hause zuhause sein durfte und wer zu Hause eher Gast.

Die Reggae-Musik war beim Abpfiff im Stadion allerdings nicht verklungen, sondern breitete sich, wie man jetzt besser hören konnte, von der Hafenbucht her aus, genauer vom Restaurant *La Caleta* an der Spitze der kleinen Mole. Touristen nahmen hier gern zum Sonnenuntergang ihren *Pisco Sour*. Jetzt aber wimmelte es von Schaulustigen, besonders vielen jungen, wie mir schien. Direkt am Ufer war eine Gruppe Einheimischer in Neopren-Anzügen dabei, ein halbes Rind auf einen riesigen Rost über ein loderndes Holzfeuer zu bugsieren, während auf der Terrasse eine sechsköpfige Jury Platz genommen hatte. Mit Baseballcaps und Sonnenbrillen ausgerüstet, verfolgten sie fast bewegungslos den Wellenritt einzelner Surfer, die sich einer nach dem anderen aus einer Gruppe Gleichaltriger lösten, die weit hinten in den Fluten auf ihr Startsignal lauerten. Dort, vielleicht noch etwas weiter hinten in der Bucht von *Hanga Roa*, hatte Captain Cook im März 1774 geankert. An der Stelle des *Moai*, der hier einmal auf das Dorf blickte, stand jetzt eine blond gelockte Jesus-Skulptur mit einer Blumenkette um den Hals. Nur blickte Christus in seiner himmelblauen Soutane nicht, wie einst der *Moai*, auf die Menschen in der Siedlung, sondern hinaus in die Ferne.

Gleich neben dem Heiland waren mobile schwarze Tafeln aufgestellt worden, die von der örtlichen Bank gesponsert wurden, wie eine ganze Flotte von Werbesegeln verkündete, die laut im Wind knatterten. Hier konnten die Teilnehmer die Ergebnislisten des viertägigen Surfwettbewerbs einsehen. Araki, Ika und Pakarati lauteten die Familiennamen der jungen Männer, die sich barfuß, das mannshohe Surfbrett unter dem Arm, nach ihrem Abschneiden erkundigten, um sich dann erstaunlich zurückhaltend – cool – über ihren Sieg zu freuen.

Auch die Damenwertung führte eine junge Frau mit dem polynesischen Namen Pomare Tepano an. Im Surfen waren die Rapanui offenbar noch immer unschlagbar, dachte ich.

Ob es stimmte, was im Museum zum traditionellen Surfen der Einheimischen gesagt wurde? Es gab da ein Foto aus den 1920er Jahren mit sechs jungen Männern, die mit langen, spitz zulaufenden Bündeln aus Totora-Schilf vor der Kamera posierten. Waren das wirklich Schilf-Matten, mit denen die Männer lediglich aufs Meer hinausgepaddelt waren, dann aber ohne diese auf den Wellen zurückgesurft waren? Hatten es die Rapanui tatsächlich vermocht, ihren Körper so zu trainieren, dass sie ohne Brett, ohne jedes Hilfsmittel, die Wellen reiten konnten?

»Unsere Großeltern erzählen jedenfalls davon«, versicherte mir Catali Maira, eine der Surferinnen, mit der ich ins Gespräch gekommen war, während sie mit ein paar raschen Drehungen die Heckfinnen an ihrem Brett festschraubte. »Sie nannten das *Haka Honu* – die Schildkröte machen. Und es hatte vor allem mit der richtigen Armhaltung zu tun.« Genauer, meinte sie fast entschuldigend, konnte sie es leider auch nicht erklären.

»Vom Zeitvertreib der Oster-Eyländer wissen wir nichts zu sagen, weil wir sie niemals bey so etwas angetroffen«, räumt Georg Forster am Ende des viertägigen Aufenthalts auf *Rapa Nui* ein.[86] Vermutlich hatten die Einheimischen genug damit zu tun, die Fremden von ihren Verstecken fernzuhalten. Desto intensiver versuchten die Forsters herauszufinden, welches Verhältnis die Inselbewohner zu den mächtigen Statuen hatten, die sie überall umgaben.

Nach ihren Erkundungen in *Hanga Roa* setzten sie daher eine ausgedehnte Exkursion immer entlang der Küste in Richtung Osten an. Übrigens, wie ich bei einem Besuch in der Kultsiedlung von *Orongo* auf dem Kraterrand des *Rano Kao* feststellen konnte, jederzeit im Blickfeld der Insel-Elite. Von hier oben, in vierhundert Metern Höhe, hatte man einerseits einen fantastisch weiten Blick in alle Richtungen. Zum anderen aber waren die Forsters nicht nur durch ihre hundertköpfige Entourage deutlich zu erkennen, sondern zusätzlich durch ihren Anführer, einem Mann, der schwarz »punctirt« und weiß geschminkt war und während der gesamten »Wallfahrt« einen Stecken mit weißem

Tuch hoch über seinem Kopf trug.⁸⁷ Den Forsters fiel es schwer, sich darauf einen Reim zu machen.

Nach etwa fünf Kilometern gelangte der Pulk »zu einer Reihe Bildsäulen, sieben an der Zahl, wovon viere noch aufrecht standen; eine unter diesen aber hatte auch schon die Mütze verloren«.⁸⁸ Georg Forster dokumentierte hier nichts weniger als den Zerfall der altehrwürdigen Denkmäler. Am *Ahu* von *Vinapu* – Georg Forster nannte ihn *Hanga-Tebau*, sein Vater hāngā-te-bòw, weil sie den Namen der Bucht fälschlich für den Namen der Zeremonial-Plattform hielten – waren von den sieben *Moai* mithin nur noch drei unbeschädigt.⁸⁹

»Ich glaube, da stehen jetzt andere Säulen«, warnte Martin mich vor, nachdem er am Morgen mit Karte und Computer unsere Inseltour auf Forsters Spuren vorbereitet hatte. »Ziemlich groß und ziemlich weiß. Sieht im Internet wie eine Industrieanlage aus. Wer weiß, ob von der historischen Plattform noch viel übrig ist?«

Irgendwie schien der allmähliche Kulissenwechsel auf unserer Fahrt nach *Vinapo* seine Befürchtungen zu bestätigen. Nachdem wir das Zentrum von Hanga Roa mit seinen kleinen Läden, Cafés und bunten Häusern hinter uns gelassen und am Maraveri-Airport Richtung Osten abgebogen waren, folgten wir einer schnurgeraden Straße, auf deren rechter Seite sich die Rollbahn des Flughafens hinzog, die von kilometerlangem Stacheldraht umgeben war. Erst als wir die Küste erreichten endete die Absperrung und der Weg bog hinter dem Ende der Rollbahn nach rechts ab, wo sich die Straße in eine holprige, schmale Piste verwandelte. Forster fiel mir ein: Der Weg zwischen den Steinen verliefe hier so eng, dass die Einheimischen immer einen Fuß vor den anderen setzen mussten, hatte er über diese Wegstrecke unterhalb des Vulkankegels des *Rano Kao* geschrieben.

Als unser Scooter auch den letzten kleinen Hügel geschafft hatte und der Blick wieder frei wurde, konnte ich mit eigenen Augen erblicken, was Martin nur schemenhaft auf dem Computer gesehen hatte: Anstelle der Steinsäulen von *Vinapu* wuchsen hier sechs riesige Kerosintanks aus dem Boden, an der Küste entlang aufgereiht wie die *Moai* auf einem *Ahu*. Wäre dieses Bild nicht so deprimierend gewesen, man hätte es fast als ironischen Kommentar verstehen können, ging es mir durch den Kopf, während ich den Scooter hinter den weißen Ungetümen ausrollen ließ.

UNESCO-Weltkulturerbe: Links vom feingefugten Ahu Vinapu ist ein umgestürzter Moai zu erkennen.

Doch dann riss mich ein kräftiges Schulterklopfen aus meinen Gedanken und mein Blick folgte Martins Armbewegung nach rechts: Wenn ich das rostbraune Schild, an dessen Schrift der Zahn der Zeit auch schon etwas genagt hatte, richtig entzifferte, zeigte es in Richtung *Vinapu*.

Forsters Kultplatz »Hanga-Tebau« – es gab ihn offenbar noch. Oder genauer, sie: Denn die Anlage von *Vinapu* bestand aus zwei *Ahus*, einer älteren Plattform, deren Entstehung um das Jahr 1000 datiert wird und die damit eine der ältesten auf der *Osterinsel* ist. Und einer etwas jüngeren, die vermutlich ums Jahr 1250 errichtet worden war.[90]

Georg Forster fiel die Qualität der Steinmetzarbeiten auf, »die Steine«, schrieb er, »paßten sich wohl aneinander«.[91] Dieselbe Beobachtung, nämlich das millimetergenaue Aufeinanderliegen der Steine am *Ahu* von *Vinapu*, nahm Thor Heyerdahl 200 Jahre nach Georg Forster als Indiz dafür, dass hier geniale südamerikanische Steinmetze am Werk gewesen sein mussten.[92] Forster hätte diesen Befund des Norwegers ebenso verworfen wie dessen Theorie von der amerikanischen

Besiedlung des Pazifik insgesamt, doch in einem stimmten die beiden überein: Es sei »schwer zu begreifen«, meinte Georg Forster, »wie ein Volk, das kein Handwerkszeug und andere mechanische Hülfsmittel hat, so große Massen habe bearbeiten und aufrichten können«.[93] Zudem machten die Einheimischen – gut einhundert begleiteten die Exkursion in einer Art »Wallfahrt«, wie Forster anmerkte – nicht den Eindruck, als hätten sie Muße zu bildhauerischen Höhenflügen: »Hunger und Mangel verfolgen sie zu sehr, als dass sie auf Verfertigung solcher Bildsäulen denken könnten«, notierte er.[94]

Doch anders als Heyerdahl in den 1950er-Jahren sprach Georg Forster den Polynesiern auf *Rapa Nui* die Fähigkeit nicht ab, eine Vielzahl mächtiger Bauwerke geschaffen zu haben. »Das wahrscheinlichste ist«, so Forsters Hypothese, »dass die Einwohner ehemals weit zahlreicher, wohlhabender und glücklicher gewesen seyn müssen, als sie es heutiges Tages sind, und wenigstens Zeit genug übrig gehabt haben, der Eitelkeit ihrer Prinzen durch Errichtung verewigender Denkmäler schmeicheln zu können.«[95]

Über die Ursachen des Niedergangs konnte Georg Forster nur spekulieren – »übrigens läßt sichs schwer bestimmen«, wie er es formulierte. Am wahrscheinlichsten schien ihm angesichts seiner Expertise, dass das ganze Eiland vulkanischen Ursprungs war, dass ein weiterer schrecklicher Vulkanausbruch die Insel erst jüngst heimgesucht hatte: »Alle Bäume und Pflanzen, alle zahmen Thiere, ja ein großer Theil ihrer Bewohner, können in dieser fürchterlichen Revolution vernichtet worden seyn«, mutmaßte er.[96] Ausschließen mochte er aber ebenso wenig, dass »der allgemeinen Katastrophe, die mit diesem Lande vorgegangen zu seyn scheint«, kriegerische Stammesfehden oder Raubbau an den natürlichen Ressourcen der Insel vorausgingen.[97] Mit diesen Überlegungen gab Georg Forster – nach einem nur viertägigen Besuch auf *Rapa Nui* – nahezu alle Hypothesen vor, denen Wissenschaftler bis heute folgen.

Eines der ungelösten Rätsel ergab sich aus der Lage der umgestürzten Steinsäulen. In *Vinapu*, wo Georg Forster insgesamt sieben *Moai* gezählt hatte, konnten Martin und ich anfangs nur einen einzigen entdecken: Ein paar Meter hinter der Plattform ragte der etwa zwei Meter großen Kopf sehr markant aus der grünen Wiese heraus. Sein Rumpf hingegen steckte im Sediment darunter fest. Doch wo waren die anderen sechs Statuen? Dass es untersagt war, näher an den *Ahu* heranzutreten, wie ein kleines Schild am Rand des Piedestals anzeigte, machte die Sache nicht einfacher. Nur die neugierigen Milchkühe, die sich auf der Weide rund um die Plattform, aber ebenso zwischen den Relikten des *Ahu* ihr Futter suchten, ignorierten das Verbot und hinterließen hier und da einen Fladen auf dem Kultplatz. Doch hielt ihr Appetit auch das Gebüsch flach, sodass wir, sobald das Auge im Einerlei des graubraunen Steins einzelne Strukturen erkennen konnte, die altehrwürdigen Bildnisse nach und nach ausmachen konnten. Mindestens fünf lagen, in größere Stücke zerbrochen, auf der dem Land zugekehrten Seite des *Ahu*. Ihre Gesichter lagen sämtlich auf dem Erdboden. Und da ihr Rumpf beim Umkippen auf der erhöhten Plattform liegen geblieben war, lagen Stirn und Nase auf der abfallenden Rampe nun am tiefsten am Boden. Ein Bild, das seltsam grausam anmutete.

Einige der heute lebenden Rapanui glauben, dass die eigentliche Bestimmung des *Moai* darin bestand, den Blick in den Himmel zu richten, weshalb man ihm Augen gegeben hatte; und dass die rund um die Insel installierten Steinfiguren ihre Augen auf ein und denselben Fixpunkt am Sternenhimmel, vermutlich das Siebengestirn der Plejaden, fokussierten.[98] Sollte diese Vorstellung der Rapanui ein Echo auf den Glauben ihrer Ahnen sein, dann wäre das In-den-Sand-Stoßen der Augen nicht nur ein Bildersturz, sondern mehr noch eine radikale Abkehr von den bis dahin gültigen spirituellen Werten gewesen.

»Aber warum sollen die Säulen denn nicht durch einen Tsunami umgefallen sein?«, riß mich Martin aus meinen Gedanken. »Da die *Moai* mit dem Rücken zum Meer aufgestellt wurden«, seine Hand machte einen Halbkreis über die vor uns liegenden Steinsäulen, »mussten sie im Falle eines Tsunamis auch die Flutwelle von hinten abbekommen. Also landeten sie auf der Nase. Und ihre Hüte rollten noch ein Stück weiter.«

»Schon möglich«, antwortete ich, während ich mich nach den von Martin erwähnten Kopfaufsätzen der *Moai* umschaute, die ich noch gar nicht bemerkt hatte. Aber er hatte recht: Die *Pukao* lagen, ziemlich verwittert, aber an ihrer rötlichen Färbung gut erkennbar, im Abstand von einigen Metern vor den umgestürzten Säulen.

Naturkatastrophe oder mutwillige Zerstörung? Britton Shepardson, ein junger Archäologe aus Arizona, der immer wieder Schüler von *Rapa Nui* in seine archäologischen Projekte miteinbezog, hatte ein ganzes Dutzend Interpretationen der *Moai* zusammengetragen.[99] Vom allgegenwärtigen Phallus-Symbol über ihre allegorische Funktion in Fruchtbarkeitsriten bis zur astronomischen Deutung der strengen Nord-Süd-Ausrichtung der Plattformen, wie sie auch auf den *Ahu Vinapu* zutraf. Wie so häufig auf dieser Insel: Spekulationen. Shepardson meint sogar, dass wir wahrscheinlich niemals wissen werden, aus welchem Grund die Inselbewohner diesen oder jenen ihrer tausend *Moai* aus dem Stein geschlagen haben.[100]

Dennoch konnte Georg Forster einiges durch seine Erkundungen herausfinden. Etwa wozu die Zeremonial-Plattformen zumindest zum Zeitpunkt der zweiten Cook'schen Weltumseglung dienten. »Wir erkundigten uns«, notierte er in der Bucht von Apina, »was diese Steine zu bedeuten hätten, und so viel wir aus ihrer Antwort schließen und errathen konnten, müssen es Denkmähler ihrer *Eriki's* oder Könige seyn«. Er vermutete daher, dass die Plattformen als »Begräbnißplatz« anzusehen waren, »und bey genauerer Untersuchung fanden wir wirklich nicht weit davon eine Menge Menschen-Gebeine, welches dann unsre Vermuthung bestätigte«.[101] Auch auf einer Plattform, die sich auf einer Anhöhe weiter im Inland befand und dem Landschaftsmaler William Hodges als Modell diente, »fanden wir ein vollständiges Menschen-Skelet«, wie Forster festhielt.[102]

Archäologische Untersuchungen konnten Knochenbeisetzungen schließlich auch am *Ahu Vinapu* nachweisen. Die Hoffnungen des amerikanischen Schatzjägers William Thomson allerdings, der ein Jahrhundert nach Forster eine Sprengung an der so sorgsam verblendeten Mauer des *Ahu Vinapu* vornahm, um wertvolle Grabbeigaben zu ergattern, erfüllten sich nicht. Er stieß lediglich auf Geröll, dass die Schöpfer der Plattform zu deren Auffüllung verwendet hatten.[103]

Auf ihrer Exkursion Richtung Osten war der *Ahu Vinapu* aber nur einer von mehreren Kultplätzen, den die Forsters genauer inspizierten. Einige Kilometer weiter ließen sie sich im Schatten eines *Moai* erschöpft zu einem Picknick nieder. Dabei stießen sie auf eine Steinsäule, die eine Länge von nahezu neun Metern und einen Durchmesser von fast drei Metern hatte. Sie »übertraf an Größe alle übrigen, die wir gesehn hatten«, wie Forster festhielt.[104] Aber auch diese war »umgeworfen«.[105]

Sehr fruchtbar war die Gegend nicht, durch die die Forsters marschiert waren. Doch öffneten sich Martin und mir bei der weiteren Fahrt nach Osten bald weite Blicke zu beiden Seiten der Straße. Rechter Hand erinnerte mich die baumlose, stark zerklüftete Küstenlinie unter den dunklen Wolkenbändern an die westirische Küste: braune Felsen, dunkelblaue See, graublauer Himmel. Nur waren die Wiesen auf *Rapa Nui* nicht saftig grün, sondern ockergelb. Linker Hand: Steppe, Savanne, manchmal fast Wüste. Nur am Horizont ragte ein hoher, dunkelbrauner Buckel auf.

Die Wetterveränderungen auf der Insel vollzogen sich in sehr viel schnellerem Takt als auf dem Festland. Als wir in *Vinapu* auf den Motorroller stiegen, war gerade die Sonne durch die Wolken gebrochen. Keine fünf Kilometer weiter mussten wir anhalten, um rasch unsere Regenumhänge überzuwerfen. Und einmal mehr war es kein sanfter Nieselregen, der da herunterkam. Immerhin entpuppte sich die etwas breitere Stelle der Straße, die ich für eine Art Nothaltebucht gehalten hatte, als Überraschung. Ganz am Rande, abgesperrt durch ein rechteckiges Holzgeländer, blickte ein von Gras eingefasstes riesiges Mondgesicht in den Himmel, als wollte es der Regenflut die Stirn bieten, die da auf uns niederging. »Den haben die Forsters auch gesehen«, versuchte ich Martin zuzurufen, musste dabei aber lautstark gegen das Regentrommeln auf unseren Plastik-Ponchos ankämpfen. Das Nicken seiner gelben Kapuze signalisierte Zustimmung. Er wusste es natürlich. Für die Vorbereitung der Tour hatte ich ihm Orientierungspunkte gegeben, die ich aus den Forster'schen Notizen herausgefiltert hatte. Und auch wenn ich bei diesem Regenguss nicht in meinem kleinen Journal nachblättern konnte, so war doch klar, was wir vor uns hatten: einen Punkt auf der Forster'schen Wallfahrt, »wo der Weg über das Gesicht eines umgestürzten Bildes geht«, lautete die entsprechende Notiz.[106] Hier war die Exkursion am 15. März 1774 auf einen *Ahu* mit vier weiteren *Moai* gestoßen. Auch diese umgestürzt. Und genau so lagen sie auch heute noch da – in ihrer traurigen Schräge mit der Nase im Sand. Aber nicht länger unbehaust, wie wir feststellen konnten, denn irgendjemand hatte ein niedriges Wellblechdach über den Statuen errichtet. Offenbar hatten sie neuerdings einen Schutzengel.

Nach einem weiteren Schauer erreichten wir auf unserem Motorroller den Punkt, an dem die Forster'sche »Wallfahrt« damals pausiert und dann kehrtgemacht hatte – erkennbar an einer Anhöhe, von der sich ein guter Blick über die Insel werfen lässt.

»Hier fühlte ich, wie sehr ich durch die lang anhaltenden Rheumatismos geschwächt worden war«, notierte Georg Forster. »Alle meine Glieder waren, so zu sagen, verkrüppelt. Ich konnte den übrigen kaum nachkommen.«[107] Während man sich im Schatten einer Steinsäule – vermutlich des *Ahus* von *Akahanga* – zum Picknick niederließ, gewann die Situation plötzlich an Dramatik. Zuerst wurde Georg Forsters Pflanzensack gestohlen, ein paar botanische Proben, einige Nägel, nichts Unverzichtbares. Doch dann griff ein Leutnant der Seekadetten zum Gewehr und schoss »mit Hagel« auf den einheimischen Dieb. Der stürzte hin, warf den Sack fort und musste schließlich von seinen Landsleuten weggetragen werden. War er schwer verletzt?

Man kann sich die »Unruhe« vorstellen, die plötzlich losgebrochen sein muss, erst recht unter den einhundert Begleitern der fremden Ankömmlinge. »Anmaßend« nannte der junge Forster die europäische Lynchjustiz, die er immer wieder erleben musste.[108] Und doch schlich sich eine gewisse Routine ein: ob *Huahine, Raiatea, Tanna, Tahuata, Rapa Nui* – es wurde scharf geschossen auf die Einheimischen. Versuchter Diebstahl – Todesstrafe, hieß das unausgesprochene Gesetz. Georg Forster hielt es für fatal, moralisch verwerflich, geißelte dieses Vorgehen – aber auch das wurde zur Routine. Selbst der Leser seiner *Reise um die Welt* läuft Gefahr, sich an das übliche – blutige – Prozedere zu gewöhnen.

Am östlichsten Punkt ihrer Exkursion, etwa 18 Kilometer vom Landeplatz in *Hanga Roa* entfernt, war es den Forsters schließlich möglich, »die ganze östliche Küste, und die daselbst befindlichen zahlreichen Bildsäulen« zu sehen – mehr Statuen als irgendwo sonst auf der Insel, wie Georg Forster notierte. Hatte er eine Ahnung davon, dass sich in *Rano Raraku* nicht nur die meisten Steinskulpturen auf der Insel befanden, sondern auch das, wonach er instinktiv suchte: der große Steinbruch der Rapanui, der Ort, an dem nachzuvollziehen gewesen wäre, wie die Menschen der *Osterinsel* bei der seriellen Produktion ihrer *Moai* vorgegangen waren?

Rano Raraku ist einer der erhabensten Orte dieser Welt. Ein grüner Riesenhügel direkt am Meer, der von einem schilfbestandenen Kratersee gekrönt wird. Allein im inneren Trichter des Vulkankegels ragen am Ufer des Sees dreißig *Moai* aus dem roten Sand – die vermutlich ältesten bildhauerischen Werke der *Osterinsel*. Insgesamt sind es fast vierhundert Steinmonumente, die entlang der Rundwege auf dem Vulkankegel die Parade der Touristen abnehmen. Mal stehen sie auf vier oder fünf Meter dicht beieineinander, mal liegen zwanzig Meter zwischen den Steinsäulen. Die Regeln des englischen Landschaftsparks, das Versammeln und Vereinzeln, das Verdichten und Auflockern der Szenerie, hier sind sie ohne Lehrbuch auf einem baumlosen Hang mitten im Pazifik umgesetzt. Die bizarren lang gezogenen Köpfe überragen die Vorüberziehenden um ein Vielfaches. Vermutlich ist es dieser Kontrast in den Proportionen, der *Rano Raraku* so staunenswert macht: Hier das Gewusel der kleinen Besucher mit ihren Fotoapparaten und Kameras. Da die übergroßen, ganz in sich ruhenden Gesichter aus Stein, deren Statik selbst im Gebeugtsein nach vorn, nach hinten oder zur Seite von ewiger Unverrückbarkeit kündet. Im Vorübergehen an den stilisierten, sich ähnelnden und doch unterscheidbaren Gesichtszügen steigert sich dieser Eindruck noch, wenn der Rundweg zur Küste zurückkehrt und hinter den Steinriesen plötzlich Himmel und Meer als surreale stahlblaue Kulisse aufscheinen.

Angesichts dieses Schauspiels war Martin nicht mehr zu halten und verselbstständigte sich mit seiner Kamera. Während ich einen Blick zurück nach *Akahanga* warf: Bis dorthin, auf einen Hügel nahe der Küste, war Forster gekommen. Die Anhöhe, auf der die Expedition damals pausierte und schließlich umkehrte, war vom *Rano Raraku* aus gut zu erkennen. Wie viele Kilometer war Georg Forster am Ende noch von diesem Ort entfernt, der sein Verständnis der fremden Kultur wohl revolutioniert hätte? Und umgekehrt: Was hätte er uns von *Rano Raraku* erzählen können, hätte er den Steinbruch mit eigenen Augen gesehen?

13 700 Kilometer lang war die Luftlinie zwischen England und der Osterinsel, doppelt so lang die Strecke, die Captain Cook mit der *Resolution* bis zum Ankern in Hanga Roa brauchte. Bis zum Steinbruch, der »Wiege« der *Moai*, wären es schließlich nur noch acht weitere Kilometer gewesen. Ein Katzensprung. Vielleicht hätten die Forsters sogar noch die Basalthämmer vorgefunden, mit denen die Skulpturen der Insel aus dem weichen Tuffgestein des Vulkans herausgeschlagen wurden. Zwar lag der Höhepunkt der Bildhauerei auf *Rapa Nui*

371

im 15. Jahrhundert, doch wurden eine ganze Reihe von *Moai* noch bis zum Ende des 17. Jahrhunderts gefertigt.[109] So aber sahen sie »kein einziges Instrument, das zur Bildhauerey oder Baukunst im mindesten hätte dienlich seyn können«, wie Georg Forster feststellte.[110]

Die wichtigste Beobachtung der Forsters auf der *Osterinsel* bezog sich daher auf das Verhältnis der Rapanui zu den »Bildsäulen«, auf den ideellen Gehalt, den die Bewohner der Insel ihren *Moai* zumaßen.

Aus der umfangreichen und gut sortierten Bordbibliothek, die die Forsters auf der zweiten Cook'schen Weltumseglung bei sich führten, wussten sie ziemlich genau, welche Rolle die *Moai* zur Zeit der europäischen Entdeckung der *Osterinsel* fünfzig Jahre zuvor im Leben der Rapanui gespielt hatten. Als Roggeveen hier 1722 vor Anker ging, schickte der 60-Jährige den jungen Rostocker Seesoldaten Karl Friedrich Behrens als Ersten an Land.[111] In seinem 15 Jahre später veröffentlichten Reisebericht schrieb Behrens über die Bewohner:

»Nach meiner Feststellung verließen sie sich völlig auf ihre Götzenbilder, die allda am Strande in großer Menge aufgerichtet standen. Sie fielen davor nieder und beteten sie an.« Laut Behrens waren die *Ahus* auf *Rapa Nui* zu diesem Zeitpunkt also noch vollkommen intakt und wurden zeremoniell genutzt.[112]

Umso erstaunlicher, was Georg Forster ein halbes Jahrhundert später, im März 1774, konstatierte: »Wir merkten übrigens nicht, dass die Insulaner diesen Pfeilern, Säulen oder Statuen einige Verehrung erwiesen hätten; doch mußten sie wenigstens *Achtung* dafür haben, denn es schien ihnen manchmal ganz unangenehm zu seyn, wenn wir über den gepflasterten Fusboden oder das Fusgestell giengen, und die Steinart untersuchten, wovon sie gemacht waren.«[113]

Schenkt man dem Rostocker Behrens ebenso viel Glauben wie dem Danziger Forster, so hatte sich der Glaube an die spirituelle Kraft der *Moai* innerhalb einer Generation, nämlich zwischen 1722 und 1774, verflüchtigt. War zur Zeit Behrens' vor dem *Ahu* noch ein heiliger Bezirk »mit weißen Steinen« abgesteckt, auf denen Priester »devot« beteten, so erhielten Cooks Männer allenfalls noch den Wink, sie mögen vor dem *Ahu* »nicht über das Mauerwerk gehen«. Forsters vielleicht wichtigster Satz in diesem Zusammenhang lautete: »Da wir uns aber nicht darum kehrten, so hatten sie auch nichts dawider.«[114]

Es ist diese Art der Gleichgültigkeit, die die Aufhebung des Tabus, dieses mächtigsten Ordnungsprinzips der polynesischen Gesellschaft, für die traditionellen Kultplätze der Rapanui belegt. Georg Forster begegnete auf der *Osterinsel*, das allerdings konnte er in vier Tagen nur ansatzweise herausfinden, einem spirituellen Umbruch, der für die Inseln im polynesischen Dreieck ohne Beispiel war.

Als Martin und ich uns am Abend nach unserem langen Ausflug zum Essen in das Haupthaus der *Cabañas* aufmachten, wo Erika uns – wie versprochen – mit einem Fischgericht erwartete, trafen wir endlich auch auf José, den Mann, der uns vergeblich am Flughafen erwartet hatte, den Inhaber unserer Pension. Man sah dem drahtigen Mittfünfziger mit den schwieligen Händen an, was die Frau an seiner Seite immer wieder lobte: Dass er hart arbeitete. Er musste sich um die zehn Bungalows, das Haus, den holprigen Weg zu den *Cabañas* und den Garten kümmern, die Einkäufe machen und als Chauffeur der Gäste fungieren, manchmal auch als deren Guide. Und natürlich frischen Fisch für Erika besorgen. »Die Frauen aus Santiago sind schon ein bisschen anspruchsvoll«, meinte José.

»Dafür muss ich mich auch *mauka* schimpfen lassen – Unkraut –, weil ich aus Chile komme«, hielt Erika dagegen.

»Weil sie keine Ahnung von deinen Kochkünsten haben, kleine Mimose«, nahm sie José in seine Arme.

Erika hatte den Thunfisch in ein großartiges *Ceviche* verwandelt, ein peruanisches Gericht, das auch bei Chilenen sehr beliebt war. Es bestand aus klein geschnittenem, rohem Fisch, der in Limettensaft mariniert und dann mit roten Zwiebelringen und Chilischoten verfeinert wurde. Das *Ceviche* erinnerte mich an *Poisson cru* auf *Tahiti*, nur gab es hier nicht Brotfrucht und Kokosmilch dazu, sondern Chips aus einheimischen Süßkartoffeln.

»Ich bin früher selbst als Fischer rausgefahren«, versuchte sich José in Englisch. Und so kamen wir auf die Sprachen seiner Eltern zu sprechen: Chinesisch vom Vater, Rapanui und Spanisch von der Mutter, wie sich herausstellte. Die Rapanui, erzählte er, kannten bis heute jede Sandbank rund um die Insel wie ihre Westentasche, wussten genau, wann welcher Fisch wo zu fangen war. Jeder Familienclan gab dieses Wissen an die Jüngeren weiter, weshalb ein Fischer auf *Rapa Nui* nie habe hungern müssen.

»Habt ihr das blaue Anschlagbrett an der Kirche gesehen?«, fragte

»Keine Erweiterung des Marine-Parks« – so die Forderung vieler Rapanui.

Erika dazwischen, während sie eine große Schüssel mit Flan und Karamellsauce auf den Tisch stellte. »Die Protest-Wand gegen den Marinepark?«, hakte ich nach. Erika nickte. Auch die hatte Martin natürlich fotografiert.

»No mas Parque marino« stand da auf dem Brett, außerdem waren Fotos von Protestaktionen und aktuelle Informationen der 36 Familienclans angeheftet, die sich im *Honui*, im Stammesrat der Rapanui zusammengeschlossen hatten, um gegen den Ausbau der Marineparks rund um die Osterinsel zu protestieren.

»Bei den alten Rapanui gab es ein Tabu für den Fang von Thunfisch von Mai bis September«, erzählte José. »Ein Tabu für fünf Monate! Wir wissen also genau, wie die Fischbestände geschützt werden müssen, damit sie erhalten bleiben. Trotzdem will die Regierung ein Gesetz machen, ohne uns zu konsultieren«, sprudelte es jetzt in schnellem Spanisch aus ihm heraus.

»Natürlich regt das die Einheimischen hier auf«, schloss sich Erika an und erhob, wohl auch, um trübe Simmung zu vermeiden, das Glas: »Venceremos!« – Wir werden siegen!

Aber José winkte ab, er traute dem chilenischen Staat nicht. Als Kind, in den 1960er-Jahren, hatte er erlebt, wie junge Rapanui in der Nachbarschaft ein paar Ruderboote von der chilenischen Küstenwache gestohlen hatten und nach *Tahiti* aufgebrochen waren, weil Chile ihnen das Reisen untersagt hatte. Die Männer wollten diese Demütigung nicht hinnehmen. Doch die meisten Boote gingen unter, fast alle kamen um, viertausend Kilometer über den Pazifik konnten sie nicht schaffen. »Den chilenischen Staat scherte das kein bisschen«, meinte José.

»Damals, im August 1961, wurde bei uns in Berlin die Mauer gebaut«, fiel mir dazu ein. »Martin ist in West-Berlin groß geworden, ich im Osten. Die einen waren eingemauert, die anderen durften nicht reisen. Und wer das nicht aushielt und abhauen wollte, wurde eingeknastet oder an der Mauer erschossen.«

»Wir haben alle unsere traurigen Geschichten«, meinte Erika schließlich. »Aber eure Mauer ist gefallen, unser Pinochet ist weg, hier wird es auch noch besser werden!«

Schließlich erzählten wir von unserer Tour mit dem Motorroller zu den verschiedenen Kultplätzen der Insel, Martin zeigte auf seiner Kamera ein paar Fotos, doch waren wir nicht ganz sicher, ob José wirklich alles verstehen konnte und ob Erikas Übersetzungen nicht eher improvisiert waren. So ähnlich musste es den Forsters auf der Insel gegangen sein, dachte ich.

Bei einigen von Martins Fotos hob José anerkennend seinen Daumen. Den Sonnenuntergang am *Ahu Akapu* mochte er besonders, weil es sich hier sozusagen um seinen Haus-*Moai* handelte: Die vier Meter hohe Steinskulptur stand direkt vor unserer Nase an der Küste, keine dreihundert Meter entfernt. Noch mehr Zustimmung bekam Martins Foto vom *Ahu Tongariki*. Die fünfzehn nebeneinander aufgereihten Steinstatuen vor azurblauen Meereswogen wirkten natürlich sehr imposant. Martin hatte allerdings die Schärfe auf einen Stein im Vordergrund gelegt, der die Idylle störte. Da hatte jemand mit weißer Ölfarbe dreisprachig »Stop! Tapu! Tabu!« draufgepinselt.

»Die Leute sollen nicht ständig überall raufklettern«, meinte Erika zu Martins Foto. Dem konnten wir nur zustimmen. Während wir uns für das Essen und besonders die Süßkartoffeln bedankten, die auf *Rapa Nui* eine so wichtige Rolle spielten wie die Brotfrucht auf den anderen

Inseln Polynesiens, ging mir das »Tabu!« auf Martins Bild noch eine Weile durch den Sinn. Diese selbstgemachten Stopp-Schilder hatten wir schon häufiger gesehen, Martin hatte sogar eine kleine Fotoserie davon angelegt. Sie tauchten an nahezu allen Zeremonial-Plattformen auf, die wir besucht hatten. Hier wurde offenbar von den 60 000 Touristen, die jährlich auf die Insel kamen, Respekt eingefordert. Anders als bei Forster vor über 200 Jahren waren die Rapanui nicht mehr gleichgültig, was ihre Kultplätze betraf.

»Rewriting« – noch einmal neu schreiben – nannte der Archäologe Britton Shepardson, was er den Schülern auf Rapa Nui in seinen Projekten vermitteln wollte. Sie sollten lernen, sich ihre Geschichte anzueignen. Ein »Tabu!« auf den Steinen vor den Ahus, das trotzige Bestehen auf das eigene Erbe, gehörte vielleicht dazu.

»Ma'i kuku«, klopfte Simón Tepano auf die vordere Spitze seines linken Zeigefingers. »Und Aki kuku«, wiederholte er die Prozedur mit der anderen Hand. Irgendwie fühlte ich mich ein bisschen ratlos. Hatten die Rapanui unterschiedliche Worte für die Fingernägel an der linken und an der rechten Hand?

»Nein«, schüttelte der geduldige Muttersprachler im Insel-Museum von Hanga Roa den Kopf. »Mit der linken oder rechten Hand hat das nichts zu tun. Aber im Clan meiner Großmutter heißen Fingernägel Ma'i kuku. Und wenn ich mit ihren Leuten rede, muß ich dieses Wort benutzen. Das gehört sich so, aus Respekt. Bei den Leuten meines Großvaters würde ich dieses Wort nie benutzen, sonst würden sie mich für aufgeblasen halten, bei denen heißt Fingernagel einfach Aki kuku.«

»Aha«, nickte ich staunend. Darauf muss man erst mal kommen. »Das heißt, du sprichst mehrere Rapanui-Sprachen?«.

»Teilweise schon«, nickte Simón Tepano.

Das waren allerdings Hürden im Verstehen des anderen, an die ich wirklich nicht gedacht hatte. Den Forsters machte sie das »Sammeln von Worten« sicherlich nicht leichter.

Ich blickte auf die Vokabelliste vor mir und suchte nach dem Wort für Fingernägel. Maīgoo stand da in englischer Umschrift, gesprochen also Ma'i gu. Waren die Forsters da nicht ziemlich nah dran an Ma'i kuku? Da fehlte doch eigentlich nur die Wiederholung der letzten Silbe: Ma'i gu – Ma'i kuku?

»Ich glaube, das sind eher null Punkte«, antwortete der Mittzwan-

Eine Tabuzone gibt es auch um den »Parade-Moai« Ko Te Riku in Hanga Roa mit seinen wieder eingesetzten Augen und dem roten Pukao auf dem Haupt.

ziger schmunzelnd. »Oder würdest du ›Fingerna‹ als ›Fingernagel‹ verstehen?«

Simón hatte wohl recht, irgendwo musste man eine Grenze ziehen. Was er vorschlug war also eine strenge Herangehensweise. Aber wer, wenn nicht ein Rapanui, konnte das besser entscheiden.

»Also«, fasste Simón unsere Methode zusammen: »Wenn Forster damals ein Wort richtig verstanden und entsprechend aufgeschrieben hat, gibt es einen Punkt. Wenn nicht, dann sind das null Punkte. Einverstanden?«

Ich nickte.

An der Art seiner Argumentation konnte man heraushören, dass Simón Tepano ein paar Jahre Kunst in Santiago studiert hatte. Er war es gewohnt, seine Meinung kurz und schlüssig darzulegen. Und gut im Multitasking war er auch. Denn während wir am Desk neben der Museumskasse über der Forster'schen Vokabelliste brüteten, drückte er jedem hereinkommenden Besucher des *Museo Antropologico* lächelnd einen Museumsflyer in die Hand.

Simón Tepano vom Museo Antropológico Sebastián Englert spricht mehr als einen Rapanui-Dialekt.

Nach dreieinhalb Stunden stand das Ergebnis fest. »75 zu 35«, fasste Simón den Punktestand zusammen.[115] Die Forsters hätten gar keinen schlechten Job gemacht, meinte er, vor allem angesichts der Dynamik von Sprachen. Tatsächlich konnte Simón – immerhin nach über 240 Jahren – siebzig Prozent der Forster'schen Vokabeln als heute noch »alltagsfähig« einstufen. Darunter sieben Begriffe, die allerdings nur noch im übertragenen Sinne benutzt werden, wie im Falle des männlichen Genitals (*ure*), das heute nur noch als Schimpfwort für »junge Schnösel« gebraucht wird. Oder im Falle des weiblichen Pendants (*pokko-pokko*), das heute im wörtlichen Sinn für Schüssel gebraucht wird, aber sinnbildlich noch zu verstehen wäre.

Unter den dreißig Prozent der Forster'schen Vokabeln, die Simón als unverständlich ausmachte, waren auffallend viele Bezeichnungen für Körperteile – Finger, Fingernägel, Schulter, Wangen, Mund und Kehle. Hier hatte sich die Sprache vermutlich stark verändert, meinte Simón. Bei anderen Begriffen war gut nachzuvollziehen, wie es zu einem Missverständnis kommen konnte. Etwa bei dem Wort »Mond«

(*mahina*), bei dem die Forsters von ihren Begleitern die Übersetzung für »ein glühendes Stück Holz« (*mārāmārā*) in Erfahrung brachten. Gut vorstellbar, dass Georg Forster am abendlichen Feuer in Hanga Roa ein Stück glühendes Holz vor den Nachthimmel hob und die umsitzenden Einheimischen nach dem Wort für Mond fragte – und dann »glühendes Holz« zu hören bekam.

Am meisten erstaunten uns jedoch Diskrepanzen, die sehr gebräuchliche Wörter wie das Wort »Nein« betrafen. Während es im heutigen Rapanui *'ina* heißt, hatten die Forsters dafür *eipā* notiert. Da es sich um eines der wenigen Worte handelte, für das die Forsters gleich drei Quellen, nämlich sich selbst und den Schiffsarzt der *Resolution* James Patton angaben, spricht vieles dafür, dass hier kein Lapsus vorlag, sondern dass es auf *Rapa Nui* nach 1774 zu einer erheblichen Sprachveränderung kam.[116] Das könnte auch erklären, warum Simón Tepano in der Forster'schen Wortliste bestimmte Basisbegriffe wie Mann, Haus, oder Nacht unverständlich fand.

In welchem Maße sich die polynesische Sprache tatsächlich verändern konnte, verstand ich erst etwas später – anhand der tahitischen Sprache. Dabei fand sich zugleich eine Antwort auf die Frage, warum Wilhelm von Humboldt mit den Forster'schen Vokabel-Listen nichts anzufangen wusste.

Tatsächlich lieferten Johann Reinhold und Georg Forster Momentaufnahmen aus der sprachlichen Wirklichkeit der Südsee um 1775. Doch keiner der großen Weltreisenden ihrer Zeit, ob La Pérouse, Bougainville, Commerçon, Cook, Banks oder eben die Forsters, begriff die Tabu-Regeln der Polynesier, die sich auf alles, auch die alltägliche Kommunikation, auswirken konnten.

George Vancouver, Forsters gleichaltriger Mitreisender auf der *Resolution*, berichtete erst zwanzig Jahre später von einer Sprachregelung, die er 1792 auf Tahiti bemerkt hatte.[117] Da wurden durch König O-Tu einzelne Silben mit einem Tabu belegt, sodass diese Silben für jedermann unbenutzbar – unaussprechbar – wurden.[118] Solche Silben-Tabus traten traditionell in Kraft, wenn ein Thronnachfolger geboren wurde. König O-Tu allerdings wechselte den Namen auch im Laufe seiner Herrschaft mehrfach, was jedes Mal sprachliche Folgen hatte. So nahm er nach einem Hustenanfall (*mare*) in der Nacht (*po*) den Namen *Pomare* an, den die von ihm begründete königliche Dynastie noch ein Jahrhundert lang weiterführte. Für seine Untertanen hatte O-Tus nächtlicher Hustenanfall die Konsequenz, dass die Silbe *po* nunmehr tabu geworden und das Wort »Nacht« künftig durch die Silbe *ru'i* auszudrücken war.[119] Zuwiderhandlungen wurden mit aller Härte bestraft, wie Vancouver überlieferte. Die Tabubrecher mussten mit Pfählung oder dem Verlust der Augen rechnen.[120] Auch die Vokabeln, die Wilhelm von Humboldt in der tahitianischen Wortliste der Forsters moniert hatte, waren erst durch diese Taburegel unbrauchbar geworden. Was die sprachliche Feldforschung der Forsters auf *Tahiti* betraf, so war diese nachweislich untadelig.[121]

Doch konnten solche polynesischen Sprach-Tabus auch Abweichungen in den Forster'schen Vokabellisten auf *Rapa Nui* erklären? Da musste selbst Simón Tepano passen. Er war kein Sprachforscher, sondern Kunstvermittler. Als solcher wurde er dringend gebraucht, nachdem ich ihn einen ganzen Vormittag lang in Beschlag genommen hatte. Eine Gruppe britischer Besucher, die sich bisher die Hauptausstellung des Museums angesehen hatte, kam jetzt auf ihn zu. Da Simón ein bekannter Surfer auf *Rapa Nui* war, führte er interessierte Gäste auch durch die Schau zum Thema Surfen. Und so mussten wir uns abrupt verabschieden.

Während ich die Forster'schen Vokabellisten zusammenpackte, setzte sich der Reiseführer der britischen Gruppe, der durch Simóns Einsatz etwas verschnaufen konnte, auf die Bank gegenüber. So kam es, dass mir das ungewöhnliche T-Shirt auffiel, das der füllige 60-Jährige mit der Pilzkopffrisur unter seiner Kakiweste trug: Es zeigte den Kopf eines *Moai*, umrahmt von den Daten einer Konferenz auf *Rapa Nui*. Das Shirt war etwas verwaschen, aber die Jahreszahl 1992 war noch gut erkennbar. Tatsächlich war Paul Bahn, so hieß der promovierte Archäologe aus Cambridge, seit einem Vierteljahrhundert auf *Rapa Nui* unterwegs: für wissenschaftliche Forschungsprojekte, als *Osterinsel*-Spezialist der britischen BBC, als bekannter Buchautor und begehrter Reiseführer für exklusive archäologische Touren.

Was für eine Gelegenheit, ihn zu bitten, einen Blick auf die Forster'sche Liste mit den Namen der *Moai* zu werfen, zumal sie ja in Englisch verfasst worden war. Der Brite zögerte nicht lange, sondern freute sich über das »Souvenir« von Captain Cooks Aufenthalt auf der *Osterinsel*. Er sah sich die »Names of the Stone Pillars«, wie Johann Reinhold

Forster die Namensliste betitelt hatte, in Ruhe an, las sorgsam die einzelnen Namen – und begann dann schweigend von vorn. Schließlich sagte er kurz und bündig: »No idea« – er habe keine Ahnung, was die Forsters da aufgeschrieben hatten. Aber ich sollte doch seinen Freund Steven Fischer in Neuseeland fragen, den beschlagensten Rapa-Nui-Spezialisten, den er kannte.[122] Einige Minuten später hatte er mir schon Steven Fischers Kontakte geschickt – und die Antwort aus Auckland kam fast noch schneller: »Ob die Bezeichnungen (der *Moai* in Forsters Namensliste – d. A.) geografischer Natur oder individuelle Namen von Vorfahren sind: Es fehlt bislang jeder Beweis. Ich möchte glauben, es sind die Namen der Ahnen, aber hierfür gibt es keine feste Indikation«, teilte mir Steven Fischer mit.[123]

Weiter, ging es mir durch den Kopf, konnte ich in dieser Sache wohl nicht mehr kommen.

Wochen später – Martin und ich hatten die Osterinsel längst wieder verlassen – erreichte mich eine unerwartete Nachricht von Paul Bahn aus Cambridge. Das würde mich als »Forster-Mann« vielleicht interessieren, schrieb er und hängte einen Artikel an, den er gerade veröffentlicht hatte. Das Erstaunliche: Es ging darin um ein Kunstwerk, das Johann Reinhold Forster von der *Osterinsel* mitgebracht und dem *British Museum* in London geschenkt hatte.[124] »Eine geschnitzte Frauens-Hand von gelben Holz, ungefähr in der natürlichen Größe«, wie Georg Forster in seiner *Reise um die Welt* erzählte. »Die Finger derselben waren aufwärts gebogen, wie sie die Tänzerinnen auf *Tahiti* zu halten pflegen; und die Nägel daran waren sehr lang.«[125]

Als *Rapa-Nui*-Experte kannte Paul Bahn diese aus Sandelholz gefertigte Hand aus London natürlich. Umso erstaunter war er, als er ihr in Paris »wiederbegegnete«. Nicht im Original, sondern in Form einer Skulptur Pablo Picassos.[126] Im *Musée Picasso* war sie seit der Wiedereröffnung des Pariser Museums im Jahre 2014 auf einer Fotografie zu sehen. In Picassos Komposition berührte die Frauenhand von der *Osterinsel* den Kopf eines Stiers, den der Spanier aus Fahrradsattel und Fahrradlenker zusammengestellt hat. Kunstkritikern fiel dabei besonders die »frappierend realistische und außergewöhnlich filigrane Hand« auf.[127] Das Verblüffendste: Es war Maheine, Georg Forsters junger Reisegefährte aus *Bora-Bora*, der »an diesen geschnitzten menschlichen Figuren ein großes Wohlgefallen« fand, wie Georg Forster beobachtete. Maheine war es, der sich auf der Osterinsel »viel Mühe gab, diese Seltenheiten aufzusuchen« und schließlich auch die geschnitzte Frauenhand erwarb.[128] Erst beim Abschied von den Forsters, bei Maheines Rückkehr nach *Raiatea*, verschenkte der junge Polynesier das außergewöhnlich schöne Stück, sodass es schließlich in London und – als Inspiration – bei Picasso in Paris landete. Als wollte diese Odyssee einer geschnitzten Hand vom steinzeitlichen *Rapanui* in die europäische Moderne Forsters Überzeugung von der Gleichheit der Menschen illustrieren.

Georg Forster gab in seiner *Reise um die Welt* seinem polynesischen Reisegefährten Maheine das letzte Wort über die Insel: »*Tàta maïtaï whennua ino*«, fasste der seinen Eindruck zusammen: Das Volk sei gut, aber das Land sehr elend.[129] Heute ist die Osterinsel eine menschenleere Insel, auf der 4000 Rapanui überlebt haben.

Tanna: 19° 30' Süd, 169° 20' Ost

Kapitel 8
Auf der glücklichsten Insel Ozeaniens

Es war ein gewaltiges Naturschauspiel, das Georg Forster in der Nacht zum 5. August 1774 aus dem winzigen Fensterchen seiner Kabine beobachtete und das ihn schließlich an Deck trieb. Ein Spektakel, das um so fantastischer wirkte, je mehr sich die *Resolution* der Insel näherte, deren bucklige Silhouette am nächtlichen Himmel immer wieder wie ein Schattenriss aufschien. In gleichmäßigem Abstand fuhr ein gewaltiger glühend roter Feuerstoß aus einer gezackten Kegelspitze, begleitet von ohrenbetäubendem Fauchen, dem ein dumpfes Geprassel wie der Nachhall fernen Donners folgte. Im Minutenabstand wiederholte sich dieses unwirkliche und zugleich großartige Schauspiel.[1]

In der Morgendämmerung wurde schließlich eine dicke Rauchsäule sichtbar, die aus dem Krater stieg. Sie erinnerte Georg Forster an einen mächtigen Baumstamm, dessen dick belaubte Krone sich allmählich ausbreitet und dabei den brodelnden Rauchpilz von weißen über schwefelgelben bis hin zu grauroten Farbtönen changieren ließ.[2]

Als die *Resolution* mit dem ersten Sonnenlicht in den Hafen im Südosten von Tanna einlief – »rund und klein, aber sicher und bequem«, wie Georg Forster schrieb –, trieb der beißende Rauch auch hartgesottenen Seeleuten Tränen in die Augen.[3] Tatsächlich sah sich die Crew einem anhaltenden Ascheregen ausgesetzt, sodass das ganze Schiff schon bald von einer schwarzgrauen Schörlasche-Schicht bedeckt war. Trotz dieser widrigen Umstände zögerte Captain Cook nicht und ließ die Anker werfen.

Der Mt. Yasur *auf* Tanna: *Etwa alle drei Minuten feuert der Vulkan eine Salve.*

Fast noch erstaunlicher: Der schwarze Sandstrand der Bucht war alles andere als menschenleer. Vielmehr sah man sich einer unzählbaren Schar Einheimischer gegenüber, deren Gesichter durch weiße, ockerfarbene und schwarze Diagonalstreifen wie Masken wirkten. Ein bizarrer Eindruck, der noch dadurch verstärkt wurde, dass die Krieger sich Holzstäbchen durch die Nase gebohrt und Hunderte kleiner Zöpfchen geflochten hatten, die »wie die Borsten eines Stachel-Schweins« vom Kopf abstanden und einen martialischen Eindruck machten.[4]

Die Neugier der Forsters war in höchstem Maße geweckt, da sie hier zum ersten Mal auf der Reise einen »besonderen Stamm von Menschen« vor sich hatten. Keine Polynesier, sondern dunkelhäutigere Inselbewohner, die sich von den bisherigen Kulturen, denen sie auf ihrer schon über zwei Jahre andauernden Reise begegnet waren, »völlig unterschieden«.[5] Während sich ein paar Seeleute über die »nackten Langschwänze« mokierten, die ihre Geschlechtsteile mit länglichen Basthüllen umwickelt und diesen Zipfel an einer Schnur um die Hüfte festgeknüpft hatten, schienen diese Menschen Georg Forster »der aufmerksamsten Untersuchung werth«. Man konnte endlich Neuland betreten, als Naturforscher bislang nie gesehene Spezies der Tier- und Pflanzenwelt entdecken und eine Kultur kennenlernen, die den Europäern bislang unbekannt geblieben war. Johann Reinhold und Georg Forster waren als erste Naturforscher in einer Inselwelt unterwegs, die man später Melanesien nennen würde.[6]

Ihre Keulen, Speere und Bögen jedenfalls legten die Inselbewohner in den Einbäumen, mit denen sie auf das Schiff zuruderten, nicht ab. Sie schienen unschlüssig, ob man die Männer auf Cooks Schiff für Freunde oder Feinde halten soll.

Johann Reinhold und Georg Forster aber wollten unbedingt mit ihnen ins Gespräch kommen. Auf ihre Frage nach dem Namen der Insel zögerten die Einheimischen kurz, dann schienen sie zu verstehen. »Tanna«, wird Forster zugerufen.[7]

Glaubt man Captain Cooks Nachfahren in London, so ist *Tanna* heute einer der glücklichsten Orte dieser Welt. Die findigen Briten der *New Economics Foundation* nämlich – Ökonomen, Naturwissenschaftler, Ökologen – haben den pazifischen Inselstaat Vanuatu, dessen südlichster Zipfel die Insel *Tanna* ist, seit 2006 mehrfach zum glücklichsten Ort der Welt gekürt. Unter den 150 Ländern dieser Erde, die das Institut zur Ermittlung seines »Happy-Planet-Index« heranzieht, nimmt Deutschland den 49. Platz ein, die USA folgen weit abgeschlagen auf Position 108. Die Bewohner *Tannas* dagegen erzielen nicht nur Bestnoten, was Lebenserwartung und Lebenszufriedenheit betrifft – sie erringen ihren hohen Index-Wert auch durch den denkbar schonendsten Umgang mit den natürlichen Ressourcen ihrer Insel.

Der Weg in dieses Paradies ist kein Kurztrip. Mich führte er über London, Hongkong und Auckland schließlich in die vanuatische Hauptstadt Port Vila und von dort in einem letzten Kurzflug nach *Tanna*. Mit allen Zwischenstopps etwa 58 Stunden – nicht mal drei Tage bis zur glücklichsten Insel Ozeaniens.

Georg Forster brauchte zwei Jahre und 23 Tage, um nach *Tanna* zu kommen. Die Differenz unserer Reisezeiten zeigt, wie klein die Welt geworden ist – die Binsenwahrheit wurde greifbar. Was die Jahreszeit betraf, kam ich ähnlich wie Cooks Schiff auf der Insel an: Die *Resolution* war im August auf *Tanna* eingetroffen, mein Aufenthalt begann sechs Wochen später, Ende September. Zum Glück, bevor der tropische Wirbelsturm *Pam* ganz *Vanuatu*, auch *Tanna*, im März 2015 verwüstete.[8]

Im August 1774 räumte Captain Cook seinen *experimental gentlemen* überraschenderweise mehr Zeit für Erkundungen ein, als sonst auf der Weltreise: Fünfzehn Tage lang durften Johann Reinhold und Georg Forster mit Botanisiertrommel, Thermometer und Zeichenblock über die Insel pirschen. »Unter allen in dieser Gegend entdeckten Eylanden, war dies das einzige, wo wir uns einige Zeit aufhielten«, notierte Georg Forster.[9] Die zeitliche Kalkulation des Kapitäns wurde indes nicht durch die Bedürfnisse der Naturforscher bestimmt, sondern von seinen weiteren Reiseplänen.

Cook hatte vor, eine letzte antarktische Schleife Richtung Kap Hoorn zu drehen, um damit seine Suche nach dem ominösen Südland lückenlos abzuschließen. Bis die südpolaren Gewässer befahrbar wurden, blieben ihm noch einige Monate, um die *Resolution* erneut mit Proviant auszurüsten und die immer ungeduldigere Mannschaft wieder zu Kräften kommen zu lassen. *Tanna* wurde dabei zur »Versorgungsstation«, weil alle vorherigen Landungsversuche auf seinem Weg Richtung Süden wochenlang gescheitert waren.

In den fünf Monaten seit der Abreise von der *Osterinsel* bis zur Ankunft auf *Tanna* war die Versorgung des Schiffs zunächst durch Zwischenstopps auf den *Marquesas*, den *Gesellschaftsinseln* und im *Tonga*-Archipel gesichert gewesen. Dann änderte sich die Lage: Seit der Abreise von der Tonga-Insel *Nomuka* Ende Juni 1774 fand sich keine Insel, die beides bot: Gastfreundschaft und ausreichende Ressourcen. Als man am 4. Juli auf *Turtle Island* – der Schildkröteninsel (heute *Vatoa*/Fiji) – nach der gepanzerten Beute Ausschau hielt, die viel Fleisch in der Kombüse bringen sollte, war kein einziges Tier aufzutreiben. Nach vierzehn weiteren Tagen auf See kam im Norden Vanuatus die lang gezogene Insel *Maewo* in Sicht, doch fand sich kein geeigneter Ankerplatz. In den nächsten zwei Wochen wurden die Männer der *Resolution* in *Mallicollo* (heute *Malekula*/Vanuatu) von 500 bewaffneten Kriegern empfangen. Und den dramatischen Landungsversuch auf *Erromango* bezahlten James Cook und Georg Forster fast mit dem Leben, als Dutzende Pfeile auf die Männer der *Resolution* abgeschossen wurden.[10]

Ein längerer Aufenthalt auf *Tanna* hatte für den Kapitän also gute Gründe. Für den Zeichner, Naturwissenschaftler und Menschenforscher Forster mag Tanna der glücklichste Ort seiner großen Reise gewesen sein, weil er hier einmal in Ruhe tun konnte, wozu er angereist war: das fremde Land und die unbekannte Kultur erkunden.

Mir begegnete der erste Bewohner Tannas – hautnah – als Sitznachbar in der Twin-Otter-Maschine von Air Vanuatu, die dreimal täglich vom Bauerfield-Airport der Hauptstadt Port Vila nach Tanna startete. Spirit of Vanuatu konnte ich am Bug der kleinen Propellermaschine auf dem kurzen Fußweg zur Gangway lesen: kein schlechtes Omen. Die Sitzreihen waren ziemlich eng, geduckt ging es in Reihe 5, zum Glück ein Fensterplatz. Der junge Mann zu meiner Linken trug weder Zöpfe noch ein Stäbchen in der Nase, sondern Baseballmütze, T-Shirt und Kakishorts. Einheimisch muteten nur die beiden elfenbeinfarbenen Spiralreifen an seinem Unterarm an, die leise klapperten, als er nach dem Tetrapack mit Orangensaft griff, den die lächelnde Stewardess kurz nach dem Abheben verteilte. Unter uns bog sich – durch die schnell rotierenden Propeller vor dem Bullauge weichgezeichnet – das endlose türkisfarbene Tableau des Pazifik wie auf dem Leuchtglobus meiner Kindheit.

Die Flugzeit von Efate, der geschäftigen Zentralinsel Vanuatus, nach Tanna betrug 70 Minuten, wir flogen Richtung Süd-Südost, gab der Pilot in Bislama, der offiziellen Landessprache Vanuatus, bekannt. Und wies noch einmal darauf hin, dass der Flug NF 240 ohne Zwischenlandung auf Erromango durchgeführt wird. Ich sollte, ging mir mit Bedauern durch den Kopf, den gefährlichsten Schauplatz der Reise nicht einmal aus dem sicheren Flieger sehen können.

Das abschließende »Tank you tumas« des Flugkapitäns war sogar mir verständlich: Pidgin-Englisch, mit dem sich heute nicht nur die meisten Bewohner der 83 Inseln Vanuatus verständigen, sondern mit dem auch die Touristen ganz gut zurechtkommen, die vor allem aus Australien und dem nahen französischen Überseedepartment Neukaledonien nach Vanuatu anreisen.

Als Georg Forster im August 1774 mit den Bewohnern Tannas ins Gespräch kam – zuvor hatte Captain Cook sich mit Kanonendonner Respekt verschafft –, stellte er überrascht fest, dass die Sprachbarriere auf Tanna höher lag als vermutet: »Wir lernten gleich bey dieser ersten Unterredung, eine ziemliche Anzahl Wörter von der hiesigen Landessprache; die mehresten waren uns ganz neu und unbekannt, zu-

Mit dem Flugzeug ist Tanna *in einer guten Flugstunde von* Port Vila, *der Hauptstadt* Vanuatus *auf* Efate, *zu erreichen.*

weilen aber hatten sie für einerley Gegenstand zween unterschiedne Ausdrücke«, notierte er.[11]

Im Laufe seines Aufenthalts in *Port Resolution* – wie Cook die Hafenbucht nach seinem Schiff taufte – fanden die Forsters heraus, dass auf der kleinen Insel mindestens drei verschiedene Sprachen gesprochen wurden, und vermuteten richtig, dass sich wohl jeder Stamm in seinem eigenen Dialekt verständigte. Doch viel schwieriger waren in *Uea*, wie die Einheimischen *Port Resolution* nannten, die örtlichen Machtverhältnisse zu durchschauen. Was die Forsters nur ahnen konnten: Die Bucht war in die Gebiete von zwei Stammesverbänden aufgeteilt, die keineswegs in Harmonie miteinander lebten. Im Westen der Bucht war ein Stammesverband zu Hause, der Cooks Männern feindlich gesinnt war. Im Osten der Bucht hingegen sorgte der altersweise Häuptling Pao-vjangom dafür, dass Cooks Männer an Land gehen und Handel treiben konnten.[12] Der Alte selbst war vor allem von den eisernen Äxten der Europäer begeistert, und als Johann Reinhold

Forster ihm eine zum Geschenk machte, revanchierte er sich mit dem, was auf *Tanna* am höchsten geschätzt wurde – mit einem Schwein, dem einzigen, das die Tanneser den Fremden überließen.[13]
»Wenig los da an der Ostküste von *Tanna*«, winkte John, mein tannesischer Sitznachbar im Flieger, kopfschüttelnd ab, als ich im Route-Map der Airline auf mein Reiseziel tippe. »*Port Resolution?* Außer dem Vulkan gibt's da im Osten nichts. An der Westküste, rund um Lenakel, ist viel mehr los. Da gibt es richtige Resorts mit Klimaanlage und Internet.« Angesichts seiner Begeisterung für Technik jedweder Art verzichtete ich auf eine Erklärung meiner Forster-Tour in die elektrizitätslose Vergangenheit und zeigte ihm lieber ein paar Schnappschüsse, die ich tags zuvor auf dem Zwischenstopp in der Hauptstadt Vanuatus gemacht hatte. »Wow«, entfuhr es John so laut, dass die beiden Damen in der Reihe neben uns, vermutlich Mutter und Tochter, aus ihrem Halbschlaf hochschreckten und neugierig zu uns herüberblickten. »Wow«, riefen – ein wenig zurückhaltender vielleicht – auch die beiden Damen, als John ihnen im piepsenden Takt der Kamera freizügig meine Fotos zeigte. Ich überlegte einen Augenblick, ob dieses »Wow« nun wirklich aus dem Englischen übernommen wurde oder doch aus dem Tannesischen stammte, wie es Georg Forster hörte: »So oft sie etwas unbekanntes sahen, entfuhr ihnen der Ausruf Hibau! Eben dies Wort ließen sie auch für Schreck, aus Bewunderung, aus Abscheu und selbst aus Begierde nach einer Sache von sich hören.«[14]

Was die allgemeine Begeisterung im Flieger hervorrief, waren die Menschenmassen auf meinen Fotos: Tausende, vor allem junge Leute, die sich unter endlosen schwarz-rot-gelb-grünen Wimpelketten, den Nationalfarben Vanuatus, um eine gigantische Bühne drängten oder sich im Schatten der Araukarien zum Picknick ausgestreckt hatten. Der Zufall wollte es, dass ich ausgerechnet am *Constitution Day* – Vanuatus Tag der Verfassung – in Port Vila eintraf. Entlang der kilometerlangen Uferpromenade von Port Vila, dem breiten Lini-Highway, tanzten die Menschen ausgelassen bis zum Sonnenuntergang und legten nur dann eine Pause ein, wenn sie, sehr aufmerksam, fast andächtig, den lautsprecherverzerrten Reden ihrer Politiker lauschten. Eine für uns eher antiautoritär sozialisierte Europäer ungewohnte Übung der Respektbezeugung, vielleicht auch nur die Höflichkeit Älteren gegenüber.

Oder Forsters erster Eindruck, die hiesigen Insulaner seien von »ungleich ernsthafterer Gemüthsart«, stimmte noch immer.[15]

Auf ein Foto, das eher zufällig die chinesische Flagge neben der Festbühne von Port Vila zeigt, reagieren meine Mitreisenden – inzwischen waren auch die beiden Stewardessen Johns Einladung zur Fotoshow gefolgt – allerdings mit skeptischem Kopfschütteln. Die Chinesen, klärte John mich auf, hatten in *Black Sands* nahe der Hauptstadt eine Fischverarbeitungsfabrik errichtet. »Nicht schlecht, was dort die Arbeitsplätze angeht«, meinte er. »Aber im Gegenzug fischen die Chinesen auch unsere Gewässer leer, vor allem Thunfisch.« Was den Inselbewohnern offenbar ziemliche Angst einflößte. Schließlich lebten viele Leute auf *Efate, Erromango* und *Tanna* vom Fischfang. Und nun war China mit seiner wahrhaft gigantischen Fischereiflotte da. Wie lange würde das gutgehen? David gegen Goliath – die traditionellen Auslegerboote der Insulaner gegen die Supertrawler der neuen Weltmacht.[16]

Während John unserer Damenrunde noch einmal die gesamte Fotoserie vorführte, ging mir durch den Kopf, dass China allmählich in die Fußstapfen der alten Kolonialmächte trat. Captain Cook war der Erste, der die britische Flagge auf *Tanna* hochziehen ließ. Fast das gesamte 20. Jahrhundert hindurch teilten sich dann Briten und Franzosen die Herrschaft über die Neuen Hebriden, bis diese Ära des sogenannten *Condominiums* 1980 endgültig zu Ende ging und Vanuatu seine Unabhängigkeit erreichte. Im Zweiten Weltkrieg setzten die Inselbewohner große Hoffnungen auf die dunkelhäutigen Soldaten aus Amerika, die den Archipel vor der Besetzung durch die Japaner schützen sollten. Fast 500 000 Soldaten wurden nach dem japanischen Angriff auf Pearl Harbor über Vanuatu in den Krieg geschickt.

Die USA ließen nicht nur reichlich Coca-Cola-Flaschen und gepanzerte Fahrzeuge zurück, deren Rücktransport nach Amerika sich nicht lohnte und die seitdem an den Küsten Vanuatus vor sich hin rosteten. Fast unbemerkt hinterließen sie auch ein schleichendes Öko-Desaster, das so wohl niemand voraussahnen konnte: Um ihre Flugzeuge vor japanischen Luftaufklärern zu verbergen, nutzten die Amerikaner eine auf Vanuatu vorkommende Schlingpflanze, deren großblättrige Ranken sich ideal zur Herstellung gigantischer Tarnnetze eigneten. Also wurden Wachstum und Verbreitung dieser Prunkwinde in den Kriegsjahren gewaltig angekurbelt. Doch die gesamte Ostküste der In-

Im Norden Efates: Überreste amerikanischer Panzer in der Lagune.

sel *Efate*, immerhin eine Insel von der Größe Rügens, versank so nach dem Krieg mehr und mehr unter der dichten Decke der wuchernden Windenpest – mit der Folge, dass der darunterliegende dichte Urwald nach und nach zugrunde ging. Ausgerechnet Georg Forster war es, der die schönen blauvioletten Blüten der Prunkwinde im August 1774 auf *Tanna* als Erster zu Papier gebracht hatte – froh über eine Spezies mehr auf seiner Liste unbekannter Pflanzenarten.[17]

Den Amerikanern erschien *Tanna* zum Glück strategisch zu weit abgelegen für eine größere Airbase, Forsters Prunkwinde führt hier also nach wie vor eine eher bescheidene Existenz. »Aber wer weiß schon, ob *Tanna* ohne die Amerikaner je zu einem vernünftigen Flugplatz gekommen wäre«, meinte John, als unser Flieger in den Sinkflug überging. Und vertraute mir unter dem Siegel der Verschwiegenheit an, dass viele Touristen gerade wegen der amerikanischen Hinterlassenschaften nach Vanuatu kämen. Für nicht ganz alltägliche Fotos von rostbraunen Panzern unter Palmen und mehr noch, um Coca-Cola-Flaschen mit der Signatur 1945 am Flaschenboden als Souvenir mit nach Hause zu nehmen. Leicht wäre es nicht, aber er könnte

Prunkwinde der Insel Tanna (Convolvulus coelestis) auf einer von Georg Forster im August 1774 angefertigten Abbildung.

mir eine dieser rar gewordenen Flaschen besorgen, wenn ich noch etwas Zeit in Lenakel hätte. Doch ich winkte freundlich ab, während die Twin-Otter mit drei, vier Holpersätzen auf dem Asphalt des Whitegrass-Airport von *Tanna* aufsetzte: Ich wurde schon erwartet – und eine Coke aus dem Jahre 1774 hatte John leider nicht zu bieten.

Die Ankunft an einem ersehnten Zielort – erste Gerüche, Geräusche, Bilder – ist »reisedramaturgisch« die Steilvorlage für eine intensivere Wahrnehmung. Mein erster Eindruck von *Tanna* war indes ernüchternd: eine langgezogene Graspiste, ein paar mittelhohe Palmen, dahinter eine Bergkette, die in einem dichten Wolkenband verschwand. Das Licht, ging es mir durch den Kopf: Ein fahler Morgen, was will man da erwarten? Schien ohnehin nicht mein Tag zu sein: Man wollte mir partout meinen Rucksack nicht aushändigen, weil ich plötzlich den Gepäckschein nicht finden konnte. »No way« wiederholte der höchstens 15-jährige Junge am Gepäckschalter höchst energisch. Bis sich der klebrige Gepäck-Aufkleber endlich doch noch in meinem Reisepass fand und mir der Rucksack ziemlich unsanft zugeschoben wurde. Aber – das zum Trost – auch Forsters erster Landgang ließ nicht allzu viel Pathos aufkommen: »Einer hatte sogar die Verwegenheit, uns den Hintern zu zeigen und mit der Hand darauf zu klatschen, welches, unter allen Völkern im Süd-Meer, das gewöhnliche Zeichen der Herausforderung ist.«[18]

»On y va! – Los geht's!«, schreckte mich hinterrücks ein französischer Bass-Ton auf, als ich mich endlich durch die schmale Ausgangstür des Airport-Bungalows ins Freie gezwängt hatte. Der ausgemergelte Kauz mit dem zerrupften grauen Bart, der mir kurz die Hand entgegenstreckte, schien aus dem Nichts aufgetaucht zu sein, während ich – wie per E-Mail ausgemacht – die Sandfläche vor dem Flughafen angestrengt nach einem weißen Mitsubishi Pajero abgesucht hatte.

Der Wagen stehe an der Tankstelle, die paar Meter dahin könnten wir laufen, meinte Maurice, der sich – trotz seiner 55, 60 oder 65 Jahre, das ließ sich schwer abschätzen – meinen schweren Rucksack mit erstaunlichem Schwung auf die Schulter warf: »Pas de problème!« Tanken, Marktplatz, dann fünf Stunden Fahrt rüber zur anderen Seite der Insel, spulte er das Programm des heutigen Tages ab. Und übrigens hätte ich Glück gehabt, dass Gillian, seine Frau, heute Morgen den Stromgenerator angeworfen habe und er online gegangen sei. Sonst wäre ihm meine letzte E-Mail mit der Ankunftszeit in *Tanna* glatt durch die Lappen gegangen – und ich hätte über die Insel laufen können. Maurice' krächzendes Auflachen legte nahe, dass eine Inseldurchquerung zu Fuß wohl keine so gute Idee wäre. Und mir ging durch den Kopf, dass ich meine letzte E-Mail an die Herberge von Maurice und Gillian in Port Resolution vor fast einer Woche abgeschickt hatte, ihr *Turtle Bay Inn* also durchaus mal ein paar Tage ohne Strom auszukommen schien. »Das kommt schon mal vor«, nickte Maurice knapp, während er den Motor seines Geländewagens anwarf, der bedenklich laut aufheulte.

Meine Frage, wie er denn als Franzose auf *Tanna* gelandet sei, parierte Maurice mit einem Griff nach seiner verspiegelten Sonnenbrille. Aus Höflichkeit – man ist schließlich Franzose – murmelte er etwas über jahrelange Knochenarbeit in den Nickelgruben *Neukaledoniens* und fügte dann recht vielsagend hinzu, nach *Tanna* gehe man eben, um seine Ruhe zu haben.

Er war kein Mann großer Worte, dieser knorrige Waldschrat. Aber so blieb Raum für eigene Beobachtungen – und den unsichtbaren Dritten auf dieser Reise, so könnte man Georg Forster wohl nennen. Der junge Naturforscher wäre im August 1774, fiel mir angesichts des drahtigen Alten neben mir ein, keinen Meter weit gekommen, hätte sich nicht bei Captain Cooks Landung auf *Tanna* ebenfalls ein merkwürdig stoischer Alter eingefunden, der immer wieder vermittelte. Ob Captain Cook drohend ein paar Salven über die Bucht feuern ließ oder die Krieger am Strand wild entschlossen ihre Speere schüttelten – der würdige Pao-vjangom agierte mit größter Gelassenheit zwischen den Fronten. Forster war dabei durchaus klar, wie die Invasion der Europäer auf die Einheimischen wirken musste: »Vielleicht kam es ihnen gar unbillig oder lächerlich vor, dass eine Handvoll Fremde sich's beygehen ließen, ihnen, in ihrem eigenen Lande, Gesetze vorzuschreiben.«[19] Umso mehr bewunderte er den furchtlosen alten Mann, der unbewaffnet zwischen beiden Seiten vermittelte und Captain Cook inmitten der spannungsgeladenen Situation besänftigend einen Berg Früchte brachte. Erst durch die Vermittlungskünste dieses alten Mannes erhielt Georg Forster schließlich das Einverständnis der Einheimischen, den Küstenstrich um *Port Resolution* – Landschaft und Natur, seine Bewohner und ihre Lebensweise – genauer kennenzulernen.

Unsere Tour zur Ostküste der Insel – etwa fünf Fahrstunden hatte Maurice veranschlagt – kam mir wie ein endloser schaukelnder Kamelritt vor. Sobald wir die Inselhauptstadt Lenakel hinter uns gelassen hatten, verwandelte sich die unbefestigte, mit Korallenschotter bedeckte Piste in eine schlammige Achterbahn. Die einzige Verbindungstraße zwischen Tannas Ost- und Westküste verlief zumeist durch einen dichten grünen Tunnel, der über Stunden gemächlich bergan führte. Mehrmals musste Maurice seinen Feldspaten aus dem Kofferraum holen, um rötlichen Lehm von den Erdwällen links und rechts der Piste in tiefe Wasserlöcher zu schippen. Doch erst ein paar Äste, die er mit der Spatenkante von den Bäumen abschlug und unter die Räder schob, gaben den Reifen den nötigen Griff. Der Allradantrieb seines Pajero allein genügte nicht.

Nur einmal kam uns auf der Fahrt ein vielleicht 15-Jähriger mit dem Fahrrad entgegen. Zu meinem Erstaunen hatte er einen lebendigen weißen Reiher unter dem Arm. »Kein schlechter Braten«, kommentierte Maurice amüsiert meinen fragenden Blick.

Nach fast vierstündiger Fahrt durch den grünen Tunnel schob sich nach einer extremen Spitzkehre eine weite Ebene vor die Frontscheibe des Pajero. »Beau temps!« – gutes Wetter –, stellte Maurice zufrieden fest und steuerte eine kleine Aussichtsplattform an. Die Sicht war ganz erstaunlich, klar genug, um im weiten Meer vor uns die Insel *Futuna* auszumachen, die als stumpfer Kegel 80 Kilometer östlich von *Tanna* aus der See ragte.

»Futtuna« oder »Irronan« hatte Georg Forster als Namen dieser kleinen Insel erkundet.[20] Das winzige Eiland war für ihn in gewisser Weise, was der *Stein von Rosette* dem Archäologen Champollion beim Entziffern der ägyptischen Hieroglyphen gewesen war: Auf *Futuna* sprach man polynesisch, auf *Tanna* melanesisch, aber da die beiden Inseln in regem Kontakt standen, konnten die Einheimischen aus *Port Resolution* dem jungen Naturforscher zweisprachig antworten. Und Georg Forster aus dem Polynesischen wiederum auf das Tannesische rückschließen, obwohl sich beide Sprachen »himmelweit unterschieden«.[21] Ohne diesen glücklichen Umstand wäre die Kommunikation auf völlig unbekanntem Terrain sehr viel schwieriger geworden.

Das Meer funkelte wie flüssiges Gold – noch eine knappe Stunde bis Sonnenuntergang, schätzte Maurice, als er ein letztes Mal stoppte, um ein paar abgebrochene Äste von dem schmalen Pfad zu ziehen, der von der Hauptstraße zum *Turtle Bay Inn* führte.

»Du interessierst dich doch für Cook, den Seefahrer«, schien er sich plötzlich an die erste E-Mail zu erinnern, während er sich wieder ans Steuer setzte: »Dann habe ich gleich etwas für dich!« Und als wolle er die Sache noch etwas spannender machen, erkundigte er sich danach, ob ich eine Ahnung davon hätte, was Cook eigentlich auf *Tanna* zurückgelassen hatte. Eiserne Nägel, *Tapa*stoffe aus *Tahiti*, Medaillen mit dem Porträt des britischen Königs George V. fielen mir da ein, doch Maurice schüttelte ausdauernd seinen Kopf. »Wenn du die Leute hier fragst, dann hat Cook nur ein einziges Souvenir hinterlassen – seinen Hut.«

Cooks Hat, klärte Maurice mich schließlich auf, indem er mit seiner Linken auf einen kleinen, palmenbewachsenen Felsen zeigte, der dreihundert Meter vor dem Strand aus der Lagune ragte und im rötlichwarmen Licht der Abendsonne erstrahlte. *Cooks Hat*, wiederholte ich, und meine Stimme klang wohl – trotz der idyllischen Szenerie – ziemlich enttäuscht. »Ich dachte, du suchst nach Cooks Mythen und Legenden?«, fragte Maurice überrascht. »Vielleicht auch das«, antwortete ich zögernd. »Aber viel mehr interessieren mich reale Spuren. Vor allem, was geworden ist aus den Orten und Menschen, auf die Cooks Leute vor 230 Jahren ...«

Meine Erklärung ging in aufgeregtem Hundegebell unter. Drei Hunde – zwei große Mischlingsrüden und ein kleiner weißer Terrier – machten es Maurice fast unmöglich, die Tür seines Pajero zu öffnen, um auszusteigen. Erst seine Frau Gillian sorgte lautstark für Ruhe. Die robuste Blondine um die fünfzig war unverkennbar die Chefin im *Turtle Bay Inn*. Wir sollten uns sputen, fügte sie ihrem herzlichen »Bienvenue!« an. In zehn Minuten gäbe es das Dinner: Möhrensuppe, Yams und Fisch, Crème brûlée. Elektrisches Licht nach Sonnenuntergang immer für zwei Stunden, dann würde der Stromgenerator ausgeschaltet.

Meine Bleibe erwies sich als bodenständiger Bungalow aus Pandanus-Flechtwerk, eine von fünf Hütten, die sich links und rechts des großen Haupthauses in einem üppigen Garten direkt am Strand aneinanderreihten. »Die Tür nach Sonnenuntergang schön geschlossen halten«, riet mir Gillian – »Wegen der Tiere«, wie sie sagte. Ich wusste nicht so recht, welche Tiere sie meinen könnte, die Hunde vielleicht?

Als wir beim Abendessen auf mein Interesse an Captain Cook zu sprechen kamen, konnte ich den beiden Hundeliebhabern Gillian und Maurice die Geschichte erzählen, wie Captain Cook diese Tierart vor 240 Jahren auf *Tanna* eingeführt hatte. Verblüffenderweise hatten sie davon noch nichts gehört. Und ebenso wenig von Fanokko, einem jungen, aufgeweckten Krieger, der Captain Cook einen der raren tahitischen Hunde abluchsen konnte:

»Ohne Zweifel mußte ihm diese Art von Thieren noch gar nicht bekannt seyn«, überlieferte Georg Forster Fanokkos Reaktion, »denn er nannte es buga, (welches in der hiesigen Landessprache eigentlich ein Schwein bedeutet), und bat sehr angelegentlich, dass man es ihm schenken möchte. Der Capitain gab ihm also nicht nur den Hund, sondern auch eine Hündin dazu.«[22]

Könnte nicht einer der Hunde hier von jenem Cook'schen »Buga« stammen? Ihr Irish Terrier jedenfalls nicht, versicherte mir Gillian. Das weiße Wollknäuel habe sie aus dem 500 Kilometer entfernten *Neukaledonien* mit nach *Tanna* gebracht hatte.[23] Edna stamme aus dem

Vor der Île Améré – Forsters Botany Island: die Küste gesäumt mit säulenartigen Araukarien.

Tierheim, erzählte sie weiter. Was mich nicht wunderte. Denn in Nouméa, der Hauptstadt des französischen Überseedepartements *Nouvelle-Calédonie*, gab es wohl mehr herrenlose Haustiere als irgendwo sonst auf der Welt. Eine Folge der Flut von französischen Pensionären, die ihren Ruhestand in dem Südsee-Paradies verbrachten. Die sogenannte »Aktion Abendsonne« führte dazu, dass viele Hunde und Katzen ihre Besitzer überlebten und dann ins Tierheim mussten. Gillian hasste die »Pariser Funktionäre«, wie sie sie nannte, weil sie mit ihren dicken Pensionen die Preise auf der Insel verdarben und sich an den schönsten Plätzen breitmachten, während die dort geborenen Franzosen in den Nickelgruben *Neukaledoniens* schufteten und am Ende viel kleinere Renten bekamen. »Darum sind wir da weg«, erzählte sie. »Hier auf *Tannas* Ostseite sind wir zwar auf uns allein gestellt, es gibt keinen Arzt, keine Bistros, nur abends etwas Strom zum Fernsehen – aber wir müssen auch nicht im Sozialbau hocken!«

Unser Gespräch erinnerte mich an eine Recherche in *Neukaledonien*, die ich im Oktober 2007 unternommen hatte. Damals folgte ich den Spuren Forsters in der Lagune zwischen *Neukaledonien* und der südlich davon gelegenen *Île des Pins*, wo Cooks Naturforscher die größte botanische Ausbeute ihrer Weltreise erzielen konnten.[24] Ich war mit dem Kanu zu einem besonders dichten Araukarien-Wald unterwegs, ganz fasziniert von den hoch aufragenden Bäumen, die Georg Forster entdeckt und erstmals gezeichnet hatte.[25] Doch kaum an Land, stieß ich zwischen den am Boden verstreuten Araukarien-Zapfen aus dem »Jurassic Park« der Erdgeschichte auf rötliche Backsteine. Als ich mich weiter umsah, stellte sich heraus, dass Forsters Pflanzen-Paradies mit den Ruinen von Gefängnissen und Kasernen gepflastert war. Hierher, ans andere Ende der Welt, hatte Frankreich 1871 Tausende Aufständische der *Pariser Kommune* »entsorgt«.[26] Fast ebenso schockierend wie die Massengräber der Kommunarden fand ich die Selbstverständlichkeit, mit der die Kolonialmacht die Insel in ein Zwangslager verwandelt hatte. Und wie paradox, dass sich die von Georg Forster, dem Mann der Französischen Revolution, erkundete Insel, ausgerechnet in ein tödliches Gefangenenlager für französische Revolutionäre verwandeln musste.

Die Attitüde der rücksichtslosen Inbesitznahme aber hatte sich bis ins 21. Jahrhundert hinein kaum verändert, wie ich fand: Auf dem

Gefängnis-Ruinen auf der Île des Pins: Überreste des Straflager für die Aufständischen der Pariser Kommune.

Rückweg von der *Île des Pins* blieb mir etwas Zeit, mich in der neukaledonischen Hauptstadt Nouméa umzusehen. Es war eine Art Déjà-vu, denn alles hier erinnerte an die Côte d'Azur, an Saint-Tropez oder Cannes, von der *Croisette* über die Kathedrale bis zum Patisserie-Angebot in der *Boulangerie* – alles komplett *à la française*. Am zwiespältigsten berührte mich jedoch eine Ikone der modernen Architektur in Nouméa – Renzo Pianos *Centre Tjibaou*.[27] Einerseits wollte Frankreich hier alles richtig und offenbar auch etwas wiedergutmachen: Also engagierte man einen italienischen Stararchitekten, der sich von der Dorfarchitektur der *Kanak* inspirieren ließ. Heraus kam ein tatsächlich atemberaubendes Bauensemble, das zudem nach dem »Nelson Mandela *Neukaledoniens*«, dem ermordeten Unabhängigkeits-Kämpfer Jean-Marie Tjibaou, benannt und mit einer Mammut-Ausstellung der Kulturen Ozeaniens eröffnet wurde.[28] Und doch schien das Ganze so pompös wie die Großprojekte François Mitterrands in Paris, sehr französisch präsidial. Als ich ein Jahrzehnt nach der großen Eröffnungsschau durch verwaiste Hallen des Kulturzentrums und die nur

Das von Renzo Piano für die neukaledonische Hauptstadt Nouméa entworfene Centre Tjibaou.

mühsam aufrechterhaltenen Gärten Ozeaniens ging, war ich mir sicher, dass die große Geste einmal mehr an der realen Lebenswelt der *Kanak* vorbeikonzipiert worden war.

»Ist doch alles bling-bling« – Pariser Schnickschnack –, meinte Gillian. Die mit Cognac angereicherte Kokosmilch, die wir mittels Strohhalm aus der Nuss schlürften, machte das Urteil der nach *Tanna* »Emigrierten« auch nicht versöhnlicher.

Trotz des Absackers wurde meine erste Nacht auf *Tanna* keine ganz ruhige: Ein seltsames Geraschel, das selbst das Meeresrauschen übertönte, wollte einfach nicht aufhören. Als ich dem Geräusch mit der Taschenlampe bis in die Duschecke ganz am Ende der Hütte folgte, starrte mich schließlich eine Ratte an und huschte dann blitzschnell aus dem Lichtkegel durch ein Loch in der Flechtwand ins Freie. Auf dem Boden der Dusche lag, um die Verpackung verstreut, ein Dutzend angefressener Kekse, meine Notration für längere Wanderungen. Als ich mich bücken wollte, um die kläglichen Keksreste zu entsorgen, schob sich die Ratte noch einmal durch das Loch in der Wand und schnappte nach der halb leeren Tüte. Verdutzt stellte ich fest, dass sie fast so groß war wie ein ausgewachsenes Kaninchen. Immerhin ein echter Ureinwohner Tannas, wie Georg Forster vermerkte: »Von wilden vierfüßigen Thieren giebt es blos Ratten und Fledermäuse«, hatte er kurz nach seiner Ankunft auf *Tanna* notiert.[29] Allerdings waren ihm die schwarzen Nager auch mitten am Tage begegnet. »Um ihrer los zu werden hatten die Indianer, am Rande der Felder, viele tiefe Gruben gemacht, in welchen sich dieses Ungeziefer häufig fieng«, notierte er.[30]

Georg Forsters Beobachtungen über die Flora und Fauna der Südsee, vermutlich werden sie heute bei der Lektüre seiner *Reise um die Welt* rasch überblättert wie die landwirtschaftlichen Abhandlungen in Tolstois *Anna Karenina* oder Flauberts *Madame Bovary*. Sie wirken aus der Zeit gefallen, da wir uns mittlerweile von der Tier- und Pflanzenwelt abgeschnitten haben und den Spezies am ehesten noch plastikverpackt im Supermarkt begegnen. Das Zusammentreffen mit einer Ratte würde die meisten Menschen vermutlich sogar ekeln. Wie sehr dies kulturell bedingt ist und wie unterschiedlich der Umgang mit dieser indigenen Tierart der Südsee vor zwei Jahrhunderten war, hat Georg Forster geradezu akribisch überliefert. Bei den *Maori* zum Beispiel, den Ureinwohnern Neuseelands, beobachtete er, dass sie »etliche große Töpfe in den Boden eingruben, in welchen sich denn diese Thiere des Nachts häufig fingen«.[31] Tatsächlich stellten Ratten eine wichtige Nahrungsmittelreserve auf Neuseeland dar, wie mir beim Besuch eines archäologisch rekonstruierten *Maori*-Dorfes in der *Bay of Islands* klar wurde. Hier wurden hinter den Wohnhütten eigens hölzerne Kisten aufgestellt, in denen die Ratten mit Essensresten angefüttert wurden. Doch waren diese Holzkisten auch mit einer Falltür versehen, die man jederzeit zuschnappen lassen konnte, wenn andere Speisen knapp wurden. Von den »schwarzen Ratten« auf der *Osterinsel* bis zu den »Getreide vertilgenden Ratten« am südafrikanischen Kap, »der ungeheuren Menge« dieser Nager im tahitischen Aitepiah bis zur *Ratteninsel* vor der brasilianischen Küste: Georg Forster war auf seiner Reise um die Welt vermutlich der Erste, der die Allgegenwart der ungeliebten Spezies im globalen Maßstab festhielt.[32] Am meisten verblüfft aber schien er angesichts der Ratten zu sein, »welche Tahiti bey tausenden plagten«.[33] Denn die Insulaner dachten gar nicht daran, sie als Ungeziefer zu vernichten. Im Gegenteil:

401

Auf *Tahiti*, wo man »die Fußsteige überall mit Zeichen einer gesunden Verdauung besetzt fand«, wie Georg Forster es ausdrückte, galten Ratten als willkommene Dienstleister zur Beseitigung von Kot und Schmutz. Das »reinlichste Volk der Welt« ließ die Ratten aus hygienischen Gründen ungeschoren. Als ich Gillian am nächsten Morgen von meinem ersten Rendezvous mit einem Wildtier auf *Tanna* berichtete, überraschte sie mich aber doch. »Voilà, Ratatouille!«, rief sie hocherfreut. Wer hätte das gedacht: Selbst eine französische Hausfrau ließ sich von der heldenhaften Gourmet-Ratte aus dem gleichnamigen Walt-Disney-Film um den Finger wickeln. Maurice schlug vor, am späten Nachmittag die Tour zum Vulkan zu machen, die ich schon vor Wochen per E-Mail angemeldet hatte. »Ob wir bis zum Krater hochkommen, hängt von der Aktivität des Vulkans ab«, meinte er. »Im Radio haben sie für heute ›Level 1‹ angesagt, das heißt normale Aktivität. Das sollten wir nutzen.« »Kein Problem«, stimmte ich sofort zu, sehr froh darüber, dass sich eine solche Chance überhaupt ergab. Denn der *Mount Yasur* galt zwar einerseits als einer der wenigen Vulkane auf unserem Globus, der leicht zu erklettern war, obwohl er ständig brodelte. Andererseits handelte es sich dennoch um einen Trichter voll rot glühender Lava. Schon eine leicht verstärkte Aktivität konnte dafür sorgen, dass sich niemand mehr an den Kraterrand wagen durfte, um in den dreihundert Meter großen Feuerkessel zu schauen.

Bis zur Abfahrt blieb mir also noch etwas Zeit, die Landzunge im Osten von *Port Resolution* zu erkunden, die Gegend, die auch die Forsters am freiesten durchstreifen konnten. Zuerst nahm ich ein Bad in der *Baie de Tortue* vor der Haustür, ziemlich erstaunt darüber, dass ich unter meinen Füßen nicht nur den feinen dunklen Sand spürte, sondern ab und an auch eine heiße Wassersäule. An der neuseeländischen Coromandel-Küste, daran erinnerte ich mich jetzt, machte man das große Geschäft damit. Die Touristen liehen sich dort gern Schippen aus, um sich dann am Strand rund um einen *hot spot* einen Pool zu buddeln, bedrängt von Dutzenden Konkurrenten. Hier auf *Tanna* gab es diese Thermo-Massagen ganz umsonst. Später sollte ich im Westen von *Port Resolution*, wo eine steile Felswand die Bucht begrenzt, feststellen, dass der *Mount Yasur* direkt am Strand heiße Quellen brodeln ließ, in denen man hätte Eier kochen können.

Während ich die Thermal-Massage in der *Turtle Bay* genoß, ging mir durch den Kopf, dass Georg Forster die Farbe des Meeres irgendwie ignoriert hatte. Dabei war das Licht auf dieser Insel so erstaunlich. Als sich die Sonne über ein schmales Wolkenband am Himmel geschoben hatte, dehnte sich vor mir bis zum Horizont eine überwältigende grüne Fläche, der nur eine Spur Blau beigemischt war. Unwirklich, irreal. Wie hatte Forster, der Mann mit einem Dutzend feinster Temperafarben, das übersehen können? Oder sah er all das, musste aber vereinbarungsgemäß Hodges das Feld überlassen? Dessen Aquarellfarben allerdings waren bei der Landung auf *Tanna* im August 1774 schon seit mehr als fünf Wochen aufgebraucht.

Nachdem ich meine Taucherflossen verpackt hatte, nahm ich noch einmal Forsters *Reise um die Welt* aus meinem Rucksack. Ich irrte mich nicht: Die Farbe des Meeres kam nicht vor. Hingegen schwärmte Georg Forster mehrfach von der »brennend rothen Farbe« des Jambosbaums, dessen Blüten ihm schon beim Einlaufen in den Hafen aufgefallen waren.[34] Oder vom Blau und Purpur der Blüten der Glockenwinden, die sich wie Kränze an den Bäumen hochwanden. Auch ihre Wohlgerüche bemerkte er. Dass er kein Wort über die außergewöhnlichen Farben des Meeres an der Küste *Tannas* überlieferte, mochte an der langen Reisezeit von mehr als zwei Jahren liegen. Vielleicht hatte er den malerischen Anblick des Meeres einfach satt.

Der schmale Weg an der Küste, den ich Richtung Osten nahm, führte nicht unmittelbar am Meer entlang, sondern auf einer Anhöhe durch lichten Busch. Die Pandanusbäume rechts und links des Weges bildeten mitunter surreale Kathedralen aus Luftwurzeln, durch die der Pfad hindurchging, ab und an säumten ausladende *Tahitische Kastanien* den Weg, ein Baum, den die Forsters in ihr großes Pflanzenlexikon der Südsee aufnahmen.[35] Gleich mehrfach kam ich an kleinen Yamsfeldern vorbei, die mit kniehohen Erdhügeln bedeckt waren, aus denen dünne Holzstöckchen herausragten, um die sich das Strauchwerk der Pflanzen winden konnte. Wie Brotfrucht auf den *Marquesas* oder Süßkartoffeln auf der *Osterinsel* schien auf *Tanna* Yams besonders verbreitet zu sein. Auch Georg Forster waren 1774 mehrfach Yams-Anpflanzungen in *Port Resolution* begegnet.[36] Aber es war nur eines von vielen Gemüsen, wie mir aufgefallen war, als Maurice tags zuvor in der Inselhauptstadt Lenakel auf dem Markt gehalten hatte.

»Tout bio!« – alles Bio-Anbau –, hatte er hochzufrieden gerufen und mir ein Bund Riesenmöhren unter die Nase gehalten. Erstaunt hatte ich wahrgenommen, wie friedlich, ja still es auf diesem Marktplatz zuging. Kein Gefeilsche, kein lautstarkes Ausrufen. Unter dem ausladenden Blätterdach mehrerer riesiger Barringtonia-Bäume hatten sich vielleicht achtzig Frauen auf großen Bastmatten ausgestreckt, die Kinder an ihrer Seite, die Waren übersichtlich vor sich ausgebreitet: in Ingwerblätter eingehüllte Zuckerrohr-Bündel, im Dutzend zusammengebundene Yams-Wurzeln, meterlange Bananenhände, grobmaschige Korbnetze mit Taro-Knollen und Tomaten, Orangen und Mandarinen. Auch die Verpackung war bio – aus Blättern und Flechtwerk. Vor allem aber stach die Größe der Früchte ins Auge: Mandarinen so groß wie Äpfel, Karotten in halber Unterarmlänge, Pâtissons in Kürbisgröße. Das war 240 Jahre zuvor auch Georg Forster nicht entgangen: »Kräuter und Stauden werden fast noch einmal so hoch, bekommen ungleich breitere Blätter, größere Blumen, und einen weit stärkeren Geruch, als in andern Ländern«, notierte er. »Es geben nemlich die Schlacken, welche der Volkan auswirft, zumal wenn sie erst verwittert sind, einen treflichen Dünger für den Boden ab.«[37] Diese außerordentliche Fruchtbarkeit der Insel mochte für Captain Cook der entscheidende Grund gewesen sein, sich vor einem weiteren Antarktis-Turn so lange in *Tanna* aufzuhalten. Den Forsters indessen machte der Vulkan das Botanisieren besonders schwer, weil sie »die Blätter ungemein behutsam abbrechen mußten, wenn uns jene Asche nicht ins Auge stäuben, und Schmerzen verursachen sollte«.[38]

Der Bewegungsradius der Naturforscher der *Resolution* auf der östlichen Landspitze kann indes nicht groß gewesen sein, sonst hätte Georg Forster die Haifische sicherlich nicht unerwähnt gelassen, auf die ich nach etwa drei Kilometern Fußwanderung in der *Shark Bay* stieß. Der Pfad kehrte hier ans Meer zurück, wo man über ein begrenzendes Geländer aus Bambus etwa zwanzig Meter nach unten in eine kleine Bucht blicken konnte. Da ich gerade in der Nähe ein Bad genommen hatte und ein Stück ins Meer hinausgeschwommen war, ohne dass mich irgendwer gewarnt hätte, war ich umso erstaunter über den Anblick, der sich mir nun darbot: Ein gutes Dutzend vier bis fünf Meter langer Haie döste nahezu reglos im Wasser unterhalb des Aussichtspunktes, nur ab und an aufgeschreckt durch

Wie vor fast 250 Jahren finden sich an der Küste östlich von Port Resolution *auch heute noch Yamsfelder.*

die blitzschnelle Drehung eines Tieres. Ein beängstigendes und zugleich faszinierendes Bild. Bisher kannte ich nur harmlose Weißspitzen-Haie, war ihnen auf *Tahiti* oder *Bora-Bora* beim Schnorcheln begegnet. Mit meinem Freund Martin hatte ich sogar einmal einen der seltenen Sichelflossen-Zitronenhaie im Atoll von *Fakarava* im Tuamotu-Archipel gesehen. Und doch konnte ich nie den Schreck vergessen, den mir ein mittelgroßer Hai beim Schnorcheln im *Great Barrier Reef* vor dem australischen Cooktown einjagte. Da tauchte über den Korallen plötzlich das markante Profil eines Riffhais auf und kam in sehr gleichmäßigem Tempo schnurgerade auf mich zu. Voller Panik – wohl wieder einmal Hollywood, nämlich Spielbergs *Der weiße Hai* im Hinterkopf –, war mein erster Impuls, meine Flossen mit aller Kraft in Bewegung zu setzen und wegzuschwimmen. Doch hatte ich zugleich lähmend im Hinterkopf, dass meine damals zehnjährige Tochter hinter mir schnorchelte und ahnungslos ihre erste kleine Unterwasser-Fotokamera ausprobierte. Ich musste also Ruhe bewahren und das Kind ganz unaufgeregt vor mir her bis zur Bootsleiter schieben, während ich darauf gefasst war, dass das Raubtier mir die Schenkel abreißen würde. Unser Tourguide reagierte sehr amüsiert, als ich ihm davon erzählte. Der Hai hatte sich natürlich als harmlos herausgestellt. Ich aber bewahrte mir seitdem einen gehörigen Respekt vor den Meeresräubern. So große Exemplare wie hier auf *Tanna* hatte ich allerdings noch nie zuvor gesehen. Die meisten sahen leicht bräunlich aus. Ihr Dösen im flachen Wasser hatte etwas Krokodilhaftes, Unbererechenbares. Als ich dem Pfad noch ein kurzes Stück weiter folgte, stieß ich auf eine kleine Pension, die sich *Shark Bay Inn* nannte. Richard, ein junger Einheimischer, der seine kleine Tochter auf dem Arm hielt, konnte mir mehr über die Haie erzählen. Doch erst mal wollte er dem Besucher aus Deutschland das Baumhaus präsentieren, das er in einem gewaltigen Banyanbaum gezimmert hatte. Es erinnerte irgendwie an ein Vogelnest, so winzig wirkte es im Vergleich zur ausladenden Baumkrone. Als ich die schöne breite Holztreppe nach oben gestiegen war, die Richard um den Baumstamm herum gebaut hatte, konnte ich feststellen, dass der kleine Bungalow hier oben fast ebenso geräumig war wie die Hütten von Gillian und Maurice, nur hatte man aus dem Fenster in zwanzig Metern Höhe einen imposanten Ausblick über das Grün ringsum. »Das nächste Mal kannst du hier bei uns wohnen«, bot mir der sympathische 20-jährige lachend an und gab mir dann ein Zeichen, ihm zu folgen. Nachdem wir etwa fünf Minuten einem kleinen Pfad gefolgt waren, machte er auf einer sonnenüberfluteten Lichtung halt und streckte seine Arme zur Seite. Ich war mir nicht sicher, ob diese Geste nun spirituelle Bedeutung hatte oder uns einfach daran hindern sollte, das kleine Areal vor uns achtlos zu betreten. Denn erst beim Näherkommen fielen mir drei bräunliche Steine im Gras auf. »Das sind die *Kastom Stones*, die die Haie in die Bucht rufen«, erklärte mir Richard, indem er auf die Steine vor uns deutete, von denen der größte in der Mitte an einen glänzenden Brotlaib erinnerte. Mit einem Nicken deutete ich an, dass mir klar war, wovon er sprach. Tatsächlich war es eine Ehre, dass er mir diese Steine zeigte, denn ganz alltäglich war es nicht, in die mythologische Gedankenwelt – den *Kastom* – der Menschen hier eingeweiht zu werden. Vielleicht hatte ich das aber auch nur Richards kleiner Tochter zu verdanken, die mich rasch in ihr Herz geschlossen hatte und nicht aufhören wollte, in meiner Armbehaarung herumzuwühlen, die sie höchst interessant, weil ganz anders als die weiche Haut ihres Vaters, zu finden schien.

Tatsächlich hatte ich schon vom Glauben der Melanesier an die *Kastom Stones*, an ihre Zaubersteine, gehört. Es war Ralph Regenvanu, der junge Direktor des *Vanuatu Cultural Centre* in Port Vila, gewesen, der mir die Geschichte der Steine ans Herz gelegt hatte.[39] Wenn ich begreifen wollte, wie die Leute auf *Tanna* tickten, sollte ich die *Kastom Stones* nicht außen vor lassen, hatte er mir gesagt. In Kontakt gekommen war ich mit dem renommierten Anthropologen, weil ich ihn per E-Mail gefragt hatte, ob die heute in *Port Resolution* lebenden Menschen eigentlich Nachfahren der beiden Stammesverbände waren, die Georg Forster 1774 dort angetroffen hatte. Seine Antwort kam prompt: »Man kann verlässlich sagen, dass die Bevölkerung in *Port Resolution* bis zum frühen 20. Jahrhundert um neunzig Prozent zurückgegangen war. Insofern ist es möglich, dass andere Menschen zugezogen sind.« Doch fügte er ermutigender hinzu: »Einige Nachfahren der Clans, die Captain Cook dort 1774 begegnet waren, müssten heute noch da sein.«

Als ich mir, wie von Ralph Regenvanu empfohlen, die *Kastom Stones* in seinem Kulturzentrum in Port Vila genauer ansah, wurde mir klar, wie sehr die Entvölkerung der Insel und diese magischen Steine zusammenhingen. Denn angesichts der Gefahr ihrer Auslöschung leiteten *Tannas* Clan-Älteste eine Rückbesinnung auf ihre traditionelle Spiritualität ein, mal alternativ zum christlichen Glauben, mal in Koexistenz mit ihm. So stabilisierte sich im 20. Jahrhundert die traditionelle Lebensweise wieder, die auf festen Familienclans und ihrem Landbesitz beruhte und sich um den rituellen Tanzplatz – das *Nakamal* – drehte, auf dem sich allabendlich die Männer des Stammes zur Kawa-Zeremonie zusammenfanden.[40] Auch die zeremoniellen Pfade des Austauschs zwischen den verschiedenen Gruppen, die *Kastom-Trails*, wurden wieder befestigt. Sie bildeten und bilden die Grundlage für die Abfolge von Zeremonien im Jahresrhythmus der Menschen auf *Tanna,* – für die großen Feste an heiligen Tanzplätzen, den Gabentausch zwischen den Clans nach der Ernte und die rituellen Beschneidungszeremonien. Diese traditionelle Lebensweise – der *Kastom* – basiert auf der mythologischen Vorstellung, dass der Schöpfergott *Wuhngin* seine gestalterische Kraft auf Steine – die *Kastom Stones* oder *Kapiel* – übertragen hat. Spirituell gesehen war die Insel *Tanna* danach das Werk ganzer Horden von Zaubersteinen, denen auch alle Menschen und die Nahrungsmittel entschlüpft waren. In dieser magisch aufgeladenen Landschaft stand jeder Berg, jeder Fels und jeder Stein für eine schlafende oder höchst lebendige, negativ oder positiv wirkende Kraft.[41]

Dass es die magischen *Kastom Stones* waren, die auch die Haie in die *Shark Bay* riefen, war für Richard klar. »Eine Frage des Glaubens«, wie er mit Blick auf die drei blank gescheuerten Steine vor uns meinte. »Ozeanologen aus Frankreich meinen aber auch«, erzählte er weiter, »dass das Wasser in der Bucht durch die heißen Unterwasserquellen wärmer ist als anderswo an der Küste und die Haie das warme Wasser besonders mögen.« Als Inhaber einer kleinen Touristenpension hielt Richard offenbar immer auch eine Erklärung für skeptische Gäste parat.

Georg Forster blieben die magischen Steine im August 1774 ebenso verborgen wie die *Shark Bay*, doch »dass dort im Walde irgendwo ein gottesdienstlicher Versammlungs-Platz befindlich sey«, vermutete er sehr wohl. Er lokalisierte ihn genau dort, wo mir Richard die *Kastom Stones* gezeigt hatte, »an der östlichen Spitze des Havens«, wie er festhielt.[42] »Doch konnten wir es nicht zur Gewißheit bringen, weil uns die Einwohner allemal sorgfältig von dieser Gegend zu entfernen suchten.« Wenngleich dem Naturforscher der Zugang verwehrt blieb, hörte er doch Gesang herüberschallen. »Es pflegten nehmlich die Indianer auf dieser Landspitze an jedem Morgen, bey Tages Anbruch, einen langsamen feyerlichen Gesang anzustimmen, der gemeiniglich über eine Viertelstunde dauerte, und wie ein Todtenlied klang. Dies dünkte uns eine religiöse Ceremonie zu seyn«, wie er notierte.[43]

Tatsächlich machte Forster *Point Samoa* aus, den mit einem strengen Tabu belegten Haupt-Tanzplatz (*yimwayim*) des Clans der *Ireupuowmene*, an dem die Insulaner rituell Haie und Schildkröten fingen und ihre Sonnen- und Regenbeschwörungen zelebrierten.[44] Der enge Radius seiner Möglichkeiten, die Menschen und ihre Sitten auf *Tanna* zu erforschen, war Georg Forster dabei durchaus bewusst. »Von der Religion der Tanneser«, räumte er in seinem Reisebericht freimütig ein, »wissen wir nichts zu sagen.«[45]

Das Interesse der Forsters, mehr über den spirituellen Kosmos dieser neuen Kultur herauszufinden, blieb indes groß. Und so versuchten sie immer wieder, ihre Jagd nach neuen Tieren und Pflanzen in Richtung *Point Samoa* voranzutreiben. Doch die Einheimischen ließen sie nicht aus den Augen, sondern »folgten uns noch immer auf dem Fuße nach, fiengen an uns von neuem zu warnen, und endlich ganz offenbar zu drohen, dass sie uns schlachten und fressen würden, sofern wir darauf beharreten, weiter zu gehen«.[46] Georg Forster schien den Hinweis, erschlagen und verspeist zu werden, nicht wörtlich zu nehmen. Vor allem aber verstand er nicht, warum die Melanesier so »mißtrauisch« waren, sobald man sich ihrer Zeremonialplätze näherte.[47]

Aus Sicht der Tanneser waren die Männer der *Resolution* vermutlich *yarimus*, Geister der Ahnen, und konnten in gutem oder schlechtem Sinne aktiv werden.[48] Dass sie ebenso wirkmächtig wie aggressiv waren, hatten Cooks Männer schon mit ihren ersten Kanonenschüssen bei der Ankunft bewiesen. Es schien also geboten, sie als *tabu* zu betrachten. »Wenn wir ihnen etwas schenkten«, hielt Georg Forster fest, »so wollten sie es nie mit der bloßen Hand anrühren, sondern verlangten, dass wir es hinlegen sollten, und pflegten es dann, vermittelst eines grünen Blattes, aufzunehmen.«[49] Höflichkeit, Reinlichkeit oder eine »abergläubische Grille«? Georg Forster wusste es nicht. Auch Captain Cook machte die Erfahrung, dass seine Gäste die Speisen, die er ihnen an Bord reichte, nicht anrühren wollten, wie der vermeintliche König der Insel *Yogai*, der tatsächlich ein *yeremwanu*, ein ritueller Führer, war.[50]

Der Feuer speiende Vulkan der Insel, der *Mount Yasur*, galt in der spirituellen Welt der Einheimischen als Refugium der Ahnengeister – ein Ort, an dem die Steine schmolzen, ein magisch extrem aufgeladener Ort.[51] Aus diesem Grunde achteten die Einheimischen streng darauf, die Fremden von ihm fernzuhalten. Während die Naturforscher den leicht zu Fuß erreichbaren Krater schon aus mineralogischem Interesse nur zu gern untersucht hätten.

Maurice gab kräftig Gas, als er über das rötliche Lavafeld unterhalb des Vulkans raste. Offenbar war das seine »Formel 1«-Strecke, seine Entschädigung für das Schneckentempo im Busch. Die Fahne aus rötlichem Lavastaub und schwarzem Meeressand, die er hinter seinem Wagen herzog, konnte selbst mit den Dampfwolken des *Mount Yasur* konkurrieren. Sollte der Vulkan heute noch so grollen, wie Georg Forster es beschrieben hatte, so ließ ihm der Motor des Pajero keine Chance. In ein paar Minuten hatte Maurice den halben Krater umrundet. Und irgendwo im Busch öffnete sich schließlich eine Lichtung, die zum Parkplatz am *Mount Yasur* führte, wo ein einheimischer Führer auf vulkanhungrige Touristen wartete, um sie gegen ein gutes Salär nach oben zu führen.

»Und?«, fragte Maurice, nachdem wir so gegen sechs Uhr zusammen mit David, unserem etwa 30-jährigen Guide aus dem Nachbardorf, Richtung Krater losgezogen waren. »Wie findest du unseren Eiffelturm?« Es war eine bizarre Mondlandschaft, durch die wir jetzt die 360 Meter hinauf zum Krater kraxelten. Die braunen und schwarzen Lavaschlacken hatten sich fast übergangslos in den grünen Busch gefressen. Der Krater des *Mount Yasur* wirkte dagegen wie ein ockerbrauner Klumpen, dessen Silhouette vor meinem Auge merkwürdig oszillierte. »Er stinkt ganz schön«, ging ich auf Maurice' Frage ein. »Ja, er mag Schwefeldüfte, unser kleiner Kettenraucher«, meinte Maurice. »Und alle drei Minuten macht er sich eine neu an, gut 500 Mal am Tag.« Das hatte sich also verändert, ging es mir durch den Kopf. Forster hatte vor zwei Jahrhunderten eine andere Frequenz verzeichnet: »Von 5 zu 5 Minuten fuhr, mit donnergleichem Krachen, ein Flammenstoß daraus empor, wobey das unterirdische Getöse oft eine halbe Minute lang währete«, hatte er notiert.[52] Anscheinend hatte sich die Frequenz der Explosionen fast verdoppelt. Auf meine Frage, ob der *Mount Yasur* eigentlich nie so spuckte, dass er herannahende Besucher mit einem Brocken traf, schüttelte unser Bergführer heftig den Kopf. Nur einmal, im Mai 2010, seien Lavabrocken bis auf die Außenflanke des Vulkans geflogen, erzählte David. Damals hätte auch der Aufstieg für ein paar Wochen unterbleiben müssen, aber seitdem würden alle Vulkanaktivitäten noch genauer beobachtet. »Pas de problème«, griff Maurice mit seinem Lieblingssatz ein. »Der spuckt seit 800 Jahren, Todesopfer sind nicht bekannt!« Um alle Zweifel zu zerstreuen, reichte mir David schließlich sein Fernglas, als könnte ich mich nun selbst von der Harmlosigkeit des Feuer speienden Berges überzeugen. Ich setzte mich für einen Moment auf eine Plattform, auf der ein hellblauer Briefkasten mit der Aufschrift *Post Vanuatu* inmitten der Lavawüste installiert worden war – offenbar ein besonderer Touristengag. Davids Fernglas zahlte sich jedoch aus, zumal das schwindende Abendlicht den *Mount Yasur* allmählich leuchten ließ: Der Rauch über dem Vulkan reflektierte jetzt das rötliche Aufglimmen im Innern des Kraters. Wie oft hatte ich davon bei Georg Forster gelesen: »Das aufbrennende Feuer verschaffte uns jedesmal ein angenehmes und zugleich prächtiges Schauspiel. Es theilte dem Rauche, der in dicken Wolken kräuselnd empor stieg, wechselsweise, die glänzendsten Schattirungen von gelber, Orange-Scharlach- und Purpur-Farbe mit, welche endlich in ein röthliches Grau und dunkleres Braun verloschen. So oft ein solcher Flammen-Auswurf erfolgte, so oft ward auch die ganze waldigte Gegend des Berges plötzlich durch ein gold- und purpurfarbnes Licht erhellet, welches die verschiedenen Gruppen von Bäumen bald lebhafter, bald sanfter colorirte.«[53]

Es dauerte eine gute halbe Stunde, bis wir direkt unterhalb des Kraterrandes angekommen waren, buchstäblich in den letzten Augenblicken vor Sonnenuntergang, der die Ebene vor uns in warmes rotes Licht tauchte. Auf den letzten Metern zum südlichen Schlot markierten Holzpfosten den Weg. Inzwischen war auch das Krachen und Grollen sehr viel lauter geworden. Mit der Dunkelheit breiteten Nachtgrillen ihren schwirrenden Klangteppich aus, in den sich auf dem Kraterrand ein Zischen, Fauchen und Donnergrollen mischte. Und dann, während ich erwartungsvoll in die brodelnde Tiefe blickte, erlebte ich zum ersten Mal im Leben eine Vulkan-Explosion: Aus den wabernden grauen Dampfwolken im Trichter des Kraters schoss plötzlich mit mehrfach donnerndem Knall und ungeheurer Wucht eine kompakte dunkelgraue Rauchwolke wie eine Stichflamme aus der Tiefe über den Kraterrand hinaus in den Himmel, gefolgt von der fauchenden Explosion eines glühend roten Sprühregens, der das Kraterinnere grell erleuchtete. Ich trat unwillkürlich einen Schritt zurück. Das Erstaunliche war, dass sich dieses gewaltige Schauspiel vor den eigenen Augen abspielte, dass hier ein tausend Grad heißer Magmaregen – zum Greifen nah – in den brodelnden Kessel des *Mount Yasur* zurückprasselte. Dabei gab es eine seltsame Diskrepanz zwischen Sehen und Hören: Offenbar wirkte die Trichterform des Kraters wie ein Schalldämpfer, sonst wäre es für das Trommelfell wohl zu viel gewesen. So aber klangen die Eruptionen blechern, als wenn Becken und Schlagwerk in der Philharmonie einen Orchestersturm entfachten. Nur der im Drei-Minuten-Takt aufbrausende Bass der Explosionen machte akustisch die Naturgewalt deutlich, die sich hier tatsächlich austobte.

Johann Reinhold und Georg Forster wollten es auf *Tanna* natürlich nicht einfach hinnehmen, dass sie fünfzehn Tage lang einen aktiven Vulkan vor der Nase hatten, ihn aber nicht genauer untersuchen durften. Als der Mount Yasur »unruhiger als jemals« auch noch Felsklumpen »so groß als unser größtes Boot« aufschleuderte, machten sie einen neuerlichen Versuch, bis zum Krater vorzudringen.[54] Es gelang ihnen sogar, mehr als die Hälfte des Weges zwischen Port Resolution und dem Mount Yasur – »Assuhr«, wie Georg Forster den Namen wiedergab – unentdeckt zurückzulegen, »als plötzlich der Schall von einer oder zween großen Trompeten-Muscheln ertönte«. Was die Naturforscher zu raschem Rückzug veranlasste, da die Einwohner nun »in Allarm gesetzt« waren.[55] Wenige Tage später warf der Vulkan eine merkwürdige Asche aus »nadelförmigen, halb durchsichtigen Schörlkörnern« aus.[56] Wieder machten sich Cooks Naturgelehrte auf Richtung Mount Yasur. Um die Lage zu sondieren, erklommen sie zunächst einen benachbarten Berg, »von dessen Gipfel man den Volkan etwas genauer zu betrachten hoffen konnte«. Bis ein Trupp Einheimischer die Forsters aufspürte. Überraschenderweise versprachen die guten Leute, sie geradewegs auf den Vulkan zu führen. Eine List, wie Georg Forster bald feststellen musste, denn der Pfad führte so lange durch dichten Busch, »bis wir uns wider alles Vermuthen auf einmal am Strande befanden, von da wir hergekommen waren«.[57]

Wie ernst es den Bewohnern Tannas damit war, die Fremden von magisch aufgeladenen Orten wie dem Mount Yasur oder dem Tanzplatz von Samoa fernzuhalten, wurde schließlich bei einem dritten Versuch der Forsters deutlich, sich Zugang zu verschaffen. Diesmal stellten sich »funfzehen bis zwanzig Indianer in den Weg und baten uns, sehr ernstlich, umzukehren«. Mit der unmissverständlichen Botschaft, »dass ihre Landsleute uns ohnfehlbar todtschlagen und fressen würden, wenn wir noch weiter vordringen wollten«. Georg Forster hatte das Gerede vom Kannibalismus bislang nicht wörtlich genommen, er mochte die Bewohner Tannas, »die wir nimmermehr für Menschenfresser gehalten hätten« – nicht leichtfertig beschuldigen. Jetzt aber machten sie klar, »dass sie einen Menschen zuerst todtschlügen, hierauf die Glieder einzeln ablöseten, und dann das Fleisch von den Knochen schabten. Endlich setzten sie die Zähne an den Arm, damit uns gar kein Zweifel übrig bleiben sollte, dass sie würklich Menschenfleisch äßen.«[58]

Dass die Melanesier überaus geschickte Jäger, also auch Krieger waren, hatte Georg Forster schon bald nach der Ankunft bemerkt. Selbst Fünf- bis Sechsjährige waren mit der Schleuder, dem Wurfspieß oder dem Bogen sehr geschickt bei ihren »Krieges-Übungen«, wie er feststellte. Erstaunt beobachtete er, dass diese Kinder in der Lage waren, Schilfrohren, die sie vom Wegrand pflückten und zwischen Daumen und Zeigefinger schweben ließen, plötzlich »eine Schnellkraft mitzutheilen«, die die Halme tief in das feste Holz von Bäumen eindringen ließ.[59] Sie konnten ohne Zweifel auch töten. Aber warum der Kannibalismus? Die Ursache in einem Mangel an Lebensmitteln zu suchen, kam auf *Tanna* nicht in Betracht, »wo das fruchtbare Land seinen Einwohnern die nahrhaftesten Pflanzen und Wurzeln im Überfluß, und nebenher auch noch zahmes Vieh liefert«, wie Georg Forster feststellte.[60]

Forster, der Menschenforscher, musste seine Vorstellungen über die »Anthropophagie« überdenken, die er im November 1773 im neuseeländischen Charlotten-Sund entwickelt hatte. Damals war man in der *Indian-Cove* »auf die Eingeweide eines Menschen gestoßen, die nahe am Wasser auf einem Haufen geschüttet lagen«. Und kurz darauf auf eine Gruppe von *Maori*, die den Körper ihres etwa 15-jährigen Opfers zerteilten. Das Herz hatten die Krieger am Bug ihres größten Kanus aufgepflanzt und einer von ihnen spießte schließlich einen Lungenflügel auf, um ihn den Briten unter die Nase zu halten, wobei sie »zu verstehen gaben, dass sie das übrige gefressen hätten«, hielt Georg Forster fest.[61] Cooks dritter Offizier Richard Pickersgill kaufte schließlich den Kopf des Jünglings und Clerke, der Zweite Offizier, testete anschließend, ob es sich bei den Ureinwohnern *Neuseelands* um »würkliche Menschenfresser« handelte, indem er eine Wange des Jünglings an Deck der *Resolution* briet und einer Gruppe von *Maori* davon anbot. Sie verschlangen es »vor unseren Augen mit größter Gierigkeit«, notierte Forster.[62]

Zwei wichtige Details entgingen ihm trotz des schrecklichen Anblicks nicht. Am Kopf des toten Jünglings fehlte die Kinnlade und über einem Auge war der Schädel eingeschlagen. Wäre ihm die spirituelle Welt der Polynesier vertraut gewesen, so hätte er daraus seine Schlüsse ziehen können. Captain Cook wäre dazu in der Lage gewesen, denn er war während seiner ersten Weltumsegelung 1769 auf *Tahiti* Zeuge eines rituellen Menschenopfers geworden. Im *Marae* von *Atehuru* konnte er mitansehen, wie sich König O-Tu durch symbolisches Öffnen seines Mundes über dem Auge das Sehorgan des Menschenopfers »einverleibte«, umgeben von singenden Priestern mit den höchsten rituellen Insignien, dem roten Federgürtel (*maro'ura*) und einem Abbild des Kriegsgottes *Oro*. Mit diesem angedeuteten Verspeisen – tatsächlich wurde das Auge nach der Zeremonie mit dem toten Krieger hinter dem *Marae* begraben – nahm O-Tu das stärkende *Mana* in sich auf.[63]

Da in der Vorstellungswelt der Polynesier das *Mana* mit dem Kopf, insbesondere den Seh- und Sprechwerkzeugen, assoziiert war, fehlten am Schädel des Jünglings, den die *Maori* Pickersgill auf Neuseeland für zwei Nägel verkauften, dessen Attribute: das Auge, weshalb der Schädel an einer Braue eingeschlagen war, und die Kinnlade. Wie auf *Tahiti* oder *Hawaii*, wo Captain Cooks Kinnlade nach dessen Tod dem ranghöchsten Häuptling übergeben wurde, war das Prinzip des Transfers von *Mana* auch für die *Maori* in *Neuseeland* verbindlich. Wurde ein Feind getötet, konnten seine Körperteile für rituelle Zwecke verwendet werden. Diese zeremonielle Praxis war per se nicht kannibalisch, leistete dem Verzehr der rituell »nicht gebrauchten« Körperteile aber Vorschub. Die Integrität des toten Körpers – eine an der Auferstehung der Toten orientierte christliche Vorstellung – war in der polynesischen Kultur auch insofern nicht beheimatet, als sie ihre Toten nicht begruben oder verbrannten, sondern der verwesenden Zersetzung preisgaben und erst deren Knochen am *Marae* beisetzten.

Welchen Reim machte sich Georg Forster ohne dieses Wissen auf die »Menschenfresserei« der *Maori*? Die Crew der *Resolution* reagierte sehr unterschiedlich, wie er berichtete: Einige hatten Lust »mit anzubeißen«, als die Wange des toten Jünglings an Deck herumgereicht wurde, andere wünschten die Neuseeländer »alle todt zu schießen«. Und einer dritten Partei war der Anblick »so gut als ein Brechpulver«.[64]

Georg Forster zog ein anderes Säugetier zum Vergleich heran: Die Hunde auf den Inseln der Südsee, die wie auf *Tahiti* mit Früchten und Kräutern gefüttert wurden, seien wie das Schaf »Sinnbilder der größten Einfalt«. Die neuseeländischen Hunde hingegen bekämen auch Hundeknochen abzunagen, »und so werden die jungen Hunde, von Klein auf, Cannibalen«, während die Hunde vom Kap der Guten Hoffnung an Bord, Hunde »von europäischer Art«, Hundefleisch nicht anrühren mochten. Er leitete daraus eine sehr moderne Frage ab: »Vielleicht bringt auch die Erziehung neue Instincte hervor«?[65] Auf den Menschen bezogen bewahrte ihn die Idee der Erziehung, von Sozialisation und Entwicklung, vor rassistischen Fallstricken. Und so suchte er – bei allem Erschrecken – für den Kannibalismus der Neuseeländer eine Erklärung auf Augenhöhe: »Denn, so sehr es auch unsrer Erziehung zuwider seyn mag, so ist es doch an und für sich weder unnatürlich noch strafbar, Menschenfleisch zu essen. Nur um deswillen ist es zu verbannen, weil die geselligen Empfindungen der Menschenliebe und des Mitleids dabey so leicht verloren gehen können«, argumentierte er. Er war davon überzeugt, dass schon die »Einführung von neuem zahmen Schlacht-Vieh« auf der Doppel-Insel die Menschenfresserei rasch beenden würde. Vor allem aber sprach er den Europäern den moralischen Zeigefinger gegenüber den Menschen der Südsee ab: »Wir selbst sind zwar nicht mehr Cannibalen, gleichwohl finden wir es weder grausam noch unnatürlich zu Felde zu gehen und uns bey Tausenden die Hälse zu brechen, blos um den Ehrgeiz eines Fürsten, oder die Grillen seiner Maitresse zu befriedigen. Ist es aber nicht Vorurtheil, dass wir vor dem Fleische eines Erschlagnen Abscheu haben, da wir uns doch kein Gewissen daraus machen ihm das Leben zu nehmen?«[66]

Anders als im rauen Neuseeland lag auf *Tanna* kein offensichtlicher Mangel an Nahrungsmitteln vor. Und doch hatte man es auch hier mit Kannibalismus zu tun. Stimmten die Menschen in ihren Trieben und Begierden, in ihrer Natur, also doch nicht so sehr überein, wie Forster meinte? Nach dem, was er in *Tanna* gesehen und gehört hatte, kam er zu der Vermutung, der Kannibalismus auf der Insel resultiere »aus der *Begierde* nach *Rache*«.[67] Dieses Rachebedürfnis aber wollte er nicht als Eigenschaft niedrigerer Rassen verstanden wissen – Menschenliebe und Feindseligkeit trügen schließlich alle Menschen als »Triebräder« im Herzen. Vielmehr verstand er »Rachsucht« als Produkt einer bestimmten Entwicklungsstufe der Gesellschaft. Wieder zog er zum Vergleich Europa heran: Dort hätte sich die bürgerliche Gesellschaft darauf verständigt, Unrecht durch wenige Personen verfolgen zu lassen und auf individuelle Lynchjustiz zu verzichten. Wo ein solches Rechtssystem aber nicht bestünde, könne Unrecht zur »Rachsucht« führen – und diese aus Leidenschaft zu Kannibalismus.[68] Der

Entwicklungsstand der Tanneser, argumentierte Forster, ließe sich zum Beispiel an ihrem »Gebrauche, nie unbewaffnet zu gehen«, ablesen, ein Indiz dafür, dass sie »oft in innere Streitigkeiten unter sich« verwickelt wären. »Noch« – wie Georg Forster anfügte. Bis Entwicklung, Erziehung, Aufklärung zu einem weniger grausamen Weg führten, »Unrecht zu rügen«.[69] Mit diesem Verständnis der Entwicklung des Rechtssystems aus dem Schoß der Gesellschaft nahm Georg Forster intuitiv das dialektische Geschichtsverständnis vorweg, mit dem Hegel und Marx zwei, drei Generationen später die deutsche Philosophie revolutionieren sollten.[70]

Folgt man der Logik der Melanesier, die sich nicht an Zeit und historischen Abläufen orientiert, sondern am Raum, so ist das Land seit dem Besuch Cooks und Forsters extrem malträtiert worden. Was hatte der »Fortschritt« *Tanna* gebracht? Schon kurze Zeit nach Cooks Entdeckung und den Erkundungen der Forsters war das reichlich vorkommende Sandelholz auf *Tanna* sämtlich abgeholzt. Im 19. Jahrhundert waren es dann die Menschen, die mittels Täuschung, Drohung und Gewalt verschleppt wurden. *Blackbirding* nannte sich die massenhafte Rekrutierung von Melanesiern für Plantagen in Australien und *Fiji* oder für europäische Handels- und Fischereiflotten. Im 20. Jahrhundert schließlich überlagerten sich auf *Tanna* nicht nur die kolonialen Ambitionen der Briten und Franzosen und die militärstrategischen Bedürfnisse Amerikas im Krieg gegen Japan, sondern zudem die Interessen verschiedener indigener Fraktionen – der Überlebenden auf der Insel und der Zwangsarbeiter, die nach ihrer Verschleppung heimkehrten, der Traditionalisten und der Modernisierer. Die Reaktion der Tanneser auf dieses »Chaos des Fortschritts« war eine gewaltsame Revolte im Jahre 1978.[71] Eine Rebellion, in der Alexis Yolou, der Führer der *Kastom*-Bewegung, getötet wurde und die ohne Anführer zunächst scheiterte. Mit der Unabhängigkeit Vanuatus 1980 setzte sich jedoch das Nebeneinander »weltlicher« Dörfer und der *Kastom*-Dörfer durch. Tatsächlich leben die meisten Bewohner *Tannas* heute in einer Gesellschaft, die die Rückbesinnung auf den *Kastom* oder die Neu-Erfindung desselben praktiziert. In einer auch spirituell althergebrachten Gemeinschaft, an der Georg Forster mit seinen Einblicken aus dem August 1774 heute womöglich manches wiedererkennen würde.

»Es kam mir vor, als wären wir durch den Schlag einer Zauberruthe in ein anderes Land versetzt«, beschrieb Georg Forster einmal eine Reise vom belgischen Flandern in die Niederlande.[72] Die Ethnie blieb dieselbe, doch die Verhältnisse änderten sich – und mit ihnen die Menschen. Dies traf ebenso zu, sobald man von *Neukaledonien* nach *Tanna* kam. Sorgten die Melanesier im neukaledonischen Nouméa für Frankreichs größtes Fettleibigkeitsproblem, weil Sozialhilfe und vormundschaftliches Regime, *Baguette* und *Steak frites* das Übergewicht förderten, so traf auf die 400 Kilometer entfernt lebenden Melanesier auf *Tanna* noch immer zu, was Georg Forster 240 Jahre zuvor beobachtet hatte. Ihm sei »nicht ein einziger dicker, oder fetter Mann vorgekommen«, hatte er festgehalten. Die Bewohner seien »alle von berühriger Complexion und lebhaftem Temperament« und hätten »wohlgebildete, aber mehrentheils schlanke Gliedmaßen, wiewohl es auch an einzeln recht starken Kerln nicht fehlt«.[73]

Als ich Maurice fragte, ob es schwierig sei, ein traditionelles *Kastom*-Dorf auf *Tanna* zu besuchen, war seine Antwort einmal mehr *Pas de problème*. »Es gibt extra Touristenrouten dahin«, meinte er. Am besten, wir hörten uns einmal »mitten im Busch« um, vielleicht könnten wir uns dort für *Yakel* anmelden, ein *Kastom*-Dorf mit gut 600 Einwohnern. Da Gillian die Pension mittags gern leer hatte, um in Ruhe alles durchzufegen, fuhren wir gleich nach dem Essen los. Nach ein paar Minuten ging es am Fuß des *Mount Yasur* vorbei. »Faire dodo« – der Vulkan mache wohl ein Nickerchen – brüllte mir Maurice ins Ohr, während er mit seinem Pajero wieder über seine Formel-1-Piste bretterte. Tatsächlich waren die nächtlichen Explosionen, die sich 360 Meter höher abspielten, jetzt nicht einmal zu erahnen. Nach einer guten halben Stunde durch den grünen »Tunnel« tauchte ein großes Holzschild mit der Aufschrift *Middlebush* auf. Das hatte Maurice also gemeint, als er »von mitten im Busch« sprach. Wenig später steuerte er seinen Geländewagen in den Schatten und stellte den Motor aus. »Voilà: der größte lebende Organismus der Welt«, meinte er plötzlich und kreiste mit seinem Arm über unsere Köpfe. Ich sah mich überrascht um: Nur ein paar Schritte von der Straße entfernt wurden die meterhohen Brettwurzeln eines elefantenhäutigen Banyanbaums sichtbar. Aus dem Flechtwerk Hunderter Luftwurzeln schraubten sich an die zwanzig mächtige Stämme gen Himmel, die sich bis zu einer Höhe von dreißig Meter wieder und wieder verzweigten und in farnbewachsene, dichtbelaubte Äste ausliefen. »Ist das wirklich der größte Organismus der Welt?«, fragte ich nach. »Sieht man doch«, nickte Maurice. Was mich betraf, so hatte ich tatsächlich noch keine gewaltigere Baumkrone gesehen.

Als Georg Forster auf *Tanna* einen so »ungeheuren Feigenbaum« sah, hatte er auf der Suche nach neuen Spezies vor allem die vielen Vögel im Geäst des Baumes im Sinn, »die sich bey dem Überfluß an Früchten ganz wohl befinden mußten«.[74] Doch so angestrengt ich in den Banyan von *Middlebush* hineinlauschte: Er blieb – vielleicht aufgrund der Nähe zur Straße – stumm. Währenddessen hatte sich Maurice am Gemüsestand umgetan, wo zwei Frauen im Schatten des mächtigen Baumes Tomaten, Möhren und Zwiebeln verkauften. Doch leider hatte er keine guten Nachrichten für mich. Das *Kastom*-Dorf Yakel war in der nächsten Zeit schon »ausgebucht«, wie er es nannte. Ein australisches Filmteam war dort, um mit den Einwohnern über den Dreh eines Spielfilms zu verhandeln, in dem sie selbst die Hauptdarsteller sein sollten. Da sei erst einmal nichts zu machen, meinte Maurice bedauernd. Ich hörte erst Jahre später wieder von dieser Filmproduktion, die tatsächlich zustande gekommen war, nachdem sich die Clan-Ältesten von Yakel beraten und den Rahmen für die Filmarbeiten mit dem Regisseur vereinbart hatten. Am Ende war der Film so erfolgreich, dass er 2017 für einen *Oscar* als bester fremdsprachiger Film nominiert wurde und beim Filmfest von Venedig mehrere Preise erhielt – eine starke Romeo-und-Julia-Geschichte, die sich mit dem Brauch der arrangierten Ehen auseinandersetzte und dabei Einblicke in das Alltagsleben in einem *Kastom*-Dorf vermittelte.[75]

Dass ich Yakel selbst nicht besuchen konnte, war schade, andererseits wollte ich mich ohnehin noch einmal in *Port Resolution* umsehen, noch einmal in Ruhe die Gegend erkunden, wo Georg Forster die meiste Zeit auf der Insel verbracht hatte. Der Zugang zu dem kleinen Dorf *Ireupuow* auf der östlichen Landspitze konnte kaum idyllischer sein, weil der Weg erst durch ein dichtes Bambuswäldchen und dann durch eine lange Allee mit duftenden Trompetenbäumen führte, bis er in einer großen Grasfläche auslief, wie sie typisch für die traditionellen Tanzplätze der Siedlungen auf *Tanna* war. Den zentralen Punkt der Festwiese, die von laubgedeckten Hütten aus Flechtwerk gerahmt wurde, bildete eine etwas größere Hütte, die als kleine Kirche fungierte. Sie machte den Eindruck, die »festeste Burg« am Platze zu sein, der Fußboden war mit Flechtmatten ausgelegt; die zehn grob gezimmerten Sitzbänke sprachen dafür, dass hier regelmäßig Gottesdienste stattfanden. Vor der Hütte spielte eine Gruppe von Kindern, doch niemand hier widmete meinem Besuch allzu viel Aufmerksamkeit, auf mein »Bonjour« oder »Hello« reagierte man höchstens mit einem freundlichen Kopfnicken oder Lächeln. An den Wänden der Gemeindehütte fanden sich ein paar vergilbte Fotos, vor dem Holzpult, das als Kanzel dienen musste, stand eine Schale mit üppigen violetten Blüten. Ich wollte mir gerade eine Weltkarte an der Wand ansehen, die mit dem Motto »Promoting World Peace and Friendship« überschrieben war, als mich ein lautes »Welcome!« kurz zusammenfahren ließ. Doch der 35-Jährige in Jeans, T-Shirt und mit Flip-Flops streckte mir freundlich seine Hand entgegen und stellte sich als Sohn des Clan-Ältesten vor. Johnson lud mich herzlich ein, das kleine Dorfmuseum zu besichtigen. Eine Spende wäre willkommen, zeigte er auf ein großes leeres Einmachglas am Eingang der Museumshütte, man sammelte gerade für Schulhefte für die Kinder des Dorfes. Tatsächlich konnte die Museumshütte mit jedem ethnologischen Museum konkurrieren. Zudem konnte Johnson den Gebrauch vieler Ausstellungsstücke demonstrieren, wie den Umgang mit einer Holzgabel, mit der beim Schildkrötenfang der Kopf des Tieres fixiert wurde, oder die Benutzung der verschiedenen Schleudern für die Jagd. Ein unscheinbares Set weißer Federn hatte enorme zeremonielle Bedeutung: Die Federn wurden jungen Frauen auf dem Weg zur Beschneidung ins Haar gesteckt, auf dass einer ihrer Cousins sich ein Exemplar ergatterte, um das Mädchen später heiraten zu können. Besonders in *Kastom*-Dörfern war das Heiraten zwischen Cousin und Cousine nach wie vor fester Brauch. Zu seinen wertvollsten Exponaten zählte Johnson auch ein Bambusmesser, mit dem männliche Jugendliche beschnitten, und eine Muschelschale, mit der die Schamlippen junger Mädchen eingeritzt wurden. Beides flößte mir, der ich mehrfach über Genitalverstümmlung in Westafrika berichtet hatte, Unbehagen ein. Wäre schon Georg Forster auf diese Rituale gestoßen, hätte er auch dafür einen Vergleich mit Praktiken in Europa gefunden?

Wie Bambusmesser und Muschelschale gehörte auch der Bast des *Burao*-Baums, aus dem die Röcke für die rituellen Tänze des Tanneser gefertigt wurden, zur Sammlung von Utensilien, die auch heute noch für das Beschneidungsfest gebraucht wurden – das wichtigste Fest auf *Tanna* unmittelbar nach der Yamsernte im April.[76] Eine Zeremonie, die mit dem Pflanzen einer Kokospalme beim Vergraben der Vorhaut des Beschnittenen endete, wie Johnson erzählte, sodass jeder Mann auf Tanna eine eigene Palme besaß, die zugleich seine Fruchtbarkeit symbolisierte.

Georg Forster hatte die Bekleidung der Männer auf *Tanna* ein besonderes Rätsel aufgegeben, bei der »die männlichen Geburtsglieder … mit den Blättern einer Ingwer ähnlichen Pflanze bewickelt« und am Gürtel festgeknüpft werden, wie er beobachtet hatte.[77] Mit Schamhaftigkeit – vermutete er – könne das wohl nichts zu tun haben, zumal die Hülle eher betonte, was andernorts verdeckt werden sollte. Im Museum von *Ireupuow* waren diese Penisfutterale ausgestellt. Und Johnson hatte keine Scheu, mir zu erklären, dass die Männer auf Tanna diese *Nambas* auch heute noch trugen, in den *Kastom*-Dörfern als einziges Kleidungsstück, in anderen Dörfern unter der Jeans oder den Shorts. Denn die Verhüllung sollte vor Geistern, magischen Blicken und Unfruchtbarkeit schützen und durfte nur in der Dunkelheit der Nacht gewechselt werden. Georg Forster hätte das womöglich bei einer Übernachtung in einem Männerhaus in *Port Resolution* feststellen können. Nur achteten die Tanneser streng darauf, den weißhäutigen Geistern bei Anbruch der Nacht aus dem Wege zu gehen.

Johnson griff sich gerade einige Pfeile von einem Ausstellungsregal, um mir zu erklären, welche Pfeilspitze für welche Jagdbeute taugte, als ein rüstiger alter Herr zu uns trat und Johnson etwas zurief. Während mein rühriger Museumsführer einen Bogen von der Wand nahm, um ihn dem alten Mann zu reichen, stellte er ihn als seinen Vater vor, Ron, den Clan-Ältesten von *Ireupuow*. In gewisser Weise – ging es mir durch den Kopf – war er der Amtsnachfolger des alten Pao-vjangom, des Friedensstifters bei der Ankunft der *Resolution*. Doch mit diesem Namen konnten Ron und sein Sohn Johnson nichts mehr anfangen. Was den Bogen betraf, den sich Ron hatte reichen lassen, war er ebenso wie die Pfeile kein wirkliches Schaustück des Museums, sondern diente dem Clan-Ältesten nach wie vor zur Jagd. Die Waffen wanderten nur dann ins Museum, wenn sie gerade nicht gebraucht wurden. Und so wollte es Ron nun auch übernehmen, mir die Treffgenauigkeit seines Bogens zu demonstrieren.

Ron, der Clan-Älteste von Ireupuow, mit Pfeil und Bogen.

Nach dem, was ich bei Georg Forster über die Geschicklichkeit der Tanneser gelesen hatte, war ich nicht wirklich überrascht, dass der 70-Jährige die Jack-Frucht auf Anhieb traf, die ich ihm in ungefähr 25 Metern Entfernung gezeigt hatte. Während eine Horde Kinder loslief, um Frucht und Pfeil einzusammeln, sah ich mir im Dorfmuseum eine Pinnwand mit bunten Fotos an: Aufnahmen einer Herrenrunde beim Kawa-Trinken, ein verwischtes Bild aus der Vogelperspektive, auf dem Hunderte Tänzer um einen Banyanbaum wirbelten, und Fotos von einem *Laplap*-Festmahl, bei dem mit Vulkangestein gedämpfte Yamswurzeln und Brocken von Fleisch auf einem bananenähnlichen *Laplap*-Blatt serviert wurden. Das nächste Foto aber – die Aufnahme eines alten europäischen Ölgemäldes – wollte nicht so recht in diese Reihe passen. Aber nur auf den ersten Blick. Denn dieses Gemälde korrespondierte, wie Johnson mir erklärte, mit dem *Laplap*-Mahl auf dem Foto davor, genauer: mit den Fleischbrocken darauf. Das traditionelle Festessen wurde auf *Tanna* nämlich über Jahrhunderte auch mit Menschenfleisch zubereitet, erzählte Johnson, während er auf leblose menschliche Körper auf dem abfotografierten Gemälde tippte.

Kannibalisches Fest auf der Insel Tanna *nannte der britische Maler Gordon Frazer das Gemälde, das er nach seinem Besuch auf der Insel 1889 malte.*

Der britische Maler Gordon Frazer – er war 1889 auf den Spuren Captain Cooks nach *Tanna* gekommen – hatte etwas auf die Leinwand gebracht, das es bis heute vor allem als Gruselgeschichte gab. »Kannibalisches Fest auf der Insel Tanna« nannte er sein Bild, das 1891 in Melbourne ausgestellt worden war.[78] Was er da auf seinem Bild festgehalten hatte, war ein *Niel*-Fest, bei dem riesige Stapel meterlanger Yamswurzeln zwischen befreundeten Clans ausgetauscht wurden. Zwischen diese Stapel hatte Frazer vier Lastenträger platziert, die eben einen gefesselten Mann abgeladen hatten, während gerade die nächste Trägergruppe eintraf, um einen weiteren leblos an einer Stange baumelnden menschlichen Körper abzuliefern.

»Es gibt eine Menge Leute auf unserer Insel, die behaupten, dass es hier um ihre Vorfahren ginge, aber eigentlich fand dieses Fest in *Yenkahi*, ganz in der Nähe des *Mount Yasur* statt«, erzählte Ron, während er Pfeil und Bogen wieder in ein Museumsregal legte. Mir wurde vor Frazers Gemälde sehr bewusst, dass der Clan-Älteste und sein Sohn emotional ganz anders mit diesem Bild umgingen als ich. Die beiden sprachen routiniert über das Thema – wer weiß, wie oft sie mit Besuchern schon vor dieser Wand gestanden und Frazers Kannibalenfest erläutert hatten –, während der Anblick der menschlichen Schlachtopfer bei mir eine ganze Palette unterschiedlichster Gedanken und Gefühle auslöste. Plötzlich erinnerte ich mich an eine Recherche, die ich Jahre zuvor über einen Fall von Kannibalismus in Rothenburg gemacht hatte. Auch ein Gespräch mit dem Tübinger Ethnologen Thomas Hauschild über Rituale und Gewalt kam mir wieder in den Sinn. Hauschild hielt Geschichten über Menschenfresserei, die mit den großen europäischen Entdeckungsreisen aufkamen, für fiktive Storys, die die Ausplünderung, Versklavung und oft auch Vernichtung der »Barbaren« rechtfertigen sollten.[79] Ron und sein Sohn Johnson hingegen hielten den Kannibalismus auf *Tanna* für ganz real und bestätigten damit Georg Forsters Reisebericht.

Wann aber, fragte ich die beiden, hatten die Leute auf *Tanna* eigentlich aufgehört, Menschenfleisch zu essen? Offenbar waren sie vor 100 Jahren noch nicht davon abgekommen. »Mein Vater hat früher selbst noch Leute für diese Zeremonie ausgesucht«, antwortete Johnson ganz unaufgeregt. Ich war mir nicht ganz sicher, ob mir da nicht ein Übersetzungsfehler unterlaufen war. Doch von den Gesichtern der beiden war, sosehr ich mich bemühte, keine Regung abzulesen. Also fragte ich noch einmal nach. Meinte Johnson wirklich die Auswahl eines Menschen, um ihn aufzuessen? Sollte ich das glauben? Doch das Thema taugte nicht für einen Scherz, der Clan-Älteste und sein Sohn wirkten vollkommen ernsthaft. Also war Ron, der rüstige Herr vor mir in Shorts und Badelatschen, einst Herr über Leben und Tod gewesen? Das konnte doch nicht stimmen. Wie hatte er denn eine solche Entscheidung getroffen? Johnson übernahm erneut die Erzählerrolle, während sein Vater nur zuhörte und ab und an nickte. Danach gab es ein rituelles Prozedere, in dem der Clan-Älteste – vermeintlich ohne eigenen willkürlichen Eingriff – den Todeskandidaten ermittelte. Er arrangierte dazu unter rituellen Gesängen einige Kawa-Blätter, Holzstöckchen, Steine und Asche auf dem Erdboden und fiel singend in Trance. Wenn er nach ein oder zwei Stunden wieder »erwachte«, konnte er den Namen des Todeskandidaten bekannt geben. Er erschien insofern nicht als Richter, sondern als Überbringer der Nachricht. Doch traf es immer »bad people«, Gewalttätige, Unheilstifter und Schadenzauberer, meinte Johnson, Männer oder Frauen, die ein Tabu verletzt hatten. »Und heute?«, fragte ich, noch immer recht ungläubig, nach. »Keine Angst«, erschien nun doch

423

Die Rituale mit Blättern, Holzstäbchen und Erde dürfen Fremde in Ireupuow *heute beobachten, der Zweck bleibt tabu.*

ein verschmitztes Lächeln auf Johnsons Gesicht: »Heute essen wir Schweine.«

Sollte ich das wirklich glauben? Nach den Angaben einiger Ethnologen, die sich mit Kannibalismus auf *Tanna* beschäftigt hatten, waren es Mitte des 19. Jahrhunderts 28 höhere Clans auf der Insel, die rituell Menschenfleisch verzehrten. Für den Transport von Gefangenen und Erschlagenen spannte sich ein mit Tabu belegtes Wegenetz über *Tanna*, auf dem die Menschenopfer im Tauschhandel gegen Schweine von einem Zeremonialplatz zum nächsten gebracht wurden. Der Zweck des Rituals war auch hier die Aufnahme des *Manas* der Feinde zur Stärkung des eigenen Clans.[80] Dabei war es den Häuptlingen eines höheren Clans selbst überlassen, die Entscheidung darüber zu treffen, wen das Schicksal ereilen sollte, wobei der Verzehr von Menschenfleisch in Friedenszeiten nur gelegentlich erfolgte und nicht an bestimmte Feste oder Rituale gebunden war.[81]

Aber konnte das auch noch 1960 gegolten haben? Ein Indiz in diese Richtung war eine aktuelle Schilderung von regelmäßigem Kannibalismus in Vanuatu, die ein neuseeländischer Reporter geliefert hatte, der auf *Espiritu Santo* ein halbes Jahr mit einem Pygmäenstamm im rauen Innern der Insel gelebt und angeblich Kannibalismus beobachtet hatte. Doch war ich von der Glaubwürdigkeit dieses Berichts nicht ganz überzeugt.[82] Als ich mich vom Clan-Ältesten von *Ireupuow* und seinem Sohn verabschiedete, konnte ich meine Verunsicherung wohl nicht ganz verbergen. »Ist schon sehr lange her«, rief mir Johnson aufmunternd zu und klopfte mir auf die Schulter.

Auf meinem Küstenpfad zurück zur Pension ging mir durch den Kopf, wie oft Georg Forster in einer solchen Situation gesteckt haben musste – als Empfänger von Informationen, die er nicht überprüfen konnte. Hörensagen, dem er vertrauen musste. Auch in dem Zwiespalt, ob seine Schilderung der fremden Kultur nicht Vorurteile gegenüber den »Wilden« bestätigen, das Überlegenheitsgefühl der Europäer verstärken und ihren Chauvinismus anheizen könnte. Georg Forster jedenfalls blieb trotz seiner grausamen Entdeckung dabei, den Menschen auf *Tanna* »Gastfreyheit und allgemeine Menschenliebe« nicht abzusprechen. »Dass sie unerschrocken und tapfer waren, zeigte sich bey jeder Veranlassung; auch für großmüthig muß ich sie erkennen.«[83] Das Ergebnis dieser ersten Begegnung europäischer Menschenforscher mit Bewohnern Vanuatus war eine Reihe genauer Beobachtungen und Beschreibungen: der Menschen und ihrer Erscheinung, ihrer Haartracht und ihres Körperschmucks, von landwirtschaftlichen Anbaumethoden und Handwerkstechniken, Werkzeugen und Waffen bis hin zu ihrer Ernährung und Musik. Johann Reinhold und Georg Forster hielten zudem zahlreiche Hypothesen zum inneren Gefüge der Familienclans auf *Tanna* fest – von der geringen hierarchischen Stufung bis zum harten Umgang der Männer mit ihren Frauen, den Georg Forster allerdings als unwürdig attackierte.[84]

Der Strand von *Port Resolution* war auf meinem Heimweg zur *Turtle Bay* fast menschenleer. Nur an der sprudelnden Heißwasserquelle im Westen hatte sich eine fünfköpfige Familie niedergelassen, die offenbar mit einem Auslegerboot hierhergekommen war, das neben ihnen im Sand lag. Ungefähr 500 Meter davon entfernt, inmitten der runden Bucht, hatte im August 1774 die *Resolution* geankert. Am Strand hatten Cooks Seekadetten gleich nach der Landung ihre Linie in den Sand gezogen, um ein Territorium zu kennzeichnen, dass die Einheimischen, mit Ausnahme des alten Pao-vjangoms, nicht betreten durften. Eine Grenze, gezogen von Eindringlingen – eine Provokation für die jungen Krieger des weniger friedlichen Stammes im Westen von Uea. Am 19. August 1774 kam es zum Zusammenstoß: Mehrere Krieger demonstrierten ihren Unwillen gegen die künstliche Trennlinie, indem sie sie mehrmals kreuzten – wohl auch ein Akt, um das Tabu der Fremden zu brechen. William Wedgeborough, der diensthabende Seekadett, reagierte gereizt, schrie die Einheimischen an, drohte ihnen. Bis einer der Krieger seinen Bogen auf den Seekadetten richtete. Und Wedgeborough, das Gewehr im Anschlag, abdrückte – mit Blei, ohne Vorwarnung, aus nächster Nähe.[85] Georg Forster war entsetzt: »Zween Männer saßen im Grase und hielten einen Dritten, todt, in ihren Armen. Sie zeigten uns eine Wunde, die er von einer Flintenkugel in die Seite bekommen hatte und sagten dabey mit dem rührendsten Blick: »er ist umgebracht.«[86] *Markom* riefen sie wieder und wieder, das traurigste Wort in der melanesischen Vokabelliste der Forsters.[87] Die Entdeckung der Insel durch Captain Cook, die Erkundung der unbekannten Kultur durch Johann Reinhold und Georg Forster, dieser erste Kontakt zwischen Europäern und Melanesiern: Einmal mehr auf dieser Reise endete alles mit einem Blutvergießen. »Waren wir jetzt noch besser, als andere Fremdlinge?«, fragte Georg Forster, »oder verdienten wir nicht weit mehr Abscheu, weil wir uns, unter dem Schein der Freundschaft eingeschlichen hatten, um sie hernach als Meuchelmörder zu tödten?«[88] Ein 20-jähriger junger Mann – Feuerkopf, Vernunftsgläubiger, Idealist – warf fernab der Heimat, inmitten der Weiten des Pazifischen Ozeans, die Frage nach der Humanität des eigenen Handelns auf.

Als Captain Cook am Morgen nach diesem Vorfall, die Rache der Tanneser fürchtend, die Anker lichten ließ, machte Georg Forster erfreut die Beobachtung, dass die Einheimischen den Mord vergeben hätten.[89] Hier aber irrte er. Die Bewohner von *Port Resolution* schilderten den Vorfall zwei Jahrzehnte später einem Missionar. Dabei stellte sich heraus, dass sie nichts zu vergeben hatten. Denn ihre Version des tödlichen Geschehens am Strand sah ganz anders aus. Danach hatte Captain Cook kurz vor dem tödlichen Schuß die Hütte eines todkranken Häuptlings in *Ireupuwo* besucht. Wenig später hatte er den Mann ausfindig gemacht, der den Häuptling durch seinen Schadenszauber krank gemacht hatte. Und schließlich für dessen Ende – Wedgeboroughs tödlichen Schuss am Strand – gesorgt. Worauf der alte Häuptling bald wieder von seinem Krankenlager auferstanden war.[90]

An meinem letzten Abend im *Turtle Bay Inn* spendierte mir Gillian die Hälfte ihrer zwei Stunden Fernsehzeit. Maurice hatte ihr erzählt, dass ich das *Kastom*-Dorf Yakel wegen des australischen Filmprojekts nicht besuchen konnte, und so hatten die beiden eine DVD zum Thema *Kastom* auf *Tanna* besorgt. *Gott ist Amerikaner* hieß der französische Dokumentarfilm, der in White Grass, zehn Kilometer nördlich von *Port Resolution*, gedreht worden war.[91] Das Erstaunliche: Der Titel war keine Metapher, sondern stimmte wortwörtlich. John Frum, ein schwarzer amerikanischer Soldat, der im Zweiten Weltkrieg – tatsächlich oder der Legende nach – auf *Tanna* stationiert war und großzügig Lebensmittel verteilt hatte, wurde in mehreren Dörfern der Insel als Messias zurückerwartet. *Cargo-Kult* nannte sich diese Bewegung, der zwanzig Prozent der Einwohner *Tannas* anhingen. Zu ihrer täglichen Praxis gehörte das Hissen der US-Flagge über White Grass und das Exerzieren mit Holzgewehren in bunten Fantasieuniformen. Isaac, der Clan-Älteste, telefonierte unter dem mächtigen Banyanbaum von White Grass sogar mit Vertrauten von John Frum und gab deren Informationen an die Gemeinde weiter. Höhepunkt des Films war eine Szene, in der Isaac nach einem längeren Gespräch den Telefonhörer wieder einhängte. Und man plötzlich begriff, dass das Telefon nirgends angeschlossen war. Das Verbindungskabel endete im Nichts, wie eine der Luftwurzeln des Banyanbaums.

Mir ging dabei durch den Kopf, dass der Versuch einer rationalen Welterkundung, wie ihn Georg Forster auf seiner Weltreise unternommen hatte, der grenzenlosen Vorstellungswelt des Menschen nie ganz beikommen konnte. Forsters Idee der Gleichheit der Menschen aber galt auch für das Reich der menschlichen Fantasie: Die einen glaubten an die Auferstehung der Toten und das ewige Leben, die anderen an einen amerikanischen GI, der ihnen das Himmelreich auf Erden schenken würde. Dabei lebten die Leute auf *Tanna* – laut *Happy-Planet-Index* – doch längst im Paradies.

Sydney: 33° 51' Süd, 151° 12' Ost

Kapitel 9
Fundsachen

Georg Forster ist nie hier gewesen. Und doch stößt man in Australien häufiger auf Spuren der Forsters. In aller Öffentlichkeit sogar, an prominenter Stelle. Nicht weit entfernt vom berühmten Opernhaus von Sydney versucht eine Araukarie, die Wolkenkratzer ringsum an Höhe zu überbieten. Sie ist bei Weitem nicht so gewaltig wie das 1775 von den Forsters nach Kapstadt mitgebrachte Exemplar. Doch der schlanke Baum vor der altehrwürdigen Staatsbibliothek fällt durch ein Schildchen auf, das in Augenhöhe an seinen Stamm gepinnt ist. Besucher des kleinen Stadtparks, die sonst strikt auf den sauber eingefassten Pfaden der *Domain* zu bleiben haben, dürfen hier ausnahmsweise vom Weg abweichen, um den Text zu lesen. »Araucaria columnaris. New Caledonia Pine«, lautet die Überschrift. Doch folgt kein botanischer Hinweis, sondern eine kleine Anekodote: »Cook sah diese Bäume von der See her 1774«, heißt es, »und debattierte mit seinen ›Philosophen‹, den Forsters, ob dies Bäume wären oder Basaltsäulen. Cook wußte es besser.«

Der Hintergrund: Johann Reinhold Forster glaubte bei der Annäherung an das unbekannte *Neukaledonien* durch sein Fernglas eine Reihe von Basaltsäulen an der Küste zu erkennen, die ihn an den nordirischen *Giant's Causeway*, an den »Damm der Riesen« aus Tausenden Basaltsäulen nördlich von Belfast erinnerten.[1] James Cook hingegen war sicher, dass er lediglich hochgewachsene Bäume vor sich hatte – er kannte ähnliche Bäume auch schon von seiner ersten Weltumseglung aus Australien – und wettete entsprechend gegen den alten Forster. Bei der Landung auf *Neukaledonien* wurde der Irrtum des deutschen

Eine Araukarie mit Hinweis auf Captain Cook und die Forsters im Zentrum von Sydney.

Naturforschers schließlich offenbar, sodass der Kapitän einen Wettgewinn von mehreren Flaschen Wein einstreichen konnte. Dass aber der Seemann in dieser naturwissenschaftlichen Frage über den Gelehrten den Sieg davontrug, machte die Araukarie zunächst bei der Crew der *Resolution* und später im gesamten angelsächsischen Raum so populär, dass sie dort Cook-Kiefer, *Cook Pine*, genannt wird.

Als ich im November 2007 zum ersten Mal auf dem Weg in die *Mitchell Library* von Sydney war – oder offiziell: in den historischen Flügel der Staatsbibliothek von New South Wales –, war ich doch verblüfft. Vor dem Gebäude stand der Baum, dessen erste historische Abbildung ich mir im Handschriftensaal der Bibliothek ansehen wollte – Georg Forsters *Araucaria columnaris*. Aufmerksam geworden war ich auf diese einzige Pflanzenzeichnung Forsters in einem australischen Archiv durch eine amerikanische Veröffentlichung zur Forster'schen Botanik. Darin war der Baum in Schwarz-Weiß abgebildet, mit der Anmerkung, er sei für Masten sehr großer Segel geeignet.[2]

Ein halbes Jahr später erhielt ich aus Sydney eine Kopie des Aqua-

Die von Georg Forster im September 1774 auf der neukaledonischen Île Améré zu Papier gebrachte Araukarie (Araucaria columnaris).

Ein Fundstück in Sydney: Diesen Gepunkteten Drückerfisch (Balistes punctatus) aus dem Atlantik hat Georg Forster zu Beginn der Reise zu Papier gebracht.

rells für die illustrierte Ausgabe von Forsters *Reise um die Welt*, wo es zum ersten Mal in Farbe veröffentlicht wurde.³ Doch hatte ich das Original noch nie gesehen, was ich nun bei einem Zwischenstopp auf dem Weg nach *Neuseeland* nachholen wollte.

Der Weg in den Handschriftensaal der Bibliothek hatte etwas von einer Prozession: Erst die zwanzig Stufen der gewaltigen Freitreppe hinauf zum mächtigen Portikus mit seinen dorischen Säulen, dann durch Flügeltüren und lange Gänge, die von den Absätzen der Schuhe meiner Begleiterin widerhallten, bis zu einem holzgetäfelten Saal, dessen Fußboden mit einem weichen Teppich ausgelegt war und dessen Mitte von einem langen Tisch mit dunkelgrüner Lederbespannung beherrscht wurde. Jeremy, wie sich der Bibliothekar dort flüsternd vorstellte, hatte mit dem Rollwagen bereits eine große blaue Plastikbox aus dem Fundus hierhergebracht. Man sei sich bei der Zuordnung der Zeichnungen von Cooks zweiter Reise nicht immer ganz sicher, erklärte er mir, hoffe aber, das Gewünschte gefunden zu haben. Schließlich streifte sich Jeremy die weißen Handschuhe über und öffnete das Konvolut, in dem Forsters Zeichnung in einem Buch mit vielen weiteren Bildern zusammengebunden war.

Die Bezeichnung dieser Sammelmappe war etwas verwirrend, sie lautete: *South Sea Birds. Drawings by Admiral Isaac Smith*.⁴ Doch bevor ich genauer darüber nachdenken konnte, blätterte Jeremy zielsicher zum Ende der Mappe, wo Forsters Araukarie zum Vorschein kam. Was mich immer wieder in Erstaunen versetzte, war der Zustand eines solchen mit Wasserfarben getuschten Bildes nach so langer Zeit. Nachdem es Georg Forster 1774 vermutlich noch in *Neukaledonien* oder auf der anschließenden Reiseetappe zum Kap Hoorn angefertigt hatte, musste es durch alle Klimazonen transportiert werden, von den antarktischen Gewässern über den Äquator bis in die gemäßigten Breiten Englands, und auf einer neuerlichen Reise um den Globus wieder zurück in den Südpazifik nach Australien. Dennoch war es nach fast 250 Jahren ohne Altersspuren. Als ich das Original genauer betrachtete, fielen mir zum ersten Mal die vielen winzigen Pinselstriche auf, mit denen Georg Forster die Nadeln der federwischartigen Äste der Araukarie sehr plastisch aufs Papier gebracht hatte.

Wie lange schaut man eine solche Arbeit an? Sydney lag jenseits meiner Forster-Route, vermutlich würde ich die Zeichnung nur dieses eine Mal vor mir sehen. Eine Zeichnung von Forsters eigener Hand. Hatte er sie unter freiem Himmel angefertigt? An Land, auf der Île des Pins? Oder unter Deck, an seinem kleinen Schreibtisch? Irgendwann drang Jeremys Räuspern an mein Ohr. Wollte ich die anderen Zeichnungen denn auch sehen? Ich war zwar wegen Forsters Araukarie hier, ging es mir durch den Kopf, aber warum nicht.

Tatsächlich hatte es das Konvolut in sich: Es waren Vogelzeichnungen, von denen mir viele auf Anhieb bekannt vorkamen. Forsters Weißkopfliest von den Kapverden zum Beispiel, der im Verzeichnis der hiesigen Bibliothek als *Kingfisher from Friendly Islands, ques. if not from New Hebrides* firmierte – als Eisvogel aus Tonga oder Vanuatu. Tatsächlich handelte es sich um eine dritte Version der Forster'schen Abbildung, die ich schon aus London und Gotha kannte.[5]

Viele weitere Zeichnungen konnte ich als Doubletten von Forster-Zeichnungen identifizieren, von denen bereits eine Fassung im Londoner *Natural History Museum* lag: die Tonga-Fruchttaube mit dem Höckerschnabel, der plattfüßige Zügelpinguin vom Kap der Guten Hoffnung oder die Felsenscharbe aus Feuerland mit den roten Augen.[6]

Jeremy teilte einerseits meine Freude über die unverhoffte Entdeckung von Forster-Bildern in *down under*, andererseits schien er sich für die irreführende Inventarliste der Sammelmappe entschuldigen zu wollen, die die abgebildeten Vögel durchgängig falsch bezeichnete.[7]

Aus der geplanten halben Stunde in der *Mitchell Library* wurde ein ganzer Tag, an dem ich das Konvolut für genauere Recherchen ablichten durfte.

Einige Monate später stand fest, dass sich unter den 54 Tierzeichnungen sieben Unikate befanden: Zeichnungen Georg Forsters, die bis dahin unbekannt geblieben waren, einmalige Bilder seiner *Reise um die Welt*, die ich kurz darauf erstmals veröffentlichen konnte.[8]

Um herauszufinden, welche Vogelarten auf diesen Unikaten abgebildet waren, bat ich zwei beschlagene Vogelkundler um Hilfe.[9] Drei dieser einmaligen Forster-Zeichnungen stellten sich als besonders interessant heraus. Zum ersten Mal tauchte eine Tuschzeichnung der Norfolkinsel-Fruchttaube auf, einer Vogelart, die schon bald nach ihrer Entdeckung durch die Forsters ausgestorben war und deren Existenz allein durch einen ausgestopften Vogelbalg in der naturkundlichen Sammlung der Rothschilds im englischen Tring überliefert wurde.[10] Auch die Abbildung eines neukaledonischen Weißbauchhabichts war besonders bemerkenswert. Sie zeigte eine Sperberart, die 1859 in das Verzeichnis der Vogelarten aufgenommen worden war, während Georg Forster sie schon 85 Jahre früher bei der Entdeckung *Neukaledoniens* zu Papier gebracht hatte, nachdem er den Vogel auf der *Îles des Pins* erlegt hatte.[11] Ungewöhnlich war auch die Abbildung eines Drückerfischs vor schwarzem Hintergrund, einer kontrastreichen Darstellungsweise, mit der Georg Forster am Anfang der Weltreise experimentierte.

Doch wie kamen Georg Forsters Bilder nach Sydney? Bis zur Entdeckung der Bilder in der *Mitchell Library* hatte ich angenommen, dass sich sämtliche Unikate von Forsters Tier- und Pflanzenabbildungen durch den Verkauf an Sir Joseph Banks im Londoner *Natural History Museum* befanden.[12] Doch nun stand fest, dass entsprechende Beteuerungen der Forsters nicht ganz stimmten.[13] Nach einigen Recherchen ließ sich der Weg der Bilder nach Australien erhellen. Danach waren Forsters Bilder ursprünglich im Besitz von Admiral Isaac Smith gewesen, eines Cousins von Captain Cooks Ehefrau. Der junge Smith hatte Cook sowohl auf der ersten, als auch auf der zweiten Weltumseg-

*Der neukaledonische Weißbauchhabicht (*Accipiter haplochrous*): eines der von Georg Forster in Sydney vorliegenden Unikate.*

lung – an der Seite der Forsters – begleitet. Berühmt wurde er schon als 18-Jähriger, als ihm Captain Cook im April 1770 die Ehre überließ, seinen Fuß als erster Europäer auf australischen Boden zu setzen – daher das besondere Interesse Australiens am Nachlass von Admiral Smith.[14] Nach Smith' Tod kam sein Nachlassverwalter schließlich den Wünschen Australiens nach und schickte die Forster-Zeichnungen nach Sydney.[15]

Wie die Bilder Georg Forsters aber, ganz am Anfang ihrer Odyssee, in die Hand von Isaac Smith gelangt waren, ist schwer zu sagen. Vermutlich überließ der Naturzeichner Forster sie dem Kartenzeichner Smith schon an Bord der *Resolution,* wo er oft Seite an Seite mit dem zwei Jahre Älteren am Kartentisch in Cooks Kabine arbeitete. Gut denkbar, dass sich Smith, der unter Cooks Anleitung zu einem exzellenten Kartografen wurde, mit einigen Seekarten bei Forster revanchierte.

Bei weiteren Nachforschungen zu den Forster-Bildern in Sydney stieß ich auf einen weiteren Artikel, der eine interessante Frage aufwarf. Ende der 1950er Jahre war die Londoner Bibliothekarin Averyl Lysaght im *Natural History Museum* beim ersten Systematisieren der Forster'schen Vogelzeichungen etwas Merkwürdiges aufgefallen, ein Detail auf der Abbildung eines neuseeländischen Waldpapageien. Bei dieser Tuschzeichnung war zwar das Federkleid akkurat ausgeführt worden, die Krallen des Vogels aber sahen ganz unmöglich aus.[16] Sollte eine so unprofessionelle Arbeit tatsächlich von Georg Forster stammen?

Aus dieser Skepsis heraus entwickelte Averyl Lysaght die These vom *unknown artist* – die Annahme eines unbekannten Künstlers an Bord der *Resolution,* der hinter dem Rücken der Forsters filigrane Federkleider, aber keine Vogelkrallen malen konnte. Letzteres mutete absurd an, denn die Darstellung der Füße war im Vergleich zum Vogelkörper die leichtere Übung. Ein *unknown artist,* der gekonnt Federn aufs Papier brachte, wäre an den Krallen gewiss nicht gescheitert. Nachdem Averyl Lysaght sämtliche Memoiren und Tagebücher der zweiten Cook'schen Weltumseglung ausgewertet hatte, schloss sie einen Konkurrenten unter Forsters Reisegefährten schließlich selbst wieder aus.[17]

Doch die Frage blieb: Warum zeigte Forsters Bild in Sydney einen *Waldpapageien,* dessen Vogelkrallen verkehrt herum saßen. Als

Rätselhafte Vogelkrallen: Georg Forsters Waldpapagei (Nestor meridionalis) *in Sydney.*

ich mir noch einmal verschiedene Vogelbilder Forsters genauer vornahm, stellte ich fest, dass er mehr als einmal bei den Füßen »geschwächelt« hatte. Doch nicht nur auf den Zeichnungen, die in Sydney aufbewahrt wurden, wie Averyl Lysaght festgestellt hatte, sondern auch auf Forster-Arbeiten in London.[18] Die von der Britin richtig bemerkte »Fußschwäche« war kein Markenzeichen eines unbekannten Künstlers, sondern eine Forster'sche Spezifik. Während der Reise ließ Georg Forster auf seinen Bildern manches weg, was man später in Ruhe nachtragen konnte – nur kam er nach der Rückkehr nicht mehr zu diesen Ergänzungen, weil seine Bilder allzu schnell in die Hände Dritter geraten waren. Vermutlich hatten schließlich andere die fehlenden Vogelkrallen – nicht immer kompetent – nachgetragen, denn Forsters Bilder gingen durch viele Hände, bis sie in Australien landeten.

Das überraschende Auftauchen von über fünfzig Zeichnungen Georg Forsters in Australien führte in Deutschland zu einem erstaunlichen Medienecho. Das Nachrichtenmagazin *Der Spiegel* feierte »Forsters unbekannte Schätze«, die *Frankfurter Allgemeine Zeitung* räumte einem neuseeländischen Waldpapagei von Forsters Hand großformatig die erste Seite ihres Feuilletons ein, *National Geographic* und das Fernsehen zogen nach.[19] Vielleicht stimmte ja das optimistische Wort der *Zeit* von »Forsters Stunde«.[20] Der Bilderfund von Sydney knüpfte am Erfolg der »bildmächtigen« Ausgabe der *Reise um die Welt* an, bei der die Auflage schon wenige Wochen nach Erscheinen auf über 40 000 geklettert war.[21]

»Verkannt, vergessen«, hatte Klaus Harpprecht noch zwei Jahrzehnte zuvor über Georg Forster geschrieben.[22] Doch plötzlich war er wieder da – der Weltumsegler, der Revolutionär, vor allem aber ein Unbekannter: der Zeichner Georg Forster. Während Texte des 18. Jahrhunderts, selbst die kraftvolle Sprache Forsters, nach fast 250 Jahren ein wenig Patina angelegt hatten, erwiesen sich Georg Forsters Bilder im visuellen 21. Jahrhundert als unmittelbar zugänglich, als »Türöffner« zu einem fast vergessenen Klassiker. Sie erwiesen sich sogar als fernsehtauglich, sodass zwei prominente Buchliebhaber wie Elke Heidenreich und André Heller in Forsters *Reise um die Welt* blättern und sich an der Zartheit der Barringtonien-Blüte, an den weiß getupften Flügeln des tahitischen Stachelrochens und dem mollig warmen Federkleid des Kaiserpinguins begeistern konnten, was die kleine »Forster-Renaissance« gewiss beförderte.²³

Unter den Fundsachen, auf die ich in den nächsten Jahren bei weiteren Recherchen auf Forsters Spuren stieß, waren immer wieder Überraschungen. In den Katakomben des Pariser Naturkundemuseums etwa, wo ich 2010 drei zylindrische Glasbehälter mit Fischen fand, die Georg Forster 250 Jahre zuvor bestens konserviert hatte.²⁴ Den *Holotypus* eines Silberhechts namens *Albula forsteri* zum Beispiel – das für die Wissenschaft besonders wichtige Urexemplar einer neuen Art, die die Forsters entdeckt, beschrieben und in Branntwein eingelegt hatten.²⁵ Noch größer war mein Erstaunen über eine Art Seegurke, der Georg Forster ein Bleischildchen mit der Nummer 1458 anheftete, bevor er sie in den Weinbrand-Zylinder schob. Es stellte sich heraus, dass es sich dabei um einen Hasenkopf-Kugelfisch (*Lagocephalus sceleratus*) handelte.²⁶ Dieses giftige *Tetrodon*-Exemplar hätte Captain Cook und die Forsters im September 1774 beinahe umgebracht, nachdem sie im gerade entdeckten *Neukaledonien* von dessen Fischleber probiert

Von Georg Forster auf der Weltreise in Branntwein eingelegte Fische im Pariser Muséum national d'histoire naturelle.

Poisson venimeux de la Nouvelle Calédonie – *giftiger Fisch von Neukaledonien – betitelte Georg Forster seine Zeichnung des* Tetrodon scleratus.

hatten. Johann Reinhold Forster suchten heftigste Schwindelgefühle heim, »Hände und Füße waren ihm gleichsam erstarrt«.[27] Georg Forster ging es nicht viel besser: »todt blaß, äußerst matt, heftige Beklemmung auf der Brust, und alle Glieder betäubt, gleichsam ganz ohne Empfindung.«[28] Auch Captain Cook lag mit Vergiftungs-Anzeichen darnieder, die uns heute aus der japanischen Küche geläufig sind – als Zeichen falscher Zubereitung eines giftigen *Fugu*. Georg Forster hielt nicht nur als Erster die Symptome einer Kugelfischvergiftung fest, sondern konnte sich auch mit letzter Kraft dazu aufraffen, die gefährliche Spezies »in Weingeist aufzubewahren«. Sodass der Übeltäter noch heute in einem Glaszylinder in Paris als warnendes Exempel dienen kann.

Größere Rätsel hingegen gab mir eine Entdeckung im russischen Sankt Petersburg namens *Pyschotria speciosa* auf. Eigentlich war ich an einem verschneiten Dezembermorgen in das palaisartige Institutsgebäude des Botanischen Gartens der Russischen Akademie der Wissenschaften an der Metro-Station Petrogradskaja gekommen, um mich nach der Aufbewahrung von Beutekunst in der Petersburger Akademie zu erkundigen. Nach dem Sieg der Sowjetunion im Zweiten Weltkrieg hatte die »Trophäen«-Kommission der Roten Armee viele Kunstwerke aus Deutschland abtransportiert, darunter die Bestände aus dem Gothaer Schloss Friedenstein, zu denen auch Georg Forsters Königsbilder gehörten – jene besonders wertvollen Südsee-Gouachen, die 2013 in München restauriert werden konnten.[29] Ob Stalin Georg Forsters Südsee-Bilder tatsächlich jemals in den Händen hatte, als sie zunächst in Moskau eintrafen, ist ungewiss. In meinem Gespräch mit der Institutsleiterin über die Rückgabe der Forster-Bilder an die DDR kamen wir schließlich generell auf die Forsters in Russland zu sprechen. Offenbar kannte sie sich mit den beiden deutschen Naturforschern an Cooks Seite recht gut aus. Nach einigen Gläsern Tee mit Rosenkonfitüre – auch mein Russisch war wieder etwas flüssiger geworden und wir verstanden einander besser – bat mich die etwa 50-Jährige, ihr in einen Spezial-Lesesaal zu folgen. Nur ein paar Schritte, wie sie meinte. Als wir nach einem endlosen Marsch über lange Flure mit knarrendem Parkett und dem typisch russischen Baldrian-Geruch in besagtem Kabinett anlangten, lagen dort auf einem der Lesetische bereits zwei Foliobände, die Tamara Tschernaja mir zeigen wollte. Es handelte sich um ein umfangreiches Werk Georg Forsters, das mir bis dahin unbekannt geblieben war: eines der wenigen Exemplare von Georg Forsters unvollendetem botanischen Hauptwerk, sein *Icones Plantarum*. Insgesamt waren es 131 gedruckte Pflanzenabbildungen, für deren kupferne Druckplatten Georg Forster ein Vermögen ausgegeben haben musste.[30] Die für diese botanische Südsee-Enzyklopädie geplante Kombination von Bildern und Texten, der 131 *Icones* mit den entsprechenden wissenschaftlichen Beschreibungen, kam aufgrund der politischen Turbulenzen im Mainz der 1790er-Jahre nicht mehr zustande. Die verdiente Anerkennung Georg Forsters als einer der besten deutschen Botaniker fiel der Revolution zum Opfer. Auch blieb so die Tatsache verborgen, dass nicht der ältere Forster, sondern sein Sohn der eigentliche Botaniker der zweiten Cook'schen Weltumseglung gewesen war.[31]

Tamara Tschernaja zeigte mir nicht ohne Stolz das handschriftliche Verzeichnis, das Georg Forster seinen botanischen Drucken beigegeben hatte, und blätterte schließlich zur Bildtafel Nummer 31 vor. Vorsichtig zog sie ein seidenes Schutzblatt zur Seite, sodass zwei große fünfsternige Blüten sichtbar wurden, die von einem Strahlenkranz aufstrebender Blätter eingefasst waren. »*Psychotria speciosa*«, stellte sie mir die Pflanze aus *Tahiti* vor, die mich an die intensiv duftende Gardenia erinnerte.[32] Georg Forster hatte sie überaus plastisch dargestellt, eine sehr moderne Zeichnung für seine Zeit – und, wie mir Tamara Tschernaja verschwörerisch zuflüsterte, die einzige derart detaillierte Abbildung dieser Spezies weltweit! Bevor ich mit der Kamera einige Aufnahmen von der *Psychotria* machen durfte, nahm sie mir den heiligen Schwur ab, dieses einmalige Forster-Werk nicht zu veröffentlichen. Denn dafür mussten erst diverse Ministerien, bis nach ganz oben, bis nach Moskau, gefragt werden, wie sie meinte. Das sei ganz inoffiziell – неофициа́льно –, rief sie mir zum Abschied noch einmal mit dem gespielt strengen Blick der Russen zu. Ich versprach es ihr.

Zurück in Deutschland, recherchierte ich der *Psychotria* ein wenig hinterher, fand heraus, dass es sich dabei um eine Art aus der weitverbreiteten Gattung der Brechsträucher handelte, und vergaß die Pflanze wieder. Bis Jahre später einer dieser seltsamen Zufälle meine Erinnerung an die *Psychotria speciosa* reanimierte – am anderen Ende der Welt,

Eine Farbtuschzeichnung der Psychotria speciosa *aus der Forschungsbibliothek Gotha. Georg Forsters Petersburger Darstellung derselben Spezies blieb bislang unveröffentlicht.*

in Diane Ragones Brotfrucht-Institut auf der hawaiianischen Insel *Kauai*. Als Diane mir den Wissenschaftsdirektor ihres *National Tropical Botanical Garden* David Lorence vorstellte und mich im Laufe des Gespräch enthusiastisch als »publisher« von Forster-Zeichungen aus London und Sydney apostrophierte, wurde der ruhige Mittvierziger plötzlich sehr munter. Ob ich eventuell Forsters Abbildung der *Psychotria speciosa* kannte, fragte er mit erwartungsvollem Blick. Wäre es um eine Pflanze mit weniger markantem Namen gegangen, hätte ich mich vielleicht nicht erinnert. Doch die Bezeichung *Psychotria* war mir ebenso im Gedächtnis geblieben wie Tamara Tschernajas verschwörerische Präsentation in Sankt Petersburg.

Als ich dem Amerikaner von dieser – höchst inoffiziellen – Zeichnung im russischen Archiv erzählte, leuchteten seine Augen auf. Denn Forsters Zeichnung konnte ihm dabei helfen, selbst zum Entdecker einer neuen Pflanzenart zu werden. Der Hintergrund: David hatte bei einer botanischen Exkursion auf *Tahiti* eine Spezies entdeckt, bei der er sich nicht sicher war, ob es sich um eine unbekannte endemische Pflanzenart handelte oder um die von Georg Forster 1774 entdeckte *Psychotria speciosa*. Da sich beide Pflanzen stark ähnelten, war der Amerikaner erpicht auf alle Bilder, die Georg Forster von seiner *Psychotria* angefertigt hatte, um im Vergleich mehr Klarheit zu gewinnen.

Natürlich freute ich mich, dass Georg Forster nach 240 Jahren als Botaniker so gefragt war, und schickte dem hawaiianischen Pflanzenforscher nach meiner Rückkehr nach Berlin nicht nur die Fotografien der Forster'schen *Psychotria speciosa* aus Russland zu, sondern konnte ihm eine weitere Zeichnung derselben Pflanze aus der Forschungsbibliothek im thüringischen Gotha vermitteln.

Ende Juni 2017 waren die vergleichenden botanischen Studien des Amerikaners abgeschlossen und konnten veröffentlicht werden: David Lorence gilt seitdem, gemeinsam mit zwei französichen Kollegen, als Entdecker der nur auf *Tahiti* vorkommenden *Psychotria paulae*, einer nahen Verwandten der *Psychotria speciosa* G. Forst.[33] Doch ging mit diesem offiziellen Akt nicht nur der Traum eines jeden Botanikers vom Ruhm einer eigenen Entdeckung in Erfüllung. Vielmehr konnte im Vergleich mit den Forster'schen Zeugnissen – seinen Herbarien und zeichnerischen Überlieferungen – eine neue endemische Art als extrem selten und zugleich bedroht klassifiziert werden.[34] Auf *Tahiti* laufen derzeit erste Schutzmaßnahmen an, um die seltene einheimische Spezies vor der Invasion eingewanderter Pestpflanzen zu schützen. Ihre Entdeckung kam offenbar gerade noch rechtzeitig.

Doch nicht jede Recherche auf Forsters Spuren hatte den Zufall auf ihrer Seite, vieles verlief im Sande, manche Reise war umsonst. Meine Unfähigkeit, Forsters erste botanische Entdeckung auf Madeira, die unscheinbare *Aitonia rupestris*, zu orten gehört ebenso dazu wie die »falsche«, wenn auch eindrucksvolle *Cascade* auf *Tahiti*. Noch länger war der Weg nach *Eua*, Forsters Tonga-Insel »Ea-Uwhe oder Middleburg«, wo ich mit Jürgen Dombrowski einen Film über Forsters Weltreise realisierte.[35] Georg Forster hatte hier im Oktober 1773 eine Pazifische Karettschildkröte zu Papier gebracht, eine heute bedrohte Spezies, der ich gern nachgehen wollte. Jürgen erwies sich einmal mehr als unendlich geduldig, nach Drehschluss mit mir auf die Pirsch zu gehen, wofür wir sogar die Einladung zu einer Schale Kawa ausschlagen mussten. Doch trotz der Hilfe der freundlichen Einwohner der kleinen Inselhauptstadt Ohonua hatten wir keinen Erfolg. Alles, was wir aufspüren konnten, war der riesige Panzerschild einer Karettschildkröte, der schon einige Jahrzehnte alt war.

Die für mich wohl enttäuschendste Spurensuche führte mich gemeinsam mit meinem Freund Martin ins argentinische Ushuaia auf *Feuerland*. Johann Reinhold und Georg Forster waren hier am Weihnachtstag 1774 eingetroffen. Die Stimmung an Bord war in der Magellanstraße an einem Tiefpunkt angekommen, fast alle fühlten sich müde und krank.[36] Vielleicht trug das zu den harschen Urteilen bei, die sich beide, Vater und Sohn Forster, über die Einwohner *Feuerlands* anmaßten. Als Autor der *Reise um die Welt* legte Georg Forster das antikenberauschte europäische Schönheitsideal nicht nur auf die physische Beschaffenheit der eben entdeckten Männer und Frauen an, sondern beurteilte auch den Wohlklang der Sprache nach diesem Muster. Und so schrieb er von der unangenehmen Stimme und über das »hässliche, stets offene Maul« der »Pesseräh« an den Küsten *Feuerlands*, die ihn schaudern ließen.[37] »Diese Züge machten zusammen genommen, das vollständigste und redendste Bild von dem tiefen Elend aus, worinn dies unglückliche Geschlecht von Menschen dahinlebt«, hielt Forster fest.[38]

Die Pazifische Karettschildkröte (Testudo imbricata), *die Georg Forster im Juni 1774 im Tonga-Archipel zu Papier brachte.*

Das Grußwort »Pesseräh« – für Georg Forster war es nicht nur eine Vokabel mehr auf der Wortliste, sondern diente ihm, entgegen seiner sonstigen Maxime, zur Bezeichnung des ganzen Volkes. Es entging ihm hingegen, dass sich die Bewohner *Feuerlands* am Kap Hoorn selbst keineswegs »Pesseräh«, sondern *Yamaná* nannten.[39] Wie Forster hatte es vor ihm auch der französische Seefahrer Bougainville gehalten, nur nannte er die Feuerländer – französisch umlautend – »pécherais«.[40] Johann Reinhold Forster beschränkte sich in *Tierra del Fuego* darauf, die Sprache der Einheimischen »unverständlich« zu nennen und ansonsten zu bemerken, sie seien, wenn man sprachforschend mit dem Finger auf einen Gegenstand tippe, »too stupid for the signs« – zu dumm für die Zeichen.[41] Die Schuld am Scheitern der Sprachforschung trug also nicht das stumpfe Instrumentarium der Rechercheure, sondern die Blödheit der Fremden. Was die Forsters beobachteten, aber ebenso wenig verstanden: dass der »Thran«, mit dem sich die Ureinwohner so dick beschmierten, es den Yamaná ermöglichte, nach den jederzeit verfügbaren Muscheln an der Küste zu tauchen, und dass sie so in geradezu idealer Weise an ihre Umwelt angepasst waren.[42] Dem trübsten Moment nicht nur der zweiten Cook'schen Weltumseglung, sondern auch des Forster'schen Reiseberichts wäre ich auf Feuerland gern nachgegangen. Dazu wollte ich mich mit Cristiana Calderón treffen, der letzten lebenden Vertreterin der Yamaná und der Einzigen, die die Sprache ihres Volkes – Forsters »Pesseräh« – noch sprach. Doch die damals schon über 80-Jährige, die noch immer im äußersten Süden *Feuerlands*, in Puerto Williams, lebte, war erkrankt und konnte keine Besucher mehr empfangen. So führte auch diese Reise nicht zum Ziel, doch immerhin zu einem vertieften Nachdenken, auch über Forsters Schwächen. Sosehr er sich um Augenhöhe mit den Fremden bemühte – und er tat dies, wie kaum ein anderer –, so blieb er immer auch ein Kind seiner Zeit.

Auf ethnologische und naturwissenschaftliche Zeugnisse Georg Forsters, seine Tier- und Pflanzenzeichnungen, umfangreiche Herbarien, Werkzeuge und Musikinstrumente, Waffen, Stoffe, Kunsterzeugnisse und Skulpturen stößt man heute in etwa 200 Sammlungen rund um die Welt: in England, Frankreich und Schweden, in Deutschland, Österreich und der Schweiz, in Russland, den Niederlanden, in den USA, Australien und Neuseeland.[43] Im Laufe von fast

250 Jahren wurde vieles getauscht, geteilt, verkauft oder verschenkt, versteigert, ging verloren oder wurde vernichtet.[44]

Georg Forster selbst konnte recht ironisch werden, wenn es einem obsessiven Sammler darum ging, »den vollständigsten Schatz von Schneckenhäusern auf die Nachwelt zu bringen«.[45] »Holz und Steine oder Schutt und Spinnweben«, alles Neue falle der spekulativen Sammelwut anheim, so seine Beobachtung.[46] Sammeln als Selbstzweck lehnte er ab. Ganz anders, wenn eine Sammlung der Vermehrung des Wissens diente: »Einen edleren Gebrauch des Reichthums kann es nicht geben, als jene Anstalten und Stiftungen, wodurch auch unbemittelten Personen der Erwerb wissenschaftlicher Kenntnisse erleichtert wird.«[47]

Wissenserwerb und Wissenvermittlung – darum ging es Georg Forster auch bei seiner eigenen Sammlung. Wie sein Vater häufte Georg Forster Bücher an, 1240 Werke wurden nach seinem Tod 1794 in Mainz versteigert, Bücher wie die zehnbändige *Montaigne*-Ausgabe, die *Naturgeschichte der Eingeweidewürmer*, ein russisches Apothekerbuch, Tellers *Predigt zum Gedechtniß des Königs Friedrich des Zweiten* oder die *Geschichte der amerikanischen Indianer*.[48]

Georg Forsters Bücher kamen unter den Hammer, sein naturwissenschaftliches Erbe wurde zersplittert und anonym verteilt, die Handschrift seiner *Reise um die Welt* gilt ebenso als verschwunden wie ihre englische Urschrift, das Manuskript der *Voyage round the world*. Die Deutschen sahen zu, als Georg Forsters Mahagoni-Schränkchen mit den zwei Tragegriffen aus Messing nach England verkauft wurde.[49] Dabei hatte der transportable Sekretär ihn ein Leben lang begleitet: in den drei Jahren an Bord von Captain Cooks Schiff, als Mal- und Schreibtisch in der Londoner Percy Street und schließlich auch in Kassel, Wilna, Mainz und Paris. An seinem Klapptisch verfasste Forster seine Reden für Deutschlands erstes Parlament, feierte erstmals die Pressefreiheit in deutschen Landen, schrieb das Vorwort für Thomas Paines *Die Rechte des Menschen* und formulierte 1793 seine Rede für die französische Nationalversammlung. Heute steht er im nordenglischen Whitby, in der oberen Etage des *Captain Cook Memorial Museums*. Hier bestaunen die Besucher zwei hellere Stellen am Fußbrett des Mahagoni-Schränkchens, von denen es heißt, Forster habe in der Südsee seine nackten Füße darauf abgelegt.

Das berühmte Doppelporträt von Rigaud, das Johann Reinhold und Georg Forster als Naturwissenschaftler auf *Tahiti* stilisiert, befindet sich heute in der Hauptstadt Australiens, in der *National Library of Australia*.⁵⁰ Gäbe es in Deutschland ein Forster-Museum – dieses Gemälde stünde wohl zusammen mit dem Mahagoni-Schränkchen im Zentrum. So aber hängt das Bild in Canberra, sorgsam ausgeleuchtet, damit auch die Details sichtbar werden, wie Georg Forsters dicker dunkelblonder Pferdeschwanz, der in Locken auf den Rücken des

Georg Forsters Mahagoni-Schränkchen begleitete ihn seit 1772 durch die Welt.

20-Jährigen fällt. Und doch wundert man sich, dass Forster, der den Fünften Kontinent nie betreten hat, ausgerechnet hier präsentiert wird, staunt über diese Fundsachen in so großer Entfernung.

Susannah Helman, die kenntnisreiche Kuratorin der Sammlung von Canberra, machte mich mit den Porträts der zweiten Cook'schen Weltreise in ihrer Bibliothek bekannt, mit Arbeiten von William Hodges, die in der australischen Nationalbibliothek einen Schwerpunkt bilden.

Unter Hodges' *red chalks* – seinen roten Kreidezeichnungen – fand sich auch das Porträt eines jungen Mannes mit lockigen, schulterlangen Haaren. Seine wachen Augen, die über der breiten Nasenwurzel ein wenig zu weit auseinanderstehen, gaben dem Gesicht des 18-Jährigen etwas Offenes, Wissbegieriges. Es war Hodges' Porträt von Maheine, mit dem Georg Forster von September 1773 bis Juni 1774 gemeinsam auf der *Resolution* gereist war.⁵¹

Wie seltsam, ging es mir durch den Kopf, dass ich Maheine bis zu die-

Der 18-jährige Maheine auf einem Bild, das William Hodges im September 1773 anfertigte.

sem Augenblick, bis zu seinem Anblick, zwar registiert, auch mitgelesen und mitgedacht, aber doch nie ganz eigenständig wahrgenommen hatte. Dabei konnte das Verhältnis zwischen den beiden gleichaltrigen jungen Männern, zwischen Georg Forster und Maheine, nicht außen vor bleiben, sollte es um den Verfechter der Gleichheit, um Gleichwertigkeit, um Augenhöhe gehen. Wie hatte Georg Forster den Polynesier in den neun Monaten an Bord gesehen?

Erst als ich mir Georg Forsters *Reise um die Welt* unter diesem Gesichtspunkt noch einmal vornahm, wurde mir bewusst, wie viele Seiten er »unserem jungen Mitreisenden aus Bora-Bora« tatsächlich gewidmet, wie genau er ihn beobachtet und schließlich auch skizziert hatte. Fast ist es ein literarisches Porträt Maheines, das da an Bord der *Resolution* entstanden ist.

Für Captain Cook und seine Crew war der junge Polynesier zunächst einmal ein hilfreicher Reisegefährte, sonst hätte man ihn auf der langen, strapaziösen Reiseetappe von *Raiatea* über *Tonga* und *Neuseeland* in die Antarktis und von dort zurück über die *Osterinsel*, die *Marquesas* und den *Tuamutu-Archipel* nach *Tahiti* gar nicht mit an Bord genommen. Lebenden Ballast konnte man nicht brauchen. James Cook schätzte es, wenn ihm Maheine – der aus einer Kultur stammte, deren Grundlage das Kultivieren von Pflanzen war – beim Gärtnern in den Pflanzungen half, die er in der neuseeländischen *Ship Cove* angelegt hatte. Im November 1773 war eine Menge zu tun, um Rüben und Kohl, gelbe Möhren, Petersilie und Zwiebeln, Kartoffeln, Erbsen und Bohnen für die anstehende Südpolarfahrt zu ernten. Und auch »wenn der Capitain ausgieng, um ein Stück Land zu besäen oder zu bepflanzen, so war er allemal als ein treuer Gehülfe dabey zugegen«, beobachtete Georg Forster.[52] Die Gärtnerei hatte so einen mehrfachen Nutzen: Das vitaminreiche Gemüse half gegen Skorbut, Maheine konnte sich mit ihm unbekannten europäischen Gemüsesorten vertraut machen und auch für die Klimaforscher gab es einen Mehrwert: »Der gute Zustand der Gartengewächse bewieß, dass der Winter in diesem Theile von Neu-Seeland sehr gelinde seyn müsse«, notierte Georg Forster.

Vieles von dem, was Georg Forster an Maheine auffiel, würde Rousseaus Bild vom »edlen Wilden« nicht widersprechen, auch wenn Georg Forster die romantisierende Sicht des Genfers keineswegs teilte. Zumindest bezeugen die Beobachtungen des jungen Deutschen seine Bewunderung für jene Fertigkeiten, die Maheine beim Heranwachsen auf *Raiatea* erworben hatte. Seine Scharfsicht und Treffsicherheit bei der Jagd etwa, die dem jungen Naturforscher besonders imponierten, der selbst ständig auf die Pirsch gehen musste, um unbekannte Tiere zu erlegen. Die Sinne des Polynesiers seien »durchaus schärfer als die unsrigen, die durch tausend Umstände und Verhältnisse der sogenannten verfeinerten Lebensart, stumpf gemacht und verdorben werden«, meinte Forster. Also kam Maheine »gemeiniglich mit ans Land und streifte in diesen unwegsamen Wäldern herum, ganz erstaunt über die Verschiedenheit der Vögel«, wie Georg Forster berichtete. »Wir schossen verschiedene davon und Maheine, der in seinem Leben noch nie eine Flinte in Händen gehabt, erlegte seinen Vogel beym ersten Schusse.«[53] Diese »ritterlichen« Eigenschaften des polynesischen Reisegefährten, angeborene oder erworbene, stellte Georg Forster im Laufe der neunmonatigen gemeinsamen Fahrt immer wieder heraus: Mal kümmerte sich Maheine um einen Skorpion, der »zwischen dem Holzwerk eines Fensters« des Schiffs verborgen war und dessen fürchterlicher Anblick den jungen Forster zu Tode erschreckt hatte.[54] Mal ersparte er den Forsters, als ihr Beiboot vor der *Marquesa*-Insel *Tahuata* um ein Haar an einem Felsen zerschellt war, seinen versprochenen Rücktransport und sprang stattdessen ohne Zögern in die lebensgefährlich schäumenden Fluten, um zur *Resolution* zurückzuschwimmen.[55]

Einem so furchtlosen Mann wollte selbst Georg Forster weibliche Gesellschaft nicht absprechen, zumal Maheine »in seinem Vaterlande so sehr gewöhnt, jedem Ruf der Natur zu folgen, dass er gar kein Bedenken trug, ihrer Stimme auch in Neu-Seeland Gehör zu geben«, wie Georg Forster sich ausdrückte. »Das ist wohl um so weniger zu verwundern, da es die gesitteten Europäer selbst nicht besser machten«, wie er festhielt.[56]

Mit besonderem Interesse nahm Georg Forster wahr, wie sich Maheine im Umgang mit der Fremde und den Fremden, mit Menschen aus anderen Kulturen schlug, wohl auch im Vergleich zu den Erfahrungen, die er selbst auf der Reise machte. Da waren zunächst die Europäer an Bord, zu denen Maheine beim »Spatzierengehen auf dem Verdeck« Kontakt suchte – »oder er besuchte die Officiers, oder er wärmte sich beym Feuer in des Capitains Cajütte«.[57] Auf *Neuseeland* nahm Forster wahr, dass Maheine »aus seinen eignem Vorrath« die den *Maori* unbekannten Yamswurzeln verteilte.[58] Auf den *Marquesas* zeigte der junge Priester den Einheimischen »verschiedne Gebräuche seines Landes, wovon sie hier nichts wußten; als unter andern, wie man zu *Tahiti* durch Reiben einiger trocknen Stücke Holz vom *hibiscus tiliaceus* Feuer anmachen könne. Sie waren ungemein aufmerksam, wenn er sie auf solche Weise belehrte.«[59]

Umgekehrt hielt Georg Forster ebenso fest, was Maheine an den besuchten Inseln besonders interessierte. Wie die Forsters und die englische Crew hatte auch der Polynesier mit seinen »Südsee-Curiosiäten« zu tun: »Seine gewöhnliche Beschäfftigung bestand in Abtrennung der rothen Federn von den Tanz-Schürzen, die er zu *Tongatabu* gekauft hatte«, beobachtete Forster. Während der Naturzeichner an Bord seine botanischen und zoologischen Schätze zu Papier brachte, stellte Maheine aus acht bis zehn roten Federn mit etwas Kokosfaser »kleine Büschchen zusammen«, die auf *Tahiti* überaus wertvoll waren.[60]

Auf der *Osterinsel* bemühte sich Maheine, »so viel Federhüte, als möglich, zusammen zu bringen; besonders waren ihm die von Fregatten-Federn sehr angenehm, weil dieser Vogel zu *Tahiti* selten ist, und wegen seiner glänzenden, schwarzen Federn sehr hoch geschätzt wird«.[61] Auf dem Tuamotu-Atoll *Takaroa* kaufte Maheine »für kleine Nägel und Pisangs« einige Hunde mit besonders feinem weißem Haar,

»weil eben dergleichen Haare in seinem Lande zur Auszierung der Brustschilder gebraucht werden«.[62]

Als die *Resolution* im Mai 1774 nach *Tahiti* zurükkehrte, ging für den jungen Mann aus *Bora-Bora* ein Wunschtraum in Erfüllung, den die meisten seiner europäischen Reisegefährten mit ihm teilten: Er war nicht nur ein weitgereister Mann, der mehr von der Welt gesehen hatte, als irgendein anderer seiner Landsleute, sondern kehrte auch als reicher Mann zurück. Dank der begehrten Federn konnte er eine »blendende Partie« machen und die Tochter von Toperri, des »Erihs von Matavai«, heiraten.[63] Fast noch mehr der Ehre: Die einstige Königin Tahitis und frühere Geliebte des Priesters Tupaia, der auf Cooks erster Reise mit den Briten mitgefahren und schließlich im indonesischen Batavia gestorben war, verlangte nach dem jungen Mann: »Maheine eröffnete uns mit einer Art von Prahlerey, jedoch im Vertrauen, dass er vorige Nacht bey O-Purea die Aufwartung gehabt habe, und sahe es als eine große Ehre und als einen besonderen Vorzug an; er zeigte uns auch einige Stücke sehr feinen Zeuges, welche sie ihm zur Belohnung der treu geleisteten Dienste geschenket hätte. O-Purea war also für die Freuden der Sinnlichkeit noch immer nicht zu alt.«[64] Nichts Menschliches war ihm fremd – und so beschrieb Georg Forster denn auch, wie Maheine, dem Reichtum und Ruhm ein wenig zu Kopf gestiegen waren, bei seiner Rückkehr nach *Raiatea* so viel galt, wie es ein Prophet im eigenen Land gemeinhin zu tun pflegt. Und wie enttäuscht Maheine über den bescheidenen Empfang war, den man ihm zu Hause gab.[65]

Wie loyal Maheine zu den Fremden stand, mit denen er fast ein Jahr lang unterwegs gewesen war, bewies er ein letztes Mal kurz vor seinem Abschied auf der Insel *Huahine*. Hier warnte er Captain Cook vor einem heimlichen Überfall, bei dem »die Indianer uns einzuschließen und vom Schiff abzuschneiden gedächten«.[66]

Für die Forsters war Maheine vor allem für die Verständigung mit den Bewohnern der unbekannten Inseln unersetzlich. Obwohl er anfangs, auf *Tonga* und *Neuseeland*, nur wenig von dem anderen polynesischen Dialekt zu verstehen glaubte, wuchs er allmählich in diese für die ethnologische Feldarbeit so wichtige Rolle hinein. Er begriff »bald mehr von derselben, als irgend sonst einer an Bord, und dazu war ihm natürlicherweise die Analogie mit seiner Muttersprache sehr behülflich.«⁶⁷ Daher konnte er sich »den Eingebohrnen besser verständlich machen, als einer von uns nach langer Zeit kaum gelernt haben würde«.⁶⁸

Auch auf den langen Fahrten zwischen den Inseln saßen die Forsters mit Maheine oft beisammen, um sich sprachlich zu schulen. »Bey müßigen Stunden machten wir uns seine Gesellschaft zu Nutze, um in der *tahitischen* Sprache weiter zu kommen: Unter andern giengen wir das ganze Wörterbuch mit ihm durch, welches wir auf den Societäts-Inseln zusammengetragen hatten. Auf diese Art erlangten wir von seiner und den benachbarten Inseln manche neue Kenntniß, mit deren Hülfe wir bey unsrer Rückkunft wegen verschiedener Umstände, genauere und richtigere Nachfrage halten konnten, als zuvor.«⁶⁹

Andererseits blieb ein *lost in translation* nicht aus – die Unmöglichkeit der Vermittlung, des Begreifens des anderen. Am ehesten da, wo der eigene Erfahrungshaushalt keine Grundlage für Erklärungen bereithielt. Maheine und die Forsters erlebten das vor allem auf der Fahrt Richtung Südpol im Dezember 1773. Da geriet die *Resolution* erstmals seit dem neuerlichen Aufbruch von Neuseeland in dicke Schneegestöber, »bey dem man oft kaum zehn Schritte weit vor dem Schiff hinsehen konnte«. Maheine erlebte so verblüfft seine ersten Schnee- und Hagelschauer: »›Weiße Steine‹ die ihm in der Hand schmolzen, waren Wunder in seinen Augen, und ob wir uns gleich bemüheten, ihm begreiflich zu machen, dass sie durch Kälte hervorgebracht würden, so glaube ich doch, dass seine Begriffe davon immer sehr dunkel geblieben seyn mögen.«⁷⁰

Als er bald darauf seinen ersten massiven Eisberg sah, wollte er ihn *»weißes Land«* nennen. Und so intensiv es Georg Forster auch versuchte, sein Polynesisch reichte bei Weitem nicht aus, das Unmögliche zu erklären: dass nämlich eine so gewaltige weiße Fläche nach und nach abschmelzen und verschwinden würde. Also blieb es dabei, dass Maheine zu den bislang besuchten Inseln ein weiteres Eiland – *»Whennua tea-tea«*, das »weiße Land« – hinzuzählte.⁷¹ Dabei machte Georg Forster eine ganz erstaunliche Entdeckung. Nicht nur er, sein Vater oder Captain Cook hatten ein Journal oder Logbuch, vermerkten Reisestationen und besondere Geschehnisse. Auch Maheine führte ein Bordtagebuch.

»Schon auf Neu-Seeland hatte er sich eine Anzahl dünner Stöckchen gesammlet, die er sorgfältig in ein Bündelchen zusammenband und als ein Tagebuch gebrauchte«, hielt Georg Forster fest. »Jedes dieser Stöckchen bedeutete bey ihm eine von den Inseln, die wir seit unserer Abreise von *Tahiti*, entweder besucht, oder wenigstens gesehen hatten. Er konnte also jetzt schon neun bis zehn solcher Hölzchen aufzeigen, und wußte sie alle bey ihren Namen, in eben der Ordnung herzunennen, als die Inseln der Reihe nach auf einander gefolgt waren. Das *weiße* Land oder *Whennua tea-tea* war das letzte. Er fragte sehr oft, wie viel andre Länder wir noch auf unserm Wege nach England antreffen würden? und dafür machte er ein besonderes Bündelchen, welches er alle Tage eben so fleißig durchstudirte, als das erstere.«[72]

Am stärksten beeindruckt war Georg Forster jedoch von einer Seite des Reisegefährten, die er an Bord des englischen Schiffs nirgends sonst in gleicher Weise erfahren konnte. Die Erschütterungen, die sich bei ihm angesichts der Blutspur einstellten, die die *Resolution* auf ihrer Fahrt über das »große Inselmeer« hinterließ, lösten bei Maheine ein ähnliches Echo aus wie bei ihm.

Als unmittelbar nach der Ankunft auf *Tahuata* ein junger Marquesianer erschossen wurde, nur weil er versucht hatte, eine Eisenstange zu stehlen, sahen das viele an Bord »mit Betrübniß«, wie Georg Forster festhielt. Der Polynesier aber reagierte weit emotionaler – aus Forsters Sicht angemessen – auf das leichtfertige Töten. »Maheine konnte sich der Thränen nicht erwehren, da er sahe, dass ein Mensch den andern wegen einer so geringen Veranlassung ums Leben brachte.«[73]

Auch den Kannibalismus auf *Neuseeland* und die Experimente, die Pickersgill mit dem abgetrennten Kopf des jungen *Maori* anstellte, nahm Maheine weniger abgebrüht auf als viele seiner englischen Mitreisenden. »Wir fanden ihn daselbst in Thränen, die von seiner inneren Rührung das unverfälschteste Zeugniß ablegten«, notierte Georg Forster. »Auf unser Befragen, erfuhren wir, dass er über die unglückseligen Eltern des armen Schlacht-Opfers weine! ... Er war so schmerzlich gerührt, dass einige Stunden vergiengen, ehe er sich wieder beruhigen konnte, und auch in der Folge sprach er von diesem Vorfall nie ohne heftige Gemüthsbewegung.[74]

Vermutlich war es diese emotionale Übereinstimmung, die Forster in seiner Überzeugung bestärkte, dass die »Natur des Menschen spezifisch dieselbe« war, dass sich Gedanken und Gefühle, Wünsche und

Befürchtungen der Menschen überall auf der Welt glichen. Und wohl auch ihre Traurigkeit beim Abschiednehmen, am Ende einer gemeinsamen Reise.

»Maheine stellte sich mit den Seinigen ein, um Abschied zu nehmen«, notierte Georg Forster über den Aufbruch von *Raiatea* am 6. Juni 1774.[75] »Er lief von einer Cajütte zur andern, und umarmete einen jeden, ohne ein Wort sprechen zu können. Sein schluchzendes Seufzen, seine Blicke und seine Thränen lassen sich nicht beschreiben. Als das Schiff endlich anfieng zu seegeln, mußte er sich von uns losreißen, und in sein Boot herabsteigen, doch blieb er, da alle seine Landsleute sich bereits niedergesetzt hatten, noch immer aufrecht stehen und sahe uns mit unverwandten Augen nach; endlich aber ließ er das Haupt sinken und verhüllte sein Gesicht in seine Kleidung. Wir waren schon weit über den Felsen-Rief hinaus, als er die Hände noch immer nach uns hinausstreckte, und das dauerte fort, bis man ihn nicht länger unterscheiden konnte.«

Anmerkungen

Kapitel 1: Forster

1. James Cook (1728–1779) brach mit der HMS *Resolution*, begleitet von der HMS *Adventure* unter dem Kommando von Tobias Furneaux (1735–1781), am 13. Juli 1772 von Plymouth auf und beendete die Fahrt am 30. Juli 1775 in Spithead, wo Cook und die Forsters über Portsmouth nach London heimkehrten. Die *Adventure* war nach der Trennung der beiden Schiffe im Oktober 1773 infolge eines schweren Sturms vor *Neuseeland* bereits Mitte Juli 1774 von der Reise zurückgekehrt (vgl. Beaglehole: *The Life of Captain James Cook*, S. 49 f.).

2. Zum berühmtesten Seefahrer Großbritanniens wurde James Cook vor allem als Entdecker und Kartograf – durch seine überragenden Leistungen als Vermesser unbekannter Küstenstriche, beginnend mit der Kartografie des kanadischen Sankt-Lorenz-Stromes ab 1758 (vgl. Beaglehole: *The Life of Captain James Cook*, S. 51 f.) Als epochal gelten seine drei Weltreisen. Auf Cooks erster Weltumseglung (1768–1771) zur Beobachtung des Durchgangs der Venus durch die Sonne machte Cook die von den Spaniern geheim gehaltene *Torresstraße* zwischen Australien und Neuguinea aus und ging als erster Europäer in Neuseeland an Land, das er durch die Entdeckung der *Cook-Straße* als Doppelinsel nachwies und vollständig kartografierte. Auf seiner zweiten Weltumseglung (1772–1775) zur Lösung der Südlandfrage passierte Cook nahezu die gesamten antarktischen Gewässer rund um den Südpol und machte eine ganze Reihe geografischer Entdeckungen, u. a. Neukaledonien und die Norfolkinsel. Wohl noch bedeutsamer: Cook konnte erstmals den Chronometer von Kendall nutzen, die erste präzise und über Jahre verlässliche Uhr in der Seefahrtsgeschichte zur genauen Bestimmung von Längengraden. Diese technologische Revolution ermöglichte es ihm auch als Erstem, neu entdeckte Küsten, aber auch die von Spaniern, Portugiesen und Niederländern in den Jahrhunderten zuvor angelaufenen Inseln, deren Wiederauffinden bis zu Cooks zweiter Reise so schwierig oder oft auch unmöglich war, exakt auf Karten zu verorten. Auf der dritten Cook'schen Weltreise (1776–1780) zur Überprüfung der Schiffbarkeit der Nordwestpassage zwischen Stillem Ozean und Atlantik konnte der britische Seefahrer nicht nur deren Unpassierbarkeit klären, sondern auch die Inseln Hawaiis entdecken, wo er im Februar 1779 in einem Handgemenge den Tod fand (vgl. Forster: *Cook, der Entdecker*, S. 117 ff.; Beaglehole: *The Life of Captain James Cook*, S. 670 ff.; Vorpahl: *Der Seefahrer*, S. 158 ff.). Insofern irrte Georg Forster sich nicht, als er vor 240 Jahren voraussagte, Cooks Leistungen seien so bedeutsam, dass niemand mehr fragen könne »Wer war

James Cook und was tat er?« (GF, *Cook, der Entdecker*, S. 7). Tatsächlich wurden Cook und seine Fahrten von unzähligen Biografen beschrieben und bewertet: Schon kurz nach seinem tragischen Ende auf Hawaii 1779 veröffentlichte Andrew Kippis in London seine Elogen auf den Gentleman zur See (vgl. Kippis: *Captain James Cook's first voyage round the world*, S. 2 ff.). 200 Jahre später legte der Neuseeländer John Beaglehole seine ebenso umfassenden wie akribischen Cook-Studien vor, die bis heute als Standardwerk gelten.
3. Die Theorien von Alexander Dalrymple (1737–1808) hatten entscheidenden Anteil daran, dass die britische Admiralität James Cook überhaupt mit der Order zur Lösung der Südlandfrage auf seine zweite Weltreise entsandte. Cook widerlegte Dalrymple jedoch empirisch durch die faktische Umrundung der Antarktis und den damit gewonnenen Nachweis, dass sich zwischen Atlantischem und Indischem Ozean kein weiterer Erdteil verbarg, sondern beide Weltmeere ineinander übergingen und sich am Südpol kein gewaltiger oder gar fruchtbarer Kontinent erstreckte.
4. In seiner Vorlesung an der Universität von Wilna beantwortete Georg Forster die Frage, ob nur eine Menschenart anzunehmen sei, mit Bezug auf seine Weltumseglung, »dass nach unserer Definition an allen Orten, wohin wir gelangt sind, keine anderen Menschen gefunden worden sind, als solche, die nach Zahl, Stellung, Gestalt und Proportion der Körperteile gleich sind, und dass daher alle in eine Art einzuordnen sind« (vgl. GF in: AA VI.2, S. 1673; übersetzt aus dem Lateinischen von Uhlig, a. a. O., S. 210).
5. In Forsters 20 Thesen zu den Resultaten der Cook'schen Reisen heißt es weiter: »dass so wie es kein Volk ohne Sprache, und keine Sprache ohne Vernunft giebt, so auch keinen bloß thierischen Stand der Natur«, und abschließend, »dass eine völlige und absolute Gleichheit unter den Menschen, so wie sie physisch nirgends existiert, auch sittlich unmöglich ist« (GF, *Cook, der Entdecker*, S. 95).
6. GF, *Cook der Entdecker*, S. 93.
7. Georg Forster und sein Vater Johann Reinhold waren auch die beiden einzigen Weltreisenden ihrer Epoche, die sich in die frühen anthropologischen und ethnologischen Diskussionen einbrachten (vgl. Dippel, *Revolutionäre Anthropologie*, S. 23).
8. Humboldt, *Aus meinem Leben*, S. 38.
9. Georg Forster signalisiere eine Wende im Verständnis nicht europäischer Völker, stellte Liebersohn jüngst fest: »A young German on board the second Cook voyage, Georg Forster, signaled the turn to a different way of understanding non-European peoples« (vgl. Liebersohn, *Anthropology*, S. 28).
10. Georg Forster begegnete Samuel Thomas Soemmerring (1755–1830), den er erstmals in London getroffen hatte, 24-jährig in Kassel wieder, wo er 1778 seine erste Anstellung als Professor für Naturkunde antrat, während Soemmerring dort seit 1779 als Anatom wirkte. Beide verband eine innige Freundschaft, die sich später auch als Nachbarschaft in Mainz fortsetzte, wohin Soemmerring 1784, Georg

Forster 1788 nach Aufgabe seiner Professorenstelle im polnisch-litauischen Wilna gezogen war.
11. Vgl. Enzensberger, U.: *Georg Forster. Ein Leben in Scherben*, S. 116.
12. Soemmerring, *Über die körperliche Verschiedenheit*, S. 24. Soemmerring widmete das Buch seinem Freund Georg Forster (vgl. Soemmerring, a. a. O., S. 1).
13. Soemmerring, a. a. O., S. 24.
14. Die stammesgeschichtliche Entwicklung der Lebewesen ahnten weder Forster noch sein Gegenspieler Immanuel Kant voraus. Uhlig konnte aus Georg Forsters Vorlesungen in Wilna 1786/87 jedoch schließen, dass Forster den *Homo (sapiens) erectus* als eigene Gattung von den Säugetieren getrennt sehen wollte und dabei auch Linnés zum Teil monströse »Unter- und Nebenarten« des Menschen erklärungslos fallenließ. Zudem folgte Georg Forster nicht dem Konzept Rousseaus von einem *homme naturel*, sondern der schottischen *Theoretical or Conjectural history* und hier speziell Henry Homes *Sketches of the History of Man* aus dem Jahre 1774, in denen der Mensch als Kulturwesen aufgefasst wird (vgl. Uhlig, L.: *Philippia*, S. 335 ff.; auch Uhlig, L.: *Studien zur Religions- und Wissenschaftsgeschichte*, S. 167 f.).
15. Konkret differenzierte Kant in »Race der Weißen«, »Negerrace«, »hunnische Race« und »hindustanische Race« (vgl. Kant, *Bestimmung*, S. 390).
16. AA XIV, S. 586; vgl. AA XV, S. 376.
17. Uhlig, L.: *Philippia*, S. 338.
18. Ebd.
19. Ulrich Enzensberger meint ein gewisses Lavieren Forsters in Bezug auf Soemmerrings Rassentheorie festzustellen. Forster zögerte vermutlich, den innigen Freund in der Öffentlichkeit zu attackieren. In seiner Doktorarbeit formulierte Forster kurz vor der Kontroverse mit Kant in Abgrenzung zu Soemmerring: »Und doch kann über den Ursprung dieser Unterschiede unter den Menschen schon deshalb nichts Sicheres festgestellt werden, weil sie insgesamt älter sind als die geschichtliche Überlieferung und die Weisheitsbücher der Juden ...« (vgl. GF, *De Plantis Esculentis*, S. 97; aus dem Latein durch den Autor übersetzt). Unabhängig davon kommt auch Enzensberger zu dem Schluss, dass Forster Soemmerring in der Frage unterschiedlicher Menschenrassen »die Hand dann aber doch nicht reichen wollte« (vgl. Enzensberger, U. *Georg Forster*, S. 158).
20. In dieser Kontroverse geht Kant davon aus, dass sich in der Entwicklungsgeschichte des Menschen unterschiedliche Rassen herausbilden konnten, deren entscheidendes Merkmal die Hautfarbe ist (vgl. Kant, *Bestimmung*, S. 390).
21. Von der Grundthese einer übereinstimmenden »Natur des Menschen« bei klimatischen Abweichungen schlägt Georg Forster anstelle des Begriffs *Rasse* den Begriff »Exampla« vor, womit Forster Menschengruppen definiert, die zu geringfügig von anderen abweichen, um eine eigene Art zu bilden (vgl. Uhlig, a. a. O., S. 205).
22. Die Forster-Forschung der letzten Jahrzehnte, zuletzt Goldstein in seiner *Ideenbiografie*, geht davon aus, dass Georg Forster sich aus dem »abgelegenen« Wilna, in dem

er als Professor wirkte, durch die Attacke gegen einen berühmten Mann wie Kant Gehör in den intellektuellen Zirkeln Deutschlands verschaffen wollte, wobei der Ausgangspunkt der Debatte, Kants Rassismus, häufig als bloße Randnotiz behandelt wird (vgl. Goldstein, *Georg Forster*, S. 122 ff.).

23. Kant, *Bestimmung*, S. 391.
24. AA IV, S. 53.
25. Insofern verstiegen sich aus heutiger Sicht beide Seiten, Kant und Forster, »zu phantastischen Hypothesen« (Uhlig, *Georg Forster*, S. 202).
26. Kant, *Werke*, Bd IX.1., S. 12.
27. GF: *Noch etwas über die Menschenraßen*, in: AA VIII, S. 154.
28. Ausführlich dazu: Uhlig, *Georg Forster*, 201 ff.
29. Ausführlicher dazu: Meißner, *Mythos Südsee*, 180.
30. Kant, *Werke*, Bd IX.1., 100 f.
31. Meißner, *Mythos Südsee*, S. 181.
32. AA V, *Cook der Entdecker*, S. 235.
33. Kant, *Kant's gesammelte Schriften*, VIII, S. 92.
34. AA VIII, S. 141 f.
35. In ihrer *Dialektik der Aufklärung* mahnten Horkheimer und Adorno die Reflexion des Aufklärungsbegriffes an: »Indem die Besinnung auf das Destruktive des Fortschritts seinen Feinden überlassen bleibt, verliert das blindlings pragmatisierte Denken seinen aufhebenden Charakter, und darum auch die Beziehung auf Wahrheit« (vgl. Horkheimer u. Adorno, *Dialektik der Aufklärung*, S. 3).
36. Betrachtet man Forsters frühesten Beitrag in dieser Debatte über Menschenrassen aus dem Jahre 1786 isoliert (vgl. Schmied-Kowarzik, *Der Streit um die Einheit des Menschengeschlechts*, S. 120–127), so erscheint Forsters Haltung widersprüchlicher. Seine empirische Erkenntnis von der »Einheit des Menschengeschlechts« wird indes schon ein Jahr später – 1787 – in *Cook, der Entdecker* eindeutig formuliert und in verschiedenen Schriften der folgenden Jahre erhärtet.
37. GF: »Menschen-Racen«, in: AA VIII, S. 157. In diesem Sinne griff Forster immer wieder zur Feder: »Diejenigen, die Pygmäen für Affen halten« und dies aus Schriften antiker Philosophen destillierten, führte er zum Beispiel in seinem Aufsatz *Über die Pygmäen* ad absurdum. Forster kontert die antike Überlieferung, der zufolge Pygmäen Affen seien, da sie in »Ethiopien« wie die Affen Kranicheier schlürften, mit dem Argument, dass Kraniche im Norden, aber nicht in Afrika brüteten (vgl. GF: *Über die Pygmäen*, in: AA VIII, S. 115).
38. Ausführlicher dazu: Siemon, *Die Wissenschaft*, S. 17 ff. Siemon resümiert Forsters Position: »Kurz: Menschwerdung ist ein Kulturprozess, keine Naturgeschichte« (Siemon, a.a.O., S. 19); auch Uhlig, a.a.O., S. 85 ff.
39. GF: *Versuch einer Nationalgeschichte der Menschen*, in: AA VIII, S. 158 f. Ausführlich zu W.v. Humboldts Studien: Maurer, M., *Wilhelm v. Humboldt*, S. 130 ff.
40. Ausführlicher dazu: Dippel, *Revolutionäre Anthropologie*, S. 24 ff. Aus dem Vergleich

der Schriften des Vaters mit den Übersetzungen des Sohnes kam Dippel jüngst zu dem Schluss, dass Georg Forster als Menschenforscher eine eigene, vom Vater abweichende Position einnahm, wie sie sich schon in seiner *Reise um die Welt* manifestierte und bei der Übersetzung der *Observations* weiter ausprägte. Dippel widerspricht damit der bisherigen Mainstream-Auffassung in der Forster-Forschung, derzufolge Georg Forster in der *Reise um die Welt* die Auffassungen seines Vaters zur Grundlage seiner Reiseschilderung gemacht hätte.

41. Gemeint sind Johann Reinhold Forsters *Observations Made During a Voyage Round the World* (vgl. GF an Leopold Friedrich Franz von Anhalt-Dessau, Kassel, den 9.9.1783, in: AA XIII, S. 478).
42. Vgl. Dippel, a. a. O., S. 36. Im englischen Original von Johann Reinhold Forsters *Observations* heißt es: »It seems therefore probable that savage nations in cold climates, contract a harshness or rigidity in their fibres and frame of body, with causes sluggishness, indolence and stupidity of mind« (vgl. JRF, *Observations*, S. 286).
43. Georg Forster untermauerte seine Argumentation gegen die monokausale Klimatheorie mit einem Vergleich der angeblich »sanftmüthigen« Melanesier Neukaledoniens mit den vermeintlich »wilden« Melanesiern Australiens, die unter sehr ähnlichen Klimaverhältnissen lebten (vgl. AA II, S. 327). Und sah, anders als sein Vater, auch in den Ureinwohnern Neuseelands Menschen, in denen Europäer ihre »Brüder« erkennen konnten (vgl. Dippel, a. a. O., S. 38).
44. *Maheine* oder *O-Hedidi* (engl. auch *Hitihiti*), so der ursprüngliche Name des etwa 17-jährigen jungen Mannes von *Bora-Bora*, der nach tahitischem Brauch seinen Namen mit dem eines Freundes (namens Maheine) vertauscht hatte, reiste ab der Insel *Raiatea* von September 1773 bis Juni 1774 an Bord der *Resolution* mit (vgl. AA II, S. 330; AA III, S. 126). Forster charakterisiert Maheine in seinem Reisebericht als aufgeschlossen und mitfühlend, was gelegentlich als literarischer »Kunstgriff« gedeutet wird, mit dem der junge Forster eigene Gedanken und Gefühle auf den etwa Gleichaltrigen »projiziert« hätte (vgl. Görbert: *Die Vertextung der Welt*, S. 225 f.). Gut vorstellbar ist aber ebenso, dass sich Maheines Naturell tatsächlich so sensibel und »herzenswarm« darstellte wie von Forster geschildert.
45. Forster lehrte von 1784 bis 1787 an der heutigen Universität Vilnius.
46. In seinen Wilnaer Vorlesungen zitierte Forster ausgiebig aus der 1775 in Göttingen erschienenen Dissertationsschrift des Anatomen Johann Friedrich Blumenbach (1752–1840) zur physischen Anthropologie *De generis hvmani varietate nativa liber*, blickte aber auch »eifersüchtig« (Uhlig) auf die Veröffentlichungen des Göttinger Professors und Wegbereiters der Anthropologie, den er im Kreise Lichtenbergs als Mitautor des *Göttingischen Magazins der Wissenschaften und Litteratur* kennengelernt hatte (vgl. Uhlig, *Studien*, S. 174). In der Kontroverse mit Kant wurde Georg Forster zugleich zu einem wichtigen Verbündeten und Freund des Kant-Schülers Johann Gottfried Herder (1744–1803), dessen Hauptwerk *Ideen zu einer Philosophie der Geschichte der Menschheit* durch Forsters Position gestützt wurde. Mit seinen 20 Büchern

in vier Bänden, die zwischen 1775 und 1791 erschienen, legte Herder den Grundstein der geschichtsphilosophischen Betrachtungen zur Menschheitsgeschichte in Deutschland – ausgehend von der Erde als »Stern unter Sternen«, über die »Organisation der Völker« und die »Glückseligkeit der Menschen« bis zur »Kultur der Vernunft in Europa«.

47. Vgl. a. a. O., S. 177.
48. Wulf, *Alexander von Humboldt*, S. 20
49. Diese Einheit des Menschengeschlechts voraussetzend, entwarf Georg Forster eine an den Fortschritt der Aufklärung gekoppelte Vision der unblutigen Kolonisierung des Pazifikraumes – sah aber ebenso die Gefahr des kolonialen Untergangs der Völker der Südsee (vgl. Vorpahl, *Der Seefahrer*, S. 162).
50. AA IX, S. 126. Zugleich definierte Georg Forster in seinen *Ansichten vom Niederrhein* Individualität, resp. die »natürliche Ungleichheit der Menschen«. Diese ergäbe sich »in Absicht auf Organisation, physisches Kraftmaaß und Seelenvermögen«, des Einzelnen, woraus sich die »unendlich nüancierten Charactere« und »verschiedene Grade der Leidenschaft« ergäben (vgl. AA IX, S. 115/116).
51. A. a. O., S. 126.
52. Erst fünfzig Jahre später konnte Cooks extreme südliche Breite von 71° 10' S durch den britischen Robbenjäger James Weddell überboten werden, der am 10. Februar 1821 bis auf eine südliche Breite von 74° 34' S Richtung Südpol vordrang.
53. GF, *Cook, der Entdecker*, S.23.
54. Weiterführendes zu Cooks Tod in: Vorpahl, *Der Seefahrer*, S. 167 ff.
55. Vgl. Enzensberger, U., *Georg Forster*, S. 140 ff.
56. Der Kaiser dankte Georg Forster die kurze Visite mit einem »prächtigen Brillantenring für ihre Dedication«, wie der mit Georg Forster korrespondierende Direktor des Wiener Naturalienkabinetts, Hofrat Ignatz von Born (1742–1791) anmerkt (vgl. Born an GF, Wien 20. 11. 1787, in: AA XIII, S. 210).
57. Der Biograf Johann Reinhold Forsters, der Neuseeländer Michael Hoare, vermutet, dass das Bekanntwerden der Honorarsumme von 4000 Pfund die Kontroversen an Bord zusätzlich angefacht habe (vgl. Hoare, *The tactless Philosopher*, S. 77 ff.).
58. Weiterführendes zu Georg Forster als Zeichner der zweiten Cook'schen Weltumseglung in: Vorpahl, *Die Unermeßlichkeit des Meeres*, S. 617 ff.
59. Vgl. ebd.
60. Der Vater bescheinigte seinem zehnjährigen Sohn, dass er sämtliche Pflanzen seiner Heimat nach den Regeln des linné'schen Systems erkennen und in Russland ohne fremde Hilfe unbekannte Pflanzenarten selbständig in das Linné'schen System einordnen konnte (vgl. Uhlig, *Georg Forster*, S. 24/25).
61. Vater und Sohn Forster registrierten auf ihrer Wolga-Expedition 207 Pflanzenarten, 23 Arten von Säugetieren, 64 Vogelarten, darunter die Schwarze Lerche, 14 verschiedene Reptilien, und 16 Fischarten (vgl. Schmied-Kowarzik, *Georg Forster*, S. 8).
62. Vgl. Enzensberger, U., *Georg Forster*, S. 21.

63. Vgl. a.a.O., S. 27.
64. Georg Forsters Übersetzung erschien 1772 unter dem Namen seines Vaters (vgl. Bougainville, A voyage round the world, S. 2).
65. Der französische Maler Jean-Antoine Watteau schuf 1717 mit seinem Gemälde *L'Embarquement pour Cythère* ein besonders populäres Werk, das freizügige Damen im Liebesspiel auf Kythera, der »Insel der Aphrodite«, imaginierte. Als der Seefahrer Bougainville Tahiti 1768 erstmals für die französische Krone in Besitz nahm, knüpfte er an Watteau an und nannte die Insel *Île de la Nouvelle Cythère*. Indem er Tahiti eine »neukytherische Insel« nannte, befeuerte er den Mythos der sexuellen Libertinage der Tahitianerinnen (vgl. Bougainville, *Voyage autour du monde*, S. 156).
66. Ebd.
67. Bougainville, a.a.O., S. 161.
68. Ebd.
69. Bougainville, a.a.O., S. 163 ff.
70. Weiterführend dazu: Vorpahl, *Die Unermeßlichkeit des Meeres*, S. 620.
71. Darunter 268 Tierzeichnungen: 32 Säugetiere, 139 Vögel, 3 Reptilien, 80 Fische und 14 Wirbellose, davon etwa ein Drittel neu entdeckter Arten (vgl. Gattermann, R.; Neumann, V., *Die Geschichte der Zoologie in Halle*, S. 16).
72. GF an Spener, Wilna 26.12.1785, in : AA XIV, S. 410.
73. Humboldt, A., *Aus meinem Leben*, S. 37.
74. Ebd.
75. Sparrman, *A Voyage Round The World*, S. 27.
76. Johann Karl Philipp Spener (1749–1827) übernahm 1772 Buchhandlung und Verlag des seit 1690 in Berlin ansässigen Haude- und Spenerschen Literatur- und Zeitungsunternehmens (vgl. Vorpahl, *Die Berliner Tageszeitungen*, S. 47). Schon zuvor hatte Karl Spener in London die Bekanntschaft von Johann Reinhold und Georg Forster gemacht und blieb zeitlebens ihr wichtigster deutscher Verleger.
77. Humboldt, A., *Kosmos*, S. 283.
78. GF an Sophie La Roche, Mainz 19.3.1790, in: AA XVI, S. 32.
79. Ausführlicher dazu: Wulf, *Alexander von Humboldt*, S. 39 ff.
80. A.v. Humboldt an Friedrich Heinrich Jacobi am 3.1.1791 (vgl. Jacobi, *Briefwechsel. Text-Band 9*, S. 5). Jacobi (1743–1819) gehörte als einer der großen Geister der Aufklärung in Deutschland zu den Briefpartnern der Brüder v. Humboldt und Georg Forsters. Für Forster gehörte Jacobi nach ihrer ersten persönlichen Begegnung auf Jacobis Landgut Pempelfort bei Düsseldorf zu seinen wichtigsten Gesprächspartnern, obgleich Jacobi als moralischer Sensualist Georg Forsters philosophische und politische Ansichten, vor allem Forsters Begeisterung für die Französische Revolution, immer weniger zu teilen vermochte.
81. Humboldt, A., *Aus meinen Leben*, S. 34.
82. GF, *Ansichten vom Niederrhein*, in: AA IX, S. 236.
83. GF an Therese Forster, Paris 16.4.1793, in: AA XVII, S. 345.

84. Der »erstaunliche große Mainzer Club« (Dumont) wurde als *Gesellschaft der Freunde der Freiheit und Gleichheit* zwei Tage nach dem Einzug der Franzosen gegründet, wuchs auf eine Mitgliedschaft von 440 deutschen und 50 französischen *Clubbisten* an und gilt als »erste demokratische Bewegung in Deutschland« (vgl. Dumont, F., *Die Mainzer Republik*, S. 31).
85. Friedrich Schlegel, *Georg Forster*, S. 122.
86. Benjamin, W., *Deutsche Menschen*, S. 21.
87. Vgl. Maurer, Michael: *Wilhelm von Humboldt*, S. 19.
88. Insgesamt übersetzte Meta Forkel (1765–1853) sieben Werke, vor allem Romane, im Auftrag Georg Forsters (vgl. Siegel, *Meta Forkel-Liebeskind*, S. 103).
89. GF an Voß, Mainz 15. Mai 1792, in: AA XVII, S. 117.
90. Vgl. Stummann-Bowert, *Caroline Böhmer*, S. 128 ff.
91. Im September 1792 hatte der französische Konvent per Gesetz die zivile Ehescheidung legalisiert, bei der der einseitige Wunsch eines Ehepartners zur Scheidung ausreichte.
92. »Je ne veux pas retourner auprès de tois, … je ne puis plus être ta femme. Je ne veux pas venir en France« (Ich möchte nicht zu dir zurückkehren, … ich kann nicht mehr deine Frau sein. … Ich werde nicht nach Frankreich kommen), ließ Therese Forster ihren Mann aus der Schweiz wissen (Therese Forster an GF, Neuchâtel 20.6.1793, in: AA XVIII, S. 584).
93. Friedrich Engels' Korrespondenten-Brief wurde in *The Northern Star* am 8.11.1845 veröffentlicht (vgl. Engels, Friedrich: (Brief II) *An den Redakteur des Northern Star*, Marx-Engels-Werke II, S. 577). Der britisch-amerikanische Gelehrte, Diplomat und Revolutionär Thomas Paine (1737–1809) lebte wie Forster in der Revolutions-Ära in Paris, wo er 1791 zur Verteidigung der Französischen Revolution seine Streitschrift *Die Rechte des Menschen* schrieb, für dessen deutsche Übersetzung durch Meta Forkel-Liebeskind Forster sorgte und die Vorrede schrieb. Wie Forster wurde Paine zum Mitglied des Pariser Nationalkonvents gewählt. Nach der Machtübernahme durch die *Bergpartei* wurde Paine jedoch inhaftiert und kam erst 1794 durch US-amerikanische Fürsprache wieder frei.
94. GF an Huber, Pontarlier 15.11.1793, in: AA XVII, S. 473.
95. Lenin, Werke Bd. 28, S. 112.
96. GF an Therese Forster, Paris 16.4.1793, in AA XVII, S. 345.
97. Forster, T., a.a.O., S. 376.
98. GF an Therese Forster, Paris 8.4.1793, in AA XVII, S. 341.
99. Vgl. Steiner, G., *Georg Forster und die Französische Revolution*, S. 151.
100. GF an Therese Forster, Arras am 21.08.1793, in: AA XVII, S. 424.
101. Den »Zuschnitt« besorgte 1952 federführend Gerhard Steiner, der allerdings ab 1965 als Kopf der Akademie-Ausgabe sämtlicher Werke Forsters (AA) dieser ideologischen Verkürzung selbst einen Riegel vorschob. »Ohne Literatur keine Geschichtsfähigkeit«, es gelte, »eine ganze Welt dem Prolatarier geraubter Literatur zu erobern«,

postulierte Walther Victor (1895–1972) den bildungspolitischen Auftrag der deutschen Sozialdemokratie schon 1931. Der langjährige Herausgeber der DDR-Volksbildungsreihe entwickelte sein Konzept von der umfassenden, auch klassischen Bildung von Arbeitern zwischen 1923 und 1931 als Feuilletonist des linksoppositionellen *Sächsischen Volksblatts*, des Zwickauer Regionalorgans der SPD und setzte diesen Ansatz nach seiner Rückkehr aus dem Exil in Weimar mit der DDR-Edition *Ein Lesebuch für unsere Zeit* um, die sich dem »humanistischen Literaturerbe Deutschlands« verpflichtet fühlte (ausführlich zu Victors bildungspolitischem Emanzipationsansatz in: Vorpahl, Das »Sächsische Volksblatt«, S. 61 f).
102. GF in FORSTER (1952), S. 424.
103. A. a. O., S. 425.
104. Vgl. Dumont, F., a. a. O., S. 45.
105. In der Verfassung der DDR waren allgemeine, freie und geheime Wahlen garantiert. Doch in der Praxis wurden die Wahlberechtigten mittels verschiedener respressiver Maßnahmen an die Wahlurne gezwungen. Im Wahllokal konnten die Wähler einer feststehenden Liste von *Kandidaten der Nationalen Front* entweder zustimmen oder diese *en bloc* ablehnen; die Benutzung der formal aufgestellten Wahlkabine wurde registriert und repressiv geahndet, mithin die geheime Abstimmung tabuisiert, um »Nein«-Stimmen zum Wahlvorschlag zu verhindern. Unerwünschte Wahlergebnisse wurden durch Hinzufügen fiktiver Stimmen, durch Fälschungen bei der Auszählung der abgegebenen Stimmen oder mittels Manipulation in den lokalen und/oder zentralen Wahlbüros »korrigiert«, sodass die Kandidaten in der Regel mit einer Zustimmung von über 99% »gewählt« wurden.
106. *Die neue Mainzer Zeitung oder der Volksfreund*, Nr. 1, 1. 1. 1793.
107. Vgl. Dumont, F., *Die Mainzer Republik*, S. 50; weiterführend: Goldstein, *Georg Forster*, S. 193 ff.
108. AA X/1, S. 428.
109. Der Vater Johann Reinhold Forsters, der der alten schottischen Familie der Lords *Forrester* entstammte, emigrierte nach dem Verlust der Familienbesitztümer in der Zeit des Lordprotektorats Cromwells Mitte des 17. Jahrhunderts nach Preußen (vgl. Hoare, *The tactless philosopher*, S. 1–5).
110. Quilitzsch, *Georg Forster*, S. 130–133.
111. A. a. O., S. 130.
112. Vgl. Metz-Becker, M., *Georg Forsters ›Häusliches Glück‹*, S. 71.
113. Durch den Verkauf der Forster-Zeichnungen an Sir Joseph Banks sah sich Georg Forster schließlich der Vorlagen für weitere Gouachen beraubt, sodass es bei dieser ersten Serie blieb, die heute, mit Ausnahme einer 1936 verkauften Farbtafel, in der Forschungsbibliothek Gotha aufbewahrt wird. Neben diesem *Codex Gothanus Membranatius* konnte man in Gotha 1797 nach dem Tod Georg Forsters von Forsters Witwe Forsters weitere Pflanzenzeichnungen – Forsters *Herbarium Australe* – erwerben (vgl. Vorpahl, *Die Unermeßlichkeit des Meeres*, S. 625).

114. Ebd.
115. In meiner Recherche für das ZDF-Kulturmagazin *aspekte* mahnten Experten vom Kölner Institut für Konservierungs- und Restaurierungswissenschaft (CICS) und der Herzog-August-Bibliothek in Wolfenbüttel – beide sind in Restaurierungsfragen besonders erfahren – dringenden Handlungsbedarf an (vgl. Vorpahl, *ZDF/aspekte*, 8.5.2009).
116. Drei Jahre nach der alarmierenden Schadensmeldung aus Gotha folgte ich in einem weiteren Beitrag für das ZDF-Kulturmagazin *aspekte* der Einladung des Instituts für Buch- und Handschriften-Restaurierung der Bayerischen Staatsbibliothek in München, wo die Forster-Gouachen zwischen 2009 und 2013 einer Schadensanalyse mittels Spektralfotografie unterzogen wurden und die Malschicht durch Aerosolvernebelung konsolidiert wurde (vgl. Vorpahl, *ZDF/aspekte*, 25.5.2012).
117. Hoare, *The tactless philosopher*, 34/35.
118. GF, *Darstellung der Revolution in Mainz 1793*, in: AA X/1, S. 513.
119. Georg Forster vermutete allerdings einen Monat nach der königlichen Audienz, dass eine solche feste Anstellung kaum zu erlangen war. Vgl. GF an Spener, London 19.9.1775, in: AA XIII, S. 21.
120. Vgl. Vorpahl, *Die Unermeßlichkeit des Meeres*, S. 625.
121. GF an Jacobi, Cassel am 26.4.1779, in: AA XIII, S. 199.
122. GF an JRF, Dessau am 21.3.1779, in AA XIII, S. 188.
123. Carl Heinrich Titius (1744–1813), seit 1776 bis 1813 Chef des Dresdner Naturalien-Cabinets der sächsischen Kurfürsten, bemerkte bei seinem Besuch in der Wohnung der Forsters im Jahre 1777 eine Fülle von Blättern mit nach der lebenden Natur gezeichneten Pflanzen, Tieren und Insekten, die außerordentlichsten Muscheln und ebenso Waffen, Kunstwerke und Werkzeuge der Einwohner *Tahitis* und anderer Inseln (vgl. Titius, *Auszüge*, S. 2). Titius' Befürchtung, dass Johann Reinhold Forster die meisten dieser einmaligen Objekte aus Geldgründen zu Tiefstpreisen verscherbeln müsse, hat sich schließlich bewahrheitet, sodass der ältere Forster bei seinem Tod 1798 selbst nur noch 175 Objekte seiner einst riesigen Sammlung besaß, die seine Witwe schließlich nach Göttingen verkaufte, wo sich diese Stücke heute noch in der Ethnologischen Sammlung der Universität Göttingen befinden (vgl. Dawson, *Collecting with Cook*, S. 52).
124. Rudolf Erich Raspe (1736–1794) – der wegen Unterschlagung aus Deutschland nach London geflohen war und später vor allem als Autor seiner politsatirischen Erzählungen vom Baron Münchhausen bekannt wurde – war Georg Forster 1775/76 bei der Übersetzung der zunächst in Englisch verfassten *Voyage round the world* in die deutsche Sprache behilflich.
125. 220 der schönsten und wertvollsten Stücke vermachte Johann Reinhold Forster im Januar 1776 der *University of Oxford*, wie ein 1969 wiederentdeckter Forster'scher *Catalogue of Curiosities sent to Oxford* belegt (vgl. Kaeppler, *Cook Voyage Provenance*, S. 72). Einige dieser Objekte sind heute in Oxford im *Pitt Rivers Museum* zu sehen, das seit

1884 die anthropologische und archäologische Sammlung der Universität beherbergt. Die *University of Oxford* verlieh Johann Reinhold Forster im November 1775 den Ehrentitel eines *Doctor of Civil Laws* (vgl. Hoare, *The tactless philosopher*, S. 157/158).
126. Vgl. Scheibe, *Wörlitz*, S. 46.
127. Nachdem die Wörlitzer Forster-Sammlung seit 1990 aus konservatorischen Gründen für über 25 Jahre im Dessauer Depot verwahrt wurde, ist mit dem Jahr 2018 eine Rückkehr der Sammlung und ihre zeitgemäße Präsentation im Schloss Wörlitz verbunden.
128. Vgl. Scheibe, *Wörlitz*, S. 51.
129. GF an JRF, Dessau 21.3.1779, in AA XIII, S. 188.
130. Schloss und Park Wörlitz gehören seit dem Jahr 2000 zum UNESCO-Weltkulturerbe – als »herausragendes Beispiel für die Umsetzung philosophischer Prinzipien der Aufklärung in einer Landschaftsgestaltung, die Kunst, Erziehung und Wirtschaft harmonisch miteinander verbindet«, so die Begründung der Kulturorganisation der UNO.
131. GF an JRF, Dessau 21.3.1779, in: AA XIII, S. 189.
132. Ebd.
133. Ebd; auch Scheibe, *Wörlitz*, S. 51. Diese finanzielle Zuwendung war aber insofern bedeutsam, als sie dazu beitrug, Johann Reinhold Forster aus den Schulden zu befreien, in die er durch die hohen Druckkosten und den finanziellen Misserfolg der *Voyage round the world* auf dem englischen Buchmarkt geraten war, was ihm ein Verlassen Londons und eine Rückkehr nach Deutschland lange unmöglich machte (vgl. Vorpahl, *Die Unermeßlichkeit des Meeres*, S. 620). Fürst Franz von Anhalt-Dessau schrieb zudem mehrere Briefe nach England, um seinen politischen Einfluss zugunsten des älteren Forster geltend zu machen, da ihm in London das Schuldgefängnis drohte (vgl. Hoare, *The tactless philosopher*, S. 194).
134. Frisch vermählt auf dem Weg nach Wilna trafen Georg und Therese Forster am 23. oder 24.9.1785 in Dessau ein, der Fürst war indes verreist. Forsters zweiter kurzer Besuch fällt auf den 27.2.1788, wo er in Wörlitz abgewiesen wurde, sodass sich Fürst Franz von Anhalt-Dessau und Georg Forster nur einmal, nämlich im März 1779, begegnet sind (vgl. Scheibe, *Wörlitz*, S. 53–56).
135. GF an Spener, Halle 29.2.1788, in: AA XV, S. 112.
136. GF an Erdmannsdorff, Kassel Anfang September 1779, in: AA XIII, S. 237.
137. »Der Menschen Seele ist ein unbegreifliches Ding! Bald Feuer und Aether, bald betäubt und in sich selbst verschlossen«, beschrieb Georg Forster seinen Zustand (vgl. GF an JRF, Dessau 21.3.1779, in: AA XIII, S. 189.
138. Forster besuchte mit Soemmerring ab August 1779 die Kasseler Freimaurerloge *Zum gekrönten Löwen* und nahm im selben Jahr im Kasseler Rosenkreuzer-Zirkel, dem Soemmerring als Direktor vorstand, den Ordensnamen *Amadeus Sragorifonus Segenitor* an, ein Anagramm seines Namens Ioannis Georgeus Adamus Forster (ausführlicher dazu: Enzensberger, U., *Georg Forster*, S. 116 ff.). Vier Jahre später besuchte

er seine letzte Freimaurer-Sitzung und im September 1783 auch letztmalig eine Zusammenkunft der Rosenkreuzer. Zur Abwendung von den Geheimbünden dürften Christoph Friedrich Nicolais Enthüllungen des Jahrs 1782, nach denen das Templerwesen nur ein Deckmantel für den 1773 vom Papst aufgehobenen Jesuitenorden war, maßgeblich beigetragen haben. Zudem fühlte Georg Forster aber auch eine wachsende individuelle Entfremdung, der er eine lähmende Wirkung auf seine Produktivität zuschrieb (vgl. a. a. O. S. 126).

139. Vgl. Scheibe, *Wörlitz*, S. 57. In seinem Brief versicherte der Fürst, er habe erst am nächsten Morgen, nach Forsters schneller Abreise, von dessen Besuch in Wörlitz erfahren und verblieb »mit Aufrichtigkeit« als »ergebenster Diener L F FrantzFzAnhalt« (vgl. Uhlig, *Georg Forster*, S. 222).
140. GF an Jacobi, Cassel 23. 4. 1779, in: AA XIII, S. 199.
141. GF an L. Fr. Franz von Anhalt-Dessau, Göttingen 5. 3. 1788, in: AA XV, S. 115.
142. JRF an GF, Halle 5. 1. 1793, in: AA XVII, S. 540. Therese Forster hingegen kolportierte später, dass Johann Reinhold Forster seinen Sohn am Galgen sehen wollte (vgl. Uhlig, *Georg Forster*, S. 343).
143. Vgl. Enzensberger. U., *Georg Forster*, S. 321.
144. JRF, *Tableau de l'Angleterrre*, S. 1 ff.; Hoare verweist auf die negtiven Konsequenzen dieser Schrift für Georg Forster während dessen Englandreise 1790 (vgl. Hoare, *The tactless philosopher*, S. 235/236).

Kapitel 2: Mainzer Affären – Pariser Umrisse

1. Kemmann, *Untergang einer Reichshauptstadt*, S. 8.
2. Ebd.
3. GF, *Darstellung der Revolution in Mainz 1793*, in: AA X/1, S. 511.
4. »Wir hätten noch ein Jahrhundert ohne Revolution ausgehalten; der Krieg (gegen Frankreich – d. V.) beschleunigt ihre Erscheinung um mehr als funfzig Jahre«, sah Forster auch die künftige revolutionäre Entwicklung in Mainz richtig voraus (vgl. GF an Heyne, Mainz 9. 7. 1791, AA XVI, S. 310).
5. Eine Reihe von Reformschritten v. Erthals wurden als aufklärerisch gedeutet, wie die Aufhebung dreier Klöster zugunsten der Finanzierung der Mainzer Universität, die Berufung protestantischer Professoren wie Forster und Soemmerring ins erzkatholische Mainz, Erthals Überlegungen zur Abschaffung des Zölibats und zur Unabhängigkeit der deutschen Bistümer vom Papst sowie seine Reformschritte zur Judenemanzipation (vgl. Jürgensmeier, F., *Handbuch der Mainzer Kirchengeschichte*, S. 117 ff.).
6. Dumont, *Die Mainzer Republik*, S. 22/23.
7. GF an F. K. J. v. Erthal, Mainz 9. 9. 1792, in: AA XVII, S. 181.
8. Im *Collegium Carolinum*, an dem Forster seit April 1779 Naturwissenschaft lehrte, fan-

den sich unter den 25 Studenten und 21 Professoren einige weitere, die nach einer *materia prima* suchten, aus der sich Gold herstellen ließ (vgl. Enzensberger. U, *Georg Forster*, S. 108).
9. GF an Soemmerring, Mainz 6.1.1793, AA XIX, S. 300.
10. Maurer, *Wilhelm von Humboldt*, S. 18–20.
11. Vgl. Gerhard Steiner: *Kalidasas Sakontala*, S. 59 ff.
12. Humboldt, W., *Aus dem Tagebuch*, 7.10.1788.
13. Humboldt, W., *Aus dem Tagebuch*, 13.12.1788.
14. Humboldt, A., *Aus meinem Leben*, S. 21.
15. Siehe Humboldt, A., *Mineralogische Beobachtungen*, S. 3.
16. Heyne an GF, AA VII, S. 34.
17. Humboldt, A., *Kosmos*, S. 8.
18. Humboldt, A., *Aus meinem Leben*, S. 21.
19. A. v. Humboldt an Jacobi am 3.1.1791.
20. Heyne an GF, Göttingen, 22.8.1790, AA XVIII, S. 418.
21. Weiterführend dazu: Goldstein, J., a. a. O., S. 151 ff.
22. Goethe an GF, Mainz 25.6.1792, in: AA XVIII, S. 540.
23. Goethe, *Campagne in Frankreich*, S. 189.
24. Ebd.
25. Ebd.
26. GF an Therese Forster, Pempelfort 29.3.1790, in: AA XVI, S. 47.
27. Therese Forster an Caroline Böhmer, Neuchâtel 25.2.1794, in: Hahn. A., *Therese Huber*, S. 72.
28. GF an Lichtenberg, Mainz 10.5.1792, in: AA XVII, S. 109.
29. Vgl. Neutsch, *Forster in Paris*, S. 8.
30. Vgl. Uhlig, *Georg Forster*, S. 324.
31. GF an Therese Forster, Pontarlier 6.11.1793, in AA XVII, S. 462.
32. Es sei unerhört in der Geschichte, »dass je eine so gänzliche Veränderung so wenig Blut und Verwüstung gekostet hätte«, schrieb Forster kurz nach dem Sturm auf die Bastille. In: GF an Heyne, Mainz 30.7.1789, AA XV, S. 319.
33. GF, *Ereignisse aus dem Jahre 1790*, in AA VIII, S. 330.
34. Weiterführend dazu: Andrea Hahn, *Therese Forster*, S. 72.
35. GF an Therese Forster, Pontarlier 6.11.1793, in: AA XVII, S. 463.
36. Sein »unglücklicher Sohn« sei »zu schwach« gewesen, »um den Eingebungen eines arglistigen und irreligiösen Weibes zu widerstehen«, schrieb Forster sen. in einem Bittschreiben an den Mainzer Kurfürsten, um Georg Forsters Nachlass zu erhalten (vgl. JRF an F. K. J. v. Erthal, Halle 2.2.1794, in: AA XVIII, S. 759).
37. Lichtenberg an Soemmerring, Göttingen 7.1.1785, *Briefwechsel Bd. III*, S. 12.
38. Lichtenberg an Soemmerring, Göttingen 11.9.1785, *Briefwechsel Bd. III*, S. 117.
39. GF: *Leitfaden einer Geschichte der Menschheit*, in: AA VIII, S. 192.
40. Kleßmann, *Universitätsmamsellen*, S. 166.

41. Weiterführend dazu: Meyer, F., *Unsere Zeit braucht solche Männer*, S. 329.
42. Forster und Soemmerring waren in Kassel »am Leipzigerthor im Ziegerschen Hause wohnhaft«, das später als Haus Nr. 1008 in der Waisenhaus Straße firmierte (vgl. Merz-Horn, *Einführung*, S. 13).
43. Harpprecht, *Georg Forster oder die Liebe zur Welt*, S. 226. Klaus Harpprecht unternahm in seiner Forster-Biografie als einer der Ersten den Versuch, die Frage nach einer möglichen homoerotischen Beziehung zwischen Georg Forster und Soemmerring in Bezug auf Forsters Lebensweg zu hinterfragen.
44. GF an Soemmerring, Wilna 18.7.1785, in: AA XIV, S. 351.
45. GF an Justine Regina Barbara Forster, Kassel August/Anfang September 1782, in: AA XIII, S. 396.
46. Soemmerring an GF, 7. – 25.11.1784, in: AA X III, S. 131.
47. Harpprecht, *Georg Forster oder die Liebe zur Welt*, S. 263.
48. Georg Forster und Soemmerring hätten »eine Art homosexueller Ehe« begründet, fasste Klaus Harpprecht die in Göttingen und Kassel kolportierten Gerüchte zusammen, an denen der Göttinger Mediziner Baldinger maßgeblichen Anteil hatte (vgl. Harpprecht, *Georg Forster*, S. 263 f.).
49. Ebd.
50. Vgl. Enzensberger, U., *Georg Forster. Ein Leben in Scherben*, S. 162.
51. Vgl. Harpprecht, *Georg Forster oder die Liebe zur Welt*, S. 342.
52. Therese Forster an Caroline Böhmer, Neuchâtel 25.2.1794, in: Hahn. A., a.a.O., S. 73.
53. Das galt publizistisch – wie in Bougainvilles Tahiti-Bericht von Neu-Kythera – aber auch für die Kunst: 1777 stieg Jean-Honoré Fragonards Gemälde *Der Riegel* (Le Verrou) als Ikone der Wollust zum meistgefeierten Bild des Pariser Kunstsalons auf.
54. Therese Forster an Caroline Böhmer, Neuchâtel 25.2.1794, in: Hahn. A., a.a.O., S. 71.
55. Vgl. Uhlig, *Georg Forster*, S. 325.
56. Mit *Georg Forster oder Die Liebe zur Welt* schuf Klaus Harpprecht die erste große Nachkriegsbiografie Georg Forsters. Zwar hatte Ulrich Enzensbergers Pioniertat *Georg Forster. Weltumsegler und Revolutionär* dies schon 1979 im Wagenbach-Verlag versucht, doch keinen vergleichbaren Publikumserfolg erreichen können. Harpprecht holte Georg Forster aus dem publizistischen Abseits, in das der »linke Vaterlandsverräter« vor allem in der Zeit des Nationalsozialismus geraten war und in dem er in der alten Bundesrepublik lange verblieb, zumal die DDR Georg Forster ideologisch reklamierte (vgl. Harpprecht, *Georg Forster oder die Liebe zur Welt*, S. 5 ff.).
57. Harpprecht: *Georg Forster. Die Abenteuer der Freiheit*, S. 7–36.
58. Vorpahl: *Die Unermeßlichkeit des Meeres*, S. 615–626.
59. Das ZDF strahlte »Expedition in die Südsee – Georg Forster« erstmals in seiner Reihe »Terra X« am 27.5.2012 aus.
60. Vgl. Klaus Harpprecht, *Georg Forster oder Die Liebe zur Welt*, S. 518 ff.
61. GF, *Reise von London nach Paris 1777*, in: AA XII, S. 16.
62. Claude Perrault (1613–1688) errichtete den Hauptteil der Ostfassade des Louvre nach

seinem Sieg in einem von König Ludwig XIV. ausgeschriebenen Wettbewerb zwischen 1667 und 1670.
63. Im Saal 18 des *Louvre* findet sich der *Medici-Zyklus* Peter Paul Rubens' (1577–1640), d. h. 21 Gemälde, die Rubens zwischen 1621 und 1625 im Auftrag der französischen Königin Maria de' Medici geschaffen hat. Thema sind Leben und Wirken der Königin und ihres ermordeten Gatten König Heinrichs IV. Ursprünglich hatte Rubens diese Gemälde zur Ausstattung des Pariser *Palais du Luxembourg* gemalt.
64. GF in: *Ansichten vom Niederrhein*, AA IX, S. 48.
65. A.a.O., S. 46.
66. A.a.O., S. 40.
67. A.a.O., S. 49.
68. A.a.O., S. 253.
69. Etwa in Heines ironischer Formulierung »die Stadt Göttingen, berühmt durch ihre Würste und Universität«. Vgl. Heinrich Heine, *Harzreise*, S. 11.
70. Vollständig lautet das Zitat: »Die dicke Lady Rubens sitzt zum Skandal der Christenheit leibhaftig in den Wolken, so gemächlich und so fest wie in ihrem Lehnstuhl. Ob sie sich nicht schämen sollte, eine Göttin darzustellen – und eine Jungfrau dazu?« In: AA IX, S. 270.
71. »Die Danaë ist eine köstliche Figur; sie liegt da und lebt«, urteilte Forster über Tizians Bild, das er im Gemäldekabinett des Bankiers Dunhot in Brüssel bewundert hatte. »Schade, dass der große Meister diesem schönen Körper keine Seele schuf; der leere Kopf mit den geschlossenen Augen ist auszeichnend häßlich; man möchte ihn aus dem Bilde herausschneiden, damit er dessen Harmonie nicht stört«, kritisierte er. Vgl. AA IX, S. 180.
72. Tizians *Leda* hatte Georg Forster in der Prämonstratenser-Abtei von Antwerpen gesehen. Vgl. AA IX, S. 267.
73. AA IX, S. 37.
74. JRF, *Specimen Historiae Naturalis Volgensis*, S. 338.
75. Vgl. GF: »Parisische Umrisse« in: *Friedens-Präliminarien*, S. 155.
76. Vgl. Harpprecht, *Georg Forster oder Die Liebe zur Welt*, S. 3.
77. »Unser armer Forster ist todt; vor einer Stunde starb er an einem Schlagfluß nach einer langen, gichtigen Krankheit«, schrieb der aus Mainz emigrierte frühere Hofrat Philipp von Haupt, der Forster in seinen letzten Tagen regelmäßig besucht hatte, an Ferdinand Huber, resp. dessen Lebensgefährtin Therese Forster (vgl. Haupt an Huber am 10.1.1794).
78. GF an Therese Forster und Huber, Paris 4.1.1794, in: AA XVII, S. 499.
79. Vgl. Uhlig, *Georg Forster*, S. 341.
80. Die 25-jährige Charlotte Corday (1768–1793) erstach den Präsidenten des Jakobinerklubs Jean-Paul Marat (1743–1793), dem viele die Schuld an der Ermordung politischer Gefangener und Priester im *Septembermassaker* des Jahres 1792 gaben, am 13. Juli

1793 in seiner Badewanne. Beide avancierten daraufhin innerhalb ihrer Anhängerschaft zu »Märtyrern der Revolution«.
81. Vgl. Harpprecht, *Georg Forster*, S. 576. In seiner Lobschrift feierte Adam Lux die Attentäterin als »Engel« und »unerschrockene Seele«, die mit den Feinden der Revolution abrechne, zu denen Lux auch den Führer der Bergpartei Marat zählte (vgl. Uhlig, *Georg Forster*, S. 332).
82. Adam Lux selbst bestätigte im Juli 1793 in einem Brief an einen ungenannten »Freund und Mitbürger«, vermutlich Georg Forster, dass Letzterer von Lux' Vorhaben der öffentlichen Verherrlichung Charlotte Cordays keine Kenntnis besessen habe, um Forster vor der »Erbitterung der Inquisitoren« zu schützen (vgl. AA XVII, S. 750/751).
83. Forster hatte 1790 den Bericht des Briten Thomas Howels über eine Reise nach Indien übersetzt (vgl. Uhlig, *Georg Forster*, S. 329) und eine Reihe englischer Schriften über den Krieg in Indien rezensiert (vgl. AA XI, S. 353–357).
84. Vgl. Uhlig, *Georg Forster*, 329.
85. Tipu Sahib (1744–1799), auch »Tipu Sultan«, heute in Indien und in Bangladesch als »Tiger von Mysore« verehrt, führte drei Kriege gegen die Briten und wurde 1799 in der Schlacht erschossen. Zwischen 1790 und 1797 schickte er mehrfach Depeschen nach Frankreich, in denen er ein Bündnis gegen Großbritannien anbot (vgl. Stronge, *Tipu's Tigers*, S. 7 f.).
86. Vgl. Uhlig, *Georg Forster*, 329.
87. GF, »Erinnerungen aus dem Jahre 1790«, in: AA VIII, S. 287.
88. A. a. O., S. 286.
89. GF, *Reise von London nach Paris 1777*, in: AA XII, S. 18.
90. Ebd.
91. GF an F. A. Vollpracht, London 31.12.1776, in: AA XIII, S. 77.
92. GF an Spener, Paris 9.10.1777, in: AA XIII, S. 109.
93. Marie-Joseph Motier, Marquis de La Fayette (1757–1834), unterstützte mit einer Freiwilligenarmee ab 1776 die amerikanische Unabhängigkeitsbewegung und kehrte als General Lafayette nach Paris zurück, wo er trotz adliger Herkunft zu den führenden Köpfen der Revolution und ihren Heerführern zählte. Als Befürworter einer konstitutionellen Monarchie in Frankreich geriet er im Verlauf der Revolution jedoch in Konflikt mit Republikanern und Jakobinern.
94. Der Mathematiker und Universalgelehrte Jean-Baptiste D'Alembert (1717–1783) wurde als Mitherausgeber der *Encyclopédie* bekannt, in der er gemeinsam mit Denis Diderot u. a. die grundlegenden Prinzipien der Aufklärung darlegte.
95. Georges Danton (1959–1794) war während der Französischen Revolution als Chef des Wohlfahrtsausschusses für die Einführung der »terreur« mitverantwortlich, wurde dann aber selbst eines ihrer Opfer und in Paris guillotiniert, als er für deren Mäßigung eintrat.
96. Der französische Schriftsteller und Wegbereiter der Aufklärung Voltaire (1694–1778) wurde als ein Kritiker des Absolutismus berühmt, der zugleich mit den gekrönten

Häuptern Europas in London, Versailles, Potsdam und Wien auf Augenhöhe debattierte.
97. Vgl. Uhlig, L., *Georg Forster. Abenteuer eines gelehrten Weltbürgers*, S. 100.
98. Der Mathematiker und Naturgelehrte Georges-Louis Leclerc, Comte de Buffon (1707–1788), wurde 1742 von Ludwig XV. zum Kustos des Königlichen Botanischen Gartens ernannt und durch seine umfassende Darstellung der Naturgeschichte – Buffons *Histoire naturelle générale et particulière* (ab 1749) – berühmt, die zu den bedeutendsten naturwissenschaftlichen Schriften der Aufklärung zählt.
99. In seiner lebenslangen Beschäftigung mit Buffon und Linné würdigte Georg Forster die Leistung beider respektvoll, aber auch kritisch: Linnés systematische Ordnung von Flora und Fauna schien ihm effizienter als das Herangehen Buffons, »der alles System verwirft« (AA VI/1, S. 684), während er an Buffon ebenjenen ganzheitlichen Blick auf die Natur schätzte, der dem klassifizierenden Zerlegen der Natur durch Linnés »Naturalienmäkler« abging (weiterführend dazu: Uhlig, a. a. O., S. 127).
100. Friedrich Martini (1729–1778) übersetzte und bearbeitete *Herrn von Büffons Allgemeine Naturgeschichte* bis zu seinem Tod 1778, Georg Forster zeichnete für Band 6 von *Herrn von Büffons Naturgeschichte der vierfüßigen Thiere* verantwortlich, der 1780 erschien (AA VI/1. S. 683–797).
101. GF an Spener, London Mitte August 1778, in: AA XIII, S. 127. Wenngleich Georg Forsters Umgang mit der Mutter Justine (geb. Nicolai; 1726–1804) durch die Reisen mit dem Vater mehrfach über Jahre unterbrochen wurde, fühlte er sich als ältester Sohn dennoch für sie und die vier Geschwister mitverantwortlich, die im September 1767 ebenfalls nach England übergesiedelt waren (vgl. Uhlig, L., *Georg Forster*, S. 29 f.).
102. GF an Spener, Cassel 5. 7. 1779, in: AA XIII, S. 217.
103. Vgl. Uhlig, L., *Georg Forster*, S. 127.
104. GF, *Reise von London nach Paris 1777*, in: AA XII, S. 17.
105. A. a. O., S. 18.
106. Ebd.
107. Ebd.
108. A. a. O., S. 15.
109. Das Pariser Naturwissenschaftliche Nationalmuseum und seine Zentralbibliothek befinden sich auf dem Gelände des 1626 angelegten und vom Comte de Buffon in der Regierungszeit Ludwigs XVI. bedeutend erweiterten *Jardin des Plantes* im 5. Pariser Arrondissement.
110. Vgl. Ferdinand Ludwig Huber, »Neuenburg in der Schweiz, den 21. Jan. 1794. L. F. Huber, im Nahmen der Wittwe und der Kinder des Verstorbenen«, in: *Friedens-Präliminarien*. Sechstes Stück, Berlin 1794, S. 1.
111. Ludwig Uhlig, *Georg Forster*, Göttingen 2004, S. 344.
112. Ludwig Uhlig merkt dazu kritisch an, dass die Manuskripte Georg Forsters so über Jahrhunderte der wissenschaftsgeschichtlichen Reflexion entzogen wurden (vgl. ebd.).

113. Es handelt sich dabei um einen Säulenkiosk mit Drahtgitterdach in Form einer Laterne, der auf dem künstlich aufgeschütteten Hügel des »Labyrinth« steht und von einer Erdkugel mit Wetterfahne gekrönt wird. Die *Glorette* de Buffon wurde zwischen 1786 und 1788 zu Ehren des Naturgelehrten erbaut.
114. Joppien und Smith halten Georg Forsters Aquarell für »den einzig wahrhaft romantischen Blick auf die Antarktis« (»the only truly romantic view of he Antarctic«) während der zweiten Cook'schen Weltumseglung (vgl. Joppien und Smith, *The Art*, 1985, S. 18).
115. Das Bild ist in der State Library of New South Wales in Sydney unter der Signatur *ZPX *D72* archiviert und wird Georg Forster aufgrund seiner Stilistik und aus dem Grunde zugeordnet, dass es als Aquarell ausgeführt wurde, während Hodges an Bord der *Resolution* Ölfarben verwendete (vgl. a. a. O., S. 19).
116. Forster schreibt über das Südlicht, es sei »den Nordlichtern unsres Welttheils zwar in den mehresten Stücken ähnlich, aber doch darinn von selbigen verschieden, dass sie nie eine andre als weißlichte Farbe hatten, da unsre Nordlichter hingegen verschiedne, besonders die Feuer- und Purpur-Farbe anzunehmen pflegen. Bisweilen konnte man vor dem Schein dieser *Süd-Lichter (aurora australis)* deren meines Wissens noch kein Reisender gedacht hat, die darunter verborgenen Sterne nicht entdecken, und zu andern Zeiten sahe man sie höchstens nur ganz blaß hindurch schimmern.« (Vgl. AA II, S. 117).
117. Humboldt besuchte den *Jardin des Plantes* unter anderem, um hier die mit ihm befreundeten Naturwissenschaftler Georges Cuvier (1769–1832) und Jean-Baptiste Lamarck (1744–1829) zu treffen. Cuvier legte hier als Beleg seiner »Katastrophentheorie« vom Aussterben der Arten die größte anatomische Sammlung seiner Zeit an; Lamarck, der schon unter Buffon fester *Correspondant* des *Jardin des Plantes* geworden war, legte die erste Evolutionstheorie vor (vgl. Wulf, Andrea: *Alexander von Humboldt*, S. 153).
118. In: Georg Forster, *Ms 189 (2)*. Vgl. dazu: Dan H. Nicolson, F. Raymund Fosberg, *The Forsters and the botany of the second Cook expedition (1772–1775)*, S. 12.
119. Auf der dritten Seite seiner naturwissenschaftlichen Notizen an Bord der *Resolution* verzeichnete Georg Forster bei seinem Landaufenthalt auf Madeira unter dem Datum des 30. Juli/1. August 1772 seine erste botanische Entdeckung: »found the following plants: Aitonia rupestris, ... a new genus ...«. Vgl. Georg Forster, »Observationes historiam naturalem spectantes, quas in navigationes ad terras australes instituere coepit G. F, mense julio, anno 1772«, in: Georg Forster: *Ms 189(1)*. Die von Georg Forster entdeckte Spezies *Aitonia rupestris*, ein mediterranes Lebermoos, wird in der Systematik von Fosberg u. Nicolson unter dem Synonym *Plagiochasma rupestre* (J. R. Forst. & G. Forst.) aufgelistet. Vgl. Nicolson u. Fosberg, *The Forsters and the botany*, S. 90.
120. Vgl. Streitschriften und Fragmente zur Weltreise, in: AA IV, S. 93–107. Band 6.3 der *Schriften zur Naturkunde* Georg Forsters ist angekündigt als »Verzeichnis der Manu-

skripte in der Bibliothek des Naturwissenschaftlichen Nationalmuseums zu Paris«. In: Georg Forster, AA VI/2, S. 1785. Eine Übersicht über Forsters Manuskripte in Paris ist seit dem Jahr 2003 für die Akademie-Ausgabe sämtlicher Schriften Forsters angekündigt, dieser dritte Teil der *Schriften zur Naturkunde* Georg Forsters steht indes noch immer aus.

121. AA II, S. 132.
122. AA III, S. 159.
123. AA II, S. 244.
124. AA III, S. 70.
125. Frank Steinheimer (geb. 1971) promovierte über Nomenklatur, Taxonomie und Sammlungsgeschichte ausgewählter Vogelsammlungen, u. a. von James Cook und Charles Darwin, und leitet seit 2010 des Zentralmagazin Naturwissenschaftlicher Sammlungen der Martin-Luther-Universität Halle-Wittenberg. Er ist damit in gewisser Weise Amtsnachfolger Johann Reinhold Forsters, der 1779 zum Professor der Naturkunde und Mineralienforschung an der Universität Halle berufen wurde (vgl. Hoare, *The tactless Philosopher*, S. 214 ff.).
126. Die übersetzten Passagen der Forster'schen Handschrift lauten im lateinischen Original: »Ala brevissimo fusca, pennis rufo-olivaceo marginatis. Remiges primares fusci, transversis ferrugineis ad utrumque marginem notate. [...] Cauda brevis rotundata fusca, rectricum margine tenuissimo olivaceo. [...] Pedes tetradactyli, fusco subantes [...] Tibia compressi [...] digiti [...] longitudine.« Vgl. Georg Forster, *Ms 189(4)*, lose Klappkarte.

Kapitel 3: Die Reise

1. AA II, S. 217 f.
2. In seinem in englischer Sprache geführten Bordjournal notierte Georg Forster »high winds, cold weather« und »snow & fog« (vgl. GF, *Observationes*, S. 44 u. 48; AA IV, S. 104/105).
3. Cooks *Society Islands*, die *Gesellschaftsinseln*, wurden seit 1843 von Frankreich kolonisiert und gehören heute als Übersee-Territorium *Französisch-Polynesien* zu Frankreich. Von den östlichen Inseln des Archipels (*Îles du Vent*) lief Cook auf seiner zweiten Weltumseglung *Tahiti* und *Moorea* an, von den westlichen (*Îles sous le Vent*) besuchte er die Inseln *Huahine*, *Raiatea* und *Taha*.
4. Cook besuchte den Archipel im August/September 1773 und im Mai/Juni 1774.
5. AA II, S. 226. Aitepieha wird auch *O-Aitepieha* oder *Vaitepieha*, heute *Tautira* genannt.
6. A. a. O.
7. Vgl. Salmond, *The Trial*, S. 192.
8. Sir Joseph Banks hingegen, der *Tahiti* auf Cooks erster Weltumseglung im Jahre 1769 drei Monate lang erkundet hatte, machte es zu einer Frage der Ehre, die Wünsche

möglichst vieler Tahitianerinnen zu befriedigen (vgl. O'Brian, *Joseph Banks*, S. 91). Die Zurückhaltung Georg Forsters folgte insofern keinem moralischen Verhaltenskodex für »Gentlemen« an Bord, sondern eher den strengen Moralvorstellungen des evangelischen Pfarrers Johann Reinhold Forster. Die Keuschheit des 18-Jährigen – falls es sich nicht um eine Schutzbehauptung vor dem Vater oder seinen Lesern handelt – könnte indes auch die Annahme stärken, dass der junge Forster kein ausgeprägtes Interesse an jener weiblichen Erotik hatte, die für Banks die »schönste Mitgift« der Insel darstellte (ebd.).

9. Sparrman, *A Voyage*, S. 51.
10. AA II, S. 223.
11. A.a.O., S. 224.
12. McKenna, *Teahupoo*, S. 6.
13. Sir David Lean (1908–1991) war ein britischer Filmregisseur, der vor allem durch die epischen Filme *Lawrence von Arabien*, *Die Brücke am Kwai* und *Doktor Schiwago* berühmt wurde.
14. Der Dokumentarfilm *Lost and Found: The Story of Cook's Anchor* wurde 1979 von der neuseeländischen *South Pacific Television* mit David Lean als Moderator produziert.
15. Die Tendenz, Gefahrenmomente nicht zu dramatisieren, lässt sich in Georg Forsters Reisebericht auch bei der letzten Überfahrt von der *Marquesas*-Insel Santa Christina (heute: *Tahuata*) zur *Resolution* am 10. März 1774 nachweisen. Der Botaniker Anders Sparrman merkt in seinem kurzen Reisebericht an, dass die Schaluppe, besetzt mit Captain Cook, den beiden Forsters und ihm selbst nach dem Ablegen vom Strand von *Tahuata* durch eine rasante Strömung erfasst wurde, die das Boot manövrierunfähig machte, es hin- und herwarf und rasch auf Felsen mit hoher Brandung zutrieb. Erst in letzter Sekunde gelang es den Ruderern durch übermenschliche Anstrengungen, das zweifellos tödliche Ende abzuwenden. Sparrman schreibt weiter, er hätte nie blassere Gesichter gesehen als die von Georg und Johann Reinhold Forster, und wundert sich darüber, dass dieses lebensgefährliche Manöver in Georg Forsters Reisebericht fehlt – einer Chronik, die außergewöhnliche Vorkommnisse sonst nicht unterschlägt, wie Sparrman meinte (vgl. Sparrman, *Voyage*, S.120).
16. A.a.O., S. 223.
17. Vgl. Friedrich Schlegel, *Georg Forster*, S. 123. Paradoxerweise war es Friedrich Schlegel (1772–1829), der mit seiner Monografie *Über die Sprache und Weisheit der Indier* (1808) als einer der wichtigsten Pioniere der Indologie gilt, zeitlebens nicht möglich, nach Indien zu reisen.
18. GF, *Observationes*, in: MNHN Paris, *Ms 189(1)*, S. 3. *Aytonia rupestris* heißt heute – in eine andere Gattung gestellt – *Plagiochasma rupestre (J.R. & G. Forst.) Steph*.
19. Die Forsters gehörten zu den Pionieren in der Anwendung der neuen Linné'schen Pflanzensystematik. Nach den noch heute gültigen linné'schen Klassifikationsregeln gilt derjenige als »Autor« einer Spezies, als ihr wissenschaftlicher Entdecker, der eine neue Art mit einem lateinischen Doppelnamen (bestehend aus Gattung und Art)

benennt und diesen Namen als Erster gedruckt vervielfältigt. Diese Regel hat mitunter paradoxe Folgen; etwa die, dass Johann Reinhold und/oder Georg Forster als »Autoren« einiger Südsee-Novitäten gelten, die vor ihnen bereits der schwedische Botaniker Daniel Solander (1733–1782) auf der ersten Cook'schen Weltumseglung bestimmt, bis 1775 aber nicht im Druck veröffentlicht hatte, während die Forsters unmittelbar nach der Rückkehr von Cooks zweiter Reise ihr Pflanzenwerk *Characteres gerenum plantarum* gedruckt publizierten, was ihnen den überzogenen Vorwurf der »Forster'schen Pflanzenpiraterie« eintrug (vgl. Vorpahl, *Die Unermeßlichkeit des Meeres*, S. 623). Umgekehrt büßten die Forsters den Ruhm als »Autoren« vieler Tiere der Südsee ein, weil sie es zeit ihres Lebens nicht schafften, die von ihnen neu entdeckten und klassifizierten Spezies der Fauna vom vorliegenden Manuskript Johann Reinhold Forsters in ein Druckwerk zu überführen, was schließlich Lichtenstein erst fünfzig Jahre später ausführte (ausführlich dazu: Ludwig Baege, *Über zoologische und botanische Bilddokumente*, S. 59 ff.).

20. GF, *Obervaliones*, in: MNHN Paris, Ms (189(1), S. 3.
21. A.a.O.
22. Georg Forster nennt *Raiatea* zumeist *Reietea* oder auch nach ihrer Bezeichnung auf Cooks erster Weltumseglung *Ulietea*.
23. Ebd., ohne Seitenangabe, unter »Insula Ulietea« und dem Datum »Sept 10«.
24. Georg Forster sieht »Poyadua, Orea's schöne Tochter« erstmals am 11. September 1773 (vgl. AA II, S. 322/323).
25. Salmond, *The Trial*, S. 252.
26. AA III, S. 86/87.
27. O'Brien, *Joseph Banks*, S. 60 f.
28. Ausführlicher dazu Vorpahl, *Die Unendlichkeit des Meeres*, S. 617.
29. Zu den prominentesten Künstlern gehören u.a. der Brite Robert Louis Stevenson (1850–1894) und der Franzose Paul Gauguin (1848–1903). Der Autor des von der Südsee inspirierten Jugendromans *Die Schatzinsel* bereiste ab 1888 u.a. die *Marquesas*, *Tahiti*, *Hawaii* und *Neuseeland*, bis er sich auf der samoanischen Insel *Upolu* niederließ, wo Stevenson hoch über seinem Haus in *Vailima* auch begraben wurde. Der französische Impressionist Paul Gauguin lebte und arbeitete zwischen 1891 und 1893 auf *Tahiti*, wo er u.a. sein autobiografisch-fiktionales Werk *Noa Noa* verfasste und illustrierte. Nach einer kurzen Rückkehr nach Paris brach er 1894 zu seinem zweiten *Tahiti*-Aufenthalt auf, siedelte dann aber 1901 auf die abgeschiedenere *Marquesas*-Insel *Hiva Oa* um, wo sich auch sein Grab findet.
30. Der 1941 in Massachusetts geborene Reiseschriftsteller Paul Theroux war Anfang der 1990er-Jahre mit dem eigenen Kajak im Gepäck im Pazifik unterwegs. Dabei besuchte er unter anderem die auch von Georg Forster erkundeten Inseln *Neuseeland*, *Tongatapu*, *Tahiti*, die *Osterinsel* und die *Marquesas* (vgl. Theroux, *Die glücklichen Inseln*, S. 13 ff., 267 ff., 357 ff., 518 ff., 590 ff.). Ist schon der Titel seiner Reisereportage »Die glücklichen Inseln Ozeaniens« ironisch gewählt, so dekonstruiert er in der Pa-

rodie einer persönlichen Selbstfindungstour die Südsee-Klischees und entdeckt eine »Fremde«, die nach über zwei Jahrhunderten Kolonialgeschichte nur noch als tropisch-angeschimmeltes Abziehbild der allgegenwärtigen westlichen Kultur und ihrer Hollywood-Pictures existiert.

31. Der Engländer Bruce Chatwin (1940–1989) wurde im ausgehenden 20. Jahrhundert auch aufgrund seines lakonischen Schreibstils zum Inbegriff des modernen Reiseschriftstellers, des »Reisenomaden«, wie er sich selbst nannte. In einigen von Chatwins Büchern wird die eigene Homosexualität reflektiert, die zu seiner tödlichen Aids-Erkrankung beitrug. Insbesondere seine Australien-Recherchen betreffend werfen ihm Kritiker ungenügende Kenntnis und rüden Umgang mit den von ihm beschriebenen australischen Ureinwohnern vor.

32. AA II, S. 289.

33. Bei Theroux heißt es weiter: »Damit sollten die Polynesier aufgefordert werden, Touristen zuzulächeln, vor allem Japanern, die selber nie lächelten. Gibt es ein japanisches Lächeln, das nicht wie eine schmerzverzerrte Grimasse aussieht?« (vgl. Theroux, *Die glücklichen Inseln*, S. 490). Was die »Grimassen« der Japaner und ähnliche zuspitzende Verallgemeinerungen in Theroux' Buch betrifft, würden sie heute wohl als rassistisch kritisiert werden.

34. A.a.O., S. 416 ff.

35. Chatwin, *Traumpfade*, S. 165.

36. Ebd.

37. Überaus kritisch äußerte sich Georg Forster in seiner Reiseschilderung angesichts des brutalen Mädchenhandels, den die Seeleute im Mai 1773 im neuseeländischen *Queen Charlotte Sound* ausgelöst hatten: »Es ist Unglücks genug, dass alle unsre Entdeckungen so viel unschuldigen Menschen haben das Leben kosten müssen. So hart das für die kleinen, ungesitteten Völkerschaften seyn mag, welche von Europäern aufgesucht worden sind, so ists doch warlich nur eine Kleinigkeit in Vergleich mit dem unersetzlichen Schaden, den ihnen diese durch den Umsturz ihrer sittlichen Grundsätze zugefügt haben. Wäre dies Übel gewissermaßen dadurch wieder gut gemacht, dass man sie wahrhaft nützliche Dinge gelehrt oder irgend eine unmoralische und verderbliche Gewohnheit unter ihnen ausgerottet hätte; so könnten wir uns wenigstens mit dem Gedanken trösten, dass sie auf einer Seite wieder gewonnen hätten, was sie auf der andern verlohren haben mögten. So aber besorge ich leyder, dass unsre Bekantschaft den Einwohnern der Süd-See *durchaus* nachtheilig gewesen ist; und ich bin der Meinung, dass gerade diejenigen Völkerschaften am besten weggekommen sind, die sich immer von uns entfernt gehalten und aus Besorgniß und Mistrauen unserm Seevolk nie erlaubt haben, zu bekannt und zu vertraut mit ihnen zu werden.« (vgl. AA II, S. 187/188).

38. In Georg Forsters Revolutionsschrift *Über die Beziehung der Staatskunst auf das Glück der Menschheit* heißt es: »Es wäre ein erhabenes, anziehendes Schauspiel, ... wenn die stolzesten menschlichen Künste, die Regierungskunst und die Politik, einst vor

den Richterstuhl der Vernunft gefordert würden, um von ihren Wirkungen Rechenschaft abzulegen ...« (vgl. AA X.1. S. 565).
39. GF, *Cook, der Entdecker* S. 7.
40. Rattner, *Goethe*, S. 303.
41. Amalie von Gallitzin (1748–1806), die Mitbegründerin des aufgeklärten, »romantischen« Katholizismus, kam regelmäßig von Münster nach Göttingen, wo sie im Kreis der Göttinger Gelehrten verkehrte und den jungen Universitätsmamsellen, darunter Therese Forster, zum Vorbild wurde. Mit Bewunderung nahm auch Georg Forster diese unabhängige Frau wahr (vgl. Harpprecht, *Georg Forster*, S. 234 ff.).
42. A. a. O., S. 235.
43. Die Zeitung titelte tatsächlich: auf den Spuren von Georg Froster (sic!) statt Forster (vgl. »La téle allemande sur les traces de Georg Froster«, in: *Les Nouvelles de Tahiti*, 15.11.1997, S. 21).
44. AA II, S. 230.
45. Ebd.
46. Ebd.
47. A. a. O., S. 231.
48. A. a. O., S. 238.
49. Ebd.
50. A. a. O., S. 239.
51. AA III, S. 49.
52. Ebd.
53. AA II, S. 248
54. A. a. O., S. 249.
55. A. a. O., S. 104.
56. A. a. O., S. 103/104.
57. Sparrman, *Voyage*, S. 9.
58. Harpprecht, *Georg Forster*, S. 47/48.
59. Reinhold Forster gab seinen Sohn bei der Firma *Lewin & Nail* in die Kaufmannslehre, als er London im Juni 1767 verließ, um in Warrington eine Professur für Naturkunde und Sprachen an der *Dissenters Academy* anzutreten. Seine Mutter, die im September 1768 mit den Geschwistern nach England übersiedelte, nahm Georg Forster schließlich von London nach Warrington mit, wo sich Georg Forster an der Akademie des Vaters einschreiben konnte; doch wurde die Stelle Johann Reinhold Forsters bereits ein Jahr darauf wieder gekündigt (vgl. Harpprecht, *Georg Forster*, S. 63 ff.).
60. AA II, S. 104.
61. A. a. O.
62. Robson, *The Captain Cooks Encyclopaedia*, S. 152.
63. Die erfolgreichen Eroberungskriege des Tahitianers O-Tu (auch *Tu* o. *Otoo*; 1743–1803) führten dazu, dass er als König Pomaré I. (1788–1791) die erste von den europäischen Mächten anerkannte Dynastie auf Tahiti begründete und sie als Regent

für seinen Sohn Pomaré II. bis 1803 konsolidierte. Die Pomaré-Regenten beherrschten bis zum kolonialen Anschluss an Frankreich im Jahre 1880 mit dem *Königreich von Tahiti* den gesamten Archipel der *Gesellschaftsinseln* (das heutige *Französisch-Polynesien*) sowie die *Austral-Inseln* und die *Tuamotus* (vgl. Robson, The Captain Cook Encyclopaedia, S. 229).

64. Der Diamant-Picassodrückerfisch (*Rhinecanthus rectangulus*) gilt als »Staatsfisch« von *Hawaii*, wo seine polynesische Bezeichnung »Drückerfisch mit einer Schnauze wie ein Schwein« bedeutet (vgl. Pukui, New Pocket Hawaiian Dictionary S. 35).
65. Schon bei seinem ersten Kontakt mit den Einwohnern *Tahitis* im August 1773 erhielt Georg Forster in der Bucht von *Aitepieha* Korallen. Er schreibt: »Da sie fanden, dass ich mich nach Pflanzen und andern natürlichen Merkwürdigkeiten erkundigte; so brachten sie mir dergleichen zu; ... Auch bekam ich auf diese Weise allerhand Muscheln, Corallengewächse, Vögel u. d. g.« (vgl. AA II, S. 225). Andererseits verwendeten die Forsters und Cooks Crew Korallen auch gern selbst als Zahlungsmittel, etwa in der tahitischen *Matavai*-Bucht, wo »ein Korb voll Brodfrucht oder Coco-Nüsse nicht mehr als eine einzige Coralle galt«, wie Georg Forster notierte (vgl. AA II, S. 277).
66. AA III, S. 54. Der Lichtnussbaum (*Aleurites moluccanus*) ist zudem »Staatsbaum« von *Hawaii*, wo er nicht wie auf *Tahiti Tutui* (oder *Ti'a'iri*), sondern im hawaiianischen Dialekt *Kukui* (Licht) heißt (vgl. Pukui, a. a. O., S. 69).
67. AA III, S. 102. Maheine, reiste vom 17. 9. 1773 bis zum 24. 5. 1774 auf der *Resolution* mit.
68. AA II, S. 243.
69. A. a. O., S. 337.
70. Marin Trenk leitet seit 2006 den Lehrstuhl Ethnologie an der Goethe-Universität Frankfurt am Main und begründete dort die Fachrichtung *Kulinarische Ethnologie* (vgl. Vorpahl, ZDF/aspekte, 17. 7. 2015).
71. Trenk, Döner Hawaii, S. 239/240.
72. A. a. O., S. 238 ff.
73. Ebd.
74. Ebd.
75. Ebd.
76. AA II, S. 236.
77. A. a. O., S. 278.
78. A. a. O., S. 284.
79. Über die Größe der Trommel auf *Raiatea* gibt Forster an, dass »davon die größte ohngefähr 3 Fuß hoch seyn und 12 Zoll im Durchschnitt halten mogte« (vgl. AA II, S. 322). Nimmt man an, Forster habe die preußischen Maße ab 1773 zugrunde gelegt, wonach 1 Fuß 31,38 cm und 1 Zoll 26,15 mm entspricht, so hatte die größte Trommel Ausmaße von knapp einem Meter und einen Durchmesser von 30 cm.
80. Forster bemerkte das bei seinem ersten Tanzerlebnis in *Polynesien*, auf *Neuseeland* im Juni 1773 (vgl. AA II, S. 193).

81. Bei seiner Erstbegegnung mit *Tahiti* beschreibt Georg Forster den »Maraï« von *Aitepieha* prototypisch als »ein pyramidenförmiges Gebäude von Steinen …, dessen Basis, vorn, ohngefähr zwanzig Schritte (60 Fus) breit seyn mochte. Das ganze Gebäude war aus mehreren Terrassen oder Stufen übereinander aufgeführt« (vgl. AA II, S. 228).
82. Eine der mit Tapa Beschenkten war Caroline Michaelis, die spätere Caroline Böhmer, die sich aus dem Baststoff ein Ballkleid schneidern ließ (vgl. Uhlig, *Georg Forster*, S. 110).
83. *Raiatea*, bei Cook und Forster auch *Ulietea* genannt (vgl. Robson, *The Captain Cook Encyclopaedia*, S. 187).
84. Als Poeduas Vater gibt Georg Forster Orea (auch O-Rea o. Rea) an, den Befehlshaber im Distrikt *Rautoanui* an der Westküste *Raiateas*, an der Cook auf seiner zweiten Weltumseglung im September 1773 in der Bucht von *Hamaneno* (heute: *Haamanimo*) vor Anker ging (vgl. AA II, S. 326). Orea stammte von *Bora-Bora* und regierte im Namen seiner Heimatinsel auf der eroberten Nachbarinsel *Raiatea* (vgl. Salmond, *The Trial*, S. 208).
85. Georg Forster spricht von den »wohlriechenden Blüten des Cap-Jasmins (*Gardenia*)« (vgl. AA II, S. 323). Heute gilt die *Tiaré Tahiti* (*Gardenia taitensis*) als florales Nationalsymbol *Tahitis*.
86. Ebd.
87. AA II, S. 324.
88. Salmond, *The Trial*, S. 256.
89. Im Mai 1774 waren es rund 70 Kanus mit jeweils 50 Männern und Frauen an Bord, mithin über 3000 *Arioi*, die nach *Raiatea* gekommen waren (vgl. Cook, *Cooks Fahrten um die Welt*, S. 232). Die *Arioi* bildeten eine infolge von Tabus für Europäer nur schwer einsehbare Ordensgemeinschaft, die an wichtigen religiösen Zeremonien teilnahmen. Innerhalb ihrer hierarchischen Ordnung nahmen Söhne und (seltener) Töchter der *Ariki* (Könige) bzw. der hohen Priester auch hier die vornehmsten Positionen ein. Die *Arioi* verfügten über ordenseigene Gästehäuser auf den *Gesellschaftsinseln* und fuhren für kultische und kulturelle Zwecke von Insel zu Insel, wo sie alimentiert wurden. Die von ihnen zelebrierten Feste trugen zum Prestige der Herrscher in der Öffentlichkeit bei und wurden mit Tapa-Stoffen entlohnt (vgl. Moerenhout, *Voyages*, S. 539.)
90. Cook, *Cooks Fahrten um die Welt*, S. 233.
91. *Awa* (auch *Kava* oder *Kava-Kava*), von Georg Forster »entdeckt« und wissenschaftlich beschrieben als *Piper methysticim* G. Forst, ist eine mit dem schwarzen Pfeffer verwandte Pflanze, die gegoren als bierähnliches Getränk rauschhafte Zustände erzeugt. Georg Forster fand seine Herstellung auf *Raiatea* »ekelhaft«, da die Pflanzenteile zerkaut, dann in eine Schale gespuckt und anschließend gewässert und vergoren wurden, und beschrieb die auf die Gliedmaßen lähmende Wirkung von *Awa*. Er merkte aber auch an: »Außerdem gilt aber diese Wurzel, bey den Einwohnern aller

dieser Inseln, auch für ein Sinnbild des Friedens, vielleicht weil Trunkenheit gute Cameradschaft macht« (vgl. AA II, S. 327).
92. Salmond, *The Trial*, S. 256.
93. AA III, S. 104 ff.
94. Georg Forster begegnete den *Arioi* (er schreibt »Errioy«) persönlich nur im Mai 1774 auf *Raiatea* (vgl. AA III, S. 103).
95. Ebd.
96. AA III, S. 105.
97. A. a. O., S. 106.
98. Ausführlich bei Salmond, *The Trial*, S. 37 ff.
99. Maheine begründete seinen Entschluss offiziell damit, dass Captain Cook ihm keine Rückreise von England nach *Raiatea* garantieren konnte (vgl. AA III, S. 72).
100. In der mythischen Überlieferung der *Gesellschaftsinseln* stellt Raiatea das Ursprungsland der Südseebesiedlung dar: *Havai'i* – das Heimatland (vgl. Salmond, *The Trial*, S. 37). Nach wissenschaftlichen Erkenntnissen kommt dieser Status *Taiwan* oder während der Migration ggf. dem samoanischen *Savai'i* zu.
101. »Îles sous le vent«, »Inseln unter dem Wind« (des Südostpassats), nennt man eine Gruppe von Gesellschaftsinseln rund 250 km westlich von *Tahiti*, darunter die größeren Inseln *Huahine, Raiatea, Tahaa* und *Bora-Bora*. Im Gegensatz dazu wird die östliche Gruppe um *Tahiti*, zu der u. a. *Moorea* und *Teotiaroa* gehören »Îles du vent«, »Inseln über dem Wind« genannt.
102. *Taputapuatea* wurde infolge der christlichen Missionierung im Jahre 1828 aufgegeben und zerstört. Eine widerständige Nachfolge-Sekte der *Arioi* konnte sich zeitweise noch bis 1832 behaupten (vgl. Moerenhout, *Voyages*, S. 539).
103. Der Stein wird tahitisch *Te Papa tea o Ruea*, »Der weiße Stein der Investitur« genannt.
104. Vgl. Robson, The Captain Cook Encyclopaedia, S. 187.
105. Der Missionar Étienne Jaussen (genannt Tepano) übersetzt 1917 *Atea* mit »Heiligkeit«, »Weite«, »weiter Raum« (*vahi atea*) und »Fläche« ins Französische (vgl. Jaussen, *Dictionnaire*, S. 20.); *Tapu* mit »Verbot«, »heilig« und »geschützt« (a. a. O., S. 74).
106. Die Kulturstiftung Dessau-Wörlitz präsentiert ab Mai 2018 in Schloss und Park Wörlitz die erste Georg-Forster-Dauerausstellung der Bundesrepublik Deutschland und bereichert diese sukzessive um die ethnologischen Objekte, die die Forsters von ihrer Weltreise mitgebracht und dem Dessauer Fürstenpaar 1775 zum Geschenk gemacht hatten.
107. AA II, S. 319.
108. A. a. O.
109. Robson, a. a. O., S. 187.
110. AA II, S. 248.
111. A. a. O., S. 308.
112. A. a. O., S. 319.
113. A. a. O., S. 308.

114. Georg Forster ging in seinem Reisebericht von einer Evolution der religiösen Vorstellungen vom Polytheismus zum Monotheismus aus, in der er einen zivilisatorischen Fortschritt erkannte: »Und in der That läßt sich aus mehreren Umständen abnehmen, dass dieser einfache und einzige richtige Begriff von der Gottheit, in allen Zeiten und Ländern bekannt gewesen ist, und dass, jene verwickelten Lehrgebäude von ungereimter Vielgötterey, die man fast bey allen Völkern der Erden angetroffen hat, nur der Kunstgriff einiger verschlagenen Köpfe gewesen, die ihr Interesse dabey fanden dergleichen Irrthümer allgemein zu machen. Herrschsucht, Wollust und Faulheit scheinen dem zahlreichen Haufen der heidnischen Pfaffen den teuflischen Gedanken eingegeben zu haben, den Geist der Völker durch Aberglauben zu fesseln und zu blenden. Es ist ihnen auch nicht schwer geworden, diesen Entwurf durchzusetzen, weil der Mensch von Natur so sehr zum Wunderbaren geneigt ist, und eben diese Neigung ist Schuld daran, dass jene damit übereinstimmende Vorurtheile sich so fest und so tief in die Systeme menschlicher Kenntniß hineingeschlungen hatten, dass sie bis auf diesen Augenblick noch in Ehren gehalten werden, und dass der größte Theil des menschlichen Geschlechts sich in *dem* Punkt noch immer auf die gröbste Weise blindlings hintergehen läßt« (AA II, S. 258).
115. AA II, S. 259.
116. Kaeppler, *James Cook*, S. 249.
117. Adrienne Kaeppler (geb. 1935), Kuratorin für Ozeanische Ethnologie am *National Museum of Natural History* der *Smithsonian Institution* in Washington, D. C., kuratierte 2009 die Ausstellung »James Cook und die Entdeckung der Südsee« in der Bonner Bundeskunsthallte (vgl. Vorpahl, ZDF/aspekte, 28. 8. 2009).
118. Der Vordenker der postkolonialen Diskurs-Analyse, Edward W. Said, warf die zentrale Frage auf, inwieweit Stereotypen intellektueller Akteure Ende des 18. Jahrhunderts zu einem Instrument wurden, um die koloniale Hegemonie des Westens weltweit durchzusetzen. Said fasste dieses Stereotypen-Korsett in den Begriff des *Orientalismus*: »Ohne Orientalismus kann man die unglaublich systematische Disziplin nicht verstehen, mit Hilfe derer es der europäischen Kultur gelang, den Orient politisch, gesellschaftlich, militärisch, ideologisch, wissenschaftlich und imaginär in der an die Aufklärung anschließenden Epoche zu organisieren (vgl. Said, *Orientalism*, S. 3). Die Kolonialisierung des »Orient« kann hier im Sinne von »nicht westlicher Welt« verstanden werden und schließt insofern den Südpazifik ein.
119. Auf Hawaii wurde der rot gefiederte »I'iwi« daher »Kleidervogel« genannt. Aus seinen Federn fertige man u. a. Mäntel, Helme und »Federgötter« (Kaeppler, *James Cook*, S. 248).
120. AA II, S. 308.
121. A. a. O., S. 322.
122. A. a. O., S. 326.
123. A. a. O. S. 316.
124. A. a. O., S. 327.

125. A. a. O. S. 320.
126. Vgl. JRF, *Journal* Vol. II, S. 362. Drei solcher Sturmvogel-Abbildungen habe ich 2007 für die illustrierte Forster-Ausgabe in London ausgewählt: den »Antarktischen oder Grauweißen Sturmvogel« *(Procellaria antarctica)*, den »Schneesturmvogel« *(Procellaria nivea)* und den »Blauen Sturmvogel« *(Procellaria similis)*. In: Georg Forster, *Reise um die Welt: illustriert von eigener Hand*, Cover, S. 111 u. S. 96. Ol., S. 362.
127. JRF, *Journal* Vol. II, S. 362 ff.
128. Ebd.
129. Ebd.
130. AA III, S. 16.
131. A. a. O., S. 272.
132. Ebd.
133. Ausführlicher dazu: Vorpahl, *Der Seefahrer*, S. 168 ff.
134. Der Landschafts- und Porträtmaler der dritten Cook'schen Weltumseglung John Webber (1751–1793), ursprünglich ein Schweizer mit dem Namen Johann Wäber, nutzte die Geiselhaft der Prinzessin und porträtierte Poedua 1777 an Bord der *Discovery* (vgl. Salmond, *The Trial*, S. 377/378). Webbers Porträt mit dem unverhüllten Busen machte »Poedua« (auch »Poiatua«) als Sinnbild der Südsee-Schönen bekannt und inspirierte einen Roman des Schweizers Lukas Hartmann (vgl. Hartmann, *Bis ans Ende*, S. 4).
135. Vgl. Salmond, *The Trial*, S. 375 ff.
136. JRF, *Journal* Vol. II, S. 365.
137. Dass dieser einmalige Fall erörtert werden kann, dessen Details Johann Reinhold Forster nur seinem persönlichen, handschriftlich geführten Bordjournal anvertraute, verdankt sich der unermüdlichen Detektivarbeit des Biografen Johann Reinhold Forsters, des Neuseeländers Michael E. Hoare, der das Bordjournal 1982 veröffentlichte (vgl. Hoare, *The Science*, S. 78).
138. JRF, *Journal* Vol. II, S. 365.
139. Nach seiner Reise mit Cook wurde der schlechte Ruf Johann Reinhold Forsters durch William Wales (1734–1798), den Astronomen der *Resolution* auf der zweiten Cook'schen Weltumseglung, enorm befördert und so über die Jahrhunderte kolportiert und teilweise stark überzogen (ausführlicher dazu: Hoare, *The tactless philosopher*, S. 173 ff.). Wales setzte sich gegen den »Vorwurf« in Georg Forsters Reisebericht zur Wehr, die sich in seiner Obhut befindliche, für Cooks Kartografie so wichtige zweite Uhr an Bord, der Arnold'sche Chronometer, sei bei der Ankunft in *Neuseeland* 1773 gestoppt worden (vgl. AA IV, S. 12/13). In seinen »Remarks« – seiner Entgegnung – griff Wales nicht den jungen Forster, sondern den Vater als den Urheber dieser »Verleumdung« an und nannte ihn ein »tückisches, ignorantes, böswilliges, hinterlistiges, übellauniges, erbärmliches, arrogantes, verleumderisches, lügnerisches, gieriges, schuftiges und scheußliches Großmaul« (vgl. Vorpahl, *Die Unermeßlichkeit*, S. 619; auch Hoare, a. a. O., S. 175).

140. Reemtsma insinuiert sogar, dass Johann Reinhold Forster für das Erschießen des Mannes am Strand durch Cooks Männer am 19. August 1774 auf *Tanna* verantwortlich sein könnte (vgl. Reemtsma, *Mord am Strand*, S. 47 ff.). Eher eine essayistische Volte, als eine Tatsachenbehauptung (vgl. Adams, *In the Land of Strangers*, S. 31; Vorpahl, *Forster auf Tanna*, S. 44 ff.).
141. JRF, *Journal* Vol. II, S. 365.
142. AA II, S. 312.
143. JRF, *Journal* Vol. II, S. 366.
144. AA II, S. 325.
145. Cook, *The Journals* (E), S. 297.
146. Fußnote des Herausgebers Philipp Edwards, in: a. a. O.
147. Cook litt auf der Reise von der *Osterinsel* zu den *Marquesas* im März 1774 an einem schweren »Gallen-Fieber«, wie Georg Forster schreibt, »und wir hielten es für einen sehr glücklichen Zufall, dass wir etwas dazu beytragen konnten, das Leben eines Mannes zu erhalten, auf den das fernere Glück der ganzen Reise zu beruhen schien« (vgl. AA III, S. 10).
148. GF am 13. 9. 1773, in JRF, *Journal* Vol. II, S. 363/364.
149. JRF, *Journal* Vol. II, S. 363.
150. Ein solches Verhaltensmuster Johann Reinhold Forsters entspräche seinem bedrohlichen Herumfuchteln mit der Pistole auf *Tanna* als Reaktion auf eine vermeintlich falsche Auskunft (vgl. Vorpahl, *Forster auf Tanna*, S. 44 ff.).
151. Vgl. Uhlig, *Georg Forster*, S. 47. Das Achterdeck (engl. Quarterdeck) stellte einen erhöhten Teil des Oberdecks im Heckteil (achter Teil) hinter dem Großmasten des Schiffs dar, in dem sich nur der Kapitän, die Offiziere und Gelehrten sowie die Seekadetten aufhalten durften.
152. Der Deutsche Ernest Scholient fuhr als Diener von Johann Reinhold Forster auf der *Resolution* mit und wohnte bei der Mannschaft im Zwischendeck (ebd.).
153. GF, *Cook der Entdecker*, S. 66.
154. Ebd.
155. Harpprecht spricht von einer »gewissen Vertrautheit« zwischen Captain Cook und Georg Forster, die Johann Reinhold Forster nicht einschloss (vgl. Harpprecht, *Georg Forster*, S. 84).
156. GF an Jacobi, Kassel den 17. 12. 1778, in AA, S. 165.
157. Ausführlicher zum Vater-Sohn-Verhältnis: Harpprecht, *Georg Forster*, S. 207 ff.
158. GF an Jacobi, Kassel den 17. 12. 1778, in AA, S. 165.
159. Ebd.
160. Friedrich II. (1720–1785) regierte von 1760 an als Landgraf von Hessen-Kassel. Er wurde durch den Soldatenhandel mit dem britischen König Georg III., der so seine Truppen gegen die amerikanischen Unabhängigkeitsbestrebungen um 20 000 Mann verstärken konnte, zu einem der reichsten deutschen Fürsten.
161. Vgl. Harpprecht, *Georg Forster*, S. 209.

162. Soemmerring sagte Forster sofort »entzückt« zu (vgl. Soemmerring an GF, Mainz am 22.6.1787, in AA XIII, S.146).
163. In einem Brief an Spener schrieb Forster, er habe seinem Vater »heut erst« über die Südseereise informieren können – auch darüber, »dass er nicht mit kann« (vgl. GF an Spener, Wilna am 6.8.1787, in: AA XV, S. 26).
164. Vgl. Uhlig, *Georg Forster*, S. 219.
165. A.a.O., S. 215.
166. Auf seiner dritten Weltumseglung hielt Captain Cook auf *Raiatea* angesichts der Flucht des Seekadetten John Harrison eine Rede an die Mannschaft, in der er erklärte, Deserteure hätten keinerlei Erfolgsaussichten, weil sie notfalls durch Geiselnahme der Inselherrscher wieder zurück an Bord pressen würde. Eine Drohung, die Cook im konkreten Fall auch ausführte (vgl. Salmond, *The Trial*, S. 376).
167. AA III, S. 87/88.
168. Michael Hoare, der Biograf Johann Reinhold Forsters, konstatiert, dass im Fahrwasser der Kritik des Astronomen William Wales und anderer Reiseteilnehmer ein Trend in der angelsächsischen Literatur entstanden sei, im 19. Jahrhundert kolportiert durch Autoren wie John Reid Muir, im 20. Jahrhundert verfestigt durch den Australier Alan Villiers und den Cook-Biografen John Beaglehole, der Johann Reinhold Forster aus der Sicht seiner Erzfeinde entweder in satirereifen oder düster-gespenstischen Bildern darstellte, ohne sich mit dessen wissenschaftlicher Leistung oder seiner komplexen Persönlichkeit auseinanderzusetzen (vgl. Hoare, *The tactless Philosopher*, S. vii).
169. AA II, S. 301.
170. AA III, S. 90.
171. A.a.O., S. 91.
172. A.a.O., S. 50.
173. A.a.O., S. 51. Die Umrechnung der Längenmaße anhand der »Berliner Maße« von 1773, nach denen 1 Linie = 3,226 mm; 1 Zoll = 8 Linien = 25,81 mm; 1 Fuß = 12 Zoll = 30,9725 cm entsprechen.
174. A.a.O., S. 50.
175. A.a.O., S. 54.
176. Cook, *The Journals (E)*, S. 348.
177. AA III, S. 52. Die Figur würde man heute landläufig mit dem *Maori*-Begriff *Tiki*, im tahitischen Dialekt mit *Tihi* (Rücklehne des *Marae*) bezeichnen (vgl. Jaussen, *Dictionnaire*, S. 79).
178. AA III, S. 53.
179. A.a.O., S. 54. Man würde *E-wa-no t' Eatua* auch heute mit »Kanu für die Götter«, ggf. mit »Kanuhinterdeck für die Götter« übersetzen, da sich das Wort aus Kanu (*vaa*), Hinterdeck (*noo*) und Gott (*atua*) zusammensetzt (vgl. Jaussen, *Dictionnaire*, S. 48/41/14). Für die Götter bedeutet hier sinngemäß Kanu für die toten Krieger, die in einer Schlacht dem Kriegsgott *Oro* geopfert werden.

180. AA III. S. 50.
181. A. a. O., S. 57.
182. Vgl. Robson, The Captain Cook Encyclopaedia, S. 229.
183. An Tautiras alten Namen Aitepieha (vgl. AA III, S. 453) zur Zeit Forsters erinnert heute noch der Name des hier in die See mündenden Flusses Vaitepiha. Durch Zusatz oder Weglassen des Konsonanten »V« oder »W« sind heute viele historische Ortsbezeichnungen auf Tahiti und den Gesellschaftsinseln verändert. So auch der Name von Cooks erstem Landungsort auf Tahiti während seiner zweiten Weltreise, den Georg Forster als Whai-Urua notierte (vgl. a. a. O.), während die Riffpassage heute Aiurua heißt.
184. Georg Forsters Angabe könnte jedoch alternativ auch auf die tiefe Bucht östlich der Halbinsel von Tautira zutreffen, in Abhängigkeit von der Genauigkeit seiner Distanz-Schätzung. Er schreibt über den Weg zum Marae: »Nachdem wir ohngefähr noch 2 Meilen weiter gen Südost gegangen waren, befanden wir uns an der See, die hier ziemlich weit in die Küste herein reichte und eine kleine Bucht ausmachte. Rings um uns her waren überall Plantagen und mitten auf einem schönen Grasplatz, trafen wir auch ein Marai oder Begräbniß an ...« (AA II, S. 247).
185. AA II, S. 228.
186. A. a. O., S. 248. Der Begriff »Tupapaú«, den Forster der Totenhütte zuordnete, wird heute mit »toter Körper«, »Seele des Toten«, »Geist« und »Totenklage« übersetzt (vgl. Jaussen, Dictionnaires, S. 86).
187. Ebd.

Kapitel 4: Atlantische Skizzen

1. Die französische Schauspielerin Jacqueline Beer (geb. 1932 als Jacqueline Vangramberg) wurde in den 50er-Jahren durch Schönheitswettbewerbe als Miss France und weltweit als Miss Universe bekannt und spielte in zahlreichen Hollywoodfilmen und TV-Serien. Nach ihrer Heirat mit Thor Heyerdahl 1991 übernahm sie Aufgaben in Heyerdahls Forschungszentrum und nach seinem Tod 2002 den Vorsitz im Direktionsgremium des Thor Heyerdahl Research Centre.
2. Berühmt wurde die Reise der Kon-Tiki im Jahr 1947 durch die reisebegleitende Berichterstattung, die Thor Heyerdahl per Funkkontakt zwischen dem Floß und der amerikanischen Presse ermöglichte. Der frühe Medienprofi Heyerdahl filmte die 101 Tage der lebensgefährlichen Drift seiner Crew über den Pazifik bis zur gewagten Landung auf dem Tuamutu-Atoll Raroia selbst mit – im Sturm und bei meterhohen Wellen, bei Hitze und Wasserknappheit, umringt von majestätischen Walfischen oder gierigen Haien. Der Dokumentarfilm Das größte Abenteuer unserer Tage KON-TIKI gewann schließlich 1952 einen Oscar als bester Dokumentarfilm, sodass Thor Heyerdahl, seine Crew und die Kon-Tiki zum globalen Kino-Ereignis wurden.
3. Die Autobiografie Thor Heyerdahls (1914–2002) erschien im April 2000 unter dem

Titel *Auf Adams Spuren. Das Abenteuer meines Lebens.* Mein Gespräch mit Thor Heyerdahl wurde kurz zuvor ausgestrahlt (vgl. Vorpahl, ZDF/aspekte, 24.3.2000). Dem folgten drei weitere Beiträge: zum Tod von Thor Heyerdahl (vgl. Vorpahl/Oechler, ZDF/aspekte, 19.4.2002) und über den Oscar-nominierten norwegischen Spielfilm *Kon-Tiki*, der Thor Heyerdahls Pazifikdrift über fast 7000 km auf dem gleichnamigen Balsaholz-Floß in Szene setzte (vgl. Vorpahl, ZDF/heute-journal, 5.3.2013).

4. Vorpahl, ZDF/aspekte, 1.3.2013
5. JRF, *Observations*, S. 370 ff.
6. Vorpahl, *Learning by meeting*, S. 209.
7. Ebd.
8. A.a.O., S. 197 ff.
9. Maheine reiste von Raiatea auf die Tonga-Inseln, Neuseeland, die Osterinsel, die Tuamotus, die Marquesas und Tahiti mit (vgl. Salmond, *The Trial*, S. 212).
10. Georg Forster schreibt: »Bey müßigen Stunden machten wir uns seine Gesellschaft zu Nutze, um in der *tahitischen* Sprache weiter zu kommen: Unter andern giengen wir das ganze Wörterbuch mit ihm durch, welches wir auf den Societäts-Inseln zusammengetragen hatten. Auf diese Art erlangten wir von seiner und den benachbarten Inseln manche neue Kenntniß, mit deren Hülfe wir bey unsrer Rückkunft wegen verschiedener Umstände, genauere und richtigere Nachfrage halten konnten, als zuvor« (vgl. AA II, S. 417).
11. So erkannte Georg Forster selbst in Melanesien an der Ähnlichkeit zum Malaiischen die polynesische Sprache, die auf der Insel *Futuna* vor der Küste *Tannas* gesprochen wird: »Unter andern brachten wir auch von unsern neuen Bekannten heraus, dass ihre eigene Insel *Tanna* genannt werde, welches Wort in der Malaiischen Sprache so viel als *Erde* bedeutet« (vgl. AA III, S. 208).
12. Ausführlicher dazu: Karl H. Rensch, *Wegbereiter*, S. 241 f.
13. Aus einem Vergleich mit malaiischen Sprachen anhand einer ganzen Reihe von Begriffen kam Johann Reinhold Forster zu dem Schluss, dass die östliche Südsee über die nördlicher gelegenen, indoasiatischen Inseln her bevölkert worden ist, während sich die polynesische Besiedlung des westlichen Südpazifik eher über Papua-Neuguinea vollzog (vgl. JRF, *Vocabularies of the language*, Ms. or. Oct. 62, S. 44).
14. Die jüngsten humangenetischen Untersuchungen Jonathan Friedlaenders weisen Taiwan als Ursprungsort der polynesischen Besiedlung des Pazifik aus (vgl. Friedlaender, *Genes*, S. 19).
15. Thor Heyerdahl kam zum Zweck ethnologischer Recherchen 1937 gemeinsam mit seiner Frau Liv für acht Monate auf die Insel *Fatu Hiva* und lebte vor allem im einsamen Tal von *Omoa* auf der Westseite der Insel, um die Möglichkeit des »Lebens im Naturzustand« zu erkunden, was zu einer schweren Erkrankung von Liv Heyerdahl führte (vgl. Kvam jr.: *Heyerdahl*, S. 103 ff).
16. In den Worten Georg Forsters: »Von Statur waren sie durchgehend groß und wohlgebildet; kein einziger war unbehülflich, oder so dick als die vornehmern Tahitier;

auch keiner so mager, oder abgezehrt als die Oster-Eyländer. Die Punctirungen, welche bey Leuten von mittlerm Alter fast den ganzen Cörper bedeckten, machten es schwer, die Schönheiten ihrer Gestalt entwickeln zu können. Unter den jungen Leuten aber, die noch nicht punctirt oder *tätowirt* waren, bemerkte man außerordentliche Schönheiten, deren Regelmäßigkeit unsre Bewundrung erregte. Manche hätte man füglich neben die Meisterstücke der alten Kunst stellen können, sie würden bey der Vergleichung gewiß nichts verloren haben« (vgl. AA III, S. 18).

17. Unter der Bezeichnung »Überseegemeinschaft« sind in Frankreich die ehemaligen südpazifischen Kolonialgebiete mit größerer Autonomie erfasst.
18. vgl. Kvam jr.: *Heyerdahl*, S. 122.
19. A.a.O., S. 123.
20. A.a.O., S. 162 ff.
21. Ebd.
22. A.a.O., S. 181.
23. Georg Forster notierte: »Diese tättowirte Zierrathen waren so regelmäßig angelegt, dass man die Figuren auf den Beinen, Armen und Wangen vollkommen übereinstimmend antraf. Sie stellten aber nie bestimmte Formen von Thieren oder Pflanzen vor, sondern bestanden aus einer Menge von Flecken, krummen Linien, Würfeln und Sparren, die zusammen ein sehr buntes und sonderbares Ansehen hatten« (vgl. AA III, S. 18).
24. Von den Steinen, *Die Marquesaner*. S. 3 ff.
25. Kvam jr., *Heyerdahl*, S. 166.
26. A.a.O., S. 124.
27. A.a.O., S. 178.
28. Ebd.
29. Grolle, *Die segelnden Bauern*, S. 109.
30. Vorpahl, ZDF/»Terra X«: Expedition in die Südsee – Georg Forster, 27.5.2012.
31. AA II, S. 35.
32. John Montagu, 4. Earl of Sandwich (1718–1792), war von 1771 bis 1782 Erster Lord der Admiralität und damit auch Vorgesetzter von Captain Cook (vgl. Robson, *The Captain Cook Encyclopaedia*, S. 199)
33. AA II, S. 35.
34. GF, *James Cook*, S. 104 ff.
35. Francis Drake (1540–1596) machte sich in den Gewässern vor Plymouth als Kapitän der *Revenge* und mit einem Geschwader von 34 Schiffen vor allem damit einen Namen, dass er in der zehntägigen Seeschlacht im August 1588 eine Invasion Englands verhinderte und dabei das Flaggschiff des spanischen Oberkommandierenden ausschaltete.
36. AA II, 39.
37. Salmond, *The Trial*, 164.
38. Vgl. Salmond, A.a.O., S. 163. Der Schotte Sydney Parkinson (1745–1771) war von Sir

Joseph Banks auf Cooks erster Weltumseglung als Naturzeichner engagiert und fertigte nahezu 1000 Abbildungen von Pflanzen und Tieren. (Vgl. Joppien, *The Art of Captain Cook's Voyages*. Vol. One, S. 75).

39. Robson, *The Captain Cook Encyclopaedia*, 102.
40. AA II, 39.
41. Ebd.
42. AA II, 38.
43. Ebd.
44. Forsters Beobachtung am 25. Juli 1772 nahe Porto Santo bei Madeira (vgl. AA II, S. 42).
45. Forsters Beobachtung am 29. Oktober 1772 vor Kapstadt: Er untersuchte Proben des leuchtenden Meerwassers unter dem Mikroskop und vermutete, dass es sich um die phosphoreszierende »Bruth einer Medusenart« handelte (vgl. AA II, S. 74).
46. Forsters Beobachtung am 19. Oktober 1773 (vgl. AA II, S. 382).
47. Forsters Beobachtung Mitte März 1773 südlich von *Neuseeland* (vgl. AA II, S. 117/119).
48. Forsters Beobachtung am 24. Februar 1773 (vgl. AA II, S. 118).
49. Der Sturm tobte vom 23. bis 31. Oktober 1773 (vgl. AA II, S. 385).
50. Aufgrund regional differierender Körpermaße wurde hier nach den preußischen Maßen von 1816 umgerechnet, nach denen 1 Klafter (sogenannter Kubikklafter) etwa für Brennholz, Torf oder Steine 3,3389 Kubikmetern entspricht.
51. Die Windhose beobachtete Forster am 13. Mai 1773 (vgl. AA II, S. 171–173).
52. Die *Adventure* kehrte am 14. Juli 1774 nach England zurück (vgl. Robson, *The Captain Cook Encyclopaedia*, S. 23).
53. König George III. begrüßte die Forsters am 16. August 1775 beim Morgenempfang, Königin Charlotte am 19. und 21. August 1775 im Palast von Kew (vgl. Uhlig, *Georg Forster*, S. 75).
54. AA III, S. 450.
55. Georg Forster erwähnt diese Kutschfahrt indes nicht, sondern berichtet lediglich von der Fahrt der *Resolution* bis zum 30. Juli 1775: »Am folgenden Morgen liefen wir bey den Nadel-Klippen (*needles*) vorbey, ... bis wir noch etwas vor Mittage zu Spithead die Anker fallen ließen« (AA III, S. 450).
56. Aughton, *Resolution*, S. 176.
57. Es handelt sich dabei um die *HMB Endeavour Replica*, den ersten Nachbau der *Endeavour* in Originalgröße, dessen Bau 1988 in Australien in Angriff genommen wurde. Seit der Jungfernfahrt im Dezember 1993 hat die *Replica* zweimal die Welt umsegelt, viele Inseln des Pazifik angelaufen und in 116 Städten als Museumsschiff Station gemacht, mit Schwerpunkt im Hafen von Sydney. Ein zweiter Nachbau der *Endeavour* in Originalgröße wurde 1998 in Dienst gestellt und befindet sich in Privatbesitz.
58. Daraus leitet sich auch die Bezeichnung dieses Schiffstyps als »Whitby Cat« ab (vgl. Robson, a. a. O., S. 60).
59. GF, *Cook der Entdecker*, S. 55.

60. JRF, *Journal* Vol. II, S. 233.
61. AA II, S. 65.
62. Drei Männer der 119-köpfigen Besatzung kamen durch Unfälle, ein Seemann durch Krankheit zu Tode (vgl. GF, *Cook der Entdecker*, S. 38).
63. AA II, S. 31.
64. GF an Soemmerring, Wilna 3. 2. 1785, in: AA XIV, S. 275.
65. GF, *Cook der Entdecker*, S. 71.
66. AA II, S. 118.
67. Dem aufmüpfigen irischen Kanoniergehilfen John Marra gelang es am Ende der zweiten Cook'schen Weltumseglung indes, seine Aufzeichnungen von Bord zu schmuggeln, sodass er seine Reiseschilderung 1775 als Erster, noch vor Forster und Cook, veröffentlichen konnte (vgl. Marra, *Journal of the Resolution's voyage*, S. 1 ff).
68. Johann Reinhold Forster erwähnt Ernst Scholient in Zusammenhang mit Exkursionen auf *Madeira, Neuseeland, Tahiti, Raiatea, Huahine, Niue*, den *Marquesas* und auf der *Osterinsel* und protokollierte die Krankheiten seines Dieners, u. a. Mattheit, Durchfall, Flux mit Blutfluss und ein langwieriges Gallenleiden (vgl. JRF, *Journal* Vol. II, S. 46 ff).
69. GF, *Cook der Entdecker*, S. 65.
70. Der Flugverkehr nach »Instrumentenregeln« wurde in Kontinentaleuropa vom 15. bis 21. April 2013, in Skandinavien bis 23. April 2013 weitgehend unterbunden, danach aber nach »Sichtregeln« wieder aufgenommen.
71. AA II, S. 88.
72. John Marra berichtet, dass die Forsters sich an allen Ankerplätzen zu ausführlichen Gesprächen mit den Anwohnern aufmachten, um Genaueres über deren »productions« in Erfahrung zu bringen (vgl. Marra, *Journal*, S. 255).
73. Kanoniergehilfe John Marra (der als starker Trinker galt) oder Cooks Kartograf Isaac Smith (der Cousin seiner Frau) waren bei Cooks zweiter Weltumseglung 18 Jahre alt, hatten mit ihm aber schon die erste Weltreise mitgemacht. Der Seekadett John Elliott war noch keine 15, als er für Cooks zweite Reise anheuerte (vgl. Aughton, *Resolution*, S. 32).
74. A. a. O., S. 67.
75. Vgl. Stummann-Bowert, *Caroline Böhmer*, S. 124.
76. »Was glaubt ihr, warum Cook aufs Riff gelaufen ist? Er war hackedicht«, zitiert Horwitz weiter aus einem Theaterstück über Cooks Auflaufen am Great Barrier Reef auf seiner ersten Weltumseglung (vgl. Horwitz, *Cook*, S. 288).
77. AA II, S. 75. Der Niederländer Baron Joachim Ammena van Plettenberg (1739–1793) war von 1771 bis 1785 Gouverneur der Kapkolonie und unterstützte in dieser Zeit u. a. die botanischen Bemühungen des Schweden Anders Sparrman zur Erkundung der Kapregion (vgl. Sleigh, *Die Buiteposte*, S. 86 ff.).
78. Der Begriff *Hottentotte* ist die abwertende Bezeichnung für die Völkerfamilie der Khoikhoi (auch Khoekhoen), die gemeinsam mit den San bei der Ankunft der ersten

Europäer den Westen des südlichen Afrika bewohnten. Ähnlich abwertend wurden die San als *Buschleute* und die Xhosa als *Kaffern* bezeichnet. Die Khoi, San und Xhosa sind berühmt für ihre Klicklaute, die durch »The Click Song« von Miriam Makeba in die Popmusik des 20. Jahrhunderts eingeflossen sind.

79. AA II, S. 89.
80. Schouten, *Ost-Indische Reise*, S. 6.
81. A. a. O., S. 247.
82. AA II, S. 89.
83. A. a. O., S. 91.
84. A. a. O., S. 77.
85. A. a. O., S. 78.
86. A. a. O., S. 77.
87. GF: *Noch etwas über die Menschenraßen*, in: AA VIII, S. 154.
88. Nach der Übernahme der Stadt durch die Briten war die Einwohnerzahl Kapstadts 1820 noch nicht über 15 000 gestiegen, sodass man für die Zeit um 1770 wohl von einem Drittel, mithin 5000 Einwohnern, ausgehen kann.
89. AA II, S. 78. Das von Forster angesprochene Lob des Kapstädter Kompanie-Gartens geht auf den englischen Admiral Byron, der Tadel auf den französischen Seefahrer Bougainville zurück (vgl. ebd.).
90. AA III, S. 338.
91. Die Inschrift auf der Tafel an Hodges' Gemälde in der William Fehr Collection lautet: »William Hodges R. A., CD 21, Oil on canvas, Table Mountain and Cape Town (Painted when Hodges visited Cape Town with Capt. Cook) 1772«.
92. AA II, S. 76.
93. A. a. O., S. 91.
94. Vgl. Magee, *Ars Natura*, S. 174 f.
95. A. a. O., S. 92/93.
96. Ausführlicher zu den Anforderungen an den Naturzeichner in: Vorpahl, *Die Unermeßlichkeit*, S. 626; Vorpahl, *Georg Forsters naturwissenschaftliche Zeichnungen*, in: GFS XIII, S. 288 ff.
97. Zwei Forster'sche Abbildungen des Weißschwanzgnus (*Bos connochaetes*), eine Federzeichnung und das entsprechende Aquarell, habe ich 2007 in London für die illustrierte Forster-Ausgabe ausgewählt (vgl. GF, *Reise um die Welt – illustriert von eigener Hand*, S. 82). Eine großformatige Abbildung der Federzeichnung findet sich bei Magee, die als Entstehungszeitpunkt »ca. 1775« angibt, das Bild also auf Forsters zweiten Kapaufenthalt datiert (vgl. Magee, *Ars Natura*, S. 175). Eine Begründung dafür, den ersten Kapaufenthalt 1772 nicht zu nennen, findet sich nicht, vielmehr steht das »ca.« vor »1775« offenbar dafür, dass die Entstehung der Zeichnung 1775 nicht belegbar, 1772 also ebenso möglich ist.
98. Vgl. Vorpahl, *Die Unermeßlichkeit des Meeres*, S. 626.
99. Aufgrund dieser Ausnahmestellung habe ich 2007 aus dem Fundus des *Natural*

History Museums in London Forsters zwei Abbildungen von pazifischen Säugetieren für die illustrierte Forster-Ausgabe ausgewählt (vgl. Forster, *Reise um die Welt: illustriert von eigener Hand*, S. 129 u. 162).

100. Magee bemerkt dazu in ihrer vergleichenden Studie zur Kunst der Naturforscher: »Zu taxonomischen Zwecken war und ist naturkundliche Kunst ein wichtiges Instrument. Ist ein naturwissenschaftlicher Gegenstand einmal klassifiziert, kann dessen Darstellung von anderen studiert werden und erlaubt es diesen, Pflanzen oder Tiere quasi auf einen Blick zu erfassen, ohne Stunden über Beschreibungen in Textform zubringen zu müssen« (vgl. Magee, *Ars Natura*, S. 11).
101. Eine Abbildug des Springhasen (*Pedetes capensis*) findet sich bei Magee (vgl. Magee, *Ars Natura*, S. 177).
102. Ich entdeckte die Bilder in dem bislang unveröffentlichten Teil des Nachlasses Georg Forsters in Paris und publizierte sie erstmals 2014 in den GFS (Vorpahl, *Forsters Pariser Skizzen*, S. 215). Die Veröffentlichung des bislang nicht publizierten Teils des Pariser Forster-Nachlasses in den AA war für Band 6.3 der »Schriften zur Naturkunde« Georg Forstes angekündigt als »Verzeichnis der Manuskripte in der Bibliothek des Naturwissenschaftlichen Nationalmuseums zu Paris. Übriger Nachlaß« (vgl. AA VI/2, S. 1785). Im Juli 2017 konnte der Herausgeber auf Nachfrage des Autors allerdings noch keinen Erscheinungstermin mitteilen.
103. Das Tier wird heute als bengalischer Plumplori (*Nycticebus bengalensis*) bezeichnet. Die Skizze befindet sich innerhalb der Losenblattsammlung von Forsters Nachlass. Vgl. GF, MNHN Paris, *Ms 189(4)*.
104. Die Skizze des Rotgesicht-Klammeraffen (*Ateles paniscus*) befindet sich innerhalb der Losenblattsammlung von Forsters Nachlass. Vgl. GF, MNHN Paris, *Ms 189(4)*.
105. GF, MNHN Paris, *Ms 189(4)*.
106. Vosmaers »Tierlexikon« zeigt u. a. den Klammeraffen (vgl. Vosmaer, *Beschryving*, S. 3).
107. Arnout Vosmaer (1720–1799) stand der Tiermenagerie des Prinzen Wilhelm von Oranien und Nassau in Vorbuurg/Den Haag bis 1785 vor.
108. Vgl. Vosmaer, *Beschryving*, S. 3.
109. Vosmaer, *Description d'une espèce de paresseux*, S. 6.
110. Dies scheint wahrscheinlicher als die Annahme, die naturkundlich ambitionierten Forsters hätten schon in London Gelegenheit gefunden, Vosmaers »Buschteufel« noch vor ihrer Abreise mit Captain Cook zu sehen, obwohl dies ebenfalls möglich war (ausführlicher dazu: Vorpahl, *Forsters Pariser Skizzen*, S. 217).
111. Georg Forster bedankte sich später in einem Brief für diese Führung (vgl. GF an Arnout Vosmaer, Den Haag 1.11.1778, in: AA XIII, S. 140/141). Und musste zugleich einen Vorwurf ausräumen, den er in der *Voyage round the World*, der englischen Ausgabe seiner *Reise um die Welt*, irrtümlich gegen Vosmaer erhoben hatte. Dieser betraf die Haltung und spätere Sektion eines toten Orang-Utans. Georg Forster reparierte diesen Schaden anstandslos – »Mr. Forster repaired this injury …« –, wie Vosmaer in einem Zeitungsartikel mitteilte (vgl. AA XIII, S. 663).

112. Parkinsons nahezu 1000 Abbildungen von Pflanzen und Tieren wurden zu Lebzeiten der beiden Forsters nicht veröffentlicht und dürften Georg Forster im Hause von Sir Joseph Banks kaum oder nur kurz zugänglich gewesen sein. Ein genaueres Studium dieser Arbeiten durch seinen Nachfolger auf Cooks zweiter Weltumseglung war nicht möglich. Hoare zufolge versagte nicht nur Sir Joseph Banks Johann Reinhold und Georg Forster die Möglichkeit, Pflanzen- und Tierbilder von der ersten Cook'schen Expedition in Augenschein zu nehmen, auch Banks naturkundlicher Berater Solander verhielt sich den Forsters gegenüber kalt und abweisend (vgl. Hoare, *The tactless Philosopher*, S. 74).
113. Ausführlicher dazu: Vorpahl, *Forsters Pariser Skizzen*, S. 217 f.
114. AA II, S. 75.
115. AA III, S. 414.
116. JRF, *Journal* Vol. IV, S. 731.
117. AA III, S. 416.
118. Friedrich II. von Preußen (1712–1786) erwies Georg Forster im Unterschied zu vielen anderen gekrönten Häuptern Europas nicht die Gnade einer Audienz. Der Monarch unterließ es zudem, bei der britischen Admiralität zugunsten Johann Reinhold Forsters zu intervenieren, und stellte ihn auch recht zögerlich an (vgl. AA XIII, S. 638). Seine Hallenser Universitätskollegen vermuteten, dass der preußische König ihm schließlich im Februar 1779 die Stelle als Professor an der Universität in Halle deshalb verschaffte, weil er ihm als Freimaurer verbunden war (vgl. Hoare, *The tactless philosopher*, S. 210).
119. AA III, S. 418.
120. Die Niederlande besaßen seit 1656 nördlich von Kolkata in Hugli-Chunchura ihre Handelsstation in Bengalen; mit Niederländisch-Brasilien oder Surinam seit 1624 eine Kolonie in Südamerika und mit Batavia (Niederländisch-Indien) und den Molukken seit 1619 bedeutende Besitzungen im Malaiischen Archipel.
121. Die Forster'schen Skizzen liegen als lose Blätter vor, mit handschriftlich angefügten Randnotizen von Georg Forster. Vgl. GF, MNHN Paris, *Ms 189(4)*.
122. Bei den von Forster kopierten Abbildungen handelt es sich um Martinets Kupferstiche Nr. 631 »Le Magnifique«, Nr. 632 »Le Superbe«, Nr. 633 »Le Sifilet«, Nr. 634 »Le Calybé«, Nr. 638 »Le Promerops« und Nr. 639 »Le Grand Promerops« (vgl. Martinet, *Histoire des oiseaux*, Tom. 3, 1 ff.).
123. Es handelt sich um 2 Seiten in lateinischer und 10 Seiten in französischer Sprache, die Forster überschrieben hat mit »Paradisea des Indes par M. Jean Otto Helbigius« und den Jahreszahlen 1678–1679. Vgl. GF, MNHN Paris, *Ms 189(4)*.
124. Das Manuskript findet sich in der Handschriftensammlung der Staatsbibliothek zu Berlin der Stiftung Preußischer Kulturbesitz (vgl. GF, *Ms. Germ. Fol.* 399, Bl. 1–8).
125. Am Ende dieser dreiseitigen englischen Abhandlung weist Georg Forster auf eine Weiterführung des Themas durch einen Essay über den »Phoenix« durch seinen gelehrten Vater hin, den »learned John Reinhold Forster« (ebd.). Das Konvolut enthält

entsprechend drei ebenfalls in Englisch abgefasste Manuskriptseiten, die sich mit antiken arabischen, ägyptischen und griechischen Phoenix-Darstellungen befassen und dem Sujet, dem antiken Sprachverständnis und der Handschrift nach nicht von Georg Forster, sondern aus der Feder von Johann Reinhold Forster stammen. Diese Manuskripte flossen auch in Georg Forsters Vortrag »Du Phénix« ein, den er als zweiten von insgesamt sechs Vorträgen in französischer Sprache vor der Kasseler *Société des Antiquités de Cassel* am 12. Dezember 1778 hielt (vgl. Merz-Horn, *Georg Forster*, S. 35).

126. Vgl. GF, MNHN Paris, *Ms 189(2)*.
127. Alerstam u. a., *Flight Tracks and Speed*, S. 55 ff.
128. Drei solcher Sturmvogel-Abbildungen habe ich 2007 für die illustrierte Forster-Ausgabe in London ausgewählt: den »Antarktischen oder Grauweißen Sturmvogel« *(Procellaria antarctica)*, den »Schneesturmvogel« *(Procellaria nivea)* und den »Blauen Sturmvogel« *(Procellaria similis)*. In: Georg Forster, *Reise um die Welt: illustriert von eigener Hand*, Cover, S. 111 u. S. 96.
129. Diese quasi fotografische Artendefinition brachte Forster in seiner Abbildung des »Großen Entensturmvogels« *(Procellaria vittata)* zu äußerster Perfektion (vgl. ebd., Klapptafel nach S. 112).
130. Die Zeichnung der *Laxmannia arborea* befindet sich auf einem losen Blatt in der ersten Partie des Nachlasses Georg Forsters. Vgl. GF, *Observationes*, in: MNHN Paris, *Ms 189(1)*.
131. AA VI.1, S. 12 ff.
132. Anders Sparrman blieb ein weiteres Jahr in Südafrika, bis er im Juli 1776 nach Schweden zurückkehrte. Georg Forster gab 1783 seine Übersetzung von Sparrmans Reise ins Innere der Kapregion heraus (vgl. AA III, S. 419).
133. Vgl. GF, *Observationes*, in: MNHN Paris, *Ms 189(1)*. Die von Georg Forster entdeckte Spezies *Aitonia rupestris* wird in der Systematik von Fosberg u. Nicolson unter dem Synonym *Plagiochasma rupestre (J. R. Forst. & G. Forst.)* aufgelistet (vgl. Nicolson u. Fosberg, *The Forsters and the botany*, S. 90).
134. Vgl. Terry, *William Hodges*, S. 192.
135. Das Bild schmückt den Schutzumschlag dieses Buches. Eine Abbildung des Weißkopfliests *(Halcyon leucocephala)* habe ich 2007 für die illustrierte Forster-Ausgabe in London ausgewählt (vgl. GF, *Reise um die Welt – illustriert von eigener Hand*, S. 56).
136. Eine Zeichnung des Sekretärs *(Saggitarius serpentarius)* habe ich 2007 für die illustrierte Forster-Ausgabe in London ausgewählt (vgl. GF, *Reise um die Welt – illustriert von eigener Hand*, S. 576).
137. GF an Thomas Pennant, Kap der Guten Hoffnung, 19.11.1772, in: AA XIII, S. 17.
138. AA III, S. 419.
139. Eine Abbildung des Kehlstreifpinguins *(Aptenodytus antarctica)* habe ich 2007 für die illustrierte Forster-Ausgabe in London ausgewählt (vgl. GF, *Reise um die Welt – illustriert von eigener Hand*, S.103).

140. Nelson Mandela (1918–2013) war als Führer der Befreiungsbewegung ANC 27 Jahre lang auf *Robben Island* eingekerkert, wurde aber nach dem Ende der Apartheid und freien Wahlen von 1994 bis 1999 Präsident Südafrikas.
141. Der Film lief in Deutschland unter dem Titel »Invictus – Unbezwungen«, Regie: Clint Eastwood, in der Hauptrolle Morgan Freeman als Nelson Mandela.
142. A.a.O., S. 420.

Kapitel 5: Fahndung nach Forsters Cascade

1. GF, *Observationes*, in: MNHN Paris, Ms 189(1), S. 48.
2. AA II, S. 120.
3. A.a.O., S. 121.
4. A.a.O., S. 123.
5. A.a.O., S. 122.
6. A.a.O., S. 123.
7. A.a.O., S. 124 ff.
8. Mit über 400 Metern ist der *Lake Manapouri* der zweittiefste See in *Neuseeland*. Mit dem Bau des unterirdischen Wasserkraftwerks wurde Ende der 1950er-Jahre begonnen, die Protestbewegung gegen eine weitere Erhöhung des Wasserspiegels entwickelte sich mit den Plänen dafür seit den 1970er-Jahren.
9. AA II, S. 143.
10. A.a.O., S. 24.
11. A.a.O., S. 126.
12. GF, *Reise um die Welt – illustriert von eigener Hand*, Faltblatt nach S. 528).
13. Tatsächlich konnten im Nationalpark Fjordland nahezu ausgestorbene Arten wie der Maori-Glockenhonigfresser (*Anthornis melanura*), die Maori-Gerygone (*Gerygone igata*) oder das Gelbköpfchen (*Mohoua ochrocephala*) überleben.
14. Eine Abbildung des Waldpapageien oder Kaka der Südseeinsen (*Psittacus hypopolius*) habe ich 2007 für die illustrierte Forster-Ausgabe in London ausgewählt (vgl. GF, *Reise um die Welt – illustriert von eigener Hand*, S. 146).
15. Eine Abbildung des Wanderalbatross (*Diomedea exulans*) habe ich 2007 für die illustrierte Forster-Ausgabe in London ausgewählt (vgl. GF, *Reise um die Welt – illustriert von eigener Hand*, S. 590).
16. AA II, S. 95.
17. A.a.O., S. 203.
18. Der Name *Point Venus* geht auf Captain Cooks ersten *Tahiti*-Aufenthalt im Jahre 1769 zurück, wo in der Bucht von Matavai ein Observatorium errichtet wurde, um den Transit der Venus durch die Sonne zu beobachten (vgl. Robson, *The Captain Cook Encyclopaedia*, S. 145).
19. AA III, S. 69.

20. A.a.O., S. 70.
21. AA II, S. 126.
22. A.a.O., S. 134.
23. A.a.O., S. 135.
24. A.a.O., S. 133.
25. A.a.O., S. 134.
26. A.a.O., S. 47/48.
27. So findet Georg Forster an der flandrischen Küste hässliche Physiognomien und in Brabant zwischen Lüttich und Tirlemont (Tienen) kein gutaussehendes »Frauenzimmer« (vgl. AA IX, S. 136f.).
28. AA II, S. 134.
29. Ebd., S. 363.
30. Ebd.
31. AA II, S. 345.
32. GF, *Gastfreundschaft*, in: AA IV, S. 116.
33. Nachdem »Amor, der rastlose Gott« die schöne Sakontala erschöpft hat, gesteht der indische Kaiser Duschmanta: »Gegenseitig ist unsere Leidenschaft ...« (vgl. GF, *Sakontala*, S. 79).
34. Die Eintragung lautet »Eoore: P__s; Poko: V__a; Ayay: __ copulajingi« und findet sich auf einem nicht nummerierten Blatt in der »2. Partie« von Forsters Nachlass unter dem Datum »13. Martius 1774«. Vgl. GF in: MNHN Paris, *Ms 189(2)*.
35. AA II, S. 437.
36. AA II, S. 134.
37. Vgl. O'Brien, *Joseph Banks*, S. 91 ff.
38. Vgl. Salmond, *The Trial*, S. 256.
39. AA III. S. 348 ff.
40. A.a.O.
41. Vgl. Salmond, *The Trial*, S. 229 f.
42. AA III, S. 350.
43. AA II, S. 163 ff.
44. A.a.O., S. 136.
45. Der Berliner Zoodirektor Hinrich Lichtenberg veröffentlichte 1844, lange nach dem Tod von Georg und Johann Reinhold Forster, die zoologische Auswertung der zweiten Cook'schen Weltumseglung (vgl. JRF, *Descriptiones animalium*, S. 1 ff.).
46. Vgl. NHM Image ID 005126. Die Beschreibung des Aquarells im Katalogtext des NHM lautet: »Ff. 126. Watercolour painting by George Forster (1773) annotated ›Rallus troglodytes‹«. Georg Forster merkte an, man sei in *Dusky Bay* auf das Wasserhuhn (woodhen) in Scharen gestoßen, »die brauner Farbe sind und oft unter den Bäumen herumkriechen« (vgl. AA II, S. 147).
47. In seinen *Descriptiones animalium* nannte Johann Reinhold Forster die *Weka* zunächst *Rallus troglodytes* (vgl. a.a.O., S. 110). Diese Bezeichnung verwendete entsprechend

auch Georg Forster auf der Abbildung der *Weka*, die sich im *Natural History Museum* in London befindet (vgl. NHM Image ID 005126).
48. AA II, S. 147.
49. A. a. O., 139–141.
50. Was Georg Forster hier als bunten Wasserstaub bezeichnet, ist ein zweiter, ein sogenannter »Nebenregenbogen«, der immer dann oberhalb eines »Hauptregenbogens« entsteht, wenn das Sonnenlicht in einem idealen Strahlungswinkel auf Wassertropfen trifft. Ein solcher Nebenregenbogen zeichnet sich zudem durch die von Forster ebenfalls bemerkte Umkehrung der Farben aus. Die Schilderung dieses optisch atmosphärischen Spektralphänomens in seiner Reisechronik stimmt auffallend mit der Tuschzeichnung auf der Klappkarte aus dem Pariser *Jardin des Plantes* überein, in der Georg Forster oberhalb des kräftigen Hauptregenbogens einen zweiten, nur »dahin gehauchten« Nebenregenbogen festhielt.
51. Ebd., S. 140.
52. A III, S. 208.
53. AA II, S. 140.
54. A.a.O., S. 141.
55. A.a.O., S. 140.
56. Ebd.

Kapitel 6: Auf dem Brotfrucht-Pfad

1. Die Fahrt der *Bounty* wurde, unterstützt von Sir Joseph Banks und der Royal Society, im Auftrag der britischen Krone unternommen, mit dem Ziel, Setzlinge des polynesischen Brotfruchtbaumes in die englischen Kolonien der Karibik zu bringen, um mit Brotfrüchten Hungersnöte zu lindern, an denen zwischen 1780 und 1787 etwa 15 000 Sklaven gestorben waren. Für diese Transportfahrt wurde erstmals auf Marineinfanterie verzichtet, um an Bord Platz für die Pflanzen zu gewinnen.
2. Zu den Spannungen auf Cooks dritter Weltumseglung merkt sein Biograf Tony Horwitz an, dass Cook anordnete, die Crew mit Walrossfleisch zu versorgen, was fast eine Meuterei heraufbeschwor. Insgesamt habe Cook zunehmend den Zugang zu seinen Männern und vielleicht auch zu seinen eigenen Fähigkeiten verloren (vgl. Horwitz, *Cook*, S. 505). Georg Forster überlieferte für die zweite Cook'sche Weltumseglung indes keine Anzeichen von Meuterei, sondern zeichnete von Cook das Bild eines um das Wohl seiner Mannschaft besorgten, zugleich aber typischen Befehlshabers der englischen Marine seiner Zeit, der drakonische Strafen für legitim hielt, bei ihrer Ausführung im Vergleich zu anderen Kapitänen der *Royal Navy* aber Milde und Fairness walten ließ (vgl. GF, *Cook, der Entdecker*, S. 58 ff.).
3. William Bligh (1754–1817) nahm an Captain Cooks dritter Weltumseglung teil und erhielt anschließend das Kommando über die *Bounty*, auf der etwa die Hälfte der

40-köpfigen Besatzung am 4. April 1789 im Tonga-Archipel gegen ihn meuterte. Das Hauptmotiv ist noch immer umstritten. Bligh erlebte später als Gouverneur im australischen New South Wales eine weitere Meuterei und wurde durch die Rebellen von 1808 bis 1810 im tasmanischen Hobart inhaftiert, bald darauf aber in London zum Vize-Admiral ernannt (vgl. Robson, *The Captain Cook Encyclopeadia*, S. 43).
4. *Mutinity on the Bounty*, in der Regie von Lewis Milestone und Carol Reed, kam 1962 in die Kinos. Während der Rebell Fletcher Christian vom attraktiven Marlon Brando gespielt wurde, war die Rolle William Blighs mit dem wenig glamourösen Trevor Howard besetzt.
5. Die *Resolution* ankerte vom 25. bis 31. August 1773 und vom 22. April bis 14. Mai 1774 vor Point Venus (heute frz.: Pointe Vénus) in der Bucht von *Matavai* auf *Tahiti* (vgl. AA III, S. 454). Die *Bounty* erreichte dieselbe Bucht am 25. Oktober 1788 (vgl. Robson, a. a. O., S. 43).
6. Während die Forsters von 1772 bis 1775 an der zweiten Cook'schen Weltumseglung teilgenommen hatten, fuhr William Bligh als Master auf Cooks dritter Weltreise von 1776 bis 1779 mit, die nach Cooks Tod 1780 zu Ende ging (vgl. ebd.).
7. Vgl. GF, »Vom Brodbaum«, in AA VI, S. 63 ff. Zu medizinischen Aspekten der Brotfrucht schreibt Forster in seiner Doktorarbeit, dass »die fleischig-mehlige Frucht, die das Brot ersetzt, einer robusten und blühenden Gesundheit dienlich ist« (vgl. GF, *De Plantis Escvlentis*, S. 98; aus dem Latein durch den Autor übersetzt).
8. AA II, S. 265.
9. A. a. O., S. 274.
10. Die Entfernung der Erde zur Sonne wurde im Ergebnis paralleler Beobachtungen des Venus-Transits im Jahre 1771 auf 150 839 256 km (93,726,900 Englische Meilen) berechnet, während die heutige Radar-Messung 149,597,000 km (92,955,000 Meilen) ausweist, eine bemerkenswert geringe Abweichung von nur 0,8 %.
11. Cook, *The Journals (E)*, S. 54.
12. AA II, S. 277.
13. A. a. O., S. 280.
14. AA III, S. 26.
15. A. a. O., S. 70.
16. AA II, S. 285.
17. Eine Abbildung der Barringtonie (*Barringtonia speciosa*) habe ich 2007 für die illustrierte Forster-Ausgabe in London ausgewählt (vgl. GF, *Reise um die Welt – illustriert von eigener Hand*, S. 176).
18. AA II, S. 277.
19. A. a. O., S. 278.
20. A. a. O., S. 268.
21. A. a. O., S. 275.
22. AA III, S. 81.
23. Viatge, *Tahiti Info*, S. 4.

24. Vorpahl, ZDF/aspekte, 28.5.2004.
25. Vgl. Vorrede GFs in: Bligh, *William Bligh's Reise*, S. III; Georg Forster veröffentlichte mit der Übersetzung *William Bligh's Reise in das Südmeer* den ersten Bericht über die Meuterei auf der *Bounty* in Deutschland, der 1791 in dem *Magazin von merkwürdigen neuen Reisebeschreibungen* erschien (vgl. Bligh, *William Bligh's Reise*, S. 18f.). Zudem übersetzte Forster den Bericht über Blighs Rückkehr nach England, der 1793 in ebendiesem Magazin erschien.
26. James Cook kam am 14. Februar 1779 bei einem Handgemenge in der Bucht von *Kealakekua* auf *Hawaii* ums Leben (ausführlicher dazu: Vorpahl, *Der Seefahrer*, S. 151).
27. Bligh, *William Bligh's Reise*, S. 10–14.
28. Bligh, a.a.O., S. 12.
29. A.a.O., S. 13.
30. Die Herausgabe der *Fragmente* erfolgte in Kombination mit Georg Forsters Schrift *James Cook, der Entdecker* (vgl. GF, *James Cook*, S. 117–136). Zu Cooks Tod in der Bucht von *Kealakekua* ausführlicher im Nachwort zu ebendiesem Band (vgl. Vorpahl, *Der Seefahrer*, S. 158f.).
31. Der Obelisk zum Gedenken an Cook in der Bucht von *Kealakekua* trägt die Inschrift »In memory of the great circumnavigator Captain James Cook, R.N., who discovered these islands on the 18th of January, A.D. 1778, and fell near this spot on the 14th of February, A.D. 1779. This monument was erected in November 1874 by some of his fellow countrymen.«
32. GF, *De Plantis Esculentis*, S. 4.
33. Henri Hiro (1944–1990) gilt als einer der wichtigsten polynesischen Intellektuellen und als Inspirator und Motor der Wiederbelebung der polynesischen Kultur. Als Künstler und Poet, Schriftsteller und Filmemacher, radikalisiert durch die Gefahren und Zerstörungen des französischen Atomwaffenprogramms, trat er für die Unabhängigkeit Französisch-Polynesiens ein und stellte sein Œuvre in den Dienst dieses antikolonialen Kampfes. Sein Engagement mündete in die politische Bewegung *Ia Mana Te Nunaa* (»Dass das Volk die Macht ergreift«), zu deren Gründungsmitgliedern er zählte.
34. Saura, *Tahiti ma'ohi*, S. 4ff.
35. AA III, S. 27.
36. Georg Forster nennt die Insel (sie heißt seit 1995 wieder *Tahuata*) *Waitahu* bzw. *St. Christina* nach dem spanischen Seefahrer Álvaro de Mendaña, der sie bei ihrer blutigen Entdeckung 1595 so taufte. Für den Inselhauptort *Vaitahu* übernahm Forster den spanischen Namen *Madre de Dios* (vgl. AA III, S. 22).
37. AA III, S. 22
38. Eine Abbildung der Brotfrucht (*Artocarpus communis* J.R. & G. Forst.; Syn.: *Artocarpus altilis*; von Georg Forster zunächst nach Thunberg als *Artocarpus incises* bezeichnet) habe ich 2007 für die illustrierte Forster-Ausgabe in London ausgewählt (vgl. GF, *Reise um die Welt – illustriert von eigener Hand*, S. 235).

39. Neben einem Haupt-Ehemann verfügte Paetini im Jahre 1841 als Herrscherin über ein bedeutendes Tal im Hauptort *Taiohae* auf *Nuku Hiva* über zahreiche Neben-Ehemänner (pēkio), die in Abwesenheit des ersten Ehemanns auch die ehelichen Beischlaf-Pflichten zu erfüllen hatten (vgl. Radiguet, *Les Derniers Sauvages*. S. 180).
40. Zu diesen Faktoren zählt Forster in seiner Doktorarbeit zudem »ihr Lachen und Scherzen, ihre Erzählungen, Gesang und Tanz« (vgl. GF, *De Plantis Esculentis*, S. 98; Übersetzung durch den Autor).
41. Allein auf den Kriegskanus der Flotte in *O-Parre* zählte Forster 15 000 Menschen und 4000 Ruderer, eine Zahl, die weit über der geschätzten Gesamteinwohnerzahl im Jahre 1800 lag (vgl. AA III, S. 54).
42. Forster bringt auch in Erfahrung, dass die Brotfrucht bei nachlässiger Pflege degeneriert und ihr Fleisch »faserig und flockig« wird (vgl. AA VI/1, S. 73).
43. AA II, S. 149.
44. Vgl. AA VI/1, S. 67/73. Forster schreibt weiter: »Anstatt wie ehedem, aus wenig mehr als der Rinde und dem innern Strunke zu bestehen, wuchsen sie zu einem Durchmesser von 10 bis 12 Zollen (23 bis 27 cm – d. A.) hinan, und erhielten [...] ein zartes, mehliges Fleisch« (vgl. a. a. O., S. 74).
45. A. a. O., S. 76.
46. AA VI/1, S. 75.
47. GF an Voß, Mainz 24. 4. 1792, in: AA XVII, S. 104.
48. Saquet, *The Tahiti Handbook*, S. 40.
49. Herbert Kawainui Kane (1928–2011), amerikanischer Navy-Offizier, Historiker und Künstler mit polynesischen und dänischen Vorfahren, war Mitbegründer der *Polynesian Voyaging Society* und inspirierte und designte 1975 den Nachbau der *Hokule'a*, eines traditionellen polynesischen Reisekanus. Er bewies gemeinsam mit seiner Crew auf zahlreichen Fahrten mit dem traditionellen Seefahrzeug, dass die Polynesier schon vor Ankunft der Europäer das Navigieren von *Tahiti* nach *Hawaii* und in umgekehrter Richtung beherrschten.
50. Das seit Anfang der 1990er-Jahre alljährlich Anfang November stattfindende *Hawaiki Nui Va'a* gilt als das härteste Bootsrennen der Welt. Es führt an drei Tagen in drei Etappen über 129 km von *Huahine* aus über die Inseln *Raiatea* und *Taha'a* nach *Bora Bora*. Es nahmen bislang bis zu 100 Auslegerboote mit je sechs Paddlern teil.
51. AA III, S. 50 ff.
52. Der Zucker- und Ananas-Magnat Sanford Dole stand maßgeblich hinter dem Putsch gegen die hawaiianische Königin Lili'uokalani im Jahre 1893 und wurde 1894 bis zur Annexion durch die USA kurzzeitig Präsident der Republik Hawaii.
53. Joppien, *The Art of Captain Cook's Voyages*, S. 209–214.
54. Georg Forster gibt z. B. eine Beschreibung der Kanus der tahitischen Kriegsflotte in O-Parre (vgl. AA III, S. 50 ff.), denen Johann Reinhold Forsters Journal-Eintragungen zugrunde liegen, die Letzterer schließlich auch für seine *Observations* verwendete (vgl. JRF, *Journal* Vol. IV, S. 498).

55. Die technische Zeichnung dieses sehr großen Kanus, das König O-Tu 1774 »Britannia« taufte, wird bislang einem »unbekannten Zeichner« zugeordnet (vgl. Joppien, The Art, S. 215). Allerdings liegen in der State Library of New South Wales in Sydney, wo diese Zeichnung aufbewahrt wird, auch über 50 Zeichnungen Georg Forsters unter falscher Zuordnung (vgl. Vorpahl, Der Seefahrer, S. 169 ff.). Insofern würde es nicht verwundern, wenn auch die Kanu-Zeichnung von Georg Forster stammte. Fest steht, dass Georg Forster im April 1774 die Gelegenheit hatte, den Bau der Kanus auf Tahiti zu beobachten, für den bereits Werkzeuge der Briten verwendet wurden (vgl. JRF, The Journals, S. 496).
56. Das Bild ist abgedruckt in: Kane, Voyagers, S. 104. Der Puukohola Heiau ist der am besten erhaltene Kultplatz (im tahitischen Dialekt wird ein Heiau als Marae bezeichnet) auf Big Island. Er wurde 1810 von König Kamehameha I. (1758–1819) gebaut, seit 1795 bis 1819 erster Monarch der vereinten hawaiianischen Inseln.
57. Vgl. Finney, Nautical Cartography, S. 443 ff.
58. Tupaia (1725–1770), Priester und Meisternavigator von Raiatea, der den Kult des Kriegsgottes Oro auf Tahiti eingeführt hatte, begleitete Cook für vier Monate von Tahiti nach Neuseeland, wobei Cook ihm 1770 die Navigation durch die Gesellschaftsinseln allein überließ (vgl. Robson, The Captain Cook Encyclopaedia, S. 230). Er zeichnete insgesamt 74 Inseln in seine Karte für Captain Cook ein (vgl. Cook, The Journals (B), Vol. 1, S. 293). Eine weitere seiner Skizzen mit 58 Inseln findet sich als Kopie in einem Brief Georg Forsters (vgl. GF an Spener, London, den 1.–4. 9. 1776, in: AA XIII, S. 48).
59. Etwa in Robsons The Captain Cook Encyclopaedia (vgl. a. a. O., S. 230).
60. Vgl. JRF, Observations, S. 304.
61. Vgl. Di Piazza, A new reading, S. 331.
62. Vgl. Salmond, The Trial, S. 46 ff.
63. AA VI/1, S. 67.
64. Ebd.
65. Zu den Methoden und Instrumenten des ozeanischen wayfinding (u. a. kognitives mapping, star compass und etak) ausführlicher in: Eckstein, Tupaias Karte, S. 181.
66. Forster tat dies zunächst in dem von Georg Christoph Lichtenberg herausgegebenen Göttingischen Magazin im Januar 1781 (vgl. AA V, S. 688). Und in aller Ausführlichkeit, als er Cooks Bordnotizen, die fünf Jahre nach dessen Tod im englischen Original veröffentlicht wurden, ins Deutsche übersetzte. Des Captain Jacob Cooks dritte Entdeckungs-Reise welche derselbe auf Befehl und Kosten der Großbrittanischen Regierung in das Stille Meer und nach dem Nordpol hinauf unternommen und mit den Schiffen Resolution, und Discovery während der Jahre 1776 bis 1780 ausgeführt hat erschien in zwei Bänden 1787 und 1788 in Berlin.
67. GF, James Cook, S. 117 ff.
68. Vorpahl, Der Seefahrer, S. 158.
69. Vgl. AA II, 341/342.
70. Vgl. GF an Voß, Mainz, den 24. April 1792, in: AA XVII, S. 106.

71. Georg Forster besuchte den Wasserfall am 11. April 1773 und damit einen Tag früher als Hodges, was ihm die Möglichkeit einer heimlichen Skizze verschaffte (vgl. AA II, 132/141).
72. William Hodges' Gemälde heißt *Dusky Bay (Cascade Cove)* und befindet sich heute im Londoner *National Maritime Museum* (vgl. Joppien and Smith, *The Art*, S. 25). Bei Joppien und Smith heißt es: »It must surely be one of the earliest and one of the most effective paintings of a rainbow, and of the power of falling water, painted by a British artist.« (A. a. O., S. 26)
73. Tatsächlich hatte Hodges die Maori zum ersten Mal am 6. April 1773 gesehen (vgl. AA II, S. 132), den Wasserfall aber erst am 12. April, also fast eine Woche später (vgl. a. a. O., S. 141), und beide Sujets aus unterschiedlicher Perspektive: die Maori aus einem Ruderboot, den Wasserfall aus einer Höhe von über 200 Metern (ebd.). In seinem Gemälde *Dusky Bay (Cascade Cove)* kombinierte William Hodges jedoch beide Ereignisse zugunsten einer historischen Inszenierung – auf Kosten einer realistischen Darstellung.
74. AA II, S. 141.
75. Das Bild ist abgedruckt in: Kane, *Voyagers*, S. 87.
76. Die Schwesterschiffe *Resolution* and *Discovery* setzten die Fahrt nach Cooks Tod auf der Suche nach der Nordwestpassage fort, die sie schließlich ins Beringmeer führte, ohne dass sie einen eisfreien Durchgang zur Umschiffung Amerikas im hohen Norden entdecken konnten. Sie kehrten schließlich über Japan und China zurück und erreichten England Anfang Oktober 1780 (vgl. Robson, *The Captain Cook Encyclopaedia*, S. 222).
77. Die Amerikanerin Diane Ragone hat ihre gesamte wissenschaftliche Laufbahn mit der Brotfrucht verknüpft, in drei Jahrzehnten über 120 Unterarten der Brotfrucht auf 34 Pazifik-Inseln gesammelt und auf *Kauai* im *National Tropical Botanical Garden* ausgepflanzt. 2003 gründete sie dort ihr *Breadfruit Institute* und startete in Kooperation mit Universitäten, NGOs und privaten Sponsoren die *Global Breadfruit Initiative*, um die Brotfrucht zu revitalisieren.

Kapitel 7: Hiwa auf der Osterinsel

1. AA II, S. 432.
2. A. a. O., S. 433.
3. Georg Forster verweist aber auch darauf, dass die Längenbestimmung mittels Sonne, Mond und Sternen anhand der Mondtabellen des Göttinger Astronomen Tobias Mayer (1723–1762) fast ebenso verlässlich waren (vgl. AA II, S. 433). Sie ermöglichten von ihrer Publikation 1752 an für fast 100 Jahre die Bestimmung der geografischen Länge auf See mit einer Genauigkeit bis auf 0,5°, das sind am Äquator etwa 110 Kilometer.

4. AA II, S. 431.
5. Ebd.
6. AA II, S. 424/425.
7. A.a.O., S. 426.
8. George Vancouver (1757–1798), der 13-jährig bei der Royal Navy anheuerte, durchlief auf der zweiten Cook'schen Weltumseglung seine Ausbildung zum Seekadetten (midshipman) und auf Cooks dritter Fahrt zum Leutnant. Als Seefahrer wurde er vor allem für seine Entdeckungen an der amerikanischen Pazifikküste, der Nordwest-Passage und an der Küste Australiens bekannt (vgl. Robson, *The Captain Cook Encyclopaedia*, S. 232).
9. »Das Thermometer stand hier 32«, hielt Georg Forster fest (vgl. AA II, S. 426), vermutlich Fahrenheit, was einem Grad über dem von Fahrenheit festgelegten Gefrierpunkt von 31 entsprach.
10. AA II, S. 426.
11. A.a.O., S. 426/427.
12. A.a.O., S. 414.
13. A.a.O., S. 430.
14. A.a.O., S. 428.
15. A.a.O., S. 432.
16. Ebd.
17. Ebd.
18. AA II, S. 434.
19. Für den Namen der Insel wird hier *Rapa Nui*, für die Bezeichnung der indigenen Einwohner *Rapanui* und die Bezeichnung ihrer Sprache *rapanui* verwendet.
20. AA II, S. 435.
21. A.a.O., S. 383.
22. A.a.O., S. 460.
23. Ebd.
24. Ebd.
25. Grundsätzliches zu den Schriftzeugnissen der Rapanui in: Barthel, *Grundlagen zur Entzifferung der Osterinselschrift*, S. 7 ff. Weiterführend: Fischer, *Rongorongo*, S. 24.
26. Vgl. Bahn, *Bringing back the Birdman*, S. 18 ff.
27. Ausführlich zum Vogelmannkult in: Bahn, a.a.O., S. 22. Paul Bahn vermutet weiter, dass die Reliefs mit Vogelmannkult-Symbolen in den Häusern, auf den Felsen und auf der Rückenseite von *Moai* in Orongo in Vorbereitung auf die Vogelkult-Zeremonie alljährlich neu mit weißer und roter Farbe bemalt wurden, für die Polynesier besondere kultische Bedeutung hatte (vgl. a.a.O., S. 20 ff.). Letzteres würde mit Georg Forsters Beobachtung korrespondieren, der die »besondre Neigung zur rothen Farbe und Kleidung« der Bewohner der *Osterinsel* hervorhob (vgl. AA II, S. 462).
28. Eine Zeichnung der Rußseeschwalbe (*Sterna fuscata serrata*) habe ich 2007 für die il-

lustrierte Forster-Ausgabe in London ausgewählt (vgl. GF, *Reise um die Welt – illustriert von eigener Hand*, S. 504).
29. AA II, S. 462.
30. A.a.O., S. 442. Die Toromiro (*Sophora toromiro*) ist indes keine Mimose, wie Forster irrtümlich vermutete.
31. A.a.O., S. 438. Für den Namen *Maruwahei* steht gelegentlich auch *Maru-ahai* (vgl. Salmond, *The Trial*, S. 326).
32. Vgl. Heintze, *Die Forsters und die Südseesprachen*, S. 20.
33. Vgl. Salmond, *The Trial*, S. 326.
34. Das Losreißen des Ankers betr.: AA II, S. 438.
35. Der Vortrag vor der Georg-Forster-Gesellschaft findet sich gedruckt in: Vorpahl, *Learning by meeting*, S. 197 ff.
36. Das »Vocabulary of the Language of the Isles in the South-Sea, as it is spoken in the Isle of Waihòo or Easter-Island« liegt innerhalb der polynesisch-englischen Wortliste in einem Octav-Bändchen vor und enthält 100 mit Bleistift notierte Vokabeln und ihre Übersetzungen, zum Teil mit Tinte durchgestrichen, jedoch noch leserlich (vgl. JRF, *Vocabularies*, SPK-SBB: Ms. or. oct. 61). Man kann davon ausgehen, dass es sich hier um das »wichtigste Dokument der linguistischen Recherchen Johann Reinhold Forsters« (Heintze) handelt, dessen Anfertigung noch auf der Reise 1774, vermutlich nach dem Abschied von Maheine auf Raiatea, begonnen worden sein muss (vgl. Heintze, *Die Forsters*, S. 26). Das Verzeichnis wurde 1978 von Schuhmacher (vgl. *Un vocabulario inediti*, S. 3–8) und im Jahre 2000 von Karl Heinz Rensch publiziert (vgl. Rensch, *The Language of the Noble Savage*, S. 287–302).
37. Die Eintragung stammt von der Insel *Tanna* am 6. August 1774 (vgl. JRF, *The Resolution Journal* IV, S. 589).
38. AA III, S. 208.
39. Vgl. Bougainville, *Voyage autour du Monde*, S. 231.
40. Ebd.
41. Die von Georg Forster angefertigte Übersetzung erschien unter dem Namen des Vaters (vgl. Bougainville, *A voyage round the world …, Translated from the French by John Reinhold Forster*, S. 2 ff.). Zur Publikation von Übersetzungen Georg Forsters unter dem Namen seines Vaters ausführlich in: Uhlig, *Die Südseevölker*, S. 138.
42. Vgl. Auroux, *History of the language sciences*, S. 927.
43. Vgl. Banks, *The Endeavour Journal*, Vol. I, S. 370.
44. Vgl. Hupfeld, *Zur Wahrnehmung und Darstellung des Fremden in den französischen Reiseberichten*, S. 17.
45. Vgl. Cook, *The Journals* (B), S. 234.
46. GF, *James Cook, der Entdecker*, S. 96.
47. AA III, 257/258.
48. Georg Forster gibt dieses tannesische Wort mit »Guannatàn« wieder (vgl. AA III, S. 257).

49. Vgl. Salmond, *The Trial*, S. 274.
50. Ebd.
51. Humboldt, *Über die Kawi-Sprache*, S. 435.
52. Ausführlicher dazu: Rensch, *Wegbereiter der historisch-vergleichenden Sprachwissenschaft*, S. 233–235.
53. Vgl. Englert, *Das erste christliche Jahrhundert*, S. 61 ff. Pater Sebastian Englert (1888–1969) veröffentlichte 1948 mit »Die Erde des Hotu Matua« eine erste Studie über die Geschichte, Archäologie, Ethnologie und Sprache der *Osterinsel* in Chile (vgl. ebd.).
54. Vgl. a. a. O., S. 53 f.
55. AA II, S. 445.
56. A. a. O.
57. Die Forsters, Captain Cook und Leutnant Clerke gingen fälschlich davon aus, dass das Linienschiff *San Lorenzo* und die Fregatte *Santa Rosalia* die *Osterinsel* schon 1769 erreicht hatten. Tatsächlich waren die Spanier vom 15. bis 21. November 1770 auf der *Osterinsel* gelandet und hatten auf der Halbinsel Poike drei Holzkreuze aufgestellt, die die Inbesitznahme der *Osterinsel* für die spanische Krone, die per Vertrag mit Häuptlingen der Insel ausgehandelt worden war, symbolisieren sollten (ausführlicher dazu in: Heintze, *Georg Forster auf der Osterinsel*, S. 48 ff.).
58. Ebd.
59. AA II, S. 440.
60. Ebd.
61. Ausführlich zu Stevenson auf Samoa in: Capus, *Reisen im Licht der Sterne*, S. 25.
62. Der von der *Osterinsel* stammende Archäologe Sergio A. Rapu erkannte 1978 die ersten Fragmente eines *Moai*-Auges in der Bucht von *Anakena*, auf dem Ahu von Nau Nau. Zum ersten Mal mit Augen komplettiert wurde ein *Moai* aber erst 1990.
63. Einige Archäologen glauben an einer Figur am *Ahu Vinapu* Reste roter und schwarzer Farbe gefunden zu haben. Auch ein im Britischen Museum stehender *Moai* weist rote und weiße Farbspuren auf (vgl. Bahn, *Bringing back the Birdman*, S. 18 ff.).
64. AA II, S. 441.
65. AA II, S. 436.
66. AA II, S. 463.
67. Ebd.
68. AA II, S. 447.
69. Ebd.
70. Georg Forster gibt die Höhe der gesamten Figur mit »20 Fus«, also 6,45 Meter und des »Kopfputzes« mit »5 Fus«, also 1,60 Meter an, sodass sich die heutige Höhe des *Moai* auf dem *Ahu Tahai* von rund fünf Metern (ohne Kopfaufsatz) ergäbe. Auch der von Forster angegebene Durchmesser von »5 Fus« würde diesem Monument entsprechen (vgl. AA II, S. 44).
71. AA II, S. 442.
72. Die Skizze ist abgedruckt in: JRF, *The Resolution Journal*, Vol. III, gegenüber S. 468.

73. Vgl. JRF, *Vocabularies*, SPK-SBB: Ms. or. oct. 61.
74. Neben *kotomòāi* sind sechs weitere Namen »in Hāngā-te-bòw« verzeichnet (»Hāngā-te-bòw« oder übersetzt »Bucht mit dem Felsenriff« liegt heute am küstennahen Ende der Rollbahn des Mataveri-Airports). Weiter erkundeten die Forsters den Namen »Obeènā« für eine einzeln stehende Säule »in Hāngā-ròā«, vier weitere Namen an einer Stelle, »wo der Weg über das Gesicht eines umgestürzten Bildes geht« (»where the road goes over the face of one overturned Image«), den Namen einer Säule »in der Nähe des Sattels, in dessen Schatten wir dinnierten« (»a pillar near the Saddle under whose Shade we dined«), und von weiteren fünf »pillars« ohne genauere Zuordnung (vgl. ebd.).
75. Pater Sebastian Englert nummerierte und katalogisierte erst wieder Mitte des 20. Jahrhunderts 638 *Moai*, für deren Erhalt er sich besonders einsetzte (vgl. Englert, *Das erste christliche Jahrhundert*, S. 62 ff.).
76. Heyerdahl hätte die Forster'sche Namensliste frühestens 1978, mehr als zwanzig Jahre nach seinen Aktivitäten auf der *Osterinsel*, bei ihrer ersten Veröffentlichung durch Schuhmacher in Montevideo studieren können (vgl. Schuhmacher, *Un vocabulario inedito*, S. 2 ff.).
77. Thor Heyerdahl führte seine Ausgrabungen und Experimente zum Transport der Steinmonumente vom Steinbruch in Rano Raruku bis zur Küste und zu ihrer Aufstellung in den Jahren 1955/1956 auf der *Osterinsel* durch und richtete die ersten *Moai* in der Bucht von Anakena im Inselnorden wieder auf.
78. Die Einordnung der *Moai* in seine Theorie nahm Thor Heyerdahl 1957 in seinem Buch *Aku Aku* vor (vgl. Heyerdahl, *Aku Aku*, S. 4 ff.).
79. Johann Reinhold Forster hatte indes gut verstehen können, woher Heyerdahls Annahmen rührten, denn angesichts der auf dem Pazifik herrschenden Ostpassatwinde »möchte man in Versuchung geraten, die ersten Ansiedler aus Amerika nach den Inseln des Südmeeres wandern zu lassen«, wie er schrieb. Doch kam er dennoch zu dem Schluss: »Allein dieser erste Anschein blendet nur.« (JRF, *Bemerkungen*, S. 249).
80. AA II, S. 462.
81. Das *Museo Antropologica P. Sebastian Englert* (MAPSE) existiert seit Oktober 1973 unter dem Dach der *dibam*, der chilenischen *Dirección de Bibliotecas, Archivos y Museos*. Seinen Grundstock bilden Objekte, Sammlungen und Dokumente, die Pater Sebastian Englert zusammengetragen und dem chilenischen Staat für die Gründung eines Museums zur Verfügung gestellt hat.
82. AA II, S. 444.
83. Das Grabungsteam des Deutschen Archäologischen Instituts vermutet, dass die Dammanlagen und Becken in *Ava Ranga Uka A Toroke Hau* erste Hinweise auf einen Wasserkult, evtl. Beschwörungszeremonien an den Regengott Hiro, sein könnten (vgl. Vogt, *Wasserbau unterm Regenbogen*, S. 12 ff.).
84. Steiner, *Eine Kult-Höhle auf der Osterinsel*, S. 212 ff.

85. Englert, *Island at the Center of the World*, S. 46. Die 1960 bei dem Erdbeben von Valdivia zertörte Anlage *Ahu Tongariki* mit 15 *Moai* wurde durch ein japanisches Team unter Anleitung des Archäologen und Gouverneurs der Insel Sergio A. Rapu anhand von Fotos wieder rekonstruiert und ist seit Mitte der 1990er Jahre wieder öffentlich zugänglich.
86. AA II, S. 463.
87. AA II, S. 453.
88. AA II, S. 454.
89. Forster irrt indes, wenn er schreibt: »Das Wort Hanga wird dem Namen aller dieser Bildsäulen-Reihen vorgesetzt« (vgl. AA II, S. 444). *Hanga* bedeutet tatsächlich »Bucht«, *Moai* in einer Reihe aber stehen auf einem *Ahu* (vgl. Heintze, *Forster auf der Osterinsel*, S. 55). Indes gibt er die Bezeichnung *Winabu* (in der Namensliste der Forsters phonetisch richtiger: *ooeenābòo*) als Namen eines *Moai* in *Hanga-Tebau* an, der mit der heutigen Bezeichnung des Kultplatzes *Vinapu* korrespondiert.
90. Vgl. Shepardson, *Moai*, S. 126.
91. AA II, S. 454.
92. Heyerdahls Kritiker hielten dem entgegen, dass das fugenlose Aneinanderfügen in Südamerika mittels Steinblöcken praktiziert wurde, während es in der jüngeren Anlage von *Vinapu* nur dünne Verblendsteine waren, die so passgenau gearbeitet wurden. Die Technologien der Steinmetze differierten mithin stark.
93. Ebd.
94. AA II, S. 459.
95. Ebd.
96. Ebd.
97. Ebd.
98. Vgl. Shepardson, *Moai*, S. 188.
99. Britton Leif Shepardson ist der Gründer und Direktor der TAO, der *Terevaka Archaeological Outreach*, eines internationalen Freiwilligenprogramms zur Ausbildung und Befähigung der einheimischen Jugendlichen von Rapa Nui zur archäologischen Erkundung der eigenen Geschichte.
100. Ebd.
101. AA II, S. 446.
102. AA II, S. 456.
103. Der Amerikaner William J. Thomson, Zahlmeister auf dem US-Schiff *Mohican*, transportierte Anfang 1887 im Auftrag der »Smithsonian Institution« einen *Moai* von der *Osterinsel* in das im Bau befindliche Museum in der US-Hauptstadt Washington, nachdem das Londoner *British Museum* seit 1868 und der *Louvre* in Paris seit 1872 *Moai* von der *Osterinsel* ausstellten. Thomson durchstöberte dabei die Insel nach weiteren Kunstwerken der Rapanui und fotografierte erstmals zahlreiche Artefakte.
104. Die höchste aufgerichtete Figur am *Ahu Te Pito Kura* ist fast zehn Meter hoch. Das

Durchschnittsgewicht der *Moai* beträgt rund zwölf Tonnen, ihre durchschnittliche Höhe etwa vier Meter.
105. AA II, S. 457.
106. Wörtlich heißt es in Englisch: »where the road goes over the face of one overturned Image« (vgl. JRF, Vocabularies, SPK-SBB: Ms. or. oct. 61).
107. AA II, S. 457.
108. Ebd.
109. Vgl. Shepardson, *Moai*, S. 125.
110. AA II, S. 459.
111. Karl Friedrich Behrens (1701–1750) betrat 21-jährig am 9. April 1722 als erster Europäer die Osterinsel, während Roggeveen selbst nie einen Fuß auf die Insel setzte. Behrens' Reisebeschreibung erschien 1737 in Leipzig und wurde ebenfalls ins Französische übersetzt.
112. Behrens, *Der wohlversuchte Südländer*, S. 54.
113. AA II, S. 442.
114. AA II, S. 446.
115. Die Vokabelliste enthält insgesamt 112 Begriffe, inkl. der Bezeichnungen für die Zahlen von 1 bis 10 (vgl. JRF, Vocabularies, SPK-SBB: Ms. or. oct. 61).
116. Im Forster'schen Wörterverzeichnis ist ausgewiesen, wer welches Wort »sammelte«. Die Vokabeln von Johann Reinhold und Georg Forster sind zusammengefasst mit »F«, die von Cook mit »CC«, die des Schiffsarztes James Patton mit »P«, die von dessen Assistenten William Anderson mit »A« und die des Seekadetten-Korporals Samuel Gibson mit »G« (vgl. Heintze, *Die Forsters und die Südseesprachen*, S. 28).
117. Vgl. Vancouver, *A Voyage of Discovery*, S. 136 f.
118. Ahnne, *De la coutume du ›Pii‹*, S. 6 ff.
119. Ebd.
120. Vgl. Heintze, *Die Forsters*, S. 39–41.
121. Diesen Nachweis führte Rensch in einer detaillierten Würdigung der linguistischen Leistung Johann Reinhold und Georg Forsters, die zugleich die Humboldt'sche Kritik als unberechtigt nachwies (vgl. Rensch, *Wegbereiter*, S. 226 f.). Ausführlich dazu auch in: Heintze, *Die Forsters*, S. 42.
122. Steven Roger Fischer (geb. 1947), früherer Direktor des *Institute of Polynesian Languages and Literatures* im neuseeländischen Auckland, publizierte in Deutschland u. a. *Eine kleine Geschichte der Sprache* (2001). Zur Geschichte der Osterinsel publizierte er u. a. *Island at the End of the World: The Turbulent History of Easter Island* und zur Schrift der Rapanui *Rongorongo: The Easter Island Script: History, Traditions, Texts*.
123. Die E-Mail von Steven Fischer »RE: a question concerning J. R. Forster's vocabulary from Easter Island« lag dem Autor am 1. 12. 2015 vor.
124. Vgl. Bahn, *Picasso*, S. 45 f.
125. AA II, S. 450.

126. Pablo Picasso fertigte die Skulptur »Tête de taureau avec le bras de l'Île de Pâques« im Jahre 1942 im Atelier des Grands-Augustins in Paris (ebd.).
127. A. a. O., S. 46. Bahn verweist darauf, dass bislang drei solcher Hände von der Osterinsel bekannt sind, und vermutet, dass Frauenhände dieser Art für die Puppen aus Totora-Schilf angefertigt worden sein könnten, die die Rapanui für ihre Zeremonien nutzen.
128. AA II, S. 450.
129. AA II, S. 464.

Kapitel 8: Auf der glücklichsten Insel Ozeaniens

1. AA III, S. 203.
2. Ebd.
3. Ebd.
4. Georg Forster beschreibt vermutlich erstmalig eine melanesische Rasta-Frisur, wobei die Haare hier mit dem »Stengel der Glockenwinde dergestalt bewickelt sind, dass am untern Ende nur ein kleines Büschgen hervorragt« (vgl. AA III, S. 213).
5. AA III, S. 204.
6. Der Begriff »Melanesien« wurde durch den französischen Seefahrer Jules-Sébastien-César Dumont d'Urville (1790–1842) geprägt. Dumont war von 1826 bis 1829 mit der *Astrolabe* auf einer Suchmission nach der verschollenen Expedition von La Pérouse im Südpazifik unterwegs und machte dabei selbst zahlreiche Entdeckungen, u. a. in Melanesien.
7. AA III, S. 208.
8. Auf *Tanna* wurden sämtliche Betonbauten abgedeckt, nahezu alle Häuser der Bewohner und die Infrastruktur der Insel zu 90 % zerstört. Die Insel war für mehrere Tage vollständig von der Außenwelt abgeschnitten und die Süßwasserversorgung zusammengebrochen, fünf Menschen wurden ein Opfer des Zyklons.
9. AA III, S. 203.
10. AA III, S. 454.
11. AA III, S. 208.
12. »Der Capitain wiederholte nun seine vorige Zumuthung, dass sie ihre Waffen niederlegen mögten. Der größere Haufen, an der Westseite, kehrte sich nicht daran«, heißt es bei Forster. Dagegen gelang es dem »friedlichen Alten«, die andere Partei im Osten für die Duldung der Ankömmlinge zu gewinnen (vgl. AA III, S. 212).
13. AA III, S. 261.
14. AA III, S. 227.
15. AA III, S. 282.
16. Gillett, *Fisheries of the Pacific Islands*, S. 13 ff.

17. Eine Zeichnung der Prunkwinde habe ich 2007 für die illustrierte Forster-Ausgabe in London ausgewählt (vgl. GF, *Reise um die Welt – illustriert von eigener Hand*, S. 481).
18. AA III, S. 211.
19. Ebd.
20. AA III, S. 229.
21. Ebd.
22. AA III, S. 225.
23. Das von Captain Cook am 4. September 1774 entdeckte Neukaledonien ist nach den Artikeln 76 und 77 der französischen Konstitution eine *Collectivité sui generis*, eine »Gemeinschaft eigenen Charakters«. Die Insel stimmte 1987 gegen die Unabhängigkeit von Frankreich, wobei das Referendum von vielen *Kanak*, wie sich die Melanesier hier nennen, boykottiert wurde. In den nächsten vier Jahren soll *Nouvelle-Calédonie* erneut ein Unabhängigkeitsreferendum abhalten.
24. Das Ziel des Landgangs auf der neukaledonischen »Botany Island« (heute *Île Améré*, 22°27'00.0«S 167°06'00.0«E) am 29./30. September 1774 war es zunächst, »für die Zimmerleute einige Bäume umhauen, und Küchenkräuter einsammeln zu lassen« (vgl. A III, S. 334). Die Insel war insgesamt mit Araukarien-Bäumen bewachsen, die gutes Zimmerholz lieferten und deren »Stämme einen schönen geraden Wuchs, von wenigstens 90 bis 100 Fuss (rund 30 Metern) Höhe« hatten, wie Georg Forster notierte. Vor allem aber fanden die Forsters und der Botaniker Anders Sparrman »eine Menge Pflanzen, über deren Mannigfaltigkeit wir uns, in Betracht des kleinen Raums, auf welchem sie hervorwuchsen, mit Recht verwundern mußten« (vgl. A III, S. 333/334).
25. Eine Zeichnung der Araukarie (*Araucaria columnaris*) habe ich 2007 für die illustrierte Forster-Ausgabe in Sydney ausgewählt (vgl. GF, *Reise um die Welt – illustriert von eigener Hand*, S. 496).
26. »Pariser Kommune« ist die Bezeichnung des während des Deutsch-Französischen Krieges von 1871 gebildeten Stadtrats von Paris und der daraus resultierenden revolutionären Kämpfe, die sich in den drei Monaten bis Ende Mai 1871 ereigneten. Dabei versuchten die Kommunarden gegen die konservative Zentralregierung in Versailles, die belagerte Stadt zum Ausgangspunkt eines sozialistischen Machtwechsels in Frankreich zu machen. Bei ihrer Niederschlagung wurden rund 30 000 Kommunarden exekutiert und bis zu 40 000 inhaftiert, von denen viele deportiert wurden (vgl. Greulich, *Die Verbannten von Neukaledonien*, S. 3 ff.).
27. Das »Centre culturel Jean-Marie Tjibaou« ist von 1993 bis 1998 in Kooperation des italienischen Architekten Renzo Piano mit dem Ethnologen Alban Bensa entstanden (vgl. Bensa, *Chroniques kanak*, S. 26 ff.). Es besteht aus zehn bis zu 28 Meter hohen korbartigen Gebäuden, die an ein traditionelles Dorf der *Kanak* und ihre Wohnhütten erinnern.
28. Jean-Marie Tjibaou (1936–1989), Sohn des Stammesführers der *Tiendanite*, studierte nach dem Besuch eines katholischen Collège Ethnologie in Lyon und wurde nach

der Rückkehr nach *Neukaledonien* politisch aktiv. Er bündelte verschiedene Bewegungen der *Kanak* zur *Front de libération nationale kanak et socialiste* (FLNKS), die die Unabhängigkeit von Frankreich anstrebte. 1989 wurde Tjibaou als Vertreter des friedlichen Strebens nach Emanzipation durch einen Extremisten der Unabhängigkeitsbewegung ermordet.

29. AA III, S. 244.
30. Ebd.
31. AA II, S. 179.
32. AA II, S. 238, 442; AA III, S. 435.
33. AA II, S. 331.
34. AA III, S. 233.
35. Die Forsters nannten die Tahitische Kastanie (polynesisch auch *Mape*) *Inocarpus edulis* J.R. Forst. & G. Forst. (vgl. AA III, S. 228).
36. AA III, S. 226.
37. AA III, S. 238.
38. Ebd.
39. Ralph Regenvanu (geb. 1970) gilt als bekanntester, besonders durch seine Arbeit für die UNESCO auch international renommierter Wissenschaftler und indigener Künstler aus Vanuatu. Von 1995 bis 2006 leitete er das *Vanuatu Cultural Centre*, das wichtigste Museum des Landes. Seit 2008 gehörte er zudem dem Parlament an, nahm aber ebenso an Protestaktionen gegen Polizeigewalt, gegen die Errichtung der Fischverarbeitungsfabrik in Port Vila und gegen die mit Korruption einhergehende Privatisierung von Stammesländereien in seiner Heimat teil. Als Mitbegründer der »Land and Justice Party« war er mehrfach Minister, u. a. für Landverwaltung und Justiz. Als melanesischer Anthropologe tritt er mit großer Autorität für die Balance zwischen traditionellen Werten (engl.: *custom*, in Bislami: *Kastom*) und moderner Lebensweise ein.
40. Für die Kawa-Zeremonie auf *Tanna* wurde und wird ebenso wie in Polynesien *Awa* (auch *Ava*, *Kava* oder *Kava-Kava*), Georg Forsters »Rauschpfeffer« (*Piper methysticum* G. Forst.), verwendet.
41. Ausführlich zum spirituellen Kosmos der Melanesier auf *Tanna* in: Bonnemaison, *The Tree and the Canoe*, S. 113 ff.
42. AA III, S. 280.
43. AA III, S. 234.
44. Vgl. Hoare, footnotes 2 & 3, in: JRF, *The Resolution Journal* IV, S. 628; auch vgl. Bonnemaison, *The Tree and the Canoe*, S. 141.
45. AA III, S. 280.
46. AA III, S. 234.
47. Ebd.
48. Vgl. Salmond, *The Trial*, S. 271.
49. AA III, S. 223.

50. Vgl. Salmond, The Trial, S. 272.
51. Vgl. Bonnemaison, The Tree, S. 113 ff.
52. AA III, S. 208.
53. AA III, S. 219.
54. AA III, S. 231/232.
55. Ebd.
56. A III, S. 238.
57. Ebd.
58. A III, 233/234.
59. A III, S. 247.
60. Ebd.
61. A II, S. 402/403.
62. Ebd.
63. Vgl. Salmond, The Trial, S. 358–360.
64. A II, S. 404.
65. A II, S. 204.
66. A II, S. 407.
67. A III, S. 245.
68. Ebd.
69. A III, S. 245/246.
70. Hegel und Marx waren im 19. Jahrhundert entscheidend an der Ausformulierung und Propagierung des Fortschrittsgedankens in der deutschen Philosophie beteiligt. Georg Wilhelm Friedrich Hegel (1770–1831) arbeitete seine Geschichtsphilosophie anhand der von ihm formulierten Gesetze der Dialektik aus und folgerte daraus einen Entwicklungsprozess, den er als Entfaltung der absoluten Idee, als »Fortschreiten vom Niederen zum Höheren« verstand. In »Überwindung« der idealistischen Vorstellung Hegels entwickelte Karl Marx (1818–1883) die Theorie des »historischen und dialektischen Materialismus«, die, anstelle der Entfaltung der Idee, von der Entwicklung der »materiellen Verhältnisse« der Gesellschaft nach ökonomischen Gesetzmäßigkeiten ausging und den Fortschrittsgedanken damit in die säkulare Moderne transferierte.
71. Vgl. Bonnemaison, The Tree, S. 276 ff.
72. AA IX, S. 106.
73. A III, S. 213.
74. A III, S. 260.
75. Der unter der Regie von Martin Butler and Bentley Dean produzierte Spielfilm Tanna – Eine verbotene Liebe (Australien/Vanuatu, 2015) gewann u. a. auch mehrere Preise auf dem Filmfest von Venedig und wurde nach dem verheerenden Wirbelsturm Pam vor den Einwohnern, von denen viele als Schauspieler mitgewirkt hatten, in Yakel auf Tanna uraufgeführt.
76. Da die Forsters im August 1774 in Port Resolution an Land gingen, wäre es für die

Beobachtung eines solchen Rituals jahreszeitlich zu spät gewesen. Eine Teilnahme wäre aber auch daran gescheitert, dass mit der Beschneidung das erste Tamafa, der erste Kontakt mit dem Totem in einer Kava-Zeremonie, verbunden ist – das Nakamal war für die Europäer jedoch tabu.

77. AA III, S. 215.
78. Charles E. Gordon Frazer (1863–1899) malte sein Gemälde *Cannibal feast on the Island of Tanna* etwa 1891 (vgl. Bonnemaison, *The Tree*, S. 98).
79. Vorpahl, ZDF/*aspekte*, 20.12.2002.
80. Vgl. Adams, *In the Land of Strangers*, S. 10–18.
81. Vgl. Hoare, in: JRF, The Resolution Journal IV, S. 595.
82. Williamson, *Tavua*, S. 68 ff.
83. AA, S. 282.
84. Georg Forster empörte sich mehrfach darüber und schloss aus der Unterdrückung der Frau auf eine »rohe und ungebildete Nation« (vgl. Forster, ill. *Reise um die Welt*, 459 u. 472).
85. Vgl. Salmond, *The Trial*, S. 274 ff.
86. AA, S. 271.
87. Reemtsma geht davon aus, dass Tanna in Georg Forsters *Reise um die Welt* »der Ort der tiefsten zivilisatorischen Depression« sei (vgl. Reemtsma, *Mord am Strand*, S. 47). Dies scheint ebenso stark überzeichnet wie seine Annahme, Johann Reinhold Forster sei für den »Mord am Strand« verantwortlich.
88. AA, S. 273.
89. Ebd.
90. Vgl. Adams, *In the Land of Strangers*, S. 31.
91. Der französische Originaltitel des 2008 gedrehten Dokumentarfilms von Richard Martin-Jordan lautet *Dieu est américain*.

Kapitel 9: Fundsachen

1. Georg Forster schreibt: »Diese Vermuthung dünkte uns desto zuläßiger, weil wir in diesem Theil der Südsee, nur ganz kürzlich, verschiedne Volkane, namentlich zu Tanna einen gesehen hatten, und die einsichtsvollsten, erfahrensten Mineralogen der Meynung sind, dass der Basalt durch feuerspeyende Berge hervorgebracht werde« (vgl. AA III, S. 331).
2. Vgl. Nicolson, *The Forsters and the Botany*, S. 705.
3. Vgl. GF, *Reise um die Welt – illustriert von eigener Hand*, S. 496.
4. Das Konvolut findet sich in der State Library of New South Wales unter der Signatur *PX*D 72: South Sea Birds, Cook's 2nd voyage 1772–1775*.
5. Gedruckt findet sich Forsters Gothaer Aquarell bei Steiner (vgl. Steiner, *Vögel der Süd-*

see, Abb. 3), die Londoner Version mit Taschenkrebs in der illustrierten Ausgabe (vgl. GF, *Reise um die Welt – illustriert von eigener Hand*, S. 56).

6. Tonga-Fruchttaube (*Columba globicera*), Norfolkinsel-Schnäpper (*Petroica multicolor*), Felsenscharbe (*Phalacrocorax magellanicus*) und Zügelpinguin (*Aptenodytus antarctica*) habe ich 2007 für die illustrierte Ausgabe von Forsters *Reise um die Welt* in London ausgewählt (vgl. GF, *Reise um die Welt – illustriert von eigener Hand*, S. 246, 464, 555, 103). Eine weitere Version der Forster'schen Zeichnung des Zügelpinguins liegt in Jena vor und wurde durch Steiner veröffentlicht (vgl. Steiner, *Vögel der Südsee*, Abb. 21).

7. Eine vollständige Korrektur der Liste wurde mir nach weiteren Recherchen 2008 möglich (vgl. Vorpahl, *Georg Forsters naturwissenschaftliche Zeichnungen*, S. 280–286).

8. Inklusive der schon zuvor bekannten Araukarie verfügt die Bibliothek in Sydney über 55 naturwissenschaftliche Forster-Zeichnungen, von denen acht Abbildungen Unikate darstellen. Sieben davon sind Tierabbildungen. Als Herausgeber von Forsters *James Cook, der Entdecker* gelang es mir 2008, mit dem Essay-Band fünf der acht Unikate zu publizieren. Neben dem Unikat der in Sydney verwahrten Araukarie kamen so erstmals ein neukaledonischer Weißbauchhabicht (*Accipiter haplochrous*), ein Tuamotuliest (*Todiramphus gambieri*), eine Norfolk-Fruchttaube (*Hemiphaga novaeseelandiae spadicea*) und die Abbildung eines Drückerfisches (*Balistes punctatus*), der einzigen Fischzeichnung von Forsters eigener Hand in Sydney, ans Licht (vgl. GF, *James Cook*, S. 142–149). Da der schmale Essay-Band nicht explizit der Veröffentlichung von Vogelzeichnungen diente, zudem anhand ausgestorbener Spezies, einer Fischzeichnung und einer botanischen Arbeit Forsters Wirken als Naturzeichner generell skizzieren sollte, blieben hier drei Vogelbilder-Unikate aus Sydney unveröffentlicht. Dies bewirkte die Nachfrage eines Rezensenten, ob diese nicht publiziert wurden, weil sie sich im Nachhinein als bereits vorhandene Abbildungen (Doubletten) herausgestellt hätten (vgl. Dippel, *Rezensionen*, S. 211). Indes haben alle acht Forster'schen Unikate in der State Library of New South Wales bislang ihren exklusiven Status gewahrt. Die Veröffentlichung der drei bislang nicht publizierten Unikate aus Sydney steht ebenso aus wie eine vollständige Publikation von Dutzenden Unikaten Forsters, die sich u. a. in London und Gotha befinden. Hier ist nur ein Anfang gemacht.

9. Für die Identifizierung der Vögel sorgten Helmut Laußmann, der schon die von mir ausgewählten Vogelzeichnungen der illustrierten Ausgabe von Forsters *Reise um die Welt* aus ornithologischer Sicht geprüft hatte, und Frank Steinheimer, der sich in seiner ornithologisch-wissenschaftsgeschichtlichen Promotion u. a. mit Nomenklatur und Taxonomie der auf den Cook'schen Reisen entstandenen Vogelsammlungen beschäftigt hatte.

10. Das *Natural History Museum at Tring* sammelte als Privatmuseum von Lionel Walter Rothschild zahlreiche ausgestorbene Tierarten auf dem früheren Familiensitz der Rothschilds in England und wurde 1937 von dem in London ansässigen *Natural History Museum* übernommen, als dessen Filiale es heute firmiert.

11. Georg Forster hielt den Weißbauchhabicht indes für einen »gewöhnlichen *falco haliaetos*«, wie er in Europa vorkam (vgl. AA III, S. 334), während es sich um den neukaledonischen *Accipiter haplochrous* handelte.
12. Entsprechend hatte ich 2007 bei der Herausgabe der illustrierten Ausgabe von Forsters *Reise um die Welt* vom »Fundus sämtlicher Zeichnungen« in London gesprochen (vgl. Vorpahl, *Die Unermeßlichkeit des Meeres*, S. 625). Meine Entdeckung in Sydney mit weiteren sieben Unikaten relativierte diese Aussage allerdings, sodass man heute davon sprechen muss, dass sich der weitaus größte Teil der Forster'schen Naturzeichnungen im Londoner *Natural History Museum* befindet.
13. Zu diesem Schluss kam auch Ludwig Baege in Auswertung von Monografien Johann Reinhold Forsters zu Pinguinen und Albatrossen, in denen Vogelzeichnungen Georg Forsters publiziert wurden, die in London nicht vorlagen (vgl. Baege, *Über zoologische und botanische Bilddokumente Georg Forsters*, S. 53 ff.). Michael Hoare stellte in diesem Zusammenhang fest, dass Johann Reinhold Forster nicht alle Zeichnungen in seinem Besitz an Sir Joseph Banks übergeben hatte und viele nach Halle und Kassel gingen, als Georg und Johann Reinhold Forster nach Deutschland zurückkehrten. Demzufolge fand die erste Teilung der Naturzeichnungen Georg Forsters mit dessen Abreise von London 1778 statt (vgl. Hoare, *The tactless philosopher*, S. 136). Wie groß die Zahl von Forster-Bildern war, die nicht in London blieben, belegen auch die 77 Forster'schen Bleistiftzeichnungen, die nach Georg Forsters Tod durch dessen Witwe an Herzog Ernst II. von Sachsen–Gotha–Altenburg verkauft wurden (vgl. Steiner, *Vögel der Südsee*, S. 64, 66 u. Fußnote 47).
14. Vgl. Robson, *The Captain Cook Encyclopaedia*, S. 207.
15. Ausführlich dazu: Vorpahl, *Georg Forsters naturwissenschaftliche Zeichnungen*, S. 275 ff. Den Weg der Bilder nach Sydney klärte erstmals der Mitarbeiter der *Mitchell Library* Tom Iredale auf, als er 1925 drei der Forster'schen Zeichnungen in Schwarz-Weiß abdruckte und der Herkunft des Konvolutes nachging (vgl. Iredale, *Captain Cook's Artists*, S. 224 ff.).
16. Die Abbildung dieses Waldpapageien (*Nestor meridionalis*) wurde in Zusammenhang mit Berichten über meine Entdeckung in Sydney im Nachrichtenmagazin *Der Spiegel*, in der *Frankfurter Allgemeinen Zeitung*, im ZDF-Kulturmagazin *aspekte*, in den *Georg-Forster-Studien* und schließlich in Buchform einem größeren Publikum bekannt (vgl. *Der Spiegel* [3] 14.1.2008, S.125; FAZ, 16.1.2008, S. 33; ZDF/aspekte am 18.1.2008, GFS XIII [2008], S. 281; GF, *James Cook, der Entdecker*, S.143).
17. Vgl. Lysaght, *Some Eighteenth Century Bird Paintings*, S. 320.
18. Auf Forsters Londoner Vogel-Abbildungen wurden die Füße bei einem Hornsittich aus Neukaledonien nur teilweise ausgeführt, bei einer Tonga-Fruchttaube nur skizziert und bei einer Tahiti-Salangane ganz weggelassen (vgl. GF, *Reise um die Welt – illustriert*, S. 444, 246, 378).
19. Vgl. *Der Spiegel* (3) v. 14.1.2008, S. 125; FAZ (13) v. 16.1.2008, S. 33; *National Geographic Deutschland* v. 27.1.2008, S. 2; ZDF/aspekte am 18.1.2008.

20. Vgl. Erenz, *Forsters Stunde*, S. 80.
21. Ebd.
22. Vgl. Harpprecht, *Georg Forster*, S. 26–28.
23. ZDF/*Lesen!* am 26.10.2007.
24. Unter den drei Fischarten im Fundus des Pariser *Muséum National d'Histoire naturelle* findet sich auch ein Brandungsdoktorfisch (*Harpurus Guttatus*), den Georg Forster auf Tahiti konserviert und gezeichnet hat. Eine Abbildung des Fisches hatte ich 2007 für die illustrierte Ausgabe von Forsters *Reise um die Welt* ausgewählt (vgl. GF, *Reise um die Welt – illustriert von eigener Hand*, S. 321).
25. Die Forsters tauften den Fisch 1774 ursprünglich »Exos argenteus«. Allerdings wurde der Name andernorts auch für einen Fisch benutzt, den die Ureinwohner Neuseelands Kokopu (Galaxias argenteus) nennen. Um Verwechslungen zu vermeiden, wurde die von den Forsters entdeckte Fischart daher Mitte des 19. Jahrhunderts umgetauft in *Albula forsteri* (vgl. Cuvier, Georges; Valenciennes, Achille: *Histoire naturelle des poissons*, S. 256/257). Cuvier und Valenciennes vermuten zudem, dass dieser Fisch nicht direkt von Forster, sondern von ihm über Sir Joseph Banks nach Montpellier und von dort schließlich nach Paris gelangte (vgl. a.a.O., S. 256).
26. Abb. in: GF, *Reise um die Welt*, S. 512.
27. Vgl. A III, S. 311.
28. Ebd.
29. Zur kriegsbedingten Verlagerung von Georg Forsters Gothaer Bildern und ihrer Restitution durch die Sowjetunion ausführlich in der ZDF-Dokumentation: *Das Schicksal der verlorenen Schätze* (vgl. Vorpahl, ZDF/aspekte extra: *Das Schicksal der verlorenen Schätze*, 28.10.2008).
30. Die beiden Bände von Georg Forsters *Icones plantarum* stammten ursprünglich aus dem Besitz des englischen Botanikers Aylmer Bourke Lambert (1761–1842). Nach dessen Tod wurden sie im Jahre 1868 in einer Auktion bei *Raphael Friedländer & Sohn* in Berlin durch einen Agenten der Russischen Bibliothek ersteigert und gelangten so nach Sankt Petersburg (vgl. Herder, *Verzeichniss von G. Forster's Icones plantarum*, S. 2).
31. Vgl. Hoare, *The tactless philosopher*, S. 139.
32. Herder vermerkt zu Forsters Abbildung: »Psychotria speciosa G. Forst. fl. ins. austr. prodr. p. 16. n. 89. – DC. prodr. IV. p. 523. – P. involucrata G. Forst. m. s. – Guillemin Zephyr. Tait. p. 53. – Nadeaud. I. c. p. 51. n. 343. – Seemann Fl. Vit. p. 134. (*Cephaelis speciosa* Spr. Syst. I. p. 749)«. Vgl. Herder, *Verzeichniss*, S. 10.
33. Die neue Spezies heißt vollständig *Psychotria paulae* J.-Y. Meyer, Lorence & J. Florence, sp. nov. (vgl. Lorence, *Reassessment of the Psychotria speciosa G. Forst. [Rubiaceae] complex in Tahiti*, S. 2).
34. Die neue Spezies *Psychotria paulae* hat bis zu 15 mm längere Blattstiele, der Blütenkelch hat eine längere Röhre und die Blütenkrone 5 bis 7 kurze Zacken, sie hat längere Fruchtblütenstängel (bis zu 4 cm) und eiförmige Früchte von 2–3 cm Größe (vgl. a.a.O.).

35. AA II, S. 238. Der Film wurde im ZDFinfokanal ausgestrahlt (vgl. ZDFinfo/*Georg Forsters Weltreise*, 6.10.2007).
36. Georg Forster erwähnt im Zusammenhang mit den Lebensumständen auf Feuerland »unangenehme Empfindungen«, die er auf die »Strenge der Witterung« zurückführt (vgl. AA III, S. 370 ff.). »We were much fatigued«, notierte am ersten Weihnachtsfeiertag 1774 auch ein erschöpfter Johann Reinhold Forster, dem zudem die weihnachtliche Trunkenheit der Schiffsbesatzung zusetzte (vgl. JRF, *The Resolution Journal* IV, S. 697).
37. AA III, S. 381.
38. A.a.O.
39. Jürgen Neffe wies darauf hin, dass sich die Charakterisierung der Yamaná durch die Europäer bis zu Darwins Verdikt von den »Elendsten der Elenden« bruchlos fortsetzte. Vgl. Jürgen Neffe, *Darwin*, S. 149.
40. AA III, S. 380.
41. JRF, *The Resolution Journal* IV, S. 698.
42. AA III, S. 380.
43. Vgl. Ewert, *Georg Forster*, S. 132 ff.
44. Vgl. Kaeppler, *The Göttingen collection*, S. 86 f.
45. So formulierte Georg Forster es in seiner Vorrede zu seinem »Preisverzeichniß von südländischen Kunstsachen und Naturalien« im *Göttinger Taschenkalender für das Jahr 1782* (vgl. AA V, S. 97).
46. A.a.O., S. 96.
47. AA VII, S. 65.
48. Ewert, *Georg Forster*, S. 146.
49. Vgl. Uhlig, *Georg Forster*, S. 47.
50. John Francis Rigaud (1742–1810), ein französischstämmiger Porträt- und Historienmaler, der als junger Mann nach London kam und hier schließlich in die *Royal Society* aufgenommen wurde, porträtierte in England eine Reihe von Seehelden, darunter Admiral Nelson. Das Porträt von Johann Reinhold und Georg Forster entstand um 1780 und wird häufig als »Die Forsters auf Tahiti« bezeichnet. Bertschinger wies darauf hin, dass Rigaud auf dem Bild nicht tahitische, sondern neuseeländische Spezies abbildete (vgl. Bertschinger, George M.: *The Portraits*, S. 10). Dies trifft sicherlich zu auf die Blume am Hut Johann Reinhold Forsters, die *Forstera sedifolia*. Doch anders als Bertschinger meint, handelt es sich bei dem Vogel in der Hand wohl eher nicht um einen neuseeländischen Maori-Glockenhonigfresser (*Anthornis melanura*), und der rotköpfige Vogel am unteren linken Bildrand ist definitiv kein neuseeländischer Sattelvogel (*Philesturnus carunculatus*), der einen schwarzen Kopf besitzt. Die im Hintergrund abgebildete Bergsilhouette scheint ebenfalls nicht neuseeländisch, sondern tahitisch zu sein, nämlich Hodges' Blick auf *Parre* (vgl. Joppien, *The Art*, S. 80). Zu vermuten ist, dass Rigaud hier Natur-Requisiten und -kulissen von mehreren Anlaufstationen der zweiten Cook'schen Weltreise kombinierte.

51. Neben der Rotkreidezeichnung *Oedidee Otaheite* von 1775 finden sich drei weitere von bzw. nach Hodges gefertigte Versionen des Porträts von Maheine (auch Mahine, Oedidee, Oediddee, O'Hedidee und Hitihiti) in: Joppien, *The Art*, S. 177–179.
52. AA II, S. 397.
53. AA II, S. 391.
54. AA II, S. 386.
55. AA III, S. 23.
56. AA II, S. 397.
57. AA II, S. 417.
58. AA II, S. 398.
59. AA III, S. 22.
60. AA II, S. 416.
61. AA II, S. 450.
62. AA III, S. 36.
63. AA III, S. 71.
64. AA III, S. 83.
65. AA III, S. 101 ff.
66. AA III, S. 99/100.
67. A II, S. 397.
68. A II, S. 353.
69. AA II, S. 416.
70. A.a.O.
71. A.a.O.
72. A.a.O.
73. AA III, S. 16.
74. AA II, S. 404.
75. AA III, S. 126.

Quellen, Bibliografie, Bildnachweis

Forsters Schriften werden hier in der Regel in der Akademiewerkausgabe genutzt und im Folgenden zitiert als AA mit römischer Bandzählung. Ausnahmen hiervon machen von Vorpahl als illustrierte Ausgabe herausgegebene Werke Forsters.

GF = Georg Forster
GFS = Georg-Forster-Studien
JRF = Johann Reinhold Forster
AA = Georg Forsters Werke. Sämtliche Schriften, Tagebücher, Briefe. Akademie der Wissenschaften. Berlin: Akademie Verlag.

AA I: *A Voyage round the World*, bearb. von R. L. Kahn. 2. Aufl., Berlin 1986.

AA II: *Reise um die Welt, 1. Teil*, bearb. von Gerhard Steiner, 2. Aufl., Berlin 1989.

AA III: *Reise um die Welt. 2. Teil*, bearb. v. Gerhard Steiner, 2. Aufl., Berlin 1989.

AA IV: *Streitschriften und Fragmente zur Weltreise. Erläuterungen und Register zu Band 1–4*, bearb. v. Robert L. Kahn u. a., 2. Aufl., Berlin 1989.

AA V: *Kleine Schriften zur Völker- und Länderkunde*, bearb. v. Horst Fiedler u. a., Berlin 1985.

AA VI/1: *Schriften zur Naturkunde*, bearb. v. Klaus-Georg Popp, Berlin 2003.

AA VI/2: *Schriften zur Naturkunde*, bearb. v. Klaus-Georg Popp, Berlin 2004.

AA VII: *Kleine Schriften zu Kunst und Literatur. Sakontala*, bearb. v. Gerhard Steiner, 2. unveränderte Aufl., Berlin 1990.

AA VIII: *Kleine Schriften zu Philosophie und Zeitgeschichte*, bearb. v. Siegfried Scheibe, 2. Aufl., Berlin 1991.

AA IX: *Ansichten vom Niederrhein, von Brabant, Flandern, Holland, England und Frankreich im April, Mai und Junius 1790*, bearb. v. Gerhard Steiner, Berlin 1958.

AA XII: *Tagebücher*, bearb. v. Brigitte Leuschner, 2., berichtigte Aufl., Berlin 1993.

AA XIII: *Briefe bis 1783*, bearb. v. Siegfried Scheibe, Berlin 1978.

AA XIV: *Briefe 1784 bis Juni 1787*, bearb. v. Brigitte Leuschner, Berlin 1978. AA XV: *Briefe Juli 1787–1789*, bearb. v. Horst Fiedler, Berlin 1981.

AA XVI: *Briefe 1790–1791*, bearb. v. Brigitte Leuschner u. Siegfried Scheibe, Berlin 1980.

AA XVII: *Briefe 1792–1794 und Nachträge*, bearb. v. Klaus-Georg Popp, Berlin 1989.

AA XVIII: *Briefe an Forster*, bearb. v. Brigitte Leuschner, Berlin 1982.

Adams, Ron: *In the Land of Strangers: A Century of European Contact with Tanna 1774–1874*, Canberra 1984.

Ahnne, Édouard: »De la coutume du ›Pii‹ et des modifications qu'elle apporta au vocabulaire tahitien«, in: *Bulletin de la Société des Études océaniennes*, no. 11 (1926), S. 6–10.

Alerstam, Thomas; Gudmundsson, Gudmundur A; Larsson, Bertil: »Flight Tracks and Speeds of Antarctic and Atlantic Seabirds: Radar and Optical Measurements, Philosophical Transactions«, in: *Biological Sciences*, Vol. 340, No. 1291, London 1993, 55–67.

Anon.: *Entdeckung – Forsters unbekannte Schätze*, in: Der Spiegel 3 (2008), S. 125.

Apel, Michael: »Vögel der Götter – Rätsel der Evolution. Die Entdeckung der Paradiesvögel«, in: *Natur- und Kulturgeschichte der Paradiesvögel*, hrsg. vom Museum Mensch und Natur Schloss Nymphenburg, München 2011, S. 11–28.

Aughton, Peter: *Resolution. Captain Cook's Second Voyage of Discovery*, London 2004.

Auroux, Sylvain; Koerner, E. F. K.; Niederehe, Hans-Josef u. a. (Hrsg.): *History of the language sciences*, Berlin 2006.

Baege, Ludwig: »Über zoologische und botanische Bilddokumente Georg Forsters von der Weltumseglung mit James Cook in Sammlungen der DDR«, in: Gäbler, Burkhard (Red.): *Georg Forster: Leben, Werk, Wirkung*, Wörlitz, Oranienbaum, Luisium 1985, S. 53–65.

Bahn, Paul: »Bringing back the Birdman«, in: *World Archeology* 6/2 (2013), S. 18–25.

Bahn, Paul; Orliac, Catherine; Orliac, Michel: »Picasso and the Easter Island ›palm‹«, in: *Rapa Nui Journal* 29 (2015), S. 45–48.

Banks, Joseph: *The Endeavour Journal of Joseph Banks 1768–1771*, edited by John C. Beaglehole, 2 Vols., Sydney 1962.

Barthel, Thomas: *Grundlagen zur Entzifferung der Osterinselschrift*, Hamburg 1958.

Beaglehole, John C.: *The Life of Captain James Cook*, Stanford 1974.

Behrens, Karl Friedrich: *Der wohlversuchte Südländer*, Leipzig 1738.

Benjamin, Walter: *Deutsche Menschen. Eine Folge von Briefen*, Luzern 1936.

Bensa, Alban: *Chroniques kanak: l'ethnologie en marche*, Paris 1995.

Bertschinger, George M.: *The Portrais of J. Reinhold Forster and George Forster*, Los Gatos 1987.

Bligh, William: »William Bligh's, Captain der Großbritannischen Flotte, Reise in das Südmeer, welche mit dem Schiff ›Bounty‹ unternommen worden ist, um Brotbäume nach den Westindischen Inseln zu verpflanzen«, in: JRF (Hrsg.): *Magazin von merkwürdigen neuen Reisebeschreibungen, aus fremden Sprachen übersetzt, und mit erläuternden Anmerkungen begleitet. Fünfter Band*, Berlin 1791.

Bonnemaison, Joël: *The Tree and the Canoe, History and Ethnogeography of Tanna*, Honolulu 1994.

Born, Ignatz von: Brief an Georg Forster vom 20.11.1787, in: Forster, Georg: *Briefwechsel. Nebst einigen Nachrichten von seinem Leben. Herausgegeben von Therese Huber, geb. Heyne. In zwei Theilen. Teil 1*, Leipzig, 1829, S. 649–651.

Bougainville, Comte Louis Antoine de: *A voyage round the world. Performed by order of His Most Christian Majesty, in the years 1766, 1767, 1768, and 1769. By Lewis de Bougainville, Colonel of*

Foot, and Commodore of the Expedition, in the Frigate La Boudeuse, and the Store-Ship L'Etoile. Translated from the French by John Reinhold Forster, Dublin 1772.

Bougainville, Comte Louis Antoine de: *Voyage autour du monde par la frégate du roi La Boudeuse et la flûte L'Étoile*, Paris 1771.

Buffon, Georges Louis Le Clerc de, *Histoire Naturelle Des Oiseaux, Tome Troisième*, Paris 1774.

Caporali, Tabea: »Insekten in Goldovalen«, in: Roth, Michael; Bushart, Magdalena; Sonnabend, Martin (Hrsg.): *Maria Sibylla Merian und die Tradition des Blumenbildes von der Rennaisance bis zur Romantik*, Berlin, Frankfurt am Main u. München 2017, S. 191–194.

Capus, Alex: *Reisen im Licht der Sterne. Eine Vermutung*, München 2005.

Cook, James: *Voyage towards the South Pole*, Vol. 1 & 2. London 1777. Facsimile copy printed by the Libraries Board S. Australia, Adelaide 1970.

Cook, James: *The Journals (B) of Captain James Cook on his voyages of discovery*, ed. from the original mss. by John C. Beaglehole, Vol. 1: *The Voyage of the Endeavour (1768–1771)*. Cambridge 1955.

Cook, James: *The Journals (B) of Captain James Cook on his voyages of discovery*, ed. from the original mss. by John C. Beaglehole, Vol. 2: *The voyage of the Resolution and Adventure (1772–1775)*, Cambridge 1969.

Cook, James: *The Journals (B) of Captain James Cook on his voyages of discovery*, ed. from the original mss. by John C. Beaglehole,. Vol. 3. *The voyage of the Resolution and Discovery (1776–1780)*, Cambridge 1967.

Cook, James: *Cooks Fahrten um die Welt – Bericht nach seinen Tagebüchern*, Leipzig 1966.

Cook, James: *The Journals (E)*. Selected and Edited by Philip Edwards, 2003.

Cuvier, Georges; Valenciennes, Achille: *Histoire naturelle des poissons*. T. 19. Paris 1846.

Damm, Hans: *Die gymnastischen Spiele der Indonesier und anderer Südseevölker*, Leipzig 1922.

Dawson, Ruth P.: »Collecting with Cook: The Forsters and their Artifact Sales« in: *Georg Forsters »Reise um die Welt«; A Travelogue in its Eighteenth Century Context*, Michigan 1973.

Di Piazza, Anne; Pearthree, Erik: »A new reading of Tupaia's Chart«, in *Journal of Pacific Studies* 116 (3) 2007, S. 331–340.

Dippel, Horst: »Revolutionäre Anthropologie? Oder der Versuch, Georg Forster neu zu lesen«, in: *Historische Zeitschrift*, 291 (2010), S. 23–40.

Dippel, Horst: »Rezension«, in GFS XIV, Kassel 2009, S. 207–212.

Dumont, Franz: *Die Mainzer Republik von 1792/93*, Mainz 2013.

Eckstein, Lars; Peitsch, Helmut; Schwarz, Anja: »Tupaias Karte, oder: Was ist Aufklärung in postkolonialer Perspektive?«, in: *Das 18. Jahrhundert. Zeitschrift der Deutschen Gesellschaft zur Erforschung des achtzehnten Jahrhunderts*, 40/2 (2016), S. 175–190.

Engels, Friedrich: »Deutsche Zustände; Brief II«, in: Karl Marx – Friedrich Engels – Werke, Bd. 2, S. 564–584, Berlin 1972.

Englert, Sebastian: *Island at the Center of the World*, New York 1970.

Englert, Sebastian: *Das erste christliche Jahrhundert der Osterinsel: 1864–1964. Neu hrsg. von Karl Kohut. Mit einer ethnologischen Einf. von Horst Cain, einer Lebensskizze Sebastian Englerts von Ludwig B. Riedl und einem missionstheologischen Nachw. von Johannes Meier*, Frankfurt 1996.

Enzensberger, Ullrich: *Georg Forster. Ein Leben in Scherben*, Frankfurt am Main 1996.

Erenz, Benedikt: »Forsters Stunde«, in: *Die Zeit* (5) v. 24.1.2008, S. 80.

Ewert, Michael: »Georg Forster und die Kunst des Sammelns«, in: *GFS XVI*, Kassel 2011, S. 131–151.

Finney, Ben: »Nautical Cartography and Traditional Navigation in Oceania«, in: Woodward, David; Lewis, G. Malcolm (Hrsg.), *The History of Cartography: Cartography in the Traditional African, American, Arctic, Australian, and Pacific Societies*, Chicago 1998, S. 443–494.

Forster, Georg: *De Plantis Escvlentis Insvlarvm Oceani Avstralis Commentatio Botanica*, Berlin, 1786.

Forster, Georg (Ms.): I whose name is here underwritten [...], in: Forster, Johann Reinhold (Ms.): *Continuation of a Journal of a voyage on board the Resolution Captain Cook Commander from Dusky-Bay in New Zeeland. May ye 12th 1773 to our Departure from Uliatea in the Society Isles. Sept. ye 17th 1773 [Band 3 des Journals, nach Forsters eigener Zählung Band 2]*, Raiatea 1773, S. 139–140.

Forster, Georg (Ms.): *Bruchstück aus einer Schrift über exotische Vögel*, in: SPK-SBB Berlin Ms. Germ. Fol. 399.

Forster, Georg: *FORSTER. Ein Lesebuch für unsere Zeit. Von Gerhard Steiner und Manfred Häckel unter Mitarbeit von Lu Häckel*, Weimar 1952.

Forster, Georg: *James Cook, der Entdecker und Fragmente über Capitain Cooks letzte Reise und sein Ende. Hrsg. und mit einem Nachwort versehen von Frank Vorpahl. Mit Farbtafeln von Forsters eigener Hand*, Frankfurt am Main 2008.

Forster, Georg: *Reise um die Welt: illustriert von eigener Hand. Mit einem biografischen Essay von Klaus Harpprecht und einem Nachwort von Frank Vorpahl*, Frankfurt am Main 2007.

Forster, Georg: »Observationes historiam naturalem spectantes, quas in navigationes ad terras australes instituere coepit G. F., mense julio, anno 1772«, in: Georg Forster: *Ms 189 (1)*, Bibliothèque centrale du Muséum National d'Histoire naturelle, Paris.

Forster, Georg: »Noch etwas über die Menschenraßen. An Herrn D. Biester. Wilna, den 20sten Jul. 1786«, in: Wieland, Christoph Martin (Ed.), *Der Teutsche Merkur vom Jahr 1786. Viertes Vierteljahr*, Weimar 1786, S. 57–86.

Forster, Georg: *Sakontala oder der entscheidende Ring, ein indisches Schauspiel von Kalidasa. Aus den Ursprachen Sanskrit und Prakrit ins Englische und aus diesem ins Deutsche übersetzt mit Erläuterungen von Georg Forster*, Mainz u. Leipzig 1791.

Forster, Johann Reinhold; Forster, Georg: *Characteres generum plantarum: Quas in itinere ad insulas maris Australis, collegerunt, descripserunt, delinearunt, annis MDCCLXXII-MDCCLXXV. Joannes Reinoldus Forster, societ. reg. scient. ut & antiq. ap. Lond. sodalis et Georgius Forster*. London 1775.

Forster, Johann Reinhold (Ms.): *The Phoenix* (Manuskript-Titel), in: Handschriftensammlung der Stiftung Preußischer Kulturbesitz – Staatsbibliothek zu Berlin, Georg Forster, Ms. germ. Fol. 399, Bl. 9–12.

Forster, Johann Reinhold: *A catalogue of the animals of North America. To which are added, short directions for collecting, preserving, and transporting, all kinds of natural history curiosities.* London 1771.

Forster, Johann Reinhold: *Observations made during a Voyage around the World in H. M. S. Resolution on physical geography, natural history, and ethic philosophy,* hrsg. von: Thomas, Nicholas; Guest, Harriet; Dettelbach, Michael, Honolulu 1996.

Forster, Johann Reinhold: *Bemerkungen über Gegenstände der physischen Erdbeschreibung, Naturgeschichte und sittlichen Philosophie auf seiner Reise um die Welt gesammelt;* Übers. u. mit Anm. verm. von Georg Forster. Wien 1887.

Forster, Johann Reinhold: *The Resolution Journal of Johann Reinhold Forster 1772–1775.* Hrsg. von Michael Hoare, Vl. I – IV, London 1982.

Forster, Johann Reinhold: *Descriptiones animalium, quae in itinere ad maris Australis terras per annos 1772, 1773 et 1774,* Berlin 1844.

Forster, Johann Reinhold: »Specimen Historiae Naturalis Volgensis«, in: *Philosophical Transactions, Bd. 57,* London 1767, S. 312–357.

Forster, Johann Reinhold: *Tableau De L'Angleterre pour l'Année 1780 continué par l'Editeur jusqu'à l'Année 1783,* Berlin 1783.

Forster, Johann Reinhold (Ms.): *Vocabularies of the language spoken in the Isles of the South Sea and of the various dialects which have an affinity to it. 1774,* Stiftung Preußischer Kulturbesitz – Staatsbibliothek zu Berlin, Ms. or. oct. 61.

Friedlaender, Jonathan: *Genes, Language & Culture History,* Oxford 2017.

Gäbler, Burkhard (Red.): *Georg Forster: Leben, Werk, Wirkung; Wissenschaftliches Kolloqium der Staatlichen Schlösser und Gärten am 30. Juni 1984 anläßlich der Eröffnung der Forster-Stätte in Wörlitz,* Wörlitz, Oranienbaum, Luisium 1985.

Gattermann, Rolf; Neumann, Volker: *Geschichte der Zoologie und der Zoologischen Sammlung an der Martin-Luther-Universität Halle-Wittenberg von 1769 bis 1990,* Stuttgart 2005.

Gillett, Robert: *Fisheries of the Pacific Islands: Regional and national information,* Bangkok 2011.

Goethe, Johann Wolfgang v.: »Campagne in Frankreich 1792« 23. 8. 1792, in: *Goethes Werke, Hamburger Ausgabe,* hrsg. von Erich Trunz. 8. Aufl., München 1982, X, Autobiografische Schriften II.

Goldstein, Jürgen: *Georg Forster. Zwischen Freiheit und Naturgewalt,* Berlin 2015.

Görbert, Johannes: *Die Vertextung der Welt. Forschungsreisen als Literatur bei Georg Forster, Alexander von Humboldt und Adelbert von Chamisso.* Berlin, München, Boston 2014.

Greulich, Emil Rudolf: *Die Verbannten von Neukaledonien,* Berlin 1979.

Grolle, Johann: »Die segelnden Bauern«, in: Der Spiegel (25) 2017, S. 106–109.

Hahn, Andrea (Hrsg.): *Therese Huber. Die reinste Freiheitsliebe, die reinste Männerliebe: ein Lebensbild in Briefen und Erzählungen zwischen Aufklärung und Romantik,* Berlin 1989.

Hamilton, George: »Reise um die Welt in der Königlichen Fregatte ›Pandora‹ während der Jahre 1790, 1791 und 1792 unter Führung des Captain Edwards nebst Entdeckungen in der Südsee und einer Nachricht von dem vielen Ungemach, welches die Mannschaft durch Schiffbruch und Hunger auf einem Weg von elfhundert Englischen Meilen zwischen der Endeavour-Straße und der Insel Timor im offenen Boot erduldet. Beschrieben von Dr. George Hamilton, Wundarzt des Schiffes«, in: JRF (Hrsg.): *Magazin von merkwürdigen neuen Reisebeschreibungen, aus fremden Sprachen übersetzt, und mit erläuternden Anmerkungen begleitet.* Elfter Band, Berlin 1793.

Harpprecht, Klaus: *Georg Forster oder die Liebe zur Welt. Eine Biographie*, Reinbek bei Hamburg 1990.

Harpprecht, Klaus: »Georg Forster. Die Abenteuer der Freiheit und die Liebe zur Welt«, in: Forster, Georg: *Reise um die Welt: illustriert von eigener Hand. Mit einem biografischen Essay von Klaus Harpprecht und einem Nachwort von Frank Vorpahl*, Frankfurt am Main 2007, S. 7–36.

Hartman, Lukas: *Bis ans Ende der Meere*, Zürich 2009.

Heine, Heinrich: *Die Harzreise*. Hrsg. und mit einem Nachwort vers. von Christian Liedtke, Hamburg 2008.

Heintze, Dieter: »Georg Forster auf der Osterinsel, 1774«, in: Klenke, Claus-Volker; Garber, Jörn; Heintze, Dieter (Hrsg.): *Georg Forster in interdisziplinärer Perspektive. Beiträge des Internationalen Georg Forster-Symposions in Kassel, 1.–4. April 1993*, Berlin 1994, S. 45–57.

Heintze, Dieter: »Die Forsters und die Südsee-Sprachen«, in GFS XVII (2012), S. 15–50.

Herder, Ferdinand Gottfried: *Verzeichniss von G. Forster's Icones plantarum in itinere ad insulas maris australis collectarum. Nach dem in der Bibliothek des Kaiserlichen Botanischen Gartens zu St. Petersburg befindlichen einzigen Exemplar*, St. Petersburg 1885.

Herder, Johann Gottfried: *Ideen zu einer Philosophie der Geschichte der Menschheit*, Ausgabe in vier Bänden, hrsg. von Johann von Müller, Wien 1813.

Heyerdahl, Thor: *Aku Aku. Das Geheimnis der Osterinsel*, Berlin 1957.

Hilmes, Carola: »Georg Forster und Therese Huber: Eine Ehe in Briefen«; in: *Das literarische Paar. Le couple littéraire. Intertextualität der Geschlechterdiskurse. Intertextualité et discours des sexes*, hrsg. von Gislinde Seybert, Bielefeld 2003, S. 111–135.

Hoare, Michael E.: »The Science and its Records«, in: Forster, Johann Reinhold: *The Resolution Journal of Johann Reinhold Forster 1772–1775* (Vol. I), London 1982, S. 76–123.

Hoare, Michael E.: *The tactless philosopher*, Melbourne 1976.

Horkheimer, Max; Adorno, Theodor W.: *Dialektik der Aufklärung. Philosophische Fragmente*, Amsterdam 1947.

Hornsby, *Philosophical Transitions*, London 1791.

Horwitz, Tony: *Cook – Die Entdeckung eines Entdeckers*, Hamburg 2004.

Huber, Ludwig Ferdinand (Hrsg.): *Friedens-Präliminarien*. Hrsg. von dem Verfasser des heimlichen Gerichts, 1. Bd., 1793, 4. Stück, und 2. Bd., 1794, 5/6. Stück, Berlin 1793/94, S. 54–68 und S. 152–169.

Humboldt, Alexander v.: *Aus meinem Leben. Autobiographische Bekenntnisse.* Zusammengestellt und erläutert von Kurt-R. Biermann, München 1987.
Humboldt, Alexander v.: *Kosmos. Entwurf einer physischen Weltbeschreibung.* Ed. und mit einem Nachw. versehen von Ottmar Ette und Oliver Lubrich, Frankfurt am Main 2004.
Humboldt, Alexander v.: *Mineralogische Beobachtungen über einige Basalte am Rhein: mit vorangeschickten, zerstreuten Bemerkungen über den Basalt der ältern und neuern Schriftsteller,* Braunschweig 1790.
Humboldt, Wilhelm v.: »Aus dem Tagebuch« in: *Gesammelte Schriften,* hg. von der Königl.-Preußischen Akademie der Wissenschaften. Bd 14, hrsg. von A. Leitzmann, Berlin u. Leipzig 1916. S. 38–72.
Humboldt, Wilhelm v.: *Über die Kawi-Sprache auf der Insel Java, nebst einer Einleitung über die Verschiedenheit des menschlichen Sprachbaues auf die geistige Entwicklung des Menschengeschlechts,* Bd. III, Berlin 1836–1839.
Hupfeld, Tanja: *Zur Wahrnehmung und Darstellung des Fremden in den französischen Reiseberichten des 16. bis 18. Jahrhunderts,* Göttingen 2007.

Iredale, Tom: »Captain Cook's Artists«, in: *The Australian Museum Magazine* (1925), S. 224–230.

Jacobi, Friedrich Heinrich: *Briefwechsel Text-Band 2: 1775–1781. Nr. 381–750.* Hrsg. von Peter Bachmaier, Michael Brüggen, Reinhard Lauth und Siegfried Sudhof in Zusammenarbeit mit Peter-Paul Schneider, Stuttgart 1983.
Jacobi, Friedrich Heinrich: *Briefwechsel Text-Band 9: Januar 1791 bis Mai 1792. Nr. 2739–2952.* Hrsg. von Walter Jaeschke und Rebecca Paimann, Stuttgart 2015.
Jaussen, Etienne (gen. Tepano): *Dictionnaire de la langue Tahitienne/Fa'atoro parau a te epikopo Tepano Jaussen,* Papeete 1917.
Joppien, Rüdiger; Smith, Bernard: *The Art of Captain Cook's Voyages. Volume One: The voyage of the Endeavour 1769–1771,* Melbourne 1985.
Jürgensmeier, Friedhelm: »Vom Westfälischen Frieden 1648 bis zum Zerfall von Erzstift und Erzbistum 1797/1801«, in: *Handbuch der Mainzer Kirchengeschichte (3): Neuzeit und Moderne,* Würzburg 2002, S. 233–469.

Kane, Herb Kawainui: *Voyagers,* Captain Cook 2006.
Kant, Immanuel: »Bestimmung des Begriffs einer Menschenrace«, in: *Schriften zur Ästhetik der Naturphilosophie III: Immanuel Kant,* hrsg. von Manfred Frank u. Véronique Zanetti, Cambridge 2004.
Kant, Immanuel: *Kant's gesammelte Schriften,* hrsg. von der Königlich Preußischen Akademie der Wissenschaften, Abt. 1: *Kant's Werke,* Bd. 8: *Abhandlungen nach 1781,* Berlin 1923.
Kant, Immanuel: *Kant's gesammelte Schriften,* hrsg. von der Königlich Preußischen Akademie der Wissenschaften Abt. 1 : *Kant's Werke,* Bd. 9: *Logik. Physische Geographie. Pädagogik,* Berlin 1923.

Kaeppler, Adrianne L.: »Cook Voyage Provenance of the ›Artificial Curiosities‹ of Bullock's Museum«. In: *Man: The Journal of the Royal Anthropological Institute of Great Britain and Ireland*, (9 : 1) 1974, S. 68–92.

Kaeppler, Adrienne L.: »Frühe ethnographische Sammlungen«, in: *James Cook und die Entdeckung der Südsee: Kunst- und Ausstellungshalle der Bundesrepublik Deutschland, Bonn; Museum für Völkerkunde, Wien; Historisches Museum Bern*, München 2009, S. 55–59.

Kaeppler, Adrienne L.: »The Göttingen collection in an International Context. Die Göttinger Sammlung im internationalen Kontext«, in: *James Cook. Gifts and Treasures from the South Seas. Gaben und Schätze aus der Südsee. The Cook/Forster Collection, Göttingen. Die Göttinger Sammlung Cook/Forster*, hrsg. v. Brigitta Hauser-Schäublin und Gundolf Krüger, München, New York 1998. S. 86–93.

Kemmann, Oliver; Kurzke, Hermann (Hrsg.): *Untergang einer Reichshauptstadt. Johann Wolfgang von Goethe. Belagerung von Mainz; Ein Bilderbogen*, Frankfurt am Main 2007.

Kippis, Andrew: *Captain James Cook's first voyage round the world: with an account of his life previous that period*, Leipzig 1826.

Kleßmann, Eckart: *Universitätsmamsellen. Fünf aufgeklärte Frauen zwischen Rokoko, Revolution und Romantik*, Frankfurt am Main 2008.

Kittelmann, Jana: »Georg Forster und die Gartenkunst«, in: GFS XVI, S. 1–24.

Kvam jr., Ragnar: *Heyerdahl. Mit dem Floß zum Forscherruhm*, Hamburg 2012.

Lenin, Wladimir Iljitsch: »Bericht in der gemeinsamen Sitzung des Gesamtrussischen Zentralexekutivkomitees des Mokauer Sowjets, der Betriebskomitees und der Gewerkschaften«, in: Werke Bd. 28 (Juli 1918–März 1919), Berlin 1975, S. 104–118.

Lichtenberg, Georg Christoph: *Briefwechsel Bd. 3 (1785–1792)*, hrsg. v. Ulrich Joost und Albrecht Schöne, München 1990.

Lichtenberg, Georg Christoph: *Sudelbücher, Heft J (688)*, in: ders., *Schriften und Briefe*, hrsg. von Wolfgang Promies, Bd. 1, München 1968.

Liebersohn, Harry: »Anthropology before Anthropology«, in: Kuklick, Henrika (Hrsg.): *A New History of Anthropology*, Malden (Mass.) 2008.

Lorence, David H.; Florence, Jacques; Meyer, Jean-Yves: *Reassessment of the Psychotria speciosa G. Forst. (Rubiaceae) complex in Tahiti, Society Islands, with a new combination and description of new species, Psychotria paulae J.-Y. Meyer, Lorence & J. Florence, sp. nov.*, Paris 2017.

Lysaght, Averyl: »Some Eighteenth Century Bird Paintings In The Library Of Sir Jospeh Banks«, in: *The British Museum (Natural History) Historical Series*, I (1959), 317–322.

Magee, Judith: *Ars Natura. Meisterwerke großer Naturforscher von Merian bis Haeckel*, Darmstadt 2017.

Marra, John: *Journal of the Resolution's voyage, in 1772, 1773, 1774, and 1775. On discovery to the southern hemisphere, … Also a journal of the Adventure's voyage, in the years 1772, 1773, and 1774. … Illustrated with a chart, … and other cuts.* London, 1775.

Martinet, François-Nicolas, *Histoire des oiseaux, peints dans tous leurs aspects, apparens et sensibles, ornée de planches coloriées*, Tom. 3, Paris 1774.

Maurer, Michael: *Wilhelm von Humboldt. Ein Leben als Werk*, Köln, Weimar, Wien 2016.

McKenna, Tim: *Teahupoo. Tahitis perfekte Welle*, Wiesbaden 2007.

Meißner, Joachim: *Mythos Südsee. Das Bild von der Südsee im Europa des 18. Jahrhunderts*, Hildesheim, Zürich, New York 2006.

Merwe, Pieter van der: »›Icebergs‹ and other recent discoveries in paintings from Cook's second voyage by William Hodges«, in: *Journal for Maritime Research*, Vol. 8, 2006, S. 34–45.

Merz-Horn, Silvia: »Einführung: Georg Forster in Kassel (1779–1785)«, in: Merz-Horn, Silvia (Zsgst./Bearb.): *Georg Forster. Die Kasseler Jahre. Texte – Materialien – Dokumente*; Kasseler Hochschulwoche 15, Kassel 1990, S. 9–26.

Métraux, Alfred: *Die Osterinsel*, Stuttgart 1957.

Metz-Becker, Marita: »Georg Forsters ›Häusliches Glück‹. Das Leben mit Therese Heyne in Göttingen, Wilna und Mainz«, in: Greif, Stefan; Ewert, Michael (hrsg. im Auftrag der Georg-Forster-Gesellschaft): *GFS XIV*, S. 57–85.

Meyer, Franziska: »›Unsere Zeit braucht solche Männer‹: Georg Forster im historischen Roman der DDR«, in: Durrani, Osman; Preece, Julian (Hrsg.): *Travallers in Time and Space. Reisende durch Zeit und Raum*, New York u. Amsterdam, S. 313–330.

Moerenhout, Jacques-Antoine: *Voyages aux îles du Grand Océan*. Vol. 1, Paris 1837.

Neffe, Jürgen: *Darwin. Das Abenteuer des Lebens*, München 2008.

Neutsch, Erik: *Forster in Paris*, Halle u. Leipzig 1981.

Nicolson, Dan H.; Fosberg, F. Raymond: *The Forsters and the botany of the second Cook expedition (1772–1775)*, Ruggell 2004.

Noble, Charles Frederick: *A voyage to the East Indies in 1747 and 1748: Containing an account of the islands of St. Helena and Java. Of the city of Batavia. ... Of the empire of China, with a particular description of Canton*, London 1762.

O'Brian, Patrick: *Joseph Banks. A Life*, London 1987.

Paine, Thomas: *Die Rechte des Menschen. In einer zeitgenössischen Übertragung von D. M. Forkel. Bearbeitet und eingeleitet von Theo Stemmler*, Frankfurt am Main 1973.

Pope, Alexander: »An Essay on Man«, in: *Epistels to a Friend. Epistle II*, Dublin 1733.

Quilley, Geoff: »William Hodges: Artist of Empire«, in: Quilley Geoff; Bonehill, John (Hrsg.): *William Hodges 1744–1797: The Art of Exploration*, New Haven 2004, S. 1–7.

Quilitzsch, Uwe: »Georg Forster in Wörlitz. Begegnung mit Reform und neuer Kunst«, in: *Der Weltumsegler und seine Freunde. Georg Forster als gesellschaftlicher Schriftsteller der Goethezeit. Hrsg. von Detlef Rasmussen*, Tübingen 1988, S. 12–20.

Quilitzsch, Uwe: *Georg Forster – Weltreisender, Naturforscher, Schriftsteller, Revolutionär*. Neu-

gestaltung einer ständigen Ausstellung der Staatlichen Schlösser und Gärten Wörlitz. Oranienbaum. Luisium, Leipzig 1983 (unveröffentlichte Abschlussarbeit d. Fachschule für Museologen).

Radiguet, Max: *Les Derniers Sauvages aux îles Marquises 1842–1859*, Paris 1929.
Rattner, Josef: *Goethe: Leben, Werk und Wirkung in tiefenpsychologischer Sicht*, Würzburg 1999.
Reemtsma, Jan Philipp: »Mord am Strand. Georg Forster am Strand und anderswo«, in: *Mord am Strand. Allianzen von Zivilisation und Barbarei*, Hamburg 1998, S. 21–83.
Rensch, Karl H.: »Wegbereiter der historisch-vergleichenden Sprachwissenschaft: Reinhold und Georg Forster als Erforscher der Sprachen des Pazifiks und der zweiten Reise von Cook 1772–1775«; in: *GFS III* (1999), S. 221–243.
Rensch, Karl H.: *The language of the noble savage. The linguistic fieldwork of Reinhold and George Forster in Polynesia on Cook's second voyage to the Pacific 1772–1775*. Canberra 2000.
Riesenfeld, Erich Paul: *Erdmannsdorff. Der Baumeister des Herzogs Leopold Friedrich Franz von Anhalt-Dessau*, Berlin 1913.
Robson, John: *The Captain Cook Encyclopaedia*, Auckland 2004.
Rode, August: *Beschreibung des Fürstlichen Anhalt-Dessauischen Landhauses und Englischen Gartens zu Wörlitz: Neue vollständige Ausgabe von 1814 mit Ergänzungen von 1818 von August Rode. Mit 35 Zeichnungen von Claudia Berg. Neu hrsg. und mit einem Nachwort vers. von Christian Eger*, Halle 2008.

Said, Edward W.: *Orientalism*, New York 1978.
Salmond, Anne: *The Trial of the Cannibal Dog: The Remarkable Story of Captain Cook's Encounters in the South Seas*, New Haven, London 2003.
Saquet, Jean-Louis: *The Tahiti Handbook*, Singapur 2000.
Saura, Bruno: *Tahiti ma'ohi: Culture, identité, religion et nationalisme en Polynésie française*, Paris 2009.
Scheibe, Siegfried: »Georg Forsters Beziehungen zu Dessau und Wörlitz«, in: Fiedler, Horst; Scheibe, Siegfried u. a. (Hrsg.): *Georg Forster. Naturforscher, Weltreisender, Humanist und Revolutionär. Seine Beziehungen zu Wörlitz*, Wörlitz, Oranienbaum, Luisium 1980.
Schlegel, Friedrich: »Georg Forster«, in: *Seine prosaischen Jugendschriften, hrsg. von Jacob Minor*, Bd. 2, Wien 1882. S. 119–140.
Schmied-Kowarzik, Wolfdietrich: »Der Streit um die Einheit des Menschengeschlechts«, in: *Georg Forster in interdisziplinärer Perspektive. Beiträge des Internationalen Georg-Forster-Symposions in Kassel, 1. bis 4. April 1993*, hrsg. im Auftr. der Georg-Forster-Gesellschaft e. V. von Claus-Volker Klenke in Zusammenarbeit mit Jörn Garber u. Dieter Heintze, Berlin 1994, S. 115–132.
Schmied-Kowarzik, Wolfdietrich: »Georg Forster«, in: *Sonderdruck aus Kasseler Universitätsreden, 6. Jahresgabe der Wetzlarer Goethe-Gesellschaft e. V.*, Kassel 1988.
Schouten, Wouten: *Ost-Indische Reise: Worin erzehlt wird Viel gedenckwürdiges, und ungemeine seltsame Sachen, bluthige See- und Feld-schlachten, wieder die Portugisen und Makasser; Belä-*

gerungen, Bestürmungen, und Eroberungen vieler fürnehmen Städte und Schlösser ..., Amsterdam, Meurs, Sommern 1676.

Schuhmacher, W. W.: »Un vocabulario inedito de la Isla de Pascua compuesto por Johann Reinhold Forster durante del segundo viaje de Cook«, in: *Moana (Montevideo). Estudios de la Antropología Oceánica*, Vol. 1 (12) 1978, S. 1–8.

Shepardson, Britton L.: *Moai: A new look at old faces*, Rapa Nui 2013.

Siegel, Monika: »Meta Forkel-Liebeskind und Georg Forster: Nur eine Arbeitsbeziehung – oder auch Freundschaft?«, in: GFS XIV, S. 85–104.

Siemon, Rolf: *Die Wissenschaft vom Menschen um 1800*, Vortrag vor dem Akademischen Freundeskreis Danzig-Westpreußen e. V., Barendorf 2017.

Simmons, Laurence: *Tuhituhi. William Hodges, Cook's Painter in the South Pacific*, Dunedin (NZ) 2011.

Sleigh, Dan: *Die Buiteposte: Voc-Buiteposte Onder Kaapse Bestuur 1652–1795*, Pretoria 2004.

Smith, Lewis: »First hand view of a cannibal feast«, in: *The Sunday Times*, 23.10.2004, S. 27.

Soemmerring, Samuel Thomas von: *Über die körperliche Verschiedenheit des Mohren vom Europäer*, Frankfurt, Mainz 1785.

Sparrman, Anders: *A Voyage Round The World. With Captain James Cook in H.M.S. Resolution*, London 1944.

Steiner, Gerhard; Baege, Ludwig: *Vögel der Südsee. 25 Gouachen und Aquarelle nach Zeichnungen Georg Forsters, entstanden während seiner Weltumseglung 1772 bis 1775*, Leipzig 1971.

Steiner, Gerhard: »Kalidasas Sakontala oder die deutsche Entdeckung Indiens«, in: Rasmussen, Detlef (Hrsg.): *Der Weltumsegler und seine Freunde. Georg Forster als gesellschaftlicher Schriftsteller der Goethezeit*, Tübingen 1988, S. 59–69.

Steiner, Gerhard: »Georg Forster und die Französische Revolution«, in: Neutsch, Erik: *Forster in Paris*, Halle u. Leipzig 1981, S. 149–156.

Steiner, Hartwig-E.: »Eine Kult-Höhle auf der Osterinsel am Kratersee ›Rano Aroi‹/Rapa Nui, Polynesien«, in: *Almogaren* 46/47 (2015–2016), S. 211–253.

Stronge, Susan: *Tipu's Tigers*, London 2009.

Stummann-Bowert, Ruth: »Caroline Böhmer in Mainz: ›im Anfang schwärmte ich herzlich‹«, in: GFS XIV, S. 105–132.

Terry, Martin: »William Hodes: Tongatapu oder Amsterdam«, in: Kaeppler, Adrienne.: *James Cook und die Entdeckung der Südsee. Kunst- und Ausstellungshalle der Bundesrepublik Deutschland, Bonn; Museum für Völkerkunde, Wien; Historisches Museum Bern*, München 2009, S. 192.

Theroux, Paul: *Die glücklichen Inseln Ozeaniens*, München 1996.

Titius, Carl Heinrich: »Auszug aus dem Reise-Journal Herrn D. Carl Heinrich Titius ... von seiner vorzüglich zur Besichtigung fremder Naturalien-Sammlungen in dem Jahr 1777 durch Deutschland, nach Holland, Engeland und Frankreich angestellten Reise«, in: Bernoulli Jean: *Sammlung Kurzer Reisebeschreibungen. Band X*, Berlin 1784, S. 151f.

Trenk, Marin: *Döner Hawaii. Unser globalisiertes Essen*, Stuttgart 2015.

Uhlig, Ludwig: »Hominis historia naturalis«, in: *Philippia. Abhandlungen und Berichte aus dem Naturkundemuseum im Ottoneum zu Kassel*, 13/4 (2008), S. 335–338.

Uhlig, Ludwig: »Hominis historia naturalis – Georg Forsters Vorlesung von 1786/87«, in: Lehfeldt, Werner (Red.): *Studien zur Wissenschafts- und zur Religionsgeschichte*, Bd. 10, Göttingen 2011, S. 159–222.

Uhlig, Ludwig: *Georg Forster. Lebensabenteuer eines gelehrten Weltbürgers*, Göttingen 2004.

Uhlig, Ludwig: »Die Südseevölker und Georg Forsters Rassenbegriff«, in: GFS XV (2010), S. 137–172.

Vancouver, George: *A Voyage of Discovery to the North Pacific Ocean, and Round the World*, Vol. 1, London 1798.

Viatge, Jean-Pierre: »Nucléaire: le nouveau combat de 193«, in: *Tahiti Info*, 17.10.2016, S. 4.

Vogel, Jaqueline (jvo): »Neue Zeichnungen Georg Forsters entdeckt«, in: *Frankfurter Allgemeine Zeitung* 13 (2008-01-16), S. 33.

Vogt, Burkhard: »Wasserbau unterm Regenbogen«, in: *Archäologie in Deutschland* 4 (2009), S. 12–16.

Von den Steinen, Karl: *Die Marquesaner und ihre Kunst; Studien über die Entwicklung primitiver Südseeornamentik; Bd. I: Tatauierung*, Berlin 1928.

Vorpahl, Frank: »Die Unermeßlichkeit des Meeres und die ›24 armseligen Zeichen‹. Georg Forsters Reise in Text und Bild«, in: Forster, Georg: *Reise um die Welt. Illustriert von eigener Hand. Mit einem biografischen Essay von Klaus Harpprecht und einem Nachwort von Frank Vorpahl*, Frankfurt am Main 2007, S. 615–626.

Vorpahl, Frank: »Der Seefahrer, sein Chronist und die Entdeckung der Natur des Menschen«, in: Forster, Georg: *James Cook, der Entdecker und Fragmente über Captain Cooks letzte Reise und sein Ende. Hrsg. und mit einem Nachwort versehen von Frank Vorpahl. Mit Farbtafeln von Forsters eigener Hand*, Frankfurt am Main 2008, S. 151–173.

Vorpahl, Frank: »Georg Forsters naturwissenschaftliche Zeichnungen in der State Library of New South Wales«, in: GFS XIII (2008), S. 275–289.

Vorpahl, Frank: »Forster auf Tanna: Der Menschenforscher in Melanesien«, in: GFS XV (2010), S. 43–54.

Vorpahl, Frank: »Learning by meeting: Forsters *Reise um die Welt* als Sprachlabor«, in: GFS XVIII (2013), S. 197–210.

Vorpahl, Frank: »Forsters Pariser Skizzen: Fundamente der visuellen Aneignung der Fremde«, in: GFS Nr. XIX (2014), S. 215–233.

Vorpahl, Frank: »Georg Forsters Cascade am Mt. Sparrman: Die Entdeckung der ersten Landschaftsskizze des Naturzeichners der zweiten Cook'schen Weltumseglung«, in: GFS XX (2015), S. 95–112.

Vorpahl, Frank: *Die Berliner politischen Tageszeitungen in Nachmärz und »Neuer Ära« (1850–1862). Eine pressehistorische Analyse im Kontext von Modernisierungskrise und industrieller Revolution*. Frankfurt am Main 2011.

Vorpahl, Frank: *Das »Sächsische Volksblatt«. Eine pressehistorische Analyse zur Entwicklung des*

Zwickauer Regionalorgans der SPD in den Jahren 1918 bis 1933, Diplomarbeit (unveröff.), Leipzig 1988.

Vosmaer, Arnout: *Beschryving van eene zeldzaame Amerikaansche langstaarige aap-soort, by den Inlander gewoonlyk genaamd Quatto, en by de Hollanders Bosch-Duivel, or Slinger-Aap*, Amsterdam 1768.

Vosmaer Arnout, *Description d'une espèce de paresseux pentadactyle, jusqu'ici inconnu, qui se trouve au Bengale et qui en a été apporté vivant*, Amsterdam 1770.

Williamson, Rick: *Tavua, der weiße Kannibale*, Ludwigshafen 2007.

Wulf, Andrea: *Alexander von Humboldt oder die Entdeckung der Natur*, München 2016.

Bildnachweis

Für Abdruckgenehmigungen der Bilder danken wir:

akg-images (Cover), bpk / Staatsbibliothek zu Berlin / Christine Kösser (Seite 357), bpk / Staatsbibliothek zu Berlin / Carola Seifert (Seite 357), bpk / Staatsbibliothek zu Berlin / Dietmar Katz (Seite 112, Seite 288), Bibliothek der Stiftung Museum für Naturkunde (Seite 215), Captain Cook Memorial Museum Whitby (Seite 449), Forschungsbibliothek Gotha der Universität Erfurt (Seite 42, Seite 168, Seite 253, Seite 440, Seite 443), Francis Rigaud: Doppelbildnis Reinhold und Georg Forster (1780). Privatbesitz (Seite 12), Frank Vorpahl (Seite 51, Seite 53, Seite 74, Seite 83, Seite 109, Seite 171, Seite 183, Seite 205, Seite 208, Seite 279, Seite 295, Seite 311, Seite 424, Seite 439), GDKE Rheinland-Pfalz / Landesmuseum Mainz, Ursula Rudischer (Seite 63), Herbert K. Kane, LLC (Seite 321), Johanna Hoppe (Seite 61), Kulturstiftung Dessau-Wörlitz, Bildarchiv, Heinz Fräßdorf (Seite 54, Seite 55), Martin Chaudhuri (Seite 81, Seite 96, Seite 106, Seite 111, Seite 162, Seite 190, Seite 236, Seite 269, Seite 273, Seite 274, Seite 286, Seite 300, Seite 307, Seite 308, Seite 312, Seite 326, Seite 327, Seite 354, Seite 365, Seite 374, Seite 377, Seite 378, Seite 384, Seite 388, Seite 391, Seite 397, Seite 399, Seite 400, Seite 405, Seite 421, Seite 430), Muséum national d'Histoire naturelle, Paris – Direction des bibliothèques et de la documentation (Seite 98, Seite 101, Seite 215, Seite 221, Seite 266), National Maritime Museum, Greenwich, London (Seite 104, Seite 135, Seite 211, Seite 243, Seite 284, Seite 315, Seite 336), Sammlung Weltkulturen Museum Frankfurt am Main, Wolfgang Günzel (Seite 10), Sammlung Frank Holl, München (Seite 67), Stadt Kassel, Naturkundemuseum im Ottoneum (Seite 17), State Library of New South Wales (Cover, Seite 186, Seite 431, Seite 432, Seite 435, Seite 437), Thüringer Universitäts- und Landesbibliothek Jena (Seite 223), The Trustees of the Natural History Museum, London (Cover, Seite 13, Seite 31, Seite 32, Seite 121, Seite 141, Seite 145, Seite 229, Seite 248, Seite 265, Seite 292, Seite 343, Seite 392, Seite 446)

Wir haben uns bemüht, sämtliche Rechteinhaber der Bilder dieses Buches ausfindig zu machen – bitte melden Sie sich ggf. beim Verlag.

Dank

Im Laufe der zwanzig Jahre, in denen ich auf Georg Forsters Spuren recherchierte, haben mich so viele Menschen unterstützt, dass es unmöglich wäre, ihnen allen an dieser Stelle in gebührender Weise zu danken. Viele von ihnen finden sich jedoch als Akteure in diesem Buch wieder – ihnen sei an dieser Stelle noch einmal herzlich gedankt.

Meine Spurensuche wäre indes nicht möglich gewesen ohne die Unterstützung durch zahlreiche in- und ausländische Kulturinstitutionen wie dem Natural History Museum in London, der State Library of New South Wales in Sydney, der National Gallery of Australia in Canberra, dem Captain Cook Memorial Museum in Whitby, dem Muséum national d›Histoire naturelle in Paris, dem Musée de Tahiti et des Îles in Papeete, dem Museo Antropológico Sebastián Englert in Hanga Roa, der Bibliothek des Botanischen Komarov-Instituts der Russischen Akademie der Wissenschaften in Sankt Petersburg, der Berliner Staatsbibliothek der Stiftung Preußischer Kulturbesitz, der Forschungsbibliothek Gotha der Universität Erfurt, der Stiftung Schloss Friedenstein Gotha, dem Institut für Ethnologie der Universität Göttingen und dem Zentralmagazin Naturwissenschaftlicher Sammlungen der Martin-Luther-Universität Halle-Wittenberg sowie der Kulturstiftung Dessau-Wörlitz. Besonders bedanken möchte ich mich bei der Georg-Forster-Gesellschaft in Kassel, die meine Recherchen in besonderer Weise durch ihre jährlichen Forster-Kolloquien und die Herausgabe der Georg-Forster-Studien inspiriert und gefördert hat.

Dank schulde ich insbesondere Maria Aparicio, Vanessa Bond, Martin Eberle, Michael Ewert, Carsten Gansel, Stefan Greif, Andrea Hart, Dieter Heintze, Tara Hiquili, Cornelia Hopf, Johanna Hoppe, Beni Huber, Bettina Kowalewski, Thomas Kraft, Uwe Quilitzsch, Thérèse Rattinassamy, Hans-Jörg Rheinberger, Jürgen Schlimper, Rolf Siemon, Frank Stader, Martin Roth und Jutta Weber.

Besonders verbunden bin ich Imke Gielen, Ulrich Meve, Astrid Möser und Frank Priester, die mit ihren freundlichen Hinweisen Ungenauigkeiten und Fehler der ersten Auflage korrigieren halfen. Ein besonders herzlicher Dank gilt Constanze Pollatschek, die wie immer fleißig Korrektur gelesen hat und Jörn Stegmeier, der mir dank seiner digitalen Kompetenz die Erstellung des umfangreichen Registers enorm erleichtert hat.

Mein größter Dank geht an die drei Menschen, die dieses Projekt zwei Jahrzehnte lang aus größter Nähe begleitet haben. Allen voran an meinen Lektor und Verleger Wolfgang Hörner, wahrlich ein treuer Freund, der mir in all den Jahren mit Geduld und unerschütterlicher Zuversicht zur Seite stand. Dass dies nun tatsächlich das dritte Forster-Buch ist, das wir gemeinsam machen, spricht für sich. Danke für alles, Wolfgang!

Als kleines Wunder durfte ich erleben, wie viel Zeit meine vielbeschäftigte Tochter sich trotz eigener Buchvorhaben genommen hat, um den »Welterkunder« gründlich mit mir durchzugehen. Es gibt ganz bestimmt schönere Dinge im Leben, als seinen Vater auf einen sprachlichen Lapsus oder eine faktische Ungenauigkeit hinzuweisen. Dass du den unbequemen Weg mit mir gegangen bist, liebe Nele – mir, dem Buch und Forster zu Liebe – und dabei vieles mit mir diskutiert hast, was nicht nur für dieses Buch von Bedeutung ist, erfüllt mich mit großem Stolz.

Schließlich möchte ich mich von ganzem Herzen bei meinem Elp bedanken, der nicht ahnen konnte, auf welche Langstrecke er sich da eingelassen hatte, als wir 2001 zum ersten Mal nach Tahiti aufbrachen. Tausend Dank für das großartige Karma – trotz Seekrankheit, blutender Füße, obsessiver Brotfrucht-Phasen und gelegentlicher Beamtenschelte. Ohne Dich gäbe es weder die wunderbaren Bilder von dieser großen Reise, noch das Buch. Mauruuru, Martin!

Register

(fettgedruckte Seitenzahlen verweisen auf Abbildungen)

Ahu Akahanga (Osterinsel): 370, 371
Aiurua, s. a. Whai-Urua (Tahiti): 104, 106, 107, 108, 109, 110, 111, 127
Allende, Salvador: 339
Amadeus, Bruder (auch: **Amadeus Sragoriforus Segenitur**, Georg Forsters Logen-Name): 57
Ana O Keke (Höhle, Osterinsel): 342
Ansichten vom Niederrhein: siehe Forster, Georg – Schriften
Antarktis: 12, 19, 28, 105, 124, 157, **186**, 187, 227, 249, 293, 337, 386, 404, 450
Apia (Upolu/Hauptstadt Samoas): 353
Apina (Bucht in Hanga Roa/Osterinsel): 360, 368
Aranui 5 (Cargo-Schiff): 173, 295, 305, 308, 309, **311**
Araukarie (bot.: *Araucaria columnaris*): 95, **208**, 210, 264, 333, 389, **397**, 398, 429, **430**, **431**, 433
Areuse (Wasserlauf im Jura) : 73, **74**
Arioi (polynes. religiöser Orden): 136, 137
Atehuru, Marae (tahit. Kultplatz): 414
Atlantik: 119, 167, 169, 177, 193, 200, 219, 222
Atoll/Atolle: 113, 296, 317, 405, 452
Auckland (Neuseeland): 233, 252, 381, 385
Azoren: 21

Bahn, Paul: 380, 381
Banks, Sir Joseph: 23, 24, 29, 30, 37, 50, 52, 114, 184, 192, 216, 222, 239, 247, 258, 297, 329, 346, 379, 434
Banyanbaum, auch Banyan-Feige (bot.: *Ficus benghalensis*) 406, 417, 418, 421, 427
Barrington, Daines (Vizepräs. Royal Society): 24, 25
Barringtonie, Fischgiftbaum (bot.: *Barringtonia asiatica*) 290, 291, **292**, 438
Batavia (heute Jakarta/Indonesien): 184, 205, 212, 453
Behrens, Karl Friedrich: 372
Benjamin, Walter: 37
Berlin: 30, 36, 38, 47, 49, 57, 85, 100, 117, 175, 176, 190, 193, 233, 267, 289, 332, 375, 444
Bermuda-Dreieck: 287
Beyer, Hermann: 75

Bishop-Museum Honolulu (Oahu/Hawaii): 316
Black Sands (Efate/Vanuatu): 390
Blake, Chris (Kapitän d. *Endeavour Replica*): 196, 197, 198, 199, 200
Bligh, Maurice: 283, 285, **286**, 287, 294, 295, 296, 298, 299, 305, 308, 309
Bligh, William (Kapitän der *Bounty*): 284, 285, 286, 287, 294, 297, 309, 324, 325, 329
Böhmer, Caroline: 38, 39, 64, 70, 78, 80
Bonaparte, Napoleon: 88, 94
Bora-Bora (Gesellschaftsinseln/Frz. Polynesien): 1, 137, 144, 146, 150, 163, 338, 381, 405, 450, 453
Bougainville, Louis Antoine de: 26, 27, 119, 123, 188, 335, 346, 347, 379, 447
Bounty: 110, 283, 284, 285, **286**, 287, 289, 294, 295, 297, 298, 299, 305
Bounty-Festival (Papeete/Tahiti): 289, 294, 298, 299
Brando, Marlon: 285
Brandt, Willy: 82, 87, 89
Breadfruit Institute (Kauai, USA): 324, 328
Brotfrucht, auch tahit. *Uru,* hawaiian. *Ulu* (bot.: *Artocarpus communis*): 122, 124, 131, 132, 242, 250, 251, 285, 287, **288**, 291, 294, 300, 303; Brotfruchtbaum: 131, 303, 285, 287, 297, 298, 302, 303, 304, 307, 308, 310, 319, 324, 325, **326**, 328, 329, 333, 334; Brotfrucht-Initiative gegen weltweiten Hunger *Global Breadfruit*: 329 ff.; Brotfrucht-Institut (Kauai/USA): 325 ff.; Brotfrucht-Jesus (auf Tahuata/Marquesas): **308**; Brotfrucht-Mehl: 304, 305, 332; Brotfrucht-Setzlinge: 283; 285, 332, 333; Brotfrucht-Zähmung: 312; Uru-Brei (Mahei, Ma'a): 144, 306, 308, 318; Uru-Gerichte: 298; 303; 313, 330, 331; Uru-Wettbewerb: 298, 299,
Brown, Paul (auch: Brownie): 231–233
Buffon, Georges-Louis Leclerc Comte de: 30, 92, 93, 94
Bürger, Gottfried August: 38

Captain Cook Memorial Museum: 448 ff.
Captain Cook Society: 191
Capus, Alex: 353
Cargo-Kult (auf Tanna/Vanuatu): 427

535

Cascade Cove (Dusky Bay/Neuseeland): 240, 267, 268, 273, 277, 280, 323
Castro, Fidel: 117, 176
Centre culturel Jean Marie Tjibaou (Nouméa/Neukaledonien): 399, **400**
Centre Tjibaou (Noumea/Neukaledonien): 399, **400**
Characteres generum plantarum: siehe Forster, Georg – Schriften; Forster, Johann Reinhold – Schriften
Charlotten-Sund (auch Königin-Charlotten-Bucht bzw. Queen Charlotte Sound/Neuseeland): 177, 188, 260, 261, 413
Chatwin, Bruce: 115, 116, 130
Christchurch (Neuseeland): 235, 270, 271, 275
Clerke, Charles (2. Offizier d. *Resolution*): 127, 254, 348, 413
Collegium Carolinum (Kassel): **17**, 60, 93
Commerçon, Philibert (frz. Botaniker): 346, 379
Cook, Elizabeth: 247
Cook, James: auf Erromango: 9–11; als Weltvermesser: 12, 181, 313, 316; Forster preist: 13–19; in Forsters *James Cook, der Entdecker*: 23, 285; & Kontakt zu Insulanern: 21, 296; & Verhältnis zu Forsters: 22–27, 149, 429; & Querelen um Reisebeschreibung: 30 f.; & Navigation am Südpol: 104 f., 386; & verlorener Anker auf Tahiti: 110 ff., & Desertion: 113 f., 158; & Marae von Taputapuatea: 136, 139 ff.; & Duellforderung J. R. Forsters: 148 ff.; & tahitische Kriegsflotte: 160 ff.; & Abreise von Plymouth: 179 ff.; & Verluste der ersten und zweiten Weltumseglung: 184, 197, 212, 216; & Alltag an Bord: 185, 192 ff.; & Wetterkapriolen: 187; & Kampf gegen Skorbut: 198 f., 304; & Landung in Kapstadt: 202 ff.; & Navigieren am Südpol: 227 f., 337, 338; & Ankern in Neuseeland: 228, 234, 237–241, 252; & Begegnung mit Maori: 254, 255, 259, 260–263; & Seekadetten: 283, 425; & Venus-Transit auf Tahiti: 284; & König O-Tu auf Tahiti: 293; & sein Tod auf Hawaii: 298, 314, 315, 320–324; & Tupaia: 317 ff.; & Landung auf d. Osterinsel: 335 f., 340, 342, 362; & polynes. Sprache: 347; & Tabu-Regeln: 379, 409; & Landung auf Tanna: 383 ff.; & Menschenopfer/Kannibalismus: 413, 414, 422; & Blutvergießen auf Tanna: 425 f.; & Kugelfisch-Vergiftung: 439, 441; & Maheine: 450 ff.
Cook-Denkmal (Christchurch/Neuseeland): 271
Cook-Inseln: 139
Cook-Monument (Anakiwa/Neuseeland): 261
Cook-Monument (Kealakekua Bay/Hawaii): 298, 315
Cook-Straße: 188
Cooktown (Queensland/Australien): 405

Cooper Island (Dusky Bay, Neuseeland): 252
Corday, Charlotte (frz. Attentäterin): 89
Cork (Irland): 113
Cornwall (England): 178, 185, 189
Coromandel-Küste (Neuseeland): 402
Cortés, Hernán (span. Konquistador): 144
Costner, Kevin: 339, 359
Côte d'Azur: 82, 90, 399
Crowe, Russell: 191

Dacheröden, Caroline v.: 37
Dalrymple, Alexander: 13, 213
Danzig (Gdansk): s. Gdansk
Darwin, Charles: 242
Delfin/Delfine (Dusky Bay/Neuseeland): 241, 242, 272
Descriptiones animalium: siehe Forster, Johann Reinhold – Schriften
Dessau: 56, 57
Devonport (England): 181
Dietrich, Johann Christian: 79
Dippel, Horst: 72
Dole Food Company (Hawaii/USA): 315, 326
Doubtful Sound (Neuseeland): 233 ff.
Drake, Sir Francis: 181
Dusky Bay/Dusky Sound (Neuseeland): 177, 227–228, 232–241, 243, 244, 247, 250, 254–258, 261, 263–264, 267–269, 272, 275–276, 280, 323

Eastwood, Clint: 224, 225
Eddystone (Riff vor Plymouth): 182, 185, 186, 189
Elton-See (Südrussland): 125
Eltville: 117, 118
Endeavour Replica: 189–194, 196–198, 200, 201, 210
Engels, Friedrich: 43
Englert, Sebastian (Padre auf der Osterinsel): 350, 351, 352, 359, **378**
Enzensberger, Hans-Magnus: 33
Erdmannsdorff, Friedrich Wilhelm v.: 55, 56, 140
Erdofen (tahit.: Umu): 132, 133, 298, 330
Erromango (Vanuatu): 12, 386, 387, 390
Erthal, Friedich Karl Joseph v.: 34, 59, 60
Eua (bei Cook/Forster: Middleburg/Tonga): 445

Fanokko (Krieger auf Tanna) : 397
Fatu Hiva (Marquesas): 169, 172, 173, **174**, 175, 176, 309
Feldhoff, Dr. Axel: 332, 333
Fischer, Steven: 381
Fjordland (Nationalpark, UNESCO-Welterbe/Neuseeland): 232, 233, 235, 244, 245, 275
Flandern: 33, 256, 417
Fleischle, Achim: 331 ff.

Fletcher Christian: 285
Forkel, Meta: 38, 39, 64, **66**
Forster, Clara (auch **Claire**, **Clärchen**, Tochter von Georg Forster): 39, 78
Forster, Georg: auf Erromango: 9–10; & *Reise um die Welt*: 11, 27–29, 217, 255; & Suche nach dem »Südland«: 12–13, 336/337; & die Natur des Menschen: 15; & Soemmerring: 16, 61; & erste Anstellung in Kassel: 17; & Rassen-Kontroverse mit Kant: 17–21; & James Cook: 22/23; & seine Nominierung für die Weltreise: 25/26; in St. Petersburg: 25; als Übersetzer: 29; & Verkauf seiner Zeichnungen: 30, 222; & die Brüder Humboldt: 33, 65; & Mainzer Republik: 34/35; & Paris: 36, 66, 84; & seine Herberge Rue de Moulins: 36, 81, 87, 88, 91; & Universitätsmamsellen: 38; & Forsters Mainzer Wohnhaus: 38, 48, 49, 60, 62, 64, 68, 69, 70, 79, 81; & Ménage à trois: 39 f., 69; Rezeption in der DDR: 43–47; 74/75; & Forster-Haus in Mainz:48, 49, 60, **61**; & Restaurierung seiner Königsbilder: 41, 50, 51; & Adel und Dessauer Fürstenpaar: 52–57, & Mainzer Republik: 59 ff.; Ehedrama: 63 f.; & Goethe in Mainz: 67; **68**; & russische Weltreise-Pläne: 69; & Huber: 69–71; & letztes Familientreffen in Travers: 72–74; & die »Mainzer Klubbisten« auf der Bühne: 76; & Sexualität: 77–78; & Homoerotik: 79–80; & sein Biograf Harpprecht: 81 f., 86–89; & Rubens u. die alten Meister: 84/85; & seine erste Frankreich-Visite: 90; & Benjamin Franklin: 91; & Buffon: 93; & sein Pariser Nachlass: 94–95; & Entdeckung seiner ersten Landschafts-Zeichnung: 96/97; **98**, & Spurensuche nach dem Sujet: 99–102; & Landung in Tahiti: 103ff.; & beinahe Schiffbruch: 105 ff.; & botanische Entdeckungen 112/113, 221, 430; & Fluchtversuch in der Südsee: 113 f.; & erdhaftes Leben: 118; Tahiti: Paradies und Desillusionierung: 120–123, 161 ff.; & Vater-Sohn-Beziehung: 124/125, 149–152, 154 f.; & Brotfrucht: 131, 297 ff.; & Tänze/Hiwa: 134; & Poedua: **135**, 140; & Arioi auf Raiatea; & Töten von Gottesboten: 141–142; & polynes. Götterwelt: 144; & Marae bzw. Begräbnisplätze: 163 ff.; & Kontroverse um Südseebesiedlung mit Heyerdahl: 171 ff.; & Aufbruch zur Weltreise in Plymouth: 178 ff.; & Alltag an Bord: 190 ff.; & Landung in Kapstadt: 202 ff.; & Sklaverei und Menschenhandel: 208 f.; & zeichnerische Übungen: 212 ff.; & sein Vorbild Vosmaer: 214 ff.; & der naturwissenschaftliche Ertrag der Weltreise: 218 ff.; & seine zeichnerischen Innovationen: 220 ff.; & der Landschaftsmaler Hodges: 323; & Widerstand gegen koloniale Verhältnisse: 225 f.; & lange antarktische Fahrt: 227 f.; & Ankunft in Neuseeland: 228 ff.; Suche nach der von Forster gezeichneten Cascade: 232 ff., 246 f., 250 f., 264–280; & ursprünglich auf Neuseeland vorgefundene Natur: 243 ff., 264; & Vogelbeschreibungen: 246 ff.; & Ästhetik der Antike: 255 f.; sexuelle Begegnungen: 258 ff.; & Kannibalismus auf Neuseeland: 260 ff.; & die Meuterei auf der Bounty: 283 ff.; & Erkundungen am Point Venus: 290 ff.; & König O-Tu: 293; & die Navigation der Polynesier: 313 ff; & Captain Cooks Ende: 320 ff.; & Landung auf der Osterinsel: 338 ff.; & Skorbut und Auszehrung: 344; über den »Niedergang« der Osterinsel: 345, 366, 367; & Steinsäulen (Moai) auf der Osterinsel: 354 f., 368/369, 372; & die Erkundung der Osterinsel: 370 ff.; & die Sprache der Osterinsel: 378 ff.; & Vulkanismus auf Tanna: 383 ff.; als Menschenforscher: 386, 387; & Botanisieren auf Tanna: 393 ff.; & Tabus auf Tanna: 408 f.; & seine Reflexionen zum Kannibalismus auf Tanna: 412 ff.; & blutige Zusammenstoß am Strand von Tanna: 426 ff.; & zeichnerisches Festhalten heute ausgestorbener Spezies: 430; & die Systematik der wissenschaftl. Arbeit u. des Sammelns: 438; & Nutzen der Welterkundung heute: 442 f.; & sein Mahagoni-Schränkchen: 448/449; & sein polynesischer Reisebegleiter Maheine: 450–456.

– **Bilder: Königsbilder** (Forster-Gouachen in Gotha): 50, 83, 441; **Landschaftszeichnung Georg Forsters, erste** (auch: **Wasserfall-** o. **Cascaden-Skizze**): 96–101; 230, 232, 240, 250, 252, 268, 271, 323
– **Schriften: Ansichten vom Niederrhein:** 22, 33, 67, 85, 256; *Characteres generum plantarum*: 220; *Reise um die Welt* (Reisebericht): 11, 18, 20, 28, 29, 30, 48, 49, 82, 91, 100, 102, 112, 114, 119, 124, 128, 132, 134, 135, 140, 147, 164, 187, 197, 203, 207, 212, 216, 217, 220, 227, 237, 239, 241, 242, 249, 254, 255, 256, 260, 273, 276, 289, 290, 296, 311, 316, 335, 337, 345, 346, 361, 370, 381, 382, 401, 403, 432, 434, 438, 445, 448, 450; *Voyage round the World* (engl. Erstfassung des Reiseberichts): 29, 448

Forster, Johann Reinhold: als Weltreisender: 13; & Auswertung der Weltreise: 20; & Nominierung seines Sohnes f. d. Weltreise: 23; & Royal Society: 24 f.; & Wolga-Expedition: 25, 35, 86; & Querelen mit brit. Admiralität: 27; & *Reise um die Welt*: 28, 91; & Verkauf d. Zeichnungen d. Sohnes: 29; & Sir Joseph Banks: 29; & Dessauer Fürstenpaar: 53, 57; & Verkauf Herbarium: 58; & Friedrich d. Große: 58, 217; & Therese Forster: 76; als Naturgelehrter: 86, 144, 192, 201, 220, 386; & Schulden: 57, 91; & Georg Forsters Nachlass: 95; & Lebensgefahr im

Südmeer: 125–127; & sein Verhältnis zu Georg Forster: 127, 152, 156–158, 257, 262; & Duell mit Cook: 146, 148, 149, 150–155; & Kritik an seiner Person: 159; & Sprachstudien/Besiedlungstheorie: 172, 346–348, 357, 360, 379; & Aufbruch in Plymouth: 178, 184; Rückkehr von der Weltreise: 189; & Diener Scholient: 201; in Kapstadt: 210; & *Characteres generum plantarum*: in der Dusky Bay: 239; 245; auf Tahiti: 250; & *Descriptiones animalium*: 264; & Tupaias Karte: 318; & Cooks Reiseroute: 337; & seine Moai-Skizze: 356, **357**; & Vokabelliste: **357**; & Namen von Moai: 358, 380; als Menschenforscher auf Tanna: 385; & die Tanneser: 389, 425, 426; & Vulkan Mt. Yasur: 411, 412; auf Neukaledonien: 429; & Vergiftung: 441; auf Feuerland: 445; & Rigauds Doppelporträt: 449
– Schriften: *Characteres generum plantarum*: 220; *Descriptiones animalium*: 264; *Observations* (Reisebemerkungen): 20, 316
Forster, Justine Elisabeth (Mutter Georg Forsters, Ehefrau von Johann Reinhold Forster): 25, 93, 182
Forster, Therese (auch Heyne u. Huber): 37, 39, 40, 44, 63, **64**, 66, 69, 70, 71, 73–78, 80, 81, 95, 258
Forster, Therese (auch: Rosa, Röschen, Tochter Georg Forsters) 69, 78, 118
Forster, Wilhelm (Bruder Georg Forsters): 158
Forster-Stätte der DDR: 46 f.
Frankfurt a. Main: 59
Franklin, Benjamin: 30, 37, 91, 92
Französische Nationalversammlung, auch Nationalkonvent: 39, 66, 72, 84, 448
Frazer, Gordon: 422
Freeman, Morgan: 224, 225
Freimaurer (auch Freimaurerei, Loge): 15, 35, 57, 60, 78, 92, 247
Friedrich II. (König von Preußen): 57, 58
Friedrich Wilhelm II. (König von Preußen): 59
Friedrichs, Hanns Joachim: 47, 48
Frum, John: 427
Funchal (Madeira): 221
Furneaux, Tobias (Kapitän der *Adventure*): 106, 188, 228, 260
Futuna, auch Futtuna oder Irronan (Vanuatu): 395

Gandhi, Mahatma: 231
Gauguin, Paul: 163
Gdansk (auch Danzig): 25, 26, 46, 88, 372
George III. (König von Großbritannien): 50, 396
Gesellschaftsinseln, auch Societäts-Inseln: 105, 119, 120, 129, 134, 135, 136, 162, 177, 301, 310, 312, 325, 386, 454
Gindall, Richard: 189

Global Breadfruit (Antihunger-Initiative): 329–334
Goethe, Johann Wolfgang v.: 30, 33, 37, 42, 50, 63, 64, 67, **68**, 118
Gorbatschow, Michail: 117, 176
Gotha: 42, 50, 52, 83, 97, 433, 443, 444
Göttingen: 37, 38, 62–63, 69, 77–79, 118, 135, 320
Great Barrier Reef (Australien): 405
Green Point Lighthouse: 202, 204, 212
Greenwich (London/England): 24, 319
Groot Constantia (Tafelbay/Südafrika): 202 f.
Grueber, Garry: 333, 334
Gwisdek, Michael: 74, 75

Hamaneno-Bucht (Raiatea): 150
Hamburg (& Altona): 44, 47, 48, 82
Hanga Roa (Osterinsel): 325, 335, 337, 345, 349–353, 356, 358–364, 370, 371, 376, 379
Hanga-Tebau (Osterinsel): 364, 365
Happy Planet Index: 385
Harfouch, Corinna: 74, 75
Harpprecht, Klaus: 81–99, 115, 242, 438
Hauschild, Thomas: 423
Havai'i (auch Savai'i: Ursprungsort in d. polynes. Mythologie: 137, 318
Hawaii (auch: Sandwich-Inseln, Hawaiianische Inseln, hawaiianisch): 12, 23, 119, 129, 132, 149, 297, 298, 312, 314–322, 324–325, 328, 444
Hawaiianer: 143, 317, 315, 316, 322, 324, 327
Hawaiki Nui Va'a (Inselregatta in Frz. Polynesien): 314
Heiau (Kultplatz auf Hawaii): 316, 326, 354
Heidenreich, Elke: 438
Heiliges Römisches Reich deutscher Nation: 46
Heine, Heinrich: 88
Helman, Susannah: 449
Herder, Johann Gottfried: 21, 37, 63,
Heron Island: 272
Heyerdahl, Thor: 167, 169, 170, **171**, 172–177, 319, 356–359, 365, 366
Heyne, Christian Gottlob (Schwiegervater Georg Forsters): 37, 63, 65, 67, 79
Hiquily, Tara: 110
Hiro, Henri: 301 ff.
Hiva: 345
Hiwa: 113, 135, 136, 140, 144, 301, 335, 345, 346, 348,
Hodges, William: **14**, 37, 97, **104**, 189, 201, **211**, 212, 222, **243**, **315**, 316, 323, **336**, 352, 356, 368, 403, 449, **450**
Hokule'a (polynes. Übersee-Kanu): 313, 319, 320
Homosexualität: 79, 80, 81
Hörner, Wolfgang: 242
Horwitz, Tony: 296

538

Hotu Matua: 345
Huahine: 142, 144, 151, 160, 163, 301, 302, 310, 311, 314, 321, 370, 453
Huber, Ludwig Ferdinand: 37, 39, 69, 70, **71**, 73, 75–77, 80, 95
Humboldt, Alexander v.: 15, 21, 30, 33, 52, 64, 65, 66, 67, **67**, 77, 90, 98, 256
Humboldt, Wilhelm v.: 20, 21, 37, 62–64, 69, 78, 348, 379, 380
Humuhumunukunukuapua'a: 128, 129

Île Améré (auch Botany Island/Neukaledonien): **397**
Île des Pins (Neukaledonien): 398, **399**, 433
Indian Island (Dusky Bay, Neuseeland): 230, 254, 258, 259, 262, 263
Ireupuow (Tanna/Vanuatu): s. Port Resolution
Ireupuowmene (Clan auf Tanna, Bewohner von Ireupuow): 408
Ivory, Carol: 309

Jakarte: s. Batavia
Jakobiner (-klub, -jagd): 34, 35, 38, 39, 44–47, 62, 72, 75
Jardin des Plantes (Paris): 93, 94, 95, 98, 99
Johannesburg: 206

Kaeppler, Adrienne: 143, 144
Kaiser Franz II. (HRR): 59,
Kaiser Joseph II. (HRR): 23, 68
Kaiser Leopold II. (HRR): 52, 59
Kalmückensteppe (Südrussland): 25, 86
Kane, Herb: **312**, 313–325, 330
Kant, Immanuel: 16, 18–21, 209
Kap Hoorn: 113, 236, 386, 433, 447
Kapstadt (Südafrika), auch Kap der Guten Hoffnung: 29, 124, 178, 187, 195, 202–210, **211**, 212–220, 222, 224– 228, 260, 429
Kapverdische Inseln (auch: Kapverden): 195, 433
Karl-Marx-Universität (Leipzig): 43
Kassel: 16, **17**, 21, 30, 35, 60, 65, 68, 78, 86, 93, 118, 156, **158**, 448
Kastom-Bewegung (-steine, -dörfer, -trails): 406, 407, 408, 416–419, 420, 427
Katharina II., Kaiserin von Russland: 25, 35, 69, 79, 157
Kauai (Sandwichinseln/USA): 326–329, 330, 444
Kauri-Baum (-bäume, -wälder; bot.: *Agathis australis*): 264
Kawa (-trinken,-zeremonie): 407, 423, 423, 445
Kealakekua Bay (Hawaii/USA): 23, 149, 297, 298, 314, 320, 322, 324
Kendall, Larcum: 230, 335
Khoikhoi: 207
King, James: 297

King, Martin Luther: 169
Kockisch, Uwe: 75
Kommunarden: 398
Kona-Küste (Hawaii/USA): 314
Königsberg (Kaliningrad): 16, 21
Königsbilder (Forster-Gouachen in Gotha): siehe Forster, Georg – Bilder
Kuala Lumpur: 233

La Boudeuse (Fregatte Bougainvilles'): 26
La Croix-Valmer (Frankreich): 82
Lake Forster (Neuseeland): 262
Landschaftszeichnung Georg Forsters, erste (auch: **Wasserfall**- o. Cascaden-Skizze): siehe Forster, Georg – Bilder
La Pérouse, Jean-François de Galaup de: 379
Laplap (-festmahl auf Tanna/Vanuata): 421
Lean, David: 110
Lebrun (Lebrun-Tondu), Pierre Henri Hélène: 90
Leipzig: 43, 44, 46, 47,
Lenakel (Tanna): 389, 393, 395, 403
Lenin, Wladimir Iljitsch: 43, 47
Leningrad: 42
Leopold III. Friedrich Franz von Anhalt-Dessau, genannt Fürst Franz: 52, 54, 55, 56–58
Les (Grenzstation im Jura): 72
Lessing, Gotthold Ephraim: 50, 84
Lichtenberg, Georg Christoph: 30, 36, 53, 70, 76, 77, 80
Limahuli Gardens (auf Kauai/USA): 326, **327**
Linné, Carl von: 25, 37, 92, 95, 99, 210, 213, 215, 220, 287
London, 16 Percy Street (Forsters Adresse in London): 53, 448
Lorence, David: 444
Louvre (Museum, Palais royal, Paris): 84, 88
Ludwig XVI: 84, 90
Luise Henriette Wilhelmine von Brandenburg-Schwedt, Herzogin von Anhalt-Dessau: 52, 54
Lux, Adam: 89

Ma'afala (Brotfrucht-Art/Samoa): 333
Madeira: 21, 112, 178, 187, 195, 221, 222, 256, 337, 445
Magee, Judith: 242
Mahagoni-Schränkchen (Georg Forsters Bureau): 448, **449**
Maheine (auch O-Hedidi, Hitihiti): 130, 131, 137, 172, 338, 341, 345, 352, 381, 382, 449, 450, 451, 452, 453, 454, 455, 456
Mainzer Deutschhaus (Sitz des Rheinisch-Deutschen Nationalkonvents): 46
Mainzer Freiheitsbaum: 34, 46, 47
Mainzer Republik (Deutschhaus, Freiheitsbaum): 34, 35, 38, 39, 45, 46, 47, 61, 62, 66, 70, 72, 76, 81, 84, 87, 89, 334

Makeba, Miriam: 206
Malaria: 209, 330
Mandela, Nelson: 224, 225, 399
Maori (Neuseeland): 201, 231, 233, 244, 247, 254, 255, 256, 258, 259, 260, 261, 262, 263, 323, 340, 401, 413, 414, 452, 455
Marat, Jean-Paul: 46, 89
Marianen: 328
Maroraï (tahit. Prinzessin): 111
Marra, John: 113, 114, 158
Marquesas (auch **Marquesa-Inseln**): 12, 113, 119, 134, 149, 172, 173, 174, 175, 177, 295, 298, 305, 306, 307, 308, 309, 310, 319, 325, 245, 386, 403, 450, 451, 452
Marquesianer: 306
Martinet, François-Nicolas: 218
Martini, Friedrich: 93
Marx, Karl: 43, 45, 47, 416
Matavai (auch **Matavai-Bay, -bucht**/Tahiti): 100, 113, 122, 134, 160, 250, 251, 257, **284**, 285, 289, 290, 293, 294, 453
Mayflower: 180
McBride Garden (Kauai/USA): 328
Melanesien: 325, 385
Melanesier: 323, 407, 409, 413, 416, 417, 426
Menschenrassen (auch **Rassen**): 15–20, 22, 175, 209, 415
Meyer, Wilhelm Ludwig: 80
Middleburg (heute: '**Eua**/Tonga): 445
Milford Wanderer (Expeditionsschiff/Neuseeland): 235–242, 243–246, 247, 251, 258, 262–263, 267–268, 271–272, 281
Mimose (auch **Mimosenstrauch**, bot.: *Sophora toromiro*/Osterinsel): 344, 373
Mirabeau, Honoré Gabriel Victor de Riqueti, Marquis de: 72, 95
Mission, Missionare: 134, 135, 175, 310, 348, 426
Mitchell Library: s. State Library of New South Wales
Mitterand, François: 399
Moa (zool.: *Dinornithiformes*/Neuseeland): 263
Moai (auch **Steinsäulen, -monumente**/Osterinsel): **336**, 339, 349, 353–362, 364, 366–372, 375, 376, **377**, 380, 381
Moneda, Centro Cultural de la (Santiago de Chile): 339 f.
Monkhouse, Jonathan: 184
Moorea (auch **Eimeo**, Frz. Polynesien): 128–130, 133–136, 138, 161, 167, 177, 294, 298, 299, 314
Motu Kao Kao (Osterinsel): 338, 344
München: 441
Mururoa-Atoll: 296
Muséum National d'Histoire naturelle (auch: **Pariser Naturkundemuseum**): 93, 94, 96, 99, 214, **439**

Musée Picasso (Paris): 381
Musée de Tahiti et des Îles (Papeete): 110, 111

Namba (auch **Penis-Futteral**): 420
Nassenhuben (Forsters Geburtsort, heute Polen): 25, 26, 143, 217
National Library of Australia (Canberra): 449
National Tropical Botanical Garden (abg.: NTBG, Kauai/USA): 325, 326 328, 444
Natural History Museum (London): 82, 241, 267, 345, 433, 434, 436
Naumann, Michael: 82, 242
Nauru: 132
Neuenburg (auch **Neuchâtel**/Schweiz): 73
Neukaledonien: 12, 95, 113, 119, 177, 204, 242, 325, 343, 387, 394, 397–399, 417, 429, 433–434, **440**
Neumarks Garten (Park Wörlitz): 55
New Economics Foundation (London): 385
Nomuka (auch **Namocka**/Tonga-Archipel): 222, 386
Norfolk-Insel: 12, 210, 434
Nouméa (Neukaledonien): 398–400, 417
Nuku Hiva (Marquesas): 295, 345

Obama, Michelle: 330
Observations (Reisebemerkungen von Johann Reinhold Forster): siehe Forster, Johann Reinhold – Schriften
Omoa-Tal (Hiva Oa/Marquesas): 173, 175
Onfroy, Chez (Buchhändler, Paris): 89, 90
O-Parre (Tahiti): 160, 161, 162, 314
Oranien, Wilhelm v.: 212, 214, 216, 217
O-Rea (Befehlshaber auf Raiatea/Frz. Polynesien): 113
Oro (auch **-kult**, tahit. Kriegsgott): 137–164, 318, 414
Orongo (Osterinsel): 340, 341, 342, 344, 363
Osterinsel (auch **-Eyland, Rapa Nui**): 12, 113, 169, 172, 177, 258, 325, 335–346, 348–349, 351–360, 362, 365, 370–374, 380–382, 386, 403, 450, 452
Ostindische Company (auch niederl. **Ostindien-Kompanie, VOC**): 13, 207, **208**, 209
O-Tu (König, auch **Pomare I., König von Tahiti**): 113, 128, 134, 161, 162, 293, 363, 379, 380, 414

Paine, Thomas: 38, 448
Pandanus (-bäume, -blätter, bot.: *Pandanus tectorius*): 130, 316, 396, 403
Pao-vjangom: 388, 394, 420, 423
Papara (**Marae**, Kultplatz des Oro/Tahiti): 318
Papeete (Tahiti): 102, 131, 159, 160, 163, 250, 289, 298, 299, 303–305, 308, 314
Paradiesvögel (zool.: *Paradisaeidae*): 99, 218, 219
Paris: 15, 21, 30, 33, 35, 36, 39, 43–46, 59, 60, 66,

67, 68, 70–72, 76, **81**, 84, 86–100, 131, 202, 214, 218, 224, 251, 267, 268, 272, 281, 290, 299, 303, 306, 323, 381, 382, 398–400, 439, 441, 448
Pariser Commune: 94
Parkinson, Sydney: 184, 216
Patton, James: 379
Perrault, Claude (frz. Architekt): 84
Pesseräh (auch **Yamaná**/Feuerland): 445, 447
Piano, Renzo: 399, **400**
Pickersgill, Richard: 228, 413, 414, 455
Pickersgill Harbour (Dusky Bay/Neuseeland): 230, 242, **243**, 245, 262, 272, 273
Pinguine: 113, 124, 125, 242, 337; **Königspinguin:** 242; **Kaiserpinguin:** 439; **Kehlstreif- oder Zügelpinguin:** **223**, **224**, 433
Pinochet, Augusto (chilenischer General u. Diktator): 339, 375
Pitcairn Island: 294, 295
Pizarro, Francisco (span. Konquistador): 144
Plettenberg, Baron Joachim v. (Gouverneur v. Kapstadt): 205, 212, 214
Plumplori (auch: bengal. Faultier, zool.: *Nycticebus coucang*): 218
Plymouth (England): 23, 156, 178–189, 195, 201
Poedua (auch **Poetua**): 113, **135**, 136, 140, 142, 143, 149
Point Venus (heute: **Pointe Vénus**/Tahiti): 160, 250, 283, **284**, 285–287, 289, 290–291, 293, 294, 299, **300**
Polen: 21, 23, 68, 88, 312
Pomaré I., König von Tahiti: s. O-Tu
Pomaré-Dynastie: 162
Pondicherry (heute: Puducherry/Indien): 325
Pontarlier (Frankreich): 71, 72, 76
Popp, Klaus Georg: 49
Port Resolution (auch **Ireupuow**,Tanna/ Vanuatu): 388, 389, 394, 395, 402, 403, 405, 407, 412, 418, 420, 425–427
Port Vila (Efate/Vanuatu): 385, 387–389, 390, 407
Preußen (auch **preußisch**): 18, 21, 34, 35, 57–60, 72, 73, 76, 217, 278, 312, 353
Prunkwinde (bot.: *Ipomoea*, Pestpflanze auf Efate/Vanuatu): 390–392
Psychotria speciosa: 442–444
Puerto Rico: 285
Puerto Williams (Chile): 447
Pukao (Moai-Aufsatz/Osterinsel): 355, 367, **377**

Queenstown (Neuseeland): 233

Ragone, Diane: 327–332, 444
Raiatea (Frz. Polynesien; bei Cook/Forster: *Ulietea*): 113, 235, 136, 137, **138**, 139, 140, 142, 144, 146, 147, 149, 150, 153, 154, 156, 159, 160, 163, 164, 167, 172, 177, 242, 318, 338, 370, 382, 450, 451, 453, 456

Rano Kao (Osterinsel): 340–342, 363 f.
Rano Raraku (Osterinsel): 341, 370, 371
Rapa Nui: s. Osterinsel
Rapanui-Sprachen: 351, 376
Rapu, Sergio (Archäologe/Osterinsel): 359
Raspe, Rudolph Erich: 53
Ratteninsel (Brasilien): 407
Regenvanu, Ralph: 407
Rassen: s. Menschenrassen
Reichsacht: 35, 72, 73
Reise um die Welt (Georg Forsters Reisebericht): siehe Forster, Georg – Schriften
Revolutionsfeier (Paris, 1790): 66
Revolutionsheer (auch -truppen, frz.): 38, 45, 68
Revolutionsschriften (auch: -zeitung; *Volksfreund*): 43, 46
Robespierre, Maximilien de: 44, 87
Robinson Crusoe: 94
Roggeveen, Jakob: 335, 336, 355, 372
Rongorongo-Schrifttafeln (Osterinsel): 342
Rosenkreuzer: 35, 61, 78
Rousseau, Jean-Jacques: 27, 158, 451
Rowe, Jack: 260
Royal Society (London): 17, 24, 25, 35, 116, 192, 222
Rubens, Peter Paul: 84, 85, 356
Russland: 21, 26, 35, 46, 441, 444, 447

Samoa: 318, 325, 330–333, 353, 408, 409, 412
Sandelholz: 381, 416
Sandwich, John Montagu, 4. Earl of: 23, 24, 27, 58, 178, 179
San Diego (USA): 332
Sandwich-Inseln: s. Hawaii
St. Petersburg (Russland): 25, 35, 52, 86, 97, 123, 157, 441, 443, 444
Santiago de Chile: 339, 340, 349, 350, 351, 373, 377
Sao Thiago (Kapverden): 222
Savage Island (heute: Niue): 10
Savai'i: s. Havai'i
Schildkröten: 363, 386, 408, 419
Schildkröten-Insel: 386
Schiller, Friedrich: 37, 69
Schlegel, Friedrich: 36–38, 66, 112
Schloss Friedenstein (Gotha): 441
Scholient, Ernst (Diener der Forsters auf der Weltreise): 201
Schouten, Wouter: 207
Shark Bay (Tanna/Vanuatu): 404, 406, 408
Shepardson, Britton (Archäologe/Osterinsel): 367, 376, 368
Ship-Cove (Neuseeland): 261, 450,
Sklaven/Sklaverei: 18, 44, 87, 90, 208, 209, 359

Smith, Isaac (Admiral): 234, 432, 434, 436
Smock, Henry: 197
Soemmerring, Samuel Thomas: 16, 17, 21, 60–62, **65**, 77–79, 157
Solander, Daniel: 23
Sparrman, Anders: 21, 29, 30, 81, 106, 151, 155, 160, 210, 220, 251, 257, 267, 269, 270, **273**, 307, 336
Spener, Karl: 30, 37, 57, 91, 93, 157
Spöring, Herman: 184
State Library of New South Wales (Sydney/ Australien): 97, 430, 434
Steiner, Gerhard: 41
Stevenson, Robert Louis: 353
Stewed Albatross: 247
Süd-Georgien: 12, 242, **248**
Südland: 10, 13, 43, 213, 227, 336
Südsee-Myrte (auch **Thee-Baum**, Maori: **Manuka**, bot.: *Leptospermum scoparium*): 239, 252, **253**
Südseepavillon (Wörlitz): **55**, 140
Sverre Valheim Hagen, Pål: 171
Syphilis (-Epidemien): 124, 351

Tafelbay (auch: **Tafelbucht**/Südafrika): 181, 203, 204, 207, 216, 217, 220, 222, 225, 226
Tafelberg (Südafrika): 210, **211**, 225
Tahiti (auch O-Tahiti): 11–12, 26, 27, 39, 92, 100–111, 120 ff., 128, 130–135, 138–139, **144**, 142, 144, 146–147, 153, 159 f., 162, 164, 167, 172–173, 177, 210, 230–232, 242, 250 ff., 257, 263, 267–268, 272, 275, 283, **284**, 285, 287, 289, 290 f., 293, 298, 297–301, 303–306, 308, 310, 312–313, 316, 318, 319–320, 325, 330, 332, 335, 346, 355, 373, 375, 379–381, 396, 401-403, 405, 413–414, 438, 442, 444–445, 450, 452–453, 455
Tahaa (Frz. Polynesien): 147, 154, **162**, 163, 164, 165
Tahuata (Marquesas; bei Cook/Forster: *St. Christina*): 149, 298, 306, **308**, **311**, 370, 451, 455
Tanna: 10, 13, **14**, 115, 149, 150, 177, 323, 347, 348, 370, 383–391, 393–398, 400, 401, 402–404, 406–408, 411–413, 415–418, 420–425, 427
Tapa (auch **-stoff**, polynes. Rindenbaststoff): 11, 135, 161, 165, 293, 345, 396
Tapu (hawaiian. auch **Kapu**; **Taburegeln**): 124, 137, 139, 140–144, 146, 177, 317, 358, 372, 374–376, 379, 380, 408, 409, 423, 424, 426
Taputapuatea (Marae auf Raiatea, frz. Polynesien): 135–140, 142, 143, 146
Taro (-**pflanze**; bot.: *Colocasia esculenta*): 132, 133, 251, 302, 324, 327, 404
Tätowierung (auch **Tattoo**): 108, 124, 129, 135, 175, 144, 301, 357

Teahupoo (Surfspot/Tahiti): 108
Tepano, Pomare (Surferin/Osterinsel): 363
Tepano, Simón: 361, 376–379, 380
Theroux, Paul: 115, 116, 128, 130
Thomson, William: 368
Thurston-Insel (Antarktis): 337
Tiaré-Blüten (bot.: *Gardenia taitensis*): 135, 163, 165
Titius, Carl Heinrich: 53
Tjibaou, Jean-Marie: 399
Tonga: 12, 113, 115, 117, 122, 172, 177, 187, 222, 242, 257, 311, 321, 325, **354**, 375, 386, 433, 445, 450, 452, 453
Torres, Francisco: 358–361
Travers (frz.-schw. Grenzort): 36, 71, 72, 73, **74**, 75, 76
Trenk, Marin: 131, 132, 304
Tring (Natural History Museum): 434
Tschernaja, Tamara: 443, 444
Tsunami: 275, 295, 354, 359, 367
Tuamotu-Archipel: 12, 113, 405, 452,
Tuauru (Tal, Fluss, und Wasserfall auf Tahiti): 250, 251, 257, 275
Turtle Bay (Tanna/Vanuatu): 394, 396, 403, 425, 427
Tutui (hawaiian.: Kukui, Lichtnussbaum, bot.: *Aleurites moluccanus*): 129

Ua Pou (Marquesas): 305, 307, 309
Ushuaia (Argentinien): 445

Vancouver, George: 336, 379, 380,
Vanuatu: 12, 100, 113–116, 149, 177, 242, 323, 325–389, 390–391, 407, 410, 416, 425, 433
Vanuatu Cultural Centre (Port Vila/Efate): 407
Vatoa (Fiji): 386
Victor, Walther: 44
Voltaire (frz. Philosoph): 92
Voltaire, Nuupure (Bootsführer auf Tahiti): 108, **109**, 110
Vosmaer, Arnout: 214–217
Voss, Christian Friedrich (Berliner Verleger): 37, 94
Voyage round the World (engl. Erstfassung von Georg Forsters Reisebericht): siehe Forster, Georg – Schriften

Waipio-Tal (Hawaii/USA): 315, 324
Waipoua Forest (Neuseeland): 264
Wai-pounamu (Maori: Südinsel Neuseelands): 263
Wale (auch **Walfische**): 108, 125, 236
Wales, William: 125, 126
Webber, John: 37, **135**, 136, 320, 322, 324
Wedekind, Georg: 38
Wedgeborough, William: 426, 427

Whai-Urua: siehe Aiurua
Whitby (England): 189, 190, 448
Wien: 23, 59, 68
Wilmotpass (Neuseeland): 233
Wilna (heute: Vilnius/Litauen): 19, 21, 23, 35, 61, 63, 69, 78, 448
Wohlfahrtsausschuss (Paris): 44
Wolga-Expedition: 25, 86
Wolgograd, auch **Stalingrad:** 86
Wörlitz: 46, **55**–57, 140; & Gartenreich/Park: 46, 55; & Georg-Forster-Dauerausstellung: 140; & Forster-Stätte (DDR): 47; & *Marae* 140; & Schloss: 56, 140; UNESCO-Weltkulturerbe: 55

Xhosa: 206, 225

Yakel (Tanna/Vanuatu): 417, 418, 427
Yamaná: siehe Pesseräh
Yasur Mt. (Vulkan auf Tanna/Vanuatu): 14, 115, 384, 402, 409, 410–412, 417, 422
Yolou, Alexis: 416

Zeuthen: 40

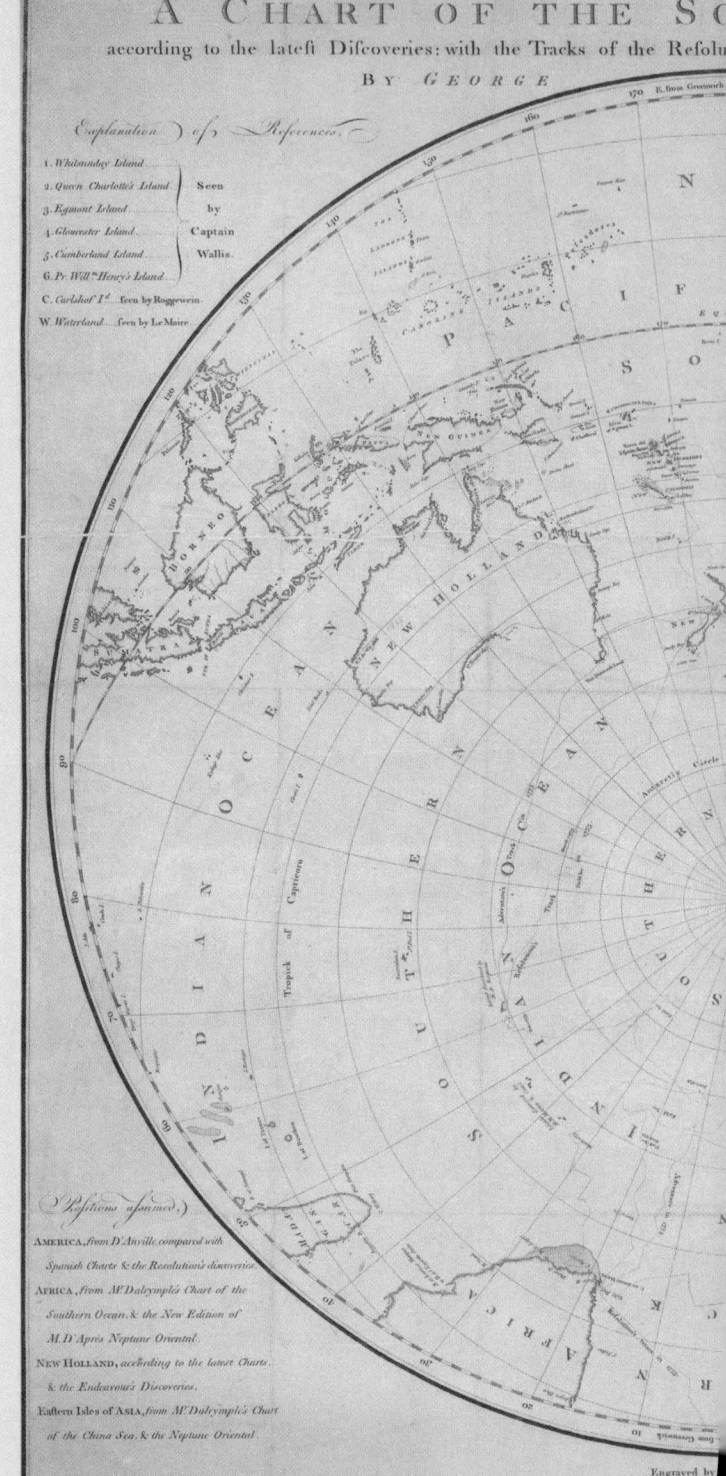